Das Kapital

《资本论》研读

（下卷）

胡世祯 著

暨南大学出版社
JINAN UNIVERSITY PRESS

中国·广州

图书在版编目（CIP）数据

《资本论》研读（上下卷）/胡世祯著. —广州：暨南大学出版社，2012. 10
ISBN 978 - 7 - 5668 - 0167 - 8

Ⅰ. ①资… Ⅱ. ①胡… Ⅲ. ①资本论—马克思著作研究 Ⅳ. ①A811. 23

中国版本图书馆 CIP 数据核字（2012）第 066450 号

出版发行：暨南大学出版社

地　址：中国广州暨南大学
电　话：总编室（8620）85221601
　　　　营销部（8620）85225284　85228291　85228292（邮购）
传　真：（8620）85221583（办公室）　85223774（营销部）
邮　编：510630
网　址：http：//www. jnupress. com　http：//press. jnu. edu. cn

排　版：广州市天河星辰文化发展部照排中心
印　刷：佛山市浩文彩色印刷有限公司

开　本：787mm × 1092mm　1/16
印　张：57. 25
字　数：1416 千
版　次：2012 年 10 月第 1 版
印　次：2012 年 10 月第 1 次

总定价：260. 00 元（上下卷）

凡　例

1. 本卷采用的《资本论》著作版本系中共中央马恩列斯著作编译局编译的第2版。

2. 本卷中凡未注明出处的括弧内或脚注中的页码，第3部为《资本论》第2卷的页码，第4部为《资本论》第3卷的页码。

3. 引用的《剩余价值理论》系中译本第1版（部分引文据已出版的《马克思恩格斯全集》中译本第2版进行修订）；《马克思恩格斯全集》凡未注明是中译本第2版的，均为第1版；《马克思恩格斯选集》和《列宁全集》均为中译本第2版；《列宁选集》系中译本第3版。

4. 引用的著作凡未注明出版单位的，均指人民出版社。

5. 在划分段落时，均以起行空2格的段落计数，但对另起一行的引文、公式、数字计算过程、图表等附加部分，不另外计入段落。

目　录

第三部　《资本论》第二卷研读

第一篇　资本形态变化及其循环

第二篇　资本周转

第三篇　社会总资本的再生产和流通

第四部 《资本论》第三卷研读

第一篇 剩余价值转化为利润和剩余价值率转化为利润率

第二篇 利润转化为平均利润

第三篇 利润率趋向下降的规律

第四篇 商品资本和货币资本转化为商品经营资本和货币经营资本（商人资本）

第五篇 利润分为利息和企业主收入。生息资本

第六篇　超额利润转化为地租

第七篇　各种收入及其源泉

第三部
《资本论》第二卷研读

《资本论》第2卷《资本主义生产总过程》共3篇，第1—2篇研究的是单个资本的流通过程，第3篇研究的是社会总资本的流通过程。

第一篇　资本形态变化及其循环

本篇研究产业资本的循环。

1. 产业资本的三种基本的循环形式

产业资本在它的运动过程中具有三种基本的循环形式，用公式表示如下：

货币资本循环：$G—W<^{A}_{Pm}\cdots P\cdots W'—G'$（$G\cdots G'$）

生产资本循环：$P\cdots W'—G'—W<^{A}_{Pm}\cdots P$（$P\cdots P$）

商品资本循环：$W'—G'—W<^{A}_{Pm}\cdots P\cdots W'$（$W'\cdots W'$）

2. 产业资本在循环中经历的各个阶段

上述三种循环形式都包含三个不同的阶段：购买阶段（$G—W<^{A}_{Pm}$），产业资本家用货币（G）购买由劳动力（A）和生产资料（Pm）构成的商品（W）；生产阶段（…P…），虚线表示的是流通过程的中断，即生产过程，① P代表劳动力和生产资料进入生产过程中结合在一起而构成的生产资本；销售阶段（W′—G′），将包含剩余价值的商品转化为货币，实现价值和剩余价值。购买阶段和销售阶段都属于流通阶段，是“真正流通过程的两个阶段”（第389页）。在生产资本循环中除上述三个阶段外，在其终点还出现一个再生产阶段（…P）。

对于产业资本循环中的阶段问题，我国理论界在认识上存在着一些混乱：

第一，目前流行的教科书普遍将购买阶段（$G—W<^{A}_{Pm}$）称为产业资本循环的第一阶段，生产阶段（…P…）称为产业资本循环的第二阶段，销售阶段（W′—G′）称为产业资本循环的第三阶段，这是很不准确的。因为产业资本有多种循环形式，在不同的循环形式中，阶段的顺序是各不相同的，只有货币资本循环形式才是如此排列，生产资本循环和商品资本循环同样是产业资本循环，并不如此排列。在对阶段的顺序进行排列时，必须加上限制词，对上述排列就应该说明是产业资本循环中的货币资本循环的排列。

第二，许多教科书都认为产业资本循环先后经历了三个阶段，这也是不准确的。产业资本在循环过程中究竟经过多少个阶段，在不同的产业资本循环形式中，并不都是相同

① 恩格斯：“符号‘—’表示交换的过程；符号‘…’表示某种价值经历一种不是交换的形式变化，在这个地方是生产过程。”（写给加布里埃尔·杰维尔的信，1888年4月27日，《马克思恩格斯全集》第50卷第485页。）

的。在货币资本循环和商品资本循环中，共经过三个阶段，包括两个流通阶段和一个生产阶段；而在生产资本循环中，除此之外，还出现一个再生产阶段，共四个阶段。

第三，许多学者将生产阶段的公式表述为 $W \leqslant^{A}_{Pm}\cdots P\cdots W'$，这是不准确的。因为虚线表示的是流通过程的中断，即生产过程，$W \leqslant^{A}_{Pm}$ 处在流通过程，尚未进入生产阶段，而 W' 则已走出生产阶段，进入了流通过程，将 $W \leqslant^{A}_{Pm}$ 和 W' 包括在生产阶段中，显然是不正确的。笔者在杂志《当代经济研究》1993 年增刊上发表的一篇文章中，对这一问题进行了详细的探讨。文中提到 1988 年山东人民出版社出版的《资本论》辞典一书将生产阶段公式表述为 $W \leqslant^{A}_{Pm}\cdots P$，去掉了走出生产过程的 W'，但又保留了还未进入生产阶段的 $W \leqslant^{A}_{Pm}$，很不彻底。

3. 产业资本在循环中采取的三种职能形式

产业资本在循环中的不同阶段，具有不同的职能形式：在购买阶段中，产业资本以货币资本（G）形式出现，它的职能是购买生产资料和劳动力，为剩余价值的生产准备条件；在生产阶段或再生产阶段中，产业资本以生产资本（P）形式出现，它的职能是将购买来的生产资料和劳动力在生产过程中结合起来，进行剩余价值的生产；在销售阶段中，产业资本以商品资本（W'）形式出现，它的职能是将已生产出来的价值和剩余价值加以实现。

产业资本的三种职能形式，即货币资本、生产资本和商品资本，决定了产业资本具有三种不同的循环形式。

有些学者将 $\cdots P\cdots$ 中的 P 解释为生产过程，将 $W \leqslant^{A}_{Pm}$ 解释为生产资本，这是不正确的。

离开具体的范围和位置，符号 P 可以作多种解释，它可以表示为生产资本，也可以表示为生产过程或生产阶段，甚至可以表示为总利润以及生产价格。但在特定的具体场合，只能作一种特定的解释，例如在产业资本循环的 $\cdots P\cdots$ 中，既然虚线表示的是流通过程的中断，即生产过程，那么 P 只能表示为生产资本，不能表示为生产过程，否则就会出现同义反复。

$\cdots P\cdots$ 中的 P 和 $G—W \leqslant^{A}_{Pm}$ 中的 $W \leqslant^{A}_{Pm}$ 虽然从内容上看都是由劳动力和生产资料构成，$\cdots P\cdots$ 可具体化为 $\cdots P \leqslant^{A}_{Pm}\cdots$，但它们在产业资本循环中所处的位置不同。$\cdots P\cdots$ 中的 P 处在生产阶段，是生产资本，$W \leqslant^{A}_{Pm}$ 处在流通阶段，不能是生产资本。不仅如此，它只是执行商品的职能，连资本也不是，谈不上是商品资本，更谈不上是生产资本。在本卷第 103 页，马克思对 $W \leqslant^{A}_{Pm}$ 的性质进行了专门的分析。有的学者之所以会把 $W \leqslant^{A}_{Pm}$ 说成是生产资本，原因之一是把 $\cdots P\cdots$ 中的 P 解释为生产过程，从而出现一个没有生产资本的生产过程，于是就把目光转移到 $W \leqslant^{A}_{Pm}$ 上来。至于为什么会把 $\cdots P\cdots$ 中的 P 解释为生产过程，不认为和虚线表示的流通过程的中断发生了同义反复，是因为把这里的流通过程的中断和生产过程的进行看成是两回事了。

有一个符号要说明一下，在已出版的《资本论》中，购买阶段的公式为 $G—W<^{A}_{Pm}$，而马克思的原稿为 $G—W \leqslant^{A}_{Pm}$，对此，恩格斯指出：“手稿上这个公式明明写的是 $G—W \leqslant^{A}_{Pm}$，只是由于印刷工人自作聪明和任意处理印成 $<$，才产生了各种误解。”①

---

① 写给加布里埃尔·杰维尔的信（1888 年 4 月 27 日），《马克思恩格斯全集》第 50 卷第 484 页。

4. 什么是产业资本循环

在分析了产业资本的三种基本的循环形式、产业资本在循环中经历的各个阶段和产业资本在循环中采取的三种职能形式之后，对产业资本循环就可以有一个全面的了解。

产业资本循环的主要内涵是：产业资本从一定的职能形式出发，依次经过生产和流通的各个阶段，先后采取三种不同的职能形式，使价值得到增殖，最后又回到过程开始时的价值运动的形式。产业资本有三种基本的循环形式，其中以货币资本循环为代表形式，公式为 $G—W<^{A}_{Pm}\cdots P\cdots W'\cdots G'$。

作为过程结果的复归点，有的学者认为它不是出发点，但是，马克思认为："货币的循环，即货币流回到它的起点，……"（第378页，另参见第340页）"在资本流通中出发点就表现为复归点，复归点就表现为出发点，资本家本身既是出发点又是复归点。"①

作为出发点的职能资本，可以是货币资本，也可以是生产资本或商品资本。与此相应，所经历的阶段的顺序也各不相同。在生产资本循环中，不仅在经历的阶段的顺序上和货币资本循环及商品资本循环不同，而且除了两个流通阶段（购买阶段和销售阶段）和一个生产阶段之外，还出现了第四个阶段——再生产阶段。

产业资本循环除了上述三种基本公式外，在某些产业部门中还出现以下三种派生的公式：

运输业：$G—W<^{A}_{Pm}\cdots P—G'$　（第66页）

贵金属生产：$G—W<^{A}_{Pm}\cdots P\cdots G'$　（第59、361、362页）

部分工农业：$P\cdots W'\cdots P$　（第75页）

这里的部分工农业是指将一部分产品直接作为生产资料留给自己使用的企业。

产业资本是按照资本主义方式经营的物质生产部门的资本，产业资本循环是产业资本的运动形式。除产业资本循环外，还有商业资本的循环（G—W—G′）和借贷资本的循环（G—G′）。运动形式的不同，是区分产业部门和非产业部门的重要标志。

5. 本篇结构

本篇标题是"资本形态变化及其循环"，研究的内容是产业资本在它的循环过程中经历的阶段和采取的形式，重点是研究产业资本在循环过程中采取的形式，包括产业资本在运动中采取的三种职能形式和三种循环形式。

马克思说："在第1册中，我们只是在为理解第二阶段即资本的生产过程所必要的范围内，对第一阶段和第三阶段进行过研究。因此，资本在不同阶段所具有的不同形式，它在反复循环中时而采取时而抛弃的不同形式，在那里没有加以考虑。现在它们就成为我们研究的直接对象了。"（第32页）

第1篇前3章对产业资本循环的三种形式分别进行了研究，第4章对这三种循环形式进行了综合研究。第5、6章研究了资本循环中的两个具体问题：流通时间和流通费用。

① 1857—1858年经济学手稿，《马克思恩格斯全集》第2版第30卷第512页。

第一章　货币资本的循环

货币资本的循环 $G—W<^{A}_{Pm}\cdots P\cdots W'—G'$ 由以下三个阶段构成：第一阶段 G—W，第二阶段…P…，第三阶段 W′—G′。产业资本在这三个阶段中分别采取不同的职能形式，在第一阶段中以货币资本（G）形式出现，在第二阶段中以生产资本（P）的形式出现，在第三阶段中以商品资本（W′）形式出现。

本章针对循环中经历的各个阶段来研究产业资本的性质，针对循环的各个阶段中采取的不同形式来研究产业资本的不同职能。产业资本在上述三个阶段中所采取的三种不同形式也就是三种不同的职能形式。

Ⅰ. 第一阶段　G—W

一、第一阶段 G—W 的性质［本节第 1 段—第 35 页第 1 段］

G—W 是货币资本循环的第一阶段，从形式上看，与一般的商品流通没有什么区别，它只表现了用货币购买商品这个行为。但是，如果我们从货币所购买的商品物质内容及整个循环的过程来看，就可以看出这里的 G—W 和一般商品流通中出现的 G—W 是两种不同性质的流通阶段，一个是属于资本流通范畴，另一个是属于一般商品流通范畴。

（一）从物质内容上看［本节第 1 段—第 34 页第 1 段］

1. **质的方面**［本节第 1 段］

在一般商品流通中，货币所有者用货币购买的商品，一方面是生产资料，另一方面是消费资料；而在货币资本循环中，货币所购买的商品，一方面是生产资料，另一方面是劳动力，G—W 表现为 $G—W<^{A}_{Pm}$。劳动力成为商品是资本主义经济的特征，货币所有者购买的商品正是这样一种商品，这种流通也就不再是一般的商品流通，而是属于资本流通。

2. **量的方面**［第 33 页第 1 段—第 34 页第 1 段］

资本家所购买的商品（W），从质的方面看，分割为劳动力（A）和生产资料（Pm），表现出资本流通的性质；从量的方面看，资本家所购买的生产资料的数量，要与可供支配的劳动量相适应，而这个可供支配的劳动量是大于工人为创造劳动力价值而消耗的劳动量的，其中的差额部分作为剩余劳动为资本家无偿占有。但是要使这个剩余劳动能为资本家创造出剩余价值，资本家还要购买与此相应的生产资料，使剩余劳动物化在生产资料上，形成剩余价值。生产资料少于剩余劳动所需要的数量，会使一部分可供支配的工人劳动得不到利用；生产资料多于剩余劳动所需要的数量，生产资料就不能被可供支配的劳动充分利用。从这一方面看，量的比例关系也表现出资本流通的性质。

（二）从整个循环过程上看［第 34 页第 2 段—第 35 页第 1 段］

货币资本的循环是 $G—W\cdots P\cdots W'—G'$，第一阶段完成后，货币形式的价值（G）处于劳动力和生产资料形式中（$W<^{A}_{Pm}$），劳动力（A）和生产资料（Pm）在生产中结合在一起，具有创造价值和剩余价值的能力，成为生产资本（P）。通过生产过程，生产资本（P）转化为商品（W′），这个商品（W′）的价值大于生产这一商品的要素（A + Pm）的价值，因而其中包含有剩余价值，这部分剩余价值连同生产这一商品的要素的价值，均受货币所有者支配。从整个循环过程来看，$G—W<^{A}_{Pm}$成为资本流通的一个组成部分。不同于一般的商品流通，由货币形式到生产形式的转化，就是由货币资本到生产资本的转化。

二、货币资本的职能［第 35 页第 2 段—本节完］

（一）货币资本职能的表现与内容［第 35 页第 2—3 段］

孤立地看 G—W，货币资本在这里只是执行货币的职能，具体来说，执行一般购买手段（对生产资料）和一般支付手段（对劳动力），这里的货币与普通货币并没有什么区别。但是联系到资本循环以后的各个阶段，作为一般购买手段和一般支付手段的货币，为下一阶段剩余价值的生产准备了物的因素和人的因素，从而这里的货币职能同时也就成为资本职能，资本职能成为货币职能的“特殊内容”（第 39 页）。

货币（G）的流通分为 G—Pm 和 G—A，货币的资本职能主要表现在 G—A 上，因此，要深入研究货币资本的职能，就必须对 G—A 这一流通行为进行单独分析。

（二）G—A 是资本主义生产方式的特征［第 35 页末段—第 37 页末段］

G—A 这一流通阶段，可以从两方面来看，从资本家方面看，是 G—A，购买劳动力；从工人方面看，是 A—G，出卖劳动力。工人获得货币后，购买消费资料，这时的货币充当商品交换的中介物，不再具有资本的职能。

1．**从资本家方面看：G—A**［第 36 页第 1 段—第 37 页第 4 段］

在 G—W 阶段中，G—A 比之于 G—Pm 更为重要，因为“G—Pm 所以必要，只是为了实现在 G—A 中购买的劳动量”（第 36 页）。

但是，G—A 之所以被看作是资本主义生产方式的特征，并不是由于劳动力的重要性，也不是由于劳动力价值的表现形式受到歪曲，更不是由于劳动力这种商品能够买卖，而是由于劳动力成为商品之后，在生产的诸因素中，不仅物的因素表现为商品形式，人的因素也表现为商品形式。

2．**从工人方面看：A—G**［第 37 页末段］

从工人方面看，由于工人一无所有，在出卖劳动力之前，劳动力和生产资料是分离的，工人只具有生产中人的因素，不具有物的因素，因而不能从事生产活动，维持自己的生活。工人只有把自己的劳动力出卖之后，才能和买者的生产资料结合起来，从事生产，但这时工人的劳动力要受买者的支配，成为生产资本的一个组成部分。

（三）货币职能同时成为资本职能的社会条件与基础［第 38 页第 1 段—本节完］

在 G—A 中，货币资本执行着货币职能，这个货币职能之所以同时成为资本职能，并不是由于货币本身的性质产生的，而是由于“劳动力处在和它的生产资料（包括作为劳动力本身的生产资料的生活资料）分离的状态中”（第 39 页），由于“生产要素本身的分配，其中物的因素集中在一方，劳动力则与物的因素相分离，处在另一方”（第 40 页）。要消除这种分离，工人就得出卖劳动力给生产资料所有者。因此，把由于资本处于货币状态而执行着货币职能说成是由于资本的性质产生的是错误的，把货币职能同时成为资本职能的情况说成是由货币本性产生的更是错误的。货币职能在出现货币时就开始产生了，但是只有在劳动力成为商品之后，货币职能才同时成为资本职能，而要形成这一社会条件需要一个很长的历史过程。

从表面上看，在 G—A 行为中，货币所有者与劳动力所有者处于单纯的买者和卖者的对立关系中，但是由于买者一开始就是生产资料的所有者，卖者的劳动力只有供买者支配才能发挥作用。建立在这种分配基础上的买者和卖者的关系，实质上是作为资本家和雇佣工人的阶级关系相互对立着，只是被表面上平等的买卖关系所掩盖了。

Ⅱ. 第二阶段　生产资本的职能

一、第二阶段的前提［本节第 1 段—第 43 页末段］

马克思说："不论生产的社会形式如何，劳动者和生产资料始终是生产的因素。"（第 44 页）资本主义生产的进行也必须首先具备这两个因素，在资本主义生产条件下，这两个因素的取得是通过货币资本循环的第一阶段 G—W $<^{A}_{Pm}$ 实现的。第一阶段的购买行为完成之后，也必须进入生产阶段，第一阶段成为第二阶段的先导和先行阶段，第二阶段是第一阶段的直接结果；第二阶段要以第一阶段为前提，而第一阶段又要以货币所有者为前提，有了货币，才能完成第一阶段的流通行为。但是，要成为货币所有者，他必须在付出货币之后，使这个货币回流到自己的手中，而要做到这一点，他必须是一个商品生产者。

要使第一阶段能够完成，转入第二阶段，不仅要有货币，还要有雇佣工人和生产资料的充分供应，才能分别完成 G—A 和 G—Pm 这两个流通行为。怎样才能完成 G—A 这个购买行为呢？由于劳动力的维持一方面要有经常不断的货币收入，另一方面在市场上要有经常不断的生活资料的供应。前一方面要求资本家必须不断作为货币资本家，后一方面要求产品作为商品流通有高度的发展。资本主义商品生产的发展对小商品生产起着破坏和解体的作用，造成这种商品生产的普遍化。和 G—A 一样，G—Pm 也是随着商品生产的普遍化而发展起来的，生产资料也越来越得到发展并专门化，"因此，G—A 发展到什么程度，G—Pm 也发展到什么程度"（第 43 页）。

二、第二阶段的性质［第 44 页第 1 段］

上文说明了商品的生产阶段的前提，分析了劳动者和生产资料这两个因素的形成，还没有说明第二阶段的性质。

如何看生产的性质？这取决于劳动者和生产资料这两个因素"结合的特殊方式和方法"，"怎样和在什么条件下结合起来的"（第 44 页）。

在资本主义生产中，劳动者和生产资料在资本家手中作为他的资本的生产的存在方式结合起来，成为一个划时代的剥削方式。

三、生产资本的职能［第 44 页第 2 段—本节完］

生产资本的职能在于对劳动力及生产资料进行消费，转化为一个具有更高价值的产品量，为资本家生产剩余价值。

在生产剩余价值的过程中，生产资本的两个组成部分起着不同的作用。以生产资料形式存在的这部分资本在生产过程中只是转移了价值，没有使价值得到增殖，这部分资本称之为不变资本；而以劳动力形式存在的这部分资本在生产过程中带来价值的增殖，形成了剩余价值的生产，称之为可变资本。但是以生产资料形式存在的这一部分资本也有重要的作用，生产资料是劳动力创造剩余价值不可缺少的物质条件，没有生产资料，劳动力就不能生产，劳动力因而也就不能成为生产资本。

Ⅲ. 第三阶段　W′—G′

劳动力与生产资料结合之后，开始了生产过程，其结果是劳动力与生产资料被消耗，转化成商品（W′）。这个商品（W′）已不同于原来的商品（W），它是“作为直接由生产过程本身产生的已经增殖的资本价值的职能存在形式”（第45页）。随着商品（W′）成为商品资本，即开始了货币资本循环的第三阶段：W′—G′。

本节包括三个问题：

（1）商品资本（W′）的职能。

（2）资本价值的流通与剩余价值的流通。

（3）G′的性质与特点。

第一个问题是分析第三阶段开始的商品资本（W′），第三个问题是分析第三阶段结束时的货币（G′），第二个问题是对第一个问题的具体化和对W′到G′这一流通阶段的分析。

一、商品资本（W′）的职能［本节第2段—第48页末段］

（一）商品资本职能的形式与内容［本节第2—3段］

和货币资本循环的第一阶段G—W中货币资本（G）执行着货币职能一样，在第三阶段W′—G′中，商品资本（W′）又在执行着商品职能，因为在这一阶段中，商品仅仅发生了形式上的变换，而在价值上没有发生任何量的变化。

但是联系整个资本的循环来看，无论是G—W还是W′—G′，它们都处于资本循环的特殊阶段中，第一阶段的货币（G）和第三阶段的商品（W′）都执行着资本的职能。它们之间的区别在于：第一阶段的货币执行货币资本的职能是由于它经过流通，购买了具有特殊使用价值的商品（劳动力）；第三阶段的商品执行着商品资本的职能是由于这一商品中不仅包含了原有的资本价值，还包含工人在直接生产过程中新创造的剩余价值。和原来的商品（W）相比，商品资本（W′）不仅包含了原来的商品（W）的全部价值，还包含了商品（W）的增量，$W' = W + w$，商品（W′）的资本性质在它的流通之前就已经存在了。

（二）商品资本职能的意义与作用［第48页第1—末段］

商品资本在第三阶段中是作为商品执行职能的，通过出售，它由商品形式转化为货币形式，完成流通阶段（W—G），实现商品的价值。由于这里的商品已经包含了剩余价值，因而所实现了的货币也包含了剩余价值，商品职能同时成为商品资本职能。在执行商品资本职能时，不仅实现了商品的价值，而且同时实现了商品中的剩余价值，商品流通阶段W—G转化为W′—G′。

商品资本的职能执行情况，有着多方面的影响：

第一，关系到价值与剩余价值的实现。由于商品量（W′）是作为已经增殖的资本的承担者，如果不能全部完成 W′—G′这一由商品形态到货币形态的转化，就会使包含在商品中的剩余价值不能充分实现或完全不能实现，进而影响到资本价值的实现。

第二，关系到再生产的进行。商品资本（W′）如果停留在市场上卖不出去，再生产就不能进行。

第三，关系到资本潜能的发挥。由于卖的速度不同，同一个资本价值就会表现出各不相同的能力来，这一方面会影响再生产的规模，另一方面还会影响剩余价值量。

二、资本价值的流通与剩余价值的流通［第 49 页第 1 段—第 52 页第 2 段］

商品资本（W′）是由资本价值和剩余价值这两部分构成的。在商品资本（W′）中，这两部分价值是以商品形式存在的，表现为 W′ = W + w，经过出售，W′转化为 G′；这两部分价值又以货币形式存在，表现为 G′ = G + g。在 W′—G′的流通行为中包含两个组成部分：一个是资本价值的流通，即 W—G；另一个是剩余价值的流通，即 w—g。它们在整个流通过程中所处的地位不同，各自的职能也不尽相同。

在 w—g 剩余价值流通中，由于 w 不是原有的资本家的预付资本，而是在后来的生产过程中新产生出来的，因此，w—g 就成为第一流通行为或第一形态变化，因而它还要再经过 g—w 的第二流通行为或第二形态变化才能完成整个流通过程。

资本价值的流通 W—G 则不然，由于 W 就是预付资本（G），它们在价值上是相同的，所不同的只是形式。原来是货币形式，现在是商品形式。因而现在的 W—G 成为原来的 G—W 的第二形态变化，或第二流通行为，流通从 G 开始，现在 G 又复归到出发点，W—G处于流通的终结阶段。

在同一个 W′—G′中，货币以不同的形式出现，起着不同的作用。在 W—G 资本价值流通中，货币以预付资本的复归形式出现，实现了资本的价值；在 w—g 剩余价值流通中，货币以商品流通的第一转化形式出现，实现了剩余价值。

在 W′中，资本价值与剩余价值在商品里是交织在一起的，每一件商品都包含资本价值与剩余价值。在 G′中，二者分离了，这种分离，对资本的再生产有着重要意义。G′中的 G，补偿了资本的消耗，使资本的再生产得以恢复；G′中的 g，或全部为资本家用来购买消费资料消费掉，生产按原有规模进行（简单再生产），或部分为资本家购买消费资料消费掉，另一部分作为追加资本投之于再生产，使生产规模扩大（扩大再生产）。因而，在第三阶段中，除了要对商品资本（W′）进行详尽分析外，还必须对商品资本的实现形式 G′进行专门的分析，只有这样，才能认清 W′—G′这一流通阶段，并进一步认清商品资本（W′）的职能。

三、G′的性质与特点［第 52 页第 3 段—本节完］

（一）G′与 G 的比较［第 53 页第 3—末段］

G′是货币资本循环的终点，G 是货币资本循环的起点，具体差别如下：

第一，量上的差别。终点的 G′与起点的 G 在质上是一样的，资本家将货币投放到市场上，最后又收回来，显然是由于收回来的货币 G′在量上大于原来投放的货币 G，其中出现一个货币增量，G′ = G + g。

第二，起点的G是“资本价值的预付形式”（第54页），而终点的G′则是资本关系的货币表现。从上述量的关系中我们又可进一步看到，G′=G+g，G是原来预付的货币资本，g是由G这一货币资本带来的“果实”。在G′中，这个“果实”用货币形式加以实现了，包含在G′中的g是货币资本G的“果实”，是它的增长额，G′则成为资本关系的货币表现。

但是，由于终点的G′和起点的G是同质的，商品的一切差别就消失了，因而G′只是表现了货币资本（G）的结果，没有表现出造成这一结果的中介。G′是资本关系的货币表现，但却是“资本关系的没有概念的表现”（第54页）。

要对G′的性质进一步认识，还必须将其和商品资本（W′）进行比较。

（二）G′与W′的比较［第54页第1段—本节完］

W′和G′有一个共同点：“它们都是已经增殖的资本价值。二者都是已经实现的资本”（第56页），只是表现形式不同，一个是商品形式，另一个是货币形式。

形式上的区别引出另一个更为重要的区别：“W′中的W和w只是同一个同种商品总量的价值的相应部分——表示出它的起源P，它是P的直接产物，而G′却是直接由流通产生的形式，它和P的直接关系已经消失。”（第54页）

由于上述区别，又使我们认识到货币资本（G）表现为G′不是货币资本（G）的职能，而是商品资本（W′）的职能，因为G′=G+g已经实现W′=W+w，G′和G的差额在W′中已经存在了。货币资本（G）之所以执行资本职能，并不是因为它是资本，而是因为它是货币，只是由于它所购买的A和Pm具有特殊使用价值，才使这里的货币执行着资本职能。

Ⅳ. 总循环

一、货币资本总循环的两个流通公式及其比较［本节第1—2段］

从上文内容可以看到，货币资本循环经历了三个密切联系的运动阶段：第一阶段G—W$<^{A}_{Pm}$，第二阶段…P…，第三阶段W′—G′。这三个阶段一环扣一环，构成了货币资本的总循环：G—W$<^{A}_{Pm}$…P…W′—G′。

在第1卷中，资本流通的一般公式为G—W—G′，第2卷的研究对象是资本的流通，从货币资本总循环中，我们又可见到资本流通的另一个比较具体的表现形式为G—W…W′—G′。

资本流通的两个公式、两个表现形式既有本质上的差别，又有共同点。[①]

它们的本质差别：货币资本总循环中的流通序列表现为：①G—W_1；②W'_2—G′。两个流通阶段的商品是两个在价值与使用价值上都不相同的商品，这一变化是由生产过程造成的。资本流通一般公式的分解却是：①G—W_1；②W_1—G′。两次交换都表现为同一个商品。

---

① 马克思在这里是对G—W—G′和G—W…W′—G′两种资本流通公式进行比较，而陈征教授在这里却将G—W—G′和G—W$<^{A}_{Pm}$…P…W′—G′这两个循环公式进行比较，超出了马克思所要比较的范围。参见《〈资本论〉解说》第2卷（修订本），福建人民出版社1997年版第46页。

它们的共同点：都是在第一阶段由货币转化为商品，第二阶段又由商品转化为货币。从货币开始，又回流更多的货币到出发点。在这一点上，第1卷中用G—W—G′这个公式作为资本流通公式的一般代表，已经能够说明所要说明的问题了。

二、货币资本总循环的内容［第60页第2段—第67页第1段］

上述两个公式都不是货币资本总运动的完全表现形式，它们只反映了资本的流通过程，尤其是G—W—G′这一资本流通公式，连流通过程也未详细表现出来。第2卷的研究对象是资本的流通过程，但还须和生产过程统一起来加以研究，为此就要研究资本总运动，也就是资本总循环。

什么是货币资本的总运动呢？它的简单表现形式就是G—W…P…W′—G′，它的详细表现形式则是 $G—W<^{A}_{Pm}$ …P…W′（W + w）—G′（G + g）。这一总运动是由两个流通阶段和一个生产阶段构成的，它从货币形式开始，经过三个互相联系、互为条件的转化，又回到货币形式，形成一个货币资本的总循环。

各种不同形式的资本运动都反映着一定的资本内容，例如，G—G′这种运动形式所反映的内容是借贷资本运动，G—W—G′这种运动形式所反映的内容是商业资本运动，而G—W…P…W′—G′反映的内容则是产业资本运动。马克思对产业资本运动作了详尽的论述。

什么是产业资本？凡是按资本主义方式经营的物质生产部门中的资本就是产业资本。产业部门有工业、农业、交通运输业、建筑业等。① 马克思把交通运输业中所包括的货运、客运、邮电等都作为工业中的一种列入产业部门内。他说：“交通工业，它或者是真正的货客运输业，或者只是消息、书信、电报等的传递。”（第64页）

马克思为什么在论述资本总循环时解释产业资本？因为资本总循环是产业资本的运动形式，离开这一运动形式，就谈不上是产业资本。教师、医生、演员以及各种不生产物质产品的服务人员的活动不具有资本总循环形式，当然不能列入产业部门中去。

为了和世界各国的国民经济核算体系统一口径，便于综合与对比，我国在统计工作中采用了西方经济学的关于三大产业的划分，这在一定范围内是必要的。但是我国有些学者由此否定生产劳动的物质规定性，把不生产物质产品的商业人员、服务人员、教师、医生、演员和行政管理人员等，看成和物质生产部门中的生产工人一样，都生产商品和创造价值，都是生产劳动者，将生产劳动范围扩大到几乎不受限制的地步。这种认识是十分有害的，它否定了物质资料的生产是人类社会生存和发展的基础，掩盖了资本主义剩余价值的来源，混淆了国民收入的初次分配和再分配，削弱了农业在国民经济中的基础地位和工业在国民经济中的主导作用，使产业结构的调整难以建立在坚实的物质生产基础上。

产业资本在货币资本总循环中，从货币资本出发，依次采取了三种表现形式，经历了三个循环阶段，在每一阶段中的每一种资本形式都具有一定的职能。在这三个循环阶段中，资本既不能停顿，又要在一定时间内固定下来。每一种资本形式都要在完成它的职能之后转入下一循环阶段，货币只有购买到商品之后才能开始生产，产品制成之后才能销售，因此每一阶段都需要花费一定的时间，各个资本形式就会有一定的固定性。但是每一

---

① 马克思在《资本论》第3卷第360页上列出采矿业、农业、畜牧业、制造业、运输业等产业资本的分支部门；在《剩余价值理论》第1分册第444页上列出采掘工业、农业、加工工业和运输业等四个物质生产领域。

资本形式都必须不停顿地执行它的职能，有了货币就要购买生产资料和劳动力，有了生产资料和劳动力就要开始生产，生产出产品之后就要进行销售。

在制造各种生产资料与生活资料的产业部门中，生产过程结束时的产品和作为生产要素的产品具有不同的使用价值（包括用谷物作为种子生产谷物在内），是一种新的物质产品，并且作为商品离开生产过程而独立存在着。因而这一总过程表现为 $G—W<^{A}_{Pm}\cdots P\cdots W'—G'$。这一表现形式适用于各种制造生产资料与生活资料的产业部门，只有两个产业部门不完全适用，一个是交通部门（包括邮电），另一个是生产贵金属的部门。

在交通部门中，虽然也创造价值和使用价值，但不生产新的物质产品，它所出售的就是变动场所。交通部门的生产过程也就是变动场所的过程，是和消费过程同时进行的。如果是个人消费，变动场所的价值就随之消失；如果是生产消费，变动场所的价值就会转移到被运输的商品上，作为生产的继续，追加一部分价值。交通运输业的资本运动表现形式用公式表示为：$G—W<^{A}_{Pm}\cdots P—G'$。

在贵金属的生产中，虽然创造出新的物质产品，并离开生产过程而独立存在，但这一物质产品本身却直接就是货币（G′），而不是普通商品，因而无须再经过一个 W′—G′的流通阶段。贵金属生产资本运动公式表现为：$G—W<^{A}_{Pm}\cdots P\cdots G'$，与上述交通运输业的公式在形式上几乎相同。

三、货币资本循环的特点［第 67 页第 2 段—本章完］

货币资本循环 G—W…P…W′—G′与生产资本循环 P…W′—G′—W…P 及商品资本循环 W′—G′—W…P…W′相比较，有以下四个特点：

（1）从投放货币开始，到收回货币结束，表明了生产的目的不是为了获得使用价值或为了消费，而是为了获得交换价值，为了赚钱。

（2）生产阶段位于两个流通阶段的中间，处于中介的地位，从属于流通，成为预付资本价值增殖的手段。

（3）起点是 G，终点是 G′，G′ = G + g，表现了起点与终点之间的价值关系。它不仅表现了其中的价值差额（g），而且表现了价值差额（g）来自预付的资本价值（G），“从价值生出剩余价值”（第 68 页）。

（4）只表现了生产的消费，没有表现出工人和资本家的个人消费。工人的消费是通过 A—G—W（生活资料）这一商品流通中介之后进行的，而这一流通的第二阶段 G—W 是在货币资本循环之外进行的。资本家的消费或者是全部剩余价值（g），在下一循环过程中起点的 G 等于上一循环过程中的 G′减去全部的 g；或者是消费部分的剩余价值，另一部分作为积累，下一循环过程中起点的 G 就包括了上一循环过程中部分的 g。不论是前一种或者是后一种（后一种又有无数不同的量），在循环过程开始的 G 中是没有表现出来的，因为 G 只是代表在这一循环过程中还没有经过增殖的预付资本价值。

从以上四个特点来看，货币资本循环有一个优点和两个缺点。其优点是比较清楚地暴露了资本主义生产的目的与动机。其缺点是使货币神秘化，掩盖了剩余价值的真正来源；造成生产可以与消费无关的错觉。

从上述特点中我们可以看到：货币资本循环一方面最为醒目地表现出产业资本的目的和动机是为了追求剩余价值，另一方面又使作为出发点的货币资本表现为能够产生货币的货币，从而掩盖了剩余价值的真正来源，“在形式上具有欺骗性，带有一种虚幻的性质”（第72页）。

但是，只要把货币资本循环连续进行下去，我们就会看到，除货币资本循环形式外，还存在其他循环形式，这种欺骗性便会被揭穿。

第一，整个货币资本循环是以资本主义生产过程为前提和基础的。不仅第三阶段W′—G′的流通行为要以资本主义生产过程为前提，第一阶段 $G—W<^{A}_{Pm}$ 也要以资本主义的生产过程作为基础，因为第一阶段购买的商品是雇佣工人的劳动力和准备作为生产资本的生产资料。

第二，如果货币资本循环反复进行下去，货币复归之后就和起点的货币一样，表现为转瞬即逝的中介物，不再是能够产生货币的货币。

第三，货币资本循环连续进行下去，本身即已包括了生产资本的循环和商品资本的循环。这两种循环形式在不同程度上暴露了剩余价值的来源，作为单纯价值表现的货币形式（独立的、没有概念的货币形式）就会消失，存在的只是具有概念的即作为等价物代表具体商品和资本的货币形式，货币的神秘性也就会在很大程度上减弱。

第四，从单个货币资本循环来看，G—W 表现为生产过程的准备阶段和先行阶段，但这是以资本主义生产过程已经存在为前提的，而资本主义生产过程的经常存在又要以不断更新的生产资本循环为前提。

第二章　生产资本的循环

生产资本循环的总公式是：P…W′—G′—W…P。这一总公式适用于一切生产资本的循环，只是某些企业的产品 W′中有一部分直接作为本企业的生产资料投入到下一个生产过程，不经过 W′—G′—W 这样一个流通阶段。在农业中，这种情况比较突出。生产过程结束之后收获的稻谷，其中有相当一部分不再出售换取其他生产资料，而是直接作为谷种投入本企业的下一个生产过程，或作为饲料直接转入本企业牲畜的生产过程，不过这种现象在资本主义生产中不占重要地位。

生产资本循环和货币资本循环相比较，从形式上来看，有两点区别：

第一，在货币资本循环中，生产阶段处于两个流通阶段 G—W 和 W′—G′的中间，充当中介；而在生产资本循环中，整个流通过程都处于两个生产阶段（前一个是生产阶段，后一个是再生产阶段）的中间，充当中介。这一方面突出了生产的重要性，另一方面又表现出为了生产而生产，掩盖了资本主义生产的实质。

第二，在货币资本循环中，总流通的形式是 G—W—G′，表现为资本流通；在生产资本循环中，总流通的形式是 W—G—W，表现为简单商品流通。这一特点使我们看到，货币仅仅是中介；货币来自商品的销售，而商品的销售又来自商品的生产，使我们看清了剩余价值的来源，破除了货币的神秘性。

生产资本的总循环由于包含着两个生产阶段，这就不仅表现了资本主义的生产过程，而且还表现了资本主义的再生产过程；不仅表现了生产过程与流通过程的统一，而且表现了生产过程与再生产过程的统一。

资本家在获得已增殖的价值（G′）后，或者将 G′中包含的剩余价值（g）全部用来购买消费资料，被资本家消费掉，只将预付资本的价值额 G 投之于再生产，这时的再生产就成为简单再生产；或者将 g 中的一部分用来购买消费资料被资本家消费掉，另一部分作为资本积累，加到预付资本 G 中去，追加生产资料与劳动力，形成扩大再生产。

在货币资本循环中，只表现了资本的流通：G—W—G′，没有表现出剩余价值的流通，而这一部分流通，在生产资本循环中，则被表现了出来：w—g—w，在简单再生产或扩大再生产情况下，这种流通更进一步具体化。

下面分别研究在简单再生产与扩大再生产情况下的生产资本的循环。

Ⅰ．简单再生产

在这一节中，马克思讲了三个问题，第一个问题是生产资本循环中的流通过程 W′—G′—W，第二个问题是生产资本循环的总过程 P…W′—G′—W…P，第三个问题是生产资本循环与经济危机。

一、生产资本循环中的流通过程：W′—G′—W［本节第 1 段—第 86 页第 1 段］

（一）生产资本循环中流通与货币资本循环中流通的比较［本节第 2 段］

在货币资本循环（G—W…P…W′—G′）中，总流通是 G—W—G′或 G—W、W′—G′；而在生产资本循环（P…W′—G′—W…P）中，总流通是 W′—G′—W，这两种流通在形式上很明显是不同的，这一点在前文就已经讲到了。现在，马克思又具体提出将生产资本循环与货币资本循环中所共有的 W′—G′这一流通阶段进行比较。马克思指出在货币资本循环中，W′—G′是作为被中断的流通的第二阶段和整个循环的第三阶段即结束阶段出现的。资本家最终如何处理获得的 G′，是将 G′中包含的剩余价值（g）全部消费呢，还是只消费一部分，而将另一部分追加到原有的货币资本 G 中继续投之于生产呢？这个问题在货币资本第一次循环中既没有提出，更没有回答。现在，在生产资本循环中，W′—G′是作为总流通的第一阶段与整个循环的第二阶段出现的，无论从流通上看，还是从整个循环过程来看，都没有完成，流通的第一阶段 W′—G′必须要由流通的第二阶段 G—W 来补充。因而在生产资本循环中一开始就提出了这样一个问题：作为资本流通产物 G′中的 g 究竟是由资本家全部消费掉；还是只消费一部分，而将另一部分追加到原有货币资本（G）中用之于再生产？两种不同的安排，会出现两种不同的生产资本循环，一种是简单再生产条件下的生产资本循环，另一种是扩大再生产条件下的生产资本循环。按照顺序，马克思先研究简单再生产条件下的生产资本循环。

（二）简单再生产条件下生产资本循环中的两种流通：资本流通与一般的商品流通［第 77 页第 1 段—第 80 页第 1 段］

在简单再生产条件下，生产资本的流通过程经过第一阶段 W′—G′后，G′中的 G 作为再生产的预付资本继续在产业资本的循环中进行流通，G′中的 g 全部用于资本家的个人消费，用来购买生活用品或支付服务费用。于是，流通过程开始分离，形成两种不同性质的流通：

$$W'\begin{pmatrix}W\\+\\w\end{pmatrix}-G'\begin{pmatrix}G\\+\\g\end{pmatrix}\begin{matrix}-W<\begin{matrix}A\\Pm\end{matrix}\\ \\ -w\end{matrix}$$

这里包含有以下三个内容：

第一，在生产资本循环中，总流通 W′—G′—W 的第一阶段 W′—G′中，由于资本和剩余价值由同一商品（W′）作为载体，资本和剩余价值的运动共同进行，这一阶段结束后，W′转化为 G′，资本和剩余价值各自表现为独立的货币形式。因此，在总流通的第二阶段 G′—W′中，资本和剩余价值的运动发生了分离，在简单再生产条件下表现为资本流通 G—

W 和剩余价值流通 g—w。

第二，如果将上述总流通的第二阶段运动和第一阶段运动联系起来看，表现为两个流通序列：W—G—W 和 w—g—w。W—G—W，从形式上看，是一般的商品流通，但从内容上看，则是资本流通；而后一种流通，无论从形式或内容上看，都属于简单的商品流通。

简单商品流通 w—g—w 的第一阶段 w—g 包含在商品资本的流通 W′—G′中，从而包含在资本的循环中。因为在商品资本（W′）中，虽然包含了资本价值（W）与剩余价值（w），但这只是从观念上对价值加以分离的，现实存在的却是一个还没有分割为资本价值与剩余价值的商品体，所以，w—g 也只能包含在商品资本的流通 W′—G′中，虽然从观念上可以加以分离，但实际上却不能独立出来。当商品资本（W′）转化为货币（G′）后，不仅从观念上，而且从现实上可以区分为资本价值与剩余价值，在生产资本循环中流通的第二阶段就有可能分离为资本价值的流通与剩余价值的流通了。在简单再生产条件下，剩余价值全部用作资本家的个人消费，从而离开了产业资本的循环，进入一般商品流通领域。

第三，在现实生活中，生产资本循环中流通的第二阶段可以有三种情况：资本价值与剩余价值完全分离（剩余价值全部用于资本家个人消费的简单再生产）；资本价值与剩余价值部分分离（剩余价值中部分用于资本家个人消费，部分追加到资本价值中进行扩大再生产）；资本价值与剩余价值根本不分离（剩余价值全部并入资本价值中进行扩大再生产）。

（三）生产资本循环中流通的第一阶段：W′—G′［第 80 页第 2 段—第 82 页第 2 段］

生产资本循环中流通的第一阶段 W′—G′完成之后，就实现了价值增殖，即实现了预付资本价值及剩余价值，但是作为一个资本循环过程和完整的流通过程，却并没有结束，从流通过程来看，还必须有流通的第二阶段 G′—W′来补充。

在简单再生产条件下，G′—W′这一流通阶段包括了 G—W 和 g—w 两个完全分裂的过程，各个生产资本循环的流通过程也就相应地由 W—G—W 及 w—g—w 两个流通过程构成。W—G—W 中的两个流通阶段均处于资本循环过程中，作为生产资本循环中的两个环节出现，流通过程结束之后，又开始了再生产过程，继续处于资本循环之中；而 w—g—w 这一流通过程则不然，它的第一阶段 w—g 作为生产资本循环 W′—G′中一个组成部分，它只是作为一种观念上的东西，没有独立出来，第一阶段 w—g 结束之后，g 从 G′中独立出来，并作为资本家的收入购买消费品与支付服务费用，进入了一般商品流通过程，退出了资本循环。

但是，从形式上看，无论是 W—G—W 或 w—g—w 都属于商品流通范围，庸俗经济学由此把资本主义的生产过程看作是单纯的商品生产，看作是为了得到使用价值而进行的生产。这种论断是把 W—G—W 和 w—g—w 这两个流通过程分裂开来。这两个流通过程的起点是还没有分离为 W 与 w 的商品总体 W′，这个商品总体从一开始就是作为商品资本出现的，全部过程都是为了追求剩余价值而不是使用价值。生产资本循环中流通的第一阶段 W′—G′完成的情况决定着作为资本家收入部分的流通，决定着资本家的消费以及与 w 相交换的一系列商品的流通。

（四）生产资本循环中流通的第二阶段：G—W［第 82 页末段—第 86 页第 1 段］

在生产资本循环中流通的第二阶段 G—W 与货币资本循环的第一阶段 G—W 中，货币资本（G）无论从价值量上看，还是从资本职能上看，都是一样的。不同的是，在货币资本循环中，G—W 是作为流通的第一阶段出现的，在生产资本循环中，G—W 是作为流通的第二阶段，即作为 W—G 的补充阶段出现的，总流通表现为 W—G—W$<^{A}_{Pm}$。生产资本循环中流通的第二阶段这一特点暴露了货币的来源与工资的本质，否定了货币资本循环中货币的独立性外观：

第一，在货币资本循环 G…G′中，货币资本 G 是以预付资本的原有形式出现，没有表明货币的来源。货币资本 G′作为资本价值的结束形式，虽然表现出货币 G′来自商品 W′的销售，而商品销售又来自商品的生产，但说到底，仍表现为货币 G′来自货币 G，货币产生货币。

在生产资本循环中则不然，P…W′—G′—W$<^{A}_{Pm}$…P 这一过程中的货币一开始就是来自商品的生产过程，从而来自工人的生产劳动，货币无非是工人劳动成果的价值表现。

由此可见，资本家支付给工人的工资无非是工人劳动力所创造的商品价值的一部分，是工人过去劳动的货币形式。

工人取得这个货币后就要凭它来购买消费品，这种购买不可能立即完成，尤其是购买新鲜蔬菜之类，要逐日进行，于是，工资又是取得正在实现的同时劳动或将来实现的未来劳动的凭证。

第二，在货币资本循环中，货币形式具有独立性的外观，即表现出货币本身具有价值增殖的职能；而在生产资本循环中，货币无论是充当流通手段或支付手段，只是一种转瞬即逝的因素，否定了货币的独立性外观。

第三，在货币资本循环的流通中，货币资本表现为能够带来剩余价值的价值，而在生产资本循环的流通中，货币资本只是充当中介，通过这一中介，使商品资本 W 转化为生产资本 A 和 Pm。在货币资本循环 G—W—G′的流通中，资本家开始“抛弃”货币（G），是为了得到更多的货币，“抛弃”它是为了得到它；而在生产资本循环的流通中，W—G—W$<^{A}_{Pm}$，资本家通过销售得到货币，是为了购买生产过程中的各种要素，得到它是为了“抛弃”它，货币资本循环中货币具有的独立性外观，在这里消失了。

二、生产资本的总循环［第 86 页末段—第 87 页第 4 段］

W′—G′—W 对于整个生产资本循环来说，只是它的流通阶段。生产资本总循环是从生产资本（P）的运动开始的，直到 G′—W 这一阶段，购买了再生产的各种要素，只是表现为再生产的准备阶段，当这一准备阶段结束之后，就开始了再生产的过程…P，完成了生产资本的总循环，生产资本总循环的过程用公式表示为 P…W′—G′—W…P。

从形式上看，这一公式表现的是简单商品生产及其交换的过程，实际上却是一种资本循环，因为在 W′与 G′中包含了剩余产品与剩余价值；G′—W 阶段中所购买的不是普通商品，而是可用来生产剩余价值的劳动力商品（A），以及为实现剩余价值所不可缺少的生产资料（Pm）。因此，对生产资本总循环的公式进一步详细表述如下：

$$P\cdots W'\left\{\begin{array}{c}W\\+\\w\end{array}\right\}\begin{array}{c}—\\ \\—\end{array}\left\{\begin{array}{c}G\\+\\g\end{array}\right\}\begin{array}{l}—W<^{A}_{Pm}\cdots P\\ \\—\ w\end{array}$$

其中除 g—w 外，均处于生产资本总循环之中。

三、经济危机的必然性［第87页末段—本节完］

在简单商品流通 W—G—W 中，已经孕育着危机的可能性。在物物交换 W—W 中，买与卖是同一行为，生产过剩现象是极其偶然的；而在 W—G—W 中，买与卖分裂为两个行为，先卖后买，当卖后不继之以买，就有可能发生经济危机，但也仅仅是可能而已，并不成为现实。

在资本主义商品生产中，经济危机不可避免，每隔一定时间会爆发一次。不过，在生产资本循环中，它的流通公式和简单商品流通相似，都是 W—G—W，先卖后买。在生产资本循环中，为了生产商品就要购买商品，这种循环本身要求卖后必须继之以买，否则会引起循环的中断，因此产生资本主义制度下经济危机是不可能发生的错觉。为此，马克思着重在生产资本循环中分析了经济危机的不可避免性。

生产资本的循环包括了两个流通阶段：卖的阶段 W′—G′与买的阶段 G—W，马克思对这两个流通阶段分别进行了分析。

1. **从卖的阶段 W′—G′看资本主义经济危机的必然性**［第88页第2—3段］

在商品流通中，卖的阶段 W′—G′是决定性的。在生产资本循环中，商品 W′一旦卖出，生产该商品的单个资本的循环就能够继续进行下去，至于这个商品是直接进入消费领域，还是由商人买去继续进入流通领域，与生产这一商品的资本循环最初是没有关系的。

在资本主义社会中，产业部门制造出来的商品的直接购买者除了别的产业资本家外，只能是大商人，并不直接进入消费领域，只要有人购买，生产这一商品的资本循环就可以继续进行下去。但是，由于受到购买力的限制，当投入市场的商品超过了购买力的需要之后，就会出现一部分商品卖不出去的现象，但是这种现象不能预先反映到大商人那里，大商人和平时一样继续大量订购商品，只要有人购买，生产这一商品的产业资本家也就继续进行生产。于是一方面原有的商品开始堆积在转卖者手中，另一方面新出厂的商品像潮水一样一浪又一浪涌来，当最后发现原来进入市场的商品只是表面上被消费者吞没，而实际上却停滞在市场中时，商品的大量过剩现象已经形成，危机就开始爆发了。

2. **从买的阶段 G—W 看资本主义经济危机的周期性**［第89页末段—本节完］

当完成 W′—G′卖的阶段后，作为生产资本的循环，要求已实现了的货币 G′中的 G，继续转化为商品 Pm 和 A。如果这时货币被贮藏起来，不继之以购买，就会引起单个生产资本循环的中断。由于减少了购买力，造成市场上一部分商品卖不出去，在资本主义制度下，这种情况也会促使危机的爆发，加剧危机的程度，造成危机的周期性。

有两种情况会造成货币资本停留在货币状态中，使流通中断。一种情况是由于生产资料及劳动力等商品要在不同的时期购买或支付，如工资是每隔一周甚至一月支付一次，在支付之前，就要有一笔贮藏好的货币（工资基金）；又如固定资本每隔若干年才更新一次，在此之前，资本家就要把折旧费逐月贮藏起来。当整个社会处于固定资本更新高潮的时候，资本主义的生产也就处于非常繁荣的时期。随着这一高潮的消逝，货币贮藏日益增多，已经大量发展起来的生产遇到了日益缩小的市场的阻碍，达到一定程度时，就会爆发经济危机，直到社会上再次大批更新固定资本为止。由于这种固定资本的更新运动在以往大体上10年左右一次，引起资本主义生产的周期也大体上10年左右一次，在繁荣阶段之后，接着就进入危机阶段，经过萧条阶段和复苏阶段，又繁荣起来，但好景不长，又陷入一次新的危机之中，反复不已。除上述情况以外，还有另一种情况也会使货币运动中断，如市场上出现脱销，资本家购买不到所需要的生产资料。与上一种情况不同之处在于，这种中断是由外部情况造成的，从而形成非自愿的货币贮藏。

Ⅱ. 积累和规模扩大的再生产

一、生产资本扩大再生产循环的条件 ［本节第 1 段—第 92 页第 2 段］

资本家为了不断扩大剩余价值的生产，对已经获得的剩余价值就不能全部加以消费，而必须将其中的一部分积累起来，追加到预付资本中去，购买更多的生产资料和劳动力，扩大生产的规模。其结果是资本家不仅取得越来越多的剩余价值，而且不断增加了自己的消费量。

但是扩大再生产并不是在一次循环中就能立刻实现的，因为扩建厂房和增加机器设备需要大量的货币，这不是靠一两次循环中形成的资本积累就能够解决的，在积累到需要的货币量之前，必须将货币贮藏起来，形成潜在的货币资本。此外，在资本主义积累过程中，货币不仅会充当贮藏手段的职能，还会充当支付手段的职能。在充当支付手段职能时，剩余产品虽已出售，但暂未取回作为剩余价值的货币，因而不能继续进入循环的再生产过程，更谈不上扩大再生产。

资本家进行资本积累的目的是为了追求更多的剩余价值，但是，随着资本主义的发展，自由竞争日趋激烈，资本家只有不断扩大生产的规模，才能在竞争中站住脚；否则，不仅会日益缩小剩余价值的收入，甚至连资本都会丧失掉。对于资本家来说，资本积累已成为强制性的行为了。

二、扩大再生产的生产资本循环的公式及其特征 ［第 92 页末段—本节完］

在扩大再生产时，资本家榨取来的剩余价值中一部分就要转化为资本，为了使问题不复杂化，我们可以假定剩余价值全部用于积累，用公式表述为：$P\cdots W'—G'—W'<^{A}_{Pm}\cdots P'$。

与货币资本的循环 G…G′相比，G…G′只是表现了由资本产生剩余价值的过程，当用G′表示的价值增殖实现之后，这一次循环便告结束。而扩大再生产的生产资本循环 P…P′则不然，它不仅表现了剩余价值的生产与实现，而且还表现了剩余价值继续转化为资本，当用 G′表示的价值增殖实现之后，运动仍继续进行。在第 92 页第 2 段上，马克思指出了资本主义生产的性质是由两方面内容决定的，一是用资本带来剩余价值，二是由剩余价值再转化为资本，扩大再生产的生产资本循环全面地表现了生产的资本主义性质。

在简单再生产的生产资本循环 P…P 中，资本家将剩余价值全部消费掉，P…P 的两极价值相同，如果说 G…G′没有表示出剩余价值是否转化为资本的话，P…P 则明确表示出剩余价值转化为消费，而不转化为资本。相反，P…P′则明确表示出剩余价值的资本化，P′的价值量大于 P，包含资本化的剩余价值，这点在再生产过程的准备阶段 $G'—W'<^{A}_{Pm}$上已经表现出来了。已实现的剩余价值被资本家用来购买追加的劳动力与生产资料，不过在这里，追加部分不用 A′和 Pm′来表示，而用 W′来表示，因为 W′是 A 与 Pm 之和，已经可以表示出总量的增加。更主要的是，在技术日益发展的条件下，A 与 Pm 的比例是不断变动的，具体来说，Pm 的价值比重会不断增大，A 的价值比重则不断减少，甚至绝对地减少。

一旦新的循环开始，P′与 P 的差别将失去意义，没有必要再区分这个新的预付资本中有多少是原有的，有多少是追加的，这时的 P′将重新以 P 的面貌出现。

Ⅲ．货币积累

一、货币积累的必要性［本节第 1 段］

为了扩大再生产，就要追加生产资料与劳动力，而要追加生产资料与劳动力，就需要有一定数量的货币。资本家榨取的剩余价值必须达到一定数量时，才能开始追加生产资料与劳动力，与原来的预付资本一起执行资本的职能，而这需要反复多次的循环才能积累起一定数量的货币，在此之前，就要以货币贮藏的形式进行货币积累。在贮藏期间，货币不参加价值增殖过程，因而不执行资本的职能。

二、贮藏货币的性质［本节第 2 段］

贮藏货币是一切商品生产所共有的，但在以往都是为贮藏货币而贮藏货币，现在，货币成为一种潜在的货币资本，处于资本积累的准备阶段。货币积累达到一定数量，才能进行实际积累。

与处于资本循环过程中的资本运动的不同点在于货币贮藏是在资本循环之外进行的，准备执行但还不能执行资本的职能，贮藏货币表现为货币资本的形式，但它是一种闲置的货币资本。

三、货币积累的形式［本节第 3 段］

货币积累的形式除货币贮藏之外，还有贷款（债权）、存款、有价证券等，不过这些都不属于这里研究的范围了。

Ⅳ．准备金

贮藏货币的基本职能是充当货币积累基金，准备转化为能动的资本，在实现这种转化之前，处于资本循环之外，不能执行资本的职能。但在特殊情况下，如资本循环中 W′—G′过程超出了正常时间，或在开始进入 $G—W \genfrac{}{}{0pt}{}{\diagup A}{\diagdown Pm}$ 过程时，Pm 的价格上涨，这时，资本家为了要保证资本循环的正常进行，就要动用贮藏货币，这时贮藏货币又充当了准备金这一附带的职能。贮藏货币作为准备金进入循环过程，但不能使生产规模扩大，循环过程仍表现为 P…P 的形式。

从第 99 页的第 2 段至第 100 页的第 1 段，马克思对本章作了一个小结，概括出一个包括简单再生产和扩大再生产在内的生产资本循环的总公式。

第三章 商品资本的循环

一、商品资本循环的特点［本章第1段—第112页末段］

商品资本循环的总公式是 W′—G′—W…P…W′。

商品资本循环与货币资本及生产资本循环有着密切关系。一方面，商品资本循环的起点W′是货币资本及生产资本循环的产物；另一方面，商品资本循环又是货币资本及生产资本循环的前提，这一点，从货币资本循环G…G′的第一次反复中就已经表现出来了。

商品资本循环和另两种循环的区别在于：

（1）商品资本的循环是以包含两个对立阶段的总流通 $W'—G'—W<\begin{matrix}A\\Pm\end{matrix}$ 作为起点的。［第101页末段］

货币资本循环的流通形式是G—W—G′，而且这两个流通阶段之间为生产过程所中断，形成G—W…W′—G′；商品资本循环的流通形式与生产资本循环的流通形式相同，都是W—G—W，不同点在于生产资本循环的流通过程处于P…P的中间（第一个P是处于生产过程中的生产资本，第二个P是处于生产过程准备阶段的生产资本），而商品资本循环的流通过程却处于生产过程之前。这一特点说明，流通是生产的前提；使用价值是生产的目的；产品价值尚未实现，因而循环过程也未完成。

（2）商品资本循环的起点是已经增殖的资本价值，而不是有待增殖的资本价值。作为起点的商品资本，必须用既包括有资本价值，又包括有剩余价值的W′来表示；与此相联系，商品资本的循环从一开始就既包含资本价值的循环，又包括剩余价值的循环。［第102页第1段—第109页第4段］

货币资本循环中的起点G及生产资本循环中的起点P都是单纯的资本价值，即使经过一次循环带来的剩余价值作为资本积累进入下一个循环，也是如此。只要新的循环一开始，G′或P′又作为G与P出现，这种现象是由它们在循环中所执行的职能决定的。货币资本循环的起点G，是作为待增殖的预付资本的价值执行购买生产资料与劳动力的职能，生产资本循环的起点P是作为要生产剩余价值的资本价值执行职能，这两种循环都要在循环开始之后才能使价值得到增殖。商品资本循环的起点则不同，作为P的结果，商品资本循环的起点W′一开始就是一个已经增加了的资本价值的商品，它的职能是要实现其中所包含的预付资本价值及剩余价值。

由于商品资本循环的起点W′包含有资本价值及剩余价值，因而这一循环一开始就包含了资本价值的循环及剩余价值的循环。在第111页和第435页上，马克思提出了包含这两种循环的商品资本循环的具体公式：

$$W'\begin{cases}W— \\ —G' \\ w—\end{cases}\begin{cases}G—W<\begin{matrix}A\\Pm\end{matrix}\cdots P\cdots W' \\ \\ g—w\end{cases}$$

在商品资本循环中，商品形式会出现三次，其中除首尾两个W′是包含剩余价值的商品之外，中间的$W<_{Pm}^{A}$是不包含剩余价值的。能不能以这个$W<_{Pm}^{A}$作为商品资本循环的起点呢？不能，因为$W<_{Pm}^{A}$在我们所论述的单个产业资本循环中并不是商品资本，其中Pm在卖者手中才是商品资本，作为商品与买者手中的货币相对立；至于A，即使对卖者（工人）来说也不是商品资本，Pm及A要到买者手中作为P的组成部分才能成为资本，但这已经是生产资本了。

在商品资本循环的起点W′中虽已包含资本价值及剩余价值，但都凝结在商品体中，不一定能够分离开来；一旦W′转化为G′后，这种分离就形成了。这种分离不仅体现在全部商品的价格上，也体现在每件商品的价格上，从第104页到第106页，马克思举例说明了这种分离。

在货币资本循环G…G′中，起点是G，终点是G′，表明资本运动的目的是价值增殖，由此构成一个完整的循环。商品资本循环和生产资本循环却不然，生产资本循环P…P表现出为生产而生产；商品资本循环W′…W′，表现出为买而卖，目的是使用价值。这两种循环形式都是有待完成的形式，生产资本循环终点是P，它必须还要以再生产过程重新开始；商品资本循环终点是走出生产过程的商品W′，它必须还要以商品的销售W′—G′重新开始，继续进行再生产。

进行再生产时，可能是扩大再生产，也可能是简单再生产，甚至是规模缩小的再生产。由于生产规模的大小会随着劳动生产率的提高或下降引起的生产要素价值的变动而变动，资本价值的增大，不一定是规模的扩大，资本价值的减少也不一定是规模的缩小。

（3）商品资本循环的终点W′是生产资本P的转化形式，从而以不属于流通的形式P为前提，W′是生产过程的结果。[第109页末段—第112页末段]

在货币资本循环中，终点G′作为W′的转化形式（W′—G′），以买者手中的G为前提，而买者手中的G是存在于G…G′循环之外的，只是通过W′的出售才使买者手中的G引入这个循环，变成这个循环的结束形式，终点G′是流通过程的直接结果。

同样，生产资本循环的终点P作为G的转化形式（$G—W<_{Pm}^{A}\cdots P$），以卖者所有的A和Pm为前提。A和Pm存在于循环之外，通过购买（$G—W<_{Pm}^{A}$），作为结束的形式引入这个循环，因此，终点P也是流通过程的结果。

商品资本循环的终点W′却是生产过程的结果，因而这种转化是在单个商品循环内部进行的，这种转化已不是单纯在形式上换位，而是在使用价值与价值量上都发生了现实的变化。但是，如果撇开这个终点不说，整个商品资本的循环却要以W两次存在于循环之外为前提，一次是$W—G—W<_{Pm}^{A}$中的$W<_{Pm}^{A}$，A与Pm都必须经过流通（购买）从外部引入该循环中；另一次是w—g—w中的第二个w，也是存在于循环之外。产业资本的这种循环形式表现了整个社会资本运动的密切联系，商品资本循环的形式W′…W′成为考察资本主义经济中社会总产品（总价值）的运动形式。

二、商品资本循环W′…W′是社会总产品或总资本的运动形式 [第113页末段—本章完]

由于商品资本循环所具有的各种特征，使之成为社会总产品或总资本的运动形式，这对我们考察整个社会的产品与资本的运动具有重要意义。重农学派魁奈就是以商品资本循环形式W′…W′考察了社会总产品的运动。

商品资本循环 W′…W′为什么成为考察社会总产品或总资本的运动形式呢?

第一，起点的 W′不仅包括了用来补偿预付资本耗费的产品，还包括了可以用作资本家个人消费和资本积累的产品，使这个循环从一开始就表现为社会总产品的运动。

第二，起点的 W′既包含用作生产消费的生产资料，又包含用作个人消费的生活资料，循环一开始就把这二者包括在内，形成社会总产品的运动。

第三，由于商品资本循环的起点 W′是使用价值形式，它或者是生产资料，通过销售，进入其他单个产业资本循环中；或者是消费资料，通过销售，转为个人消费，退出循环。这种特点使商品资本循环超出单个产业资本的活动范围，从而成为社会总产品运动的表现形式了。

商品资本循环 W′…W′是社会总产品的运动形式，我们由此可以得出以下几点认识:

第一，由于商品资本循环中包含着社会中许多单个资本循环相互之间错综复杂的关系，因此在考察单个产业资本循环时，主要采用货币资本循环和生产资本循环这两种形式，不用商品资本循环形式。只是在特殊情况下，例如在农业部门中，也可以采用商品资本循环形式研究单个资本的循环。

第二，商品资本循环运动的开始是 $W'—G'—W <^{A}_{Pm} \cdots P$，表明生产过程的一切要素都是来自商品流通，只是由商品构成。这种表象是片面的，忽视了生产过程中的非商品要素，如自然资源、气候等。

第三，要进行扩大再生产，起点 W′中的剩余产品必须包含追加生产资本的物质要素，提高劳动生产率可以增加资本的物质要素，但不会增加资本的价值。

第四章　循环过程的三个公式

在第 1—3 章中，马克思对产业资本循环的三种形式分别进行了研究，在现在的第 4 章里，马克思对这三种形式进行了总的考察。

一、三个循环的统一［本章第 1 段—第 122 页末段］

（一）三个循环统一的具体表现［本章第 1 段—第 118 页末段］

产业资本循环的三种形式是资本运动总过程的统一体，三个循环的统一具体表现在以下几个方面：

（1）产业资本循环的三种形式有许多共同点。［第 116 页第 1—末段］

这些共同点包括：每一种产业资本的职能形式既是资本运动过程的前提，又是资本运动过程的结果；每一种产业资本的职能形式都表现为出发点、经过点和复归点；每一种循环形式都是流通过程和生产过程的统一，在有的场合，表现为生产过程是流通过程的中介，在有的场合，表现为流通过程是生产过程的中介。

尤其是，所有这三个循环都有这样一个共同点："价值增殖是决定目的；是动机。"（第 116 页）

（2）每一种循环只要反复进行，就把另外两种循环形式包括在其中。［第 117 页第 1 段］

例如，当货币资本循环一反复，就将生产资本循环及商品资本循环包括在其中：

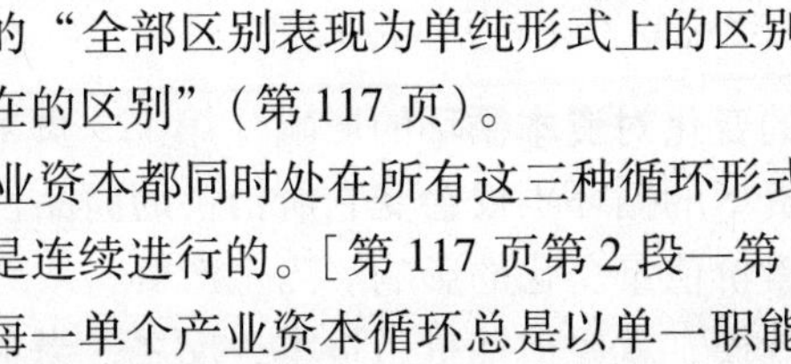

由此可见，三个循环的"全部区别表现为单纯形式上的区别，或者说，表现为单纯主观上的、只对考察者才存在的区别"（第 117 页）。

（3）任何一个单个产业资本都同时处在所有这三种循环形式中，这三种循环在空间上是并列存在的，在时间上是连续进行的。［第 117 页第 2 段—第 118 页末段］

在前面各章中，假定每一单个产业资本循环总是以单一职能形式出现。例如，在货币资本循环中，首先出现的全部是货币资本，接着，全部用来购买劳动力和生产资料，全部货币资本被生产资本取而代之，通过一次生产过程，生产资本又全部变成商品资本，再经过流通，又全部变回货币资本。于是，第一次生产过程一结束，生产过程即告中断，一直等到产品销售后再用这笔回流的货币购买劳动力和生产资料，恢复生产，进行第二次生产过程。很显然，生产和流通都是断断续续地进行。现实当然并不如此，对于每一部分资本来说，都要依次采取各种职能形式，它要前进到另一种形式，必须先抛弃原有的形式；但从全部资本来看，当一部分资本前进到新的阶段时，同时就会有另一部分资本进入到被代替了的阶段，形成一个不断的运动。只是在某些情况下，各个单个资本的运动才会发生中断。[见第 121 页]

为了使资本能够连续不断地运动，每一单个产业资本都必须把它的资本同时投在三种不同的职能形式上。当一部分商品资本转化为货币资本时，另一部分资本价值紧接着离开生产过程，作为商品资本进入流通；当一部分生产资本变为商品资本时，又有一部分货币资本变为生产资本，形成了在空间上并存的三个循环。

（二）三个循环统一的原因 [第 119 页末段—第 121 页第 3 段]

马克思指出："产业资本的连续进行的现实循环，不仅是流通过程和生产过程的统一，而且是它的所有三个循环的统一。但是，它之所以能够成为这种统一，是由于资本的每个不同部分能够依次经过相继进行的各个循环阶段，从一个阶段转到另一个阶段，从一种职能形式转到另一种职能形式，因而，由于产业资本作为这些部分的整体同时处在各个不同的阶段和职能中，从而同时经过所有这三个循环。在这里，每一部分的相继进行，是由各部分的并列存在即资本的分割所决定的。"（第 119 页）"它们的同时性是以它们的相继进行为中介的。"（第 121 页）

（三）资本是一种运动，而不能理解为静止物 [第 121 页末段—第 122 页末段]

从产业资本循环三种循环形式的统一中，马克思对资本又作了一个重要结论，即资本是一种运动，而不能理解为静止物。资本作为自行增殖的价值，是在运动中表现、保存和增殖的。运动一旦停止，例如，当发生经济危机时，商品销售不出去，商品资本不能转化为货币资本，商品价值得不到实现，进而引起生产停滞。资本家如果不能克服这种周期性的价值革命所带来的损害，就会归于灭亡。

二、批判贝利的价值论 [第 123 页第 1—2 段]

英国资产阶级庸俗经济学家赛米尔·贝利（1791—1870）把价值与交换价值混为一谈，否定价值的独立性，不懂得一个商品之所以具有交换价值是由于这个商品本身具有价值。从这一错误的认识出发，贝利提出"价值是同时期的各商品之间的关系，因为只有这样的商品能够互相交换"的说法。马克思指出了这种说法"是为了反对对不同时期的商品价值进行比较"（第 123 页），而认为在不同时期的、没有进行交换的商品价值自身不能够互相比较，就不能认识资本价值在循环中怎样使价值得到表现、保存和增殖的。

三、生产要素价值量的变化对资本循环的影响 [第 123 页末段—第 125 页末段]

在资本循环中，单个资本的循环不仅会受它所销售的商品价值量变化的影响，而且还会受到它所购买的生产要素价值量变化的影响。当生产资料或劳动力价值提高时，资本家如果继续保持原有的生产规模，就要追加货币资本；反之，当生产资料或劳动力价值下跌时，资本家如果继续保持原有规模，就会有一部分货币资本游离出来。

不过，生产要素价值量的变化对于货币资本循环的影响同对生产资本循环及商品资本循环的影响是有所区别的。对货币资本循环来说，生产要素价值的变动只影响新投入的货币资本的量，对循环过程不再发生影响；而在生产资本的循环及商品资本的循环中，由于存在着再生产过程，购买生产要素发生在循环的过程中，生产要素价值量的变化就会对这两种资本循环过程产生各种影响。当生产要素价值降低时，如保持原来的生产规模，原有货币资本的一部分就会游离出来，如将货币资本全部投于再生产，就会引起生产规模的扩大，或生产储备的增加；当生产要素价值提高时，情况则相反。但是，如果单个资本拥有大量生产储备或商品储备，在生产要素价值量发生变动时，情况又会发生一些新的变化。

为了纯粹地考察资本循环公式，我们不仅要假定商品是按价值出售的，还要假定生产要素的价值量是不变的，不考虑由于价值与价格的变动对资本循环的影响。

四、产业资本流通与一般商品流通 [第 126 页末段—第 131 页末段]

产业资本流通是产业资本循环的特定阶段（买或卖），单个产业资本循环经过商品流通渠道，不仅与其他各个单个产业资本循环联系起来，而且与其他各种生产方式的商品生产联系起来，形成了商品总流通。在商品总流通中，产业资本的流通与其他各种生产方式的商品流通交错在一起，它们既互相联系，又互相区别。

（一）产业资本流通与各种商品流通的交错 [第 126 页末段—第 128 页末段]

在资本主义社会，存在着各种生产方式，除资本主义商品生产之外，还有其他各种不同的商品生产。在产业资本循环中，资本主义商品生产通过商品流通渠道，与各种商品生产联系起来。或者通过出售，产业资本家的生产资料或消费资料转移到其他各种商品生产者手中，换回货币；或者通过购买，产业资本家的货币转移到其他各种商品生产者手中，换回生产资料。其他各种商品生产者手中的商品与货币，通过商品流通渠道，进入产业资本的循环。并且当产业资本家的剩余价值作为收入购买生活资料时，各种商品生产者的商品也进入剩余价值的循环。产业资本的循环通过商品流通渠道，与其他各种商品生产交错在一起，形成了一个世界市场。

马克思对这种交错作了两点说明：

第一，简单商品生产者的生产资料出售给产业资本家的交换活动一旦结束，生产资料的性质和形式就发生了变化，它由一般商品转化为资本，并以生产资本（P）的形式出现。产业资本不仅通过商品流通渠道将简单商品生产者的商品合并到产业资本中去，而且促使一切直接生产者转化为雇佣工人。

第二，上述变化是假定简单商品生产者将生产资料直接出售给产业资本家，不经过商业资本家。现实生活表明，产业资本家的购买或销售都是大规模进行，产业资本家与简单商品生产者的联系是以商业资本家作为中介人的，因而，简单商品生产者销售的生产资料在进入产业资本循环之前，已经到了商业资本家手中，以商品资本的形式出现在产业资本家的面前。但是，为了不使问题复杂化，我们暂且不考虑商业资本。

产业资本流通与各种商品流通的交错，使产业资本流通的形态变化，不同于一般商品流通形态的变化。

（二）产业资本流通形态变化与一般商品流通形态变化的比较 [第 129 页第 1 段—第 131 页末段]

产业资本流通与各种商品流通作为一般商品流通，它们有共同的规律，例如，它们的流通活动所需要的金属货币量，都受同一规律支配。但是，由于产业资本流通与各种商品流通的交错，使产业资本流通形态变化不同于一般商品流通的形态变化。

在一般的流通过程中，商品的形态变化有两种相反的序列，一个是先卖后买（W—

G—W)，另一个是先买后卖（G—W—G）。无论是哪一种序列，W—G（卖）和 G—W（买）这两种商品形态变化总是交错在一起的，从卖方看是 W—G，商品转化为货币；从买方看就是 G—W，货币转化为商品。一方的卖就是另一方的买，反之，一方的买就是另一方的卖。商品流通中的这种交错对资本流通也是适用的，但是这种交错在资本流通中不一定同时又是资本形态变化的交错，其中的原因包括以下几个方面：

第一，世界市场的商品生产并不都是资本主义的商品生产。

先看 G—W 这一形态变化。G—W 包含 G—Pm 和 G—A。从买者方面看，G 代表货币资本；从卖者方面看，W 就不一定是商品资本。其中的 Pm，既可以由产业资本家直接或间接提供，是卖者的商品资本，也可以由农民、手工业生产者直接提供。Pm 虽是商品，但不是商品资本。至于 A，无论是对于买者或卖者，在流通中都不是作为资本出现，当然也谈不上是商品资本或生产资本，这一点在第 103 页上已经讲清楚了。

再看 W′—G′。从卖者方面看，W′代表商品资本；从买者方面看，G′就并不都是货币资本。购买者可以是产业资本家，购买 W′中的生产资料进行再生产，于是发生商品资本向货币资本的转化。但是购买者也可能是雇佣工人，他们是用自己的工资收入购买 W′中的消费品，工资就不是货币资本。

第二，即使世界市场的全部生产都是按资本主义生产方式经营的，两种商品形态变化的交错并不一定同时都是资本形态变化的交错。

例如，在 P…P 循环中的 W′—G′，从卖者方面看，W′是商品资本；从买者方面看，除了上述雇佣劳动者用工资购买消费品外，还有产业资本家用剩余价值购买消费品，这些货币都不作为资本。

再看 $G'—W'\left\langle\begin{matrix}A\\Pm\end{matrix}\right.$。从卖者方面看，只有 Pm 是资本形式（商品资本），A 是商品，但不是商品资本；从买者方面看，G′中的剩余价值在简单再生产条件下，全部用作消费，在扩大再生产条件下，部分用作消费，这一部分是货币而不是货币资本。

产业资本流通的形态变化表明，产业资本的补偿问题，不能从一般商品流通中那样简单的形态变化来说明，而要从社会总资本的再生产中得到解决，这是本卷第 3 篇中所要研究的。

五、人类社会经济发展阶段的划分［第 132 页第 1 段—第 133 页第 2 段］

在产业资本循环中，生产资本的要素必须来自商品市场，生产出来的产品又全部作为商品卖出去，商品交换得到普遍发展。资产阶级经济学家如德国的庸俗经济学家、旧历史学派主要代表之一的布鲁诺·希尔德布兰德（1812—1872），依据交换关系的发展情况来划分人类社会经济发展的阶段，认为“一切交换形式开始都是物与物的交换，进一步才用贵金属的交换媒介物，即货币；最后便至于用信用……来交换货物；根据这三种交换形式，便形成自然经济、货币经济与信用经济的三种经济的发展”。

马克思对这种谬论作了三点批判：

第一，这三种形式并不代表对等的发展阶段。信用经济是以货币经济为基础的，不代表一个独立的发展阶段。

第二，在自然经济中，既有完全闭关自守的自然经济，也有物物直接交换的自然经济，而布鲁诺却没有加以区分，只承认了存在物物直接交换的自然经济。

第三，更重要的是，上述划分还抹杀了资本主义经济与简单商品经济的区别。资本主义经济与简单商品经济都是货币经济，但是，资本主义经济是建立在资本家和雇佣工人的关系基础上，使劳动力成为商品，这种交换关系成为生产内部的关系，使整个社会产品都变为商品。但是，希尔德布兰德却用货币经济这个范畴掩盖了这种本质区别。

希尔德布兰德的根本错误在于离开生产方式，用交换关系的发展情况去划分人类社会的经济阶段，造成这种错误的根源在于资产阶级眼界的局限。

六、产业资本家的供给与需求之间的矛盾［第 133 页末段—本章完］

产业资本家通过生产过程向社会提供的商品量，总是大于他自己对商品的需求量，产业资本家个个如此，那么，超出需求这一部分的商品供给就没人购买，这是一个很尖锐的矛盾。

产业资本家对商品的供给为什么会大于需求呢？我们可以从以下三个方面看：

（1）从产业资本循环（货币资本循环）的两个流通阶段商品价值量的比较上看。［第 133 页末段—第 135 页第 1 段］

货币资本循环中第一流通阶段 $G—W<^{A}_{Pm}$，表明了循环一开始，资本家就购买劳动力与生产资料，对这两种商品产生了需求，这部分需求从价值量上计算就是 $c+v=C$，C 代表资本家的全部预付资本。劳动力与生产资料结合之后，经过一个生产过程，又出现了大量新的产品（W′），这部分产品作为商品投入市场销售，形成了对社会上的商品供给，W′出售之后，就完成了货币资本循环的第二流通阶段 W′—G′。由于资本在生产过程中得到增殖，供给市场上的商品（W′）在价值上除包括原有的 $c+v$ 之外，还包括了剩余价值（m），$W'=c+v+m$。这样，产业资本家供给的商品（W′），就大于自己需求的商品（W），$W'=W+w$。

除非是产业资本循环的结果没有带来剩余价值，供给和需求才会相抵，但这样一来，资本就没有执行资本的职能，也就不成其为资本主义生产了。只要资本执行它的职能，总会带来剩余价值的，从而使商品的供给大于自己对商品的需求，剩余价值越大，供给超出需求的量也越大。

（2）从固定资本和流动资本的周转方式上看。［第 135 页末段—第 136 页第 1 段］

总资本周转一次包含着若干次流动资本的周转，随着资本周转的进行，流动资本不断预付，由此产生的需求不断增大。但是，随着流动资本一次又一次的周转，由此产生的供给也不断增大，与上述一样，需求表现为 $c+v$，供给表现为 $c+v+m$，总供给同样大于总需求。它们的比例也并不因流动资本的不断预付而发生改变，变化的是，经过流动资本的多次周转，供给超过需求的绝对量不断增大。

如果说，随着资本周转的进行，由于流动资本产生的需求越来越多的话，对于固定资本来说，需求则不断减少。因为在资本周转过程中，固定资本的价值不断转移到产品中去，但是固定资本的更新却要在总资本周转多次之后才会进行，在此之前提取的折旧费以货币形式贮藏起来（撇开信用不说），不转为需求。固定资本价值不断减少，却又不需要随即加以补偿，这表明对于固定资本来说，在供给不断增多的情况下，需求却不断减少了。

（3）从剩余价值的使用上看。［第 136 页第 2 段—本章完］

产业资本在进行再生产时，如果将剩余价值全部作为资本家个人消费花掉，只把原来的预付资本量再转化为生产资本，商品的供求就会取得一致。但是实际上这是不可能的，“因为只要假定动机不是发财致富本身，而是享受，资本主义就从根本上被废除了”（第 137 页）。为了发财致富，资本家除了将一部分剩余价值用作个人消费外，还要扣除一部分作为准备资本，以货币形式保存，暂不购买商品；此外，还要扣除一部分作为资本积累。为了扩大厂房，增加设备，甚至是建立新企业，要有一个很长的积累资本的过程。每次循环之后获得的剩余价值，资本家总要将之用于资本积累的部分贮藏起来，成为贮藏货币，从而减少了需求（也撇开信用不说）。

供给大于需求，使部分商品的价值不能实现，这个问题在本卷第3篇中再作专门分析研究。

第五章　流通时间

这一章的中心内容是研究完成一次单个产业资本循环所需要的时间。由于产业资本循环按照时间顺序要经过生产阶段和流通阶段，完成一次循环的时间就等于生产时间和流通时间之和。

一、生产时间［本章第 2 段—第 140 页末段］

（一）生产时间的构成［本章第 2 段—第 139 页第 1 段］

生产时间就是资本停留在生产领域内的时间，它由以下三个部分构成：

1. 生产资料储备时间

为了使生产能够正常进行，产业资本家必须经常储备一定数量的原材料、燃料等生产资料。从购进生产资料开始，到正式投入生产过程之前，就是生产资料的储备时间。这时，各种生产资料只形成潜在的生产资本，这个资本潜在地处在生产领域内，它虽然还没有作为生产资料在生产过程中执行职能，但处于现实生产过程的预备阶段。

2. 生产过程时间（职能时间）

生产过程时间就是资本停留在生产过程内的时间，这时，生产资料已作为生产资料执行职能，在生产过程中起作用。

生产过程时间又由劳动过程时间和自然过程时间两部分构成：

（1）劳动过程时间（劳动时间）。

雇佣劳动者为生产某种产品而对劳动对象进行开采、捕捞、养殖、种植和加工的时间就是劳动时间，在这一时间里，生产资料作为劳动资料执行职能。

（2）自然过程时间。

在农业、畜牧业、酿酒业、制革业、制鞋业、印染业等许多部门中，劳动过程前后或劳动过程中，还要经历或穿插一个物理的、化学的、生理的自然过程，“虽然劳动过程从而生产资料作为劳动资料的职能中断了，但生产过程从而生产资料的职能却继续下去”（第 139 页）。自然过程是劳动过程的中断，但却是生产过程本身造成的劳动过程的中断，从而又是生产过程的继续。

3. 生产过程中断时间

这里的中断是指劳动过程的周期性中断，如有些工厂在夜间的停工休息，这时的生产资料虽然仍留在生产领域，但既不在劳动过程中执行职能，也不在生产过程中执行职能，生产资本因生产过程的休止而中断了它的职能。这时劳动资料的消耗不会带来产品的增多，但会通过价值的转移而加大产品的价值。

在我国出版的政治经济学教科书和《资本论》辅导材料中，有关生产时间构成方面内容的认识，存在以下几个问题：

第一，在生产时间构成中只包括生产资料储备时间和生产过程时间，没有生产过程中断时间，而马克思在第138—141页中多次提到这一时间。有的著作虽也列出了由于节假日和夜间停工引起的生产过程的中断时间，但却将这种停工时间和自然过程时间甚至劳动过程时间合并在一起，称之为“Pm留在生产过程的时间”①。

第二，将劳动过程时间和自然过程时间分别作为完全独立的项目和生产资料储备时间相并列。而不是将劳动过程时间和自然过程时间合并为生产过程时间去和生产资料储备时间相并列，这会带来两个问题：一个问题是，如果说劳动过程是属于生产过程的话，那么自然过程是否也属于生产过程呢？这里没有进行回答；另一个问题是，既然没有生产过程的进行这一构成，生产过程的中断这一构成又从何而来呢？有些著作将它排斥在生产时间之外，就不会使人感到奇怪了。

第三，有的著作将非劳动时间解释为劳动过程中断的时间②，这是不够确切的，对于夜间的停工时间和自然过程时间来看，大体上是正确的；对于生产资料储备时间来看，就不确切了。生产资料储备时间是非劳动时间，但不能说是劳动过程中断时间，因为生产资料处在仓库中，尚未进入劳动过程，不存在劳动过程是否中断的问题。在劳动过程开始之前的自然过程也是如此。应该说，生产时间中的非劳动时间就是劳动过程以外的生产时间。

（二）分析生产时间构成的意义［第139页末段—第140页末段］

首先，是为了区分劳动时间和非劳动时间。在这两部分时间里，只有劳动时间才创造价值与剩余价值，资本家为什么要尽可能缩短生产时间超过劳动时间的部分，原因就在于此。

其次，是为了区分生产时间超过劳动时间的各个部分。生产时间超过劳动时间的部分，包括生产资料储备时间、生产过程中断时间和自然过程时间三部分，不论在哪一部分时间内，“生产资料都不起劳动吸收器的作用。它们不吸收劳动，也就不吸收剩余劳动”（第141页）。尽管这三部分时间都不会使资本增殖，但是它们对价值与使用价值的形成分别起着不同的作用。在第139页末段和第140页第1段中，马克思依次分析了在生产资料储备时间、生产过程中断时间和自然过程时间内的这种作用。

二、流通时间［第141页第1段—本章完］

流通时间就是资本在流通领域停留的时间。在流通领域内，资本采取了商品资本和货币资本的形式，先后通过由商品形式转为货币形式，再由货币形式转为商品形式这两个流通过程。这两个流通过程从形式上看，与简单商品的流通过程没有区别。

（一）流通时间的性质和作用［第141页末段—第142页末段］

资本在流通时间内不是执行生产资本的职能，因此既不生产商品，也不生产剩余价值。不仅如此，由于流通时间和生产时间是互相排斥的，资本的流通时间还压缩生产时间，从而对价值的增殖起着一种消极的限制作用。

流通时间和生产时间的互相排斥，在以下两种情况下都会表现出来。第一种情况，在循环的最简单的形式中，即总资本每次都是一下子由一个阶段全部进到另一个阶段，资本处于流通过程时，生产过程就中断，资本增殖立即停止，流通过程结束，生产过程就开

① 参见张薰华、洪远朋：《〈资本论〉提要》第2册，上海人民出版社1978年版第43页。
② 参见洪远朋：《新编〈资本论〉教程》第2卷，复旦大学出版社1989年版第64页。

始，资本增殖也恢复起来。第二种情况，总资本同时处于货币资本、生产资本和商品资本中，循环依次进行，流通时间占得越多，生产时间就会越少；流通时间占得越少，生产时间就会越多。如资本家一方面按订货生产，另一方面支付给他的又不是货币，而是他所需要的生产资料，流通时间就会接近于零，资本几乎完全处于生产时间中，使资本发挥最大的职能。

由于在流通时间内不能创造价值与剩余价值，因而流通时间本身对价值增殖的作用是消极作用，但是流通时间的长短会影响到生产时间的长短，从而影响到价值的增殖程度，因而它的作用又是积极的。资产阶级经济学家只看到表面现象，把流通时间对资本增殖的消极作用看作是积极的作用，把资本增殖的源泉归之于流通领域，与生产过程无关。这种谬论由于以下各种现象而根深蒂固：①资本主义利润的计算方法；②在资本周转中，从生产到再生产，是以流通为中介的；③商品要转变为可变资本（工资），先要转化为货币。

（二）流通时间的构成及其地位［第 143 页第 1 段—本章完］

资本在流通领域内，总要通过 W—G 和 G—W 这两个对立的阶段，资本的流通时间也相应包括由商品转化为货币所需要的时间（销售时间）和货币转化为商品所需要的时间（购买时间）。

在上述两部分流通时间中，更重要的是 W—G 这一销售阶段所耗费的时间，为什么呢？马克思讲了以下三点原因：

第一，销售阶段 W—G 是资本形态变化的最困难部分，因此，在通常的情况下，是占流通时间较大的部分。在购买阶段 G—W 中，货币（G）是一般等价物，可以随时与任何商品直接交换，比销售阶段由特殊商品变为一般等价物容易得多。如果考虑到资本主义制度中的工人购买力问题，销售阶段就更为困难了。购买阶段虽然比较容易，但也会由于各种因素的影响使流通阶段所耗费的时间长短不一，如由于购买与销售在时间上、空间上的分离，需要的生产资料要到远地采购。由于购买市场和销售市场在空间上的分离，流通当事人也分离为采购者和推销者，流通当事人的报酬由生产当事人支付，而不是由消费者支付。［第 143 页第 1 段］

第二，由于生产的资本主义性质，销售阶段 W—G 不仅是价值形态的改变，而且包含了剩余价值的实现，成为 W′—G′，而 G—W 就不是这样。［第 144 页第 1 段］

第三，商品作为使用价值存在会自然损耗，最后导致自然消灭，因此必须在一定时间内销售出去，流通时间的最大界限不得达到商品使用价值自然消灭的时刻。因此，商品的销售时间受到商品使用价值变坏的快慢程度的限制以及由此引起的空间上的限制。如蔬菜、鲜奶等，要求立即就近销售。这里还没有考虑产品的更新换代、服装的款式与季节的转换、储备保管费用等各种因素。［第 144 页末段］

第六章 流通费用

流通费用就是在商品流通时间内支出的费用，根据流通费用各个部分的不同性质、不同作用及不同的补偿方法，可以区分为纯粹的流通费用、保管费用和运输费用三个部分。

Ⅰ. 纯粹的流通费用

纯粹的流通费用是在价值发生形式上变化（由商品转化为货币和由货币转化为商品）时所引起的各种“买和卖方面的费用”①，包括单纯买卖时间的费用（直接由于买卖行为而支出的费用）、簿记费用和生产货币的费用三个部分。

在《资本论》第3卷第321—322页中，马克思指出：“纯粹的商业流通费用（因为发送、运输、保管等费用除外），归结为这样一些费用：为了实现商品的价值，使之由商品转化为货币或由货币转化为商品，对商品交换起中介作用所必需的。……我们在这里考察的费用，是指买和卖方面的费用。以前已经指出，这种费用归结为计算、簿记、市场、通讯等方面的开支。为此必需的不变资本包括事务所、纸张、邮资等。另外一些费用则归结为可变资本，这是为雇用商业上的雇佣工人而预付的。”

1. 买卖时间

本小节说的是“单纯买卖时间的费用”（第152页）。

一、产业资本家充当流通当事人时买卖行为的性质与作用［本小节第1段—第148页末段］

买卖时间就是从商品到货币和从货币到商品的形式转化所需要的时间，在这一时间内，直接由于买卖行为而引起的费用，如派人采购与推销商品、做广告、建立销售点等开支的费用。（后来，商业资本从产业资本中分离出来，专门从事购销活动，这个问题留在下文分析。）

在价值形式变化过程中，按照等价交换原则，价值量在买者和卖者手里都不会发生变化，即使贱买贵卖，改变的也只是价值分配，价值总额仍不变。

为了买卖，就要花费时间，就要投入劳动力和支付各种费用。但是在这里无论花费多少，都不会增加商品的价值总量，就如同为了争夺一笔财产，在诉讼上无论花费多少时间和费用，都不会使诉讼对象的价值量有所增加。“买卖时间并不创造价值。”（第148页）

---

① 《资本论》第3卷第322页。

独立的直接生产者如此，产业资本家如此，商业资本家和店员同样如此。①

买卖行为既然是非生产性的，那么由此引起的各种费用也就不能转移到商品的价值中去，虽然它在一定程度上可以通过提高价格转移到消费者身上，但不会加大商品的价值量，它的支出要从商品价值中扣除，"流通当事人必须由生产当事人支付报酬"（第 144 页）。对于独立的小商品生产来说，流通时间是劳动时间的一种扣除。

买卖行为虽不创造价值与使用价值，但它造成了商品与货币的互相转化，资本的流通时间成为资本再生产时间的一个必要部分，一个必要的因素。尤其是专门从事买卖活动的商人，"可以通过他的活动，为许多生产者缩短买卖时间。因此，他可以被看作是一种机器，它能减少力的无益消耗，或有助于腾出生产时间"（第 148 页）。

二、雇佣工人充当流通当事人时买卖行为的性质与作用［第 149 页第 1 段］

产业资本家自己经营商业活动时，同样要雇用或多或少的工人充当买卖的当事人。这批雇佣工人和生产商品的雇佣工人一样劳动，这种劳动是必要的，但却是非生产性的，他的劳动既不创造价值，也不创造产品。

从事买卖活动的雇佣工人虽不创造价值，但同样受产业资本家的剥削。因为作为雇佣工人，他们的劳动时间也一定会被分为两部分，一部分是必要劳动，通过这一部分劳动，社会产品有一部分转移到他们手中；另一部分是剩余劳动，这一部分劳动虽然没有创造出剩余价值，但却由于产业资本家没有对这一部分劳动支付报酬而减少了资本的流通费用，这一减少部分来自对从事买卖活动的雇佣工人收入的扣除。

当商业资本从产业资本中分离出来之后，形成了商业资本家对店员的直接剥削关系，这一点，要在第 3 卷中进行分析，但马克思在这里的分析已经把这种关系讲清楚了。

三、小结［第 150 页第 1 段］

上述两种流通当事人的买卖行为都是必要的，但是"无论如何，用在买卖上的时间，是一种不会增加转化了的价值的流通费用"（第 150 页）。

马克思在这里虽然对雇用流通当事人的资本称作可变资本，但这是从一定意义上使用的概念，与第 1 卷中所分析的可变资本是不同的。

2. 簿　记

一、簿记费用的性质［本小节第 1 段—第 152 页第 1 段］

簿记费用就是对生产和流通过程记载账目耗费在记账员、笔墨纸砚和现代的电脑、打印机、复印机等劳动资料上的费用。记账的活动或者由生产者直接担任，作为生产职能的附带部分；或者从生产职能中分离出来，由专职的记账员和财务机构担任。无论是哪一种，都不能形成产品的价值。簿记费用要从总收益中扣除，从这一方面看，簿记费用和单纯买卖时间费用没有什么区别，属于纯粹流通费用一类的开支。

① 参见《资本论》第 3 卷第 17 章。

二、簿记费用与单纯买卖时间费用的区别［第152页第2—3段］

簿记费用与单纯买卖时间费用有两点区别：

第一，单纯买卖时间的费用是与商品生产相联系的。簿记费用是与生产的社会化程度相联系的。随着生产越来越社会化，簿记将越来越有必要。到社会主义社会和共产主义社会，买卖活动没有了，簿记却仍然存在，并且“将比以前任何时候都更重要”①。

第二，单纯买卖时间费用只发生在流通领域，簿记费用则不仅发生在流通领域，也发生在生产领域。这种费用，在小商品生产者那里是不明显的，一旦形成大规模生产，并独立出来，这笔费用就会令人触目惊心。

3. 货　币

在商品交换发展的一定基础上，需要金银等贵金属商品充当货币，它们起一般等价物的作用。在商品生产高度发展的资本主义社会，尤其需要大量的金银货币，于是，社会财富的一部分被束缚在这种货币形式上，既不能进入个人消费领域，也不能进入生产消费领域，并且在使用中还会发生磨损。为了补偿金银货币在流通中的磨损，就要用大量人力、物力和财力去开采金银，铸造货币。开采金银的劳动是创造价值与使用价值的劳动，但是金银作为货币商品，对社会来说，它的开采费用是由商品生产造成的流通费用，不能转移到商品的价值中去。金银货币在流通中的磨损是社会财富因流通造成的不可避免的损失。

Ⅱ. 保管费用

保管费用与纯粹流通费用（由价值的单纯形式变换引起的费用）都是流通费用。从社会的观点看，保管费用的支出同样不能增加使用价值，因而也是资本主义生产上的非生产费用（见第154、156—157页）。但是，对从事保管与运输的单个资本家来说，保管与运输虽然处于流通过程中，却是生产过程的继续，起着创造价值与剩余价值的作用，保管与运输的费用具有生产性质，只不过被流通掩盖起来了。纯粹流通费用是通过对商品价值的扣除来支付的，保管与运输费用则是通过对商品价值的追加进行补偿，这种加价按照比例分配到商品的价格上。

本节分两部分论述，第一部分：储备形成一般，说明商品储备的必然性及各种储备形式；第二部分：真正的商品储备，着重论述资本主义社会的商品储备及其费用问题。

1. 储备形成一般

一、商品储备的形成与保管费用的支出［本小节第1段—第156页第1段］

当产品作为商品资本存在或停留在市场上时，就形成商品储备。商品储备的过程从产品的生产过程结束时开始，一直到进入消费过程时为止。

---

① 《资本论》第3卷第965页。

在商品资本循环 $W'—G'—W<^{A}_{Pm}\cdots P\cdots W'$ 中，商品储备共出现两次，一次是在 W′—G′销售过程中，另一次是在 $G'—W<^{A}_{Pm}$ 购买过程中。“生产过程和再生产过程的不断进行，要求相当数量的商品（生产资料）不断处在市场上。”（第 155 页）从销售方面看，W′—G′这一形式转化得越快越好，但现在由于商品储存发生了停滞，从而影响了资本循环的进行，这种储备是违背销售者的意愿的；但是从购买方面看，“对 G—W 来说，商品不断存在于市场，即商品储备，却是再生产过程不断进行的条件，是投入新资本或追加资本的条件”（第 155—156 页）。“没有商品储备，就没有商品流通。”（第 163 页）“只是由于有了这种储备，流通过程从而包含流通过程在内的再生产过程的不断连续进行，才得到保证。”（第 165 页）

商品资本既然要作为商品储备停留在市场上，就要建仓库，派人力搬运、保护、看管等，商品储备的形成必然带来保管费用的支出。

二、保管费用与纯粹流通费用的比较 ［第 156 页第 2—3 段］

比较保管费用与纯粹流通费用，既有共同点，也有区别点。

保管费用与纯粹流通费用一样，“这些费用不属于生产领域，所以算作流通费用”（第 156 页）。一方面，为了储备商品，从直接的生产过程中抽出资本与劳动力耗费在保管工作上；另一方面，商品储备不仅不能增加社会产品，反而要从社会产品中得到资本消耗的补偿，从这两方面看，保管费用也是非生产费用。

区别在于，买卖交易、簿记等纯粹流通费用“只是同商品价值的形式有关”（第 157 页）；保管费用不仅与价值形式有关，而且还与使用价值有关，对使用价值发生作用，不仅关系到价值形式的变化，而且关系到价值量的保存或者增加。通过保管工作，使用价值虽然也会减少，但受到了限制，商品的价值由于追加了物化劳动和活劳动而增加，因此变贵了。

在某种情况下（如商品储备超过了正常的需要），保管费用只与价值形式变化有关，这种保管费用与纯粹流通费用就没有什么区别了。这一点，在第 165 页末段上有具体说明。马克思说保管费用“在一定程度上加入商品价值”（第 156 页），指的也是这一类情况。储备超过正常需要的程度，保管上追加的物化劳动和活劳动就不能加入到商品价值中去，这个问题在第 163—166 页上有详细论述。

三、储备的三种形式 ［第 157 页第 1 段—本小节完］

商品储备是产品在商品生产社会所采取的储备形式。不是商品生产社会，同样要进行储备，如生产资料的储备和生活资料的储备，只不过不采取商品储备的形式罢了。总的来说，储备有三种形式：生产资料的形式（资本主义社会中生产资本储备的形式）、个人消费基金的形式、商品储备的形式（资本主义社会中商品资本储备的形式）。

在这里，马克思批判了以亚当·斯密及莱勒为代表的在储备形式问题上的错误见解。

亚当·斯密认为只有资本主义社会才存在储备，以致产生社会历来就是干一天吃一天的可笑的误解，这种见解是不符合事实的。

英国资产阶级经济学家莱勒（1814—1856）则认为储备将随着资本主义生产的发展而减少。马克思从本卷第 159 页开始到该小节结束，着重批判了这种错误看法，并指出，随着资本主义的发展，由于四种因素（生产规模的扩大使生产资料源源不断的有保证的供应；运输工具的发展；信用制度的发展；原料、半成品生产时间的缩短）的作用，以生产资料形式存在的生产资本的储备表现出不断减少的现象，但是，生产资本形式储备的减少就意味着商人手中商品储备形式的增加，改变的只是储备形式，而不是储备量。显然，莱勒是把生产资本储备的减少看作是整个储备的减少了。

斯密和莱勒的共同错误是把储备形式与储备本身混为一谈。

2. 真正的商品储备

一、资本主义社会商品储备不断增长的三个因素［本小节第 1 段—第 162 页第 3 段］

第一，商品范围的扩大和资本主义生产的发展。商品范围的扩大引起直接的生产储备和消费储备形式的减少及商品储备的相对增大。资本主义生产的发展引起商品储备的绝对增大。

第二，由于供求矛盾日益尖锐，越来越多的商品出现在市场上寻找销路。

第三，雇佣工人队伍的扩大，要求市场上有越来越多的生活资料能够保证逐日供应他们日常的需要。

二、保管费用加入商品价值的条件与程度［第 162 页末段—本小节完］

马克思指出："储备形成的费用包含：①产品总量的减损（储存面粉时就是这样）；②质量变坏；③维持储备所需的对象化劳动和活劳动。"（第 166 页）

这些费用并不是任意加入商品价值中去的，而是在一定条件下和一定程度上才能加入商品价值中去。具体来说：

第一，储备必须是非自愿的。出于自愿的如囤积居奇，所支出的保管费用就不能加入商品价值中去，即使发生价格猛涨的价值革命，投机获得成功，那也不是由于支出保管费用造成的。［第 163 页末段—第 164 页第 1 段］

第二，储备量必须是正常的。为了保证流通过程从而使包含流通在内的再生产过程的不断进行，市场上必须经常保持一定量的商品储备。在这一限度内，费用的支出、物化劳动和活劳动的追加，是要加入到商品价值中去的。但是，当商品大量涌向市场，超过商品储备的正常需要量时，形成了积压。"这时，商品储备已经不是不断出售的条件，而是商品卖不出去的结果。费用仍旧是一样的，但是，因为它现在完全是由形式产生，也就是由于商品必须转化为货币而产生，并且是由于这种形态发生困难而产生，所以它不加入商品价值，而成为在价值实现时的扣除，即价值损失。"（第 166 页）［第 164 页末段—第 165 页末段］

此外，商品的损耗和各项保管费用的开支必须是正常的。商品的价值量是由社会必要劳动时间决定的，包含在商品中的物化劳动和活劳动的消耗也必须符合社会必要劳动时间。

Ⅲ．运输费用

一、运输费用与纯粹流通费用的区别［本节第 1 段—第 168 页第 1 段；本节末段］

纯粹流通费用“仅仅是实现价值或价值由一种形式转变为另一种形式所需的费用”（第 167 页），是非生产费用，不能加入商品价值，要通过对剩余价值的扣除得到补偿。

运输费用虽然发生在价值形式的变化过程中，但却并不只是由价值形式的变换引起的。一方面，没有运输，商品也可以流通，如买卖房屋和商品交易所的买空卖空；另一方面，有运输，也可以没有商品流通，如社会产品不采取商品形式的运输。

运输业的职能在于使商品（在客运中是人）通过空间的移动发生位置的改变。产品只有从一个生产场所运到另一个生产场所，再从生产领域运到消费领域，产品的运动才算完成，这种职能是和把棉花从梳棉车间运到纺纱车间，煤炭由井下运到地面所起的作用是一样的，成为生产过程在流通领域的继续。“因此，投在运输业上的生产资本，会部分地由于运输工具的价值转移，部分地由于运输劳动的价值追加，把价值追加到所运输的产品中去。”（第 168 页）

二、运输费用的决定与变动趋势［第 168 页第 2 段—第 169 页第 2 段］

（一）决定运输费用的因素［第 168 页第 2 段—第 169 页第 2 段］

第一，运输状况。运输费用的绝对量和运输的距离成正比，与运输的生产力成反比。

第二，商品状况。运输费用的相对量和商品的体积、重量及运输的难度（易燃、易爆、易破碎、易腐烂、易腐蚀、鲜活动植物、含毒素等）成正比，与商品的价值量成反比。

（二）资本主义社会运输费用的变动趋势［第 169 页末段］

在资本主义社会，运输费用的变动表现出两种相反的趋势。一方面，由于交通运输工具的发达，运输规模的扩大，使单个商品的运输费用减少；另一方面，由于商品范围的扩大，商品市场的伸远，单个商品的运输费用又会增加。

第二篇　资本周转

上一篇研究的是产业资本的循环，中心内容是资本运动的阶段与形式，着重研究了资本运动的形式。这一篇研究的是产业资本的周转，中心内容是资本运动的时间与速度，着重研究资本运动的速度。

这一篇从第 7 章开始，到第 17 章结束，共 11 章，包括三个部分：

一、什么是资本周转的速度（第 7 章）

二、决定资本周转速度的三个基本因素（第 8—14 章）

（一）生产资本的构成（第 8—11 章）

1. 固定资本和流动资本——生产资本根据周转方式的划分及其对资本周转速度的影响（第 8 章）
2. 预付资本的总周转。周转的周期——生产资本根据周转方式划分后对整个资本周转的速度如何计算（第 9 章）
3. 对古典政治经济学关于固定资本和流动资本的学说的批判（第 10—11 章）

（二）劳动时间和生产时间（第 12—13 章）

（三）流通时间（第 14 章）

三、资本周转速度的作用与影响（第 15—17 章）

（一）对预付资本量的影响（第 15 章）

（二）对年剩余价值率的影响（第 16 章）

（三）对剩余价值流通的影响（第 17 章）

和上一篇一样，本篇研究的对象仍然是产业资本，而且作为单个资本来考察。

第七章　周转时间和周转次数

一、资本周转考察的对象［本章第1段—第173页第2段］

资本循环与资本周转是密切联系在一起的。资本主义的生产目的是追求剩余价值，资本家要使剩余价值源源不断地流入他的口袋，就要使资本循环反复不断地进行下去。资本循环反复进行到一定次数，就会形成资本的一次周转，即预付资本的全部价值经过增殖以后，又复归到出发点。

上篇介绍了产业资本循环有三种形式：货币资本循环、生产资本循环、商品资本循环。资本周转所要考察的循环究竟是哪一种形式呢？这要取决于资本周转本身的要求。资本周转是从预付资本出发的，经过增殖之后，又复归到出发点，货币资本循环及生产资本循环均符合这一要求，适用于对资本周转的研究。商品资本循环出发点却不是预付的资本价值，而是已经增殖的资本价值，这种形式对第3篇的研究很重要，对第2篇的研究则是不适用的。

货币资本循环与生产资本循环虽然都适用于对资本周转的研究，但作用各不相同。货币资本循环主要适用于研究周转对剩余价值形成的影响，生产资本循环主要适用于研究周转对产品形成的影响。

二、周转时间［第173页末段］

马克思指出："资本的循环，不是当作孤立的过程，而是当作周期性的过程时，叫做资本的周转。"（第174页）① 所谓周期性，就是从一定形式的预付资本（货币资本或生产资本）开始，到这个资本带着剩余价值以同样形式全部回到资本家手里为止所构成的资本运动的一个完整过程。完成这一过程所需要的时间就是资本的周转时间，即周转期间。资本周转时间是由生产时间和流通时间两部分组成的。

什么是资本周转？我国不少政治经济学教科书解释为不间断地周而复始的资本循环，即一次循环称之为周，再一次循环称之为周而复始，接连不断的循环，就称之为资本的周转。这种解释是不正确的，它的根本错误在于用资本循环的次数的多少来区分第1篇中的资本循环和第2篇中的资本周转。

第一，资本周转的实质在于是否从周期性考察产业资本的循环，而不能离开这个周期性去考察资本循环的次数。

所谓周期性，也就是资本的回流问题，包括投入的预付资本什么时候能全部回流，每一次循环过程结束时能回流多少，回流的速度快慢有何意义和作用，如何加快回流的速度，等等。离开这个周期性去考察资本循环，无论怎样反复不断地进行下去，都不能称之

① 参见第340、389、391页；《马克思恩格斯全集》第50卷第101页。

为资本周转。在第 1 篇中，马克思就研究过这种反复不断的循环，例如，货币资本循环的反复中就包括了生产资本循环和商品资本循环，这说明三种循环形式的统一，但绝不能由此说明资本的周转。

反之，如果从周期性去考察，即使是在资本预付后开始的第一次循环，已经是进入资本周转了。例如，循环一开始时，我们就研究这一次循环能回流多少资本，如何加快这次循环中资本回流的速度，能说这一次循环就不是周转吗？流动资本部分除了用于储备外，在一次循环过程中全部投入生产过程，全部消耗，经过价值的转移和重新创造，以产品的形式投入市场，经过流通又全部回流。在一次循环中就完成一次资本周转，为什么一次循环就不能称之为资本周转呢？

第二，全部预付资本如果要完成一次周转，即形成一个周期，确实需要许多次的循环才能使预付资本全部回流，但是究竟需要多少次循环，也有一个量的规定。

由于预付资本在一次循环过程中只能回流一部分，要全部回流必须经过多次循环过程才能完成，究竟需要多少次，要根据预付资本量和每次循环过程结束后的回流量加以确定，不能随意说只要反复循环就是周转。完成一次资本周转固然需要多次循环，但却有一个量的规定。例如，资本家的预付资本为 100 万镑，循环一次时间为 1 年，年商品价值 30 万镑，其中剩余价值为 10 万镑，每年可收回资本 20 万镑。到了第 5 年，预付资本 100 万镑即可全部收回，完成了资本的一次周转，即完成一次资本周转需要有 5 次循环。

在进行实际计算时，通常把剩余价值部分也计入预付资本的回流中，这种计算是不准确的。① 但是，在剩余价值没有被资本家全部用作个人消费，而是将其中一部分转化为追加资本时，预付资本的回流量就会因这一追加资本回流量的加入而增大和加快。

第三，资本循环和资本周转都是一次又一次反复地进行运动，但对资本周转概念的界定，既不受资本循环次数的限制，也不受完成资本周转次数的限制。

完成一次资本周转，即结束一个资本的周期，需要有一定的循环次数，但是要界定是否为资本周转，与循环的次数（不论它是一定量或任意量）是无关的。同样，要界定是否资本周转，与完成资本周转的次数也是无关的。

资本是一种运动，资本循环反复不止，资本周转也会反复不止，但是不能由此得出结论说，预付资本完成一次周转后，还必须再来个“周而复始”，即再来一次甚至更多次的周转才叫做周转，否则只能是周而不转，笔者认为并不如此。一次周转不是周转，多次周转才是周转，这种说法是难以成立的。

第四，如果离开周期性的考察，把一次循环说成是一个周期，把这种“周而复始”的循环称之为周转，会引起各种混乱。

首先，会搅混资本循环和资本周转所要研究的不同内容。一次循环和反复不断地进行的循环在第 1 篇中已经进行了研究，如果把一次循环称做周期，连续不断的循环称做周转，第 1 篇和第 2 篇的研究内容还有什么区别呢？不少教科书在资本循环这一节中论述资本循环是一种不间断的、周而复始的运动，又在资本周转这一节中将这一论述作为资本周转的定义，就是这种混乱的表现。他们错误地认为循环就是周转，周转就是循环。

其次，会搅混资本循环和资本周转所要研究的不同对象。作为资本循环的研究对象包括产业资本的三种循环形式，作为资本周转的研究对象限于货币资本的循环和生产资本的

---

① 参见《资本论》第 3 卷第 254 页。

循环，不包括商品资本的循环。对于商品资本的循环，无论是一次循环还是反复不断的循环，都不能成为周转。

再次，会出现一个没有周转的周期。把资本循环一次称之为周期，连续不断地循环下去，才称之为周转。这就是说，在第一个周期内还不包括周转，但是，没有资本的周转怎样会形成一个资本的周期呢？

为了使研究的问题简单化，我们可以假定，预付资本经过一次循环过程就全部回流。在这种情况下，循环一次就形成一个周期，但是我们绝不能因此离开周期性的考察，用循环的次数取代资本回流的数量，去研究资本的周转。

三、周转次数［第 174 页第 1 段—本章完］

资本周转一次所需要的时间在不同的生产部门、不同的企业是很不相同的。造船业周转时间很长，食品工业周转时间很短，如何才能对它们之间的周转速度进行比较呢？这就要求有一个共同的自然计量单位——年来加以比较，看一年内资本的周转次数是多少。计算公式如下：

$$\text{年周转次数（n）}=\frac{\text{周转时间的计量单位——年（U）}}{\text{一定资本的周转时间（u）}}$$

例如，周转时间 $u=3$ 个月，年周转次数 $=\frac{12}{3}=4$ 次

为什么要以年作为共同的计量单位？马克思说：“在温带这个资本主义生产的祖国，最重要的农产品都是一年收获一次。”（第 174 页）

决定年周转次数即资本周转的速度有多种因素，首先是生产资本的构成，在第 1 卷中，我们按生产资本在价值增殖中的不同作用划分为不变资本和可变资本。现在，则要根据周转方式的不同，将生产资本划分为固定资本和流动资本。下一章，马克思将向我们介绍生产资本的这两种形式。

第八章　固定资本和流动资本

决定资本周转速度的因素有生产资本的构成、生产时间的长短和流通时间的长短。从本章开始，一直到第 11 章，将研究决定资本周转速度的第一个因素：生产资本的构成。

关于生产资本的构成，在上卷里已作过研究，马克思根据生产资本中各个部分在价值增殖中所起的作用不同，把以生产资料（包括劳动资料和劳动对象）形式存在的这一部分生产资本称之为不变资本；把以劳动力形式存在的这一部分生产资本称之为可变资本，这一划分对揭露资本主义的本质有重大意义，因而是一种本质上的划分。马克思又根据生产资本中各个部分在周转方式（包括价值的转移方式、流通方式和补偿方式）上的不同，把以劳动资料形式存在的这一部分生产资本称之为固定资本，把以劳动对象及劳动力形式存在的这一部分生产资本称之为流动资本，这种划分是一种形式上的划分，不能揭露资本主义的本质，但对研究资本周转速度有重要意义。

生产资本划分为不变资本和可变资本同划分为固定资本和流动资本，所包含的内容可以用下表表示：

按照生产资本各部分在价值增殖中的不同作用划分	生产资本构成	按照生产资本各部分的不同周转方式划分
不变资本	劳动资料价值	固定资本
	劳动对象价值	流动资本
可变资本	劳动力价值	

Ⅰ. 形式区别

固定资本和流动资本是根据生产资本的各个组成部分在周转方式上的不同而进行的划分。固定资本是以劳动资料形式存在的生产资本，每次生产过程结束后，价值发生部分损耗、部分转移、部分进入流通，价值实现后，以折旧费用形式提存，直到劳动资料报废后才进行补偿和更新。流动资本是以劳动对象形式存在的生产资本，每次生产过程结束后，价值全部消耗、全部转移、全部进入流通，价值实现后，立即进行补偿。以劳动力形式存在的生产资本，它的价值在生活中消耗，不能转移到产品中，但可以通过劳动力的劳动在一次生产过程中全部重新创造出来，因此将它归入流动资本。

一、不变资本中的劳动资料在流通方式与周转方式上的特征 [本节第1段—第182页末段]

不变资本中的劳动资料如厂房、机器等，在执行职能期间，一直保持原有的使用形式，它在物质上是不加入产品中去的，如棉纱中的物质成分是棉花，不包含厂房的砖瓦、纺纱机的钢铁。只有劳动资料的价值才转移到产品中去，一捆棉纱虽不包含砖瓦、铁粉之类的物质，却包含了厂房、纺纱机所消耗的价值。厂房、机器之类的劳动资料的价值不是一下子全部转移到产品中去，而是逐渐转移到产品中去的。一台机器能用10年，每年转移的机器价值也只有扣除残值后的$\frac{1}{10}$，计算时，分摊到产品中去就行了。

下面，具体分析一下不变资本在流通方式与周转方式上的特征。

（一）独特的流通方式 [第176页末段—第181页末段]

1. 不变资本中的劳动资料与劳动对象在流通方式上的区别 [第176页末段—第179页第1段]

任何资本，包括购买劳动资料这一部分资本在内，都必须处于不断流动的状态，从货币资本到生产资本，再从生产资本到商品资本，最后又回到货币资本；从流通到生产，又从生产到流通，川流不息。但是，劳动资料这一部分生产资本的流通有它独特之处：第一，"这个资本部分不是在它的使用形式上进行流通，进行流通的只是它的价值"（第177页），因而直到劳动资料完全损耗之前，始终保持它原有的独立的使用形式，只被生产地消费，不进入个人消费领域，它的物质不加入到产品中去；第二，价值的流通也只是逐步地、一部分一部分地进行，劳动资料直到完全损耗之前，总会有一部分价值固定在劳动资料里面。马克思指出："由于这种特性，这部分不变资本取得了固定资本的形式。在生产过程中预付资本的其他一切物质组成部分，则与此相反，形成流动资本。"（第177—178页）

在上述两个特征中，决定性的是第二个特征。如劳动对象中的燃料与照明用电，虽然在物质上也不加入到产品中去，但不是固定资本；运输工具虽进入个人消费，但属于固定资本；劳动对象中用于改良土壤的肥料可以在多年内发挥作用，其中一部分当年在物质上加入产品，另一部分则保持它原有的使用形式，把它的价值固定在这种形式上，虽然它也将逐年在物质上加入产品，但也取得固定资本形式。

不变资本中的劳动资料价值为什么会具有上述独特的流通方式呢？马克思指出："决定一部分投在生产资料上的资本价值具有固定资本性质的，只是这个价值的独特的流通方式。这种特别的流通方式，是由劳动资料把它的价值转移到产品中去，或者说，在生产过程中充当价值形成要素的特殊方式产生的。而这种方式本身，又是由劳动资料在劳动过程中执行职能的特殊方式产生的。"（第179页）这一段话的基本论点是：劳动资料在生产过程中逐渐消耗决定劳动资料的价值逐渐转移，劳动资料价值的逐渐转移决定劳动资料价值的逐渐流通，劳动资料价值的逐渐流通决定劳动资料的资本价值具有固定资本的性质。在第186页上第一点结论中，马克思又大体上重述了一遍，可以对照起来读。

2. 批判资产阶级经济学家在固定资本和流动资本的概念上的混乱 [第179页第2段—第181页末段]

资产阶级经济学家在资本构成问题上的根本错误在于否定生产资本划分为不变资本和可变资本，把固定资本和流动资本的范畴混同于不变资本和可变资本的范畴，掩盖剩余价值的来源。撇开这一点不谈，他们在固定资本和流动资本的概念上也是混乱的。

（1）把固定资本与劳动资料的具体使用形式混为一谈。[第179页第2段—第180页末段]

首先，劳动资料作为劳动过程的一个要素在任何社会都是如此的，但是只有在资本主义生产方式下，劳动资料才成为固定资本。固定资本要在劳动资料这一物质形式上存在，劳动资料却要在一定历史条件下才能成为固定资本，二者是不能混同的。

其次，即使在资本主义生产方式下，也不能把固定资本和劳动资料具体形式混为一谈，如一台机器，只有在生产过程中作为劳动资料执行职能时才是固定资本，在市场上出售就只是商品，不是固定资本。

（2）把固定在生产过程中的资本存在时间的长短作为划分固定资本和流动资本的标准。[第 181 页第 1 段]

把资本周转时间长的生产资本称之为固定资本，资本周转时间短的生产资本称之为流动资本，这是一种误解。农业上的种子，需要在很长时间内固定在生产过程中，但并不因此成为固定资本。工业上同样有这种情况，如架桥梁、建铁路、开运河、造轮船等，原材料投入一次生产过程总得花好几年的时间，这些原材料并不因此成为固定资本。

（3）把地点是否固定和位置能否移动作为划分固定资本和流动资本的标准。[第 181 页末段]

根据这种划分，机器、厂房、高炉、运河、铁路等就被划为固定资本，机车、船舶、役畜等被划为流动资本，这种划分是不科学的。机器、厂房之类之所以成为固定资本，与它的不动性是无关的，不动性不会使机器、厂房等成为固定资本；反之，可动性也不会使机车、船舶等丧失固定资本的性质。

资产阶级经济学家之所以会发生上述种种错误，是由于把劳动资料上具有的某些物质属性，看成是固定资本的本质属性。

（二）独特的周转方式［第 182 页末段］

“固定资本的独特的流通，引起独特的周转。”（第 182 页）在固定资本周转中，随着固定资本的损耗，固定资本的价值一部分一部分地进行转移，先是转移到商品中，接着又经过流通转化为货币。但是，劳动资料直到完全损耗之前，并不需要完全更新，仍以它的实物形式继续执行职能。在这一过程中，固定资本因使用而丧失的价值又以货币准备金的形式逐渐积累起来，等到劳动资料完全损耗时，再由货币转化为新的劳动资料，投入再生产，从而完成固定资本的周转。固定资本的周转不是连续进行的，而是中断相当长的时期。

二、不变资本中的劳动对象和作为可变资本的劳动力价值在流通方式和周转方式上的特征［第 183 页第 1 段—第 186 页第 2 段］

不变资本中的原料、辅助材料等劳动对象及作为可变资本的劳动力等各个组成部分，如果从它们在产品的价值与使用价值的形成上的不同作用这一角度去观察，它们是极不相同的。首先，在价值形成上，原料、辅助材料等劳动对象构成的这一部分不变资本的价值和由劳动资料构成的那一部分不变资本的价值完全一样，仅仅作为原有的价值被转移到新产品中去。而作为可变资本的劳动力则通过劳动过程创造出新的价值，加到原有的价值上去，新创造的价值中一部分是劳动力价值，另一部分是剩余价值。其次，在使用价值形成上，劳动力将自己的劳动加入产品，原料、主要材料和某些辅助材料（如染料）在物质上加入产品，某些辅助材料（如单纯的燃料、照明用电等）在物质上也不加入产品，但在使用价值形成上是不可缺少的条件。

尽管有各种差异，它们在流通方式与周转方式上却有共同性，由于这种共同性，它们都作为流动资本与固定资本相对立。

第一，劳动对象。劳动对象在形成产品时全部消费掉，它们的价值在一次生产过程中就会全部转移到产品中去进行流通，转化为货币，接着，又不停顿地再转化为劳动对象，成为流动资本。

第二，劳动力。劳动力与劳动对象在价值形成上的作用根本不同，劳动力价值在劳动过程中消耗之后是不转移到产品中去的，但是劳动力可以在劳动过程中重新创造出这部分价值（撇开剩余价值部分不说）。但在周转方式上和劳动对象一样，这部分价值也是一次性全部加入到产品中去，并随着产品的出售而转化为货币，实现全部收回，资本家紧接着又将这一部分货币作为预付的货币资本雇用劳动力，完成劳动力价值的周转。

与固定资本相比，流动资本更新一次的量比较小，但次数频繁，时间较短；流动资本通过把它们的全部价值带入流通的产品不断出售来进行更新；流动资本不仅在它们的价值上，而且在它们的物质形式上，不断地完成形态变化的全部循环，不断地由商品再转化为同种商品的生产要素。

三、结论［第186页第3段—本节完］

马克思对上述分析作了四点结论：

（1）只有生产资本能够区分为固定资本和流动资本。

只有生产资本才能够区分为固定资本和流动资本，这是因为只有生产资本在执行职能时才有不同的周转方式。资产阶级经济学家把商品资本与货币资本说成是流动资本，这是把流通资本和流动资本混为一谈，从而把流通资本和生产资本混淆在一起。

（2）在固定资本周转一次的时间内，流动资本周转多次。

这是由于固定资本的价值每次只是一部分随着产品进入流通，另一部分仍保存在继续使用的劳动资料中，而流动资本则全部价值都随着完成的产品进入流通。

（3）固定资本全部一次预付，但逐步分次收回；在分次收回过程中不再重新预付；在劳动资料完全损耗之前，由货币到劳动资料的实物形式再转化被中断。

（4）流动资本要通过劳动对象的不断更新和劳动力的不断购买才能固定在生产过程中。

Ⅱ．固定资本的组成部分、补偿、修理和积累

这一节的中心内容是固定资本的磨损，固定资本的组成部分、补偿、修理和积累等问题都是围绕着这一内容展开的。

固定资本周转一次所需要的时间要以固定资本合乎目的的磨损程度为转移，磨损得快，固定资本就周转得快，反之，则慢，这就有必要对磨损问题进行研究。

对于固定资本的磨损问题，上一节已涉及，是为了对固定资本和流动资本加以区分时一般地谈到这一问题。在这一节里将进行具体的研究，包括固定资本各组成部分的不同磨损情况、对磨损部分的修理与替换、为减轻磨损而进行的维护、为修理与替换被磨损的机器设备而事先准备的货币积累等一系列问题。

一、固定资本的磨损［本节第1段—第190页第2段］

固定资本是由各个组成部分构成的，由于坚固程度和使用程度上的不同，磨损程度各不相同，执行职能的时间也各不相同。因此，同一个固定资本，各个组成部分的周转时间各不相同，这里就产生了对固定资本的维护、修理和局部更换等一系列问题。

造成固定资本磨损的原因有三种：第一，由于使用本身引起的磨损；第二，由于自然力影响造成的磨损；第三，在固定资本执行职能期间发生贬值而引起的磨损。由于前两种原因引起的磨损称之为有形损耗，由于第三种原因引起的磨损称之为无形损耗。这个问题在第1卷的第465页第2—3段上已经讲清楚了，其针对无形损耗的内容，除了因出现更便宜的机器而使原有的机器发生贬值外，还包括出现效率更高、质量更好的机器而使原有的机器带来损失。

二、固定资本的补偿［第190页第3段—第193页第2段］

固定资本发生磨损之后就要进行更新（补偿）和修理，这里先谈更新。

（一）更新的形式［第190页第3—末段］

在资本主义激烈竞争的条件下，固定资本的更新不会以原来被磨损掉的形式进行，而是采用新技术，以革新的形式进行。

（二）更新的步骤［第191页第1段—第191页末段］

由于损耗，固定资本到一定时期就要全部更换，其中有些固定资本先是局部更换，到一定时期实现全部更换；有些固定资本，如作为劳动资料的牛马，到一定时期直接进行全部更换，不经过局部更新的阶段。

在局部更新过程中也有两种情况，一种是由同一种组成部分构成的固定资本，如铁路就是由同一种组成部分铁轨构成的，由于各部分的耐用程度不同，每年要更换一部分，到一定时期，全部更新完毕，这是周期性的更新；另一种是由不同组成部分构成的固定资本，如机器，就由发动机、传动机构、工作机各个不同部分构成，每一部分又有各种零件，在执行职能期间，只更换其中某些组成部分，执行职能停止之后，再实行全部更换，更新过程只是某些部分更新。

（三）折旧基金的使用及其后果［第192页第1段—第193页第2段］

固定资本磨损后，价值转移到产品中，通过流通，又转化为货币，作为货币准备金存放起来，必要时，用来进行固定资本的更新。事实上，不等固定资本全部磨损转化为货币，就可以将已有的货币准备金用来扩大企业规模或改良机器，以提高机器效率。这两种情况都会造成扩大再生产，一种是外延的扩大再生产（扩大企业规模），一种是内涵的扩大再生产（改良机器）。这两种扩大再生产都不是由第1卷中所说的资本积累——剩余价值转化为资本——引起的，而是由固定资本的母体分出来的。这种扩大再生产能够达到多大程度，要受各种条件的限制。

三、固定资本的维修［第193页第3段—第198页第1段］

（一）固定资本的维护［第193页第3—末段］

为了使机器设备正常地运转和减轻磨损的程度，必须经常加以维护。

如何才能维护？第一，固定资本在劳动过程中执行职能，通过使用加以保存。固定资本闲置不用易受损失，投入劳动过程本身就是很好的保存方法。这种劳动保存具有双重意义，一是通过对劳动资料的使用，将它的价值转移到产品中去；另一是通过对劳动资料的使用，保存它的使用价值，并通过保存它的使用价值来保存价值。第二，投入直接的追加劳动，如擦洗的劳动。

为了维护机器设备而直接投入的劳动不是补偿劳动，而是追加劳动，有些维护劳动如机器的擦洗，是利用生产过程中工人的休息时间无偿地完成的，有些维护劳动如机车的擦洗就不能附带地进行。维护劳动需要支出维护费，可列入经常费用，属于流动资本中要弥补的一般非生产费用的部分，它的耗费不断地由产品价值来补偿。

（二）固定资本的修理［第 194 页末段—第 198 页第 1 段］

“一台机器的构造在进入生产过程时不管怎样完美无缺，但在实际使用时会出现一些缺陷，必须用补充劳动来纠正。另一方面，机器越是超过它的中年期，正常的磨损越是增多，构成机器的材料越是消耗和衰老，为维持机器直到它的平均寿命的结束所需要的修理劳动就越频繁，越重要。”（第 195 页）在这两种情况下，为了恢复固定资本的正常使用，需要支出资本和劳动进行修理。

修理费用从何处得到补偿呢？由于它不是来自于原来预付的资本，因而不能从固定资本的价值转移部分抽出来补偿，它的补偿要通过把修理费用相应加进产品的价格中去，在出售产品之后完成。不过这种加价不能在实际支出的同时去进行，而要按照平均支出分摊到固定资本执行职能期间的产品中去。

修理费用的支出是很不规则的，时有时无，时多时少，但补偿时却是按平均支出有规则地进行的，因而形成一种特殊的资本，既不是固定资本，也不是流动资本，但作为一种经常性支出，列入流动资本较为合适。但是有两点需要注意：第一，修理分大修和小修，“大修是固定资本在实物形式上的局部更新”（第 197 页），因而大修理费用属于固定资本，实际工作中由折旧费开支；第二，由于自然灾害，对损坏部分进行更新与修理，这笔费用由保险开支，而保险开支必须由剩余价值补偿，是剩余价值的一种扣除。

四、磨损、补偿与维修的相互关系［第 198 页第 2 段—第 201 页末段］

由于磨损而最后形成的货币准备金，本来是作为对磨损的补偿去使用的，实际上，大部分用去扩大生产规模，造成补偿与磨损的脱节。

固定资本的磨损与修理费用是按平均数来决定的，与实际情况很不一致，造成有的企业所得补偿费用与修理费用有余，有的企业所得补偿费用与修理费用超支，影响了对固定资本磨损的更新与修理。

修理与补偿、维护与更新之间的界限在有些部门难以划清，以致有的部门经理们为了获得股息，玩弄修理与补偿的概念。

有些坚固耐久的工程，在短时期内，磨损与补偿小到近于零，只有修理费用需要计算。

五、货币积累［第 202 页第 1 段—本节完］

固定资本的磨损是逐渐发生的，固定资本的全部更新却是要到一定时期才进行的，因而在固定资本执行职能期间，通过流通转化为货币的部分，要以折旧基金的形式积累起来。即使进行局部的更新，也必须事先有一定量的货币积累。

如不考虑信用制度，这种货币积累是一种贮藏货币，在固定资本更新时，转化为流通手段，更新后又重新形成货币积累，流通货币又变为贮藏货币。在存在信用制度条件下，货币积累通过信用贷给其他资本家使用，执行资本的职能，不再是贮藏货币。

第九章 预付资本的总周转。周转的周期

预付生产资本中的固定资本和流动资本周转期间是不同的。不仅如此，同一企业的固定资本的各个组成部分，以及同一企业的流动资本的各个组成部分，周转期间也各不相同。关于固定资本各组成部分的周转期间问题，在上一章中已谈过了，关于流动资本各组成部分的周转期间问题，在本章第 6 点中作了分析，指出个别企业中流动资本有的部分（如原材料）需要储备，有的部分（如劳动力）不需要储备；储存时间又有长短不同；有些原材料如木材之类，还要有一个干燥过程，因而即使是流动资本，各个组成部分的周转期间也是各不相同的。

周转期间不同，周转速度也就不同，生产资本的不同构成对整个资本周转速度的影响是如何反映出来的呢？整个资本的周转速度是如何计算的呢？这是本章所要研究和解决的问题。

一、预付资本的总周转［本章第 1—3 点；第 5—6 点］

在生产资本不同组成部分存在不同的周转方式（质的差别）和周转期间（量的差别）的情况下，既不能以固定资本及其各组成部分的周转速度作为整个资本的周转速度，也不能以流动资本及其各组成部分的周转速度作为整个资本的周转速度。正确的计算方法是由固定资本的周转速度和流动资本的周转速度加以平均。用这种方法计算的整个预付资本的周转速度称之为预付资本的总周转。马克思指出：“预付资本的总周转，是它的不同组成部分的平均周转。”（第 204 页）

预付资本的总周转是用全部预付资本在 1 年内平均的周转次数来表示的。计算公式如下：

$$\text{全部预付资本的年周转次数} = \frac{\text{全部预付资本 1 年的周转额}}{\text{全部预付资本}}$$

其中，全部预付资本 = 固定资本 + 流动资本

全部预付资本 1 年的周转额 = 固定资本 1 年的周转额（固定资本 × 固定资本年周转次数）+ 流动资本 1 年的周转额（流动资本 × 流动资本年周转次数）

按照本章第 3 点的举例，可得出全部预付资本的年周转次数是 1.08 次（$1\frac{2}{25}$），或者说，全部预付资本周转 1 次共需 11 个月零 3 天（$\frac{12\text{月}}{1.08\text{次/年}} = 11.1\text{月/次}$）。

在这个例子中我们可以看到尽管固定资本每 10 年才周转 1 次，但由于流动资本在 1 年内可周转 5 次，平均的结果，全部预付资本每年仍可周转 1.08 次，不到 1 年（11 个月）的时间，全部预付资本就周转了 1 次，1 年内周转的资本价值（108 000 镑）大于预付资本的总价值（100 000 镑）。

在本章第 5 点和第 6 点中，马克思介绍了英国资产阶级经济学家斯克罗普（1797—1876）对预付资本的总周转的具体计算方法，他的计算方法存在两个问题：

第一，把年利润加入到年回流的资本中，从而缩短了周转期间。按照他举的例子，全部预付资本的周转期间应该作如下计算：

$$全部预付资本的年周转次数 = \frac{33\ 750\ 美元（全部预付资本1年的周转额）}{50\ 000\ 美元（全部预付资本）} = 0.675\ 次/年$$

$$全部预付资本周转期间 = \frac{12\ 月}{0.675\ 次/年} = 17.8\ 月$$

由于斯克罗普把年利润加入到年回流的资本中，全部预付资本周转一次所需要的时间即周转期间被缩短为16个月，计算过程如下：

$$年利润 = 50\ 000\ 美元 \times 7.5\%\ （年利润率）$$
$$= 3\ 750\ 美元$$

$$全部预付资本的年周转次数 = \frac{33\ 750\ 美元 + 3\ 750\ 美元}{50\ 000\ 美元} = 0.75\ 次/年$$

$$全部预付资本周转期间 = \frac{12\ 月}{0.75\ 次/年} = 16\ 月$$

第二，斯克罗普还把由于资本周转方式不同引起的周转时间上的实际差别同由于支付期限和信用关系引起的某些流动资本在流动上的表面差别混为一谈。

固定资本和流动资本有着不同的周转方式，由此引起的周转时间的差别，是一种实际差别。此外，在某些流动资本在流动上也存在着差别，如工资，有日工资、周工资和月工资，原材料的购买次数也各不相同，这些都不是由周转方式的差别引起的，马克思称之为表面差别，斯克罗普把这两种差别混为一谈。

二、周转的周期［本章第4点］

预付资本的总周转和它的各种组成部分的现实周转是不一致的。在第3点的举例中，预付资本总周转1次是11个月，而其中的固定资本部分实际周转期间却是10年，流动资本部分周转期间只有2.4个月（$\frac{12\ 月}{5\ 次} = 2.4\ 月/次$）。因此，预付资本总周转的完成，不等于预付资本各组成部分的现实周转也完成，要使预付资本各组成部分的现实周转也最后完成，那就不是11个月的时间，而是10年的时间。这种由固定资本周转期间决定的预付资本的现实周转就是周转的周期。每一个周转的周期，包括多次的预付资本总周转，在上例中，周转的周期就包括近11次预付资本总周转（$\frac{10\ 年 \times 12\ 月}{11.1\ 月/次} = 11\ 次$）。

周转的周期是资本主义经济危机的周期性爆发的物质基础。经济危机的根源在于资本主义制度，但是资本主义经济发展的周期性反复（危机阶段、萧条阶段、复苏阶段、繁荣阶段）是与周转的周期联系在一起的。在资本主义社会发展时期，资本主义经济的周期性反复大体上10年左右一次，这是由周转的周期平均为10年这一情况决定的。在周转周期开始之后，由于固定资本的不断更新，资本主义经济便日益发展起来，到周转的周期接近完成时，资本主义的繁荣达到顶点。由于固定资本的更新基本上停止，大量的生活资料与生产资料都销售不出去，就会发生经济危机，一直到生产缩减到与低下的购买力大体上平衡时，经济危机才基本结束。但仍处于萧条状态，生产虽不继续下降，但也停滞不前，随着周转周期的重新开始，才使生产开始复苏，逐渐超过危机前的水平，进入新的高涨阶段。

关于资本主义生产的周期问题，在《资本论》第1卷的法文版中作了以下补充说明："直到现在，这种周期的延续时间是10年或11年，但绝不应该把这个数字看作是固定不变的。相反，根据我们以上阐述的资本主义生产的各个规律，必须得出这样的结论：这个数字是可变的，而且周期的时间将逐渐缩短。"①

---

① 马克思：《资本论》，中国社会科学出版社1983年版第675—676页。

第十章　关于固定资本和流动资本的理论。重农学派和亚当·斯密

第 10 章和第 11 章分别论述重农学派及古典政治经济学家斯密和李嘉图关于固定资本和流动资本的理论。第 10 章是对重农学派和斯密的这一方面理论进行评价，绝大部分篇幅是对斯密的批判。

重农学派的创始人，法国的一位医生魁奈已经懂得将农业生产资本区分为“原预付”和“年预付”这两个部分，但是还没有提出固定资本和流动资本这样的概念。他在这方面的贡献有两点：

第一，指出只有生产资本才能区分为“原预付”和“年预付”；

第二，指出“原预付”和“年预付”的区分是根据生产资本各要素在价值转移方式上的不同、价值流通方式上的不同和价值补偿方式上的不同。

但是重农学派又认为只有农业劳动才是生产劳动，因而只有农业生产资本才能区分为固定资本和流动资本，这是错误的。

英国古典经济学家亚当·斯密认为在工业中也能作这种区分，他用周转时间的不同这个一般的区别代替只在农业中才存在的多年周转和 1 年周转的区别，正式提出了固定资本和流动资本的概念。但是，“他的进步只限于范畴的这种普遍化。他所做的说明是远远落在魁奈后面的”（第 212 页）。从第 212 页第 2 段开始，一直到本章结束，马克思对斯密关于固定资本和流动资本的理论进行了详尽的批判。

关于固定资本和流动资本的理论，斯密是在 1776 年出版的《国民财富的性质和原因的研究》一书第 2 篇第 1 章中展开论述的。马克思在这里批判了他两个方面的错误，一是关于固定资本和流动资本是根据什么划分的；二是关于固定资本和流动资本是各由哪些要素构成的。

一、关于固定资本和流动资本的区别［第 212 页第 2 段—第 226 页第 2 段］

斯密在谈到固定资本时说：“其特性是不必经过流通，不必更换主人，即可提供收入或利润。”[①] 在谈到流动资本时又说：“其特性是要靠流通、要靠更换主人而提供收入。”[②] 可见，斯密以是否流通和是否更换所有者来区分固定资本和流动资本，并将这一区分和剩余价值的创造联系起来。

---

① 《国民财富的性质和原因的研究》上卷，商务印书馆 1972 年版第 257 页。

② 《国民财富的性质和原因的研究》上卷，商务印书馆 1972 年版第 258 页。

（一）批评斯密根据提供剩余价值的方式区分固定资本和流动资本［第 212 页第 2 段—213 页第 1 段］

固定资本和流动资本的区别问题所要研究的是如何根据资本周转方式的不同，对生产资本的不同要素（劳动资料、劳动对象、劳动力）加以区分。斯密在这里谈的却是如何根据提供剩余价值方式的不同，对投资部门加以区分，离题十万八千里。

（二）批评斯密把商业资本说成是流动资本［第 213 页第 2 段—第 215 页末段］

斯密一再把流通领域里进行买卖活动的商品资本或货币资本称之为流动资本，甚至说“商人的资本便全然是流动资本”①。马克思在引用了斯密的话的同时，分别指出以下三点：

第一，只有处于生产过程之中的生产资本才能划分为固定资本和流动资本，斯密却把生产过程之外的商业资本说成是流动资本，从而抛弃了作为划分固定资本和流动资本的基础。［第 213 页第 2—3 段］

第二，商业资本所采取的商品资本或货币资本的形式，在价值上，既包含了固定资本，又包含了流动资本，从而既不是固定资本，也不是流动资本。［第 213 页第 4 段—第 214 页第 1 段］

第三，把商品资本和货币资本看作是流动资本，这是把流动资本和流通资本混为一谈。［第 214 页第 2 段—第 215 页末段］

（三）批评斯密把所谓不必更换所有者和进行流通，就可以提供收入或利润的资本称之为固定资本［第 216 页第 1 段—第 219 页末段］

马克思对斯密的这种混乱的说法指出以下两点：

第一，当机器作为生产资料投入生产过程时，这是生产资本，当机器作为商品进入市场时，这是流通资本。但是按照斯密的上述定义，前者为固定资本，后者却为流动资本，从而把生产资本和流通资本的区别同固定资本和流动资本的区别混为一谈。［第 216 页第 2 段—第 217 页末段］

第二，作为生产资本，无论是固定资本或流动资本，都一样和流通资本相对立，即都一样固定在生产过程中，不更换所有者或进一步流通，劳动工具如此，原材料也如此，二者并无区别。按照斯密的定义，不仅劳动工具是固定资本，原材料和劳动力也是固定资本，不仅采矿业是这样，任何产业部门都不存在流动资本了。［第 218 页第 1 段—第 219 页末段］

（四）批评斯密关于所谓“保持原状”的模糊提法［第 220 页第 1—末段］

斯密在谈到他所谓的流动资本其实是流通资本时说，“这样使用的资本，在留在所有者手中或保持原状时，对于投资者不能提供任何收入或利润”②。这句话既可以指还没有销售或购买的流通资本，也可以指生产资本中的固定资本。斯密把流通资本在流通过程中发生的商品形态变化（W—G—W）和生产资本在劳动过程中发生的物体上的形态变化（生产要素转化为产品）混为一谈。把流通资本说成是流动资本固然是错误的，把劳动过程中“保持原状”的资本说成是固定资本也是错误的。因为要区分固定资本和流动资本，除了看生产资料的实物消耗（所谓是否“保持原状”）外，还要看生产资料的价值转移和价值补偿情况。生产资料是否“保持原状”，只是区分固定资本和流动资本的起点，不是

① 《国民财富的性质和原因的研究》上卷，商务印书馆 1972 年版第 255 页。

② 《国民财富的性质和原因的研究》上卷，商务印书馆 1972 年版第 254 页。

区分的决定性，因为这种区分在非资本主义生产方式中也是存在的，但并没有固定资本和流动资本的划分。

（五）批评斯密用获得利润的不同方法区分固定资本和流动资本［第 221 页第 1 段—第 223 页第 1 段］

对这一部分的批判是第一部分批判的继续和补充。固定资本和流动资本的划分所回答的问题是对生产资本补偿的方法和时间，而不是剩余价值的创造。在这里，斯密把劳动资料和固定资本混为一谈，把流通资本和流动资本混为一谈，最后，又把可变资本和不变资本中的流动部分混为一谈，掩盖了剩余价值的来源。

（六）批评斯密把种子列为固定资本［第 223 页第 2 段—第 226 页第 2 段］

斯密对固定资本和流动资本的区分是混乱的，在有些时候他也正确地把固定资本和流动资本的区别归结为生产资本组成部分的不同的流通和周转。但是由于他把是否进入流通作为区分固定资本和流动资本的界线，因而产生了种种混乱。例如，他正确地把役畜确定为固定资本，饲养的肉畜确定为流动资本，但却错误地解释为是根据进入还是不进入流通而区分的。最荒谬的是，根据这种区分，他把直接从年产品中扣除的种子确定为固定资本。造成这种混乱的原因是：他把利润问题塞进固定资本和流动资本的区分中来；他把劳动过程的一部分生产要素的变化同流通过程中发生所有权变换的商品形式变化混为一谈。

二、关于固定资本和流动资本的构成［第 226 页末段—本章完］

斯密在《国民财富的性质和原因的研究》一书中将资财划分为三个部分：

第一部分，“是留供目前消费的，其特性是不提供收入或利润。已由消费者购买，但尚未完全消费掉的食品、衣服、家具等物，属于这一类”①。

第二部分，固定资本，斯密列举了以下四项：“第一，一切便利劳动和节省劳动的有用机器与工具。第二，一切有利润可取的建筑物，如商店、堆栈、工场、农屋、厩舍、谷仓等。……第三，用开垦、排水、围墙、施肥等有利可图的方法投下的使土地变得更适于耕作的土地改良费。……第四，社会上一切人民学到的有用才能。”②

第三部分，流动资本，斯密也列举了四项：“第一，货币。……第二，屠户、牧畜家、农业家、谷商、酿酒商等人所有的食品，他们出售这种商品，可以获得利润。第三，还在耕作者、制造者、布商、木材商、木匠、瓦匠等人手中的衣服、家具、房屋三者的材料。这些材料是否是纯粹的原料或半加工的材料，可以不问；只要未曾制成衣服、家具或房屋，即属于此项。第四，已经制成，但仍在制造者或商人手中，未曾卖给或分配给真正消费者的物品，例如锻冶店、木器店、金店、宝石店、瓷器店以及其他各种店铺柜台上陈列着的制成品。”③

对流动资本的四项，斯密概括为“流动资本包含各种商家手里的食品、材料、制成品及货币”。实际上，第一项货币为货币资本，其他三项为商品资本，不论是货币资本或商品资本，均为流通资本。

斯密的上述见解包含着种种错误：

---

① 《国民财富的性质和原因的研究》上卷，商务印书馆 1972 年版第 256 页。
② 《国民财富的性质和原因的研究》上卷，商务印书馆 1972 年版第 257 页。
③ 《国民财富的性质和原因的研究》上卷，商务印书馆 1972 年版第 258 页。

（一）把固定资本和流动资本的性质看作是物品固有的性质［第 226 页末段—第 227 页第 3 段］

斯密不是根据生产资本各要素在资本主义生产过程中具有的一定职能去判定它属于固定资本或流动资本，他直接根据物品的自然性质去判定它是固定资本或流动资本，好像这些物品天然如此。事实表明，同样一个物品，可以是固定资本，也可以是流动资本，甚至可以是资本，也可以不是资本。

（二）把固定资本和流动资本的区别同生产资本和流通资本（包括商品资本和货币资本）的区别混为一谈［第 227 页末段—第 230 页末段］

斯密所列举的流动资本，几乎都是流通资本，其中第一项是货币资本，第二至第四项基本上是商品资本。商品资本和货币资本是和生产资本相对立的流通资本，而不是和固定资本相对立的流动资本。从商品资本来源看，在价值上既包含了流动资本，也包含了固定资本，因而既不是固定资本，也不是流动资本；从商品资本去向看，它可能再投入生产过程转为流动资本，也可能转为固定资本，甚至离开流通过程后直接进入消费。

（三）列举流动资本构成时忘记了劳动力，却把工人的生活资料规定为和固定资本相对立的流动资本［第 231 页第 1 段—本章完］

1. **斯密为什么在列举流动资本构成时忘记了劳动力**［第 231 页第 1 段—第 232 页第 1 段］

劳动力是流动资本重要组成之一，但在斯密的流动资本构成中却不见了，这是由两个原因造成的：

第一，是由于斯密把流动资本和商品资本混同起来。［第 231 页第 2 段］

当劳动力作为商品在市场上出现时，劳动力仍属于工人所有，工人不是资本家，工人的劳动力不是工人的资本，因而这时的劳动力虽然是商品，但不是商品资本。[①] 当劳动力出售之后，它才属于资本家所有，工人的劳动力成为资本家所有的资本，但这是生产资本，仍然不是商品资本。劳动力既然不是商品资本，斯密也就不认为它是流动资本了。

雇佣工人的“才能”本来应属于流动资本项目中的，但也被斯密列入固定资本中去了。

第二，是由于斯密在列举社会财富构成时，连商品资本也丢掉了。［第 231 页末段—第 232 页第 1 段］

斯密把社会财富分为直接消费基金、固定资本和流动资本三部分。固定资本和流动资本只是生产资本，除此之外，还有商品资本和货币资本，但这些却不见了，劳动力本身虽不是商品资本，但也是作为商品出现在市场上的，现在既然连商品资本都不见了，作为商品的劳动力也就不见了。

2. **斯密为什么把工人的生活资料列为流动资本**［第 232 页第 2 段—本章完］

资本家只是购买生产资料而不雇用工人，是不能进行生产和创造出剩余价值来的。斯密不说劳动力的购买，却把工人的生活资料列为流动资本。他认为制造机器的“工人生存所赖的食料，都出自流动资本”[②]。

这种见解是错误的，资本家所购买的是工人的劳动力，不是工人的生活资料，因为

---

① 马克思对所谓“人力资本”说法的批判，参见《资本论》第 2 卷第 231、422、491 页；《资本论》第 3 卷第 528 页；《马克思恩格斯全集》第 2 版第 30 卷第 250 页、第 32 卷第 189 页。

② 《国民财富的性质和原因的研究》上卷，商务印书馆 1972 年版第 259 页。

“生活资料本身不能增殖自己的价值，或者说，不能把剩余价值加到自己的价值上”（第237页）。

斯密为什么会把工人的生活资料列入流动资本呢?

第一，他把流动资本和流通资本混同起来，劳动力不是流通资本，因而不被斯密列入流动资本，而维持劳动力的生活资料却是流通资本，这样就被斯密列入流动资本中了。

第二，接受了重农学派的一个错误观点，即认为农业工人劳动加到产品中去的那部分价值，只等于付给农业工人为维持劳动力所必需消费的生活资料的价值，在农业部门中之所以会出现剩余价值，那是自然因素造成的。

第十一章　关于固定资本和流动资本的理论。李嘉图

一、李嘉图关于固定资本和流动资本学说的提出及其主要内容［本章第1段—第241页第1段］

李嘉图是劳动价值论者，主张商品价值量是由劳动量决定的，但是他不能解释在资本主义社会现实生活中为什么等量资本获得等量利润；生产价格和商品价值不一致，对于价值规律在资本主义社会的这种表现形式，他却认为是价值规律的例外。对此，他对自己的劳动价值论提出了修正，认为商品价值主要是由劳动决定的，但工资的涨落也会对商品的价值量发生影响，“当劳动量没有任何变动而仅仅是劳动价值上涨时，生产时运用了固定资本的商品的交换价值也会跌落；而且固定资本量愈大，跌落的程度也愈大”①。

李嘉图是根据物质的“耐久性”的不同来区分所谓固定资本和流动资本的，他说：“资本有些消耗得快，必须经常进行再生产，有些则消耗得慢。根据这种情形，就有流动资本和固定资本之分。”②

根据这种区分，李嘉图将所谓“投在工具、机器、厂房上的资本”称之为固定资本，将所谓“维持劳动的资本”，即“劳动者所消费的食物与衣着”称之为流动资本。③

李嘉图还认为，在固定资本和流动资本中，又各有耐久性上的差别，“固定资本耐久性越小，性质越近于流动资本”④，并提出：“在任何一种生产中，使用固定资本所生产的商品的相对价格将按此种耐久资本的耐久性的大小而与工资成反比地变化。工资上涨时，它们就会跌落；工资跌落时，它们就会上涨。反之，那些主要用劳动生产，所用固定资本较少，或所用固定资本的性质不如据以估价的媒介那样耐久的商品，却会在工资上涨时上涨，在工资跌落时跌落。”⑤

李嘉图关于固定资本和流动资本的理论概括起来说，就是把工具、机器、厂房和固定资本等同起来，把流动资本和投在劳动力上的这部分资本等同起来。这种理论的主要错误在于他一方面把流动资本同投在劳动力上的资本即可变资本混为一谈；另一方面，由于他不是从价值增殖过程出发将生产资本区分为不变资本和可变资本，而是从流通过程出发，把固定资本和投在劳动力上的资本即可变资本相对立。这种混乱造成了双重的错误规定，既不懂得不变资本和可变资本的区分，又不懂得固定资本和流动资本的区分。总而言之，李嘉图和斯密一样，把固定资本和流动资本的对立与不变资本和可变资本的对立混同起来。

---

① 《政治经济学及赋税原理》，商务印书馆1962年版第30页。

② 《政治经济学及赋税原理》，商务印书馆1962年版第24页。

③ 参见《政治经济学及赋税原理》，商务印书馆1962年版第23—24页。

④ 参见《政治经济学及赋税原理》，商务印书馆1962年版第31页。

⑤ 参见《政治经济学及赋税原理》，商务印书馆1962年版第34页。

二、对李嘉图关于固定资本和流动资本的理论的批评［第 241 页第 2 段—第 253 页第 2 段］

李嘉图的错误表现在以下几个方面：

（一）根据物质的耐久性这一物理属性划分固定资本和流动资本，并用固定资本的耐久性程度的差别去说明价值的创造和剩余价值的生产［第 241 页第 2 段；另参见第 246 页第 1—末段，第 248 页第 2 段—第 249 页第 2 段，第 251 页末段］

李嘉图以耐用程度这一物理属性去划分固定资本和流动资本，根据这一标准划分，把固定资本和工具、机器、厂房等同起来，还以耐久性的差别去区分各种固定资本及各种流动资本，从这个角度去考察价值的创造和剩余价值的生产。马克思对这种错误指出了以下三点：

1. 物质的耐久程度不能决定固定资本和流动资本的划分［参见第 251 页末段］

首先，固定资本和流动资本的划分是在一定经济条件下产生的，耐久性的物质在人类社会早已存在，但并不成为资本，因而也谈不上固定资本和流动资本的划分，只有在资本主义生产方式条件下才形成资本，才会有固定资本和流动资本的划分。其次，固定资本和流动资本的划分是根据生产资料在劳动过程中所起的作用和它的价值转移到产品中去的方式划分的，同样一种物质，如机器，在劳动过程中制造产品时就是劳动资料，成为固定资本，而在商店中销售的机器则既不是固定资本，也不是流动资本，而是流通资本。

物质的耐久性是充当劳动资料的一个条件，它可以决定固定资本的固定程度，影响到资本的周转时间，但不能决定固定资本和流动资本的划分。

2. 以物质的耐久性划分固定资本和流动资本没有清楚的界限［参见第 246 页第 1—末段，第 248 页第 2 段—第 249 页第 2 段］

有些劳动资料是由木材、皮革制成，有些原材料却可能是钢铁之类的物质，但我们不能因此把用木材、皮革制成的劳动资料称之为流动资本，把钢铁构成的原材料称之为固定资本。不仅如此，有些生活资料如房屋、家具、刀叉之类和劳动资料同样耐久，但不会因此成为固定资本。

3. 把固定资本耐久程度和价值的增殖联系起来，是把固定资本耐久程度的差别同不变资本和可变资本的差别等量齐观［第 241 页第 2 段］

李嘉图研究固定资本和流动资本的理论是为了解决价值的创造和利润率的平均化问题，但是，固定资本和流动资本的划分只能回答价值的转移方式问题，而不能回答价值的创造和剩余价值的生产问题，解决价值增殖问题的关键是将生产资本区分为不变资本和可变资本。显然，李嘉图将固定资本耐久程度的差别同不变资本和可变资本的差别混为一谈。

（二）投在劳动材料上的资本，既不出现在流动资本中，也不出现在固定资本中，它完全消失了［第 241 页末段—第 242 页末段］

投在劳动材料上的资本，从劳动过程和价值增殖过程方面来考察，它和劳动资料共同组成不变资本，与投在劳动力上的可变资本相对立；从流通过程方面来考察，它又和投在劳动力上的那部分资本共同组成流动资本，与投在劳动资料上的固定资本相对立。而李嘉图却从流通过程方面去考察价值的创造和剩余价值的生产。结果，从流通方面看，劳动材料不适于放在固定资本方面，因为它与投在劳动力上面的资本没有区别；从价值的创造和剩余价值的生产方面看，劳动材料又不能和投在劳动力上的资本作为流动资本放在一起，因为投在劳动材料上的资本和投在劳动力上的资本在这一点上是有本质差别的。结果，投在劳动材料上的资本既不出现在流动资本中，也不出现在固定资本中，它完全消失了。

马克思在谈到这个问题时，再次提到《资本论》第1卷第21章中指出的问题，即资本家投在劳动力上的资本，从表面上看，是资本家以货币形式对工人的预付，实际上工人已经先以劳动形式预付给了资本家。

（三）把投在劳动力上的资本和流动资本等同起来［第243页第1段—第245页第2段］

投在劳动力上的资本的本质规定是资本家用一种既定的价值额和一个能创造价值与剩余价值的劳动力相交换，投在劳动力上的资本成为可变资本。如果从流通过程去考察，这一本质规定就不存在了。投在劳动力上的资本和不变资本中的劳动材料具有共同的规定，即在生产过程中它们的价值都是一次全部加入到产品中去，但是，投在劳动力上的资本这一特征是非本质的、次要的规定。李嘉图从流通过程去考察投在劳动力上的资本，把它与流动资本等同起来，把投在劳动力上的资本非本质的规定当作本质的特征。结果，不是用不变资本和投在劳动力上的资本相对立，而是用固定资本和投在劳动力上的资本相对立，抹杀了投在劳动力上的资本和投在劳动资料上的资本之间的本质区别，掩盖了剩余价值的来源。

（四）把投在劳动力上的资本和维持工人生活的消费资料等同起来［第245页末段—第252页末段］

1. **这种观点的错误在于只承认劳动力在劳动过程中转移本身的价值，否定了劳动力对价值的创造**［第245页末段—第249页第3段］

投在劳动力上的那一部分资本的本质规定在于资本家用一种死的、物化的劳动和一种能创造价值的活劳动相交换，至于资本家是用货币还是直接用生活资料去和工人的活劳动相交换，这与问题的本质是无关的。但是，由于李嘉图从流通过程去考察投在劳动力上的资本，结果，这部分资本和投在生产资料上的资本就没有什么本质差别，它们都不是创造价值的源泉，在生产过程中只是将自己的价值转移到产品中去，区别也不过是价值的转移方式不同而已，劳动力对价值的创造被否定了。这种观点和李嘉图本人的劳动价值论是相矛盾的，与重农学派认为工人不创造剩余价值的错误观点却相一致。

2. **把工人用工资购买的生活资料作为流动资本的物质形式的后果**［第249页末段—第252页末段］

第一，抹杀了投在劳动力上的资本和投在生产资料上的资本之间的根本区别，掩盖了剩余价值的真正来源。［第249页末段—第251页第2段］

第二，促成了资产阶级经济学特有的拜物教。［第251页末段—第252页第1段］

第三，为以后流传的所谓“铁的工资规律”提供理论根据。［第252页第2段］

第四，使李嘉图本人对利润率的研究走上歧途。［第252页末段］

（五）把资本回流的快慢同固定资本和流动资本的区别等同起来［第253页第1—2段］

一种生产资料之所以成为固定资本或流动资本，是由价值转移到产品中去的方式决定的，并不是流回的快慢。作为种子的小麦和作为面包原料的小麦，尽管资本流回的时间相差很远，但在价值转移的方式上却是相同的，都属于流动资本。但李嘉图却以流回快慢的不同，将作为种子的小麦相对作为面包原料的小麦而言，称之为固定资本，从而引出在价值转移方式不变的情况下，可以是固定资本，也可以是流动资本的荒诞之说。

三、亚当·斯密在固定资本和流动资本的理论上的混乱造成的影响［第 253 页第 3 段—本章完］

李嘉图的上述错误是和亚当·斯密的影响分不开的。斯密在固定资本和流动资本的理论上的混乱为资产阶级经济学家普遍接受，影响很大，具体内容有：

（1）固定资本和流动资本的区别，被混同于生产资本和商品资本的区别。

（2）一切流动资本，都和投在工资上的或要投在工资上的资本等同起来。

（3）把不变资本和可变资本的区别同固定资本和流动资本的区别混同起来。

（4）有人甚至把固定资本和流动资本的区别变成“随时可以提取的存款”和“预先通知才可以提取的存款”的区别。

第十二章　劳动期间

一、劳动期间差别的原因［本章第1—2段］

劳动期间就是“一定生产部门为提供一件成品所必需的互相连接的工作日的数目”（第257页）。例如，制造一台机车共需100个工作日，这100个工作日就是一台机车的劳动期间，每个工作日如劳动10小时，一台机车的劳动期间就是1 000个劳动小时的工作日。

在不同生产部门之间以及同一生产部门内部的不同企业之间，在生产各种产品时，所需的劳动期间是差别很大的。例如生产机车和生产棉纱的劳动期间就有很大的差别，即使生产同一种产品，例如建筑物，大工厂的厂房和普通住宅所需要的劳动期间同样有很大的差别。

劳动期间的种种差别是由生产行为持续时间的差别决定的。某些产品，例如棉纱，具有可分立的性质，每天每周对产品进行同样的劳动；另一些产品，例如机车，产品具有不可分立的性质，劳动过程是连续的，今天安装一个部件，明天安装另一个部件，生产行为有一个持续时间。生产行为是否需要一个持续时间以及需要多长的持续时间，决定着各种产品劳动期间的差别。

二、劳动期间差别的影响与后果［第256页第1段—第261页第1段］

第一，劳动期间的差别，因为“生产行为持续时间的差别，在资本支出一样多的时候，必定引起周转速度的差别，从而引起既定资本的预付时间的差别”。（第256页）［第256页第1—2段］

第二，“由于危机而发生的社会生产过程的中断、紊乱，对于具有可分立性质的劳动产品和那些在生产上需要有一个较长的互相连接的劳动期间的劳动产品，会产生极不相同的影响”。（第257页）这里所说的产生极不相同的影响系指不同的损失而言。［第257页第1—3段］

第三，劳动期间的差别对资本支出的量有直接影响。［第257页末段—第259页末段］

劳动期间的差别会影响到固定资本的回流次数，对固定资本的支出量是“毫无影响”的，但对流动资本的支出却有直接的影响。劳动期间短，流动资本很快回流，同一资本可反复使用。劳动期间长，流动资本要等很长时间才能回流，在回流之前，又要不断追加流动资本（工资、原料和辅助材料），这种不断追加的预付流动资本，将随着劳动期间的延长而增加。

第四，“举办劳动期间相当长而规模又很大的事业，只有在资本积聚已经十分显著，另一方面信用制度的发展又为资本家提供方便的手段，使他可以不用自己的资本而用别人的资本来预付、来冒险的时候，才完全成为资本主义生产的事情。”（第 261 页）［第 260 页第 1 段—第 261 页第 1 段］

三、缩短劳动期间的方法［第 261 页末段—本章完］

第一，“有些事情，例如协作、分工、机器的使用，可以增加一个工作日的产品，同时可以在互相连接的生产行为中缩短劳动期间。”（第 261 页）［第 261 页末段—第 262 页第 1 段］

第二，在畜牧业中照料方法的改变等。［第 262 页第 2 段—264 页第 2 段］

劳动期间的缩短不会抵消不同劳动期间持续时间的差别。

第十三章　生产时间

在这一章中，马克思根据对鞋楦制造业、农业、林业、畜牧业等部门的具体分析，并和真正的工业部门（采矿业、运输业等）对比中，阐述了以下两个问题：生产时间和劳动时间的差别；这一差别带来的影响与后果。

一、生产时间和劳动时间的差别

生产时间就是预付资本束缚在生产领域的时间，在这一时间内，完成着生产资本到商品资本的转化。在第5章中已指出，生产时间是由生产资料储备时间、生产过程时间和生产过程中断时间三部分构成的。其中生产过程时间又包括劳动过程时间（劳动时间）和自然过程时间。

自然过程时间是劳动过程的中断，“在这个中断期间，劳动对象受时间长短不一的自然过程的支配，要经历物理的、化学的、生理的变化；在这个期间，劳动过程全部停止或者局部停止”（第266页）。哪些产品的生产过程会出现这种中断，在什么情况下中断以及中断时间有多长，这些是由产品的性质和制造产品的方式本身决定的。在农业、林业、畜牧业以及某些工业部门（酿酒、制陶、洗染等）都会发生这种中断情况，而在一些真正工业部门（采矿业、运输业等）中，就不会发生这种中断。在鞋楦制造业，劳动过程开始以前，先要有一个自然过程；在酿酒业，劳动过程结束之后，还要经历一个自然过程，产品制造才算最后完成；而在农业、林业中，劳动时间穿插在自然过程中。自然过程时间和劳动时间的比例在各个部门中也各不相同，例如鞋楦制造，劳动期间是很短的，但在劳动开始之前的木材干燥时间却要长达18个月，造林成材，时间可长达100年，在这100年内，劳动时间是极少的。

由此可见，生产时间和劳动时间是有差别的，劳动时间只是生产时间的一部分，在有些部门中只是一小部分。

马克思在本章中着重论述了由于自然过程的影响造成的生产时间和劳动时间的不一致，也指出了由于储备引起的生产时间和劳动时间的不一致。马克思在本章中指出了两种储备：一种是生产资料的储备，如农业上的肥料储备，畜牧业上的饲料储备，这是在第5章中已分析过的；另一种是产品的储备，例如留在生产过程中尚未出售的一定量的活树或活畜。这两种储备的区别在于前一种尚未进入生产过程，后一种已经进入生产过程，并完成了劳动过程，但还未走出生产过程。马克思指出，“对一定的企业或有一定规模的资本主义生产来说，这种生产储备的大小，取决于它在更新时困难的大小，取决于供应市场的相对距离，取决于交通运输工具的发展等等”（第273页）。

二、生产时间和劳动时间的差别带来的影响与后果

第一，追加流动资本，延长资本的周转期间。在人为地缩小这种差别时，又会带来固定资本投资的相应增加。

第二，“在劳动时间只是生产时间的一部分的那些投资部门，流动资本的支出，在一年的各个不同时期是极不均衡的，而回流只是按自然条件所规定的时间一次完成”（第269页）。

第三，“由于劳动时间和生产时间有差别，所使用的固定资本的使用时间，当然也会不断地发生或长或短时间的中断，……因此，产品一般说来就会变贵”（第269—270页）。

第四，农业生产时间和劳动时间的不一致，其后果是：造成农业劳动期间紧缩在短时期内；成为农业和农村副业相结合的自然基础，并在一定条件下转化为资本主义经济（列宁在《俄国资本主义的发展》一书中对此作了详尽论证）；农民具有更大的依赖性；产生农业中的轮作制和间作制。

第五，“漫长的生产时间（只包括比较短的劳动时间），从而其漫长的周转期间，使造林不适合私人经营，因而也不适合资本主义经营”（第272页）。

第十四章　流通时间

由于资本的周转时间等于生产时间和它的流通时间之和，流通时间的长短不一定就会造成资本周转时间的长短不一，从而造成资本周转期间的长短不一。

在第5章中已说过，流通时间就是资本停留在流通领域的时间，它由出售时间（W—G）和购买时间（G—W）这两部分构成，这两部分时间的长短及其变动，都会影响到资本周转的速度。

一、出售时间［本章第2段—第281页第2段］

出售时间是流通时间中最困难、最有决定意义的部分。这一时间对不同生产部门及同一生产部门的各个资本家来说，都是不相同的，造成出售时间的种种差别是由商品从产地往销地的运输时间和等候销售的时间决定的。

（一）运输时间［第277页末段—第280页末段］

商品由产地往销地运输时间的长短是由商品的销售市场和生产地点之间的距离决定的，但是运输工具的发展可以使运输时间不断缩短。运输工具的发展包括交通工具的改进、交通工具数量的增多、交通线路的密布和同一线路班次的增加等。运输状况的变化不仅影响资本周转时间的变化，还使产地和销地发生日益兴盛或日益衰落的变化。有的行业如啤酒业，由于运输上的困难，主要在产地附近销售。

交通运输工具的发展所带来的后果具有二重性，一方面它会缩短商品的流通时间，另一方面却又为开辟越来越远的市场创造条件，从而使运输途中的商品不断增加，流通时间延长，交通运输工具的投资以及为制造、维修、保养交通工具的固定资本和流动资本的支出日益增加。由于出售时间的延长，相应地又会引起购买时间的延长，以及使销售市场上价格变动的风险增加了。

（二）等候销售的时间［第281页第1—2段］

等候销售时间的长短是由种种因素造成的，马克思在这里提到了信用制度（是否立即用现金支付、何时支付现金等）及供货契约（是否按订货生产、每天成品量占契约规定的供应量的比重等）两种因素。

二、购买时间［第281页末段—本章完］

购买时间是货币资本转化为生产资本的时间，在这一时间内，预付资本停留在货币资本的形式上。停留时间的长短首先取决于商品销售市场距离生产地点的远近，距离越远，不仅商品转化为货币的时间越长，货币回流的时间也会相应延长，造成资本在货币形式上长时间的停留。其次，还要看生产资料供应地点距离生产地点的远近，距离越远，购买时间就越长。最后，还取决于生产资料的供应方式。有些生产资料每年供应一次或几次，有些生产资料在市场上连续不断地供应，在前一种情况下，供应时间开始之前，就要先有大量的货币贮备，造成预付资本中有相当大的一部分处于货币资本的状态。

第十五章　周转时间对预付资本量的影响

第15—17章，转向研究资本周转速度的快慢带来的影响和后果。第15章，研究资本周转速度对预付资本量的影响和后果，在研究这一问题时，撇开与此无关的固定资本的周转速度及其影响，因此，如对本章内容具体化，此章的标题应为“流动资本的周转时间对预付流动资本量及其构成的影响”。本章共五节，在这五节之前，有个引言，现在就从引言入手研究。

一、周转时间的构成及其比例引出的问题［本章第2段—第287页末段］

周转时间是由生产时间和流通时间构成的，假定生产时间=劳动时间，周转时间就是由劳动时间和流通时间构成的，周转时间的长短对预付资本量（撇开固定资本部分）的回流与投入有很大的影响。

假定某个产品的劳动期间为9周（不考虑生产时间中的非劳动时间部分），每周预付生产资本100镑（限于流动资本的投入），共需预付生产资本为900镑，产值也为900镑（不考虑固定资本的价值转移和剩余价值的生产）。

问题发生在还需要有3周的流通时间，只有再经过这3周的销售时间，预付的生产资本才能全部回流，完成一次周转。为了使在这3周的流通时间内的生产不中断，只有采取以下两种办法：

一种办法是缩小生产规模，将每周预付生产资本100镑改为75镑，每周减25镑，9周共减225镑，用于进入3周流通过程时对再生产的继续投入。但是，生产规模的缩小，会受到最低限额投资标准的限制。

另一种办法是追加生产资本，按照上面的例子，要保持每周投入100镑生产资本的规模，共需追加生产资本300镑。

无论是哪一种办法，只要周转时间由生产时间和流通时间两部分构成，资本家的总流动资本就会被分成两部分，一部分作为预付的流动资本，简称为资本Ⅰ；另一部分作为追加的流动资本，简称为资本Ⅱ。这两部分资本的大小和比重，在一定的生产规模条件下，取决于周转时间的构成比例。

当流通时间长于劳动时间时，仅追加流动资本Ⅱ仍不能保证生产的连续进行，这时就需要再追加流动资本，称之为资本Ⅲ。

二、周转期间构成比例对资本的回流与投入的影响［第288页第1段—第293页第2段］

马克思举了三个例子说明资本Ⅰ和资本Ⅱ在资本周转中的运行情况：

第一个例子，劳动期间9周，流通期间3周。（见第287页末段—第289页第1段）

第二个例子，劳动期间5周，流通期间5周。（见第289页第2—末段）

第三个例子，劳动期间6周，流通期间3周。（见第290页第1—2段）

这里假定：劳动期间每周投入流动资本均为100镑，流通期间结束后，劳动期间投入的全部流动资本一次性回流。

从上述三个例子看，流通时间的存在，不仅影响到流动资本的追加，而且还会由于流通期间和劳动期间构成的比例的不同，影响到资本Ⅱ和资本Ⅰ的投资比重、资本Ⅰ和资本Ⅱ的出现是依次交替还是互相交叉以及由此引起的资本Ⅰ和资本Ⅱ的游离问题。在上述第二个例子中，资本Ⅰ和资本Ⅱ依次交替，而在第一、第三个例子中，资本Ⅰ和资本Ⅱ就出现了交叉，并由此先后发生资本Ⅰ和资本Ⅱ的游离。

马克思从上述所举的三个例子中，得出了以下几点结论和见解：

第一，上述第二个例子，劳动期间和流通期间相等，从而资本Ⅰ和资本Ⅱ依次交替，二者始终分别进行周转，这是一种例外情况。通常情况是劳动期间和流通期间是不相等的，只要流通期间不是劳动期间的整倍数，资本Ⅰ和资本Ⅱ甚至资本Ⅲ就会发生交叉和资本的游离。

第二，资本Ⅱ的数量在每周投入的流动资本量已定的情况下，取决于一次周转期间内流通期间的周数。在第二例中，每周投入流动资本量为100镑，一次周转期间内流通期间为5周，资本Ⅱ共需500镑。资本Ⅱ的数量不是由全年各次周转期间所需的资本Ⅱ的总额即年周转额决定的。

第三，生产时间除劳动时间外，还包括生产资料储备时间、自然过程时间、生产过程中断时间。这里只考查劳动时间是因为其他生产时间虽会使周转期间延长，从而相应延长资本的回流时间，降低了周转速度，但不会因此而需要追加资本。

第四，为了资本周转的正常运行，必须随时都有货币资本存在，劳动力要求不断支付货币，对原材料不断的定期购买，也随时需要货币资本。资本Ⅱ和资本Ⅰ的区别在于，资本Ⅱ在资本Ⅰ的流通时间进入劳动过程，但要提前在资本Ⅰ的劳动期间进行预付，用来购买原材料，为资本Ⅱ的劳动期间执行流动资本职能做好准备。

三、生产资本执行职能的条件［第293页第3段—第294页第1段］

要使劳动期间有不间断的连续性，使生产资本能正常执行职能，生产资本必须分成资本Ⅰ和资本Ⅱ，当资本Ⅰ在劳动过程结束后进入流通过程时，资本Ⅱ立即接替资本Ⅰ投入第二个劳动过程。当流通过程结束时，回流的资本Ⅰ和资本Ⅱ又重新进入新的劳动过程。无论是资本Ⅰ或资本Ⅱ都先后以生产资本、商品资本和货币资本三种形式出现，当一部分资本以生产资本形式存在时，另一部分资本就以商品资本或货币资本形式存在，只有这样，生产资本才能正常执行职能。

劳动期间的连续性容易使人误解为，全部资本都处在生产期间，不存在流通期间；不懂得要使生产不断进行，资本必须分作两部分，一部分存在于生产期间，另一部分存在于流通期间；一部分以生产资本形式存在，另一部分以商品资本和货币资本形式存在。不懂得这一点，也就完全忽视了货币资本的意义和作用，而正是这个货币资本，才使生产能够连续进行。

四、本章研究的内容［第294页末段—295页第1段］

本章将通过举例研究周转时间对预付资本量的影响。

第一个例子，劳动期间等于流通期间。

第二个例子，劳动期间大于流通期间。

第三个例子，劳动期间小于流通期间。

研究的内容包括：第一，周转期间构成的不同比例引起周转上的差别；第二，周转期间构成的不同比例对货币资本的束缚的影响。

研究时有两个假定：第一，不论周转期间构成的比例如何，每完成一次周转均为9周；第二，每周投入流动资本均为100镑，总资本为900镑。此外，还假定一年为51周；劳动期间和流通期间全年不变；预付资本和追加资本只包括流动资本，不考虑固定资本；价格不变。

Ⅰ. 劳动期间和流通期间相等

假定一次周转期间为9周，劳动期间和流通期间各为4周半，在劳动期间每周投入预付流动资本100镑，共投入450镑，这450镑资本要再经过4周半的流通期间才能回流，为了在流通期间使生产不中断，就要追加450镑流动资本。当第二个劳动过程结束时，进入了第10周，第一个劳动过程的预付流动资本已经回流，又可运用这回流的原预付流动资本，进入第三个劳动过程。

再假定，每1格代表1周，占1格的Ⅰ、Ⅱ或Ⅲ代表1周的劳动时间内投入100镑的预付流动资本Ⅰ或追加流动资本Ⅱ和Ⅲ，$\frac{\mathrm{I}}{2}$或$\frac{\mathrm{II}}{2}$代表半周劳动时间内投入的50镑预付流动资本Ⅰ或追加流动资本Ⅱ。占1格的“—”代表1周的流通时间，占半格的“-”代表半周的流通时间。上述情况可用图式表示如下：

1. Ⅰ Ⅰ Ⅰ Ⅰ $\frac{\mathrm{I}}{2}$ - ————

2. $\frac{\mathrm{II}}{2}$ Ⅱ Ⅱ Ⅱ Ⅱ ———— -

3. Ⅰ Ⅰ Ⅰ Ⅰ $\frac{\mathrm{I}}{2}$ -—————

在这一个例子中，我们看到：

由于，流通期间 = 劳动期间，所以，追加流动资本 = 预付流动资本。

资本Ⅰ和资本Ⅱ互相交替投入，被束缚在生产中。

根据这一例子，马克思对资本Ⅰ和资本Ⅱ分别列表说明它们在一年内的周转情况。

资本Ⅰ

周转期间（周）	劳动期间（周）	预付量（镑）	流通期间（周）
Ⅰ. 1—9	1—4 $\frac{1}{2}$	450	4 $\frac{1}{2}$— 9
Ⅱ. 10—18	10—13 $\frac{1}{2}$	450	13 $\frac{1}{2}$—18
Ⅲ. 19—27	19—22 $\frac{1}{2}$	450	22 $\frac{1}{2}$—27
Ⅳ. 28—36	28—31 $\frac{1}{2}$	450	31 $\frac{1}{2}$—36
Ⅴ. 37—45	37—40 $\frac{1}{2}$	450	40 $\frac{1}{2}$—45
Ⅵ. 46—（54）	46—49 $\frac{1}{2}$	450	49 $\frac{1}{2}$—（54）

资本Ⅱ

周转期间（周）	劳动期间（周）	预付量（镑）	流通期间（周）
Ⅰ. $4\frac{1}{2}$—$13\frac{1}{2}$	$4\frac{1}{2}$—9	450	10—$13\frac{1}{2}$
Ⅱ. $13\frac{1}{2}$—$22\frac{1}{2}$	$13\frac{1}{2}$—18	450	19—$22\frac{1}{2}$
Ⅲ. $22\frac{1}{2}$—$31\frac{1}{2}$	$22\frac{1}{2}$—27	450	28—$31\frac{1}{2}$
Ⅳ. $31\frac{1}{2}$—$40\frac{1}{2}$	$31\frac{1}{2}$—36	450	37—$40\frac{1}{2}$
Ⅴ. $40\frac{1}{2}$—$49\frac{1}{2}$	$40\frac{1}{2}$—45	450	46—$49\frac{1}{2}$
Ⅵ. $49\frac{1}{2}$—（$58\frac{1}{2}$）	$49\frac{1}{2}$—（54）	450	（55—$58\frac{1}{2}$）

这两个表中的数字有误，在笔者的教学中，有的研究生就提出，表中的周数是序数，当劳动期间共占用4周半时，从序数上看，最后半周已进入了第5周，因此，开始的劳动期间应为1—$5\frac{1}{2}$周，而不是1—$4\frac{1}{2}$周。笔者认为这个意见是正确的，这一点从上述图式中可以看得很清楚。为了更准确地体现序数的要求，开始的劳动期间改为1—5.5周，并将表中所有的分数$\frac{1}{2}$改为0.5，分数前的整数加上1。经修正后，笔者又进一步将马克思所列的两个表合并成一个总表：

总资本周转表

周转期间（周）	劳动期间（周）	预付量（镑）		流通期间（周）
		资本Ⅰ	资本Ⅱ	
1. 1—9	1—5.5	450		5.5—9
2. 5.5—14.5	5.5—9		450	10—14.5
3. 10—18	10—14.5	450		14.5—18
4. 14.5—23.5	14.5—18		450	19—23.5
5. 19—27	19—23.5	450		23.5—27
6. 23.5—32.5	23.5—27		450	28—32.5
7. 28—36	28—32.5	450		32.5—36
8. 32.5—41.5	32.5—36		450	37—41.5
9. 37—45	37—41.5	450		41.5—45
10. 41.5—50.5	41.5—45		450	46—50.5
11. 46—54	46—50.5	450		50.5—54
12. 50.5—59.5	50.5—54		450	55—59.5

由于将资本Ⅰ和资本Ⅱ两个周转表合二为一，我们清楚地看出在劳动期间和流通期间相等的情况下，资本Ⅰ和资本Ⅱ以相等的量交替投入。

按照上表，我们可以计算出总资本的年产值和总资本的年周转额。

总资本的年产值 = 资本Ⅰ的年产值 + 资本Ⅱ的年产值。计算如下（不考虑年剩余价值）：

$$\text{资本Ⅰ的年产值} = 450\ \text{镑/次} \times 6\ \text{次} = 2\ 700\ \text{镑}$$
$$\text{资本Ⅱ的年产值} = 450\ \text{镑/次} \times 5\frac{1}{3}\text{次} = 2\ 400\ \text{镑}$$
$$\text{总资本的年产值} = 900\ \text{镑/次} \times 5\frac{2}{3}\text{次} = 5\ 100\ \text{镑}$$

总资本的年周转额 = 资本Ⅰ的年周转额 + 资本Ⅱ的年周转额。计算如下：

$$\text{资本Ⅰ的年周转额} = 450\ \text{镑/次} \times 5\frac{2}{3}\text{次} = 2\ 550\ \text{镑}$$
$$\text{资本Ⅱ的年周转额} = 450\ \text{镑/次} \times 5\frac{1}{6}\text{次} = 2\ 325\ \text{镑}$$
$$\text{总资本的年周转额} = 900\ \text{镑/次} \times 5\frac{5}{12}\text{次} = 4\ 875\ \text{镑}$$

计算年周转额时所说的次数是指年周转次数，而计算年产值的次数是指1年内各周转期间中劳动期间的次数。

总资本的周转速度是用总资本的年周转次数来表示的，其计算方法为：

$$\text{总资本的年周转次数} = \frac{\text{总资本的年周转额}}{\text{总资本}}$$

其中，总资本 = 资本Ⅰ + 资本Ⅱ，总资本的年周转额 = 资本Ⅰ的年周转额 + 资本Ⅱ的年周转额。按上例运算：

$$\text{总资本的年周转次数} = \frac{450\ \text{镑/次} \times 5\frac{2}{3}\text{次} + 450\ \text{镑/次} \times 5\frac{1}{6}}{900\ \text{镑}}$$
$$= \frac{2\ 550\ \text{镑} + 2\ 325\ \text{镑}}{900\ \text{镑}} = 5\frac{5}{12}\text{次}$$

这里所说的总资本是单个企业的总资本，但是对于社会总资本来说，上述计算方法也是适用的，“社会总资本的周转次数，等于不同生产领域内的周转资本额除以这些生产领域内的预付资本额”（第299页）。不同的独立部分年周转次数各不相同，可以用平均计算法得到。

从以上计算中，我们可以见到：

第一，无论是资本Ⅰ或资本Ⅱ，即使不考虑年剩余价值，它们的年产值也都大于各自的年周转额。这是因为在周转期间内除劳动期间外，还需要一个流通期间，产值是随劳动期间的结束而完成的，周转额却要等周转期间的结束才完成的。

第二，资本Ⅰ的年产值大于资本Ⅱ的年产值；资本Ⅰ的年周转额也大于资本Ⅱ的年周转额。这是由于资本Ⅱ的启动比资本Ⅰ要晚，在一年之内，无论从执行生产资本职能的周数或周转的次数方面看，资本Ⅱ都会少于资本Ⅰ。

Ⅱ. 劳动期间大于流通期间

在劳动期间大于流通期间的情况下，追加的流动资本小于预付的流动资本；资本Ⅰ和资本Ⅱ会互相交叉，并由此发生资本的游离。马克思举了三个资本周转的例子来说明新的特点。

一、在劳动期间为 6 周，流通期间为 3 周情况下资本的周转［本节第 3 段—第 303 页第 2 段］

这种情况用图式表示如下：

1. Ⅰ Ⅰ Ⅰ Ⅰ Ⅰ Ⅰ ———

2. Ⅱ Ⅱ Ⅱ Ⅰ Ⅰ Ⅰ ———

3. Ⅰ Ⅰ Ⅰ Ⅰ Ⅰ Ⅰ ———

在这一例子中，劳动期间是流通期间的整倍数，因此资本Ⅰ也是资本Ⅱ的整倍数。在第二个劳动期间，资本Ⅰ和资本Ⅱ发生交叉，已回流的资本Ⅰ有 600 镑，其中 300 镑不能进入周转而发生游离。在第三个劳动期间，投入的全部是资本Ⅰ，这时虽有资本Ⅱ300 镑回流，但同样不能进入周转，成为游离资本。

由于出现资本Ⅰ和资本Ⅱ的交叉，资本Ⅰ和资本Ⅱ出现在同一个劳动期间，相互补充，资本周转出现了新的情况，马克思仍按原来的方法列表，但按此表计算出来的资本Ⅰ和资本Ⅱ的年产值和年周转额均有误差。现在我按新的方法将马克思列出的两个表合并成一个总表。表中括弧的数字代表周的序数。

总资本周转表

周转期间（周）	劳动期间（周）	预付量（镑）		流通期间（周）
		资本Ⅰ	资本Ⅱ	
1. 1—9	1—6	600		7—9
2. 7—15	7—12	300（10—12）	300（7—9）	13—15
3. 13—21	13—18	600		19—21
4. 19—27	19—24	300（22—24）	300（19—21）	25—27
5. 25—33	25—30	600		31—33
6. 31—39	31—36	300（34—36）	300（31—33）	37—39
7. 37—45	37—42	600		43—45
8. 43—51	43—48	300（46—48）	300（43—45）	49—51
9. 49—57	49—54	600		55—57

资本Ⅰ和资本Ⅱ在第 2、4、6、8 次劳动期间发生了交叉，并由此发生了资本的游离，资本Ⅰ的游离发生在第 2、4、6、8 次劳动期间，每次为 300 镑，资本Ⅱ的游离发生在第 3、5、7 次劳动期间，每次也为 300 镑。资本Ⅱ在第 9 次劳动期间没有发生游离，是因为假定一年为 51 周，而资本Ⅱ在第 8 次周转期间的回流已经是第 51 周末，周转年度已经结束，资本Ⅱ的游离将出现在下一周转年度。

资本Ⅰ一年的劳动期间总和为 39 周，每周产值为 100 镑，年产值为 3 900 镑；资本Ⅱ一年的劳动期间总和为 12 周，每周产值也是 100 镑，年产值为 1 200 镑，二者之和即总资本的年产值为 5 100 镑。

由于资本的游离，在上一周转期间回流的全部资本（资本Ⅱ）或一半（资本Ⅰ）不能进入新的劳动过程执行职能，不能带来产值，因而在具体计算时要分别进行：

资本Ⅰ的年产值 = 600 镑/次 × 4 次

+ 300 镑/次 × 5 次 = 3 900 镑

资本Ⅱ的年产值 = 300 镑/次 × 4 次 = 1 200 镑

总资本年产值 = 5 100 镑

从上表看，资本Ⅰ600 镑完成劳动期间为 5 次，资本Ⅰ300 镑完成劳动期间为 4 次，但是由于假定一年为 51 周，在本年度最后一个劳动期间只能计入 3 周，年产值为 300 镑，因此形成 600 镑产值的劳动期间为 4 次，形成 300 镑产值的劳动期间为 5 次。

从资本周转上看，资本Ⅰ的 600 镑周转了 4 次，资本Ⅰ的 300 镑周转了 $4\frac{1}{3}$次，资本Ⅱ300 镑周转了 4 次，总资本的年周转额计算如下：

资本Ⅰ的年周转额 = 600 镑/次 × 4 次

+ 300 镑/次 × $4\frac{1}{3}$次 = 3 700 镑

资本Ⅱ的年周转额 = 300 镑/次 × 4 次 = 1 200 镑

总资本的年周转额 = 4 900 镑

二、在劳动期间为 5 周，流通期间为 4 周情况下资本的周转［第 303 页第 3 段—第 304 页第 1 段］

这种情况用图式表示如下：

1. Ⅰ Ⅰ Ⅰ Ⅰ Ⅰ　— — — —

2. Ⅱ Ⅱ Ⅱ Ⅱ Ⅰ　— — — —

3. Ⅰ Ⅰ Ⅰ Ⅰ Ⅰ — — — —

从此图式中可看到，在第二个劳动期间，资本Ⅰ和资本Ⅱ发生交叉，在第一个周转期间回流的资本Ⅰ的 500 镑中，只有 100 镑进入第二个劳动期间，另外 400 镑闲置，成为游离资本，等待进入第三个劳动期间。到了第三个劳动期间，资本Ⅱ400 镑发生游离，如此不断反复下去。

总资本的周转可列表如下：

总资本周转表

周转期间（周）	劳动期间（周）	预付量（镑）		流通期间（周）
		资本Ⅰ	资本Ⅱ	
1. 1—9	1—5	500		6—9
2. 6—14	6—10	100（10）	400（6—9）	11—14
3. 11—19	11—15	500		16—19
4. 16—24	16—20	100（20）	400（16—19）	21—24
5. 21—29	21—25	500		26—29
6. 26—34	26—30	100（30）	400（26—29）	31—34
7. 31—39	31—35	500		36—39
8. 36—44	36—40	100（40）	400（36—39）	41—44
9. 41—49	41—45	500		46—49
10. 46—54	46—50	100（50）	400（46—49）	51—54
11. 51—59	51—55	500		56—59

根据上述周转情况，资本Ⅰ的年产值＝500镑/次×5次＋100镑/次×6次＝3 100镑，资本Ⅱ的年产值＝400镑/次×5次＝2 000镑，二者之和即总资本的年产值为5 100镑。资本Ⅰ的年周转额＝500镑/次×5次＋100镑/次×4次＋100镑/次×$\frac{6}{9}$次＋100镑/次×$\frac{1}{9}$次＝2 978镑，资本Ⅱ的年周转额＝400镑/次×4$\frac{6}{9}$次＝1 867镑，二者之和即总资本的年周转额为4 845镑。

三、在劳动期间为7周，流通期间为2周情况下资本的周转［第304页第2—末段］

这种情况用图式表示如下：

1. Ⅰ Ⅰ Ⅰ Ⅰ Ⅰ Ⅰ Ⅰ ——

2. Ⅱ Ⅱ Ⅰ Ⅰ Ⅰ Ⅰ Ⅰ ——

3. Ⅰ Ⅰ Ⅰ Ⅰ Ⅰ Ⅰ Ⅰ ——

从图式中可看到，在第二个劳动期间，资本Ⅰ和资本Ⅱ发生交叉，资本Ⅰ200镑游离在外，到第三个劳动期间，资本Ⅱ200镑发生游离，如此不断反复下去。

总资本的周转可列表如下：

总资本周转表

周转期间（周）	劳动期间（周）	预付量（镑）		流通期间（周）
		资本Ⅰ	资本Ⅱ	
1. 1—9	1—7	700		8—9
2. 8—16	8—14	500（10—14）	200（8—9）	15—16
3. 15—23	15—21	700		22—23
4. 22—30	22—28	500（24—28）	200（22—23）	29—30
5. 29—37	29—35	700		36—37
6. 36—44	36—42	500（38—42）	200（36—37）	43—44
7. 43—51	43—49	700		50—51
8. 50—58	50—56	500（52—56）	200（50—51）	57—58

根据上述情况，资本Ⅰ的年产值＝700镑/次×4次＋500镑/次×3次＝4 300镑，资本Ⅱ的年产值＝200镑/次×4次＝800镑，二者之和即总资本的年产值为5 100镑。资本Ⅰ的年周转额＝700镑/次×4次＋500镑/次×3次＝4 300镑，资本Ⅱ的年周转额＝200镑/次×3$\frac{2}{9}$次＝644镑，二者之和即总资本的年周转额为4 944镑。

* * *

从上述三个例子看，在劳动期间大于流通期间的各种场合，都会出现资本的游离。每次从劳动期间游离出来的资本量总是和资本Ⅱ的量相等，如游离资本量在第一例为300镑，第二例为400镑，第三例为200镑，与资本Ⅱ的量相一致。

资本的束缚与游离是以能否进入周转进行区分的，形成的原因有：第一，生产的周期性。繁荣时期资本多被束缚，危机或萧条时期资本多被游离。第二，劳动生产力和生产要素价格的变动。对已完成投资的企业，劳动生产力提高了，生产要素价格下降了，资本会发生游离，反之则被束缚。第三，预付流动资本和追加流动资本的交替或交叉，本文阐述的就是属于这种情况。

Ⅲ. 劳动期间小于流通期间

当劳动期间小于流通期间时，追加的流动资本就会大于预付的流动资本，因而不仅要有追加资本Ⅱ，还要有追加资本Ⅲ，总资本被分成三部分。

流通期间超过劳动期间有两种情况，一种情况，流通期间是劳动期间的整倍数；另一种情况，流通期间不是劳动期间的整倍数，这两种情况的周转又有不同的特点。

一、流通期间是劳动期间整倍数情况下的资本周转［本节第1段—第307页第2段］

在假定周转期间为9周的前提下，流通期间为劳动期间的整倍数，也就是劳动期间为3周，流通期间为6周，用图式表示如下：

1. Ⅰ Ⅰ Ⅰ ————————

2. Ⅱ Ⅱ Ⅱ ——— ———

3. Ⅲ Ⅲ Ⅲ ———————

4. Ⅰ Ⅰ Ⅰ ———————

从这一图式中可以看到，由于流通期间是劳动期间的整倍数，追加流动资本也是预付流动资本的整倍数；总资本被三等分；资本Ⅰ、资本Ⅱ和资本Ⅲ依次交替而不交叉；资本不会游离。

总资本的周转可列表如下：

总资本周转表

周转期间（周）	劳动期间（周）	预付量（镑）			流通期间（周）
		资本Ⅰ	资本Ⅱ	资本Ⅲ	
1. 1—9	1—3	300			4—9
2. 4—12	4—6		300		7—12
3. 7—15	7—9			300	10—15
4. 10—18	10—12	300			13—18
5. 13—21	13—15		300		16—21
6. 16—24	16—18			300	19—24
7. 19—27	19—21	300			22—27
8. 22—30	22—24		300		25—30
9. 25—33	25—27			300	28—33
10. 28—36	28—30	300			31—36
11. 31—39	31—33		300		34—39
12. 34—42	34—36			300	37—42
13. 37—45	37—39	300			40—45
14. 40—48	40—42		300		43—48
15. 43—51	43—45			300	46—51
16. 46—54	46—48	300			49—54
17. 49—57	49—51		300		52—57

根据上表周转情况，资本Ⅰ的年产值＝300镑/次×6次＝1 800镑，资本Ⅱ的年产值＝300镑/次×6次＝1 800镑，资本Ⅲ的年产值＝300镑/次×5次＝1 500镑，三者之和即

总资本的年产值为 5 100 镑。资本Ⅰ的年周转额 = 300 镑/次 × $5\frac{2}{3}$ 次 = 1 700 镑，资本Ⅱ的年周转额 = 300 镑/次 × $5\frac{1}{3}$ 次 = 1 600 镑，资本Ⅲ的年周转额 = 300 镑/次 × 5 次 = 1 500 镑，三者之和即总资本的年周转额为 4 800 镑。

二、流通期间不是劳动期间整倍数情况下的资本周转［第 307 页末段—第 308 页末段］

假定劳动期间为 4 周，流通期间为 5 周，流通期间虽大于劳动期间，但不是整倍数，用图式表示如下：

1. Ⅰ Ⅰ Ⅰ Ⅰ ——————
2. Ⅱ Ⅱ Ⅱ Ⅱ ——————
3. Ⅲ Ⅰ Ⅰ Ⅰ ——————
4. Ⅰ Ⅱ Ⅱ Ⅱ ——————
5. Ⅱ Ⅰ Ⅰ Ⅰ ——————
6. Ⅲ Ⅰ Ⅱ Ⅱ ——————
7. Ⅱ Ⅰ Ⅰ Ⅰ ——————
8. Ⅱ Ⅰ Ⅱ Ⅱ ——————
9. Ⅲ Ⅰ Ⅰ Ⅰ ——————
10. Ⅱ Ⅰ Ⅱ Ⅱ ——————
11. Ⅱ Ⅰ Ⅰ Ⅰ ——————
12. Ⅲ Ⅰ Ⅱ Ⅱ ——————

图式中资本回流后的再投入按回流的先后顺序排列，先回流的资本先投入，同时回流的资本则按资本Ⅰ、资本Ⅱ、资本Ⅲ顺序排列。

在流通期间不是劳动期间的整倍数的情况下，追加的流动资本也不会是预付流动资本的整倍数；总资本的三部分不等分；不仅资本Ⅰ和资本Ⅱ发生交叉，资本Ⅰ和资本Ⅲ、资本Ⅱ和资本Ⅲ都会发生交叉；资本Ⅰ、资本Ⅱ和资本Ⅲ先后发生游离，如第三个劳动期间，资本Ⅰ有 100 镑游离，第四个劳动期间，资本Ⅱ有 100 镑游离，第五个劳动期间，资本Ⅲ有 100 镑游离。每次从劳动期间游离出来的资本量总是和资本Ⅲ相等。

总资本的周转可列表如下：

周转期间（周）	劳动期间（周）	预付量（镑）			流通期间（周）
		资本Ⅰ	资本Ⅱ	资本Ⅲ	
1. 1—9	1—4	400			5—9
2. 5—13	5—8		400		9—13
3. 9—17	9—12	300（10—12）		100（9）	13—17
4. 13—21	13—16	100（14）	300（14—16）		17—21
5. 17—25	17—20	300（18—20）	100（17）		21—25
6. 21—29	21—24	100（22）	200（23—24）	100（21）	25—29
7. 25—33	25—28	300（26—28）	100（25）		29—33
8. 29—37	29—32	100（30）	300（29、31、32）		33—37
9. 33—41	33—36	300（34—36）		100（33）	37—41
10. 37—45	37—40	100（38）	300（37、39、40）		41—45
11. 41—49	41—44	300（42—44）	100（41）		45—49
12. 45—53	45—48	100（46）	200（47—48）	100（45）	49—53
13. 49—57	49—52	300（50—52）	100（49）		53—57

根据上表周转情况，资本Ⅰ的年产值 = 400 镑/次 ×1 次 + 300 镑/次 ×5 次 + 200 镑/次 ×1 次 + 100 镑/次 ×5 次 = 2 600 镑，资本Ⅱ的年产值 = 400 镑/次 ×1 次 + 300 镑/次 ×3 次 + 200 镑/次 ×2 次 + 100 镑/次 ×4 次 = 2 100 镑，资本Ⅲ的年产值 = 100 镑/次 ×4 次 = 400 镑，三者之和即总资本年产值为 5 100 镑。资本Ⅰ的年周转额 = 400 镑/次 ×1 次 + 300 镑/次 ×5 次 + 200 镑/次 × $\frac{1}{3}$ 次 + 100 镑/次 ×4 $\frac{7}{9}$ 次 = 2 445 镑，资本Ⅱ的年周转额 = 400 镑/次 ×1 次 + 300 镑/次 ×3 次 + 200 镑/次 ×1 $\frac{7}{9}$ 次 + 100 镑/次 ×3 次 + 100 镑/次 × $\frac{1}{3}$ 次 = 1 989 镑，资本Ⅲ的年周转额 = 100 镑/次 ×3 $\frac{7}{9}$ 次 = 378 镑，三者之和即总资本的年周转额为4 812镑。

三、本节的研究方法［第 309 页第 1—2 段］

本节的研究有两个假定：

第一，劳动期间和流通期间全年不变，这样做是为了确定流通时间对资本周转和预付资本量的影响。

第二，预付资本和追加资本均为流动资本，对固定资本的周转不予考虑。周转时间的长短会影响固定资本回流的速度，但不会影响到固定资本量的追加，与我们现在要考虑的内容无关。在第 12 章中，马克思已指出：固定资本的周转速度对固定资本的预付量是“毫无影响”（第 258 页）。

这两个假定对全章都是适用的。

Ⅳ. 结 论

一、五点结论［本节第 1 段—第 311 页末段］

第一，为了避免资本进入流通过程后引起的生产中断，必须把总流动资本划分为两部分：一部分是预付的生产资本，另一部分是追加的货币资本。

第二，当劳动期间和流通期间相等，或流通期间是劳动期间的整倍数（准确倍数、简单倍数）的时候，预付资本和追加资本依次交替进入劳动过程，资本不发生交叉，因而资本不发生游离。

第三，当流通期间小于劳动期间，或流通期间大于劳动期间但不是其整倍数的时候，预付资本和追加资本在同一劳动期间会发生交叉，一部分资本会成为游离资本。同一劳动期间游离资本的量，在有资本Ⅲ出现的时候和资本Ⅲ相等，在没有资本Ⅲ出现的时候和资本Ⅱ相等。

第四，由于第二点结论中说的流通期间和劳动期间相等或是它的整倍数是例外的现象，第三点结论中说的流通期间和劳动期间不相等、也不构成整倍数是通例，因此，预付资本和追加资本的交替是例外的现象，资本的交叉和游离则是通例。

第五，为了避免生产的中断而将资本划分为两个部分，会引起生产规模的缩小，这是非常必要的。如果进行抽象的计算，减少每周资本投入量，维持生产的连续性和保持原有每周的资本投入量，生产间断地进行，在年产值上是相同的。但是间断性生产会使固定资本经常闲置不用，工资支出增加，撇开这些不说，“生产过程的这样一种有规则的中断，是和现代大工业的经营根本不相容的。这种连续性本身就是一种劳动生产力”（第 312 页）。

二、四点补充意见［第 312 页末段—本节完］

第一，游离资本的形式及其量的规定。［第 312 页末段］

游离资本开始是以货币形式出现的，其用途有二：一是准备支付工资，因此，这一部分始终要保持原来的货币形式；另一部分准备购买原材料，进行生产储备，但是这一部分货币不会一次性地全部用光，以原材料形式进入仓库，其中或多或少仍以货币形式保存下来。因此游离资本中的货币形式的量以工资量为最低限。

第二，游离资本的意义。［第 313 页第 1 段］

游离资本以及折旧基金、工资基金等是信用制度基础中的重要组成部分。

第三，流通时间缩短或延长的后果。［第 313 页第 2 段—第 314 页末段］

流通时间缩短，按原来生产规模需要的预付资本便会减少，减少下来的货币资本或者用来扩大生产规模，或者用来投放货币市场。

流通时间延长，或者是缩小生产规模，或者是追加资本，追加资本如无反作用抵消，就会造成货币市场的压力。

第四，恩格斯对资本游离的见解。［第 315 页第 1 段—本节完］

马克思认为货币资本的游离发生在流通期间和劳动期间不相等，流通期间也不是劳动期间的整倍数的一般场合，而在流通期间和劳动期间相等，或流通期间是劳动期间准确的整倍数等特殊场合，就不会出现货币资本的游离。

恩格斯对这一观点进行了修正，认为货币资本的游离“在一切情况下都会发生，规模也比本文所说的要大”（第 316 页）。这是因为预付的货币资本是逐渐投入使用的，尚未投入的部分也是处于游离状态。按照马克思的举例，回流的货币资本为 450 镑，劳动期间为 4 周半，每周投入 100 镑，第 1 周就有 350 镑货币资本发生游离。

*　　　　*　　　　*

马克思的上述结论和补充意见，对我国市场经济的进一步发展是很有指导意义的，我们应当认真学习马克思有关这一方面的理论，正确处理好预付流动资本和追加流动资本的比例，研究资本的投入和回流，研究资本的交替和交叉，研究资本的束缚和游离，分析年产值和年周转额的变动，只有这样，才能合理安排流动资本的使用，充分发挥流动资本的作用。

笔者对本章第Ⅰ至Ⅳ节的研读所要做的是：第一，除了用文字和表格说明流动资本的周转对预付流动资本量及其构成的影响之外，还用图式加以说明，图式的优点在于以周为单位完整显示周转对流动资本的影响；第二，马克思对原预付流动资本的周转和追加流动资本的周转是分开列表说明的，笔者在这里将原预付流动资本的周转和追加流动资本的周转合并成一个总表，其优点在于能够表现出原预付流动资本和追加流动资本的交替或交叉、束缚或游离；第三，马克思列出的本章第 1 个表中，在序数中出现了连续的误差，本文试图加以修正；第四，按照马克思列出的第 2 个表计算资本Ⅰ和资本Ⅱ的年产值和年周转额均有误差，对此笔者重新列表进行了调整；第五，马克思对有些例子中的年产值和年周转额未进行计算，需要加以补充，尤其是如何计算跨年度的周转期间的周转额。

Ⅴ. 价格变动的影响

一、价格变动对预付资本量的影响 [本节第 1 段—第 318 页第 2 段]

除周转时间的长短会影响预付资本的量以外，价格的变动也会对预付资本量发生影响。

这里所说的价格包括流动资本各要素（劳动对象、劳动力）的价格和本企业产品的价格，前者是购买价格，后者是销售价格。

流动资本要素的价格下降，如流通时间没有延长，再按原来的规模生产，就会减少预付资本量，从而减少投入商品销售市场的货币量，减少的部分如不用来扩大企业自身的规模，就要投放到货币市场，贷给他人使用。反之，如果流动资本要素价格上涨，流通时间又未缩短，要维持原来的生产规模，就得追加生产资本，给货币市场造成压力。

本企业产品的销售价格下跌，再保持原有生产规模，就得追加生产资本；反之，本企业产品的销售价格上涨，增加的收入部分如不用来扩大生产规模，就会变成游离的货币资本。

二、影响预付资本量的各种因素 [第 318 页第 3 段—本节完]

从本章内容看，当生产规模已定时，影响预付资本量的因素有三：第一，周转期间的长短；第二，流动资本各要素价格（购买价格）的变动；第三，本企业产品销售价格的变动。

以下对此三个要素分别进行考察，第一个要素只考察流通期间的变动对预付资本量的影响，第二个要素只考察原材料价格变动对预付资本量的影响。

（一）生产规模不变，生产要素和产品的价格不变，流通期间因周转期间发生变动［第 318 页第 5 段—第 323 页第 2 段］

假定原来劳动期间为 6 周，流通期间为 3 周，每周投入流动资本 100 镑，资本Ⅰ为 600 镑，资本Ⅱ为 300 镑，总资本为 900 镑。

如流通期间缩短 1 周，总资本就由 900 镑减为 800 镑，生产规模不变，年产量和年产值也不变。改变的是有 100 镑货币从流通中退出，减少了资本Ⅱ；工厂的生产储备会减少，但商人的商品储备会相应增加。

反之，流通期间延长 1 周，总资本就由 900 镑增为 1 000 镑，要求追加流动资本 100 镑，在一般情况下，都会直接或间接影响到货币市场。

（二）生产材料的价格发生变动，其他条件不变［第 323 页第 3 段—第 324 页第 2 段］

仍按上例，劳动期间为 6 周，流通期间为 3 周，资本Ⅰ为 600 镑，资本Ⅱ为 300 镑，假定其中原材料价值占去$\frac{4}{5}$，工资占$\frac{1}{5}$。资本Ⅰ的构成为：480 镑原材料 + 120 镑工资，资本Ⅱ的构成为：240 镑原材料 + 60 镑工资。

如原材料价格下降一半，资本Ⅰ就由 600 镑降为：240 镑原材料 + 120 镑工资 = 360 镑，资本Ⅱ就由 300 镑降为：120 镑原材料 + 60 镑工资 = 180 镑。总资本由 900 镑降为 540 镑，预付资本减少 360 镑，如不用来扩大生产规模，就会投向货币市场。

原材料价格的下降有两种原因：一是供大于求，一方支出的减少来自另一方收入的减少，对货币资本的总量不会发生影响；二是原材料生产的价值下降，这会增加货币市场的绝对量。

（三）产品本身的市场价格发生变动［第 324 页第 3 段—本节完］

如产品价格下跌，部分资本会遭受损失，要保持原有的生产规模，就须通过货币市场进行补偿，这里发生的是价值的转移。产品价格的下跌使买者得到直接或间接的利益。

产品价格的上涨有两种情况：一种情况是生产者在原材料涨价前购进，购进后原材料涨价并引起产品价格上涨，从而为生产者提供了追加资本，满足了因原材料价格上涨后保持原有生产规模的需要；另一种情况是产品供求状况引起的产品价格暂时性的上涨，生产者回流更多的货币之后如不扩大生产规模，就会出现资本的游离，这笔游离资本用来提供给因生产要素价格上涨而需要追加资本的企业。

第十六章　可变资本的周转

本章研究两个雇工人数相同的企业，在实际剩余价值率相同的条件下，一年内生产出同量的剩余价值。但是由于这两个企业可变资本周转的速度不同，预付可变资本量就出现了差别，进而引起年剩余价值率的差别。

Ⅰ．年剩余价值率

一、研究本章内容时对上一章若干假定的改变［本节第1段—第328页第2段］

第一，撇开不变流动资本，只研究可变流动资本。

上一章研究的是周转时间对预付资本量的影响，为此，撇开与所研究的内容无关的固定资本的周转，只研究流动资本的周转对预付资本量的影响。

本章研究的是资本周转速度对年剩余价值率的影响，而年剩余价值率只与可变资本有关，为此就要进一步撇开流动资本中的不变部分，即原材料部分，只研究流动资本中的可变部分，即劳动力部分，只有可变资本的周转才会影响到年剩余价值率。

第二，将剩余价值量作为年剩余价值率的一个因素进行研究。

上一章研究了周转期间对流动资本量的影响，在研究时，撇开与此研究无关的剩余价值量问题，因而假定剩余价值 =0。

现在不同了，现在研究的是可变资本的周转对年剩余价值率的影响，作为影响年剩余价值率的一个因素——年剩余价值量，是不能撇开不论的。

第三，假定流通期间 =0，即周转期间 = 劳动期间。

这是在第329页上马克思举例时提出的一个新的假定。

在上一章中，为了考察流通时间对预付资本量的不同影响，必然要分别列出不同的流通期间对预付资本量的不同影响。流通期间在不同企业和不同年度各不相同，对于同一企业在同一年度的流通期间虽然假定它是一个不变量，但却又是一个定量。

流通时间的长短和有无，会影响预付资本的量，从而影响到年剩余价值率。但是流通时间不能生产剩余价值，流通时间的加入会带来资本Ⅰ和资本Ⅱ的不同周转，使问题复杂化，为此，现在的研究要撇开流通时间，假定流通期间 =0，周转期间 = 劳动期间。

二、可变资本周转速度对年剩余价值率的影响［第328页第3段—第329页末段］

（一）马克思的举例

两个在雇工人数和实际剩余价值率方面都相同的企业，由于可变资本的周转速度不同，就会引起两方面的结果，一是引起预付可变资本量的差别，二是接着引起年剩余价值率的差别。马克思举了以下的例子加以说明。

假定A和B两个企业的雇工同为100人，每个工人每周工资为1镑，A和B两个企业每周投入的可变资本均为100镑。再假定实际剩余价值率均为100%，工作日也相同，经过一年（按50周计），两个企业投入使用的可变资本同样是5 000镑，年剩余价值总量也会同样是5 000镑。但是，由于这两个企业的周转期间不同，A企业周转期间为5周，一年可周转10次，B企业周转期间为50周，一年只能周转1次，其结果会使这两个企业的预付可变资本量和年剩余价值率大不相同。

A企业可变资本周转期间每次为5周，每周预付可变资本100镑，5周共需预付可变资本500镑，假定流通期间=0，到了第5周末，原预付可变资本500镑回流，到了第6周，对原预付可变资本又可重复使用，无须再追加新的可变资本。也就是说，只要有500镑预付可变资本，就可以通过反复使用，满足全年资本周转的需要。

B企业则不同，由于可变资本周转期间长达1年即50周，预付的可变资本要到50周之后才能回流，在长达50周的时间里，共需预付可变资本5 000镑。

实际剩余价值率和年剩余价值总量都相同，但是由于预付可变资本周转速度的不同，引起预付可变资本量的不同，进而引起年剩余价值率的不同。这里出现了三个经济范畴：实际剩余价值率、年剩余价值总量和年剩余价值率。

实际剩余价值率："一定期间所使用的可变资本和同一期间所生产的剩余价值的比率。"（第337页）用公式表示：

$$m' = \frac{m}{v} = \frac{\text{一个周转期间内生产的剩余价值量}}{\text{一个周转期间内所使用的可变资本}}\text{（第340页）}$$

$$\text{或} = \frac{\text{一年内生产的剩余价值量}}{\text{一年内周转的可变资本}}\text{（第336页）}$$

"一年内周转的可变资本，——从而和这部分资本相等的年产品部分或年支出部分，——就是一年内实际使用的、生产地消耗的可变资本。"（第336页）实际剩余价值率的公式因此也可用 $m' = \frac{\text{年}\,m}{\text{年用}\,v}$，年m是一年内生产的剩余价值总额，也可用M表示，年用v是一年内实际使用的可变资本的简称。

"这个实际的剩余价值率，与已经预付但还没有使用的那部分可变资本完全无关，因而也与一定期间内预付的资本部分和同一期间内所使用的资本部分的比率——这个比率对不同的资本来说会由于周转期间不同而有所变化和有所差别——完全无关。"（第337页）

年剩余价值总量：一年内生产的剩余价值总额。用公式表示：

$$M = \text{实际}\,m' \times \text{年用}\,v = \text{实际}\,m' \times \text{预付}\,v \times n$$

n代表一年内预付可变资本的周转次数。

年剩余价值率："一年内生产的剩余价值总额和预付可变资本的价值额之比。"（第329页），用公式表示：

$$M' = \frac{\text{年}\,m}{\text{预付}\,v} = \frac{\text{实际}\,m' \times \text{年用}\,v}{\text{预付}\,v} = \frac{\text{实际}\,m' \times \text{预付}\,v \times n}{\text{预付}\,v}$$

$$= \text{实际}\,m' \times n = \frac{\text{年}\,m \times n}{\text{年用}\,v}\text{（参见第338页、340、341页）}$$

按上例计算：M代表年剩余价值总量，M′代表年剩余价值率。

$$\text{A 企业 } M = 5\ 000 \text{ 镑年用 } v \times 100\% \text{ 实际 } m' = 5\ 000 \text{ 镑}$$

$$\text{A 企业 } M' = \frac{5\ 000 \text{ 镑 } M}{500 \text{ 镑预付 } v} = 1\ 000\%$$

$$\text{B 企业 } M = 5\ 000 \text{ 镑年用 } v \times 100\% \text{ 实际 } m' = 5\ 000 \text{ 镑}$$

$$\text{B 企业 } M' = \frac{5\ 000 \text{ 镑 } M}{5\ 000 \text{ 镑预付 } v} = 100\%$$

上述情况可列表如下：

	A 企业	B 企业
雇工人数 ①	100 人	100 人
每人每周工资 ②	1 镑	1 镑
每周实际使用 v ③ = ① × ②	100 镑	100 镑
全年实际使用 v ④ = ③ × 50	5 000 镑	5 000 镑
实际 m′ ⑤	100%	100%
年 M ⑥ = ④ × ⑤	5 000 镑	5 000 镑
周转期间 ⑦	5 周	50 周
年周转次数 ⑧ = 50/⑦	10 次	1 次
预付 v ⑨ = ③ × ⑦	500 镑	5 000 镑
年 M′ ⑩ = ⑥/⑨	1 000%	100%

（二）我国政治经济学教材举例的缺陷

马克思举例的出发点是两个雇工人数相同即表现为每周实际进行使用的可变资本相同的企业，假定实际剩余价值率也相同，一年内获得的剩余价值总量一定会相同，但是由于可变资本的周转速度不同，预付可变资本量就会不同，进而引起年剩余价值率不同。

我国出版的众多政治经济学教科书中，除个别的如 1983 年由人民出版社出版的宋涛教授主编的政治经济学教材，采用上述《资本论》中的分析方法进行举例外，绝大多数教材都采取相反的途径去进行论证。出发点是两个预付可变资本相同的企业，然后论证由于预付可变资本周转速度不同，引起年剩余价值量不同，进而在相同的预付可变资本情况下，出现不同的年剩余价值率。

例如，在1961年人民出版社出版的一本《政治经济学》教材中，就这样来举例：先假定甲乙两企业的预付可变资本同为2万元，剩余价值率都是100%，然后再假定甲企业1年周转1次，乙企业1年周转2次，由此求得：

$$甲企业\ M=2万元\,v\times100\%\times1次=2万元$$

$$甲企业\ M'=\frac{2万元\,M}{2万元\,v}=100\%$$

$$乙企业\ M=2万元\,v\times100\%\times2次=4万元$$

$$乙企业\ M'=\frac{4万元\,M}{2万元\,v}=200\%$$

这里的问题是：

第一，离开了马克思研究的出发点。

马克思的举例是以两个在实际使用的可变资本量相同的企业，即从规模相同的企业作为进行比较的出发点，从这一出发点去研究可变资本的周转对预付可变资本量的影响，进而对年剩余价值率的影响。而这里的举例是以两个在预付可变资本量上相同的企业作为进行比较的出发点，从这一出发点去研究可变资本的周转对年剩余量的影响，进而对年剩余价值率的影响。

两个预付可变资本相同的企业，只有在周转期间也相同的情况下，用工人人数表现的企业规模才会相同，否则，企业规模就不会相同，周转越快的企业规模就越大。按照所举的例子，甲企业预付可变资本为2万元，周转期间为50周，每周可投入使用的可变资本为400元。乙企业预付可变资本同样是2万元，但由于周转期间为25周，每周可投入使用的可变资本为800元，企业规模大了1倍。

企业规模大1倍，雇工多了1倍，不论可变资本的周转期间如何，年剩余价值总量也会多出1倍，这和本章所要考察的可变资本的周转对年剩余价值率的影响有什么关系呢？

年剩余价值率$=\frac{年剩余价值总量}{预付可变资本量}$，其中年剩余价值总量多出1倍是由于雇工多了1倍，与周转时间长短无关。年剩余价值率的另一要素预付可变资本量在这里又是一个和周转期间长短无关的假定量，这种年剩余价值率和可变资本的周转带来的影响又有什么关系呢？

离开了马克思研究的出发点，也就是离开了可变资本的周转去研究年剩余价值率，必然会陷入混乱之中。

第二，忽略了可变资本周转速度对预付可变资本量的影响。

一个企业的预付可变资本量取决于两个因素，一个是雇工人数，表现为每周投入使用的可变资本量，另一个是可变资本的周转速度。而现在的举例完全不考虑这两个因素，直接对预付可变资本量作了规定。

周转速度不同的两个企业在雇工规模上相同，预付可变资本量必定是不相同的。

按照上面教材中所举的例子，甲企业周转期间为50周，乙企业周转期间为25周，要使两个企业规模相同，或者是乙企业和甲企业一样，每周投入使用的可变资本为400元，甲企业预付可变资本=400元×50周=2万元，乙企业预付可变资本=400元×25周=1万元；或者是甲企业和乙企业一样，每周投入使用的可变资本为800元，甲企业预付可变资本=800元×50周=4万元，乙企业预付可变资本=800元×25周=2万元。

只要实际使用的可变资本量和实际剩余价值率相同，各个企业不论其周转速度如何，年剩余价值量必然会相同，区别在于预付可变资本量上。由于周转期间的不同，预付可变资本量也会不同，预付可变资本量和可变资本的周转速度成反比，在雇工规模已定时，可变资本周转速度越快，预付可变资本量就越少，反之就越多。在相同的年剩余价值量下出现不同的预付可变资本量，于是就有了不同的年剩余价值率。

马克思正是通过可变资本周转速度对预付可变资本量的影响，进而说明对年剩余价值率的影响，离开可变资本的周转对预付可变资本量的影响，就不能说明可变资本的周转对年剩余价值率的影响。

第三，可变资本的周转影响预付可变资本量和与此相联系的年剩余价值率，而不是年剩余价值量。

上面提到的教材用预付可变资本周转速度的快慢说明年剩余价值量的多少，进而说明年剩余价值率的差别，这是不正确的。

预付可变资本的周转是“和剩余价值的生产本身完全无关的事情”（第 346 页），预付可变资本周转的速度影响的是预付可变资本量，进而影响年剩余价值率，它不能改变剩余价值量。

第 1 卷中说过，$M=\frac{m}{v}\times V$，这就是说，剩余价值总量取决于两个因素，一个是剩余价值率，另一个是可变资本总量。在本卷中，进一步明确，这里的$\frac{m}{v}$指的是实际剩余价值率，V 是实际使用的可变资本，而不是预付的可变资本。剩余价值的生产和可变资本的周转完全无关。

按照马克思举的例子，资本 A 和资本 B 全年投入都是 5 000 镑，实际剩余价值率都是 100%，年剩余价值总量也都是 5 000 镑。无论资本 A 和资本 B 的可变资本周转期间如何变化，年剩余价值量都不会发生变化，改变的只是预付可变资本量，恰恰是这一点变化，却被忽视了。

三、不同量的预付可变资本为什么会得到同量的年剩余价值？预付少的可变资本为什么能够有更高的年剩余价值率［第 330 页第 1 段—本节完］

按照马克思所举的例子，资本 A 和资本 B 在雇工人数、每周投入的可变资本量、实际剩余价值率、工作日、一年内使用的可变资本量及年剩余价值量等方面都一样，但资本 A 的年剩余价值率是 1 000%，资本 B 的年剩余价值率却只有 100%，这是为什么呢?

这一现象给人以错觉，似乎剩余价值率不仅取决于在生产过程中劳动力对剩余价值的生产，还取决于流通过程的影响。李嘉图学派由此产生了混乱。

对这个问题，要从上述例子中，资本 A 只预付可变资本 500 镑，却能和预付可变资本 5 000 镑的资本 B 一样，取得 5 000 镑的年剩余价值谈起。

（一）不同量的预付可变资本为什么会得到相同的年剩余价值量［第 330 页第 3 段—第 332 页末段］

这里要区分预付的可变资本和在劳动过程中实际使用的可变资本，即实际执行职能和发挥作用的可变资本。“生产剩余价值的，只是劳动过程中实际使用的资本。”（第 331 页）“预付可变资本，只是在它被实际使用时，在它被实际使用的时间内，才作为可变资本执行职能；而在它没有被使用，仅仅被预付，充当储备的时间内，不作为可变资本执行职能。”（第 332 页）

资本 A 和资本 B 虽然在预付可变资本上相差 9 倍，但它们在实际使用上却相同，每周投入使用100镑，全年投入使用5 000镑，在实际剩余价值率均为100%的前提下，年剩余价值量也就都是5 000镑了。

为什么同样是5 000镑可变资本执行职能，而资本A只要预付500镑可变资本，资本B却要预付5 000镑可变资本呢？这是由周转期间的差别决定的，而周转期间的差别又是由劳动期间的差别（不考虑生产期间中的非劳动期间）和流通期间的差别决定的。

资本A的周转期间为5周，即一年可周转10次，500镑预付可变资本共使用了10次，因而实际使用的可变资本却是5 000镑；资本B的周转期间为50周，即一年只周转一次，预付可变资本5 000镑，只使用一次，实际使用的可变资本也只能是5 000镑了。

马克思由此得出结论，预付可变资本不同却可得到同量的剩余价值，“不会和那些已经阐述的有关剩余价值生产的规律相矛盾，反而会证实这些规律，并且是这些规律的不可避免的结果”（第333页）。

（二）相同的年剩余价值量为什么会产生不相同的年剩余价值率［第333页第1段—第335页末段］

资本A和资本B的年剩余价值量相同，均为5 000镑，但资本A的年剩余价值率为1 000%，资本B的年剩余价值率为100%，这是因为年剩余价值率是由年剩余价值量和预付可变资本量对比进行计算，而不是和1年内实际使用的可变资本进行计算。资本A和资本B虽然在实际使用的可变资本量上相同，但在预付可变资本量上却大不相同，资本A预付可变资本少，年剩余价值率就高，资本B预付可变资本多，年剩余价值率就低。

从前5周看，资本A的剩余价值率 $=\frac{500\text{m}}{500\text{v}}=100\%$，资本B的剩余价值率 $=\frac{500\text{m}}{5\ 000\text{v}}=10\%$，资本A的剩余价值率和实际剩余价值率一致，资本B的剩余价值率就小于实际剩余价值率；如果从全年看，资本A的剩余价值率 $=\frac{5\ 000\text{m}}{500\text{v}}=1\ 000\%$，大于实际剩余价值率，资本B的剩余价值率 $=\frac{5\ 000\text{m}}{5\ 000\text{v}}=100\%$，与实际剩余价值率相同。这是由计算方法引起的差别，如果将剩余价值量和实际使用的可变资本进行计算，无论是从前5周看或全年看，资本A和资本B的剩余价值率都是100%，不会有什么差别。

资本A之所以能够有更高的年剩余价值率，是因为用较少的预付可变资本取得和资本B相同的年剩余价值量。为什么资本A能够用较少的预付可变资本取得和资本B相同的年剩余价值量呢？第一，资本A周转期间短，只有资本B的$\frac{1}{10}$，资本A的预付可变资本也只需资本B的$\frac{1}{10}$，却能和资本B一样，推动同量的劳动执行职能。第二，“在剩余价值率已定时，每年生产的剩余价值量，决定于一年内所使用的资本，而不是决定于一年内预付的资本”（第335页）。资本A的预付可变资本只有资本B的$\frac{1}{10}$，但实际投入使用的可变资本却一样多，得到的年剩余价值量也必然相同。

（三）相同的实际剩余价值率为什么会产生不相同的年剩余价值率［第336页第1段—本节完］

资本A和资本B的实际剩余价值率都是100 %，但资本A的年剩余价值率却是1 000%，只有资本B的年剩余价值率和实际剩余价值率相同，这是为什么呢？

这是因为，“实际的剩余价值率，不外表示一定期间所使用的可变资本和同一期间所生产的剩余价值的比率；或者说，表示这个期间使用的可变资本所推动的无酬劳动的量。这个实际的剩余价值率，与已经预付但还没有使用的那部分可变资本完全无关，因而也与一定期间内预付的资本部分和同一期间内所使用的资本部分的比率——这个比率对不同的资本来说会由于周转期间不同而有所变化和有所差别——完全无关”（第337页）。如按年计算实际剩余价值率，计算公式为：$\frac{\text{一年内生产的剩余价值量}}{\text{一年内周转的可变资本}}$。而年剩余价值率却是预付的可变资本和一年内生产的剩余价值量的比率，用公式表示：

$$M' = \frac{\text{一年内生产的剩余价值量}}{\text{预付可变资本}} = \frac{\text{实际剩余价值率} \times \text{实际使用的可变资本}}{\text{预付可变资本}}$$

$$= \frac{\text{实际 } m' \times \text{预付 } v \times n}{\text{预付 } v} = m'n$$

当一年内周转的可变资本已定时，预付可变资本量的多少就取决于预付可变资本的年周转次数，二者成反比。资本B和资本A一年内周转的可变资本，即实际使用的可变资本都是5 000镑，但资本B的周转次数只有资本A的$\frac{1}{10}$。为了能够得到等量的年剩余价值，在实际剩余价值率已定时，资本B必须将预付可变资本量增加到5 000镑，是资本A的10倍。

从$M' = m'n$这一等式中，我们可以看到，年剩余价值率和实际剩余价值率的差别有以下三种情况：

首先，如资本B，预付的可变资本和一年内周转的可变资本相等，即$n = 1$时，年剩余价值率和实际剩余价值率则相同。

其次，如资本A，一年内周转的可变资本大于预付的可变资本，即$n > 1$，年剩余价值率就会大于实际剩余价值率。

再次，假定有资本C，周转期间为55周，预付可变资本为5 500镑，而一年内周转的可变资本为5 000镑，预付可变资本大于一年内周转的可变资本，即$n < 1$，在这种情况下，年剩余价值率（$90\frac{10}{11}\%$）就会小于实际剩余价值率（100%）。

由此可见，年剩余价值率是资本的现实运动本身引起的，不仅仅是一种主观的对比。

$M' = m'n$这一公式表示，年剩余价值率和实际剩余价值率的差别取决于预付可变资本在一年内的周转次数（n），而预付可变资本周转上的差别之所以会引起年剩余价值率和实际剩余价值率的差别，又是由预付可变资本的预付性质决定的。以资本A的预付可变资本500镑为例，它是预付的，而不是花掉的。投入生产的500镑可变资本，经过5周的使用后，回到了资本家A手中，又可再次使用，一年内周转了10次，也就使用了10次，产生出高出实际剩余价值率9倍的年剩余价值率。

对上述三个问题的回答，基本点在于要区分预付的可变资本和实际使用的可变资本。有些辅导材料将前两个问题归纳为要区分预付的可变资本和实际使用的可变资本，将第三个问题称之为要区分年剩余价值率和实际剩余价值率，其实，第三个问题何尝不要区分预付的可变资本和实际使用的可变资本呢？实际剩余价值率是剩余价值量和实际使用的可变资本的比率，年剩余价值率是年剩余价值量和预付可变资本的比率，要区分实际剩余价值率和年剩余价值率，同样必须区分预付的可变资本和实际使用的可变资本。

Ⅱ．单个可变资本的周转

本节从资本 A 和资本 B 在周转上的差别上说明资本 A 和资本 B 的年剩余价值率的差别。

一、资本 A 和资本 B 在周转上的比较［本节第 1 段—第 345 页第 2 段］

从再生产的角度考察，预付的不变流动资本投入使用后，原有的价值实际上不会发生损耗，而是能够保存下来并转移到新的产品中去，随着价值的实现而进入新的周期时，并不需要用新的不变流动资本去投入，投入新的周期的不变流动资本是原有的、旧的、转移的和再现的价值。当然，这里没有去考虑扩大再生产。因此，这一部分资本可以不断重复地进行使用，不论周期更新多少次，使用的始终是最先投入的资本。

预付可变资本就不同了，无论是资本 A 或资本 B，以工资的形式支付给工人后，购买生活资料，在生活中被消费掉了，这一部分价值不能保存下来。在新的周期开始后，必须再投入新的预付可变资本，也就是说，够一个周期使用的可变资本只能在一个周期内使用，下一个周期使用的可变资本只能是新投入的预付可变资本。由于预付的可变资本投入生产后被劳动力代替，虽然劳动力价值被工人在生活中消费掉了，但是，作为劳动力，在生产中对生产资料的消费，却会创造出新的、超过劳动力价值的价值，这一价值扣除剩余价值之后，又作为新的预付资本投入下一个周期过程。

以资本 A 为例，周转期间为 5 周，一年可周转 10 次，预付的可变资本为 500 镑，每周投入使用的可变资本为 100 镑，第一个周期结束，这 500 镑以工资形式支付给工人后，工人购买了消费资料，在生活中进行消费，这部分价值不再存在。第二个周期开始，要求投入新的预付可变资本 500 镑，不过这 500 镑预付可变资本可以用劳动力新创造的价值 1 000镑的一半进行补偿，也就是用回流的预付可变资本 500 镑去进行补偿，无须再追加预付可变资本。

对资本 A 的分析也适用于资本 B。区别在于资本 B 周转期间长达 50 周，即一年只周转 1 次，当第 5 周结束时，资本 A 不仅创造出新的价值 1 000 镑（包括 500 镑劳动力价值和 500 镑剩余价值），而且也实现了这个新创造的价值，即转化为货币形式 1 000 镑，因此在第 6 周无须再追加预付可变资本。500 镑的预付可变资本可使用 10 次，尽管每次新的周期所预付的 500 镑可变资本都是重新生产出来的，而不是原有的，资本 A 的 500 镑预付可变资本却可推动 5 000 镑的可变资本执行价值增殖的职能。

资本 B 就不同了，到了第 5 周结束，它虽然也一方面耗费了在这 5 周内投入使用的可变资本，另一方面又创造出 1 000 镑的新价值，但是它的商品生产过程还未完成。新创造的价值包含在半成品或在制品中，未能表现为货币形式，因而不能将其中 500 镑用作第二个 5 周的预付可变资本，为此就必须为下一个 5 周追加 500 镑预付可变资本，这种追加直到第 50 周结束后预付可变资本全部回流时才告停止，为此全年预付可变资本为 5 000 镑。

二、周转期间的差别和年剩余价值率的差别［第 345 页第 3 段—本节完］

年剩余价值率是年剩余价值总量和预付可变资本的比率，用公式表示：M′ =

$\frac{\text{年剩余价值总量}}{\text{预付可变资本}}$。按照前面举过的例子，资本 A：$M' = \frac{5\ 000\text{ 镑 M}}{500\text{ 镑 v}} = 1\ 000\%$，资本 B：$M' = \frac{5\ 000\text{ 镑 M}}{5\ 000\text{ 镑 v}} = 100\%$。

二者的差别发生在预付可变资本上，资本 A 和资本 B 在 50 周内使用和耗费了同样的可变资本，支付了同样多的工资，消耗了同样多的劳动力，但是资本 A 只预付够 5 周使用的可变资本，资本 B 却要预付够 50 周使用的可变资本。

预付可变资本的差别来自周转期间的差别，资本 A 的周转期间为 5 周，预付可变资本量够 5 周使用即可，到了第二个周期，就可动用第 5 周回流并以货币形式存在的预付可变资本，无须再去追加，而资本 B 的周转期间为 50 周，预付可变资本必须准备够 50 周使用。

这里应该注意的是，剩余价值的生产取决于所使用的可变资本的量和剩余价值率，而和预付可变资本的周转速度完全无关。资本 A 和资本 B 在一年内实际使用的可变资本均为 5 000 镑，实际剩余价值率均为 100%，年剩余价值量也均为 5 000 镑，资本 A 的周转速度比资本 B 快得多，并不能因此改变年剩余价值总量，即使有周转更快的资本，也不能改变这一剩余价值总量。周转速度改变的是预付可变资本量，从而改变年剩余价值率。不能跳过实际使用的可变资本，直接用预付可变资本的周转去说明年剩余价值量。

Ⅲ. 从社会角度考察的可变资本的周转

从社会的角度考察可变资本的周转，资本 A 和资本 B 在以下几点上是共同的：首先，资本 A 和资本 B 各自雇用 100 个工人，这 200 个工人分别由资本 A 和资本 B 占有和使用，社会不能再将这 200 个工人用到其他方面；其次，资本 A 和资本 B 在一年内各支付工资总额 5 000 镑，要求社会在一年中向他们提供总额为 1 万镑的生活资料；再次，为了购买社会提供的 1 万镑生活资料，资本 A 和资本 B 的工人一年内要将总额为 1 万镑的货币投入流通，每周投入的货币分别为 100 镑。

它们之间的区别在于：

第一，从预付的货币资本量的比较上看。[本节第 2 段—第 348 页第 1 段]

由于周转期间长短不同，在实际剩余价值率即剥削程度相等时，推动同量的劳动而必须预付的可变资本量是极不相同的。

按照假定，为了使生产正常进行，资本 A 和资本 B 每周都要各自投入 100 镑货币，用来支付工人的工资，但资本 A 周转期间为 5 周，资本 B 却为 50 周，即 1 年。从第一个 5 周来看，资本 A 和资本 B 各自预付可变资本 500 镑，这里没有什么区别。从第 6 周开始，区别就出现了。资本 A 这时已完成了一次周转，投入的 500 镑可变资本不仅重新创造出来，并已转化为货币形式，因此，从第 6 周开始，即进入第二个周转期间，资本 A 就使用上一个周转期间已转化成货币形式的部分价值产品（劳动力价值加上剩余价值）来支付工人的工资，无须再追加预付可变资本。资本 B 在第 5 周结束时，虽然也生产了价值产品中的 500 镑，但产品还处在生产过程中，不能转化为货币形式，要使生产不中断，必须再追加预付可变资本，直到第 50 周结束时为止。这样，同样雇用 100 个工人，资本 A 只要准备好够 5 周使用的可变资本即可，资本 B 却要预先准备好够 50 周使用的可变资本。

第二，从不同资本的投入和产出的比较上看。[第348页第2段—第352页第2段]

资本A和资本B生产规模相同，为了雇用工人，每周各自支付工资100镑，雇佣工人将这100镑货币投入流通，从社会上取走等值的生活资料。

区别在于，资本A的工人一方面不断地将货币投入流通，从社会上取走生活资料，另一方面却又不断地（每5周1次）向社会提供商品；而资本B的工人一方面不断地从社会上取走生活资料，另一方面又在长达1年的时间里不向社会提供商品，留给社会的只是为购买商品而支付的货币。

在资本主义社会，由于不能预先安排好周期长短不同的生产，会给社会带来种种压力。首先，是货币市场的压力。长期投入而不产出，不断投入的货币不能从商品的销售上得到补充，不得不依赖货币市场上的信贷。其次，是商品市场的压力。周期长的生产一方面不断地从社会上取走生活资料和生产资料，另一方面却长期不向社会提供生活资料或生产资料，造成商品供不应求，价格上涨，进而刺激商品的输入和某些生产部门的急剧膨胀，终于引发经济危机。再次，是劳动力市场的压力。周期长的生产以及由此带动的生产，吸引了大量工人就业，使工资普遍上涨，直到经济崩溃为止。

为此，马克思提出，到了共产主义社会（包括它的初级阶段，即社会主义社会），“社会必须预先计算好，能把多少劳动、生产资料和生活资料用在这样一些产业部门而不致受任何损害，这些部门，如铁路建设，在1年或1年以上的较长时间内不提供任何生产资料和生活资料，不提供任何有用效果，但会从全年总生产中取走劳动、生产资料和生活资料”（第349页）。在后面第396页末段上，马克思再一次强调了这一观点。

周转期间由劳动期间和流通期间构成，劳动期间的长短以物质生产条件为基础，在农业中很大程度上受自然条件的制约，至于投入市场的商品数量，要以生产规模为基础。影响流通期间长短的因素有多种，作为基础的因素是从产地到销地的距离，这一基础可以由英国与印度之间的进出口贸易加以说明。当英国的棉纺织品出口到印度而没有汇回货款时，尽管棉纺织厂厂主从出口商人那里已经获得货款，并投入新的周期中，但这种货币形式并不是已生产出的棉纺织品的货币形式，它和上述资本B由于劳动期间长而追加的货币资本一样。

第三，从流动资本的物质要素供应上来看。[本节末段]

在流动资本中，除上述可变流动资本外，还包括不变流动资本。可变流动资本的物质要素是工人在生活中消费的各种生活资料，不变流动资本是工人在生产中消费的原材料。

周转期间短的企业，它所生产的产品可以很快供应其自身对某一物质要素的需要；反之，周转期间长的企业，就做不到这一点。

第十七章　剩余价值的流通

周转期间的长短不仅影响着年剩余价值率，同时还影响着剩余价值的流通。

在上一章例子中，资本A周转期间为5周，随着资本的回流，剩余价值也得到实现，即到第5周结束时，资本A不仅获得以货币形式表现的500镑可变资本，同时还获得以货币形式表现的剩余价值，而且这种情况每隔5周就出现一次。资本B的情况就不同了，虽然从全年来说，实现的剩余价值总量和资本A相同，但实现的时间大不相同。资本A从第6周开始就可以将剩余价值投入流通，资本B却要等到年终时才能将剩余价值投入流通。这种情况会发生多种影响。

第一，对资本家预付消费基金的影响。[本章第3段]

资本A由于到第5周就实现了剩余价值500镑，资本家A的消费基金预付也就到第5周为止，从第6周起，他就开始将剩余价值用于自己的消费，不再追加预付的消费基金。而资本B要到年终才能实现剩余价值，资本家B在这一年期间的个人消费只能靠不断追加的预付消费基金来解决。

第二，对预付固定资本维修费用的影响。[本章第4段—第355页第1段]

预付固定资本的维修费用并不是在生产一开始进行就要支付的，因此，对于资本A来说，无须事先准备好这笔费用，因为从第6周开始，他就可以将一部分已实现的剩余价值资本化，而且每隔5周重复一次。而资本B要到年终才能将剩余价值实现出来，为此就要追加预付资本，用于在这一年期间固定资本维修费用的支出。

在信用关系发展之后，预付资本可来自他人存入银行的剩余价值，将他人的剩余价值资本化。

由此我们可以看到："不仅积累的资本，而且连一部分原预付资本，也可以仅仅是资本化的剩余价值。"（第355页）无论是资本A或资本B，这种剩余价值转化为资本既不是规模扩大的再生产，也不是资本积累。

第三，对资本积累的影响。[第355页第2段—第356页末段]

积累即剩余价值转化为追加资本（是追加新的资本，不是追加原预付资本，即上述资本B追加的固定资本维修费用。至于资本A，虽将剩余价值资本化，但并未追加原预付资本），只要生产资料和劳动力的价格不上涨，资本积累过程也就是规模扩大的再生产过程。规模扩大的再生产过程又可分为外延的规模扩大再生产，"表现为在旧工厂之外添设新工厂"（第355页），以及内涵的规模扩大再生产，"表现为扩充原有的生产规模"（第355页）。

我们往往将规模扩大的再生产理解为外延的扩大再生产，马克思在这里的解释并不如此。如何明确划分外延的扩大再生产和内涵的扩大再生产，可参考第192、355、394页。

从剩余价值的产生和实现到资本积累的完成，先后经过两个阶段。首先是货币积累，对于厂房的建设和贵重机器设备的购买以及大批量的原材料的购买，都要有一个或长或短的货币积累过程，这时的剩余价值只是转化为潜在的货币资本，因为它还没有执行资本的职能。当货币积累达到一定的数量，就可用来购买生产所需要的各种要素，进行实际的积累，潜在的货币资本转化为现实的货币资本和生产资本，执行资本的职能，完成了剩余价值向追加资本的转化。对于小额的追加资本，可以不经过货币积累过程，直接进行实际积累。

周转时间短的如资本A，可以比较频繁地实现剩余价值，尽管数量不多，但也可以在以下几个方面进行实际积累：①从事技术上的改良，用以提高劳动生产力和提高剥削程度；②在延长工作日时追加流动资本，这时固定资本虽没有增加，但生产规模却扩大了，周转期间更缩短了；③购买原料囤积居奇，从事投机活动。

当资本积累必须要有大量追加资本才能完成的情况下，要进行实际积累，就要进行多年的货币积累。即使在这种情况下，对周转期间长短不同的剩余价值的流通，也会有不同的影响。从单个资本看，5周后实现的剩余价值和50周后实现的剩余价值都一样是用作货币积累，不能用作实际积累。但是，随着信用制度的发展，频繁实现剩余价值的资本可以频繁地向货币市场投放货币，提供给他人进行实际积累。

货币积累有两种形式：①货币贮藏，通过国内外的交换，取得金银铸币，这是最简单的形式；②价值符号和债权的法律证书。在第385—386页上列出银行存款、公债券、股票等三种形式。

英国空想社会主义者威廉·汤普森（1785—1833），从李嘉图的劳动价值论出发，指出利润和积累是资本家对工人剩余劳动的榨取，汤普森揭露资本主义的分配制度不顾工人的生活困苦，把注意力放在财富的积累上而不是发展生产力上。

以上分析的是周转时间的长短对剩余价值流通的作用，下面再分别考察在简单再生产和扩大再生产条件下实现剩余价值所需货币的来源问题。

Ⅰ. 简单再生产

本节考察的主要内容是在简单再生产条件下剩余价值流通中所需货币的来源问题。与此相联系，还考察了工资的变动对所需货币量有无影响的问题。

剩余价值流通所需货币的来源问题的提出，产生于资本家投入的货币是c+v，得到的货币是c+v+m，从流通中取出的货币要多于向流通中投入的货币，多出来的m这一部分货币从何而来？

一、商品的价值分解与商品流通对货币的需要量无关［本节第1段—第360页第2段］

一个国家的金属货币量是由两个部分构成的，一部分是流通货币，用以满足商品流通对货币的需要；另一部分是贮藏货币，用以满足货币流通的变动、偿还债务、资本积累等方面的需要。

货币执行流通手段时，商品流通对货币的需要量取决于两个因素，一方面是商品价格总额，另一方面是货币流通速度；货币执行支付手段时，商品流通对货币的需要量还要考虑到商品的赊销带来的影响。商品的价值分解如何，其中是否包括剩余价值，比重如何等，并不改变商品的价值总量和价格总额，从而不改变商品流通对货币的需要量。所以，问题并不在用于剩余价值流通的货币从何而来，而是商品流通所需的货币从何而来。

假定进行流通的货币只是金属货币，商品流通所需要的货币只能来自金银的生产，如果不考虑来自国外的输入，商品流通所需要的货币都来自本国的金银生产。

二、商品流通所需货币的来源［第 360 页末段—第 363 页末段］

商品流通所需要的货币来源于贵金属的生产。为了便于研究，先提出若干假定：第一，“假定进行流通的只是金属货币，即作为实际等价物的货币”；第二，“假定金银的生产是在本国进行的”；第三，“把那种为制造奢侈品而生产的金银撇开不说”（第 360 页）。

社会上已有的金属货币量，是人类在长期开采金银的生产中逐渐积累起来的。为了保证简单再生产商品流通对货币的需要量，每年因流通而发生的磨损，要由每年的贵金属生产进行补偿，如果是扩大再生产，还要由贵金属生产提供追加的货币量（这里不考虑货币流通速度的加快和货币支付手段职能的扩大等因素）。

假定社会上存在的都是简单再生产，对金银生产的规模要求能够补偿金银作为货币在流通中的磨损。

贵金属生产部门开采的金银是通过什么渠道投入到商品流通中去的呢？与其他生产部门的再生产一样，都是为了各种形式的补偿而对各种商品进行购买时，将货币投入到商品流通中去的。有四个具体渠道：①支付工资，补偿劳动力的消耗；②购买原材料，补偿不变流动资本的消耗；③购买机器设备，对固定资本进行更新；④资本家用剩余价值购买个人消费资料。

不同之处在于，其他生产部门为了补偿进行购买的货币来自他本身生产的商品的销售，通过销售，从市场上即从流通中取回用来进行补偿的货币。而贵金属生产的产品是金银，本身就是货币，它的循环形式是：$G—W<\begin{smallmatrix}A\\Pm\end{smallmatrix}\cdots P\cdots G'$，“产品在实物形式上已经是货币，不需要通过交换，通过流通过程，才转化为货币”（第 362 页）。贵金属生产部门“不断地从市场上取出劳动力和生产材料，但没有从市场取出货币，而是不断地用追加的货币供给市场”（第 363—364 页）。贵金属生产部门用来补偿的货币来自本身的生产，它的产品也就是货币，因而它只买不卖，只向市场投入货币而不取回货币，不断购买的结果使市场中流通的货币量不断得到追加，在简单再生产条件下和被磨损的货币量相等。

三、实现剩余价值的货币的来源［第 364 页第 1 段—第 374 页第 2 段］

（一）问题的提出［第 364 页第 1 段—第 366 页第 3 段］

资本家投入生产的货币是 c + v，得到的货币是 c + v + m，多出的 m 这部分货币从何而来？

这里的问题并不是剩余价值从何而来，因为从资本主义的观点来看，生产剩余价值是资本的天性，这是不言而喻的事情，问题在于为实现剩余价值的货币从何而来。这是一个不成为问题的问题，因为决定货币需要量的首要因素是商品的价格总额，至于其中构成如何，是否包括剩余价值，包含多少剩余价值，是一个分配问题，“这种分割对他们的总产品的流通所需的货币量的大小不发生任何影响”（第 364 页）。同样的商品价格总额，不会因为是资本主义商品生产，出现剩余价值，就比简单商品经济投入更多的流通货币量。

这一不成问题的问题，却难倒了资产阶级经济学家，他们无法回答，资本家向流通中投入了 500 镑货币资本，却能从流通中取回 600 镑货币，多出的 100 镑货币从何而来？

（二）资产阶级经济学对困难的回避［第 366 页第 4 段—第 367 页末段］

上述问题乍一看来是很难解决的，资产阶级经济学家用一些似是而非的遁词回避这个困难，现举以下四个说法为例。

首先，认为不变流动资本即原材料不是全部同时投入流通的，因而只需少量货币就可以满足全部原材料流通的需要。先是资本家 B 向资本家 A 购买原材料，资本家 A 得到货币后向资本家 C 购买原材料，资本家 C 得到货币后又向资本家 B 购买原材料。

这种解释只能说明同一笔货币由于交替使用，可以大大减少对流通货币的需要量，不能说明第一笔货币从何而来。“这种说明方法，是以货币已存在为前提的，但是应该说明的，正是这个货币何以存在。”（第 367 页）对于实现剩余价值的货币从何而来，却避而不谈。

其次，资本家 B 用已实现为货币的剩余价值购买资本家 A 生产的消费品，同一个货币额，既使资本家 B 的剩余价值实现为货币，又使资本家 A 生产的消费品货币化。这里仍然是以货币已经存在为前提，回避了资本家 B 手中的货币是从哪里来的。

再次，认为通过工人的购买可以使剩余价值货币化。这种购买可以减少剩余价值流通所需的货币量，但不能消除剩余价值流通所需的货币量。这是因为：第一，为了支付工资，事先要有一定的货币储备量，这笔货币不能用来满足剩余价值流通的需要；第二，资本家的消费和工人的消费是同时进行的，资本家不能等到工人购买之后再去进行消费。

最后，认为资本第一次投入固定资本时，把大量货币投入流通，以后只是逐渐从流通中再取回，这个金额足以使剩余价值货币化。这里的货币（包括折旧基金）都是作为固定资本使用的，在购置作为固定资本的机器设备时，包含了对其中剩余价值的支付。问题在于，支付剩余价值的货币从何而来，这里避而不答。

（三）马克思的回答［第 368 页第 1 段—第 376 页第 1 段］

1. **问题的产生**［第 368 页第 1 段—第 369 页第 2 段］

实现剩余价值的货币从何而来，并不是一个单独存在的问题，只要一个国家的商品流通所必需的货币量从何而来的问题得到解决，实现剩余价值的货币从何而来的问题也随之解决。在一定商品量的价值中是否包含剩余价值，是简单商品生产还是资本主义商品生产，不会改变商品流通所必需的货币量。

这个不成问题的问题，在资本主义生产中为什么被提了出来呢？因为在资本主义生产中，货币是作为资本投入到生产中去的。假定购买生产资料的费用是 400 镑，支付工人工资的费用是 100 镑，投入生产的货币为 500 镑，剩余价值率假定为 100% 的话，他得到的是 600 镑，其中包含剩余价值 100 镑，实现剩余价值的 100 镑货币从何而来，问题由此提出来了。

2. **问题的解决**［第 369 页末段—第 374 页第 2 段］

这是一个很简单的问题，实现剩余价值的 100 镑货币是资本家自己投入流通中去的。在开始进行资本主义生产时，资本家除了预付 500 镑货币购买生产资料和支付工资，还要另外准备好 100 镑货币投入流通，用作他个人的消费。生产过程结束后，预付的 500 镑货币回流并实现了 600 镑货币（这里假定全部生产资料价值在一次生产过程中完全转移），这新增加的 100 镑剩余价值，从实现它的价值的货币来源说，是由资本家自己投入流通的，不过“不是他自己作为资本家投入流通的货币，而是他作为消费者投入流通的货币，这些货币不是预付的，而是花掉的”（第 370—371 页）。周转速度的快慢不会改变实现剩余价值的货币必须由资本家自己投入流通这一事实，改变的只是资本家为个人消费投入货币量的多少。

如果进一步问，资本家为实现剩余价值而投入流通的货币从哪里来，问题又回到商品流通所需要的货币从哪里来。商品流通所需要的货币来源于贵金属生产，这里包括了资本家为实现剩余价值而投入的货币来源于贵金属生产。

在简单再生产条件下，假定货币流通速度不变，只要贵金属的生产能够补偿货币的磨损，就可以满足商品流通对货币的需要，包括满足为实现剩余价值而对货币的需要。在这种情况下，生产普通商品的资本投入是c+v，产出是c+v+m，多出的m以普通商品形式存在，要求市场提供比他作为资本（c+v）投入的更多的货币；另外，作为贵金属生产，投入的是c+v，产出的也是c+v+m，多出的m以贵金属形式存在，完全能够满足实现普通商品中m部分价值的需要。

假定在A国不生产贵金属，A国的一部分产品要卖出国外换回货币，对A国来说，这种产品的生产，如同货币的生产一样，它只向国内市场上投放货币而不投放商品。

在简单再生产条件下，为实现剩余价值所需要的货币，除了来自每年为补偿金的磨损而进行的贵金属生产以外，还来自以前国内积累的货币。

马克思在这里指出以下两点：

第一，根据上面的分析，可以得出以下三点结论：首先，资本家预付的资本和他花掉的剩余价值，其货币形式都是从事金生产的工人的产品；其次，从事金生产的工人不仅重新生产出以金产品形式预付给他们的工资，而且重新生产出直接表现为剩余价值的金产品；最后，贵金属生产以金产品形式预付的不变资本，也是由从事金生产的工人开采出来的。

第二，原有的货币一部分处在流通货币形式上，另一部分还要处在贮藏货币形式上。对这一问题，在后面第380页上再作分析。

关于实现剩余价值的货币的来源问题，在本卷第466—470页上再一次被提了出来。

四、工资的提高是否会影响商品价格和货币流通量［第374页末段—第377页末段］

货币执行流通手段时的需要量取决于两个因素。一个因素是货币流通速度，本卷考察的资本周转速度就决定着货币流通速度，资本周转速度加快，货币流通速度也会加快，所需货币量就会减少；反之则增多。另一个因素是商品价格总额，只要投入商品生产中的劳动量和劳动生产率不变，商品价格总额就不变，工资的增加会引起剩余价值或利润的减少，这是一个分配问题，不会引起商品价格的提高，从而“不会对流通货币量发生任何影响”（第375页）。提高工资只是引起商品成本价格的提高，“商品的社会生产价格依然不变”，“改变的只是商品生产价格分为工资和利润的比例”（第375页）。

马克思批评了以下两种说法：

第一种说法，认为提高工资会增加工人对商品的需求，引起商品价格的提高和货币流通量的增加。

马克思的回答是：工人的工资提高后，有两种情况，一种情况是工人增加对生活必需品的购买，从而引起生活必需品价格的提高，但是与此同时，工资的提高又引起利润的减少，从而减少了资本家对奢侈品的需求，使奢侈品的价格下降。这样，就不会使商品价格总额发生变化，从而也不会改变货币流通量，而且随着价格的调节作用，生活必需品和奢侈品的供求会趋于平衡。另一种情况是，工人的工资提高后，用于购买奢侈品，这样，一方面，工人对生活资料的需求没有发生变化，价格不受影响；另一方面，工人在增加奢侈品需求的同时，资本家减少了对奢侈品的需求，对奢侈品的供求不会发生变化，从而不会影响价格总额和货币流通量。

第二种说法，认为工人提高工资会引起资本家提高商品价格。

马克思的回答是：商品价格不是由人们意志随意提高的，如能随意提高，资本家不仅会在工人工资提高时提高价格，而且会在工人工资下降时也去提高价格；如果提高工人工资后可以通过提高商品价格来补偿，资本家为什么还会去反对工人要求提高工资呢？为什么还会去反对支持工人提高工资的工联组织呢？

在提高工资后，工人对生活必需品或奢侈品的购买增加了，资本家对奢侈品的需求减少了，这种情况不会改变商品价格的总水平，而且通过供求关系的调整后，暂时发生变动的生活必需品的价格也会重新调整到与其本身价值相一致的水平。

上述两种说法都是资本家和向他们献媚的经济学家对工人的恐吓，这种恐吓的借口是以下三个事实：

第一，商品价格总额的增加会引起货币流通量的增大，商品价格的提高会引起工资的提高。

这一事实告诉我们，工资、价格、货币流通量三者之间存在着联系，但这种联系是，商品价格总额的增加引起货币流通量的增大，商品价格的提高引起工资的提高，“工资提高是商品价格提高的结果，不是它的原因”（第 377 页），资本家及其代理人却把它弄颠倒了。

第二，个别生产部门由于提高了工资引起商品价格的提高。

这是很特殊的情况，它是在许多前提条件下才会出现的，这些前提条件包括：工资不是特别低，从而利润率不是特别高；提价后需求量不会减少等等。

第三，在工资普遍提高时，由于平均利润率规律的作用，会引起有机构成低的部门商品的生产价格上升。

这是一个方面的情况，与此同时，又会引起有机构成高的部门商品的生产价格下降，因此并不能改变商品的价格总额。在《资本论》第 3 卷第 11 章中，马克思通过具体运算，进一步回答了这一问题。

五、资本周转和货币流通的关系［第 378 页第 1 段—第 379 页末段］

资本流通作为货币流通的一种表现形式，具有共同之处，即在商品交换过程中，商品在每次形态变化后就退出流通，货币则始终留在流通中，只不过从货币所有者手中转入商品所有者手中，以后，再由这一商品所有者手中转入另一商品所有者手中。不同的是，在货币流通中，货币不断离开它的出发点，而在资本流通中，货币不断回到它的出发点。

资本周转的加速包含着货币流通的加速，这一点可从可变资本的周转和不变流动资本的周转加以说明。此外，资本周转加快时，实现剩余价值的货币流通也会加快。马克思没有提到固定资本的周转，这一部分周转的加快，也会使货币流通加快。但是不能反过来说，货币流通的加快一定包含着资本周转的加快，因而不一定包含货币周转的加快和再生产过程的缩短。例如：同一货币量完成大宗的交易和货币流通的技术设施的变化；商品交易所的买空卖空；农场主兼土地所有者；产业资本家兼资本所有者等等。这些情况加快甚至消除了货币流通，但不会使资本周转加快。

六、充足的贵金属是资本主义生产方式发展的历史前提［第 380 页第 1 段—本节完］

资本主义生产方式的产生是不以充足的贮藏货币作为它的历史前提的，但是，资本主义生产方式要得到大规模的、深入和充分的发展，就必须要有足以适应流通和由流通决定的货币贮藏（准备金等）量，这是历史的前提。16 世纪以来贵金属生产的增加，是资本主义生产得以发展的一个重要因素。

资本主义生产的发展使大量商品进入流通，要求有相适应的货币量充当中介，与此同时，金银的生产为了获得该部门所需要的商品，直接向流通中不断投入货币。

Ⅱ. 积累和扩大再生产

上一节对在简单再生产条件下实现剩余价值的货币来源的论述，对积累和扩大再生产也是适用的，"它对于货币流通不会提出什么新的问题"（第 381 页）。因为简单再生产和扩大再生产的区别并不在剩余价值的货币来源上，而是对已经实现的剩余价值的使用上。将剩余价值全部用之于资本家的个人消费（收入），就是简单再生产，将剩余价值中的一部分或全部作为货币资本，就是扩大再生产。

现在要研究的只是扩大再生产中货币来源的两个具体问题。

一、对实现以追加商品形式存在的追加剩余价值的追加货币从何而来［本节第 2 段—第 383 页第 1 段］

要进行扩大再生产，就要追加生产资本，而要追加生产资本，就要有相应的追加商品（生产资料、劳动力、生活资料）投入流通，有追加商品投入流通，就要求有追加的货币量进入流通。现在的问题是，追加的货币量从何而来？

这一问题也就是实现追加商品价值的追加剩余价值所需要的追加货币从何而来，在上一节中已经回答了这个问题，剩余价值所需要的货币的来源也就是实现商品价值所需货币的来源，剩余价值是对已实现了的商品价值进行分配，商品价值实现了，实现剩余价值所需的货币也就解决了。实现商品价值所需的货币来自贵金属生产，实现追加商品价值即追加剩余价值所需的货币同样也来自贵金属生产。因此，对追加商品所需追加货币从何而来的问题"总的答复还是一样"（第 381 页）。

解决追加商品所需追加货币的具体途径是多种多样的：

第一，更多地节约流通货币量。这里包括进行支付上的抵消；加速同一枚货币的流通次数。

第二，将贮藏货币投入流通。这里包括动用闲置的货币资本执行购买手段或支付手段；银行不断地将存款贷出，这是将企业的准备金投入流通，变货币（贮藏货币）为铸币（流通手段）；减少停滞的铸币准备金。

第三，增加金的生产或用产品向贵金属生产国换回金银。当采用前两条途径仍不能满足追加商品所需货币量时，就要采用这一途径。

第四，建立和发展信用制度。用作货币的贵金属生产，"是一项巨大的非生产费用"（第 382 页），信用制度的建立与发展，节省了这项巨大的非生产费用，直接增加资本主义的财富，提高了社会劳动生产力。不仅如此，贵金属的生产受到其本身规模的限制，因而无论怎样发展，都不可能满足资本主义商品生产迅猛发展的需要，只有贵金属的生产，却没有信用制度的相应发展，资本主义经济就难以生存和发展。

二、在资本积累过程中，普遍的货币积累所需货币从何而来［第383页第2段—本节完］

资本积累过程首先是货币积累，将已实现的剩余价值中的一部分提取出来，准备转化为资本，进行扩大再生产。由于追加资本有一个最低限额，达不到这个最低限额就不能转化为资本，因此要有一个货币积累的过程，这时的货币还没能进入它自身的周转中去，只能称为潜在的货币资本。货币积累达到一定数量后，就可用来购买追加的生产资料和劳动力，进入实际积累的阶段。

无论是货币积累或实际积累，都有一个追加的货币供应量问题，只是考察的角度有所不同。上一问题回答的是在进行扩大再生产时追加商品所需货币的来源，这是从实际积累角度考察的，现在回答的是转化为积累的货币的来源，这是从货币积累的角度考察的。

在一个社会中，货币积累和实际积累总是交替进行的，一些企业在进行货币积累，只卖不买，另一些企业却在进行实际积累，向流通投入大量货币，货币的供应不成为问题。

现在要研究的是，在资本积累过程中，大家都处在货币积累阶段，由此需要追加的货币如何解决？首先，不能将工人的工资作为货币积累的来源，因为工人的工资是工人用来购买消费品的，不能用作购买代表不变资本的那部分产品，更不能用作购买代表剩余价值部分的产品。其次，也不能将资本家用作他自己消费的那部分货币作为货币积累的来源，这部分货币虽来自剩余价值，但不是用作潜在的货币资本。

要解决普遍的货币积累所需的货币，有三条途径：

第一，追加贵金属的进口。

第二，采用非货币形式的积累。具体形式有银行存款、公债券和股票。

第三，贮藏货币。

普遍的货币积累是不存在的，用追加货币的供应来满足普遍的货币积累对追加货币的需要也是不可能办到的。

第三篇　社会总资本的再生产和流通

在此之前，所研究的都是单个资本，第 1 卷研究的是单个资本的直接生产过程和再生产过程，第 2 卷第 1—2 篇研究的是单个资本的流通过程，本篇研究的是社会总资本的流通过程。

流通过程是由生产过程进入再生产过程的桥梁和中介，产品的生产过程结束之后必须再经过流通过程之后才能进行再生产。在第 1 卷，为了集中研究资本的直接生产过程，撇开了流通过程，在第 2 卷第 1—2 篇，虽然研究了流通过程，但没有涉及产品的实现问题。产品的实现是通过各个产业部门、各个企业之间的交换完成的，这个问题局限在单个资本范围内是无法进行研究的，为此，马克思的研究转向社会总资本的再生产和流通。

本篇共 4 章，第 18 章是导言，谈本篇研究的对象及货币资本的作用，第 19 章是对重农学派和亚当·斯密及以后的资产阶级经济学家、小资产阶级经济学家有关理论的评价，第 20 章和第 21 章分别考察社会总资本的简单再生产和扩大再生产。

马克思在《资本论》第 2 卷中对社会总资本的再生产和流通的研究，是在社会化大生产条件下对国民经济进行宏观管理的理论基础，它提供了“如何进行有计划、按比例的社会生产的图式”①。

① 马克思：《资本论》第 2 卷第Ⅱ稿，《马克思恩格斯全集》第 50 卷第 188 页。

第十八章　导　言

这一章是本篇的导言，内容包括两节，第1节“研究的对象”，是这一章的主要部分，第2节“货币资本的作用”，属于后两章中的一个内容，现在提前到这一章进行单独的分析。

Ⅰ. 研究的对象

本篇的研究对象是社会总资本的运动，即社会总资本的再生产和流通。

什么是社会总资本的再生产和流通？要了解这一问题，先对资本的再生产和流通的关系进行一般的考察。

一、资本的再生产和流通的相互关系［本节第1—3段］

资本的再生产是由两个过程构成的，一是直接生产过程，二是真正流通过程，即只包括购买和销售这两个阶段的过程。

直接的生产过程是“资本的劳动过程和价值增殖过程”，它是不包括流通过程在内的现实生产过程。在第1卷中，对直接生产过程进行的研究，无论是在生产过程或再生产过程中，除个别例外，没有涉及流通过程。

但是，如果不是孤立地研究生产和再生产，而是从不断的运动中去研究生产和再生产，流通过程就必然包括在内。因为要进行再生产，首先要使已生产出来的产品卖出去，其次，还要买回再生产所需要的生产资料、劳动力和消费资料。既然资本的再生产包含有直接的生产过程和真正流通过程，也就包括了全部的循环，从而又和资本的周转联系在一起。

在资本的循环中，直接的生产过程和真正流通过程是互为条件的。

马克思在第389页上说的“真正流通过程”是指包括买和卖两个阶段的流通过程，相当于马克思在1857—1858年经济学手稿中说的“大流通”，不同于仅限于劳动力买卖的“小流通”①。在1857—1858年经济学手稿中，马克思将包括生产过程和流通过程在内的“总过程”称为流通的第一种表现。②

---

① 参见《马克思恩格斯全集》第2版第31卷第68、74页。

② 参见《马克思恩格斯全集》第2版第31卷第73页。

二、什么是社会总资本的运动 [第 390 页第 1—末段]

社会总资本的运动是社会各单个资本（产业资本）运动的总和，在运动中，各单个资本互相交错、互为前提、互为条件，形成社会资本运动的总过程。

在单个资本运动中，只表现了生产资料和劳动力的购买及其消费，没有表现出生活资料的购买及其消费。生活资料的购买，包括工人对生活资料的购买和资本家对生活资料的购买，二者都是在单个资本循环之外进行的。因而在单个资本运动中，只包含生产的消费和作为其中介的形式转化或交换，不包含生活的消费和作为其中介的形式转化或交换；只包括资本的流通，不包括一般的商品流通。

与单个资本的运动不同，在社会总资本运动中，既包含生产消费和作为其中介的形式转化或交换，又包含个人消费（生活消费）和作为其中介的形式转化或交换；既包含资本的流通，又包含一般的商品流通。无论是生产资料的流通或生活资料的流通，生产的产品能否卖出和卖去哪里以及所需要的产品能否买到和到何处购买，也只有在社会总资本的运动中才能给予回答的。

一般的商品流通有两个含义，一个含义是在第 126—127 页和第 392 页上提到的，指的是非资本主义性质的简单商品流通；另一个含义是在第 390 页上提到的资本主义经济中资本家和工人对生活资料的购买，这种购买不是资本的职能，因而不是资本流通，与一般的商品流通没有什么区别。马克思在考察社会总资本的运动时假定全社会的生产都是资本主义生产，因而这里所说的一般商品流通指的只能是后一种含义。

社会总资本的运动是以商品资本的循环作为它的表现形式，这一问题在《资本论》第 2 卷第 113—115 页上进行过详细的论述，在后面第 435—436 页上还要论述。

三、本篇研究对象和已往研究对象的比较 [第 391 页第 1 段—本节完]

《资本论》第 1 卷，研究的是资本的生产过程，通过生产过程和再生产过程的研究，分析了剩余价值的生产和资本本身的生产。这里撇开了流通过程，或者说，假定商品的销售（价值的实现）和生产资料及生活资料的购买（实物的补偿）均不发生困难；商品价格和商品价值完全一致，不受市场供求的影响。“我们在那里需要考察的流通领域中的唯一行为，是作为资本主义生产的基本条件的劳动力的买和卖。”（第 391 页）

《资本论》第 2 卷，研究的是资本的流通过程，这一卷共有 3 篇。第 1 篇研究产业资本的循环，重点研究产业资本在循环过程中采取的形式，包括产业资本在循环中所采取的三种职能形式：货币资本、生产资本、商品资本，以及产业资本的三种循环形式：货币资本循环、生产资本循环、商品资本循环。对产业资本循环，除了研究它在运动中采取的形式之外，还研究了它在运动中经历的各个阶段：销售阶段、购买阶段、生产和再生产阶段，此外还研究了生产时间和流通时间以及流通费用等。

第二篇，研究的是产业资本的周转，重点研究产业资本在预付后的回流速度。

但是，不论是第一篇或第二篇，研究的对象都是单个产业资本的运动，现在的第三篇，研究的对象却是社会总资本（产业资本）的运动，重点研究社会总产品的价值实现和实物补偿问题。

Ⅱ. 货币资本的作用

关于货币资本的作用，属于本篇后两章的内容，恩格斯在整理出版第 2 卷时，将它提前在这里叙述了。

一、单个资本周转中货币资本的作用 [本节第 2—4 段]

在单个资本周转中，货币资本的作用有以下两个方面：

第一，发动资本运动的第一推动力。

资本运动是从货币资本开始的，资本家用货币购买生产资料和劳动力，开始了资本运动，货币资本成为资本运动的“第一推动力”（第 393 页）。

第二，货币资本和生产资本同时存在，并保持一定的比例，才能够使生产资本不断地执行职能。

在资本周转中，除劳动期间外，还要经历一个流通期间，因而劳动期间结束后，预付资本不能立即回流，为了使生产能够不断进行，必须追加货币资本，保证原材料的不断供应。货币资本和生产资本的比例取决于劳动期间和流通期间的比例，流通期间越长，以货币形式存在的预付资本所占的比重就越大。如果没有足够的货币资本，生产规模就会被迫缩小，从而减少竞争力。

上述货币资本的两个作用无论是对单个资本或社会资本都是适用的。这里应该强调的是，不应过分夸大货币资本的这两个作用。以下，马克思将分别具体说明货币资本上述两个作用的有限性。

二、货币资本的大小不能决定生产规模的绝对界限 [第 393 页第 3 段—第 395 页末段]

这里分析上述货币资本第一个作用的有限性。

货币资本不仅是“每一个新开办的企业的第一推动力”（第 393 页），而且是它的“持续的动力”（第 393 页）。这是因为“商品生产以商品流通为前提，而商品流通又以商品表现为货币，以货币流通为前提”（第 393 页），创办新企业要从购买生产资料和劳动力开始，生产过程的不断进行又要货币资本不断地反复投入进行推动。

一定的生产规模要以一定量的货币资本为前提，但是，由于对货币资本运用的不同，同量的货币资本就会出现不同的生产规模和经济效果。货币资本增加了，生产规模不一定就能够扩大，货币资本没有增加，生产规模也有可能扩大。生产规模的绝对界限并不由货币资本的大小来决定，可以由以下五种情况加以说明：

第一，加强对劳动力的剥削。[第 393 页末段]

加强对劳动力的剥削包括延长工作日（外延方面）和提高劳动强度（内涵方面）。这里略去通过提高劳动生产力缩短必要劳动时间的途径加强对劳动力的剥削。

在延长工作日和提高劳动强度的情况下，用较少的货币资本可以推动较大规模的生产。由于延长工作日和提高劳动强度，有可能会引起增加工资，从而增加货币资本，但不会同比例地增加。

第二，对生产中各个要素加以充分利用。[第 394 页第 1—末段]

这里包括：

①对自然物质如土地、海洋、矿山、森林等的利用。

②对劳动资料延长使用时间，增加使用强度。

③不费分文的自然物质以外的自然力，如风力、水力等，也可以作为生产中要素发挥或大或小的作用。

④充分利用廉价的劳动力。工人的熟练程度和全社会的分工协作，不知是多少代人长期积累和发展的结果，但是今天的资本家在使用这批劳动力时，无须“按照整个人类为把一个野蛮人造就成一个现代的机器工人所花费的劳动”（第394页）来支付工资。

第三，提高劳动生产力。[第395页第1段]

提高劳动生产力可以使同量货币资本产生更多的产品。社会劳动生产力的提高虽不会增加产品的价值，但是由于它增加了许多产品，构成新的资本材料，为资本积累提供了物质基础。这里还没有提到，社会劳动生产力的提高会降低劳动力价值，提高剩余价值率和增加货币积累量。

第四，通过对原有资本的集中，在不增加货币资本的情况下，可以使生产大规模地进行。[第395页第2段]

第五，通过缩短周转期间，使同量货币资本推动较多的生产资本。[第395页第3段]

根据上述分析，我们可以知道，在同量的货币资本情况下，它的作用大小具有伸缩性，货币资本的价值界限不能规定生产潜力的界限。

三、周转期间较长的生产可以不受货币资本的限制 [第396页第1段—本节完]

现在分析上述货币资本第二个作用的有限性。

必须肯定的是，货币资本对生产规模确实有一定的限制作用。首先，为了满足商品流通和货币贮藏的需要，社会上每年都必须抽出一定数量的劳动力和生产资料开采金银，或用部分商品向金银生产国换取金银，限制了社会生产的发展；其次，单个资本为了从事周转期间较长的生产，必须要有较多的货币资本，在没有较多货币资本的情况下，只能缩小生产规模。

在本节末段，马克思分析了货币资本对资本周转所起的限制作用的原因：第一，货币资本是转化为生产资本所必须采取的形式，没有货币资本（撇开信贷不说）就不能形成生产资本，从而不能形成资本的周转；第二，劳动期间较长的生产，在此期间内要求社会不断向它投入劳动力和生产资料，却不向社会提供任何可转化为货币的产品，缺少足够的、不断投入的货币资本，这种生产就不能进行。

但是，货币资本在这里的限制作用都局限在一定范围和一定条件之中。首先，由于社会每年要将一部分劳动力和生产资料投放到金银的生产上，从而削减了社会生产的规模。但是，一旦取得货币，它就会转化为生产的要素，还可以用来向国外购买生产资料，扩大生产规模。其次，从社会资本考察，通过贷款和联营（如股份公司），就可以解决单个资本的货币资本不足问题，从事劳动期间较长的生产。当然，这也会产生新的矛盾，使资本主义经济危机往往和信用危机交错在一起。

劳动期间的长短由生产的物质性质决定，不是由生产的社会性质决定，但是，资本主义生产和社会公有的生产都是社会化的大生产，都存在一个如何进行劳动期间较长的大规模生产的问题。区别在于，在社会公有的生产中，第一，由于商品和货币已经消亡，资本主义经济关系已不存在，所以，货币资本也不再存在；第二，社会预先有计划地安排好劳动期间长短不同的生产；第三，社会对生产者个人收入的分配直接以劳动时间作为尺度，生产者得到的是记载劳动时间的纸的凭证（劳动券），而不是货币。

马克思所说的社会公有的生产就是我们通常所说的社会主义社会的生产，在《哥达纲领批判》中，马克思称之为共产主义社会第一阶段，恩格斯曾将这一社会称之为社会主义社会。① 对社会公有的生产中预先安排好劳动期间长短不同的生产的问题，在本卷第349页中已作过论述。

值得注意的是，在第396页末段（即本章结尾倒数第2段）的中文第2版的译文中，将中文第1版中和资本主义生产相对立的“社会公有的生产”三处译文，改译为“社会的生产”，“公有”二字被删去，这就很难说是和资本主义私有制生产相对立的社会主义公有制的生产了，因为对资本主义生产来说，也不能说它不是“社会的生产”。

---

① 参见1875年3月18—28日写给奥·倍倍尔的信。在马克思对《资本和劳动。卡尔·马克思〈资本论〉浅说》一书的修改意见中，也使用过“社会主义社会形态”这一概念。

第十九章　前人对这个问题的阐述

本章是对法国古典政治经济学奠基人之一的魁奈医生、英国古典政治经济学代表人物之一的斯密和斯密以后的资产阶级及小资产阶级经济学家在社会总资本再生产理论方面的评述。

Ⅰ. 重农学派

一、魁奈的经济表及其评价［本节第 1 段—399 页第 2 段］

弗朗索瓦·魁奈（1694—1774），任皇宫的侍医，到晚年时开始研究经济学。1758 年 12 月皇宫内印刷了几部他写的《经济表》，1759 年印刷了三部第 2 版修正本，同年年底发表了增订过的第 3 版。1766 年发表了《经济表的分析》，1768 年增订后重新发表，现在采用的魁奈经济表，就是附在此文结尾的“经济表的图式”[①]，转录如下：

经济表的图式

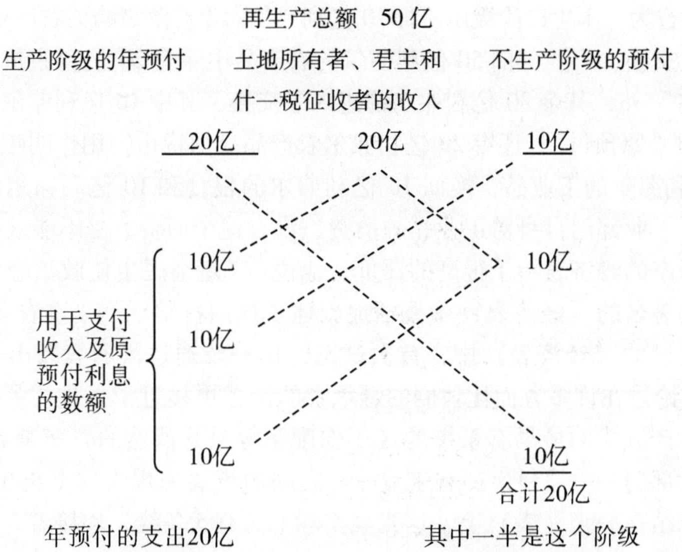

① 见《魁奈经济著作选集》，商务印书馆 1979 年版第 319 页。

这张图式是研究社会总资本再生产和流通的“最简单的形式”①。根据魁奈的说明，整个社会的成员划分为三个阶级：（1）生产阶级，包括租地农场主和农场工人；（2）土地所有者阶级，包括土地所有者、君主、什一税的征收者；（3）不生产阶级，包括工商业部门的资本家和工人。各个经济部门中只有农业部门才是生产部门，表现在能够生产出“纯产品”，即剩余产品或剩余价值。魁奈所要研究的是，社会总产品如何通过在这三个阶级之间的流通，实现社会总资本的简单再生产。

按照魁奈的假定，生产阶级预付资本为120亿利弗尔②，其中“原预付”即固定资本为100亿利弗尔，“年预付”即流动资本为20亿利弗尔，年产值为50亿利弗尔，其中40亿农产品为粮食，10亿为工业用原料。产品的价值分解为：“预付利息”即固定资本磨损或折旧10亿利弗尔+“年预付”即流动资本20亿利弗尔+“纯产品”即剩余价值20亿利弗尔=50亿利弗尔。作为社会总资本再生产和流通起点的，除了生产阶级所有的50亿利弗尔的农产品外，还有土地所有者阶级手中的20亿利弗尔的货币，这20亿利弗尔货币来自以地租和税收形式获得的“纯产品”。此外，在不生产阶级手中有20亿利弗尔的工业品。

三个阶级之间的流通是经过以下5次交换行为完成的（点线的上端代表购买方，下端代表销售方）。

第一次交换行为，土地所有者阶级用10亿利弗尔向生产阶级购买农产品（粮食）。

第二次交换行为，土地所有者阶级再用剩下的10亿利弗尔向不生产阶级购买工业品（消费资料）。

第三次交换行为，不生产阶级用所得10亿利弗尔向生产阶级购买农产品（粮食）。

第四次交换行为，生产阶级用10亿利弗尔向不生产阶级购买工业品（主要是生产资料）。

第五次交换行为，不生产阶级用所得10亿利弗尔向生产阶级购买农产品（工业原料）。

通过这5次交换，农业部门50亿利弗尔的农产品中除有20亿利弗尔的农产品留下作明年的“年预付”外，其余30亿利弗尔都进入了交换，其中10亿利弗尔农产品换成工业品，用作明年的“原预付”，还有20亿利弗尔农产品换回货币，用作明年的租税。而在工业部门中20亿利弗尔的工业品，换回10亿利弗尔的粮食和10亿利弗尔的工业原料，魁奈在这里忽略了工业部门自身对工业品的消费，没有这个消费，是不能进行再生产的。

马克思对魁奈的经济表给予很高的评价，他说：“魁奈医生使政治经济学成为一门科学；他在自己的著名的《经济表》中概括地叙述了这门科学。”③“重农学派最大的功劳，就在于他们在自己的《经济表》中，首次试图画出一幅通过流通表现出来的年生产的图画。”④“他们的论述在许多方面比他们的继承者的论述更接近于真理。”⑤“重农学派是资本和资本主义生产方式的最早有系统的（不像配第等只是偶然的）解释者。”⑥魁奈“把生产劳动的两大部门——原料生产和工业——之间的流通表现为这个再生产过程的要素，而且把这一切总结在一张（表）上，这张表实际上只有5条线，连接着6个出发点或归宿

① 马克思：《剩余价值理论》第1分册第405页。
② 当时法国的货币单位。
③ 马克思：《哲学的贫困》，《马克思恩格斯选集》第1卷第136页。
④ 《资本论》第1卷第681—682页。
⑤ 《资本论》第1卷法文版中译本，中国社会科学出版社1983年版第621页。
⑥ 1877年3月7日写给恩格斯的信，《马克思恩格斯全集》第34卷第40页。

点。这个尝试是在18世纪30至60年代政治经济学幼年时期做出的，这是一个极有天才的思想，毫无疑问是政治经济学至今所提出的一切思想中最天才的思想"①。他的天才思想具体表现在：

第一，魁奈最早研究了社会总资本的再生产和流通，"无数单个的流通行为，从一开始就被概括成为它们的具有社会特征的大量运动"（第398页）。

第二，以社会总产品作为研究社会再生产的起点，以商品资本循环 W′…W′作为社会总资本再生产的运动形式，"显示出他的伟大的正确的见识"（第115页）。

第三，将社会生产划分为农业和工业两大部门，为后来第Ⅰ部类和第Ⅱ部类的科学划分奠定初步的基础。

第四，认为农业"是唯一的真正生产的领域"（第398—399页），从而"排除只是由流通幻影引起的思想混乱"（第399页），"把握住了主要问题"（第398页）。

第五，第一次用"原预付"和"年预付"对生产资本进行划分，实际上是从固定资本和流动资本的周转方式的区别上对生产资本进行了划分。马克思认为："在魁奈那里，固定资本和流动资本的区别表现为'原预付'和'年预付'。他正确地把这种区别说成是生产资本即并入直接生产过程的资本内部的区别。"（第211页）

第六，魁奈对经济表的研究提出了一些假定，例如：农业中由农场主向土地所有者租地经营；研究的是简单再生产；生产的周期为一年；商品价格不变；不考虑对外贸易；不考虑同一部门内部的交换。这些假定为后来马克思研究社会总资本的再生产和流通提供了重要方法。

第七，魁奈虽然挂的是封建招牌，实际上却是"对资本主义生产的第一个系统的理解"（第399页）。这表现在：农业按资本主义方式经营；土地直接耕作者是雇佣工人；生产的动机是追求剩余价值；剩余价值来自生产，而不是流通；区分了"纯产品"的生产者和单纯的占有者等。正是由于魁奈学说的资本主义体系，才会一方面遭到站在封建专制制度立场的法国经济学家兰盖（1736—1794）和法国空想平均共产主义的代表人物马布利（1709—1785）的反对，另一方面又遭到自由小土地所有制的辩护者的反对。

魁奈的错误在于：

第一，认为只有农业才生产"纯产品"，因而只有农业才是生产部门。这表现在对社会总产品的计算上，只承认农业部门的50亿利弗尔的农产品，不计算20亿利弗尔的工业品。

第二，对社会生产只有农业和工业的划分，不懂得生产资料生产和消费资料生产的划分。

第三，全部工业品为20亿，经过流通，从农业部门换回10亿粮食和10亿工业原料，也就是说，工业部门生产的工业品全部卖给农业部门和土地所有者，自己丝毫没有留用。这就表明，工业部门自身不需要工业品，既没有工业生产上的消费，也没有工业资本家及其雇佣工人的个人消费，因而谈不上是社会总资本和社会总产品了。

第四，魁奈对生产资本只有"原预付"和"年预付"的区别，没有不变资本和可变资本的划分，没有后一划分，就不能说明剩余价值的生产，从而不能说明社会总资本的简单再生产和扩大再生产。而且原预付和年预付的区别也只适用于一年一熟的农业生产，不适用于生产周期长短不一的工业生产。

---

① 《剩余价值理论》第1分册第366页。

二、亚当·斯密对再生产过程分析上的退步［第399页末段—本节完］

斯密把魁奈的“原预付”和“年预付”换成“固定资本”和“流动资本”，这是一个进步，“进步之处在于‘资本’这个名词，他使资本这个概念普遍化，摆脱了重农学派特别注意把它应用于‘农业’领域这种情况”（第401页）。但是，在某些地方，斯密完全重犯了重农学派的错误，在固定资本和流动资本的划分上，更是一种倒退。

第一，在地租理论上重犯魁奈的错误。

魁奈认为只有农业部门才生产出“纯产品”，因而只有农业部门才是生产部门。斯密同样认为：“农业家资本所能推动的生产性劳动量最大。他的工人是生产性劳动者，他的牲畜也是生产性劳动者。在农业上，自然也和人一起劳动；自然的劳动，虽无须代价，它的生产物却和最昂贵的工人生产物一样，有它的价值。……农业上雇用的工人与牲畜，不仅像制造业工人一样，再生产他们消费掉的价值（或者说，再生产雇用他们的资本）及资本家的利润，而且生产更大的价值。他们除了再生产农业家的资本及利润外，通常还要再生产地主的地租。这种地租，可以说是地主借给农业家使用的自然力的产物。”①

第二，在固定资本和流动资本划分上的退步。

魁奈根据生产资本不同部分在周转方式上的不同区分为“原预付”和“年预付”，实际上正确区分了固定资本和流动资本。斯密以是否流通和是否变更所有者来区分固定资本和流动资本，将流动资本和流通资本混为一谈，也就是将生产资本和流通资本混为一谈。按照这种区分标准，“种子的全部价值，亦可称为固定资本。种子虽往返于土地与谷仓之间，但未更换主人，所以没有真正地流动过”②。与魁奈观点相比较，是一种倒退。

Ⅱ. 亚当·斯密

马克思在研究社会总资本的再生产和流通时，对社会总产品从两个方面进行了分析，第一，从价值形式上将社会总产品分解为不变资本c、可变资本v和剩余价值m；第二，从实物形式上将社会总产品划分为生产资料和消费资料两大类，与此相联系，整个社会生产也划分为两大部类，生产资料生产的部类和消费资料生产的部类。马克思对社会总资本再生产和流通的研究就是在这两个理论前提下展开的。

亚当·斯密将商品价格分解为工资、利润和地租，不存在c，他又将生产消费和生活消费混为一谈，这两个错误认识使他在魁奈之后，不能在社会总资本再生产和流通理论的研究上前进一步，反而是倒退了。

斯密对自己上述两个错误是有所觉察的，但是他坚持自己的错误，只是试图用总收入、总利润等概念进行一些弥补，使自己的学说陷于混乱和自相矛盾之中。

本节有5个小节，第1小节介绍斯密的一般观点，即上述的两个错误观点，具体地分

---

①［英］亚当·斯密著，郭大力、王亚楠译：《国民财富的性质和原因的研究》上卷，商务印书馆1972年版第333页。

②［英］亚当·斯密著，郭大力、王亚楠译：《国民财富的性质和原因的研究》上卷，商务印书馆1972年版第256页。

析和批判留在第2—4小节中，第1小节重点是斯密对上述两个错误所作的弥补和马克思对此所作的评述，第5小节是对第1—4小节内容的小结。

1. 斯密的一般观点

一、社会总产品的商品价格中不包含不变资本，同时又用混乱的“总收入”概念将它偷偷地塞进来［本小节第1段—第403页末段］

斯密认为：“大部分商品价格都分解为三个部分，其一为劳动工资，其二为资本利润，其三为土地地租。……就各特殊商品分别论述，情形已如上述，就构成全国土地和劳动的年产物的全部商品而总括论述，情形也必如此。”①

这就是说，在社会总产品中，从价值上进行分解，只有v+m，没有不变资本c。如果社会总产品都是消费品，被资本家和工人全部用作消费，那么进行再生产时的资本从何而来呢？

面对这个难题，斯密一方面从价值形式上将商品价格分解为v+m，坚持这一为后来资产阶级经济学家广泛接受的斯密教条；另一方面，斯密又从实物形式上将社会总产品划分为总收入和纯收入，“不得不迂回曲折地把第四个要素，即资本的要素偷偷地塞了进来”（第402页）。

斯密说：“一个大国全体居民的总收入，包含他们土地和劳动的全部年产物。在总收入中减去维持固定资本和流动资本的费用，其余留供居民自由使用的便是纯收入。换言之，所谓纯收入，乃是以不侵蚀资本为条件，留供居民享用的资财。”②

对斯密将社会总产品划分为“总收入”和“纯收入”，马克思作了以下两点评述：

（1）斯密的“纯收入”包括了v+m，全部用之于个人消费，这说明斯密所分析的是资本主义简单再生产；斯密的“总收入”除纯收入外，还包括资本部分，即c+v+m，在分解商品价格时被排除掉的不变资本c，在“总收入”中又塞了进来。

（2）“亚·斯密借助‘总收入’和‘纯收入’的区别这个名词游戏，从自己的理论中逃了出来。”（第403页）

所谓“名词游戏”，是说斯密所谓的总收入中的两种收入：资本收入（c）和纯收入（v+m）是胡乱拼凑在一起的。所谓“总收入”中的c是工人通过具体劳动转移到产品中去的原有的生产资料价值，是资本预付后的回流，并不是什么收入，构成总收入的只能是v+m。至于纯收入，只能是m这一部分，另一部分v用作可变资本的补偿，不是资本家的纯收入。

在商品价格的分解上不承认有不变资本c，在“总收入”的分解上，又承认了不变资本c，自我否定。这是难以自圆其说的，商品价格中既然不存在不变资本c这一部分，资本家怎么又能从产品中取得这一部分的所谓资本收入呢？

---

①［英］亚当·斯密著，郭大力、王亚楠译：《国民财富的性质和原因的研究》上卷，商务印书馆1972年版第261页。

②［英］亚当·斯密著，郭大力、王亚楠译：《国民财富的性质和原因的研究》上卷，商务印书馆1972年版第262页。

二、把商店里的消费品说成是流动资本，从而将生活消费和生产消费混为一谈，同时又从混乱的“总利润”概念中引出制造生产资料的工人和制造消费资料的工人的区别［第404页第1段—第407页第4段］

斯密以商店里的货物为例，说明它是“社会流动资本”，因为“商店内存的货物，虽然不是商人自己留供目前消费的资财，但可以是别人留供目前消费的资财。”① 这就不仅将流动资本和流通资本混为一谈，从而将生产资本和流通资本混为一谈，并且将生产消费和生活消费混为一谈，不能区分生产资料的生产和消费资料的生产。

在社会生产的结果中，无论怎样分解，在实物形式上，总有一部分是生产资料，不进入个人消费，而且用斯密的“依次类推”的办法也是推不掉的。斯密无法避开这一问题，他用所谓“总利润”和“纯利润”的区分，一方面将生产资料从“纯利润”（即他所谓的纯收入中的利润部分）中排除出去，另一方面又用“总利润”名称将生产资料引进来。他认为“总利润”中除“纯利润”外，还包括“补偿贷借容易遇到的意外损失”②，即生产保险费用；“补充”和“修补”固定资本的费用即“固定资本的维持费”③。

上述“总利润”中的生产保险基金，来自剩余价值，仍属于“纯利润”，至于固定资本的维持费，属于预付资本，将它列入总利润中，是将资本和利润混为一谈。值得注意的是，斯密在这里“碰上了”生产生产资料和生产消费资料的两类工人和两类劳动的区别。

不仅如此，斯密还从这一区别引出社会总产品的交换和实现问题：

第一，对两大部类产品分别从价值形式和实物形式进行分析，提出第Ⅰ部类所需产品的实物补偿问题。［第404页末段—第406页第1段］

斯密认为，从实物形式上分析，生产生产资料的工人和生产消费资料的工人是不同的。生产消费资料的工人，其产品直接用作消费基金，作为社会纯收入；生产生产资料的工人，其产品不能直接用作消费基金，不能作为社会纯收入。但是，从价值形式上去分析，二者的产品都可分解为工人的工资，生产生产资料的工人虽不生产消费资料，但可以通过将他的产品转化为货币，换取消费资料。

这里表明，要进行社会再生产，必须进行两大部类之间产品的交换。内容之一是，生产资料生产部门的工人只有将和工资总额相等的生产资料的价值实现出来，向消费资料生产部门换回消费资料，才能进行劳动力的补偿，这是进行社会再生产的必要条件。

马克思指出斯密有两个片面或不确切之处，其中一点是在生产资料的生产中，不仅相当于工资部分的产品，还包括相当利润和地租的产品，都是生产资料，同样要从生活资料生产的部门中得到实物的补偿。另一点是生产生产资料的工人通过向生产消费资料的生产部门的购买进行补偿，生产消费资料的工人也要通过向本部门的购买才能补偿。

第二，通过对单个流动资本和社会流动资本的分析，提出第Ⅱ部类产品的价值实现问题。［第406页第2段—第407页第4段］

斯密所说的流动资本是用作消费资料的商品资本，对于单个人的流动资本来说，“决

---

① ［英］亚当·斯密著，郭大力、王亚楠译：《国民财富的性质和原因的研究》上卷，商务印书馆1972年版第264页。

② ［英］亚当·斯密著，郭大力、王亚楠译：《国民财富的性质和原因的研究》上卷，商务印书馆1972年版第88页。

③ ［英］亚当·斯密著，郭大力、王亚楠译：《国民财富的性质和原因的研究》上卷，商务印书馆1972年版第263页。

不能算作个人的纯收入"[①]，如同商人不会将自己店里卖的日用品用来消费。作为社会流动资本，情况就不同了，由消费资料构成的流动资本，通过消费资料生产部门的生产和销售，转化为社会纯收入。

斯密在这里虽将流动资本和流通资本混为一谈，分不清生产消费和生活消费，不能将社会生产划分为两大部类，但是实际上已经接触到第Ⅱ部类产品的价值实现问题。

三、对斯密一些思想片断的综合［第407页末段—本小节完］

如果将斯密对社会再生产的思想片断综合起来，可以得出如下的结论：

(1) 社会生产由两大部类构成：生产资料的生产（第Ⅰ部类）和消费资料的生产（第Ⅱ部类）。

(2) 第Ⅰ部类产品的价值分解为c+v+m。其中c用作不变资本的补偿，v+m用作工人和资本家的消费，即斯密所说的"纯收入"。但是无论是c或v+m，从实物形式看，都是生产资料，不能用作工人和资本家的个人消费，第Ⅰ部类的工人和资本家要进行消费，就要将以生产资料形式存在的Ⅰ（v+m）和第Ⅱ部类的产品进行交换，这就要求转向第Ⅱ部类社会再生产的分析。

(3) 第Ⅱ部类是从事消费资料生产的部门，产品的价值分解中的c+v+m无论是哪一部分，都是以消费资料形式存在的，只能用之于个人消费，其中的v+m留作本部类工人和资本家的个人消费，c作为第Ⅰ部类工人和资本家的个人消费。

剩下的问题就是两大部类产品的价值实现和实物补偿问题了。首先摆在我们面前的是两大部类之间产品的交换：Ⅰ(v+m)=Ⅱc，通过这一交换，第Ⅰ部类解决了对消费资料的需求，第Ⅱ部类实现了Ⅱc的价值，进一步可完成对生产资料消耗的补偿。

上述结论是对斯密的一些思想片断综合出来的，斯密由于在社会再生产理论上的两个错误观点，即商品价格只包含v+m，又将生产消费和生活消费混为一谈，使他不能从他的思想片断中综合出上述结论来。

尽管如此，马克思对斯密的社会再生产理论给予了充分的肯定，指出"他已经接近问题的实质"（第409页），因为他已认识到Ⅰ(v+m)从价值上看是作为本部类的"纯收入"，但从实物上看，只能用作资本，第Ⅰ部类要通过向第Ⅱ部类的购买，才能得到所需的消费资料；Ⅱc是以消费资料形式存在的不变资本价值，也要通过交换才能补偿第Ⅱ部类的生产资料消耗。

由此我们可以看到，第一，斯密分别从价值形式和实物形式考察了社会再生产；第二，斯密的论述表明，即使是简单再生产，不仅包括有v+m的再生产，还包括c的再生产。

2. 斯密把交换价值分解为v+m

斯密将商品价格分解为工资、利润和地租三种收入，并将这三种收入说成是其他一切收入和一切交换价值的根本源泉。马克思从以下两个方面批评了斯密的错误。

---

① ［英］亚当·斯密著，郭大力、王亚楠译：《国民财富的性质和原因的研究》上卷，商务印书馆1972年版第264页。

一、斯密将商品价格分解为 v + m，不存在不变资本 c［本小节第 1 段—第 412 页第 1 段］

斯密认为："无论在什么社会，商品价格归根到底都分解成为那三个部分或其中之一。"① 这里所说的三个部分指的就是工资、利润和地租这三种收入形式。

工资部分在斯密著作中先是作为可变资本在资本家手中执行资本的职能，然后又以工资的形式成为工人的收入。地租和利润被斯密看作是超过资本的收入，它们都是剩余价值的组成部分。因此，斯密将商品价格只分解为工资、利润和地租三个收入部分，实际上就是将商品价格分解为 v + m，其中的不变资本 c 被取消了。

后来的资产阶级经济学家普遍接受了斯密的观点，因而商品价值 = v + m 这一谬误被称之为斯密教条。

对斯密教条的错误，在以后各小节中还要继续进行分析。

二、斯密将工资、利润和地租三种收入形式说成是其他一切收入和一切交换价值的源泉［第 412 页第 2 段—本小节完］

斯密说："工资、利润和地租，是一切收入和一切可交换价值的三个根本源泉。一切其他收入归根到底都是来自这三种收入中的一个。"② 这是把价值的生产和价值的分配混为一谈了，从而产生种种混乱：

（1）从价值上看，资本主义经济中一切收入都来自工人的生产劳动，不通过自身参加生产劳动得到的收入都是派生收入。斯密把自身没有参加生产劳动而得到的利润和地租称之为原始收入，依此类推，国王、牧师、教授、娼妓、士兵等社会成员也可将他们的派生收入说成是原始收入了。

（2）斯密颠倒了价值的生产和价值的分配之间的关系。工资、利润和地租是在价值生产出来之后如何分配的问题，无论怎样分配，都不会改变已生产的价值量。斯密先是从价值引出收入，然后又使收入成为价值的源泉，这种"可笑错误达到了登峰造极的地步"（第 413 页）。

斯密对所谓的"三个根本源泉"还作了进一步的解释，说工资来自劳动的收入，利润来自运用资本的收入，地租来自土地的收入。斯密学说中的这一庸俗成分，被后来的法国庸俗经济学家让·巴蒂斯特·萨伊分离出来，发展为三位一体公式：劳动—工资，资本—利息，土地—地租。

---

① ［英］亚当·斯密著，郭大力、王亚楠译：《国民财富的性质和原因的研究》上卷，商务印书馆 1972 年版第 45 页。

② ［英］亚当·斯密著，郭大力、王亚楠译：《国民财富的性质和原因的研究》上卷，商务印书馆 1972 年版第 47 页。

3. 不变资本部分

本小节先介绍斯密用什么魔术将商品价值中的不变资本从有变无的，然后分析斯密发生这一错误的原因。

一、斯密在资本主义商品价值中排除不变资本的错误［本小节第 1 段—第 414 页末段］

斯密在对商品价格进行分解时，将不变资本 c 排除掉，只剩下 v + m。为什么在商品价格中只存在 v + m 呢？斯密是这样解释的：以农业生产为例，谷物的价格除了包含 v + m 外，还有补偿役畜、农具等生产资料的损耗，但是生产资料的价格如役马的价格，又是由工资、利润和地租组成的，其结果，“全部价格仍直接或最后由地租、劳动及利润这三部分组成”①。

马克思指出，“这个论断，不过是一个空洞的遁词”（第 414—415 页）。说它是“空洞的遁词”，是因为提出的问题是谷物的商品价格除 v + m 外，是否包括 c，斯密承认了这个 c，但是，他又随即转到役马即 c 的商品价格组成上去。役马的价格中除 v + m 外，也离不开饲养役马时耗费的不变资本 c，按照斯密的思路，就会把我们引上一个又一个的生产部门。

不变资本不会由于斯密的空洞遁词而消失，按照斯密依次类推的行程，最终必须有一个不需要有生产资料的参与，就可生产出新的生产资料，这种生产资料的价格构成只包含 v + m。这是不可能的，连斯密自己也不相信有这样的生产，从他所举的苏格兰玛瑙采集者的例子就可以说明，按照斯密所说，这种生产是不需要有生产资料参与的，实际上，仍然离不开篮子、口袋和其他容器这类形式的生产资料。

二、产生斯密教条的原因［第 415 页第 1 段—本小节完］

产生斯密教条的原因要从斯密学说的起点即价值理论上去寻找。

第一，产生斯密教条的直接原因是斯密把年产品价值（c + v + m）和年价值产品（v + m）混为一谈。

年价值产品是过去一年中新创造的价值，年产品价值除此以外，还包括在创造新价值的过程所消耗的原有的生产资料价值。在这里，斯密把新创造的价值当作是商品的全部价值了。

斯密的这一错误表现在他用雇佣工人加进劳动对象中去的劳动量来决定商品的价值量，加进劳动对象的价值量的多少和劳动对象本身有无价值、有多少价值是没有关系的。于是，商品的价值量只包括由新创造的价值分解出来的工资、利润和地租，不变资本部分被取消了。从单个生产工人的年产品看是如此，从整个生产工人的年产品看也是如此。

第二，产生斯密教条的深层次原因是不懂得劳动的二重性。

斯密的上述错误，即将年产品价值和年价值产品混为一谈，产生于另一个错误：不懂得区别具体劳动和抽象劳动，也就是不懂得劳动的二重性。

---

① ［英］亚当·斯密著，郭大力、王亚楠译：《国民财富的性质和原因的研究》上卷，商务印书馆 1972 年版第 45 页。

斯密只知道生产工人的劳动创造了新价值，但不知道究竟是什么劳动在创造价值，不懂得生产工人在同一时间同一劳动过程中进行的劳动，一方面，作为一般人类劳动，即抽象劳动，在创造新的价值；另一方面，作为具体劳动，又在生产新的使用价值，并在生产新的使用价值的过程中，保存并转移原有的生产资料价值，商品的价值总是由这两部分构成的。在资本主义社会，对已形成的商品的价值进行这样的分配：一部分用来补偿不变资本，即生产资料的消耗，一部分用来补偿可变资本，余下部分为剩余价值，表现为利润、利息、地租等。用公式表示为：W = c + v + m。

第三，斯密的混乱是由于他对商品价值“内在的”见解和他在广度上占优势的外在的见解经常纠缠在一起。

斯密学说的特点是多元化、正确和谬误混合在一起，“迷失在混乱之中”（第 419 页）。

在价值理论上就是这种表现，他认为商品价格中只包含所谓“纯收入”，没有不变资本，接着又提出所谓的“总收入”，把不变资本引进商品价格中，使内在的正确见解和外在的错误见解纠缠在一起。

马克思于 1861—1863 年在经济学手稿中，对斯密的这种二重的研究方法作了深入的分析：“斯密本人非常天真地活动于不断的矛盾之中。一方面，他探索各种经济范畴的内在联系，或者说，资产阶级经济制度的隐蔽结构。另一方面，他又把在竞争现象中表面上所表现的那种联系，也就是按照它在非科学的观察者眼中，同样在那些被实际卷入资产阶级生产过程并同这一过程有实际利害关系的人们眼中所表现的那种联系，与上述内在联系并列地提出来。这是两种理解方式，一种是深入研究资产阶级制度的内在联系，可以说是深入研究资产阶级制度的生理学，另一种则只是把生活过程中外部表现出来的东西，按照它表现出来的样子加以描写、分类、叙述并归入图式化的概念规定之中。这两种理解方式在斯密的那里不仅安然并存，而且相互交错，不断自相矛盾。”①

4. 亚·斯密所说的资本和收入

斯密关于社会再生产理论的错误不仅在于不承认资本主义商品价值中补偿不变资本部分的存在，而且将用来补偿可变资本的部分说成是工人的工资收入；此外，斯密还把三种收入（工资、利润和地租）说成是商品价值的源泉，颠倒了商品价值和收入的关系。

一、商品价值中 v 的部分是资本家用作可变资本的补偿，而不是属于工人的工资收入

［本小节第 1 段—第 422 页末段］

（一）斯密将可变资本的补偿说成是工人的工资，混淆了资本和收入［本节第 1—2 段］

斯密认为，雇用生产性劳动者的资本“首先对其所有者提供资本的作用，以后又构成生产性劳动者的收入”②，从而混淆了资本和收入。

工人的收入来自工人所有的劳动力商品的出售，而不是资本家手中的资本。资本最初的表现形式是货币资本，在购买了生产资料和劳动力后转化为生产资本，其中以生产资料

---

① 《剩余价值理论》第 2 分册第 181—182 页。

② ［英］亚当·斯密著，郭大力、王亚楠译：《国民财富的性质和原因的研究》上卷，商务印书馆 1972 年版第 305 页。

形式存在的生产资本为不变资本，以劳动力形式存在的生产资本为可变资本，生产资本在生产过程执行职能之后，转化为商品资本，仍属于资本家所有，并不构成工人的收入。商品资本中一部分被资本家用来补偿不变资本的消耗，一部分被资本家用来补偿可变资本的消耗，增殖部分为剩余价值。把掌握在资本家手中用作补偿可变资本的商品价值部分说成是工人的收入，这是不正确的。

这里发生变化的只是资本采取的形式。可变资本由货币资本转化而来，在执行生产资本职能后，再从商品价值中得到补偿，这里并不存在资本家的可变资本转化为工人的收入。至于资本家在什么时候支付工资，与这里的问题无关。

（二）把资本说成是工人收入错误的原因［第420页第2段—第422页末段］

斯密把商品价值中属于资本家所有的用来补偿可变资本的部分称之为工人的工资，产生这一错误的原因有二：

1. **没有区分交织在一起的几种不同的流通过程和生产过程**［第420页第2段—第421页末段］

货币资本的循环表现为 $G—W<\begin{matrix}A\\Pm\end{matrix}\cdots P\cdots W'—G'$，包括三个阶段：$G—W<\begin{matrix}A\\Pm\end{matrix}$，流通阶段（买）；…P…，生产阶段；W′—G′，流通阶段（卖）。马克思对这三个阶段分别进行了分析。

第一，$G—W<\begin{matrix}A\\Pm\end{matrix}$。这里有两种不同的流通行为，一种是工人将自己的劳动力作为商品卖给资本家，取得收入，表现为A—G；另一种是资本家用预付的货币资本购买劳动力，表现为G—A，这个行为结束后，购买劳动力的货币资本转化为生产资本中的可变资本。前一种是商品流通，后一种是资本流通；前一种流通转化为工人的收入，后一种流通转化为产业资本的另一种表现形式，二者是不能混淆的。

第二，…P…。在生产过程中，工人的劳动力成为资本家的可变资本，通过对劳动力的使用，生产出工资的等价物，被资本家用来补偿预付的可变资本。

第三，W′—G′。通过销售，实现了商品价值，使资本家能够完成预付可变资本的补偿，也使工人能够重新出卖劳动力。尽管商品价值中补偿预付可变资本的部分是用来购买劳动力，从而构成工人的收入，但这是下一步的事，不能因此说走出生产过程的商品价值中有一部分构成工人的收入，正如同不能因为工人将收入的工资去商店购物，就把工人的收入说成是商店的收入。

2. **斯密把劳动力执行双重职能说成是货币执行双重职能**［第422页第1—末段］

在资本的流通过程和生产过程中，劳动力执行了双重的职能，先是在工人手中作为商品存在，出卖后构成工人的收入；劳动力出卖后就成为资本家手中的可变资本，执行生产资本的职能，劳动力在生产过程中为资本家创造新价值，其中包括用来补偿可变资本消耗的价值。这里先是工人的收入，然后是劳动力转化为可变资本的物质要素。

斯密把劳动力的双重职能说成是购买劳动力的货币执行双重职能，先是作为可变资本执行职能，然后由可变资本转化为工人的收入。这里并不是货币在执行双重职能，因为作为可变资本执行职能的是进入生产过程的劳动力，而不是流通领域的货币；至于工人的货币收入，是要在劳动力进入生产过程中创造出这个等价物之后才能得到，这是以后的事情。

二、商品价值是收入的源泉，而不是相反［第423页第1段—第424页末段］

斯密认为商品价值是由工资、利润和地租三种收入形式构成的，这里的错误不仅是排除了不变资本，把商品价值中用来补偿可变资本的部分说成是工人的收入，还颠倒了商品价值和收入的关系，把商品价值是收入的源泉说成收入是商品价值的源泉，商品价值量的大小是由三种收入的多少决定的。其错误在于：

第一，工资、利润和地租是对已形成的商品价值如何进行使用和分配的问题，与商品的价值形成无关。

先看工资部分。工资来自商品价值中补偿预付可变资本消耗的部分，这部分价值用来购买劳动力商品，就构成了工人的工资收入。但是用作工人工资收入的这一部分商品价值，既不会改变它的性质（是资本家的资本，而不是工人的收入），也不会改变它的价值量，因为"这部分新价值形成他的收入这一点，只是表明这部分价值变成什么，表明它的用途的性质，而和它的形成无关"（第423页）。

再看利润和地租即剩余价值部分。剩余价值取决于新创造的价值中超出补偿预付可变资本耗费的部分的多少。

无论是工资或剩余价值，"二者都不外是由在商品生产中支出的、在劳动中推动的劳动力构成的。它们都是由支出——劳动的支出——构成，而不是由收入构成"（第424页）。

第二，被认为是商品价值源泉的各种收入无法说明各种收入的价值是怎样决定的。

在工资、利润和地租这三部分收入中，只有工资是可以决定的，因为工资取决于劳动力价值，劳动力价值又取决于生产劳动力商品所必要的劳动时间。至于利润和地租，斯密无法回答，只是说了一些空话，时而说商品价值由各种收入"构成"，时而说商品价值"分解"为各种收入，"构成"就是形成，"分解"却是分配，含义大不相同。但是，正如前面分析过的，将商品价值分解为各种收入的说法，也是错误的。

三、斯密叙述中的正确部分［第425页末段—本小节完］

与重农学派相比，斯密的社会再生产理论在许多方面都出现了倒退，但是我们从他的叙述中也可以找到一些正确的内容。

第一，斯密认为，商品价格是由工资、利润和地租构成的，这里的错误之一是把商品的新创造的价值和商品的全部价值混为一谈。但是这里也包含正确的部分，即商品的新创造的价值等于预付可变资本的价值加上剩余价值。

第二，斯密不懂得劳动二重性，从而不能区分创造价值的劳动和创造使用价值的劳动，不懂得商品价值中除包含抽象劳动新创造的价值外，还包括具体劳动转移过来的原有的、已消耗的生产资料价值。斯密在这里的正确部分是肯定了商品价值是劳动的产物。

第三，斯密认为，单个资本的商品价值分解为c+v+m，社会资本的商品价值只分解为v+m。因为一切创造价值的劳动都被分为必要劳动时间和剩余劳动时间，单个资本使用的生产资料从社会资本范围考察，就是作为产品由生产资料生产部门生产出来的，作为产品，它的价值被分解为v+m，不变资本消失了。斯密的正确部分是区分了单个资本的运动和社会资本的运动，在单个资本的商品价值中承认了不变资本的存在。

5. 总　结

斯密认为商品价格分解为工资、利润和地租三种收入，并认为商品价格由这三种收入构成。前一种“分解”说法的错误在于漏掉了对预付的不变资本的补偿，并将用来补偿可变资本的价值说成是工人的工资收入，后一种“构成”的说法颠倒了商品价值和收入的关系，把收入说成是商品价值的来源。

一、资本主义商品生产丝毫不影响商品价值的实体和价值生产的性质［本小节第1段—第430页末段］

斯密把工资、利润和地租说成是商品价值的三个“组成部分”，其错误来自将商品价值分解为工资、利润和地租三种收入。这种分解的错误又来自斯密将资本主义商品生产和一般商品生产混为一谈，离开了价值实体本身和价值生产的性质，将商品价值分解为资本主义分配过程中表现出来的工资、利润和地租。

商品价值是由包含在商品中的一般人类劳动决定的，这种劳动和特殊的使用价值生产是无关的，商品的价值量取决于由社会必要劳动时间确定的一般人类劳动量。对商品价值的分解，不能离开这一商品价值的实体和价值生产的性质，在商品价值中不可能分解出任何别的东西，也不可能由任何别的东西构成。

资本主义经济产生出新的分配形式，但这丝毫也改变不了价值的实体和价值生产的性质。

资本主义商品价值中的第一个部分是原有的已消耗的生产资料价值。这部分价值通过工人的具体劳动将它转移到新的商品形式中保存下来。在资本主义生产过程中，生产资料的价值表现为不变资本，生产过程结束后，作为新生产的商品价值中的一个组成部分，用作不变资本耗费的补偿。生产资料价值的资本职能丝毫不会改变商品的价值性质。

资本主义商品价值中的第二个部分是劳动力价值。这部分价值是在对劳动力进行买卖之前就已经确定的，在生产过程中作为预付的可变资本出现，通过工人的抽象劳动，将这一部分价值重新创造出来，在商品价值中用作补偿可变资本的消耗。劳动力执行可变资本的职能，同样不会改变商品价值生产的性质，包含在商品价值中的劳动力价值是新创造的一部分价值。

资本主义商品价值中的第三个部分是剩余价值。这部分价值和包含在商品中的劳动力价值一样，是新创造的价值。这部分价值资本家没有花费分文，商品卖出后成为资本家和土地所有者的收入。但是，剩余价值用作资本家和土地所有者的个人收入不会改变剩余价值的价值性质和剩余价值量。

如果从已形成的商品价值对再生产的作用的角度去分析，将商品价值只分解为三种收入也是片面的，这里漏掉了不变资本，商品价值中如果不包括不变资本价值部分，再生产中的不变资本又是从何而来呢?

可见，无论从商品价值的性质和商品价值在社会再生产中的作用来看，斯密将商品价值分解为三种收入，又反过来说三种收入构成商品的价值，都是错误的。

二、斯密在方法论上的错误［第431页第1段—本小节完］

首先，斯密把一般商品生产和资本主义商品生产混为一谈。

资本主义商品生产是以追求剩余价值为目的的生产，注意力集中在商品价值的分解上，结论是商品价值由三种收入构成，进而将这三种收入看作是一切价值的源泉。这一结论是错误的，正如上面所分析，资本主义的商品生产并不能改变商品价值的性质。商品价值是物化在商品体中的抽象劳动，无论是哪种商品生产，对商品价值不能分解出任何其他的东西，也不能由其他的东西构成。

其次，斯密研究的商品是资本主义生产结果的商品，即商品资本。资本主义生产结果的商品来自资本主义的生产过程，为此就应该研究资本主义的生产过程，即价值形成过程和价值增殖过程。

资本主义生产过程又以商品流通为前提，为此，又要从商品的分析入手。斯密没有这样做，而是直接从资本主义的商品资本的分析入手。

Ⅲ. 以后的经济学家

斯密以后的资产阶级经济学家都信奉斯密教条，斯密的混乱思想一直延续下来。

首先是李嘉图，完全接受了斯密关于商品价格分解为工资和剩余价值的理论。他说："每一个国家的全部土地和劳动产品都要分成三部分，其中一部分归于工资，一部分归于利润，另一部分归于地租。"① 不同之处在于，李嘉图把地租排除在剩余价值的必要因素之外；商品价格分解为三种收入，但是三种收入不能决定商品价格。李嘉图区别了价值的生产和价值的分配，坚持了劳动价值论。

英国资产阶级古典政治经济学后期代表人物之一的拉姆赛（1800—1871）批评了李嘉图忘记了在商品价值中"还必须有一部分补偿固定资本"，拉姆赛所说的固定资本是包括原材料在内的，因而实际上指的是不变资本，这一批评是正确的。但是，由于拉姆赛不能区分不变资本和固定资本，因而不能进一步分析斯密和李嘉图的错误。

法国庸俗经济学家萨伊发展了斯密商品价格分解为三种收入的庸俗因素，提出劳动产生工资、资本产生利息和土地产生地租的三位一体公式，并从斯密对商品价格分解为三种收入中，引申出"社会的收入和生产的总价值相等"，从而全部年产品都用之于消费的结论。

俄国经济学家施托尔希（1766—1835）一方面接受了斯密的教条，另一方面又不同意萨伊所说全部总产品都用之于非生产性消费，因为"构成一个国家的资本的产品，是不能消费的"，他所说的构成资本的产品指的是生产资料。

瑞士小资产阶级经济学家西斯蒙第（1773—1842）专门研究了资本和收入的关系，他

---

① 《政治经济学及赋税原理》，商务印书馆1962年版第297页。

虽然认为社会财富包括固定资本、流动资本和资本的收入，在流动资本中也包括作为可变资本等价物的工资，但在对产品的分解中，仍认为“国民收入和年生产是相等的，是等量”①，年产值只分解为各种收入。“他没有说出一个科学的字眼，对于问题的说明，没有作出一丝一毫的贡献。”（第434页）

英国资产阶级经济学中混合主义代表人物约·斯·穆勒（1806—1873）认为工业品的价值是由生产成本决定的，而“生产成本的主要因素，几乎可以说是唯一的因素，我们发现就是劳动”②。

但是他接着又说：“如果我们认为生产者是实行垫支的资本家，那么劳动一词就可以用工资一词来代替：生产对于他所消费的，就是他曾经支付的工资。”③ 结果就是商品价值由工资决定。至于生产资料的价值，他认为最终将还原为工资，而利润则是对资本家的“节欲的报酬”④，与斯密相比较，他的理论不是前进，反而是后退了。

---

① 《政治经济学新原理》，商务印书馆1964年版第75页。

② 《政治经济学原理》，转引自鲁友章、李宗正主编《经济学说史》上册。

③ 转引上书第408页。

④ 转引上书第409页。

第二十章　简单再生产

简单再生产是扩大再生产的基础，关于社会总资本的再生产和流通，马克思重点研究了简单再生产。

本章共 13 节。第Ⅰ—Ⅱ节，论述了研究社会总资本的再生产和流通的内容和方法。第Ⅲ、Ⅳ、Ⅵ节分别论述两大部类产品交换的“三大要点”，包括两个部类之间的交换（第Ⅲ节）、第Ⅱ部类内部的交换（第Ⅳ节）、第Ⅰ部类内部的交换（第Ⅵ节）。另外，第Ⅴ、Ⅺ节在这里作为第Ⅲ节中的两个具体问题。第Ⅶ—Ⅸ节论述两大部类产品的供求关系及平衡公式，包括消费资料的供求关系及平衡公式（第Ⅶ节）、生产资料的供求关系及平衡公式（第Ⅷ节）以及由第Ⅶ、Ⅷ节公式产生的各种误解（第Ⅸ节）。第Ⅹ、Ⅻ、ⅩⅢ节是在社会总资本再生产和流通的基础上，对以往提出的问题展开了研究，第Ⅹ节是对第 19 章第Ⅱ节提出的斯密教条展开分析研究，第Ⅻ节是对第 17 章提出的商品流通所需要的货币的来源问题展开研究，第ⅩⅢ节是对第 1 卷第 4 章第 2 节提出的剩余价值来源问题展开研究。

Ⅰ. 问题的提出

在导言中，马克思明确了第 3 篇的研究对象是社会总资本的运动，那么，如何进行研究呢？本节和下一节将探讨研究的内容和研究的方法问题。

一、研究社会总资本运动的起点和形式［本节第 1—2 段］

研究社会总资本运动的起点是社会总产品，社会总产品是指社会在一定时期内生产的全部产品，通常以年为计算单位，简称为年产品。

为什么要以社会总产品作为研究社会总资本运动的起点呢？

因为社会总产品是社会总资本在一定时期内执行职能的结果，把这个结果作为研究社会总资本运动的起点，可以使我们认清：“社会资本的再生产过程是怎样进行的，这个再生产过程和单个资本的再生产过程相比有哪些不同的特征，二者又有哪些共同的特征。”（第 435 页）

“不同的特征”在于，社会总产品既包括了补偿资本部分的生产资料产品，又包括工人和资本家个人消费的那部分生活资料产品，就是说既包括生产消费，又包括个人消费。

既然社会总产品是社会总资本运动的起点，商品资本的循环 $W'—G'—W<\begin{matrix}A\\Pm\end{matrix}\cdots P\cdots W'$ 也就成为社会总资本运动的表现形式了。

商品资本循环 W′…W′是在第 1 篇中提出来的，在第 2 篇的《资本周转》中由于考察的是预付资本的回流问题，而商品资本循环的出发点不是预付资本的价值，而是已经增殖的资本价值，商品资本循环对资本周转的研究是不适用的。现在第 3 篇考察的是社会总资本的运动，商品资本循环的出发点 W′既包含资本价值，又包含剩余价值。从整个社会考察，W′成为社会总产品，既包含生产资料，又包含生活资料；既包括生产资本的补偿，又包括积累和资本家的收入；既包括了生产的消费，又包括资本家和工人的个人消费，社会总资本运动表现为社会总产品的运动。

商品资本的循环为什么成为社会总资本运动的表现形式，在第 113—115 页中作过详细分析，这里不再展开详细论述。

二、研究社会总资本运动的具体内容［第 436 页第 1 段—第 437 页末段］

本篇研究的对象是社会总资本的运动，研究的具体内容是社会总产品 W′的各个组成部分的价值补偿和物质补偿，即社会总产品的供求能否平衡的问题。所谓社会总产品 W′的各个组成部分可以从两个方面加以解释，一是从价值的角度去看，社会总产品分解为 c、v、m 三部分；另一是从物质的角度去看，社会总产品由生产资料和生活资料构成。研究社会总资本的运动就是要研究社会总产品的价值补偿和物质补偿问题。所谓价值补偿，是指社会各单个资本生产的产品卖去哪里，是否能卖得出去。所谓物质补偿，是指社会各单个资本所需要的生产资料和生活资料去哪里买，能否买到。

社会总产品的顺利补偿，是进行资本主义再生产的一个必要条件。要进行资本主义再生产，必须使生产出来的产品能够卖得出去，接着，再用这笔钱买到所需要的生产资料和生活资料。如果是简单再生产，就要能够补偿预付资本的耗费，如果是扩大再生产，还要满足追加的生产资料和生活资料的需要。

社会总产品的实现问题既然如此重要，为什么过去没有加以研究呢？这是由研究的对象决定的，在以往的研究对象中，不可能也不必要去研究这个问题。

首先是不可能。商品的出售和生产资料及消费资料的购买是在整个社会各个单个资本之间进行的，例如钢铁厂生产的钢锭、钢板等产品的销售，钢铁厂老板和工人对消费品的购买，都需要通过与其他许多单个资本的相互交换来完成，只是孤立地考察单个钢铁厂资本的运动，是不可能加以研究和解决的。

其次是不必要。我们在研究单个资本运动时，目的在于揭露剩余价值的生产和资本的生产，研究资本在流通中经历的各个阶段和采取的各种形式，研究资本流通的时间和速度，至于产品采取什么实物形式，对于上述的研究“是完全无关的”（第 437 页）。只要假定单个资本生产的商品能够按价值卖出去，所需要的生产资料和生活资料也能按价值买进就可以了。现在，当考察社会总资本的运动时，我们就不能满足于这个假定了，仅仅用价值形式去说明社会总资本的运动是不够用的。因为作为社会总资本运动起点的社会总产品，从价值形式上看包括 c、v、m 三部分，从实物形式上看包括用于资本补偿以及资本家和工人个人消费的生产资料和消费资料。社会总资本的运动过程不仅是价值补偿的过程，而且是物质补偿的过程，再用假定来避开这个问题就说明不了社会总资本的运动过程了。

对社会总资本运动中的价值补偿和物质补偿如何研究？马克思提出了两点意见，第一，在研究步骤上从简单再生产入手，因为在社会总资本的运动中，“直接摆在我们面前的问题是：生产上消费掉的资本，就它的价值来说，怎样由年产品得到补偿？这种补偿的运动怎样同资本家对剩余价值的消费和工人对工资的消费交织在一起?”（第 436 页）第二，“不仅要假定，产品按照它们的价值交换，而且还要假定，生产资本的组成部分没有发生任何价值革命”（第 436—437 页）。按照价值交换指的是个别商品的价格与价值相一致。价值革命指的是商品价格全面性地大起大落，其主要是由经济危机引起的。在研究单个资本的运动中，也是以这两个假定为前提的。

三、研究社会总资本运动的步骤［本节末段］

前面已经指出，研究社会总资本运动从简单再生产入手进行分析，然后再研究扩大再生产。

这种研究方法看上去是不合理的，因为资本主义的特征是扩大再生产，而不是简单再生产。但是简单再生产是扩大再生产的基础，只要进行积累和扩大再生产，其中必然包含简单再生产，因而研究简单再生产中社会总资本的运动就成为研究的基础。

除简单再生产和扩大再生产这两种基本类型外，还有一种不完备的、有缺陷的、萎缩的再生产，这里就不去研究它了。

Ⅱ. 社会生产的两个部类

一、社会总产品的构成［本节第 1 段—第 439 页末段］

社会总产品的构成可以从两个方面进行分析：

第一，从价值形式上看。

社会总产品从价值形式上去分析，分解为不变资本 c、可变资本 v 和剩余价值 m 三部分。

不变资本是指“在生产上使用的全部生产资料的价值”（第 439 页），这些生产资料的价值又可分为生产上使用机器、工具、建筑物、役畜等固定的不变资本价值，以及生产上使用生产材料如原料、辅助材料、半成品等流动的不变资本价值。

可变资本是指“生产部门使用的社会劳动力的价值”（第 439 页），等于工资总额。可变资本推动的活劳动，一方面将生产原有的不变资本价值转移到产品中去，另一方面又创造出新的价值。这个新价值被分成两部分，一部分补偿可变资本 v，超过可变资本价值的另一部分形成剩余价值 m，这样，无论从单个产品还是社会总产品来看，$W = c + v + m$。

在社会总资本的再生产和流通中，只要社会总产品的价值能够实现（按价值出售全部商品），不变资本和可变资本的消耗就可以从价值上得到补偿，并获得剩余价值。但是，要进行再生产，仅仅在价值形式上得到实现是不够的，还必须在实物形式上也得到补偿。

第二，从实物形式上看。

社会总产品有千万种，归纳起来，有两大类，一类是生产资料，用于生产消费；另一类是消费资料，用于资本家和工人的个人消费。

上述不变资本价值要求由生产资料来补偿，可变资本价值要求由消费资料来补偿。至于剩余价值，在简单再生产情况下，由于全部用于资本家的个人消费，因而由消费资料来补偿；在扩大再生产情况下，剩余价值除用于资本家的个人消费外，还用来进行资本积累，追加生产资料和劳动力，因而要求用生产资料和消费资料进行补偿。

产品分成两大类，与此相联系，生产也分成两大部类：生产资料的生产属第Ⅰ部类，简写为Ⅰ；消费资料的生产属第Ⅱ部类，简写为Ⅱ。

马克思将社会总产品从价值上分解为c、v、m三个部分，从实物上划分为生产资料（Pm）和生活资料（Km）以及与此相应的两大部类生产，为建立科学的社会总资本的再生产和流通的理论奠定了基础。

在恩格斯整理出版的《资本论》第2卷中，高度概括地论述了两大部类交换关系的“三大要点”，从总体上进行考察后作出了最一般性的结论。恩格斯采用的手稿中，只有第Ⅱ部类的具体分类，即Ⅱa，生活必需品的生产，Ⅱb，奢侈品的生产，没有第Ⅰ部类的具体分类。而在马克思的《资本论》第2卷第Ⅱ稿中，曾经对第Ⅰ部类作过较为具体的分类，并考察了在两大部类进一步分类后的交换关系，但是这一部分内容被恩格斯舍弃了。这样做，一方面，使正式出版的《资本论》第2卷有关社会总资本的再生产和流通的内容简单明了，容易为广大读者理解，避开了在第Ⅱ稿中罗列的十分繁杂的交换关系对读者的困扰；另一方面，却又使复杂的交换关系过于简单化。我国有的学者已注意到这一问题，开始对《资本论》第2卷的有关手稿特别是第Ⅱ稿进行研究。

当我们对第Ⅰ部类进行具体分类后，再具体考察两大部类的各种交换关系，不仅使交换关系变得具体，而且会对原来的交换图式进行修订和补充，得出一些新的认识。

在恩格斯整理出版的《资本论》第2卷中，我们不仅看到了将社会生产划分为两大部类，而且看到了对第Ⅱ部类又具体划分为生产生活必需品的Ⅱa分部类和生产奢侈品的Ⅱb分部类。对第Ⅰ部类，将Ⅰc作为补偿本部类各生产部门的生产资料（参见第472—473页），Ⅰ(v+m)作为补偿第Ⅱ部类的生产资料，其中又包括补偿Ⅱa的生产资料和补偿Ⅱb的生产资料（参见第452页），但对第Ⅰ部类没有像对第Ⅱ部类那样明确划分出若干分部类或副类。

在《资本论》第2卷第Ⅱ稿中，对两大部类都进行了明确和具体的划分，现参照第Ⅱ稿对两大部类的具体划分列举如下：

第Ⅱ部类（第Ⅱ稿称为第Ⅰ部类）：

Ⅱa，生产生活必需品的部门。第Ⅱ稿称为“工人必要消费资料的生产”①。

Ⅱb，生产奢侈品的部门。第Ⅱ稿称为“资本家的消费资料的生产”②。

第Ⅰ部类（第Ⅱ稿称为第Ⅱ部类）：

Ⅰ乙，为第Ⅱ部类提供生产资料的部门。在第Ⅱ稿中用Ⅱα符号表示，是“直接用在消费资料生产上的生产资料”③。

Ⅰ乙（a），为Ⅱa提供生产资料的部门。

Ⅰ乙（b），为Ⅱb提供生产资料的部门。

Ⅰ甲，为Ⅰ乙提供生产资料的部门。在第Ⅱ稿中用Ⅱβ符号表示，称为“生产α的生产资料所必需的生产资料”④。

Ⅰ甲（a），为Ⅰ乙（a）提供生产资料的部门。

---

① 参见《马克思恩格斯全集》第50卷223页。

② 参见《马克思恩格斯全集》第50卷223页。

③ 参见《马克思恩格斯全集》第151页。

④ 参见《马克思恩格斯全集》第50卷第181页。

Ⅰ甲（b），为Ⅰ乙（b）提供生产资料的部门。

参照马克思在第Ⅱ稿中提供的数据，社会再生产的具体开端公式可列举如下：

Ⅱ400c + 100v + 100m = 600

Ⅱa 200c + 50v + 50m = 300

Ⅱb 200c + 50v + 50m = 300

Ⅰ 800c + 200v + 200m = 1 200

Ⅰ甲 600c + 100v + 100m = 800

Ⅰ甲（a）300c + 50v + 50m = 400

Ⅰ甲（b）300c + 50v + 50m = 400

Ⅰ乙 200c + 100v + 100m = 400

Ⅰ乙（a）100c + 50v + 50m = 200

Ⅰ乙（b）100c + 50v + 50m = 200

第Ⅰ部类是提供生产资料的部类，它不仅包括为第Ⅱ部类提供生产资料的Ⅰ乙部门，还包括为第Ⅰ部类自身提供生产资料的Ⅰ甲部门；在为第Ⅰ部类自身提供生产资料的Ⅰ甲部门中，不仅包括为第Ⅱ部类提供生产资料的Ⅰ乙部门的生产提供生产资料的Ⅰ甲（乙）部门，还包括为Ⅰ甲部门的生产提供生产资料的Ⅰ甲（甲）部门。例如，属于Ⅰ甲（乙）的轧钢厂，其产品钢板作为材料提供给属于Ⅰ乙部门的纺织机械制造厂、食品机械制造厂等企业，Ⅰ乙部门的产品提供给第Ⅱ部类，用于消费资料的生产。也可以是属于Ⅰ甲（甲）的轧钢厂，其产品钢板作为材料提供给属于Ⅰ甲部门的矿山机械制造厂、炼钢设备制造厂、轧钢设备制造厂等企业。Ⅰ甲的产品仍留在第Ⅰ部类，继续用于生产资料的生产。

在马克思第Ⅱ稿的分类中，缺少了Ⅰ甲（甲）部门，即为Ⅰ甲的生产提供生产资料的部门，因而无法说明Ⅰ甲 600c 补偿的具体途径。为了对第Ⅰ部类进行比较彻底的分类，对《资本论》第Ⅱ个手稿中关于Ⅰ甲的分类要作如下调整：

Ⅰ甲，为第Ⅰ部类自身提供生产资料的部门。

Ⅰ甲（甲），为Ⅰ甲的生产提供生产资料的部门。

Ⅰ甲（乙），为Ⅰ乙的生产提供生产资料的部门。

Ⅰ甲（乙—a），为Ⅰ乙（a）的生产提供生产资料的部门。

Ⅰ甲（乙—b），为Ⅰ乙（b）的生产提供生产资料的部门。

第Ⅰ部类的开端公式也相应调整如下：

Ⅰ 800c + 200v + 200m = 1 200

Ⅰ甲 600c + 100v + 100m = 800

Ⅰ甲（甲）500c + 50v + 50m = 600

Ⅰ甲（乙）100c + 50v + 50m = 200

Ⅰ甲（乙—a）50c + 25v + 25m = 100

Ⅰ甲（乙—b）50c + 25v + 25m = 100

Ⅰ乙 200c + 100v + 100m = 400

Ⅰ乙（a）100c + 50v + 50m = 200

Ⅰ乙（b）100c + 50v + 50m = 200

这里要补充说明的是，在每次生产过程中使用的生产资料价值或不变资本 c 和消耗掉的这部分价值，在量上是不一致的，但是为了研究方便，我们假定这两个量相等，当年使用多少，当年就消耗多少，立即需要补偿的也一样多。

二、简单再生产的图式 [第 440 页第 1 段—第 441 页第 6 行]

研究简单再生产时，马克思用下列图式作为开端公式：

$$\text{Ⅰ}\ 4\,000c + 1\,000v + 1\,000m = 6\,000W'\ (Pm)$$

$$\text{Ⅱ}\ 2\,000c + 500v + 500m = 3\,000W'\ (Km)$$

这个图式表明，在第Ⅰ部类，资本家预付资本 5 000，资本有机构成为 4∶1，因而用在生产中的不变资本为 4 000，可变资本为 1 000，假定 $m' = 100\%$，生产过程为 1 年，不变资本的价值 4 000 在一次生产过程中全部转移，其结果是一年后生产出剩余价值 1 000，共生产出价值为 6 000 的生产资料产品（Pm）。在第Ⅱ部类，资本家预付资本 2 500，按照同样的假定，不变资本为 2 000，可变资本为 500，一年后生产出剩余价值 500，共生产出价值为 3 000 的消费资料产品（Km）。

在上述情况下，要使第二年的生产仍能保持原有的规模，就要求今年两大部类的全部产品都能在价值上得到实现，在实物上得到补偿。具体来说，第Ⅰ部类价值 6 000 的生产资料产品能够全部卖得出去，并换回价值为 4 000 的各自所需要的生产资料，以补偿已消耗的生产资料，再换回价值为 2 000 的消费资料，用来维持工人和资本家原有的个人消费。另一方面，第Ⅱ部类价值 3 000 的消费资料产品也能够全部卖出去，并换回价值为 2 000 的生产资料，用来补偿已消耗的生产资料，还要换回价值为 1 000 的消费资料，用来维持工人和资本家原有的个人消费。只有这样，才能保证简单再生产的进行，不仅能实现产品的再生产，而且能实现资本主义的生产关系的再生产。

两大部类的产品卖向何处？两大部类所需的生产资料和消费资料去何处买？这些要通过三个方面的交换加以解决。

三、两大部类产品的交换 [第 441 页第 7 行—本节完]

两大部类产品的交换是分三个方面进行的，马克思称之为“三大要点”（第 441 页）。

1．第Ⅰ部类内部各生产部门之间的交换

在上面的例子中，第Ⅰ部类预付的不变资本为 4 000，它在生产过程被消耗之后，价值被转移，包含在价值为 6 000 的生产资料产品中。要使第二年的再生产按原有规模进行，原有的不变资本 4 000 就要在实物形式上得到补偿，由于它要补偿的生产资料就是在本部类中生产的，因而只要通过本部类内部各个生产部门之间的交换就可以完成。例如，造船厂用的钢板可由轧钢厂提供，轧钢厂需要的煤可以由煤矿供应。

2．第Ⅱ部类内部各生产部门之间的交换

在上面的例子中，第Ⅱ部类在一年中预付的可变资本为 500，剩余价值也是 500，这两部分价值都要用之于消费资料。要使再生产能按原有生产规模进行，就要每年向这一部类的工人和资本家供应价值为 1 000 的消费资料，由于这两部分消费资料都是由本部类生产出来的，因而只要通过本部类内部各个生产部门之间的互相交换，就可以实现这种补偿。

3．两大部类之间的交换

为什么要进行两大部类之间的交换？这是因为每一部类都有两方面的需要，生产资料的需要和消费资料的需要，但是每一部类自己只能解决一个方面的需要，另一方面的需要只能由另一部类来解决，这就决定了要进行两大部类之间的交换。

第Ⅰ部类是制造生产资料的部门，因而在第Ⅰ部类中消耗的生产资料4 000，能够通过本部类内部的交换加以解决。另外需要消耗的消费资料1 000v+1 000m，是第Ⅰ部类本身无法解决的，因为第Ⅰ部类总产品6 000在补偿了本部类的消耗的生产资料4 000c之后，剩下的2 000仍是以生产资料形式存在的产品，无法用来补偿本部类工人和资本家对消费资料的需要，第Ⅰ部类需要的消费资料只能从第Ⅱ部类那里得到补偿。

第Ⅱ部类是制造消费资料的部门，因而在第Ⅱ部类中需要补偿的消费资料500v+500m能够通过第Ⅱ部类内部的相互交换加以解决，但对已耗费的生产资料2 000c的补偿，是第Ⅱ部类本身无法解决的，因为第Ⅱ部类总产品3 000在补偿了本部类消耗的消费资料500v+500m之后，余下的2 000，仍是以消费资料形式出现的产品，无法用来补偿本部类已耗费的生产资料，第Ⅱ部类需要的生产资料只能由第Ⅰ部类给予补偿。

于是，在进行社会资本再生产时，除了第Ⅰ部类和第Ⅱ部类的内部交换之外，还要第Ⅰ部类和第Ⅱ部类相互之间进行交换。

上述三个方面交换的顺序排列和原著不一致，主要考虑是这样排列更容易理解。

以下各节对上述三个方面的交换分别展开论述，重点论述两大部类之间的交换。

Ⅲ．两个部类之间的交换：Ⅰ(v+m)和Ⅱc的交换

一、两个部类之间交换的内容［本节第1段］

两大部类之间交换什么？按照上述的例子，在第Ⅰ部类中，4 000c是以生产资料的实物形式存在的，可以直接通过本部类内部的交换实现它的价值，补偿已耗费的价值为4 000的生产资料。

问题在于另一部分1 000v+1 000m也是以生产资料的实物形式存在的，为了维持原有的工人和资本家的个人消费，就需要和生产消费资料的第Ⅱ部类进行交换。反之，在第Ⅱ部类中，500v+500m是以消费资料的实物形式存在的，可以直接通过本部类内部的交换实现它的价值，购买到这一部类工人和资本家所需要的消费资料。问题在于另一部分2 000c也是以消费资料的实物形式存在的，为了补偿第Ⅱ部类已耗费的生产资料，价值2 000c的消费资料就要和第Ⅰ部类中价值1 000v+1 000m的生产资料相交换。

结论是，两大部类之间的交换就是Ⅰ(v+m)和Ⅱc的交换。

二、两个部类之间的交换过程［本节第2段—第443页末段］

两个部类之间的交换是以货币为中介进行的，按照马克思所举的例子，Ⅰ(1 000v+1 000m)和Ⅱ2 000c之间的交换是通过3次投放货币和7次交换行为完成的。

第一次投放货币是第Ⅰ部类资本家用1 000镑购买劳动力，接着第Ⅰ部类工人用这1 000镑向第Ⅱ部类资本家购买价值为1 000镑的消费资料，最后，第Ⅱ部类资本家再用这1 000镑向第Ⅰ部类资本家购买生产资料。第一次投放货币1 000镑，通过三次购买，交换了价值总额为3 000镑的商品。其中1 000镑是劳动力商品，第Ⅰ部类补偿了价值为1 000

镑的消费资料，第Ⅱ部类补偿了价值为1 000镑的生产资料，完成了Ⅰ1 000v和Ⅱ1 000c的交换，第Ⅰ部类投放的货币1 000镑最后又流回第Ⅰ部类。

第二次投放货币是第Ⅱ部类从自己的货币储备中拿出500镑向第Ⅰ部类资本家购买生产资料，第Ⅰ部类资本家得到货币500镑后接着又向第Ⅱ部类资本家购买消费资料。第二次投放货币500镑，通过两次购买，交换了价值总额为1 000镑的商品，第Ⅰ部类又补偿了价值为500镑的消费资料，第Ⅱ部类又补偿了价值为500镑的生产资料，完成了Ⅰ500m和Ⅱ500c的交换，第Ⅱ部类投放的货币500镑最后也流回第Ⅱ部类。

第三次投放货币是第Ⅰ部类资本家从流回的货币1 000镑中取出500镑向第Ⅱ部类资本家购买消费资料，第Ⅱ部类资本家得到500镑货币后，接着向第Ⅰ部类资本家购买生产资料。第三次投放货币500镑，通过两次购买，交换了价值总额为1 000镑的商品，第Ⅰ部类又补偿了价值为500镑的消费资料，第Ⅱ部类又补偿了价值为500镑的生产资料，再完成Ⅰ500m和Ⅱ500c的交换，第Ⅰ部类投放的500镑货币最后又流回到第Ⅰ部类。

从以上3次货币投放中，我们可以看到，投放货币共计2 000镑，其中第Ⅰ部类投放两次，共1 500镑，第Ⅱ部类投放1次共500镑，但对货币的实际需要量为1 500镑，因为第Ⅰ部类在第二次投放的货币500镑是原有的回流货币。进入流通的货币1 500镑经过7次购买，交换了价值总额为5 000镑的商品，其中1 000镑是劳动力商品。

对于上述两大部类交换过程，可用下图表示：

	Ⅰ(1 000v＋1 000m)　　　　Ⅱ2 000c
第Ⅰ部类投放1 000G，完成Ⅰ1 000v和Ⅱ1 000c的交换	① 1 000G / 1 000A ② 1 000G / 1 000Km 1 000G / 1 000Pm ③
第Ⅱ部类投放500G，完成Ⅰ500m和Ⅱ500c的交换	500G / 500Pm ④ ⑤ 500G / 500Km
第Ⅰ部类投放500G，完成Ⅰ500m和Ⅱ500c的交换	⑥ 500G / 500Km 500G / 500Pm ⑦

三、两个部类之间交换的结果［第445页末段—第446页第1段］

两个部类之间交换的结果，不仅第Ⅰ部类卖出它多余的生产资料，换回它所需要的消费资料，第Ⅱ部类卖出它多余的消费资料，换回它所需要的生产资料，而且第Ⅰ部类作为资本预付和收入花掉的货币又流回到第Ⅰ部类，第Ⅱ部类作为资本预付的货币又流回到第Ⅱ部类。

有两种不同的货币投放，与此相应，也有两种不同的货币回流。第一次货币投放，是第Ⅰ部类资本家为了支付工资而使用的一部分货币资本，第二、第三次货币投放是两大部类资本家为了促成他们自己的商品流通而投入的货币，使用的是自己商品的价值额以外，也是原有的预付资本以外的货币储备。前一种货币投放的结果是货币迂回的回流，第Ⅰ部类发工资给工人，工人向第Ⅱ部类买消费品，第Ⅱ部类再用这笔钱向第Ⅰ部类买生产资料；后一种货币投放的结果是货币的直接回流，例如第Ⅱ部类资本家向第Ⅰ部类购买生产资料，第Ⅰ部类再用这笔钱向第Ⅱ部类购买消费品。对后一种货币回流，马克思强调是按投放金额回流，不会增加分文。

四、两个部类之间交换的平衡条件［本节末段］

在《资本论》第2卷中，社会总资本简单再生产的开端公式如下：

$$\text{Ⅰ}\,4\,000c + 1\,000v + 1\,000m = 6\,000$$
$$\text{Ⅱ}\,2\,000c + 500v + 500m = 3\,000$$

第Ⅰ部类是生产生产资料的部类，因而第Ⅰ部类需要补偿的生活资料1 000v + 1 000m要由第Ⅱ部类供应；第Ⅱ部类是生产消费资料的部类，因而第Ⅱ部类需要补偿的生产资料2 000c要由第Ⅰ部类供应。要使社会再生产能够正常进行，两大部类之间必须进行交换，马克思提出的平衡条件是Ⅰ（v + m）＝Ⅱc，认为“在简单再生产时，二者必须相等，必须互相补偿”（第588页）。这是马克思对两大部类之间交换关系从总体上进行考察后作出的最一般性的结论。

马克思阐明的两大部类之间的交换关系，用图式表示，即：

$$\text{Ⅰ}\,4\,000c + \boxed{1\,000v + 1\,000m} = 6\,000$$
$$\text{Ⅱ}\,\boxed{2\,000c} + 500v + 500m = 3\,000$$

Ⅳ. 第Ⅱ部类内部的交换。必要生活资料和奢侈品

一、第Ⅱ部类中的两大分部类［本节第1段—第448页末段］

第Ⅱ部类是生产消费资料的部门，因而第Ⅱ部类中工人和资本家的个人消费是通过本部类的产品进行补偿。第Ⅱ部类是由种类繁多的生产部门构成，这种构成对我们研究社会总资本的再生产和流通中“最重要的问题”（第447页），即两大部类之间交换时的实现条件无关，无论第Ⅱ部类内部怎样划分，均不改变两大部类之间交换时的实现条件。但是，当我们研究第Ⅱ部类内部的交换，就不能不涉及对第Ⅱ部类的进一步分类问题了。

第Ⅱ部类按它们的产品来说，可分成两大分部类，或两大副类：

（1）必要消费资料的生产，用Ⅱa符号代表。

（2）奢侈消费资料的生产，用Ⅱb符号代表。

必要消费资料是指在一定的生产基础上，日常生活中不可缺少的用品，包括衣食住行、文教卫生、体育娱乐等各种生活用品，这些用品无论对工人或对资本家，都是必要的，只是有质量高低的差别。随着经济的发展，必需用品的范围会不断发展变化。有些产品如烟草，即使从生理学上看是不必要的，但从“习惯上”也被列入必要消费资料中来了。除了上述生活必需用品以外，其他产品就列入奢侈品。

一般来说，工人的消费全部是必要消费资料，但不排除，在繁荣时期“也暂时参加了他们通常买不起的各种奢侈品的消费”（第456页），以及购买“其中绝大部分通常只对

资本家阶级来说才是‘必要’消费资料”（第456页），即比较高档的必要消费资料。至于资本家，通常来说，除享用比较高档的生活必需品外，或多或少还有一部分是奢侈品。

要进行社会总资本的再生产和流通，不仅要有两大部类之间的交换，还要有第Ⅱ部类两个副类之间的交换，通过这种交换，Ⅱa的资本家从Ⅱb中获得奢侈品，Ⅱb的工人和资本家从Ⅱa中获得生活必需品。

与两大部类之间的交换一样，第Ⅱ部类内部的交换也是通过货币进行的。但在这两种不同场合，货币流通是不同的。马克思着重提出第Ⅱ部类可变资本的回流问题。在第Ⅰ部类，可变资本的投放是通过和第Ⅱ部类的相互交换后间接回流的，在第Ⅱ部类，可变资本的投放通过工人向本部类资本家的购买后直接回流。但是，在第Ⅱ部类内部，Ⅱa分部类可变资本的回流和Ⅱb分部类可变资本的回流又是有区别的。Ⅱa中可变资本通过工人购买Ⅱa的生活必需品而直接回流到Ⅱa的资本家手中，而Ⅱb的可变资本却要通过Ⅱb的工人向Ⅱa的资本家购买生活必需品，再由Ⅱa的资本家向Ⅱb的资本家购买奢侈品而间接回流。

二、第Ⅱ部类内部两个分部类之间的交换［第449页第1段—第451页末段］

为了说明第Ⅱ部类内部可变资本的直接回流和间接回流，马克思举例分析了第Ⅱ部类两个分部类内部的交换，着重分析第Ⅱ部类两个分部类之间的交换。

第Ⅱ部类的两个分部类社会再生产的开端公式如下：

$$\text{Ⅱa}\ 1\,600c+400v+240\frac{a}{m}+160\frac{b}{m}=2\,400$$

$$\text{Ⅱ b}\ 400\,c+100v+60\frac{a}{m}+40\ \frac{b}{m}=600$$

$$\text{Ⅱ}\ 2\,000\ \ c+500v+300\frac{a}{m}+200\frac{b}{m}=3\,000$$

这里的符号$\frac{a}{m}$代表剩余价值中用于生活必需品的部分，并假定占60%；$\frac{b}{m}$代表剩余价值中用于奢侈品的部分，并假定占40%；可变资本v的部分假定全部用之于生活必需品。

第Ⅱ部类内部的交换分三个方面进行：

Ⅱa内部的交换。

Ⅱa是生产生活必需品的部门，Ⅱa本身需要补偿的生活必需品$400v+240\frac{a}{m}$，可通过Ⅱa内部的购买和交换加以解决，用公式表示：

$$\text{Ⅱa}\ (v+\frac{a}{m})=\text{Ⅱa}\ (v+\frac{a}{m})$$

这一公式表现的是要求Ⅱa内部通过各种生活必需品的相互交换达到供求平衡，公式两端产品的总和相同，价值总量相等，但通过货币的中介进行交换后改变了所有者。

Ⅱb内部的交换。

Ⅱb是生产奢侈品的部门，Ⅱb本身需要补偿的奢侈品$40\frac{b}{m}$可通过Ⅱb内部的购买和交换加以解决，用公式表示：

$$\text{Ⅱb}\frac{b}{m}=\text{Ⅱb}\frac{b}{m}$$

这一公式表现的是要求Ⅱb内部通过各种奢侈品的相互交换达到供求平衡，公式两端产品的总和相同，价值总量相等，但通过货币的中介进行交换后改变了所有者。

Ⅱa 和Ⅱb 之间的交换。

Ⅱa 需要补偿的奢侈品 $160\frac{b}{m}$和Ⅱb 需要补偿的生活必需品 $100v+60\frac{a}{m}$，都是各自的分部类不能供应的，需要通过两个分部类之间相互交换进行解决，它们的平衡条件用以下公式表示：

$$\text{Ⅱ}a\frac{b}{m}=\text{Ⅱ}b\left(v+\frac{a}{m}\right)$$

用图式表示：

$$\text{Ⅱ}a\ 1\,600c+400v+240\frac{a}{m}+\boxed{160\frac{b}{m}}=2\,400$$

$$\text{Ⅱ}b\ 400c+\boxed{100v+60\frac{a}{m}}+40\frac{b}{m}=600$$

这一公式表现的是要求Ⅱa 和Ⅱb 之间生活资料的供求达到平衡，通过以货币为中介的交换，Ⅱa 卖出一部分多余的生活必需品，得到所需的奢侈品；Ⅱb 卖出一部分多余的奢侈品，得到所需的生活必需品。

三、两大部类之间的具体交换［第 452 页第 1 段—第 453 页第 4 行］

不仅第Ⅱ部类所需的生活资料区分为生活必需品和奢侈品，第Ⅰ部类所需的生活资料也区分为生活必需品和奢侈品。为此，在第Ⅱ部类中要包括Ⅱa 和Ⅱb 两个副类，在第Ⅰ部类中除了要划分出为消费资料的生产（即第Ⅱ部类）提供生产资料的部门（简称Ⅰ乙）和为生产资料的生产（即第Ⅰ部类）提供生产资料的部门（简称Ⅰ甲）两个分部类外，对Ⅰ乙再细分出为Ⅱa 提供生产资料的部门（简称为Ⅰ乙（a））和为Ⅱb 提供生产资料的部门（简称为Ⅰ乙（b）），对Ⅰ甲也同样要相应地细分。在对两大部类进一步划分的基础上，两大部类之间的交换要求进一步具体化。

在现已出版的《资本论》第 2 卷中，马克思将Ⅰ4 000c + 1 000v + 1 000m 分解为：

$$\text{Ⅰ}4\,000c+\left\{\begin{array}{l}\text{Ⅰ}a\ (800v+800m)\\ \text{Ⅰ}b\ (200v+200m)\end{array}\right\}=6\,000$$

其中Ⅰ4 000c 是用来生产生产资料的生产资料，Ⅰa（800v + 800m）是用来生产生活必需品（Ⅱa）的生产资料，Ⅰb（200v + 200m）是用来生产奢侈品（Ⅱb）的生产资料。（参见第 452 页）两大部类之间的具体交换关系要用以下两个图式来表示：

第一个图式，第Ⅱ部类向第Ⅰ部类供应生活资料：

$$\text{Ⅱ}a\boxed{1\,600c}+400v+240\frac{a}{m}+160\frac{a}{m}=2\,400$$

$$\text{Ⅰ}4\,000c+\boxed{\begin{array}{l}\text{Ⅰ}a\left(800v+480\frac{a}{m}\right)\\ \text{Ⅰ}b\left(200v+120\frac{a}{m}\right)\end{array}}\begin{array}{l}+\\+\end{array}\boxed{\begin{array}{l}\text{Ⅰ}a320\frac{b}{m}\\ \text{Ⅰ}b80\frac{b}{m}\end{array}}=6\,000$$

$$\text{Ⅱ}b\boxed{400c}+100v+60\frac{a}{m}+40\frac{b}{m}=600$$

其平衡公式为：

$$\mathrm{II}a\text{：}c=\mathrm{I}a\left(v+\frac{a}{m}\right)+\mathrm{I}b\left(v+\frac{a}{m}\right)$$

$$\frac{\mathrm{II}b\text{：}c=\mathrm{I}a\dfrac{b}{m}+\mathrm{I}b\dfrac{b}{m}}{\mathrm{II}c=\mathrm{I}(v+m)}$$

通过这一交换，第Ⅰ部类分别从Ⅱa 中得到生活必需品 1 600c，从Ⅱb 中得到奢侈品 400c，使两大部类之间生活资料的具体供求取得平衡。

第二个图式，第Ⅰ部类向第Ⅱ部类供应生产资料：

$$\mathrm{II}a\ \boxed{1\,600c}+400v+400m=2\,400$$

$$\mathrm{I}\,4\,000c+\left\{\begin{array}{l}\boxed{\mathrm{I}a\ (800v+800m)}\\ \boxed{\mathrm{I}b\ (200v+200m)}\end{array}\right\}=6\,000$$

$$\mathrm{II}b\ \boxed{400c}+100v+100m=600$$

其平衡公式为：

$$\begin{aligned}\mathrm{I}a\ (v+m)&=\mathrm{II}a\text{：}c\\ \mathrm{I}b\ (v+m)&=\mathrm{II}b\text{：}c\\ \hline \mathrm{I}(v+m)&=\mathrm{II}c\end{aligned}$$

通过这一交换，第Ⅱ部类分别从Ⅰa（v+m）中得到Ⅱa 1 600c 的生产资料补偿，从Ⅰb（v+m）中得到Ⅱb 400c 的生产资料补偿。

以上说明，马克思认为在第Ⅱ部类划分为Ⅱa 和Ⅱb 两个副类之后，两大部类之间产品实现的公式，总的来说仍然是Ⅰ(v+m)＝Ⅱc，但具体交换关系要用两个图式来表现。

但是，只要我们对第Ⅰ部类再作相应的分类，对上述两大部类之间交换的两个图式就必然要作相应的调整。

根据我对本章第Ⅱ节研读中提出的分类，对两大部类之间的具体交换关系的图式及实现公式调整如下：

第一个图式，两大部类之间生活资料供求的平衡图式如下：

$$\mathrm{I}\,4\,000c+1\,000v+1\,000m=6\,000$$

$$\mathrm{I}\text{甲}\ 3\,000c+\boxed{500v+500m}=4\,000$$

$$\mathrm{I}\text{乙}\ 1\,000c+\boxed{500v+500m}=2\,000$$

$$\mathrm{II}\ \boxed{2\,000c}+500v+500m=3\,000$$

如将第Ⅱ部类具体划分为必要消费资料的生产Ⅱa 和奢侈消费资料的生产Ⅱb，两大部类之间生活资料的供求关系具体表现为：

$$\text{Ⅱa}\ \boxed{1\,600c}+400v+240\frac{a}{m}+160\frac{b}{m}=240$$

$$\text{Ⅰ甲}\ 3\,000+500v+300\frac{a}{m}+200\frac{b}{m}=4\,000$$

$$\text{Ⅰ乙(a)}\ 800c+400v+240\frac{a}{m}+160\frac{b}{m}=1\,600$$

$$\text{Ⅰ乙(b)}\ 200c+100v+60\frac{a}{m}+40\frac{b}{m}=400$$

$$\text{Ⅱb}\ \boxed{400c}+100v+60\frac{a}{m}+40\frac{b}{m}=600$$

其平衡公式为：

$$\text{Ⅱa}:\ c=\text{Ⅰ甲}\left(v+\frac{a}{m}\right)+\text{Ⅰ乙}\left(v+\frac{a}{m}\right)$$

$$\text{Ⅱb}:\ c=\text{Ⅰ甲}\frac{b}{m}+\text{Ⅰ乙}\frac{b}{m}$$

$$\text{Ⅱc}=\text{Ⅰ甲}(v+m)+\text{Ⅰ乙}(v+m)=\text{Ⅰ}(v+m)$$

上述图式表明，第Ⅰ部类需要补偿的生活资料共为 1 000v + 1 000m，由第Ⅱ部类准备用来补偿Ⅱc 部分的产品供应，要使两大部类之间在生活资料的供求上取得平衡，条件是Ⅱc = Ⅰ(v + m)。

第Ⅰ部类得到的生活资料 2 000 是通过第Ⅰ部类向第Ⅱ部类的购买来完成的，第Ⅱ部类从第Ⅰ部类那里得到货币 2 000 后，必定还要用这 2 000 货币向第Ⅰ部类购买生产资料，用以补偿第Ⅱ部类已消耗的 2 000c。但是否买回都是以Ⅰ(v + m) 形式存在的生产资料，进行互相补偿呢？从第二个图式中，我们可以看到，在对第Ⅰ部类进行具体划分后，情况并不如此。

第二个图式，两大部类之间生产资料供求的平衡图式：

$$\text{Ⅰ}\ 4\,000c+1\,000v+1\,000m=6\,000$$

$$\text{Ⅰ甲}\ 3\,000c+500v+500m=4\,000$$

$$\text{Ⅰ乙}\ \boxed{1\,000c+500v+500m}=2\,000$$

$$\text{Ⅱ}\ \boxed{2\,000c}+500v+500m=3\,000$$

这一图式表明，在第Ⅰ部类中，只有为消费品生产提供生产资料的Ⅰ乙分部类产品才能满足第Ⅱ部类补偿生产资料消耗的需要，它的具体平衡条件是Ⅰ乙 (c + v + m) = Ⅱc。对第Ⅰ部类中的Ⅰ乙分部类来说，不仅是以 v + m 部分存在的产品，即使是用来补偿 c 的产品，全部供应给第Ⅱ部类；反之，同样是第Ⅰ部类，其中的Ⅰ甲分部类，由于它的产品是为生产资料生产部门即第Ⅰ部类自身提供的生产资料。因此，这一分部类的全部产品，不仅是 c 这部分产品，包括用来补偿 v + m 的产品，都是第Ⅱ类不直接需要的生产资料。

第Ⅱ部类区分为Ⅱa 和Ⅱb 两个分部类后，这就意味着，第Ⅱ部类要求第Ⅰ部类提供的生产资料就包括生产生活必需品的生产资料和生产奢侈品的生产资料，从而要求第二个图式再具体化为：

Ⅱa $\boxed{1\,600c}$ +400v+400m=2 400

Ⅰ乙（a）$\boxed{800c+400v+400m}$ =1 600

Ⅰ乙（b）$\boxed{200c+100v+100m}$ =400

Ⅱb $\boxed{400c}$ +100v+100m=600

在这一图式中，第Ⅱ部类需要补偿的生产资料为Ⅱa 1 600c+Ⅱb 400c=Ⅱ2 000c，分别由第Ⅰ部类中的乙（a）和乙（b）两个分部类的产品进行补偿。由于Ⅰ乙（a）的全部产品都是用来生产生活必需品的生产资料，只能供应给Ⅱ(a)，Ⅰ乙（b）的全部产品都是用来生产奢侈品的生产资料，只能供应给Ⅱ(b)。

在简单再生产条件下，两大部类之间生产资料供求平衡的条件是：

Ⅰ乙（a）c+v+m=Ⅱa：c

Ⅰ乙（b）c+v+m=Ⅱb：c

Ⅰ乙（c+v+m）=Ⅱa：c+Ⅱb：c

=Ⅱc

在《资本论》第2卷第Ⅱ稿中，将第Ⅰ部类区分为：α，为消费资料的生产提供生产资料的分部类，在以上图式中笔者用Ⅰ乙符号表示；β，为生产资料的生产提供生产资料的分部类，在以上图式中笔者用Ⅰ甲符号表示。正是在这一分类的基础上，马克思提出了“（α）的价值400镑的生产资料同（Ⅰ）的消费资料形式上的400c直接相交换，因而以实物形式补偿Ⅰ的不变资本”①。

马克思当时说的第Ⅰ部类指的是消费资料生产，第Ⅱ部类指的是生产资料生产。马克思的这一论述用公式表示，即：Ⅰ乙（c+v+m）=Ⅱc。用图式表示，即：

Ⅰ800c+200v+200m=1 200

Ⅰ甲 $\boxed{800c+400v+400m}$ =1 600

Ⅰ乙 $\boxed{200c+100v+100m}$ =400

Ⅱ $\boxed{400c}$ +100v+100m=600

在第Ⅱ稿中，马克思还具体考察了第Ⅱ部类划分为两个副类即Ⅱa和Ⅱb之后的生产资料的供求途径。

由此可见，我们在对两大部类进行具体划分的基础上去考察两大部类之间的交换关系，就会发现：第一，Ⅰ甲是为生产资料的生产提供生产资料的部门，因此，Ⅰ甲的全部产品均用于Ⅰ甲600c和Ⅰ乙200c的生产资料补偿。如果将Ⅰ甲（v+m）的产品用于Ⅱc的补偿，一方面，产品不对路，供非所求（这里不考虑某些生产资料可能通用）；另一方面，第Ⅰ部类本身需要补偿的生产资料Ⅰ800c又会缺口200c。第二，Ⅰ乙是为消费资料生产提供生产资料的部门，因此，Ⅰ乙的全部产品均用于Ⅱc的生产资料的补偿。如对Ⅱ400c的生产资料补偿接受了Ⅰ甲（100v+100m）的并不对口的产品，如炼钢炉、开矿设备，却拒绝了Ⅰ乙200c的完全对口的产品，如织布机、烤面包炉，这是不可思议的。一

---

① 《马克思恩格斯全集》第50卷第182页。

方面，Ⅰ乙 200c 的价值得不到实现；另一方面，Ⅱ400c 中的一半将得不到实物的补偿。

在我国的《资本论》辅导教材或政治经济学教科书中，对第Ⅱ部类区分为两个分部类后两大部类之间的具体交换图式，先后出现过两种不同的表述，最先出现在人民出版社 1973 年 11 月版由徐禾等学者编写的《政治经济学概论》中，后被广泛采用，其图式是：

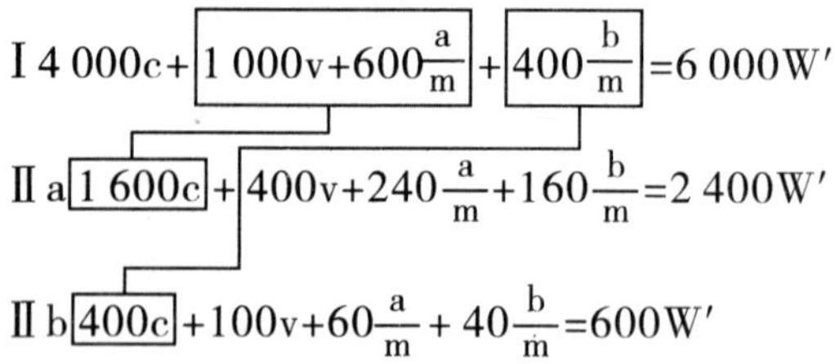

在 1978 年 10 月人民出版社出版的由张薰华、洪远朋两位学者编写的《资本论》提要第 2 册中，将图式表述如下：

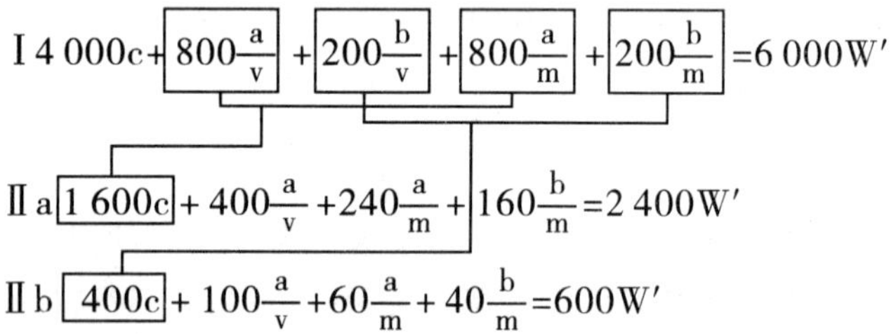

上述两种图式的共同特点是没有对第Ⅰ部类作进一步的划分，从而未能在马克思《资本论》第 2 卷第Ⅱ个手稿的基础上，具体表现出两大部类之间生产资料的供求关系，只用一个图式就最概括地表现出两大部类之间生活资料和生产资料的交换关系。不同之处是后一公式在补偿第Ⅰ部类工人的生活资料中也包括了奢侈品，在现实生活中虽然会出现这种情况，但在研究上并没有什么意义。至于将工人对奢侈品的需求和资本家对奢侈品的需求在比重上同样占 20%，这虽然是假定，笔者认为也是不合适的。

四、对第Ⅱ部类划分为两个分部类研究后的结论［第 453 页第 5 行—第 456 页末段］

无论是第Ⅰ部类或第Ⅱ部类，无论是Ⅱa 或Ⅱb，可变资本和不变资本的比例，都是随意假定的，因而也是可以加以变动的。这里要作出的结论是：

（1）简单再生产的前提条件是Ⅰ(v+m)=Ⅱc。如果Ⅰ(v+m)<Ⅱc，Ⅱc 就不能全部得到补偿，如果Ⅰ(v+m)>Ⅱc，第Ⅰ部类中一部分生产资料的价值就不能实现。

（2）Ⅱb：v 所需的生活必需品只能在Ⅱa：m 中的一部分得到实现。

Ⅱb 是生产奢侈品的部门，Ⅱb：v 所需的生活必需品只能由Ⅱa 提供。在Ⅱa 中，c 部分生活必需品用来和第Ⅰ部类换取生产资料，v 部分留给Ⅱa 的工人自用，与Ⅱb：v 相交换的只能是Ⅱa：m。由于Ⅱa：m 部分的生活必需品除了Ⅱa $\frac{a}{m}$部分留下自用外，余下的Ⅱa $\frac{b}{m}$不仅要供应Ⅱb：v，还要供应Ⅱb $\frac{a}{m}$，Ⅱa：m = Ⅱa $\frac{a}{m}$ + Ⅱa $\frac{b}{m}$；第Ⅱ部类两个分部类之间的交换公式为：Ⅱa $\frac{b}{m}$ = Ⅱb（v + $\frac{a}{m}$），由此可见Ⅱb：v 所需的生活必需品必然小于全部的Ⅱa：m，通过Ⅱb：v 所需的生活必需品在一部分Ⅱa：m 中得到实现，Ⅱa 从Ⅱb 中得到货币，再向Ⅱb 购买奢侈品，使Ⅱb 预付的可变资本以货币形式回流。

这里的Ⅱb：v 和Ⅱa：m 的两个分部类关系同Ⅰ（v+m）和Ⅱc 的两大部类关系一样，是一种交换关系，不是一种分解和形成的关系。不能因为Ⅱb：v 所需要的生活必需品从

Ⅱa：m中的一部分产品实现，就认为从Ⅱa：m中可以分解出Ⅱb：v，或者Ⅱb：v构成Ⅱa：m中的一部分，否则就会得出Ⅱb100v包含在Ⅱa 160m中，工人和资本家的利益是一致的结论。

斯密犯的就是这种错误，他从Ⅰ(v+m) =Ⅱc的交换关系中，得出商品价格只分解为v+m，不包含c的结论，进而说商品价格由v+m形成。斯密的错误在于：第一，他忘记了在商品交换中，商品价格的高低和对商品价格的分解是无关的；第二，他还忘记了，Ⅰ(v+m) =Ⅱc是个商品交换问题，至于Ⅰ(v+m)和Ⅱc交换之后，Ⅱc成为第Ⅰ部类的消费基金，Ⅰ(v+m)作为第Ⅱ部类的生产资本执行资本职能，这是商品在进行交换之后的使用问题，二者是不能混淆的。

以上假定第Ⅱ部类中m的60%用于生活必需品，40%用于奢侈品。这个假定是可以加以变动的，各单个资本家的消费结构也可以各不相同。简单再生产的前提只是剩余价值完全用于资本家的个人消费。

(3) 在Ⅱb中就业工人的生存和再生产依赖于资本家阶级的挥霍。

从Ⅱb：v在Ⅱa：m中的一部分得到补偿这一点，就可得出如下结论：资本主义社会一部分工人的生存和再生产，要依赖于资本家的挥霍，这是资本主义腐朽性的一个表现。

资本主义生产周期的发展证明了上述结论。在发生经济危机时，资本家减少奢侈品的消费，Ⅱb部门工人被大量解雇，进而影响生活必需品的生产；在繁荣时期，情况正好相反，资本家增加了对奢侈品的需求，即使工人，不仅提高了生活必需品的档次，甚至“也暂时参加了他们通常买不起的各种奢侈品的消费”（第456页），使Ⅱb部门得到扩展，在Ⅱb部门中就业的工人也相应增加。

把经济危机的原因说成是由于缺少有支付能力的消费，是完全错误的。第一，这种说法是同义反复。经济危机首先表现在大量商品卖不出去，再说缺少购买商品的能力就是同义反复了。第二，这种说法也不符合事实。经济危机往往是紧接着繁荣时期之后爆发的，在繁荣时期，工资普遍提高，但这并没能消除经济危机。产生经济危机的根源是资本主义的基本矛盾，而不是像德国庸俗经济学家洛贝尔图斯（1805—1875）所说的是因为消费不足。

五、第Ⅱ部类划分为两个副类的意义［第457页第1段］

第Ⅱ部类分割为生活必需品的生产和奢侈品的生产，“从根本上影响着生产的性质和数量关系，对生产的总形态来说，是一个本质的决定性的因素”（第457页）。

社会主义社会仍将存在两大部类的生产，对第Ⅱ部类不再区分为生活必需品的生产和奢侈品的生产，但会区分为三个不同层次的生产，恩格斯认为：“通过有计划地利用和进一步发展一切社会成员的现有的巨大生产力，在人人都必须劳动的条件下，人人也都将同等地、愈益丰富地得到生活资料、享受资料、发展和表现一切体力和智力所需的资料。”①

六、资本主义的生产目的［第457页第2—末段］

资本主义生产的目的是剩余价值，但在简单再生产中，剩余价值全部用于资本家的个人消费，因而简单再生产实质上是以资本家的个人消费为目的。不应把资本家追求剩余价

① 《雇佣劳动与资本》导言，《马克思恩格斯选集》第1卷第330页。

值和个人消费对立起来。

在扩大再生产中，剩余价值中一部分用于资本家的个人消费，另一部分用于积累，资本家追求剩余价值是为了满足积累欲和享受欲。开始阶段，享受欲处于被抑制状态，随着生产的发展，享受欲会大大发展起来。这一问题在第1卷中已作过分析。

Ⅴ. 货币流通在交换中的中介作用

在两大部类之间和第Ⅱ部类中两个分部类之间进行交换时的货币流通过程及其一般作用，在第Ⅲ、Ⅳ节中都已经论述过了。本节一开始将上述交换过程列出三个图式，并具体补充了Ⅱa 和Ⅱb 的产品的交换过程。

本节内容专门探讨与两大部类之间交换Ⅰ(1 000v + 1 000m) = Ⅱ2 000c 有关的三种货币流通，并由此作出一些必要的结论。

一、第Ⅰ部类资本家预付可变资本引起的货币流通［第459页第1段—第461页第1段］

第Ⅰ部类资本家预付货币1 000镑以工资形式支付给工人后，工人即向第Ⅱ部类资本家购买生活资料和Ⅱ1 000c 相交换，第Ⅱ部类资本家得到1 000镑后又向第Ⅰ部类购买生产资料和Ⅰ1 000v 相交换。结果第Ⅰ部类资本家投放的货币1 000镑又回流到自己手里。

由此可以得出结论："商品生产者预付在流通中的货币，在商品流通正常进行的情况下，会回到他自己手里。"（第459页）"谁预付货币来购买别人的商品，谁就会在出售自己的商品时，重新得到货币。"（第460页）这里的差别只是发生在表现形式上，第Ⅰ部类资本家预付可变资本的货币回流同Ⅱa 资本家预付可变资本的回流，在表现形式上是不同的。Ⅱa 资本家预付在可变资本上的货币是直接回流，第Ⅰ部类资本家预付在可变资本上的货币是间接回流。

对于第Ⅰ部类资本家来说，投放1 000镑不仅购买了劳动力，使货币资本转化为生产资本，而且使处于商品形式的生产资料1 000v 得以卖出，完成W′—G′形态的变化。

对于第Ⅱ部类资本家来说，由于第Ⅰ部类资本家投放的1 000镑进入第Ⅰ部类工人手中，使以商品形式存在的生活资料Ⅱ1 000c 得以卖出，完成W′—G′的商品形态变化，并用这1 000镑作为货币资本，向第Ⅰ部类资本家购买生产资料，变货币资本为生产资本，完成第Ⅱ部类部分生产资料消耗的补偿。

对于第Ⅰ部类工人来说，实现了劳动力价值，维持了劳动力的再生产，完成了简单商品流通A—G—Km。

总之，通过第Ⅰ部类资本家投放的1 000镑，使第Ⅱ部类所需要的生产资料中的一半和第Ⅰ部类所需要的生活资料中的一半得以互相补偿。也就是说，第Ⅱ部类留作自用以外的生活资料中的一半和第Ⅰ部类留作自用以外的生产资料中的一半得以卖出。

二、第Ⅱ部类资本家预付不变资本引起的货币流通［第461页第2段—第466页第1段］

两大部类之间的交换Ⅰ(1 000v + 1 000m) = Ⅱ2 000c，在第Ⅰ部类资本家投放1 000镑并经过3次（第一至第三次）交换行为后，完成了Ⅰ1 000v 和Ⅱ1 000c 之间的交换，尚有Ⅰ1 000m和Ⅱ1 000c 之间的交换有待完成。在第Ⅲ节中，马克思假定先由第Ⅱ部类资本家投放500镑，再由第Ⅰ部类资本家投放500镑，经过4次（第四至第七次）交换行为，完成Ⅰ1 000m和Ⅱ1 000c的交换。现在换一种假定，后两次货币投放均由第Ⅱ部类资本家预付。

第Ⅱ部类资本家为了继续购买其余部分的生产资料，先预付500镑向第Ⅰ部类购买生产资料（第四次交换），第Ⅰ部类接着又用这500镑向第Ⅱ部类购买生活资料（第五次交换），通过这两次交换，完成了Ⅰ500m和Ⅱ500c的互相补偿。然后，第Ⅱ部类资本家用这回流的500镑再向第Ⅰ部类购买生产资料（第六次交换），第Ⅰ部类接着又用这500镑向第Ⅱ部类购买生活资料（第七次交换），通过这两次交换，完成余下的Ⅰ500m和Ⅱ500c的互相补偿。

两大部类之间通过这7次交换行为，其结果是，对于第Ⅰ部类资本家来说，售出了生产资料1 000v + 1 000m，完成了W′—G′的形态变化，而且从第Ⅱ部类换回了消费资料2 000镑，补偿了资本家和工人对生活资料的消耗，第Ⅰ部类资本家投放的1 000镑货币也回流到自己手里。对于第Ⅱ部类资本家来说，售出了消费资料2 000c，完成了W′—G′的形态变化，从第Ⅰ部类买回了生产资料2 000镑，使货币资本转化为生产资本，完成生产资料消耗的补偿，第Ⅱ部类资本家投放的货币1 000镑也回流到自己手里。

这里发生的问题是，第Ⅰ部类为补偿生活资料的消耗Ⅰ(1 000v + 1 000m)，投入货币1 000镑，以工资形式支付给工人，但他得到的货币却是2 000镑。除支付工资的1 000镑回流以外，第Ⅱ部类资本家为了从Ⅰ1 000m中取得生产资料，又两次各付500镑货币给第Ⅰ部类资本家，使剩余价值由生产资料形式转化为货币形式，结果，“第Ⅰ部类从流通中取出的货币多于它投入的货币”（第465页），“它从流通中却取出了多1倍的货币”（第465页）。但这是和流通无关的问题，因为“第Ⅰ部类的资本家以货币形式取出的价值，只等于他以商品形式投入的价值”（第465页），资本家没有为剩余价值付出分文，“这一点绝不会使这种商品价值本身有任何改变”（第465页）。

货币流通的量在货币流通次数已定的情况下，取决于商品的价格总额或价值总额，至于价值总额中剩余价值和资本的比例如何，“在这里是完全没有关系的”（第466页）。

三、第Ⅰ部类资本家为了自己消费而追加货币引起的货币流通［第466页第2段—本节完］

对上述Ⅰ1 000m和Ⅱ1 000c的交换，即第四次至第七次的交换，马克思又作了第三种假定：由第Ⅰ部类先后两次各投放货币500镑。

两大部类之间的交换由此具体进行如下：第四次交换，第Ⅰ部类资本家支出500镑向第Ⅱ部类购买消费资料，由于这500镑不是作为生产资本使用而成为原预付资本的追加，它是支出货币而不是预付资本；第五次交换，第Ⅱ部类资本家得到这500镑后，向第Ⅰ部类购买用于补偿的生产资料，将货币资本转化为生产资本；第六次交换，第Ⅰ部类资本家用回流的500镑追加货币再向第Ⅱ部类购买消费资料；第七次交换，第Ⅱ部类资本家又用这500镑向第Ⅰ部类购买用作补偿的生产资料。

从上述交换过程中，我们可以看到，第Ⅰ部类的资本家是用自己追加的货币来实现他的剩余价值的，“剩余价值的货币化是通过它的资本主义生产者本身在私人消费上支出的货币而实现的”（第466页）。“该部类自己投入流通的货币，使它自己的剩余价值转化为货币。”（第467页）

为了实现剩余价值，资本家必须由自己将货币投入流通，看来是个奇谈怪论。但是在这里只有工人阶级和资产阶级，如果实现商品价值（包括剩余价值在内）的货币不是来自资产阶级，而是来自工人，那才是奇谈怪论。人们不容易看清这一事实，是由于现实的过程被以下两种情况所掩盖：(1) 实现剩余价值的货币表现为来自商业资本和货币资本的购买；(2) 实现剩余价值的货币还表现为来自土地所有者、高利贷者、政府和它的官吏、食利者等的购买。其实，归根结底都是来自产业资本家自己向流通中投放的货币，前一种情况直接来自产业资本家为实现剩余价值而向流通中投入的追加货币，后一种情况更是来自产业资本家已实现的剩余价值，即已货币化的剩余价值。

关于实现剩余价值的货币的来源，马克思在第 17 章中已进行过分析。

Ⅵ. 第Ⅰ部类的不变资本

本节分析第Ⅰ部类内部的交换。第Ⅰ部类是生产资料的生产部门，因此，第Ⅰ部类需要补偿的Ⅰc 通过该部类内部的交换进行。

一、第Ⅰ部类中不变资本补偿的特点［本节第 1 段—第 472 页第 1 段］

作为社会总产品一个组成部分的第Ⅰ部类中的不变资本Ⅰc，是以生产资料这一实物形式存在的再现的价值，必须而且也只能够通过第Ⅰ部类内部的交换，补偿第Ⅰ部类已消耗的生产资料，重新作为不变资本执行职能。

按照原来的假定，第Ⅰ部类产品的产值为 6 000（4 000c + 1 000v + 1 000m），其中的 2 000（Ⅰ乙 1 000c + 500v + 500m）已用来补偿Ⅱ2 000c 的消耗，余下的价值 4 000（Ⅰ甲 3 000c + 500v + 500m）的生产资料要用作补偿Ⅰ4 000c。

为了说明Ⅰc 在补偿上的特点，马克思将Ⅰc 的补偿和Ⅱ(v + m)、Ⅱc、Ⅰ(v + m) 的补偿进行了比较。

第一，Ⅰc 的补偿和Ⅱ(v + m) 的补偿。［第 471 页第 1 段］

Ⅰc 的补偿和Ⅱ(v + m) 的补偿的共同点在于，二者都是通过本部类内部的相互交换而实现的。不同之处是，Ⅰc 是以生产资料形式存在的，通过交换后又重新作为生产资本的组成部分执行职能，进行生产消费。Ⅱ(v + m) 是以消费资料形式存在的，通过本部类内部的交换后，用于工人和资本家的个人消费，不能作为生产资本执行职能。

第二，Ⅰc 的补偿和Ⅱc 的补偿。［第 471 页末段］

Ⅰc 和Ⅱc 都是用来补偿本部类的生产资料消耗，但是，Ⅰc 是以生产资料这一实物形式存在的，可以直接用作本部类已消耗的生产资料的补偿，立即再作为不变生产资本执行职能。Ⅱc 却是以消费资料这一实物形式存在，不能直接用来补偿本部类生产资料的消耗，它必须通过和第Ⅰ部类的交换，间接地进行补偿。

需要指出的是，当我们对第Ⅰ部类进行具体划分后，就会看到，Ⅰc 的补偿来自第Ⅰ部类中某个具体部门生产的全部产品。例如，为第Ⅱ部类生产提供生产资料的Ⅰ乙部门中的 c 的补偿，就是来自为Ⅰ乙部门生产提供生产资料的Ⅰ甲（乙）部门生产的全部产品［Ⅰ甲（乙）：c + v + m］，并非是Ⅰc 的补偿全部来自Ⅰc。

第三，Ⅰc 的补偿和Ⅰ(v + m) 的补偿。［第 472 页第 1 段］

Ⅰ(v+m) 和Ⅰc一样，都是以生产资料形式出现，因而也都是用来补偿生产资料的消耗。不同的是，Ⅰc用作本部类生产资料的补偿，Ⅰ(v+m) 用作第Ⅱ部类的生产资料的补偿；Ⅰc能够直接作为本部类的不变资本执行职能，进行生产消费，而Ⅰ(v+m) 虽也能作为第Ⅱ部类的不变资本执行职能，进行生产消费，但对本部类来说，换回的却是消费资料，只能用作工人和资本家的个人消费，不再执行资本的职能。

补偿Ⅱc生产资料来自Ⅰ(v+m)，这是马克思在不考虑第Ⅰ部类的具体划分的情况下作出的一般性结论，当我们对第Ⅰ部类进行具体划分后，就会看到，实际上补偿Ⅱc的是第Ⅰ部类中为第Ⅱ部类提供生产资料的部门，即Ⅰ乙部门的全部产品，公式是Ⅰ乙(c+v+m) =Ⅱc。因此，Ⅰc不仅用作Ⅰc的补偿（准确地说，是一部分补偿)，也用作Ⅱc的补偿；反之，Ⅰ(v+m) 并不都用之于Ⅱc的补偿，也有相当一部分用之于Ⅰc的补偿。用下列图式表示：

Ⅰ [4 000c] +1 000v+1 000m=6 000

↑

Ⅰ甲 [3 000c+500v+500m] =4 000

Ⅰ乙 [1 000c+500v+500m] =2 000

↓

Ⅱ [2 000c] +500v+500m=3 000

上图表明，Ⅰ4 000c中只是有Ⅰ甲3 000c用来补偿它的消耗，另外1 000c却用来补偿Ⅱ2 000c的消耗；反之，在Ⅰ(1 000v+1 000m) 中，只有$\frac{1}{2}$即Ⅰ乙（500v+ 500m）用来补偿Ⅱ2 000c的消耗，另外$\frac{1}{2}$即Ⅰ甲（500v+500m）却用来补偿第Ⅰ部类自身4 000c的消耗。

二、第Ⅰ部类中不变资本补偿的途径［第472页末段—本节完］

第Ⅰ部类是生产生产资料的部类，因此，第Ⅰ部类在生产时所消耗的生产资料Ⅰc，必须而且也只能够通过第Ⅰ部类内部的交换进行补偿。

在恩格斯整理出版的《资本论》第2卷采用的手稿中，只是说第Ⅰ部类是由“各特殊生产部门”构成，各特殊生产部门所消耗的生产资料，一部分通过各特殊生产部门进行直接补偿，“例如，谷物进入谷物的生产，煤炭进入煤炭的生产，铁以机器形式进入铁的生产，等等”（第473页)。另一部分则通过各特殊生产部门之间的交换进行间接补偿。由于未对第Ⅰ部类作具体的分类，从而未能说明对第Ⅰ部类自身生产资料消耗的补偿的具体途径，不能用具体的图式和公式说明第Ⅰ部类生产资料消耗的补偿。

在马克思的第Ⅱ稿中，对第Ⅰ部类作了进一步的分类，因而能够提出部分Ⅰc的补偿途径，[①] 按照第Ⅱ稿的举例，用以下图式表示：

① 参见《马克思恩格斯全集》第50卷第167页。

Ⅰ800c + 200v + 200m = 1 200

Ⅰ甲 600c + [100v + 100m] = 800

↓

Ⅰ乙 [200c] + 100v + 100m = 400

这一图式还可再进一步具体化为：

Ⅰ乙（a） [100c] + 50v + 50m = 200

↑

Ⅰ甲（a） 300c + [50v + 50m] = 400

Ⅰ甲（b） 300c + [50v + 50m] = 400

↓

Ⅰ乙（b） [100c] + 50v + 50m = 200

上述图式告诉我们，由于马克思对第Ⅰ部类区分了为第Ⅱ部类提供生产资料的Ⅰ乙分部类和为Ⅰ乙分部类提供生产资料的Ⅰ甲分部类，从而能够具体说明Ⅰ乙 200c 生产资料消耗的补偿。但是，由于对Ⅰ甲部类只是划分为Ⅰ甲（a）和Ⅰ甲（b）两个具体部门，没有划分出Ⅰ甲（甲）和Ⅰ甲（乙）两个分部类，而Ⅰ甲（a）和Ⅰ甲（b）均属于Ⅰ甲（乙）中的两个具体部门，可表示为Ⅰ甲（乙—a）和Ⅰ甲（乙—b）。因此，上述补偿图式存在两个问题：第一，只有Ⅰ乙 200c 补偿的来源，没有Ⅰ甲 600c 补偿的来源；第二，Ⅰ乙 200c 的补偿来自Ⅰ甲（100v + 100m），也就是说，为Ⅰ乙 200c 的补偿提供生产资料的Ⅰ甲部门并没有将它的全部产品提供给Ⅰ乙部门。

如将Ⅰ甲分部类再细分为Ⅰ甲（甲）和Ⅰ甲（乙），马克思在第Ⅱ稿中阐述的第Ⅰ部类生产资料消耗补偿的途径可调整如下：

Ⅰ800c + 200v + 200m = 1 200

Ⅰ甲 [600c] + 100v + 100m = 800

↑

Ⅰ甲（甲） [500c + 50v + 50m] = 600

Ⅰ甲（乙） [100c + 50v + 50m] = 200

↓

Ⅰ乙 [200c] + 100v + 100m = 400

这一图式不仅回答了Ⅰ甲 600c 的补偿的途径，又正确解决了Ⅰ乙 200c 补偿的途径，从而全面回答了Ⅰ800c 补偿的具体途径。

对Ⅰ乙生产资料的补偿还可具体化为：

Ⅰ乙（a） [100c] + 50v + 50m = 200

↑

Ⅰ甲（乙—a） [50c + 25v + 25m] = 100

Ⅰ甲（乙—b） [50c + 25v + 25m] = 100

↓

Ⅰ乙（b） [100c] + 50v + 50m = 200

如采用恩格斯整理出版的《资本论》第 2 卷中开端公式所列举的数字，对第Ⅰ部类生产资料消耗的补偿的具体途径，可列式如下：

$$\text{Ⅰ}\,4\,000c+1\,000v+1\,000m=6\,000$$

$$\text{Ⅰ甲}\ \boxed{3\,000c}+500v+500m=4\,000$$

$$\text{Ⅰ甲（甲）}\ \boxed{2\,500c+250v+250m}=3\,000$$

$$\text{Ⅰ甲（乙）}\ \boxed{500c+250v+250m}=1\,000$$

$$\text{Ⅰ乙}\ \boxed{1\,000c}+500v+500m=2\,000$$

对Ⅰ乙 1 000c 的补偿途径，还可再具体表述如下：

$$\text{Ⅰ乙（a）}\ \boxed{800c}+400v+400m=1\,600$$

$$\text{Ⅰ甲（乙—a）}\ \boxed{400c+200v+200m}=800$$

$$\text{Ⅰ甲（乙—b）}\ \boxed{100c+50v+50m}=200$$

$$\text{Ⅰ乙（b）}\ \boxed{200c}+100v+100m=400$$

上述生产资料补偿途径可用以下公式表示：

$$\text{Ⅰ甲(甲)}\ c+v+m=\text{Ⅰ甲}\,c$$

$$\text{Ⅰ甲(乙)}\ c+v+m=\text{Ⅰ乙}\,c$$

$$\text{Ⅰ甲（乙—a）}\ c+v+m=\text{Ⅰ乙（a）}\,c$$

$$\text{Ⅰ甲（乙—b）}\ c+v+m=\text{Ⅰ乙（b）}\,c$$

$$\text{Ⅰ甲}\ (c+v+m)=\text{Ⅰ甲}\,c+\text{Ⅰ乙}\,c=\text{Ⅰ}\,c$$

从上述Ⅰc 的补偿途径中，我们可以得出结论：Ⅰc 的补偿是在第Ⅰ部类内部完成的，具体地说，是通过Ⅰ甲分部类提供的产品完成的，而且是通过Ⅰ甲的全部产品，即不仅是 c，还包括 v + m 部分的产品来完成的。换言之，对于Ⅰ乙部类，虽然也是生产生产资料的部门，但是它的产品，全部用于第Ⅱ部类 c 的补偿，无论是 v + m 或 c，不能用于Ⅰc 的补偿。

Ⅶ. 两个部类的可变资本和剩余价值

本节研究在简单再生产条件下两大部类对消费资料的补偿问题，两大部类需求的消费资料Ⅰ(v + m) + Ⅱ(v + m) 都来自第Ⅱ部类，在进行社会再生产时，要求消费资料供求之间保持平衡。

一、简单再生产条件下消费资料的供求关系 [本节第 1—3 段]

在简单再生产条件下，要使消费资料的供求保持平衡，必须使第Ⅱ部类生产的消费资料总量和两大部类工人和资本家已消费掉的消费资料总量相等。用公式表示为：

$$\text{Ⅱ}(c+v+m)=\text{Ⅰ}(v+m)+\text{Ⅱ}(v+m)$$

$$\text{或Ⅱ}(c+v+m)=(\text{Ⅰ}v+\text{Ⅱ}v)+(\text{Ⅰ}m+\text{Ⅱ}m)$$

用马克思所举例子中的数字列入就是：

Ⅱ(2 000c +500v +500m) = Ⅰ(1 000v +1 000m)
+ Ⅱ(500v +500m)

或Ⅱ(2 000c +500v +500m) = （Ⅰ1 000v + Ⅱ500v）
+（Ⅰ1 000m + Ⅱ500m）

Ⅱ(c+v+m) = Ⅰ(v+m) + Ⅱ(v+m) 这一公式表现出来的是，每年生产的消费资料总价值Ⅱ(2 000c +500v +500m) 等于全社会新创造的价值Ⅰ(1 000v +1 000m) +Ⅱ(500v +500m)。

由于等式右边的Ⅰ1 000v + Ⅱ500v 代表社会总工作日（全社会一年的工作日总量）中必要劳动时间创造的价值，Ⅰ1 000m + Ⅱ500m 代表社会总工作日中剩余劳动时间创造的价值，因此，总量是3 000 的（1 000v + Ⅱ500v）+(1 000m + Ⅱ500m)，就是社会总工作日在当年生产的总价值。结果，Ⅱ(c+v+m) =(Ⅰv+Ⅱv) +(Ⅰm+Ⅱm) 这一公式表现的是，一年生产的消费资料总价值Ⅱ(2 000c +500v +500m) 等于社会总工作日在当年生产的总价值（Ⅰ1 000v + Ⅱ500v) +(Ⅰ1 000m + Ⅱ500m)。

二、两大部类消费资料供求平衡公式引发的问题［第474 页末段—本节完］

（一）Ⅱ(c+v+m) = Ⅰ(v+m) + Ⅱ(v+m) 公式引发的问题［第474 页末段—第475 页第1 段］

每年生产的消费资料总价值等于全社会新创造的价值这一表现形式使人产生一种错觉，第Ⅱ部类当年生产的消费资料总价值（年产品价值）全部是新创造的价值（年价值产品），亚当·斯密由此断言，商品价值是由工资、利润和地租构成的，即 W = v + m。

马克思指出，Ⅱ(c+v+m) = Ⅰ(v+m) + Ⅱ(v+m) 这一公式仅仅表示第Ⅱ部类产品的总价值和两大部类新创造的价值相等，绝不是说第Ⅱ部类产值全部是新创造的价值，第Ⅱ部类在生产中所耗费的不变资本价值 c，是由第Ⅰ部类在往年创造出来的原有的价值，怎么能说是第Ⅱ部类现在新创造出来的呢？Ⅱc 是第Ⅰ部类过去生产出来，只是现在由第Ⅱ部类再现出来的不变资本价值。从社会角度考察，Ⅱc 必须和Ⅰ(v+m) 相交换，并且在价值量上相等，以消费资料形式存在的Ⅱc 换成在价值上相等的、以生产资料形式存在的Ⅰ(v+m) 后，使第Ⅱ部类产品价值表现为全部是新创造的价值。

亚当·斯密把年产品价值分解为 v + m 的错误在于：（1）这种分解只适用于第Ⅱ部类，而不适用于第Ⅰ部类。下一节将会谈到，第Ⅰ部类的产品价值只能分解为Ⅰc 和Ⅱc。（2）所谓适用，指的也是二者在价值量上的相等，不是说第Ⅱ部类产品的总价值都是由第Ⅱ部类新创造出来的。

（二）Ⅱ(c+v+m) =(Ⅰv+Ⅱv) +(Ⅰm+Ⅱm) 公式引发的问题［第475 页第2段—本节完］

从每年生产的消费资料总价值等于社会总工作日在当年生产的总价值这一表现形式中，产生这样一个问题：社会总工作日中，无论是必要劳动时间，或是剩余劳动时间，都是用来生产当年工人和资本家消费的生活资料价值 v + m，那么生产资料价值 c 又是用什么时间生产出来的呢？或者反过来说，社会总工作日中必有一部分时间去生产用来补偿不变资本 c 消耗的生产资料，为什么社会总工作日的价值产品只分解为 v + m 而不包括 c？

社会总工作日全部用来生产消费资料而不生产生产资料，这是一种错觉。产生这一错觉是由于Ⅰ(v+m)本来是以生产资料形式存在的，Ⅱc是以消费资料形式存在的，通过Ⅰ(v+m)和Ⅱc的交换，Ⅱc就以生产资料形式存在，Ⅰ(v+m)却以消费资料形式存在。结果，社会总工作日生产的产品中，不仅Ⅱ(v+m)是消费资料，Ⅰ(v+m)也成为消费资料了。

对这一问题，马克思的分析过程如下：

首先，马克思分析了第Ⅰ部类的总工作日。按照上例，全社会总工作日新创造的价值为Ⅰ(1 000v+1 000m)+Ⅱ(500v+500m)=3 000镑，其中第Ⅰ部类为2 000镑，第Ⅱ部类为1 000镑。这就是说，在社会总工作日中，有$\frac{2}{3}$时间是用来从事生产资料的生产，生产出总价值为6 000镑的生产资料（4 000c+1 000v+1 000m=6 000Pm），其中新创造的价值为2 000镑（1 000v+1 000m=2 000Pm）。4 000c是以往社会总工作日中第Ⅰ部类新创造的价值，不包括现在的社会总工作日。[第475页末段—第476页第1段]

其次，马克思又分析了第Ⅱ部类的总工作日。第Ⅱ部类总工作日占全社会总工作日的$\frac{1}{3}$，一年生产出价值为3 000镑的消费资料（2 000c+500v+500m=3 000Km），其中新创造的价值为1 000镑（500v+500m=1 000Km）。Ⅱ2 000c原来是以生产资料形式出现的，通过第Ⅱ部类的生产过程，它的价值再现在消费资料形式上，从价值量上看，这个相当于$\frac{2}{3}$社会总工作日创造出来的价值Ⅱ2 000c是以往第Ⅱ部类创造的价值。[第476页第2段]

最后，马克思分析了两大部类之间交换后产生之谜。通过上述分析，我们可以知道，Ⅰ(v+m)和Ⅱc的交换，实际上是当年的$\frac{2}{3}$社会工作日[Ⅰ(v+m)]和以往的$\frac{2}{3}$社会工作日(Ⅱc)的交换。通过这一交换，Ⅱ(c+v+m)=Ⅰ(v+m)+Ⅱ(v+m)，Ⅱc被Ⅰ(v+m)代替，产品价值中包含的不变资本c不见了，由过去占社会总工作日的第Ⅰ部类生产的Ⅱ2 000c被现在占社会总工作日$\frac{2}{3}$的新创造的价值产品Ⅰ(1 000v+1 000m)代替。可见，在占社会总工作日$\frac{2}{3}$的时间用来从事生产资料生产的情况下，社会总工作日新创造的价值产品却可以只分解为v+m，而不包含c，这是由于Ⅰ(v+m)和Ⅱc相交换后造成的错觉。新的产品的生产，既不能没有当年的劳动，也不能没有过去的劳动。[第476页末段—本节完]

Ⅷ. 两个部类的不变资本

本节内容是研究社会总资本简单再生产过程中两个部类已消耗的不变资本的补偿问题。为了补偿Ⅰc和Ⅱc的消耗，维持简单再生产，要求Ⅰ(c+v+m)=Ⅰc+Ⅱc，这一公式从价值上看，就是第Ⅰ部类的产值要和两大部类已消耗的不变资本相等；从实物上看，就是第Ⅰ部类生产的全部生产资料要和两大部类已消耗的生产资料相等。

Ⅰ(c+v+m)=Ⅰc+Ⅱc这一公式和上一节中的Ⅱ(c+v+m)=Ⅰ(v+m)+Ⅱ(v+m)公式一样，会使人产生误解，在这一节中，马克思分析了这两个公式产生的误解及其原因，着重在Ⅰ(c+v+m)=Ⅰc+Ⅱc这一公式产生的误解及其原因。

一、社会总产品的价值组成和物质组成作比较时引起的误解［本节第1段—第481页末段］

（一）社会总产品的价值组成［本节第1段—第479页第2段］

对社会总产品价值组成的分析是不困难的，按照前面举过的例子，对社会总产品的价值组成可分解如下：

价值	Ⅰ4 000c	+1 000v	+1 000m	=6 000
工作日	$\frac{4}{3}$年	+ $\frac{1}{3}$年	+ $\frac{1}{3}$年	=2年
价值	Ⅱ2 000c	+500v	+500m	=3 000
工作日	$\frac{2}{3}$年	+ $\frac{1}{6}$年	+ $\frac{1}{6}$年	=1年
价值	6 000c	+1 500v	+1 500m	=9 000
工作日	2年	+ $\frac{1}{2}$年	+ $\frac{1}{2}$年	=3年

按照上例，两大部类一年的社会总工作日创造的价值为：

Ⅰ(1 000v + 1 000m) + Ⅱ(500v + 500m) = 3 000，按此比例，可计算出两大部类产品的价值总额或各个组成部分所代表的工作日数量。

（二）与物质组成作比较时产生的两个误解［第479页第3段—第481页末段］

在考察社会总资本的再生产和流通时，不仅要研究价值的补偿，还要研究实物的补偿，这样一来，就不能满足于对产品进行价值分析了，必须还要进行实物分析，并加以比较。在比较时，会出现这样的问题，同样是c，在第Ⅰ部类中以生产资料形式存在，在第Ⅱ部类中却以消费资料形式存在；反之，同样是v+m，在第Ⅱ部类中以消费资料形式存在，在第Ⅰ部类中却以生产资料形式存在。在进行比较时，会产生这样两个误解：

1. **年总工作日全部用在消费资料的生产上，商品价值只分解为v+m，不包含c**［第479页第4—末段］

Ⅱ(c+v+m) = Ⅰ(v+m) + Ⅱ(v+m) 这一公式，表现出“当年的新的价值产品即v+m，等于由消费资料构成的那部分产品的价值，并在该部分产品中体现出来”（第479页）。“加到不变价值部分中去的新价值v+m是以消费资料形式来表现的。”（第481页）

这一现象引起的误解是：“年总工作日（其价值表现=3 000）好像全部耗费在消费资料=3 000的生产上，其中没有任何不变的价值部分再现出来，因为这3 000 = 1 500v + 1 500m，只分解为可变资本价值+剩余价值。”（第480页）

对这一误解，在上一节中已分析过了。

2. **第Ⅰ部类产品的价值全部是再现的价值**［第480页末段—第481页末段］

Ⅰ(c+v+m) = Ⅰc + Ⅱc 这一公式，表现出“不变的、仅仅再现的那部分价值，等于由生产资料构成的那部分产品的价值，并在该部分产品中体现出来”（第479页）。“不变价值部分却以一种完全不同的产品形式——生产资料——来表现。”（第481页）

这一现象引起的误解是，为补偿两大部类不变资本消耗的第Ⅰ部类产品的价值，全部是再现的价值，无需任何追加劳动。

上述两种误解在单个资本的再生产中是不存在的，例如机器制造业主，只要在他的产值中包含有补偿不变资本的价值这一点就够了，不必考虑他所消耗的c是由钢铁等生产资料构成的。由于他不生产这些，因而不属于单个资本考察的范围，硬说这位单个资本家的产品中包含有他对铜、铁等生产资料的生产，就会使人费解。

二、产生误解的原因［第 482 页第 1 段—第 483 页第 1 段］

上述误解是在考察社会总资本的再生产和流通时引起的，为什么在这里会产生误解呢？原因有以下两点：

第一，单个资本的产品只具有一种使用价值形式，并且可以是任何一种使用价值形式，在单个资本的再生产中，已消耗的生产资料不可能也不必要由它本身提供出来。社会资本的产品包括了一切社会产品，在简单再生产条件下，要求第Ⅰ部类产品的价值必须等于两大部类中已消耗的生产资料价值，Ⅰ(c + v + m) = Ⅰc + Ⅱc。［第 482 页第 1—2 段］

第二，单个资本的追加劳动只生产 v + m，社会资本的追加劳动（表现为当年的社会总工作日）中一部分用来生产消费资料，以 v + m 的形式出现，补偿两大部类耗费的消费资料，Ⅱ(c + v + m) = Ⅰ(v + m) + Ⅱ(v + m)。但是同时也必须有另一部分追加劳动用来生产生产资料，补偿Ⅰc 和Ⅱc，Ⅰ(c + v + m) = Ⅰc + Ⅱc。尽管第Ⅰ部类产品包含 c、v、m，现在却分解为Ⅰc 和Ⅱc，全部是再现的价值 c，不包含新创造的价值v + m。［第 482 页末段—第 483 页第 1 段］

三、批评蒲鲁东反对从整体上考察资本主义再生产［第 483 页第 2 段］

在社会总资本再生产中，由于第Ⅰ部类产品价值表现为再现的价值，剩余价值不见了，蒲鲁东据此反对从整体上考察资本主义的再生产，认为这会失去资本主义独特的历史和经济的性质，这种看法是不正确的。

正如上述的分析，第Ⅰ部类产品的价值全部是再现的价值，只是一种假象，只有展开对社会总资本的研究，才能揭开这一假象，消除由此产生的错觉，揭露资本主义制度中存在的一个严重问题："每个人都知道自己投入什么，但是不知道自己取出什么。"（第 483 页）

* * *

对我国学术界关于社会总产品供求的平衡条件认识的评述

长期以来，我们对社会总产品的简单再生产供求的平衡条件认为只有以下 3 个，即：

Ⅰ(v + m) = Ⅱc

Ⅰ(c + v + m) = Ⅰc + Ⅱc

Ⅱ(c + v + m) = Ⅰ(v + m) + Ⅱ(v + m)

并且认为Ⅰ(v + m) = Ⅱc 是基本的供求平衡条件，另外两个是由Ⅰ(v + m) = Ⅱc 派生出来的非基本的供求平衡条件，对这种认识，笔者认为是很不确切的。

上述 3 个供求平衡条件是在对两大部类进行总体考察后归纳出来的最一般性的交换公式，只要我们对两大部类分别进行具体划分，在此基础上再去考察它们之间的各种交换关系，就会发现，社会总产品简单再生产的供求平衡条件就远不止这 3 个了。以下，笔者从四个方面来考察社会总产品简单再生产的供求平衡条件。

第一，第Ⅰ部类内部产品的供求平衡条件：

$$
\begin{array}{l}
\text{Ⅰ甲（甲）} c+v+m=\text{Ⅰ甲} c \\
\text{Ⅰ甲（乙）} c+v+m=\text{Ⅰ乙} c \\
\text{Ⅰ甲（乙—a）} c+v+m=\text{Ⅰ乙（a）} c \\
\text{Ⅰ甲（乙—b）} c+v+m=\text{Ⅰ乙（b）} c \\
\hline
\text{Ⅰ甲}(c+v+m)=\text{Ⅰ甲} c+\text{Ⅰ乙} c \\
\qquad =\text{Ⅰ} c
\end{array}
$$

第二，第Ⅱ部类内部产品的供求平衡条件：

$$\text{Ⅱ}a\left(v+\frac{a}{m}\right)=\text{Ⅱ}a\left(v+\frac{a}{m}\right)$$

$$\text{Ⅱ}b\frac{b}{m}=\text{Ⅱ}b\frac{b}{m}$$

$$\text{Ⅱ}a\frac{b}{m}=\text{Ⅱ}b\left(v+\frac{a}{m}\right)$$

第三，两大部类之间产品的供求平衡条件：

首先，两大部类之间生活资料的供求平衡条件：

$$
\begin{array}{l}
\text{Ⅱ}a: c=\text{Ⅰ甲}\left(v+\frac{a}{m}\right)+\text{Ⅰ乙}\left(v+\frac{a}{m}\right) \\
\text{Ⅱ}b: c=\text{Ⅰ甲}\frac{b}{m}+\text{Ⅱ乙}\frac{b}{m} \\
\hline
\text{Ⅱ}c=\text{Ⅰ甲}(v+m)+\text{Ⅰ乙}(v+m) \\
\qquad =\text{Ⅰ}(v+m)
\end{array}
$$

其次，两大部类之间生产资料的供求平衡条件：

$$
\begin{array}{l}
\text{Ⅰ乙（a）} c+v+m=\text{Ⅱ}a: c \\
\text{Ⅰ乙（b）} c+v+m=\text{Ⅱ}b: c \\
\hline
\text{Ⅰ乙}(c+v+m)=\text{Ⅱ}a: c+\text{Ⅱ}b: c \\
\qquad =\text{Ⅱ}c
\end{array}
$$

第四，两大部类产品总的供求平衡条件：

首先，第Ⅰ部类产品总的供求平衡条件：

$$
\begin{array}{l}
\text{Ⅰ甲}(c+v+m)=\text{Ⅰ}c \\
\text{Ⅰ乙}(c+v+m)=\text{Ⅱ}c \\
\hline
\text{Ⅰ}(c+v+m)=\text{Ⅰ}c+\text{Ⅱ}c
\end{array}
$$

其次，第Ⅱ部类产品总的供求平衡条件：

$$
\begin{array}{l}
\text{Ⅱ}a(c+v+m)=\text{Ⅰ}\left(v+\frac{a}{m}\right)+\text{Ⅱ}\left(v+\frac{a}{m}\right) \\
\text{Ⅱ}b(c+v+m)=\text{Ⅰ}\frac{b}{m}+\text{Ⅱ}\frac{b}{m} \\
\hline
\text{Ⅱ}(c+v+m)=\text{Ⅰ}(v+m)+\text{Ⅱ}(v+m)
\end{array}
$$

对上述四个方面约 20 个左右的供求平衡条件如果加以综合的话，可作如下归纳：

第一，第Ⅰ部类内部产品的供求平衡条件：Ⅰ甲 $(c+v+m)=$ Ⅰ c。

第二，第Ⅱ部类内部产品的供求平衡条件：Ⅱ$a\frac{b}{m}=$ Ⅱ$b\left(v+\frac{a}{m}\right)$

第三，两大部类之间产品的供求平衡条件。首先是两大部类之间生活资料的供求平衡条件：Ⅱ$c=$Ⅰ$(v+m)$；其次是两大部类之间生产资料的供求平衡条件：Ⅰ乙 $(c+v+m)=$Ⅱc。

第四，两大部类产品总的供求平衡条件。首先是第Ⅰ部类产品总的供求平衡条件：Ⅰ(c+v+m)=Ⅰc+Ⅱc；其次是第Ⅱ部类产品总的供求平衡条件：Ⅱ(c+v+m)=Ⅰ(v+m)+Ⅱ(v+m)。

在上述归纳的6个供求平衡条件中，基本的是第四方面的两个平衡公式，即Ⅰ(c+v+m)=Ⅰc+Ⅱc和Ⅱ(c+v+m)=Ⅰ(v+m)+Ⅱ(v+m)。因为这两个供求平衡条件是在前三个方面交换关系基础上综合起来的，表现了全社会的生产资料和生活资料的供求平衡关系，与将Ⅰ(v+m)=Ⅱc作为基本供求条件的流行说法相比较，无论是从Ⅰ(c+v+m)=Ⅰc+Ⅱc中或Ⅱ(c+v+m)=Ⅰ(v+m)+Ⅱ(v+m)中，都可引申出Ⅰ(v+m)=Ⅱc，却不能从Ⅰ(v+m)=Ⅱc中引申出Ⅰ(c+v+m)=Ⅰc+Ⅱc或Ⅱ(c+v+m)=Ⅰ(v+m)+Ⅱ(v+m)。因为在Ⅰ(c+v+m)=Ⅰc+Ⅱc或Ⅱ(c+v+m)=Ⅰ(v+m)+Ⅱ(v+m)中都包含了Ⅰ(v+m)=Ⅱc，反过来，却不能说在Ⅰ(v+m)=Ⅱc中包含了Ⅰ(c+v+m)=Ⅰc+Ⅱc或Ⅱ(c+v+m)=Ⅰ(v+m)+Ⅱ(v+m)的全部内容。更不用说，在对两大部类进行具体划分后考察社会总产品的供求平衡条件，Ⅰ(v+m)=Ⅱc只能说明两大部类之间生活资料的供求平衡，不能说明两大部类之间生产资料的供求平衡，从Ⅰ(v+m)=Ⅱc中既不能引申出Ⅱ(c+v+m)=Ⅰ(v+m)+Ⅱ(v+m)，更不能引申出Ⅰ(c+v+m)=Ⅰc+Ⅱc。

在对两大部类进行具体分类的基础上考察两大部类各种交换关系之后，对马克思在《资本论》第2卷中关于货币在两大部类之间交换的中介作用的分析；关于社会总资本再生产中Ⅰc特点的分析；关于社会总资本扩大再生产中两大部类交换关系的分析等方面的内容，都要进行修订或进一步具体化。

这里有一点要说明的是，对社会总产品的供求平衡条件或互相交换的平衡条件，在苏联政治经济学教科书中表述为社会总产品的实现条件，这一表述是不够准确的。因为“实现”这一概念通常指的是商品转化为货币，从而使商品价值得以实现，没有表现出生产资料和生活资料消耗后从物质上进行的补偿与追加。

Ⅸ. 对于亚·斯密、施托尔希和拉姆赛的回顾

对斯密、施托尔希和拉姆赛的社会再生产理论，在第19章中已作过分析和批评，现在，马克思又在研究了两大部类产品交换关系的基础上，进一步分析了他们的错误及其产生的原因。

从第Ⅶ节所列的公式中：Ⅱ(c+v+m)=Ⅰ(v+m)+Ⅱ(v+m)，人们容易误解为商品价值只分解为v+m，而不包括c，从第Ⅷ节所列的公式Ⅰ(c+v+m)=Ⅰc+Ⅱc中，人们又容易误解为商品价值只分解为c，而不包括v+m。在本节里，马克思通过对斯密、施托尔希和拉姆赛等人观点的分析和批评，进一步明确资本主义的商品价值的分解包括c、v、m三个部分。

本节内容围绕斯密的错误观点展开分析和批评。

一、对施托尔希观点的评价［本节第1段］

俄国经济学家施托尔希（1766—1835）认为，“年产品的价值分成资本和利润两部

分”，其中“构成一个国家的资本的产品，是不能消费的”。

对施托尔希的这种说法，总的来说，是应该肯定的，但是由于他不懂得对社会总产品从价值形式上区分为c、v、m和从实物形式上区分为生产资料和消费资料以及与此相应的两大部类生产，使他的认识出现两个缺点：第一，他用的资本概念含糊不清，究竟是指不变资本还是可变资本，或者将这二者均包含在内？是不明确的。上面所引的前半句所说的资本只有既包含不变资本，又包含可变资本，才能说是基本正确的；后半句所说的资本只能是以生产资料形式存在的不变资本产品，才是完全正确的。第二，施托尔希没有能够论证他的观点的正确性。

马克思将社会总产品从价值形式上区分为c、v、m，从实物形式上区分为生产资料和消费资料，将社会生产区分为两大部类，从而明确地区分了资本（c+v）和利润（m）这两个部分，清楚地说明了第Ⅰ部类产品是生产资料，全部用于生产基金，不能用作个人消费，能够作为消费基金的，只能是第Ⅱ部类产品。

二、对斯密教条的一种通俗表述的批评［第484页末段—第486页第1段］

斯密认为全部社会产品的价值分解为工资、利润和地租，还采用了一种通俗的表述，认为消费者“最终地”必须把全部产品价值支付给生产者。

斯密以衬衫厂生产的全部产品——亚麻衬衫为例。总价值为100镑，在这100镑价值中，除衬衫厂工人的工资和资本家的剩余价值以外，还包括亚麻等生产资料的价值，而亚麻的价值又包括亚麻种植、纺纱、织布、漂白、运输等部门支付的生产资料价值、工人的工资和企业主的剩余价值。

作为消费者，不论是工人或资本家，在购买他们的个人消费用品时确实如此，消费资料的价值分解为c、v、m三部分，消费者购买时要支付全部的价值，不能只支付v+m部分。由此可以得出结论，一切消费资料的全部价值，包括生产消费资料时所耗费的一切生产资料价值，都要由消费者支付给生产者。斯密的错误在于他把这一结论推广到一切商品的生产中去，不仅消费资料的生产，连生产资料的生产在内，全部商品的价值都要由消费者支付给生产者，这就荒谬了。

消费者支付的最大限额是他们的消费基金，即等于分解为v+m那部分社会产品的价值，包括Ⅰ(v+m)+Ⅱ(v+m)。至于生产资料的价值，不论是用于第Ⅰ部类的补偿或第Ⅱ部类的补偿，都不是通过消费者向生产者的支付完成的。两大部类生产资料的补偿是通过以下两种方式进行：第一，第Ⅱ部类不变资本的补偿。Ⅱc的补偿是通过两大部类之间的交换完成的。一方面是Ⅱc=Ⅰ(v+m)，由Ⅰ(v+m)向Ⅱc部分购买生活资料，即由第Ⅰ部类消费者向第Ⅱ部类生产者支付生活资料的全部价值（c+v+m）；另一方面，是Ⅰ乙（c+v+m）=Ⅱc，由Ⅱc部分所有者向第Ⅰ部类中为第Ⅱ部类提供生产资料的部门（Ⅰ乙部门）购买生产资料，支付所购买的生产资料的全部价值。通过这一交换，第Ⅱ部类完成生产资料消耗的补偿，从这一补偿中，我们可以看到，第Ⅰ部类向第Ⅱ部类供应的生产资料就不是通过消费者向生产者的支付进行的。第二，第Ⅰ部类不变资本的补偿。第Ⅰ部类是生产生产资料的部类，因此，第Ⅰ部类不变资本的补偿，或者是通过第Ⅰ部类内部作为生产者的资本家相互之间的交换进行，或者不通过交换，由企业将产品留下自用，这两种补偿也都不是通过消费者向生产者的支付进行的。

如果将消费者理解为既包括生活消费者，又包括生产消费者，斯密的认识才能说是正确的。但是，生产性消费是作为资本来执行职能，不能作为收入来消费。

三、对拉姆赛观点的评价［第486页末段—本节完］

英国后期古典政治经济学者拉姆赛认为，从社会的角度来考察，商品价值是由资本和收入两个部分构成的，由于把v+m部分都作为收入进行考察，另一部分所谓的资本只能是不变资本，于是，可变资本消失了。

按照拉姆赛的说法，他所说的资本只是固定资本，而他所说的固定资本包括了一切生产资料的价值量，他所说的流动资本完全是由生活资料构成的价值，从而将不变资本说成是固定资本，将可变资本说成是流动资本。拉姆赛的这种划分方法来自斯密，将“不变资本和可变资本的区别淹没在固定资本和流动资本的区别之中”（第487页），这种区分掩盖了剩余价值的来源。

Ⅹ. 资本和收入：可变资本和工资

斯密认为，商品价值只分解为工资、利润和地租三种收入，不仅不变资本被取消了，连商品价值中用来补偿可变资本消耗的部分也被说成是工人的工资收入。在第19章中，马克思对这种错误观点已经进行了批评，在本章第Ⅶ节中，马克思指出：年产品价值分解为v+m这种说法，在一定限度内，“只适用于由消费资料构成的那部分年产品”（第475页）；在第Ⅸ节中，又一次批评了“对一个人是资本的东西，对另一个人就是收入”的错误说法。本节在分析社会总产品简单再生产的交换关系的基础上，对这一错误认识集中进行了批评。

一、年产品价值中大部分是不变资本［本节第1段—第489页第2段］

年产品价值中大部分是用来补偿生产资料消耗的不变资本，不可能用作收入进行个人消费。

以马克思所举的例子来看：

$$\text{Ⅰ}4\,000c+1\,000v+1\,000m=6\,000Pm$$
$$\text{Ⅱ}2\,000c+500v+500m=3\,000Km$$
$$\overline{6\,000c+1\,500v+1\,500m=9\,000W'}$$

在社会总产品9 000中，生产资料产品价值为6 000，即占社会总产品价值的$\frac{2}{3}$，用来补偿生产资料的消耗，不能用来作为收入进行个人消费。

由于社会总产品中的$\frac{2}{3}$用作生产资料的补偿，在全年的社会总工作日中的$\frac{2}{3}$用在生产资料的生产上，用来补偿两大部类生产资料的消耗（Ⅰ4 000c+Ⅱ2 000c）；另外$\frac{1}{3}$用在消费资料的生产上，用在工人和资本家的收入和个人消费上。结论是：“资本主义社会把它所支配的年劳动的较大部分用来生产生产资料（即不变资本），而生产资料既不能以工资形式也不能以剩余价值形式分解为收入，而只能作为资本执行职能。”（第489页）马克思在这里说的资本指的是不变资本。

根据笔者对本章第Ⅲ节和第Ⅵ节研读中所列的图式，第Ⅰ部类工人生产的生产资料流向如下：

Ⅰ4 000c + 1 000v + 1 000m = 6 000

Ⅰ甲 3 000c + 500v + 500m = 4 000

Ⅰ甲（甲） 2 500c + 250v + 250m = 3 000

Ⅰ甲（乙） 500c + 250v + 250m = 1 000

Ⅰ乙 1 000c + 500v + 500m = 2 000

Ⅰ乙 1 000c + 500v + 500m = 2 000

Ⅱ 2 000c + 500v + 500m = 3 000

从上述生产资料流向中，我们可以得出以下两个结论：第一，占当年社会总工作日$\frac{2}{3}$的第Ⅰ部类工人生产的生产资料不仅提供给第Ⅱ部类，也提供给第Ⅰ部类自身。按照上述假设的数字，占社会总工作日$\frac{1}{3}$的第Ⅰ部类工人的劳动（Ⅰ乙：500v + 500m）生产第Ⅱ部类所需补偿的生产资料，另外$\frac{1}{3}$的第Ⅰ部类工人的劳动（Ⅰ甲：500v + 500m）生产第Ⅰ部类自身需要补偿的生产资料；第二，无论是Ⅰc或Ⅱc，由第Ⅰ部类提供补偿的生产资料中，既包含原有的生产资料价值，又包含新创造的价值。在补偿Ⅱc 2 000的生产资料中，包含的并不都是新创造的价值，按照上述假定的数字，只包含生产这些生产资料的Ⅰ乙部门（500v + 500m）新投入的劳动创造的价值，另外Ⅱ1 000c是包含在补偿第Ⅱ部类用的生产资料中原有的生产资料价值。反之，在补偿Ⅰ4 000c的生产资料中，除包含原有的生产资料价值3 000外，还包含新创造的价值1 000。

二、批评“对一个人是资本的东西，对另一个人就是收入”的错误观点［第489页末段—本节完］

斯密教条为了论证商品价格只分解为各种收入，求助于一种流行的说法：对一个人是资本的东西，对另一个人就是收入。这种看法只能说有部分是正确的。在Ⅰ（v + m）= Ⅱc中，对Ⅱc来说，是以生活资料形式存在的不变资本价值，通过交换，这一生活资料就成为Ⅰm收入的实物形式。但是，如果将这一关系普遍化，扩大到Ⅱc和Ⅰv的交换、Ⅰv和ⅠA（劳动力）或Ⅱv和ⅡA的交换，就成为荒谬了。

（一）对可变资本在资本家手中作为资本执行职能；在雇佣工人手中则作为收入执行职能说法的一般分析［第490页第2段—第491页第1段］

这里说的是第Ⅰ部类或第Ⅱ部类内部资本家和工人之间劳动力商品的买卖关系，把资本家用货币资本购买劳动力商品说成是可变资本执行了双重职能，一方面作为资本家的资本，另一方面作为工人的收入，这种认识是完全错误的。

错误在于：第一，作为资本，始终在资本家手中，并未作为收入转入工人手中。这里要说明的是，在购买劳动力商品时，资本家用的是货币资本而非存在于生产过程中的生产资本，因而还不是现实的可变资本，最多也只能说是可能的可变资本，它是一个不变量，而不是可变量。在购买劳动力商品后，资本进入生产过程，货币资本转化为生产资本组成部分的可变资本，放弃的是货币，而不是资本，改变的是资本形式，资本一直在资本家手中，并未转化为工人的收入。第二，作为工人的收入，既非来自可变资本，也不能作为可变资本执行职能。工人的收入来自劳动力商品的销售，工人从销售中得到的是货币而非资本，工人的收入只会转化为生活资料，而不会转化为资本。

错误原因：第一，把同一个货币的两种用途看成是可变资本执行双重职能。同一个货币，在资本家手中作为可能的可变资本（货币资本），在工人手中作为劳动力商品的等价物，作为工人的收入，但这并不是可变资本有双重职能，既作为资本家的资本，又作为工人的收入。第二，把劳动力是工人的财产看成是工人的资本（商品资本）。经济学辩护士从劳动力商品的买卖中得出同一个货币在同一个买卖中实现了两个资本，从资本家方面看，是G—A，货币资本转化为生产资本；从工人方面看，是A—G，商品转化为货币，作为收入进行消费。其实，劳动力只有到了买者即资本家手中，才能作为资本发挥作用，如果把不断出卖劳动力的工人称之为资本家，一次性出卖劳动力的奴隶也成为资本家了。

在我国一些经济学家的论著中也不断出现所谓的"人力资本"用语，将工人、工程技术人员、管理人员说成和资本家一样是资本所有者。马克思批评了将劳动力商品的买卖说成是资本家的货币资本与雇佣工人的商品资本相交换，甚至将劳动力说成是生息资本，工资是这一生息资本的利息。马克思再三指出："我们应当分清：劳动力，在工人手中，是商品，不是资本。"（第422页）"劳动力只是劳动者的财产（它将不断自行更新，自行再生产），而不是他的资本。"（第491页）认为工资被看成是利息，因而劳动力被看成是提供这种利息的资本的说法是"资本家们思考方式的错乱在这里达到了顶点"①。

（二）从两大部类交换中进行的具体分析［第491页第2段—第497页第1段］

1. **Ⅰv和Ⅱc的交换**［第491页末段—第494页末段］

在Ⅰ(v+m)＝Ⅱc中，Ⅰv是以生产资料形式存在的可变资本价值，Ⅱc是以生活资料形式存在的不变资本价值。第Ⅰ部类资本家的1 000v以工资形式用货币支付给第Ⅰ部类工人，换回价值为1 000的劳动力商品，使货币资本转化为可变资本，而第Ⅰ部类工人得到1 000货币后就向第Ⅱ部类购买生活必需品，与Ⅱ2 000c中的一半进行交换。Ⅰv和Ⅱc的交换并不是资本和工人收入的交换，一方是不变资本（Ⅱc），对另一方（工人）就是收入（Ⅰv）。马克思从以下两个角度分析Ⅰv和Ⅱc的交换不是资本和收入的交换。

从第Ⅰ部类的工人角度看，工人出卖劳动力商品，得到以工资形式支付的货币，接着向第Ⅱ部类购买生活用品，这一流通过程表现为以消费为目的的简单商品流通：A—G—Km，无论是A—G（卖）或G—Km（买）都是商品所有者和货币所有者的关系；工人出卖劳动力，得到了收入，然后购买生活用品，将收入花掉，处在工人方面的，始终是收入，它既不会来自资本，也不会变成资本。

从第Ⅱ部类资本家角度看，要进行再生产，以消费资料形式存在的Ⅱc必须通过和第Ⅰ部类的交换，取得需要补偿的生产资料。第一步，将以商品形式（消费资料）出现的Ⅱ2 000c中的一半卖给第Ⅰ部类工人，第Ⅱ部类资本家出卖的是商品而不是不变资本，第Ⅰ部类花掉的工资收入执行的是货币的职能，在这里存在的是商品和货币的关系，不是资本和收入的关系。第二步，第Ⅱ部类资本家将获得的货币作为货币资本，向第Ⅰ部类购买生产资料，用以补偿第Ⅱ部类生产资料的消耗，将货币资本转化为不变资本。整个流通形式表现为Km—G—Pm，从商品资本到货币资本，再从货币资本到生产资本（不变资本），

① 《资本论》第3卷第528页。

自始至终都是资本运动，没有转化为收入。

从第Ⅰ部类资本家的角度看，流通过程表现为G—A…W—G，从货币资本到生产资本(可变资本)，经过生产过程，再由商品资本回到货币资本，自始至终都是资本的运动。在交换中，存在着的是买者和卖者的关系、商品和货币的关系，而不是资本和收入的关系。交换的结果是，第Ⅰ部类回流货币1 000，用作再生产时雇用工人，第Ⅱ部类换回生产资料1 000，补偿已消耗的生产资料的一半，第Ⅰ部类得到工资1 000，全部用于消费。

2. **Ⅱv和劳动力的交换**［第495页第1段—第496页末段］

Ⅱv是以生活资料形式出现的可变资本价值，直接用于本部类工人生活资料的补偿。它的流通过程从第Ⅱ部类资本家的角度看，是G—A…W—G，从货币资本转化为生产资本，经过生产过程，又由商品资本转化为货币资本。从第Ⅱ部类工人的角度看，是A—G—Km，工人出卖劳动力，取得收入后购买生活资料，从商品（A）转化为货币，再由货币转化为商品（Km）。这是两种不同性质的流通，前一个是资本流通，后一个是简单商品流通，资本不会转化为收入，收入也不会转化为资本。

交换本身不会产生剩余价值，第Ⅱ部类剩余价值的生产是由于劳动力进入资本主义生产过程后，一方面作为具体劳动，保存并转移了原有的生产资料价值Ⅱ2 000c；另一方面作为抽象劳动，又创造1 000新价值，在补偿了Ⅱ500v之后，其余部分就是剩余价值(Ⅱ500m)。

交换结果是，一方面Ⅱv又以货币形式回到第Ⅱ部类资本家手中，另一方面工人将货币收入花掉，变得一无所有，于是第Ⅱ部类资本家和工人各自回到对立的两极，回到劳动力市场上，一切又重新开始。

3. **Ⅱb：v和劳动力的交换**［第497页第1段］

货币的回流有两种形式：直接回流和间接回流。

在Ⅱv和劳动力的交换中，第Ⅱ部类资本家支付工资500给第Ⅱ部类工人，第Ⅱ部类工人随即用这500货币向本部类资本家购买生活资料，货币500又回到第Ⅱ部类资本家手中，从第Ⅱ部类总体上看，这是货币的直接回流。

在Ⅰv和劳动力的交换中，情形却不同。第Ⅰ部类资本家支付工资1 000给第Ⅰ部类工人，第Ⅰ部类工人用这1 000货币向第Ⅱ部类购买生活资料，第Ⅱ部类资本家再用这1 000货币向第Ⅰ部类购买生产资料，第Ⅰ部类投放的1 000货币经过迂回的途径才回到自己手中，这是货币的间接回流。

在Ⅱb：v和劳动力的交换中，Ⅱb：v的货币回流也是间接回流。如前所述，在Ⅱv和劳动力的交换中，Ⅱv投放的货币，从总体上考察是直接回流，第Ⅱ部类资本家支付货币给工人，工人立即用这一货币向第Ⅱ部类资本家购买商品。但是，如果对第Ⅱ部类不是从总体上考察，而是分别从Ⅱa和Ⅱb不同分部类考察，只有Ⅱa用于支付工资的货币是直接回流，而Ⅱb用于支付工资而投放的货币也是间接回流，Ⅱb资本家支付工资100给Ⅱb工人，Ⅱb工人用这100货币向Ⅱa购买生活必需品，Ⅱa资本家再用这100货币向Ⅱb资本家购买奢侈品，经过迂回的途径，货币才间接回流到Ⅱb资本家手中。

货币的直接回流和间接回流带来的后果是不同的，在直接的回流中，到了工人手中的货币会立即投入流通，因为工人挣一文吃一文；在间接的回流中，货币要经过另一部类或分部类资本家之手，对于这些资本家而言，就不一定立即将货币投入流通。第Ⅰ部类工人向第Ⅱ部类资本家购买生活资料，第Ⅱ部类资本家得到货币后以准备金形式贮藏，第Ⅰ部类供给第Ⅱ部类的生产资料就卖不出去，影响再生产的进行，为此，第Ⅰ部类必须要有相应的货币准备金。

（三）从已经过去的年劳动的结果来分析［第497页末段—本节完］

以上是从对当年再生产的各种要素之间的交换的分析中，批评了“可变资本在资本家手中作为资本执行职能；在雇佣工人手中则作为收入执行职能”这种错误观点。现在，再从对已经过去的年劳动的结果分析中，继续展开对这一错误观点的批评。

所谓已经过去的年劳动的结果是指产品从生产到交换后的最终结果，这里着重研究Ⅰv和本部类劳动力交换的结果。

Ⅰv和劳动力的交换的过程是：Ⅰv以货币形式支付工资给第Ⅰ部类工人，然后第Ⅰ部类工人用这一货币向Ⅱc购买生活资料。Ⅱc再用这一货币向第Ⅰ部类购买生产资料。结果是：第Ⅰ部类资本家投放的Ⅰ1 000v又回到自己手中，第Ⅰ部类工人获得生活资料并加以消费，第Ⅰ部类的再生产又可重新开始。

在整个交换过程中，第Ⅰ部类的可变资本先后采取了三种不同形式：货币、劳动力、年价值产品（v+m）。经历了三次形式转化：货币形式转化为劳动力形式，劳动力形式转化为年价值产品形式，年价值产品形式转化为货币形式。

从第Ⅰ部类资本家的角度看，可变资本始终在他们手中，改变的只是可变资本形式。由货币资本（可能的可变资本）转化为生产资本（现实的可变资本），再由生产资本转化为商品资本（商品价值中的补偿可变资本部分），最后，又由商品资本转化为货币资本。“因为可变资本总是以某种形式保留在资本家手中，所以无论如何也不能说，它会转化为某人的收入。”（第500页）

从工人的角度看，无论是第Ⅰ部类工人或第Ⅱ部类工人，Ⅰv一旦以货币形式支付给工人，就作为工人的工资收入，不再是可变资本，工人购买生活资料用去的也不是可变资本，而是工资，是工人的货币。但是，这一货币一到资本家手中，就会“恢复了货币资本形式”（第501页）。

Ⅺ．固定资本的补偿

本节内容是对第Ⅷ节关于两大部类不变资本补偿问题的具体化。

从物质内容上考察，不变资本包含两个因素：劳动资料和劳动对象。这两个部分在价值的转移和实物的补偿方面有很大区别，劳动对象在一次生产过程（假定为1年，流通时间=0）中全部消耗，价值全部转移到产品中去，产品卖出后立即进行补偿。劳动资料则不然，它在一次生产过程中只消耗一部分，价值也只是转移一部分，产品卖出后，货币以折旧基金形式贮藏起来，直到劳动资料经过无数次生产过程的使用之后报废为止，才去动用贮藏货币，更新劳动资料。

马克思根据生产资本中不同组成部分在周转方式上的不同，将以劳动对象形式存在的生产资本称之为流动资本，以劳动资料形式存在的生产资本称之为固定资本。以往的研究没有考虑这一区别，假定固定资本和流动资本一样，都是在一次生产过程即一年中周转一次。现在，有必要对固定资本的补偿进行单独研究。

总的来说，固定资本要在使用多年之后才需要进行补偿，但是其中也会有一些不耐久的组成部分，使用不到一年就报废了。根据研究的要求，只考察固定资本中那些寿命在一年以上的组成部分。

在流动资本的周转中也会出现货币积累，这是停留在货币形式上的生产资本，不同于固定资本周转中沉淀下来的货币贮藏。

固定资本的补偿包括Ⅰc中固定资本的补偿和Ⅱc中固定资本的补偿。按照过去列出的简单再生产公式：

$$\text{Ⅰ}4\ 000c+1\ 000v+1\ 000m=6\ 000$$

$$\text{Ⅱ}2\ 000c+500v+500m=3\ 000$$

需要补偿的不变资本价值为：Ⅰ4 000c + Ⅱ2 000c = 6 000c。

无论是哪一件商品或哪一种价值形式商品，都可再分解为c、v、m三个部分，现在只是假定，第Ⅰ部类的全部不变资本价值均包含在Ⅰc商品中，Ⅰ(v+m)部分的商品完全不包含不变资本；第Ⅱ部类的全部不变资本价值均包含在Ⅱc商品中，Ⅱ(v+m)部分的商品完全不包含不变资本。

1. 损耗的价值部分在货币形式上的补偿

一、固定资本补偿方式引起交换的困难 [本小节第1段—第509页末段]

在两大部类之间的交换中，一方面，Ⅰ(v+m)需要补偿的生活资料来自Ⅱc；另一方面，Ⅱc需要补偿的生产资料来自Ⅰ(v+m)。按照《资本论》第2卷第Ⅱ稿的规定，Ⅱc需要补偿的生产资料来自第Ⅰ部类中为第Ⅱ部类提供生产资料的分部类的全部产品，用公式可表述为：Ⅰ乙(c+v+m)=Ⅱc。

按照现在马克思在本卷中的举例，可具体分解如下：

第Ⅰ部类向第Ⅱ部类购买生活资料：

$$\text{Ⅰ甲}\ 3\ 000c+\boxed{500v+500m}=4\ 000$$

$$\text{Ⅰ乙}\ 1\ 000c+\boxed{500v+500m}=2\ 000$$

$$\uparrow$$

$$\text{Ⅱ}\boxed{2\ 000c}+500v+500m=3\ 000$$

第Ⅱ部类向第Ⅰ部类购买生产资料：

$$\text{Ⅰ甲}\ 3\ 000c+500v+500m=4\ 000$$

$$\text{Ⅰ乙}\boxed{1\ 000c+500v+500m}=2\ 000$$

$$\downarrow$$

$$\text{Ⅱ}\boxed{2\ 000c}+500v+500m=3\ 000$$

要使简单再生产正常进行，第Ⅰ部类必须全部购买以生活资料形式出现的Ⅱ2 000c，第Ⅱ部类必须全部购买以生产资料形式出现的Ⅰ乙(1 000c + 500v + 500m)。

这里遇到的问题是，需要补偿的生产资料Ⅱ2 000c是由两部分构成的，一部分是流动资本，其物质内容是原材料，Ⅱ2 000c用于这部分补偿的价值在实现后立即进行补偿；另一部分是固定资本，其物质内容是机器设备和厂房，在一次生产过程中只磨损一部分，价值转移也只是一部分，价值实现后并不立即进行实物补偿，而是以货币形式贮藏起来，不向第Ⅰ部类购买生产资料，使第Ⅰ部类有一部分生产资料卖不出去，不能实现货币形式的补偿，简单再生产遭到破坏。

我们以符号 d 代表固定资本损耗而又不立即进行补偿的部分，假定Ⅱ2 000c 中这一部分为Ⅱ200c（d），在两大部类之间以货币为中介的交换中，其余部分即Ⅱ1 800c 和Ⅰ乙 1 800(c+v+m) 的交换是不困难的，没能完成交换的在第Ⅰ部类是Ⅰ乙 200(c+v+m)，以生产资料形式存在，在第Ⅱ部类的是Ⅱ200c（d），以生活资料形式存在。

二、解决上述困难的几点设想［第 510 页第 1 段—本小节完］

问题产生于第Ⅱ部类既要实现Ⅱ200c(d) 的价值，获得货币后又加以贮藏，不向第Ⅰ部类购买生产资料，那么实现Ⅱ200c(d) 价值的货币又从何而来呢？这里有以下三点设想：

第一，由第Ⅰ部类投放货币 200 镑，向Ⅱc(d) 购买生活资料。这一设想是不可行的，因为Ⅱc(d) 得到 200 镑货币后就贮藏起来，使第Ⅰ部类不能回流货币，卖出生产资料 200 镑。如果投放的货币不能回流，为了实现Ⅱ200c(d) 的价值而每年需要投放的货币又从何而来呢？

第二，由土地所有者和货币贷放者使用从Ⅰm 那里分享到的地租和利息购买Ⅱ200c(d)的产品。但是这样做要以Ⅰ200m 的价值实现为前提，当Ⅰ200m 的价值不能实现时，地租和利息的支付也就终止，土地所有者和货币贷放者何来货币购买Ⅱ200c(d) 的生活资料呢？

第三，由商人充当中介人，向第Ⅰ部类购买价值为 200 镑的生产资料，然后再转手卖给第Ⅱ部类，补偿Ⅱ200c(d)。这同样无济于事，商人的处境和原来的第Ⅰ部类没有什么区别。

资本主义的货币流通规律是："预付到流通中去的货币，将回到后来把等量商品投入流通的资本主义生产者手中。"（第 507 页）

这一规律"永远排除了关于 200Ⅱc(d) 是靠第Ⅰ部类预付的货币来实现货币化的这一假设"（第 511 页）。

2. 固定资本的实物补偿

一、解决上述困难的唯一途径［本小节第 1 段—第 515 页第 2 段］

由于固定资本的周转方式，第Ⅱ部类生产过程结束后，商品价值中用于补偿Ⅱc 的固定资本部分，一方面要求实现价值，将Ⅱc 这部分生活资料转化为货币，另一方面又不要求购买第Ⅰ部类当年生产的生产资料中用于Ⅱc 的固定资本补偿部分。如何解决一方面使Ⅱc 中固定资本价值转移部分能实现为货币，但又作为货币贮藏起来不向第Ⅰ部类购买用于Ⅱc 中补偿固定资本的生产资料；另一方面，第Ⅰ部类这部分产品又能卖得出去，实现货币补偿。上一小节提出三点设想都是不可行的，解决困难的唯一出路是由第Ⅱ部类自己把货币投入流通，既使第Ⅰ部类用于补偿Ⅱc 中固定资本部分的生产资料能够卖得出去，又使 200Ⅱc（d）能够实现货币补偿，进行货币贮藏。

由第Ⅱ部类自己投放货币，使 200Ⅱc(d) 部分的生活资料转化为货币，从表面上看，这是荒谬的，但是现实确实如此。这是因为"第Ⅱ部类是由许多资本家构成的，他们的固定资本处在再生产的完全不同的期限中"（第 513 页）。其中一部分资本家［用Ⅱ(1) 表示］的固定资本已使用到寿命结束需要全部更新，另一部分资本家［用Ⅱ(2) 表示］的固定资本还处在正常运转中。其结果是Ⅱ(1) 动用过去的货币贮藏 200 镑，向第Ⅰ部类购买补偿Ⅱ(1)c 中固定资本的生产资料，第Ⅰ部类再用这 200 镑购买Ⅱ(2)c 中的生活资料，货币又回流到第Ⅱ部类，由Ⅱ(2)进行货币贮藏，一切困难均宣告解决。

二、在解决困难过程中的货币流通［第515页末段—第518页末段］

两大部类之间的交换是通过货币的中介进行的，按照资本主义的货币流通规律，由第Ⅱ部类资本家预付到流通中去的货币，必须流回到第Ⅱ部类资本家手中，马克思在这里具体探讨了货币的运行过程及其在这一过程中的中介作用。

马克思假定两大部类之间经过多次交换之后，在第Ⅰ部类中尚有400镑生产资料未完成交换过程，其中200镑生产资料用于Ⅱc中流动资本部分的补偿，另外200镑生产资料用于Ⅱc中固定资本的补偿；在第Ⅱ部类中也有400镑生活资料尚未完成交换过程，其中200镑生活资料用于向第Ⅰ部类换取Ⅱc中补偿流动资本的生产资料，另200镑生活资料准备卖给第Ⅰ部类后换回货币进行贮藏。要使两大部类之间完成这一系列交换，首先要由第Ⅱ部类投放货币400镑或200镑。

货币从投放到回流的运行过程可用以下三个例子说明。

三个例子的共同点是：第Ⅰ部类提供给Ⅱc的生产资料共有2 000镑，其中1 600镑生产资料和Ⅱ2 000c中的1 600镑生活资料交换已经完成，余下的Ⅰ400m的生产资料和Ⅱ400c的生活资料之间的交换有待进行。Ⅰ400m的生产资料中的一半用于Ⅱc中固定资本的补偿，另一半用于Ⅱc中流动资本的补偿。

第一个例子，Ⅱ(1)有货币300镑，生活资料100镑；Ⅱ(2)有货币100镑，生活资料300镑。

Ⅱ(1)的300镑货币中，有200镑是过去的贮藏货币，现在要取出来向第Ⅰ部类购买机器设备，用于Ⅱ(1)c的固定资本更新；另外100镑货币向第Ⅰ部类购买原材料，用于Ⅱ(1)c的流动资本的实物补偿；Ⅱ(1)的100镑生活资料，准备卖给第Ⅰ部类，使Ⅱ(1)开始时向流通中投放的300镑货币回流100镑。

Ⅱ(2)的100镑货币向第Ⅰ部类购买原材料，用于Ⅱ(2)c流动资本的实物补偿；Ⅱ(2)的300镑生活资料中的$\frac{2}{3}$卖给第Ⅰ部类，得到货币后进行货币贮藏，另外$\frac{1}{3}$向第Ⅰ部类换回原材料，用于Ⅱ(2)c流动资本的实物补偿。

货币的流通过程如下：

$$\text{Ⅱ}(1)300G—\text{Ⅰ}300Pm\begin{cases}—\text{Ⅱ}(1)100Km\\—\text{Ⅱ}(2)200Km\end{cases}$$

$$\text{Ⅱ}(2)100G—\text{Ⅰ}100Pm—\text{Ⅱ}(2)100Km$$

起点是第Ⅱ部类向流通中投放的货币，Ⅱ(1)投放300镑，Ⅱ(2)投放100镑，共400镑；终点是第Ⅱ部类向流通投放商品后又回流的货币，Ⅱ(1)回流了100镑，Ⅱ(2)回流了300镑，共400镑。

第二个例子，Ⅱ(1)有货币200镑，Ⅱ(2)有生活资料400镑。

Ⅱ(1)的200镑货币是过去的贮藏货币，现在要取出来向第Ⅰ部类购买机器设备，用于Ⅱ(1)c的固定资本更新。

Ⅱ(2)的400镑生活资料中的一半卖给第Ⅰ部类，得到货币后进行货币贮藏，另一半向第Ⅰ部类换回原材料，用于Ⅱ(2)c流动资本的实物补偿。

货币的流通过程如下：

$$\text{Ⅱ}(1)\ 200\ G—\text{Ⅰ}200Pm—\text{Ⅱ}(2)200Km—\text{Ⅰ}200\ Pm—\text{Ⅱ}(2)200Km$$

起点是Ⅱ(1) 向流通中投放200镑货币，终点是Ⅱ(2) 投放商品后回流200镑货币。

第三个例子，Ⅱ(1) 有200镑货币和200镑生活资料，Ⅱ(2) 有200镑生活资料。

Ⅱ(1) 的200镑货币是过去的贮藏货币，现在要取出来向第Ⅰ部类购买机器设备，用于Ⅱ(1) c的固定资本更新；Ⅱ(1) 的200镑生活资料要向第Ⅰ部类换回原材料，用于Ⅱ(1)c流动资本的实物补偿。

Ⅱ(2) 的200镑生活资料卖给第Ⅰ部类，得到货币后进行货币贮藏。

货币的流通过程如下：

Ⅱ(1)200G—Ⅰ200 Pm—Ⅱ(1)200 Km—Ⅰ200 Pm—Ⅱ(2)200 Km

起点是Ⅱ(1) 向流通中投放200镑货币，终点是Ⅱ(2) 投放商品后回流货币200镑，与第二例相同，货币流通的过程也相似。

三、由固定资本周转方式提出的新的供求平衡条件 [第519页第1段—本小节完]

由于固定资本的周转方式，使两大部类之间交换过程最后遇到了困难，Ⅱc中固定资本磨损200镑，当年不要求进行补偿，使第Ⅰ部类当年为第Ⅱ部类提供的生产资料Ⅰ200m卖不出去。问题的解决是，第Ⅱ部类是由处在各种不同周转过程的资本组成的，当资本Ⅱ(2)卖而不买，进行货币贮藏时，另一部分资本Ⅱ(1)的固定资本到达报废期限，需要动用贮藏货币进行更新。为解决余额交换上的困难，在上述第三个例子中，做了以下假定：

Ⅰ200 Pm（机器设备）+200 Pm（原材料）

Ⅱ(1)200G（用于更新机器设备）+200Km（向Ⅰm换取原材料）

Ⅱ(2)200Km（卖给Ⅰm，然后进行货币贮藏）

它的纯粹形式为：

Ⅰ200Pm（机器设备）

Ⅱ(1)200G（用于更新机器设备）

Ⅱ(2)200Km（卖给Ⅰm，然后进行货币贮藏）

通过Ⅱ(1)200 G—Ⅰ200 Pm和Ⅰ200 G —Ⅱ(2)200 Km两次货币流通，解决了由固定资本周转方式引起的余额交换上的困难，其结果是：Ⅱ(1) 完成了固定资本更新；第Ⅰ部类完成了机器设备的货币补偿和生活资料的实物补偿；Ⅱ(2) 实现了生活资料价值，为Ⅱ(1) 回流了货币，进行了货币贮藏。

从上述交换关系中，马克思对社会简单再生产两大部类之间交换的平衡条件作了一个重要补充：第Ⅱ部类中每年要用实物更新的固定资本部分的价值，必须和每年固定资本的磨损部分的价值相等。用公式表示，即Ⅱ(1)c的余额 = Ⅱ(2)c的余额。如不相等就会失去平衡，马克思用以下两例来说明上述问题。

第一个例子，Ⅱ(1) > Ⅱ(2)，如Ⅱ(1)由Ⅱ(1)200 G变为Ⅱ(1)220G。由于第Ⅰ部类交换余额为Ⅰ200Pm，Ⅱ(1)20G不能转化为实物形式的固定资本。除非是第Ⅰ部类交换余额增加为Ⅰ220 Pm，那么，Ⅱ(1) 220G全部可转化为实物形式的固定资本，但是转入第Ⅰ部类手中的220镑只能从Ⅱ(2) 中买到200镑的生活资料，另外20镑货币不能转化为生活资料。失衡的损失发生转移，但不能消除。

第二个例子，Ⅱ(1) < Ⅱ(2)，如Ⅱ(1) 由200 G变为Ⅱ(1)180G。这会使Ⅰ200 Pm中20 Pm的机器设备不能出售，接着又引起Ⅱ(2)的20镑生活资料不能出售。假定第Ⅰ部

类交换余额减为Ⅰ180 Pm，解决了第Ⅰ部类的生产资料过剩，但仍解决不了Ⅱ(2) 的生活资料过剩。

在社会简单再生产中，出现上述两种情况，就要通过进出口贸易进行解决。

3. 结　论

一、固定资本补偿的失衡与经济危机［本小节第1段—第525页末段］

按照上述固定资本补偿的平衡条件，要求Ⅱ(1)c = Ⅱ(2)c，无论是Ⅱ(1)c > Ⅱ(2)c或Ⅱ(1)c < Ⅱ(2)c，都会失去平衡，情况严重就会爆发经济危机。

第一种情况，Ⅱ(1) > Ⅱ(2)。如果当年处在到达固定资本更新期限的企业数量增多，Ⅱ(1)c部分就会增加。假定从Ⅱ(1) 200G增加到Ⅱ(1)220G，在第Ⅱ部类生产规模、工作日长度、劳动生产率和劳动强度均不变的情况下，Ⅱ(2) 部分将从Ⅱ(2) 200 Km减为Ⅱ(2)180Km和Ⅱ(1)220G相适应，与之交换的Ⅰ200Pm要相应增加为Ⅰ220Pm，在生产资料总量不变的条件下，用于第Ⅱ部类流动资本部分的生产资料就会减少20镑。其后果是：第一，第Ⅱ部类中固定资本与流动资本之间存在着一定的比例关系，第Ⅰ部类供给第Ⅱ部类的原材料减少20镑，生产不足，第Ⅱ部类就不能维持简单再生产；第二，一方面是Ⅰ220Pm，另一方面是Ⅱ(2)180Km，第Ⅰ部类从Ⅱ(1) 得到的220镑货币，只能从Ⅱ(2) 处买到180镑的生活资料，另外40镑要保留在货币形式上，表现为第Ⅱ部类的产品生产不足。

第二种情况，Ⅱ(1) < Ⅱ(2)。如果当年处在到达固定资本更新期限的企业数量减少。Ⅱ(1)c部分就会减少。假定从Ⅱ(1)200G减少为Ⅱ(1)180G，在其他条件不变的情况下，Ⅱ(2) 部分将从Ⅱ(2)200G增加到Ⅱ(2)220G，Ⅰ200 Pm相应减少为Ⅰ180Pm。其结果是：第Ⅰ部类有20镑产品过剩，通过Ⅱ(1)180G和Ⅰ180 Pm的交换，第Ⅰ部类得到180镑货币，但是提供给第Ⅰ部类生活资料的Ⅱ(2) 却有220镑，有40镑的生活资料价值不能实现，出现了生产过剩。

对上述两种情况中的问题，马克思设想了三种解决办法：第一，通过提高劳动生产率，延长工作日或增加劳动强度等办法生产更多的产品解决生产不足的问题。但这会引起第Ⅰ类内部资本和劳动的调整，从而引起暂时的混乱和第Ⅰ部类产品价格的下降。第二，第Ⅰ部类压缩自己的生产，解决生产过剩问题。但是，产品过剩固然是危机，压缩生产也是危机。第三，通过外贸来解决生产不足或生产过剩。但是，这只能起补救作用，“对外贸易既然不是单纯补偿各种要素（按价值说也是这样），它就只会把矛盾推入更广的范围，为这些矛盾开辟更广阔的活动场所”（第525页）。

二、经济危机的根源［第526页第1段—本节完］

由于固定资本周转方式引起的生产不足或生产过剩，即使在推翻资本主义制度之后，也是不可避免的。在社会公有制条件下，“这种情况，只有用不断的相对的生产过剩来补救：一方面要生产出超过直接需要的一定量的固定资本；另一方面，特别是原料等的储备也要超过每年的直接需要（这一点特别适用于生活资料）。这种生产过剩等于社会对它本身的再生产所必需的各种物质资料的控制”（第526页）。

资产阶级经济学家用固定资本生产和流动资本生产的不平衡解释经济危机产生的原

因，但是，他们不能解释为什么在社会资本简单再生产条件下也会出现这种不平衡。

产生经济危机的根源是资本主义的基本矛盾，同样是生产过剩，在社会公有制条件下是利益，在资本主义生产下却是祸害，成为无政府状态的一个要素。

Ⅻ. 货币材料的再生产

第17章提出了商品流通所需要的货币的来源问题，本节将对这一问题进行专门研究，主要内容包括：第一，货币材料的再生产，包括货币的流通和贮藏；第二，资本家从流通中取出的货币为什么会多于投入的货币。

一、货币材料的再生产和流通［本节第1段—第531页第2段］

在研究这一问题时，为了简单起见，在这里只是把金作为货币材料，不考虑将银作为货币材料，也不考虑用金作为奢侈品或镀金的材料，并假定本国是金的生产国，不考虑通过外贸渠道输入金。

金的生产和一般的金属生产一样，属于第Ⅰ部类中的一个分部类，简写为Ⅰg。假定每年的产量及其分解如下：Ⅰg 30 = 20c + 5v + 5m，其中20c用于向第Ⅰ部类中有关分部类换取开采金所需要的生产资料，5v + 5m向第Ⅱ部类购买生活资料，具体地说，与Ⅱc相交换。

对于Ⅰg 20c，马克思准备以后再去研究，这里只研究Ⅰg（5v + 5m）的流通。

先研究Ⅰg 5v的流通。首先，生产金的企业用国内的一部分货币储备，而不是自己生产的金5v购买劳动力；工人得到5v金后向第Ⅱ部类购买生活资料；第Ⅱ部类得到货币5v后，用货币2v向Ⅰg购买金，用作Ⅱc的补偿，生产以金为原料的消费品，另外3v不再向第Ⅰ部类购买，留下作为第Ⅱ部类的贮藏货币，用于固定资本更新时出现的货币差额，并移入Ⅱm。

第Ⅱ部类将到手的3v货币进行贮藏，没有回流到Ⅰg部门，并不影响Ⅰg再生产时对Ⅰg 5v的补偿，因为这时在Ⅰg部门除了从第Ⅱ部类回流了2v货币外，还有以金形式存在的Ⅰg 3v，只要把它铸成货币或换成银行券，就可和回流的2v货币合在一起，对Ⅰg 5v进行货币补偿，进行金的再生产，重复新的流通过程。

再研究Ⅰg 5m的流通。Ⅰg 5m在金的生产过程结束后形成的产品不用经过流通就可直接以货币形式出现，向第Ⅱ部类购买生活资料；第Ⅱ部类得到金后，或者用作原材料，构成不变资本的一个组成部分，生产生活用品，或者用作货币贮藏，并入Ⅱm中去。

从货币材料的再生产和流通中，我们可以看到，即使在简单再生产中，也不断形成货币的贮藏，说明了在资本主义再生产开始时就已经存在着和进入流通的商品量相适应的货币需要量。

以下具体研究商品流通中的货币量及其来源，回答资产阶级经济学家难以解决的问题：每个资本家怎么能够从流通中取出比他投入更多的货币，即投入的是c + v，取回的是c + v + m。

二、商品流通中的货币量及其来源［第 531 页末段—第 536 页第 4 段］

马克思在这里归纳了 4 个问题，作为对资产阶级经济学家的回答。

1. 实现剩余价值的货币从何而来

这是一个不成问题的问题，这里的问题仅仅是，实现全部商品价值的货币从何而来，剩余价值是对已形成的商品价值进行分配，剩余价值的有无和多少均不改变商品的价值量和由此决定的货币量。

商品流通所需要的货币量总是由购买者投入的，在资本主义社会，商品价值中无论是 c + v 或 m 部分都是由资本家自己投入的。在资本家创办企业时，对这一点看得非常清楚，资本家一方面要向流通中投入货币，购买生产资料（c）和劳动力（v），还要再向流通中投入货币，购买资本家个人消费的生活资料（m），直到工人为他创造出这部分剩余价值并转化为货币为止。接着他又会用这无偿占有货币化的剩余价值继续投入流通，实现自己的和另外资本家的剩余产品的价值。

资本家用自己的货币去实现剩余价值，人们难以接受，其原因有二：

第一，只注意资本家是资本的化身，他的所有货币都是用在剩余价值的生产上的，忽略了资本家也是一个消费者，他不仅要把货币作为资本投入生产，还要把货币作为收入投入消费。

第二，认为如果资本家是用自己投入货币使剩余价值流通，这部分剩余价值就不会成为剩余价值，资本家没有剥削工人。这当然是一种误解，因为货币流通并不能改变剩余价值的性质。问题在于资本家一般都不会消费自己生产的产品，当资本家 A 向市场上投放货币购买资本家 B 的商品时，不仅为资本家 B 实现了商品的价值，同时实现了剩余价值。资本家 A 不仅得到作为收入的消费品，还通过资本家 B 或 C 对自己商品的购买，这就使原来投放的货币化的剩余价值又回到了出发点。

斯密和他的追随者托马斯·图克（1774—1858）认为：年收入（v + m）流通所需要的货币，足以使全部年产品流通，这种看法是错误的，“是对全部年产品的不同物质要素和价值要素进行再生产的方法和每年进行补偿的方法不理解或者不加思考的必然结果”（第 534 页）。

2. 货币流通的两种情况

在货币流通中，一方面存在着取出的货币多于投入的货币，如资本家将固定资本因使用中的磨损而转移到商品中的价值部分就以货币形式贮藏起来，直到固定资本完全更新之前，不再投入流通。但是，另一方面也存在着投入的货币多于取出的货币的情况。这里有两种具体情况：一种是，创办企业时，购买全部固定资本的货币，必须一次投入流通，但是要经过若干年后才能逐步把它收回。在今后正常运转过程中，投入货币多于取出的货币的情况还会重复出现，例如对企业的全部固定资本进行全面更新；对企业的部分固定资本进行更新；对固定资本的维修和零部件的局部更新。另一种具体情况是，对生产期间长的企业，特别是像铺设铁路、开凿运河、建大型水电站等，资本家要在一个很长的时间不断向流通中投入货币，却不能取出货币。

3. 生产金银的资本家只向流通投入货币，而不取出货币

当许多资本家从流通中取出的货币多于投入的货币的同时，生产金银的资本家却只是把货币投入流通，他从流通中取回的也只是商品。

投入商品流通中的货币从何而来？前面回答说，来自购买者，来自资本家自己。如果再进一步问，购买者的货币，资本家手中的货币又从何而来？现在得到最终的回答是，来自贵金属的生产。满足商品流通的货币量，是贵金属的长期生产和积累形成的，在简单再生产条件下，每年只要生产出能够补偿货币磨损的贵金属，就可以满足货币流通的需要。

4. **并不是一切年产品都要以货币流通为中介**

在再生产的运动过程中，一方面存在着不是当年生产或多年生产的产品，例如：地皮、房屋、牲畜、木材、葡萄酒等，它们都作为当年的商品进入流通，为此，事先要有货币贮藏。但是在另一方面，也存在着并不需要以货币为中介的产品运动，如企业生产的产品直接进入本企业的再生产过程或直接进行消费，不进入流通。农业工人的实物报酬也属于这一种情况。

三、贵金属货币的流通和信用制度［第536页末段—本节完］

在商品流通中，除通过贵金属货币的现金流通进行外，还通过信用制度的建立和发展来解决货币不足的困难，但是作为货币制度，仍然是建立在贵金属货币的流通的基础上。以下两个情况可以说明这一点。

第一，在雇佣劳动制度占统治地位的资本主义生产中，货币资本起着主要的作用。雇佣劳动制度使一切产品即包括自己生产的产品都变为商品，这些商品流通所需的货币量大部分是以工资形式提供的，即由货币资本中用作可变资本的货币形式转化而来。在自然经济中，这种“货币资本”就不起主要的作用，例如，“奴隶市场本身是靠战争、海上掠夺等等才不断得到劳动力这一商品的，而这种掠夺又不是以流通过程作为中介，而是要通过直接的肉体强制，对他人的劳动力实行实物占有”（第538页）。

第二，信用制度的产生也是建立在货币流通的自发运动基础上的。在再生产年度发生的货币流通自发运动中的各种现象和因素有：货币在年产品交换中自发地流出和流回；固定资本一次预付和分次收回，进行货币贮藏；由于生产时间长短不同而引起的货币贮藏；生产地点与销售地点之间距离不同而引起的货币贮藏；由于生产储备引起的货币贮藏；由于生产的季节性引起的货币贮藏，等等。

XIII. 德斯杜特·德·特拉西的再生产理论

德斯杜特·德·特拉西（1754—1836），法国庸俗经济学家，他认为剩余价值来自在流通中高于价值的价格出售商品。马克思在第1卷第4章的第2节中曾经批判过他的错误观点，现在又在研究社会总资本再生产的基础上，对他提出的剩余价值在流通中产生的三个来源的谬论具体地展开批判。

一、资本家相互之间的买卖，不能产生剩余价值［第540页第1—末段］

德斯杜特认为，资本家之间互相购买消费品时，“他们用自己的一部分利润来支付这些消费品”。

在第1卷中，马克思已经指出，在商品交换中，买者和卖者具有平等的权利。作为卖者，资本家可以用欺诈的办法，用高于价值的价格卖给另一作为买者的资本家，400镑的商品卖500镑。但是买者不会永远是买者，只买不卖，卖者也不会永远是卖者，只卖不买。当他作为买者时，另一作为卖者的资本家也可以用同样的办法，将400镑的商品卖成500镑，人人都这样做，其结果和互相按实际价值出售一样，只不过是用500镑货币完成400镑商品价值的流通。

用500镑货币去完成400镑商品价值的流通，不仅不能发财致富，反而会使总财产中的一大部分保持在无效的流通手段形式上。而且，社会上还要抽出更多的人力、物力和财力去开采金矿，以满足货币流通的需要。

二、剩余价值不能来自工人的购买［第541页第1段—第544页第1段］

德斯杜特认为剩余价值的第二个源泉来自工人用工资购买归资本家所有的消费品。

马克思分析了三种情况：

第一种情况，资本家支付工人工资100镑，工人再用这100镑工资向资本家购买价值为100镑的商品，资本家为购买劳动力而预付的100镑货币又回到自己手里，无论如何看不出资本家由此发财致富。

第二种情况，资本家支付工人工资100镑，资本家又将价值100镑的商品按120镑价格卖给工人。但这是不可能的，因为工人手中只有100镑货币。

第三种情况，资本家支付工人工资100镑，资本家又将价值80镑的商品按照100镑价格卖给工人，这实际上就是扣除工人的正常工资，其后果用德斯杜特自己的话来说，就是“产业的灭亡”，工人不能生存，资本主义制度也会灭亡。资本家用100镑货币支付工资来换取他的80镑商品，而不是用80镑货币支付工资来换取他的80镑商品，这是在做“无益的游戏”（第544页），因为资本家为使80镑的商品进入流通，却无益的投入了100镑货币，马克思讽刺说：“这是一种非常独特的发财致富的方法。”（第544页）

三、剩余价值不能来自“有闲资本家”的购买［第544页第2段—本节完］

德斯杜特所说的“有闲资本家”是指收取地租的土地所有者和收取利息的借贷资本家。按照德斯杜特的论述，产业资本家每年要向有闲资本家租用土地和借债，为此要把他们剩余价值中的一部分以地租和利息的形式支付给有闲资本家，有闲资本家和他们雇用的仆役又回过头用这笔货币向产业资本家购买商品，使剩余价值又回到产业资本家手中。这是非常荒谬的，假定产业资本家的利润为200镑，其中100镑留给自己消费，另外100镑以地租和利息形式转给有闲资本家，有闲资本家将其中80镑供自己消费，另外20镑用来雇用仆役。当有闲资本家和他们的仆役向产业资本家购买消费品时，这100镑货币又回到产业资本家手中，德斯杜特认为这又是利润的一个来源，产业资本家会由此发财致富，这完全是一种幻想。

和前面一样，马克思分析了三种可能的情况：

第一种情况，产业资本家用100镑的商品换回有闲资本家100镑的货币。他得到了100镑货币，却失去了100镑的消费资料，产业资本家手中的货币没有丝毫增加，商品却少了100镑，这不是增加了100镑财富，而是减少了100镑财富，其结果和产业资本家直接用实物形式缴纳地租和支付利息没有任何区别。流通本身不能带来财富的增加。

第二种情况，产业资本家用100镑的商品换回有闲资本家及其仆役120镑的货币。但是，首先，这20镑的收益只能使产业资本家的损失由100镑减为80镑，不能说明他们由此盈余了20镑；其次，这个办法不能长期使用，因为有闲资本家每年的收入只有100镑货币，不可能每年都付出 120 镑货币。

第三种情况，产业资本家用 80 镑的商品换回有闲资本家 100 镑的货币，这仍然不能说明剩余价值的来源。首先，产业资本家用欺骗的办法高出价值出售商品，只是减轻了负担，由每年的 100 镑减为 80 镑，这并没有为产业资本家带来丝毫的剩余价值；其次，有闲资本家也会相应地将地租和利息由 100 镑上调为 120 镑。

号称大逻辑学家的德斯杜特在逻辑上一片混乱。他一方面抄袭斯密所说的“劳动是一切财富的源泉”，又说“劳动把他们的资本再生产出来，同时带来利润”，认为货币流通是社会再生产和消费的中介；另一方面，却又说产业资本家“养活其他一切人，只有他们能够增加公共财富，创造我们的全部享受资料”，货币流通是财富的“永动机”。他又自命不凡地称自己“遇到了真理”，“把社会整个运动解释得多么清晰”。

第二十一章　积累和扩大再生产

本章共 4 节，第 1、2 节，分析第Ⅰ部类和第Ⅱ部类进行扩大再生产的前提条件，第 3 节，用公式综合说明社会总资本扩大再生产的供求平衡条件，第 4 节对积累中的货币来源问题作一些补充。

本章一开始，马克思先交代了两个问题：

第一个问题，社会总资本的积累和扩大再生产的前提。［本节第 1 段—第 552 页第 1 段］

第 1 卷，研究了个别资本的积累和扩大再生产，指出它的前提是剩余价值再转化为资本。这里包括有两个步骤，第一步，代表剩余价值的剩余产品转化为货币，第二步，货币形式的剩余价值转化为生产资料和劳动力等生产资本的物质要素。这些前提和步骤对社会总资本的扩大再生产也是同样适用的，但更具体化了。

社会总资本的积累和扩大再生产的前提是：第一，必须要有一定数量的货币积累，即先有一笔贮藏的货币，剩余产品转化为货币，如数量不足，不能添加新的机器设备，仍然不能实现积累和扩大再生产。第二，社会上存在追加的生产资料和追加的消费资料，否则，即使有足量的货币积累，也不可能进行实际积累。

社会总资本的积累和扩大再生产的两个前提，也是社会总资本的积累和扩大再生产的两个步骤，第一步，货币积累，第二步，实际积累。完成这两个步骤要有一个相当长的时间。

第二个问题，货币贮藏的来源。［第 552 页第 2—末段］

无论是单个资本或社会资本，货币贮藏都来自商品生产者的卖而不买。对于单个资本来说，这是不存在什么问题的，只要有人购买他的商品，他就可以卖而不买。对于社会资本来说，却会发生这样的问题，所有资本家都为了进行货币积累而只卖不买，那么谁是买者呢？社会上只有金的生产者是只买不卖的，但是金的生产者即使有雄厚的财力，也不会去购买资本家为积累而推销的一切商品，这是不可想象的。这个问题留待后面再加以解决。

Ⅰ．第Ⅰ部类的积累

第Ⅰ部类资本家要进行积累和扩大再生产，首先要有一定数量的货币贮藏，经过一段时间的货币贮藏后，再转化为追加的不变资本和可变资本。

1. 货币贮藏

一、货币贮藏的来源、特点与前提［本小节第 1 段—第 555 页第 2 段］

解决货币贮藏的来源并不困难，因为在第Ⅰ部类中有许多产业部门，每一产业部门又有许多单个资本，它们的投产时间和生产资料更新时间是各不相同的。当一部分资本家 A

进行货币积累时，即只卖不买，将剩余产品货币化后，从流通中取出来贮藏；另一部分资本家 B 已完成货币积累，转向实际积累，将贮藏的货币取出，购买 A 的剩余产品，B 的购买成为 A 的货币贮藏的来源。

货币贮藏早在简单商品流通中已经产生，不同的是，现在的货币贮藏成为资本主义生产过程的一个内在因素，而且，在信用制度下，贮藏的货币积聚在银行，不再是死的、不动的货币，而是能动的、生利的货币。

货币贮藏的前提是剩余产品连续不断的生产，这种产品是作为第Ⅰ部类本身追加的不变资本，即Ⅰ⊿c，因此这种产品必然属于用来生产生产资料的生产资料。

二、第Ⅰ部类积累的前提［第 555 页末段—本小节完］

第Ⅰ部类积累要有两个前提：

第一，既要有货币积累（单纯的卖或卖而不买），又要有实际积累（单纯的买，不卖而买）。没有单纯的卖，就没有货币积累，没有货币积累，也就不可能进行实际积累。反之，没有单纯的买，就没有实际积累，贮藏的货币不能转化为现实的生产资本，资本家 B 不进行实际积累，资本家 A 也不可能有货币积累。

第二，“Ⅰm 中 A、A′、A″的形成货币贮藏的部分的单纯的卖和Ⅰm 中 B、B′、B″把自己的贮藏货币转化为追加生产资本要素的部分的单纯的买保持平衡。”（第 556 页）这是社会再生产正常进行的必要条件，但是由于单纯的买卖只是单方面的交易，使买卖难以平衡，在资本主义制度下，平衡是偶然的，不平衡是常态，严重时就会产生经济危机。尤其是在两大部类之间Ⅰv 和Ⅱc 的相应价值额交换时的复杂性，很容易发生交换过程的失衡。

从这两个前提中也使我们看到单纯的买和卖对资本主义社会再生产的双重作用，一方面它是资本积累的必要前提，另一面又增加了经济危机的可能性。

政治经济学，尤其是重农学派和亚当·斯密以来的自由贸易学派不承认有什么单纯的买或卖，他们认为买就是卖，卖就是买，因而买卖之间不会发生不平衡的问题，这既否定了资本主义经济危机的可能性，又否定了单纯的买或卖在资本积累中的作用。他们的错误在于把原始的物物交换看作是现在资本主义社会再生产中的商品流通了。

2. 追加的不变资本

一、扩大再生产的物质基础——追加不变资本的来源［本小节第 1 段—第 559 页第 1 段］

马克思指出：“如果只考察价值量，扩大再生产的物质基础是在简单再生产内部生产出来的。简单说来，这种物质基础就是直接用在第Ⅰ部类生产资料的生产上的、用在第Ⅰ部类潜在的追加资本的创造上的第Ⅰ部类工人阶级的剩余劳动。”（第 559 页）

这一结论包含两个内容：

第一，第Ⅰ部类追加的不变资本来自第Ⅰ部类工人的剩余劳动。

第Ⅰ部类资本家 B 追加的不变资本来自第Ⅰ部类资本家 A 待售的剩余产品，它是工人的剩余劳动生产出来的，资本家 A 没有任何花费就占有了它。

在简单再生产条件下，第Ⅰ部类剩余产品转化为货币后，全部用于资本家的个人消费，因此第Ⅰ部类的剩余产品必然要和第Ⅱ部类相互发生交换关系，第Ⅰ部类剩余产品用来向第Ⅱ部类换取消费品，因此，第Ⅰ部类剩余产品的实物形式必然是第Ⅱ部类用来补偿的生产资料Ⅱc。在扩大再生产条件下，情况就不同了，第Ⅰ部类为了实现扩大再生产，就要求第Ⅰ部类的剩余产品中一部分用来追加第Ⅰ部类的生产资料Ⅰ⊿c，从实物形式看，就是用来生产生产资料的生产资料。

第二，扩大再生产的物质基础是在简单再生产内部产生的。

按照刚才的分析，第Ⅰ部类扩大再生产和简单再生产的区别不在于价值量的不同。区别在于，在简单再生产中，剩余价值全部用于资本家的个人消费，为了向第Ⅱ部类换取消费品，剩余产品全部采取适合第Ⅱ部类生产资料补偿的实物形式。在扩大再生产中，剩余价值不是全部用于资本家的个人消费，其中一部分要用于第Ⅰ部类本身追加的不变资本，因此第Ⅰ部类剩余产品中的一部分要采取生产生产资料的生产资料形式。

例如，在简单再生产中，Ⅰ4 000c＋1 000v＋1 000m＝6 000，年剩余产品1 000m全部为第Ⅱ部类制造不变资本的要素，采取生产消费资料的生产资料形式。同样的价值量，为了过渡到扩大再生产，在年剩余产品1 000m中就要减少为第Ⅱ部类制造不变资本的要素，1 000m中的一部分假定500用来作为追加第Ⅰ部类的不变资本。

二、剩余产品量——追加不变资本的量的决定因素［第559页第2段—第561页第2段］

第Ⅰ部类资本家B追加不变资本是由第Ⅰ部类资本家A提供的剩余产品，因而追加不变资本的量取决于剩余产品的量，而剩余产品的量又取决于生产状况，这里包含两个因素：一是执行职能的生产资本量（在货币积累阶段，贮藏货币只是可能的、潜在的货币资本和生产资本；在实际积累阶段，潜在的货币资本才真正转化为生产资本，执行生产资本的职能），另一个因素是劳动生产力的发展。

剩余产品的增加会带来各种后果：

（1）A手中的剩余产品越多，潜在的追加货币资本（对于A来说）和潜在的追加生产资本（对于B来说）就越多，这是积累即扩大再生产的现实基础。

（2）A手中的剩余产品相继出售，使货币从执行流通手段改为执行贮藏手段。这种货币贮藏不能增加贵金属的财富，由于处在生产过程之外，从而是非生产的。但是由于信用制度的发展，这种货币贮藏“对资本主义生产体系的进程和巨大的发展，产生了极大的影响”（第561页）。

（3）剩余产品量越大，潜在的货币资本越大，货币资本的分裂也越容易，新的货币资本完全离开原有的资本，创办新的独立的企业。新企业和旧企业可以是同一个资本家，也可以是同一个家庭中的不同成员。

三、购买剩余产品的货币来源与货币量——追加不变资本时的货币来源与货币量［第561页末段—本小节完］

前面曾指出资本家ⅠA销售生产资料取得的货币是来自资本家ⅠB的购买，那么现在进一步问，资本家ⅠB的货币又是从哪里来的呢？我们同样可以回答，资本家ⅠB购买剩余价值的货币来自资本家ⅠB过去向资本家ⅠA的出售，但是，这样的回答只是在兜圈子。

这个问题其实在简单再生产的货币流通中已经回答了，两大部类资本家为了交换他们的剩余产品，储备了一定数量的货币，不同的是，在简单再生产中，货币用于资本家的个人消费，不再转化为生产资本；在扩大再生产中，货币用于追加的生产资料，成为潜在的货币资本和可能的生产资本。

既然购买剩余产品的货币来自两大部类的货币储备，这一货币储备量就必须和追加的不变资本价值量相平衡。由此得出结论："国内现有的货币量（假定流通速度等不变），既要足以适应现实流通的需要，也要足以适应贮藏货币的储备的需要。"（第 562—563 页）这一要求在简单再生产条件下也是必须具备的，区别在于贮藏货币的职能不同，简单再生产条件下用作资本家个人消费，扩大再生产条件下用作追加不变资本，用于生产消费。由于各种原因，现在需要的货币量增加了。

3. 追加的可变资本

一、劳动力的追加［本小节第 1—2 段］

进行扩大再生产不仅要追加不变资本，也要追加可变资本。追加的可变资本是用来追加劳动力的，由于相对过剩人口的存在，追加劳动力是不困难的。

这里有两个问题不予考虑：(1) 没有积累，没有追加资本，也可以在一定程度上扩大再生产；(2) 追加可变资本而不追加劳动力。

二、黄金生产部门扩大再生产的特点［本小节末段］

由于黄金生产部门的剩余产品本身就是货币，因而黄金生产部门积累和扩大再生产的特点在于，不需要将自己的剩余产品再转化为货币，只要他的剩余产品积累到一定的规模，就可以直接将自己的剩余产品转化为追加的可变资本和不变资本。当然，这里还要有一定前提，即市场上能够提供黄金生产部门追加不变资本的各种物质要素。

Ⅱ. 第Ⅱ部类的积累

一、第Ⅱ部类积累的前提及其困难［本节第 1 段—第 566 页末段］

第Ⅱ部类要进行积累和扩大再生产，要有两个前提条件：

第一，剩余价值不能全部作为资本家的个人收入消费掉，其中一部分要用来作为追加资本使用。资产阶级学者由此认为资本积累来自资本家的节欲，这一点在第 1 卷中已批判过了。

第二，第Ⅰ部类向第Ⅱ部类提供已消耗的生产资料和追加的生产资料。

第一个前提在第 1 卷中已研究过了，现在要研究的是第二个前提。

在简单再生产条件下，第Ⅰ部类中 1 000m 全部用于资本家的个人消费，当第Ⅰ部类进行积累和扩大再生产时，1 000m 中的一部分假定为 500 用作积累，全部追加不变资本，第Ⅰ部类的再生产组合发生了变化，由 4 000c + 1 000v + 1 000m 变为 4 500c + 1 000v + 500m。在这种情况下，第Ⅱ部类再生产的组合也必须作相应的调整，否则第Ⅱ部类不仅不能实行积累和扩大再生产，连简单再生产都会受到阻碍。

这里有两种情况，第一种情况，按照前面的举例，第Ⅱ部类需要补偿的生产资料为 2 000，现在通过和第Ⅰ部类的交换，得到生产资料 1 500，尚缺 500，这时只要第Ⅰ部类将从第Ⅱ部类获得的货币 500 用来购买消费资料，第Ⅱ部类不仅卖出全部消费资料2 000c，而且换回生产资料 2 000c，保证了简单再生产。但是，第Ⅰ部类为了积累，将货币 500 逐步贮藏起来，第Ⅰ部类消费不足，带来第Ⅱ部类的生产过剩和再生产不足。

第二种情况，第Ⅰ部类进行实际积累，即将 500m 的货币转化为第Ⅰ部类追加的不变资本，“于是第Ⅱ部类就会发生生产过剩，过剩的程度恰好与第Ⅰ部类生产已经扩大的程度相适应”（第 567 页）。

这两种情况不仅使第Ⅱ部类简单再生产受到阻碍，还会进一步使第Ⅰ部类的扩大再生产落空。因为第Ⅱ部类生产过剩后，就会缩小生产规模，这不仅减少了向第Ⅰ部类提供的消费资料，同时也减少了向第Ⅰ部类购买的生产资料。

二、对企图回避上述困难的说法的批评［第 567 页末段—本节完］

有人认为没能转化为生产资本的Ⅱ500c 不是生产过剩，而是再生产过程中不可缺少的商品储备，今年的商品储备可以留在明年使用。马克思批评这种把生产过剩和商品储备混为一谈的说法，指出：

（1）如果这种生产过剩是必要的商品储备的话，为什么仅仅发生在第Ⅱ部类呢？

（2）如果把生产过剩看作是下一年使用的商品储备，从今年推到明年，我们立刻会发现，这种商品储备也会从去年推到今年来。

（3）上述困难是在积累和扩大再生产中出现的，是由第Ⅰ部类再生产各要素组合上的变化引起的，解决这一困难的出路在于使第Ⅱ部类再生产各要素的组合进行相应的调整。下一节将研究这一重新组合问题。

Ⅲ. 用公式来说明积累

一、两大部类积累和扩大再生产的前提及基本要求［本节第 1 段—第 570 页第 1 段］

在简单再生产中，两大部类各要素组合如下：

$$\left.\begin{array}{l}\text{Ⅰ}\,4\,000c + 1\,000v + 1\,000m = 6\,000\\ \text{Ⅱ}\,2\,000c + 500v\ \ + 500m\ \ = 3\,000\end{array}\right\}\text{合计} = 9\,000$$

根据上一节的分析，在积累和扩大再生产条件下，各要素必须重新加以组合。马克思指出，“对一定量商品来说，规模扩大的再生产所需要的前提只是，既定产品的各种要素已经有了不同的组合，或不同的职能规定”（第 569—570 页），使第Ⅰ部类在补偿第Ⅱ部类的生产资料消耗之后，尚有余额，可以用来作为两大部类的追加生产资料。为此，马克思提出两个不同组合的公式加以比较。

公式 a：

$$\left.\begin{array}{l}\text{Ⅰ}\,4\,000c + 1\,000v + 1\,000m = 6\,000\\ \text{Ⅱ}\,1\,500c + 376v\ \ + 376m\ \ = 2\,252\end{array}\right\}\text{合计} = 8\,252$$

公式 b：

$$\left.\begin{array}{l}\text{Ⅰ}\,4\,000c + 875v + 875m = 5\,750\\ \text{Ⅱ}\,1\,750c + 376v + 376m = 2\,502\end{array}\right\}\text{合计} = 8\,252$$

上述两个公式中，公式 a 符合积累和扩大再生产的基本要求，使第Ⅰ部类在补偿两大部类的生产资料消耗之后，尚有剩余，从而具备了积累和扩大再生产的物质基础。公式 b

中，第Ⅰ部类在补偿两大部类的生产资料消耗之后，没有余额，缺乏积累和扩大再生产的物质基础。在公式 b 中，第Ⅰ部类如果自行积累，将使第Ⅱ部类用来补偿消耗的生产资料得不到保证，连简单再生产都不能进行。

从所举的公式 a 的例子中，我们还可以看到，产品的绝对量和扩大再生产是没有什么关系的，如果是Ⅰ（v + m）= Ⅱc，不论产品的绝对量增加多少，例如由 9 000 增加到 90 000，仍然不具备积累和扩大再生产的物质基础；反之，如果是Ⅰ（v + m）> Ⅱc，尽管产品的绝对量由 9 000 降为 8 252，仍然具备了扩大再生产的物质基础。

二、积累和扩大再生产对两大部类要素不同组合的具体要求［第 570 页末段—第 571 页第 1 段］

假定第Ⅰ部类积累率为 50%，有机构成仍为 4∶1，第Ⅰ部类再生产的组合如下：

$$\text{Ⅰ}(4\,000c + 400\triangle c) + (1\,000v + 100\triangle v) + 500\frac{m}{x} = 6\,000$$

第Ⅰ部类再生产组合上的变动，要求第Ⅱ部类再生产的组合作相应的调整：

$$\text{Ⅱ}(1\,500c + 100\triangle c) + (376v + 25\triangle v) + 251\frac{m}{x} = 2\,252$$

这一调整说明积累量为 125，即积累率为$\frac{125}{376} = 33\%$。为什么规定第Ⅱ部类积累量为 125 呢？原因是：第一，第Ⅰ部类要求Ⅱc 向Ⅰ（v + m）提供消费资料 1 600，而Ⅱc 原来只有 1 500，要求追加 100 才能满足第Ⅰ部类扩大再生产对消费资料的需求。第二，假定第Ⅱ部类再生产的有机构成不变，仍为 4∶1，在追加 100c 的同时，就要求追加 25v。第Ⅱ部类的追加资本即积累量为 100△c + 25△v = 125，资本家的个人消费为 376 − 125 = 251。

这里要说明一下，按照马克思举的例子，第Ⅱ部类积累率也是 50%，有机构成 4∶1，这是不能满足扩大再生产的具体要求的，而且在具体计算时，又将有机构成误算为 3∶1，因此，笔者这里将两大部类按照重新计算的数字加以组合。

三、第Ⅱ部类追加不变资本的货币来源［第 571 页末段—第 574 页第 2 段］

第Ⅱ部类为了进行扩大再生产，就要追加不变资本，向第Ⅰ部类购买追加的生产资料。当第Ⅱ部类进行这种实际积累时，预先要有货币贮藏，进行货币积累。现在的问题是，贮藏的货币从何而来？

第Ⅱ部类货币积累不能来自Ⅱ376v。第Ⅱ部类预付的Ⅱ376v，很快通过工人的购买直接流回到第Ⅱ部类资本家手中。但是流回的货币是不能贮藏起来的，用作追加的不变资本，它很快又用作新的工资支付。能不能通过压低工资、高价出售等办法积累货币呢？这种情况尽管大量存在，但是在作理论研究时，应暂时不予考虑。

第Ⅱ部类货币积累来自Ⅱ376m，这似乎不大可能，因为Ⅱ376m 只在第Ⅱ部类内部资本家彼此购买消费资料，货币执行流通手段，进行正常的流通，不允许从流通中取出作为追加不变资本的货币贮藏。

Ⅱ376m 作为货币贮藏只有两条途径，一是第Ⅱ部类内部资本家相互进行欺骗，这不能改变问题的本质；二是Ⅱm 中的一部分直接在本部类中转化为新的可变资本，这一问题将在第Ⅳ节中进行研究。

对两大部类新的组合，将在下面举例说明。

1. 第一例

马克思举的第一例是：

$$\left.\begin{array}{l} \text{I } 4\,000c+1\,000v+1\,000m=6\,000 \\ \text{II } 1\,500c+750v+750m=3\,000 \end{array}\right\}\text{总额}=9\,000$$

马克思说明这是开端公式，我们可以把这个例子看成是第一年的生产结果，也是第二年实行扩大再生产的出发点，第二年在对两大部类各因素重新安排以后，就会出现扩大再生产。从第二年到第六年，马克思连续计算出这五年扩大再生产的数字，在计算时有三个假定：①第Ⅰ部类每年积累率均为50%；②两大部类有机构成不变；③两大部类 $m'=100\%$。

第一年结果：

$$\left.\begin{array}{l} \text{I } 4\,000c+1\,000v+1\,000m=6\,000 \\ \text{II } 1\,500c+750v+750m=3\,000 \end{array}\right\}\text{总额}=9\,000$$

第二年安排：[第574页末段—第576页第2段]

$$\left.\begin{array}{l} \text{I } (4\,000c+400\Delta c)+(1\,000v+100\Delta v)+500\frac{m}{x}=6\,000 \\ \text{II } (1\,500c+100\Delta c)+(750v+50\Delta v)+600\frac{m}{x}=3\,000 \end{array}\right\}=9\,000$$

第二年结果：[第576页第3段]

$$\left.\begin{array}{l} \text{I } 4\,400c+1\,100v+1\,100m=6\,600 \\ \text{II } 1\,600c+800v+800m=3\,200 \end{array}\right\}=9\,800$$

第三年安排：[第576页末段—第577页倒数第2段]

$$\left.\begin{array}{l} \text{I } (4\,400c+440\Delta c)+(1\,100v+110\Delta v)+550\frac{m}{x}=6\,600 \\ \text{II } (1\,600c+160\Delta c)+(800v+80\Delta v)+560\frac{m}{x}=3\,200 \end{array}\right\}=9\,800$$

第三年结果：[第577页末段]

$$\left.\begin{array}{l} \text{I } 4\,840c+1\,210v+1\,210m=7\,260 \\ \text{II } 1\,760c+880v+880m=3\,520 \end{array}\right\}=10\,780$$

第四年安排：[第578页第1—17行]

$$\left.\begin{array}{l} \text{I } (4\,840c+484\Delta c)+(1\,210v+121\Delta v)+605\frac{m}{x}=7\,260 \\ \text{II } (1\,760c+176\Delta c)+(880v+88\Delta v)+616\frac{m}{x}=3\,520 \end{array}\right\}=10\,780$$

第四年结果：[第578页第18—20行]

$$\left.\begin{array}{l} \text{I } 5\,324c+1\,331v+1\,331m=7\,986 \\ \text{II } 1\,936c+968v+968m=3\,872 \end{array}\right\}=11\,858$$

第五年安排（马克思未列）：

$$\left.\begin{array}{l} \text{I } (5\,324c+532.4\Delta c)+(1\,331v+133.1\Delta v)+665.5\frac{m}{x}=7\,986 \\ \text{II } (1\,936c+193.6\Delta c)+(968v+96.8\Delta v)+667.6\frac{m}{x}=3872 \end{array}\right\}=11\,858$$

第五年结果：［第 578 页第 21—23 行］

$$\left.\begin{array}{l}\text{Ⅰ}5\,856c+1\,464v+1\,464m=8\,784\\ \text{Ⅱ}2\,129c+1\,065v+1\,065m=4\,259\end{array}\right\}=13\,043$$

第六年安排（马克思未列）：

$$\left.\begin{array}{l}\text{Ⅰ}(5\,856c+585.6\varDelta c)+(1\,464v+146.4\varDelta v)+732\,\frac{m}{x}=8\,784\\ \text{Ⅱ}(2\,129c+213.4\varDelta c)+(1\,065v+106.7\varDelta v)+744.9\,\frac{m}{x}=4\,259\end{array}\right\}=13\,043$$

第六年结果：［第 578 页末段］

$$\left.\begin{array}{l}\text{Ⅰ}6\,442c+1\,610v+1\,610m=9\,662\\ \text{Ⅱ}2\,342c+1\,172v+1\,172m=4\,686\end{array}\right\}=14\,348$$

2. 第二例

马克思的第二例如下：

$$\left.\begin{array}{l}\text{Ⅰ}5\,000c+1\,000v+1\,000m=7\,000\\ \text{Ⅱ}1\,430c+285v+285m=2\,000\end{array}\right\}=9\,000$$

与第一例比较，第二例有以下三个特点：

第一，资本有机构成在第一例的第Ⅰ部类是 4∶1，第Ⅱ部类是 2∶1，在第二例中两大部类资本有机构成均为 5∶1，比第一例有很大提高，说明资本主义生产已经有了显著的发展。

第二，在第一例中，$\text{Ⅰ}(v+\frac{1}{2}m)=\text{Ⅱ}c$，在第二例中，$\text{Ⅰ}(v+\frac{1}{2}m)>\text{Ⅱ}c$。这两个例子代表积累和扩大再生产的两种不同情况，对这两种不同情况，将在第 3 小节中分析。

第三，在第一例中，第Ⅰ、Ⅱ部类产值比例为 2∶1，在第二例中为 7∶2，第Ⅰ部类比重增加了。

我们可以把上述开端公式看作是第一年的生产结果，第二年开始积累和扩大再生产的过程将变动如下。

第二年的安排：

$$\left.\begin{array}{l}\text{Ⅰ}(5\,000c+417\varDelta c)+(1\,000v+83\varDelta v)+500\,\frac{m}{x}=7\,000\\ \text{Ⅱ}(1\,430c+153\varDelta c)+(285v+31\varDelta v)+101\,\frac{m}{x}=2\,000\end{array}\right\}=9\,000$$

这里假定第Ⅰ部类积累率为 50%，追加资本构成与原资本构成相同，保持 5∶1。

第二年结果：

$$\left.\begin{array}{l}\text{Ⅰ}5\,417c+1\,083v+1\,083m=7\,583\\ \text{Ⅱ}1\,583c+316v+316m=2\,215\end{array}\right\}=9\,798$$

第三年安排：

$$\left.\begin{array}{l}\text{Ⅰ}(5\,417c+452\varDelta c)+(1\,083v+90\varDelta v)+541\,\frac{m}{x}=7\,583\\ \text{Ⅱ}(1\,583c+132\varDelta c)+(316v+26\varDelta v)+158\,\frac{m}{x}=2\,215\end{array}\right\}=9\,798$$

第三年结果：

$$\left.\begin{array}{l}\text{Ⅰ}5\ 869c+1\ 173v+1\ 173m=8\ 215\\ \text{Ⅱ}1\ 715c+342v\ +\ 342m=2\ 399\end{array}\right\}=10\ 614$$

第四年安排：

$$\left.\begin{array}{l}\text{Ⅰ}(5\ 869c+489\triangle c)+(1\ 173v+98\triangle v)+586\frac{m}{x}=8\ 215\\ \text{Ⅱ}(1\ 715c+142\triangle c)+(342v\ +\ 29\triangle v)+171\frac{m}{x}=2\ 399\end{array}\right\}=10\ 614$$

第四年结果：

$$\left.\begin{array}{l}\text{Ⅰ}6\ 358c+1\ 271v+1\ 271m=8\ 900\\ \text{Ⅱ}1\ 857c+371v\ +\ 371m\ =\ 2\ 599\end{array}\right\}=11\ 499$$

社会总资本扩大再生产的前提条件是要求有追加的生产资料和生活资料。但是要使价值得到实现和实物得到补偿，还必须具备一系列的供求平衡条件，例如：

（1）全社会生产资料供求平衡的条件。

从全社会看，第Ⅰ部类的全部产品应该等于两大部类已消耗的生产资料和追加的生产资料之和，用公式表示：Ⅰ$(c+v+m)$ = Ⅰ$(c+\triangle c)$ + Ⅱ$(c+\triangle c)$，符合这一条件，就可以在生产资料上保证扩大再生产的需要。

（2）全社会消费资料供求平衡的条件。

从全社会看，第Ⅱ部类的全部产品应该等于原有的工人、追加的工人以及资本家三部分人需要的消费资料之和，用公式表示：Ⅱ$(c+v+m)$ = Ⅰ$(v+\triangle v+\frac{m}{x})$ + Ⅱ$(v+\triangle v+\frac{m}{x})$，符合这一条件，就可以在消费资料上保证扩大再生产的需要。这一公式也可表述为：Ⅱ$(c+m)$ = Ⅰ$(v+\frac{m}{x})$ + Ⅰ$\triangle v$ + Ⅱ$\triangle v$ + Ⅱ$\frac{m}{x}$。

（3）两大部类之间供求平衡的条件。

从生活资料供求平衡方面看，要求Ⅰ$(v+\triangle v+\frac{m}{x})$ = Ⅱ$(c+\triangle c)$，这一公式也可表述为：Ⅰ$(v+m)$ − Ⅰ$\triangle c$ = Ⅱ$(c+\triangle c)$ 或Ⅰ$(v+m)$ = Ⅱc + Ⅰ$\triangle c$ + Ⅱ$\triangle c$。

从生产资料供求平衡方面看，要求Ⅰ乙$(c+v+m)$ = Ⅱ$(c+\triangle c)$，前面已进行过说明，Ⅰ乙是第Ⅰ部类中为第Ⅱ部类生产提供生产资料的部门。

3. 积累时Ⅱc的交换

一、积累时Ⅰ(v + m）和Ⅱc 交换的三种情况 ［本小节第 1 段—第 587 页第 3 段］

假定第Ⅰ部类的积累率为 50% 即$\frac{1}{2}m$，Ⅰ$(v+m)$ 和Ⅱc 的交换，可以出现以下三种情况：

第一种情况：Ⅰ$(v+\frac{1}{2}m)$ = Ⅱc，上述第一例属于这种情况。在这种情况下，必然是Ⅰ$(v+m)$ > Ⅱc，具备扩大再生产的前提条件。但是这种情况只表现了第Ⅰ部类的扩大再生产，没有表现出第Ⅱ部类的扩大再生产。这并不等于说第Ⅱ部类不能扩大再生产，第Ⅱ部类扩大再生产要以第Ⅰ部类追加可变资本为前提。

第二种情况：Ⅰ$(v+\frac{1}{2}m)$ > Ⅱc，上述第二例属于这种情况。在这种情况下，更是Ⅰ$(v+m)$ > Ⅱc，这一情况不仅表现了第Ⅰ部类的扩大再生产，也表现了第Ⅱ部类的扩大再生产，因为它表现出在实现两大部类的平衡时，即使第Ⅰ部类不追加可变资本，第Ⅱ部类也必须将Ⅱm 中的一部分加进Ⅱc 中。

第三种情况：Ⅰ$(v+\frac{1}{2}m)<$Ⅱc，只要这个差额小于Ⅰ$\frac{1}{2}m$，那么尽管Ⅰ$(v+\frac{1}{2}m)<$Ⅱc，Ⅰ$(v+m)$ 仍然可以大于Ⅱc，符合扩大再生产的前提。但是，在Ⅰ$(v+\frac{1}{2}m)<$Ⅱc 这种情况下，第Ⅱ部类不能通过和第Ⅰ部类的相互交换取得补偿Ⅱc 的全部生产资料，不足部分需要第Ⅱ部类向第Ⅰ部类单方面的购买补充，第Ⅰ部类得到这一货币后作为货币积累加以贮藏。

二、在资本主义生产中，Ⅰ$(v+m)$ 必须大于Ⅱc，Ⅰ$(v+\frac{m}{x})$ 必须小于Ⅱ$(c+m)$

［第 587 页末段—第 588 页第 1 段］

资本主义生产的特征是扩大再生产而不是简单再生产，因此Ⅰ$(v+m)$ 必须是大于Ⅱc，而不能是等于Ⅱc，更不能是小于Ⅱc。

当然，这并不排斥，在个别年代，例如发生经济危机，出现生产倒退情况；也不排斥，在某种情况下，即使Ⅰ$(v+m)=$Ⅱc，甚至Ⅰ$(v+m)<$Ⅱc，也可以实现扩大再生产。例如，第Ⅱ部类由于长期积累的结果，第Ⅱ部类生产过剩，资本转向第Ⅰ部类；又如，Ⅱc 的一部分（农业中的种子），无须Ⅰ$(v+m)$ 部分提供，这部分通过第Ⅱ部类自身解决。这些情况，在我们的研究中是不应进行考察的。

另外，我们从Ⅱ$(c+v+m)=$Ⅰ$(v+\triangle v+m)+$Ⅱ$(v+\triangle v+\frac{m}{x})$ 公式中看出，Ⅱ$(c+m)=$Ⅰ$(v+\frac{m}{x})+$Ⅰ$\triangle v+$Ⅱ$\triangle v+$Ⅱ$\frac{m}{x}$，Ⅱ$(c+m)>$Ⅰ$(v+\frac{m}{x})$。

三、固定资本的周转方式对补偿的影响［第 588 页末段］

我们在上述的计算中，都是假定预付资本价值在一次生产过程中全部转移到商品中去，并立即进行补偿。现实生活并不如此，只有流动资本才是这样。固定资本的价值是逐渐转移的，直到固定资本不能再继续执行资本的职能时才进行补偿。由此可见，上述对不变资本补偿的计算，是很不精确的。

当然，这并不能否定社会总资本再生产的各种计算公式，因为从整个社会看，尽管有些企业在固定资本价值转移后并未立即补偿，处于货币资本贮藏和积累的阶段，而另一些企业却完成了货币的贮藏和积累，对固定资本进行补偿和追加，投入量大大超过当年的价值转移量。从长期来看，固定资本价值的转移量和补偿量也是一致的。

Ⅳ. 补充说明

这里要补充说明的一个主要问题是第Ⅱ部类的货币来源。这一货币来源有三个方面：

第一，来自黄金生产者的购买。［本节第 1—10 行］

黄金生产者的产品黄金也就是货币，黄金产品价值分解 $c+v+m$ 中，c 是用来向第Ⅰ部类购买开采黄金所需的生产资料，v 是向第Ⅱ部类购买消费资料，m 至少分为三部分：

一是作为资本家个人消费$\frac{m}{x}$，向第Ⅱ部类购买消费资料；二是作为Δc向第Ⅰ部类购买追加的生产资料；三是作为Δv向第Ⅱ部类购买追加的消费资料。由此可见，黄金价值中的v和m中作为$\frac{m}{x}$、Δv的部分，就成为第Ⅱ部类的原始的货币源泉。不过这里应扣除将黄金不是用来作为货币使用，而是作为第Ⅱ部类原料使用的部分。

第二，来自第Ⅱ部类向第Ⅰ部类单方面的卖。[本节第10行—第590页第5行]

当Ⅰ$(v+\frac{m}{x})>$Ⅱc时，Ⅱc部分不能满足ⅠΔv和Ⅰ$\frac{m}{x}$的需要，要满足ⅠΔv和Ⅰ$\frac{m}{x}$的需要，Ⅱm中一部产品需要加进Ⅱc中去。如果是扩大再生产，Ⅱm这部分产品卖出之后，换回ⅠΔv和Ⅰ$\frac{m}{x}$，用作ⅡΔc；如果是简单再生产，Ⅱm中这部分产品卖出之后不再继续购买，而将这一货币贮藏起来。

第三，第Ⅱ部类内部货币积累与实际积累的交替。[第590页第5行—本节完]

第Ⅱ部类内部各资本家总是处于货币积累与实际积累的交替过程中。资本家ⅡA为了扩大再生产，要有一个货币积累的过程，不仅是积累追加不变资本的货币，也要积累追加可变资本的货币。在这一积累过程中，资本家ⅡA不仅要向第Ⅰ部类单方面的卖，积累追加不变资本的货币，也向资本家ⅡB单方面的卖，积累追加可变资本的货币。

第四部
《资本论》第三卷研读

《资本论》第3卷《资本主义生产总过程》共7篇，第1—3篇研究了产业部门中剩余价值的一般表现形式（利润）及其分配的规律；第4—6篇研究了商业资本、生息资本和土地所有者对产业利润的分割；第7篇是第3卷的总结，也是对《资本论》全书的总结。

第一篇　剩余价值转化为利润和剩余价值率转化为利润率

本篇共 7 章，可分为两个部分。第一部分包括第 1—2 章，中心内容讲剩余价值转化为利润和剩余价值率转化为利润率。第 1 章讲剩余价值如何转化为利润，第 2 章讲剩余价值率如何转化为利润率，由于剩余价值转化为利润，是在剩余价值率转化为利润率之后才完成，因而这两章是密切联系在一起的。第二部分包括第 3—6 章，中心内容讲影响利润率的各种因素：剩余价值率的高低（第 3 章），资本周转速度的快慢（第 4 章），不变资本使用上的节约程度（第 5 章），由价值变动引起的价格的变动（第 6 章）。资本有机构成的高低是影响利润率的重要因素，以上好几章中都涉及这一问题，但马克思没有将这一因素独立成章加以论述。

从第 1 篇到第 2 篇，共包括 6 个转化过程，按先后排列为：

1. 不变资本和可变资本（$c+v$）转化为成本价格（k）；
2. 剩余价值（m）转化为利润（p）；
3. 剩余价值率（m'）转化为利润率（p'）；
4. 利润率（p'）转化为平均利润率（$\overline{p'}$）；
5. 利润（p）转化为平均利润（$\overline{p}$）；①
6. 市场价值（W）转化为生产价格（P）。

用图式表示为：

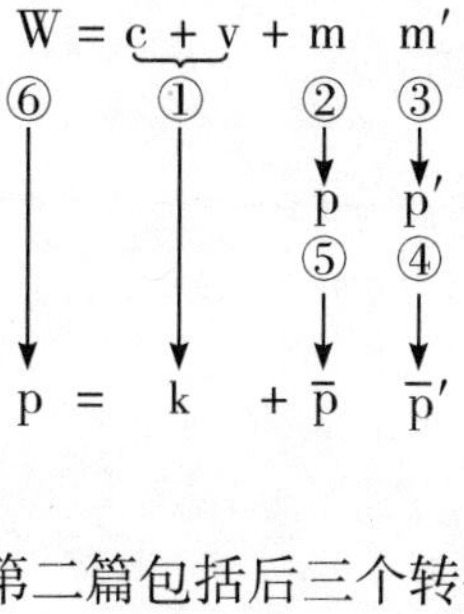

第一篇包括前三个转化过程，第二篇包括后三个转化过程。

不了解上述全部 6 个转化过程，就会对生产价格的形成过程简单解释为随着利润转化为平均利润，市场价值也就转化为生产价格，将前四个转化过程忽略了。

---

① $\overline{p}$和$\overline{p'}$是笔者采用的两个符号，在《资本论》中未出现过。

还应指出的是，以上所说的平均利润率、平均利润和生产价格的形成，仅限于产业部门范围内，但是参与利润平均化的还有商业资本，也只有在商业资本参与下，平均利润率、平均利润和生产价格等范畴才最终形成，这一内容留待第4篇中去解决。

第一章　成本价格和利润

本章中心内容是研究剩余价值转化为利润的问题，剩余价值转化为利润是从剩余价值转化为成本价格的超过额开始的，因此，马克思的分析也就从成本价格开始。

一、成本价格［第30页第1段—第40页末段］

（一）成本价格范畴的产生及其意义［第30页第1—末段］

1. 成本价格范畴的含义［第30页第1—3段］

将按照资本主义方式生产的每一个商品W的价值进行分解，用公式表示是W=c+v+m。其中c+v是已耗费的预付资本的等价物或补偿价值，m是工人新创造的但被资本家无偿占有的价值。在商品价值中减去剩余价值后的已耗费的预付资本的等价物或补偿价值，就是资本主义的成本价格（又称资本主义的生产费用），它用来补偿已消耗的资本，保证再生产的正常进行。用最简短的话来表述，资本主义的成本价格就是"商品价值中补偿预付资本的部分"（第37页）。用公式表示就是"k=W-m"（第33页）。

2. 成本价格范畴的产生［第30页第4段］

商品价值构成中任何一个部分都是通过各种劳动的耗费构成的，按照资本主义方式生产的商品也不例外。其中c是由过去抽象劳动创造的价值，但经过现在生产中工人的具体劳动将这一部分价值转移到新的商品中来。v+m是现在生产中工人的抽象劳动新创造的价值，其中v是必要劳动形成的价值，m是剩余劳动形成的价值。因此，商品的实际成本价格是由全部商品价值构成的。

那么，为什么资本主义的商品成本价格却不包括剩余价值这一部分呢？问题在于："商品使资本家耗费的东西和商品的生产本身所耗费的东西，无疑是两个完全不同的量。"（第30页）对于资本家来说，在商品的生产中他们只耗费资本而不耗费劳动，因此，商品的实际成本价格是按照劳动的耗费计算的，商品的资本主义的成本价格是按照资本的耗费计算的，商品价值中的m部分耗费的只是工人的无酬劳动，并不需要资本家有任何耗费，因而也就不包括在资本主义的成本价格中了。

这里所说的成本价格范畴的产生只是涉及了产生的条件，在下面谈到成本价格范畴的实质时，再展开这一问题。

3. 成本价格范畴的意义［第30页末段］

从成本价格范畴的产生上可以看到成本价格范畴具有两方面的意义。一方面，从成本价格只计算资本的耗费这一点来看，成本价格是由资本主义生产方式产生出来的范畴，从而这一范畴本身表示出资本主义生产的特殊性质。另一方面，成本价格不只是作为资本家账簿上的一个项目计算一下而已，它在资本主义现实生活中还会经常发生实际的影响，例如，当成本价格高于价值或不能实现时，生产要素就得不到充分补偿，再生产不能正常进行，企业会发生亏损，甚至造成破产。马克思在《雇佣劳动与资本》中指出："对于这个资产者来说，究竟什么是衡量利润的尺度呢？这就是他的商品的生产费用。……他是以生产费用作为零度，根据他的商品的交换价值在零度上下的度数来测定他的利润的升降的。”①

（二）成本价格的实质［第 33 页第 1 段—第 40 页末段］

成本价格是由两个部分组成的，一部分是已耗费的不变资本，另一部分是已耗费的可变资本，在商品的价值形成或资本增殖过程中，这两个组成部分的情况是完全相反的。但是，由于成本价格范畴作为商品价值中补偿预付资本的部分，只表现了固定资本与流动资本的区别，却掩盖了不变资本与可变资本的区别，因而这一范畴虽然表示出资本主义生产的特殊性质，在现实生产中会经常发生实际的影响，但不能表现出商品的价值形成或资本的增殖过程。

1. **成本价格范畴掩盖了不变资本与可变资本的区别**［第 33 页第 2 段—第 38 页末段］

（1）成本价格中的不同组成部分在价值形成或资本增殖过程中的区别。［第 33 页第 2 段—第 34 页末段］

成本价格中的两个不同组成部分在价值形成或资本增殖过程中的情况是完全相反的，成本价格中的已耗费的不变资本部分具有双重意义，一方面，它加入商品的成本价格，另一方面，它又形成商品价值的一个组成部分。成本价格中的已耗费的可变资本部分却完全相反，已耗费的可变资本部分虽然也加入商品的成本价格，但“决不会参加新价值的形成”（第 34 页）。

这种区别“一旦所耗费的不变资本部分，或者所耗费的可变资本部分发生价值量的变化，就会显示出来”（第 34 页）。当所耗费的不变资本的价值量发生变化时，不仅商品的成本价格会随着这个资本价值的绝对量的增减而增减，而且商品的价值量也会随着这个资本价值的绝对量的增减而增减。而当所耗费的可变资本的价值量发生变化时，改变的只是成本价格，而不是价值。一件商品绝不会因为资本家多支付了工资而提高了它的价值。

为什么会发生这种完全不同的情况呢？原来商品价值中已耗费的不变资本价值部分不是在这个商品的生产过程中产生的，而是原有的生产资料通过这个商品的生产过程中工人的具体劳动，将这一部分价值转移到商品中，使之再现出来，因而已耗费的不变资本是用它本身加到商品价值中去的那部分补偿的。商品价值中已耗费的可变资本部分却不是原来已有的价值转移到商品中来的，而是通过这个商品的生产过程中工人的抽象劳动新创造出来的。在预付资本中，可变资本是作为价值来计算的；在生产过程中，它为活的劳动力所代替；在产品中，又进而为新创造的价值所代替，其中一部分用来补偿可变资本的耗费。可见，商品价值的形成来自该商品的工人劳动，而不是可变资本。“可变资本的绝对价值量的变化，只要仅仅表现劳动力价格的变化，就丝毫不会改变商品价值的绝对量，因为它并不改变由活动的劳动力创造的这个新价值的绝对量。相反地，这种变化只会影响新价值的两个组成部分的数量关系，其中，一个组成部分构成剩余价值，另一个组成部分则补偿可变资本，从而加入商品的成本价格。”（第 37 页）

我们在这里讲到已耗费的不变资本和可变资本形成商品的成本价格，也只是从现象上来说的，“成本价格从表面上看是由耗费的资本价值形成的”（第 40 页），这点要注意。

不变资本和可变资本的耗费转化为成本价格后，商品价值 c + v + m 也就转化为

① 《马克思恩格斯选集》第 1 卷第 339—340 页。

W = k + m 了。

（2）成本价格范畴掩盖了它的不同组成部分之间的上述区别。［第 37 页第 1 段—第 38 页末段］

以上指出，在商品的价值形成过程中，从而在资本的增殖过程中，不变资本的支出和可变资本的支出，在职能上起着不同的作用。以生产资料形式存在的不变资本通过工人的具体劳动将已耗费的价值转移到商品中去，在商品中重现它的价值；而以劳动力形式存在的可变资本不能转移它的价值。在生产过程中，可变资本为活的劳动力所代替，通过工人的抽象劳动创造出新的价值，商品的价值就是由这两部分——转移过来的原有价值和新创造的价值共同构成的。

但是，在资本主义生产中，不管是已耗费的不变资本，还是已耗费的可变资本，作为成本价格，它们“都是商品价值中补偿预付资本的部分”（第 37 页），“我们看到的只是完成的现有的价值，即加入产品价值形成的预付资本的各个价值部分，而不是创造新价值的要素。不变资本和可变资本的区别也就消失了”（第 39 页）。成本价格中不同组成部分之间的区别，仅仅表现为形式上的区别，一部分补偿生产资料的耗费，另一部分补偿劳动力的耗费，这样，不仅成本价格中补偿不变资本耗费的部分表现为生产资料耗费的转移和价格的再现，而且补偿可变资本耗费的部分也表现为劳动力价格或工资的转移和再现。此外，由于工资这一劳动力价值的形式表现为劳动本身的价值或价格，可变资本“表现为一个用来支付在生产上耗费的全部劳动的价值或价格的资本价值”（第 38 页），这样，不仅整个成本价格表现为由预付资本形成，而且全部商品价值，包括剩余价值，都是由预付资本形成的了。

以下我们将看到，即使上述的形式区别也被资本家抛弃了，它也将被另一种形式上的区别——固定资本与流动资本的区别所代替。

2. **成本价格范畴表现了固定资本与流动资本的区别**［第 39 页末段—第 40 页末段］

购买劳动资料、原料、辅助材料等生产资料和劳动力上的预付资本在商品生产中是全部加以使用的，但是构成成本价格的只是其中被实际消耗掉的部分。成本价格由商品的生产上实际耗费的资本构成的，而不是由商品的生产上全部使用的资本构成的，因而在成本价格的计算上就有了所用资本和所费资本的区别，这就必然涉及资本周转的问题，从而表现出固定资本和流动资本的区别。在每次生产过程中，所使用的固定资本只有一部分在商品的生产上被消耗掉，因而只有一部分加入商品的成本价格，所使用的流动资本则全部消耗掉，因而全部加入商品的成本价格。

由于成本价格只表现出固定资本与流动资本的区别，一方面，从成本价格的计算上看，使“成本价格从表面上看是由耗费的资本价值形成的”（第 40 页）；另一方面，从价值形成来说，把在劳动力上支出的可变资本同由原材料构成的不变资本等同起来。“这样，资本的增殖过程的神秘化也就完成了。”（第 40—41 页）

第一，在计算成本价格时，只能将生产资本划分为固定资本与流动资本，不变资本和可变资本的区别被掩盖起来；第二，资本家关心的是商品价值中扣除成本价格后有没有剩余价值和有多少剩余价值，而不是预付资本中各个部分在价值增殖中的不同作用；第三，对于资本家来说，c 与 v 同样重要，而且 v 由于工资表现为劳动价格，似乎与剩余价值 m 的生产无关；第四，资本家获利程度不取决于利润与 v 的比率，而是取决于利润与包括 c 在内的预付总资本 C 的比率。由于上述四个原因，成本价格的公式只能用 k = W − m 来表示，而不用 $k = c + v$ 来表示。

* * *

成本推动说的谬误

所谓成本推动说，是把我国多次发生的由于纸币超量发行引起的物价上涨现象的一个原因解释为成本价格上升，即原材料价格提高了，运输费用增加了，工资提高了，商品价格也就随之提高。

这种说法的错误在于：

第一，不懂得区分成本价格中两个不同组成部分在价值形成中的不同作用。成本价格中已消耗的生产资料价值部分，一方面会加入商品的成本价格，另一方面又形成商品价值的一个组成部分，而成本价格中的工资部分虽然也会加入商品的成本价格，但“决不会参加新价值的形成”（第 34 页）。

价值是在商品生产过程中创造出来的，工资是对已创造的价值进行的分配，工资的增加只能引起利润的减少，而不会带来价值的增加。对这一点，连资产阶级古典经济学家李嘉图都懂得，他说，“商品的价值或其所能交换的任何另一种商品的量，取决于其生产所必需的相对劳动量，而不取决于付给这种劳动的报酬的多少”①。

第二，实际情况往往相反，工资高的工人生产价格低的商品，工资低的工人反而生产价格高的商品。马克思指出：“比较一下同一个国家的不同产品或不同国家的各种商品，我可以指出，除了一些与其说是本质上的不如说是表面上的例外，平均说来，高价的劳动生产低价的商品，而低价的劳动生产高价的商品。当然，这种现象不能证明一种场合下的高价劳动和另一种场合下的低价劳动都是造成那些正好相反结果的各自原因，但总能证明商品的价格不是由劳动的价格决定的。不过我们完全不必采用这种经验主义的方法。”②

第三，当价值转化为生产价格之后，由于平均利润率规律的作用，工资的上涨会引起有机构成低的部门商品的生产价格上升，但与此同时，又会引起有机构成高的部门商品的生产价格下降。马克思在《资本论》中用数字作了具体运算之后，得出这样的结论：“因为平均资本的商品的生产价格保持不变，和产品的价值相等，所以一切资本的产品的生产价格的总额也保持不变，和总资本所生产的价值的总额相等；一方面的提高，和另一方面的降低，对总资本来说，会平均化为社会平均资本的水平。”（第 224 页）在《工资、价格和利润》这一著作中，马克思也作出了同样的结论：“工资水平的普遍提高，会引起一般利润率的降低。但整个说来并不影响商品的价格。”③

第四，工资的提高会引起物价的上涨，这是蒲鲁东、韦斯顿、杜林等人提出来的错误观点，马克思和恩格斯在许多著作中都对这种错误观点作出了透彻的分析与批驳。持这种错误观点的人不论其主观愿望如何，都是在资本主义条件下，代表资产阶级利益反对工人为改善自己的生活而进行的斗争。令人不解的是，这种错误观点不仅在我国学术界持续存在着，而且还颇为流行。

第五，我们还应注意到，对于由纸币表现出来的物价上涨现象，要作具体分析。它可能是真正的价格上涨，这当然要从价格的变动上找原因，但也可能是价格并未上涨，而是

---

① 《政治经济学及赋税原理》，商务印书馆 1962 年版第 7 页。

② 《工资、价格和利润》，《马克思恩格斯选集》第 2 卷第 64 页。

③ 《马克思恩格斯选集》第 2 卷第 97 页。

纸币超量发行带来的物价上涨的假象。对这种物价上涨的现象只能用纸币超量发行引起的纸币所象征的货币金量的减少来说明，而不能用成本上升来说明，既不能用工资的增加来说明，也不能用生产资料的涨价来说明，这种“物价上涨”是由通货膨胀所推动而不是成本上升推动的。

第六，在发生通货膨胀时，工资的增长总是落后于物价的上涨。在通货膨胀中，工资实际上是被减少了，成本推动说却认为工资增涨太快，这种看法是不正确的。

第七，成本上升不能说明我国的纸币贬值和物价上涨现象，相反，成本的上升倒是要用纸币的贬值和物价上涨的现象来说明。成本价格中的生产资料费用为什么增加了，工资为什么上升了，这都是由于纸币贬值了，换取同样的生产资料和生活资料，要支付更多的纸币。可见，不是成本上升在推动着这种物价上涨，而是这种物价上涨在推动着成本上升，成本推动说显然把这种因果关系弄颠倒了。

第八，实际上，成本推动说所谓的成本上升也是一种假象。撇开货币价值变动和供求关系变动的因素，成本价格所表现的是已消耗的生产资料价值和工人消费的生活资料价值，仅仅是纸币贬值，并不能改变商品的成本价格，尽管成本价格表现由 10 元上升到 15 元，实际的成本价格也可能是下降了。

二、利润［第 41 页第 1 段—第 45 页第 1 段］

（一）利润范畴的形成［第 41 页第 1 段—第 42 页末段］

1. 利润范畴形成的两个步骤［第 41 页第 1 段—第 42 页第 1 段］

“剩余价值，作为全部预付资本的这样一种观念上的产物，取得了利润这个转化形式。”（第 43— 44 页）利润是剩余价值的转化形式，剩余价值转化为利润是从剩余价值表现为成本价格的增加额开始的。

（1）剩余价值表现为成本价格的增加额。［第 41 页第 1—2 段］

剩余价值表现为成本价格的增加额是在不变资本与可变资本转化为成本价格的基础上发生的。剩余价值 m 本来只是产生于可变资本 v 的价值变动，从而也只是可变资本的一个增长额，这种关系可用 $W = c + (v + m)$ 这一公式来表示。但是在生产过程结束之后，也就是在价值得到增殖之后，作为已完成的价值，剩余价值 m 就不仅表现为可变资本 v 的增加额，也表现为不变资本 c 的增加额，不变资本与可变资本的区别消失了，用公式表示为 $W = (c + v) + m$。剩余价值 m 成为已消耗的预付资本即成本价格的增加额，具体些说，剩余价值表现为“商品的生产上耗费掉的并且会从商品流通中流回的资本的价值增加额”（第 41 页），用 k 代表成本价格，公式为 $W = k + m$。

（2）剩余价值表现为全部预付资本的增加额。［第 41 页末段］

马克思指出：“总资本虽然只有一部分进入价值增殖过程，但在物质上总是全部进入现实的劳动过程。或许正是由于这个原因，它虽然只是部分地参加成本价格的形成，但会全部参加剩余价值的形成。”（第 43 页）① 因此，剩余价值对进入价值增殖过程的预付资

---

① 在《资本论》第 1 卷第 237—238 页上，马克思说的是：“劳动过程和价值增殖过程的区别反映在它们的物质因素上：同一生产资料，作为劳动过程的要素，是全部加入同一生产过程；作为价值形成的要素，则只是部分加入同一生产过程。另一方面正相反，一种生产资料能够全部进入价值增殖过程，而只是部分进入劳动过程。假定在把棉花纺成棉纱的时候，每天 115 磅棉花中有 15 磅没有变成棉纱，而是变成了飞花。”

本（成本价格）来说是一个增加额，对未进入价值增殖过程的预付资本来说，也是一个增加额，即剩余价值成为对生产中所使用的全部预付资本的增加额。例如，资本家预付总资本 1 680 镑，其中固定资本 1 200 镑，流动资本 480 镑。在生产过程中如固定资本只耗费掉 20 镑，那么所费资本则为 500 镑。如剩余价值为 100 镑，生产过程结束后，资本家便会拥有除保存下来的 1 180 镑固定资本外，另有 600 镑的商品价值，价值总额由出发点的 1 680 镑变为 1 780 镑，即资本家得到 100 镑的增加额。可见，这 100 镑的剩余价值，不仅是成本价格（500 镑）的增加额，而且是全部预付资本（1 680 镑）的增加额。（在第 2 篇中，我们就会看到，剩余价值虽不产生于预付资本，但却根据预付总资本平均分配，使我们进一步了解到剩余价值为什么表现为全部预付资本的增加额。）

剩余价值一旦作为全部预付资本的产物，而不仅仅是成本价格的增加额，剩余价值就取得了利润这个转化形式。用 p 代表利润，公式 $W=(c+v)+m=k+m$ 就变成为 $W=k+p$ 了。

2. 剩余价值表现为全部预付资本的增加额后才形成利润范畴的原因 ［第 42 页末段］

为什么在剩余价值表现为全部预付资本的增加额之后才取得利润这个转化形式呢？因为剩余价值只是表现为所耗费的资本增加额时，虽然掩盖了不变资本与可变资本的差别，不仅把剩余价值看成是可变资本的产物，也看成是不变资本的产物。但是，另一方面，这个已消耗的资本价值只能说明成本价格的形成，却说明不了剩余价值的形成。马克思说："这个预付的资本价值能形成剩余价值，并不是由于它已经被消耗，从而形成了商品的成本价格。因为，正是就它形成商品的成本价格来说，它形成的不是剩余价值，而只是所耗费的资本的等价物，或补偿价值。因而，就它形成剩余价值来说，它不是靠它作为所耗费的资本的特有属性，而是靠它作为预付资本，从而作为所使用的资本的特有属性，来形成剩余价值的。"（第 43 页）

（二）利润范畴的意义 ［第 43 页末段—第 45 页第 1 段］

1. 使剩余价值具有一个神秘的形式 ［第 43 页末段—第 44 页第 1 段］

剩余价值 m 转化为利润 p 后，$W=k+m$ 这个公式就转化为 $W=k+p$，我们在这里最初见到的利润在量上和剩余价值是一样的，但是却使剩余价值"具有一个神秘化的形式"（第 44 页），即使剩余价值表现为预付总资本的增加额。

剩余价值为什么必然通过利润这一神秘化的形式表现出来呢？第一，"因为在成本价格的表面的形成上，不变资本和可变资本之间的区别看不出来了，所以在生产过程中发生的价值变化的起源，必然从可变资本部分转移到总资本上面"（第 44 页）。第二，"因为在一极上，劳动力的价格表现为工资这个转化形式，所以在另一极上，剩余价值表现为利润这个转化形式"（第 44 页）。总之，利润"这个神秘化的形式必然会从资本主义生产方式中产生出来"（第 44 页）。

2. 可以说明日常的竞争现象 ［第 44 页第 2—3 段］

商品价值 $W=k+p$，成本价格 k 小于商品价值 W，商品价值 W 与成本价格 k 之间的差额就构成利润 p。因此，资本家出售商品时，只要高于商品的成本价格，即使低于商品的价值，也会获得利润。商品低于价值出售也能获得利润这一事实"可以说明日常的竞争现象"（第 45 页）。例如有的资本家主动或被迫低价出售商品，但仍有利可图，可以继续生存下去。

3．可以理解资本主义竞争的基本规律［第 45 页第 1 段］

“政治经济学迄今没有理解的关于资本主义竞争的基本规律，即调节一般利润率和由它决定的所谓生产价格的规律，就是建立在商品价值和商品成本价格之间的这种差别之上的，建立在由此引起的商品低于价值出售也能获得利润这样一种可能性之上的。”（第 45 页）这一问题将在下一篇中阐明。

三、对资产阶级和小资产阶级生产费用和利润理论的批判［第 45 页末段—本章完］

（一）批判托伦斯关于利润产生于商品交换的谬论［第 45 页末段—第 47 页第 1 段］

英国资产阶级经济学家罗·托伦斯（1780—1864）在商品价值理论上持生产费用论，即商品价值量是由生产该商品的生产费用（成本价格）决定的，“或者换句话说，由生产或制造商品时的资本支出构成，它不可能包含利润”（《论财富的生产》）。那么资本家的利润又是从何而来呢？托伦斯认为利润是由消费者购买商品时付出了超过商品的资本耗费（成本价格）构成的。

马克思在这里对托伦斯的生产费用论作了下述三点批判：

1．托伦斯的谬论来自资本家的一种错觉［第 45 页末段—第 46 页第 2 段］

托伦斯的谬论产生于资本家的一种错觉，似乎在商品出售时实现的剩余价值，是商品的出售价格超过它的价值的余额，而不是商品价值超过它的成本价格的余额，因而剩余价值不是通过商品交换实现，而是通过商品交换产生。

这种错觉又是怎样产生的呢？第一，成本价格规定商品出售价格的最低界限，资本家为了能保持他的资本，就把成本价格看成是商品真正的内在价值和必要的价格。第二，“商品的成本价格还是资本家自己为了生产商品而支付的购买价格，因而是由商品的生产过程本身决定的购买价格”（第 45 页）。正是由于这两点，马克思说：“在资本家面前，在商品出售时实现的价值余额或剩余价值，表现为商品的出售价格超过它的价值的余额，而不是表现为它的价值超过它的成本价格的余额，因而商品中包含的剩余价值好像不是通过商品的出售来实现，而是从商品的出售本身产生的。”（第 45— 46 页）

可是，托伦斯却把资本家的一种错觉看成是他的政治经济学超过李嘉图的一个进步。英国庸俗资产阶级经济学家马尔萨斯的价值理论以托伦斯的意见作为根据，同样是建立在这种错误的基础上。

2．超过一个定量的余额，不可能成为这个定量的一部分，互相交换的产品的价值总额不会通过产品的交换而改变［第 46 页末段］

托伦斯的谬论受到英国古典政治经济学后期代表之一的乔·拉姆赛（1800—1871）的反驳，拉姆赛正确地指出了如果利润不是在商品交换以前就已经存在，它也就不能从商品的交换中产生出来。马克思在这里也提出两个基本观点：第一，“超过一个定量的余额，不可能成为这个定量的一部分”（第 46 页）；第二，“互相交换的产品的价值总额，显然不会通过产品的交换而改变”（第 47 页）。

3．在资本主义社会，资本家的错觉也为非资本主义生产者接受，认为除了自己的现金支出外，付出的劳动不算作什么支出［第 47 页第 1 段］

在《剩余价值理论》第 3 分册第 81—87 页上，马克思有专门一节批判托伦斯的生产费用和利润的理论。

（二）批判蒲鲁东通过按照成本价格销售商品来废除利润的主张［本章末段］

法国小资产阶级社会主义者蒲鲁东（1809—1865）从上述错觉出发，认为既然商品价值由成本价格构成，而剩余价值是由于商品高于价值出售产生的，因而只要使商品的出售价格等于它的成本价格，就可以废除利润，实现社会主义。为此，蒲鲁东还创办了按成本价格组织商品交换的人民银行，要生产者的产品全部按成本价格送交给银行，取得银行发出的证书，再按照证书相应从银行中获得自己所需要的也按成本价格计算的其他商品。

马克思在这里对蒲鲁东的上述主张指出了以下几点：

第一，这个荒谬主张来源于商品价值是由生产费用决定，剩余价值是由于商品高于价值出售的这种错觉与糊涂观念，而蒲鲁东却将之吹嘘为新发现的社会主义秘密。

第二，商品按成本价格出售，并不能废除工人的剩余劳动及由此产生的剩余价值，只不过不是直接提供给生产者，而是提供给购买者。

第三，由于不同商品生产部门的有机构成不同，不同商品中包含的剩余价值量也极不相等，因而"一切商品都按各自的成本价格出售"和"一切商品都按各自的价值出售"是不一样的。

有一点要注意的是，马克思一方面批判了商品价值量是由生产该商品的生产费用（成本价格）决定的这一资产阶级观点，另一方面马克思在自己的著作中也出现过"价格由生产费用决定"① 这种提法。这是不矛盾的，前一种指的是商品的资本主义生产费用或资本主义成本价格，后一种指的是商品的实际生产费用或实际成本价格。马克思指出："价格由生产费用决定，就等于说价格由生产商品所必需的劳动时间决定，因为构成生产费用的要素包括：①原料和劳动工具的损耗部分，即产业产品，它们的生产耗费了一定数量的工作日，因而也就是代表一定数量的劳动时间；②直接劳动，它也是以时间计量的。"②

在《剩余价值理论》第3分册第570页上，马克思指出生产费用范畴存在三种不同的含义。

---

① 《马克思恩格斯选集》第1卷第341页。

② 《马克思恩格斯选集》第1卷第342页。

第二章　利润率

马克思说："应当从剩余价值率到利润率的转化引出剩余价值到利润的转化，而不是相反。"（第51页）因此，要了解剩余价值转化为利润，还得了解剩余价值率转化为利润率。

"剩余价值 m 只是产生于可变资本 v 的价值变动"（第41页），产生于"预付的可变资本的价值同活劳动相交换，即对活劳动进行剥削"（第49页），因此，在计算资本家对工人的剥削程度时，我们用剩余价值率$\frac{m}{v}$表示。但是，对资本家来说，他并不计算什么剥削程度，他关心的是他的预付总资本的获利程度，也就是利润率$\frac{m}{C}$的高低。"总资本的增殖率，即利润率"（第270页），"利润率等于剩余价值和预付资本总额之比"①。利润率是按一年计算的，恩格斯指出："一年内获得和实现的剩余价值或利润对总资本的以百分比计算的比率，就是利润率。"（第252页）为了准确反映不同企业之间或同一企业在不同时期的经济效益，在计算利润率时，还必须从利润中扣除利息这一部分。

通常所说的利润率，总是指资本利润率（$\frac{m}{C}$），此外，为了研究的需要，还出现工资利润率（$\frac{m}{v}$）、成本利润率（$\frac{m}{k}$）和价值利润率（$\frac{m}{W}$）。

利润率是怎样形成的？它的实质是什么？这是本章所要解决的主要问题。

为了学好本章，还需选读《剩余价值理论》第3分册第534页第1段至第536页第1段（其中第535页末段提到的平均利润与费用价格，属于下一篇学习的内容）。

一、利润率的形成与实质［本章第1段—第53页末段］

（一）利润率是资本家的一种观念上的产物［本章第1段—第53页第1段］

1. 从生产过程看，剩余价值或利润表现为商品价值超过商品成本价格和全部预付资本的余额［本章第1段—第51页第3段］

当剩余价值或利润表现为商品价值超过商品成本价格和全部预付资本的余额时，这个余额和总资本便保持一个比率，用分数表示就是$\frac{m}{C}$，这就是利润率了。

剩余价值或利润为什么会表现为商品价值超过商品成本价格和全部预付资本的余额呢？

第一，是由于资本家把不变资本和可变资本这两种资本完全混同在一起。［本章第1—2段］

为什么会混同？首先，在资本循环中，资本家关心的是他的预付总资本带来多少增加的价值额，而不是预付总资本的各个组成部分在剩余价值的生产中所起的不同作用。不变资本虽不能创造剩余价值，但没有不变资本，可变资本部分也不能创造出剩余价值来。因此，对于资本家来说，区别不变资本和可变资本是无关紧要的，为了他的利益，还要掩盖这两种资本的区分及其不同作用。其次，资本家的获利程度不是取决于利润和可变资本的

---

① 《剩余价值理论》第2分册第12页。

比率，而是取决于利润和总资本的比率。结果，在资本家的心目中，不变资本和可变资本就完全混同在一起了。

第二，商品成本只由资本家所支付的预付资本构成，对商品价值中所包含的剩余劳动，资本家未支付分文。[第50页第2—3段]

当剩余价值被看作是商品价值超过商品成本价格和预付总资本的余额时，利润率便形成了。如果说最初看到的利润“和剩余价值是一回事”（第44页）的话，那么，在利润率中，一开始就表现出利润率和剩余价值率在量上的不一致。利润率$\frac{m}{C}=\frac{m}{c+v}$小于剩余价值率$\frac{m}{v}$，这不仅大大缩小了资本家对工人占有剩余价值的比例，而且掩盖了这种占有的性质（用资本的获利程度代替了资本对劳动的剥削程度）。由于利润率和剩余价值率在计算方式上和量上的不同，“一开始就使剩余价值的真实起源完全模糊了和神秘化了”（第187页）。这样，随着剩余价值率转化为利润率，剩余价值向利润的转化就完成了。

引人注意的是，马克思在这里对利润率的公式表示为$\frac{m}{C}$或$\frac{m}{c+v}$而不是$\frac{p}{C}$或$\frac{p}{c+v}$，这是因为利润和剩余价值在总量上还是相等的。由此可以看出，在利润率中，剩余价值的真实起源虽已完全模糊，但还未被完全掩盖。

2. 从流通过程看，剩余价值或利润表现为商品的出售价格超过成本价格和商品的内在价值的余额 [第51页末段—第53页第1段]

剩余价值虽然是在生产过程中创造的，但流通过程也会对它产生各种影响。第一，剩余价值虽在直接生产过程中产生，但只是在流通过程中才得到实现，尽管对剩余价值的大小和性质不发生影响，却会改变剩余价值的分配（第51页末段）；第二，在流通过程中除劳动时间外，流通时间也限制着可以在一定时间内实现的剩余价值的量（第52页第1段）；第三，流通过程还会对直接生产过程产生决定性的影响（如商品销售不出去，引起企业倒闭）（第52页第1段）。以上种种情况造成错觉，似乎流通过程和生产过程同样决定着剩余价值，剩余价值或利润表现为商品的出售价格超过商品的成本价格或商品的内在价值的余额。

在资本家的意识中，利润既来自生产过程，也来自流通过程，二者是没有什么区别的。而且，资本家虽然也意识到生产过程与剩余价值的内在联系（表现在延长工人劳动时间，提高工人劳动强度等），但是，①“直接生产过程本身只是一个转瞬即逝的要素，它会不断转入流通过程，……已实现的余额，好像来源于与生产过程无关而由流通本身产生的运动，也就是属于资本而又与资本对劳动的关系无关的运动”（第52—53页）；②“无酬劳动的榨取，只是表现为成本中某一项支付上的节约”（第53页）。由于以上这两点，“剩余劳动的榨取，就失去了它的独特性质；它同剩余价值的独特关系也被弄得模糊不清了；……劳动力价值表现为工资形式，又大大促进和助长了上述这种情况”（第53页）。

（二）资本家颠倒的观念产生于现实生活中颠倒的关系 [第53页末段]

资本家把利润看作是商品价值超过全部预付资本的余额，看作是商品出售价格超过商品内在价值的余额，这种观念是资本主义生产方式的必然产物。在资本主义生产方式中，劳动的生产力表现为资本的生产力，一方面，已物化的过去劳动人格化为资本家，支配着现在的活劳动；另一方面，创造着剩余价值的劳动力反而作为商品出现。这种主体和客体关系上的颠倒，就会产生出相应的颠倒的观念。这种观念再加上流通过程的影响从而得到进一步发展。[①]

二、对资产阶级利润率学说的批判［第 54 页第 1 段—第 56 页第 1 段］

资产阶级经济学把利润率和剩余价值率混同起来，他们把利润率看作是剩余价值率的直接表现形式，而不是它的转化形式，这样就掩盖了利润率的实质。

马克思指出了资产阶级经济学的错误在于：

第一，混同了不变资本与可变资本。［第 54 页末段］

剩余价值揭露了剩余价值与可变资本的内在联系，利润率掩盖了这种联系，表现为剩余价值与总资本的内在联系，否定了不变资本与可变资本的区别。一定的剩余劳动量，需要有一定的生产资料量，只是就这一点说，剩余价值量与不变资本存在着一定的关系，但是，追加的剩余价值，来源于剩余劳动，与追加的生产资料价值的消耗量并没有任何直接关系。因此，“总资本的价值量本来同剩余价值量没有任何内在关系，至少没有直接的内在关系”（第 54 页）。

第二，混同了生产过程与流通过程。［第 55 页末段］

在剩余价值率$\frac{m}{v}$中的剩余价值 m 是雇佣工人在生产过程中创造的，由剩余劳动时间决定的价值，而在利润率$\frac{m}{C}$中的剩余价值 m 却表现为商品出售价格超过商品成本价格的余额，这个余额究竟来自于生产过程中对劳动的剥削，还是来自流通过程中对买者的欺诈，或二者兼而有之，这点是不清楚的，剩余价值的来源被模糊了。利润率虽然也能显示出生产过程中资本各组成部分之间的区别，但也只是显示出固定资本与流动资本的区别，没有显示出不变资本与可变资本的区别。

三、小结［第 56 页末段—本章完］

马克思指出：“利润还是剩余价值的一个转化形式。”（第 56 页）这就是说，利润实际上就是剩余价值，是剩余价值的表现形式。剩余价值也只有通过利润形式才能表现出来，但不是直接表现出来，而是歪曲地表现出来。利润这个表现形式（剩余价值表现为商品出售价格超过成本价格的余额或预付总资本的增加额）掩盖了和抹杀了剩余价值的来源和秘密，只有通过科学的分析，才能揭开利润的外衣，看清剩余价值的本质。

随着剩余价值的起源和秘密被掩盖和被抹杀，在剩余价值中的资本和劳动的关系，被利润和利润率中的资本与资本的关系所代替，表现为资本原有的价值额同它自身创造的新价值相区别，资本关系也就神秘化了。

我们越往后研究，资本关系就越神秘化。例如，我们现在看到的利润和剩余价值在量上还是相同的，以后，利润又转化为平均利润，利润和剩余价值在量上也表现得不相同，剩余价值的起源更隐蔽了，资本关系更神秘化了。因此，我们现在对利润实质的揭露，为今后的认识打下了基础，但揭露资本关系神秘化的任务还远远没有完成。

马克思这里的小结不仅是本章的小结，也是对上一章的小结。

对剩余价值来源被掩盖的过程，马克思先后讲了 7 次。

---

① 卢森贝说，“利润是客观的范畴”，看来，利润这个“范畴”并不那么客观，在上一章中，马克思即已指出：“剩余价值，作为全部预付资本的这样一种观念上的产物，取得了利润这个转化形式。”（第 43—44 页）可见在利润率这个问题上，马克思说得更清楚了。

（1）当剩余价值表现为资本主义成本价格超过额时，“不变资本和可变资本的区别也就消失了”（第 39 页），“资本的增殖过程的神秘化也就完成了”（第 40—41 页）。

（2）当剩余价值表现为全部预付资本的产物时，使剩余价值“具有一个神秘化的形式”（第 44 页），“资本关系也就神秘化了”（第 53 页）。“剩余价值本身在它的这个转化形态即利润上否定了自己的起源，失去了自己的性质，成为不能认识的东西。”（第 187 页）

（3）当剩余价值率转化为利润率时，这个转化“使剩余价值的真实起源完全模糊了和神秘化了”（第 187 页），“使剩余价值的真正性质越来越隐蔽”（第 938 页）。

（4）当利润率转化为平均利润率和利润转化为平均利润时，“现在，不仅利润率和剩余价值率，而且利润和剩余价值，通常都是实际不同的量。……把利润的真正性质和起源完全掩盖起来”（第 187—188 页）；“由于所有资本具有形式单一的利润——一般利润率，资本已经非常模糊不清了，已经变得难以理解和神秘莫测了”[①]。

（5）“随着价值转化为生产价格，价值规定的基础本身就被掩盖起来。”（第 188 页）

（6）当一部分平均利润转化为利息时，“在这个形式上再也看不到它的起源的任何痕迹了”（第 441 页）。“在这里，资本的物神形态和资本物神的观念已经完成。……资本的神秘化取得了最显眼的形式。……在这个形式上，利润的源泉再也看不出来了。”（第 442 页）“因为在利润的场合，人们总还想起它的起源；而在利息的场合，不仅想不到它的起源，而且让人想到的是和这个起源完全相反的形式。”（第 939 页）“在这个形式上再也看不到它的起源的任何痕迹了。”[②]

（7）当一部分超额利润转化为地租时，“因为剩余价值的一部分好像不是直接和社会关系联系在一起，而是直接和一个自然要素即土地联系在一起，所以剩余价值的不同部分互相异化和硬化的形式就完成了，内部联系就最终割断了，剩余价值的源泉就完全被掩盖起来了”（第 940 页）。

---

① 《剩余价值理论》第 3 分册第 503 页。

② 《剩余价值理论》第 3 分册第 503 页。

第三章　利润率和剩余价值率的关系

第1章和第2章研究了利润和利润率范畴的形成，揭示了利润是剩余价值的转化形式，利润率是剩余价值率的转化形式。从第3章开始，直到第7章，这部分内容研究影响利润率变动的各种因素，从中找出利润率的变动规律。

在第3章中，我们着重研究剩余价值率和资本有机构成对利润率变动的影响。

在对第3章内容展开之前，先讲一下研究方法。

第一，假定一定量资本所得的利润量和剩余价值量相等。[本章第1段]

由于以下原因，利润量和剩余价值量是不会相等的：

首先，利润只是剩余价值的一个部分。在剩余价值中，除利润（包括企业主收入和利息）外，还包括地租和赋税。

其次，利润是对已生产出来的剩余价值进行的重新分配。由于平均利润率规律的作用，产业部门生产的剩余价值除有一部分转移到商业部门作为商业利润外，留下的部分，也要根据资本的大小重新分配。

此外，流通过程中价格的变化也会使利润量和剩余价值量不一致。

第二，“在纯粹数学的范围内进行研究”（第58页）。[本章第2段—第59页第1段]

在第1卷中，马克思已提出剩余价值率的公式：$m' = \frac{m}{v}$，在第3卷中，马克思又列出了利润率的公式：$p' = \frac{m}{C} = \frac{m}{c+v}$。

由于$m' = \frac{m}{v}$，所以$m = m'v$，代入利润率公式中，$p' = m'\frac{v}{C} = m'\frac{v}{c+v}$。这一公式告诉我们，利润率的高低取决于以下两个因素：“第一，取决于剩余价值与资本可变部分之比；第二，取决于这个可变部分与资本总量之比，换句话同样也可以说，取决于资本的可变部分与不变部分之比。”① 第一个因素为$\frac{m}{v}$，即剩余价值率；第二个因素为$c : v$，即资本的有机构成。

利润率公式$p' = m'\frac{v}{C}$，也可用如下的比例表示：$p' : m' = v : C$。这一比例告诉我们，由于可变资本v总是小于总资本C或c+v，所以，“利润率p′总是小于剩余价值率m′”（第59页）。

第三，在计算利润率时，还要考虑到一系列对c、v和m的大小有决定性影响的其他因素。[第59页第2段—第62页第2段]

这些因素有：①货币的价值；②资本周转速度；③劳动生产率；④工作日长度；⑤劳动强度；⑥工资水平。

我们对第一个因素，假定其价值不变；对第二个因素，准备在下一章进行专门研究；对第三个因素，在第1卷第四篇中已研究了它对剩余价值率的影响，从而会直接影响到利润率，但是这个影响已包括在资本有机构成因素中；后三个因素在第1卷中也详细论述过

---

① 《1861—1863年经济学手稿》，《马克思恩格斯全集》第2版第32卷第419页。

了，“工资的增加会减少剩余价值，而工作日的延长和劳动强度的提高则会增加剩余价值”（第60页）。“工作日、劳动强度和工资的变化，一定会使v和m以及它们的比率同时发生变化，从而也会使p′，即m和c+v（总资本）的比率同时发生变化”（第61页）。

第四，研究的顺序。[第62页第2—3段]

既然$p'=m'\frac{v}{C}$，那么利润率的变动由m′和$\frac{v}{C}$两个因素决定，马克思的研究先从m′不变，$\frac{v}{C}$可变开始，然后再研究m′可变的各种情况。

Ⅰ. m′不变，$\frac{v}{C}$可变

从$p'=\frac{m}{C}=m'\frac{v}{C}=m'\frac{v}{c+v}$的公式中，我们看到，利润率取决于m′和$\frac{v}{C}$或$\frac{v}{c+v}$这两个因素，如m′不变，利润率就取决于$\frac{v}{C}$或$\frac{v}{c+v}$这一个因素了。

马克思举例对两个资本C和C_1的利润率进行比较，

第一个资本C的利润率：

$$p'=m'\frac{v}{C}=100\%\,m'\times\frac{3\ 000v}{12\ 000c+3\ 000v}=20\%$$

第二个资本C_1的利润率：

$$p_1'=m'\frac{v_1}{C_1}=100\%\,m'\times\frac{1\ 200v_1}{10\ 800c_1+1\ 200v_1}=10\%$$

如以E代表$\frac{C_1}{C}$之值，e代表$\frac{v_1}{v}$之值，则：$E=\frac{C_1}{C}=\frac{12\ 000C_1}{15\ 000C}=80\%$，$C_1=EC=80\%E\times 15\ 000C=12\ 000$。$e=\frac{v_1}{v}=\frac{1\ 200v_1}{3\ 000v}=40\%$，$v_1=ev=40\%\times 3\ 000v=1\ 200$。第二个资本$C_1$的利润率计算公式可以转换为：$p_1'=m'\frac{v_1}{C_1}=m'\frac{ev}{EC}$，用数字代入：$p_1'=100\%\,m'\times\frac{1\ 200ev}{12\ 000EC}=10\%$。

在对两个资本C和C_1的利润进行比较时，假定剩余价值率相同，则$p':p_1'=v:v_1$，这里的v和v_1都是百分数，v是在C中的百分数，v_1是在C_1中的百分数。计算过程是：

$$p':p_1'=m'\frac{v}{C}:m'\frac{v_1}{C_1}=\frac{v}{C}:\frac{v_1}{C_1}=v:v_1$$

当我们对两个不同的资本进行比较时，对资本构成用百分比表示就可以了，但对研究同一个资本在不同时期的利润率时，就很少用百分比来表现资本构成，而要用绝对数来说明，因为只有用绝对数才能说明资本构成的变动究竟是c的绝对量变化引起的还是v的绝对量变化引起的，或者是c和v的绝对量都发生变化引起的。

在利润率p′中，如m′不变，p′的变动就取决于$\frac{v}{C}$的变动，$\frac{v}{C}$的变动有四种情况，下面分别说明。

1. m′和C不变，v可变

C=c+v，要使v的大小发生变化时C的总量不变，只有一种可能，即C中的c要和v同时发生相反的同量变化，如原资本是120C=100c+20v，现在变动为120C=90c+30v或120C=110c+10v，v不论是增加或减少，资本总量不会改变。但是在剩余价值率不变的情况下，可变资本v的增加就会使剩余价值总量增加，从而使利润率提高；反之，可变资本

的减少就会使剩余价值总量减少，从而使利润率下降。

马克思通过对前后两个资本利润率方程式的对比，得出这样的结论："在剩余价值率和总资本不变时，原利润率和由可变资本的变化而产生的利润率之比，等于原可变资本和变化以后的可变资本之比。"（第65页）用公式表示：$p'{:}\ p_1{}' = m'\frac{v}{C}{:}\ m'\frac{v_1}{C} = v{:}\ v_1$

这一公式在前面已出现过，不同的是，现在不仅假定剩余价值率 $p_1{}'$不变，还假定总资本C也不变，因此最后的 $v{:}\ v_1$可以直接用绝对数而不是百分数来表示。

上述结论可举例说明：

$$\text{原资本Ⅰ：}15\,000C = 12\,000c + 3\,000v\ (+3\,000m),\ p' = 20\%$$

$$\text{现资本Ⅱ：}15\,000C = 13\,000c + 2\,000v\ (+2\,000m),\ p_1{}' = 13\frac{1}{3}\%$$

$$20\%\ p'{:}\ 13\frac{1}{3}\%\ p_1{}' = 3\,000v{:}\ 2\,000v_1$$

这就是说，在剩余价值率和总资本不变时，原可变资本减少6.7%，原利润率也同步下降了6.7%。

可变资本的变化有两种情况，或是增加，或是减少。马克思先研究了可变资本的增加对利润率的影响。

一、m′和C不变，v增加［第66页第4段—第68页第2段］

假定C=120，m′=50%，C与m′均不变，v由20增加到30，p′的变动如下：

$$\text{Ⅰ}.\ 100c + 20v + 10m,\ p' = 8\frac{1}{3}\%$$

$$\text{Ⅱ}.\ 90c + 30v + 15m,\ p' = 12\frac{1}{2}\%$$

前后对比为：

$$8\frac{1}{3}\%\ p'{:}\ 12\frac{1}{2}\%\ p_1{}' = 20v{:}\ 30v_1$$

可变资本增加的原因有二：

第一，劳动生产率下降。劳动生产率的下降会导致工人人数增加，从而增加可变资本，但一般不会导致不变资本的减少，但也不排除由于生产资料价格的下降导致不变资本的减少，也不排除在使用更多工人的同时使用数量更少或价值更小的生产资料。

第二，工资的提高。假定工人人数不变，只是由于工资提高了$\frac{1}{2}$，可变资本由20v增加到30v，在工作日不变的情况下，新创造的价值将仍和原来一样是20v+10m=30，在这种情况下，工资增加到30，意味着m=0，m′也等于零，背离了研究的前提。在提高工资$\frac{1}{2}$的情况下，要使m′不变，仍为50%，只有将工作日也相应延长$\frac{1}{2}$，使新创造的价值由30增加到45。

二、m′和C不变，v减少［第67页第3段—本小节完］

在m′和C不变的前提下，v的减少就会导致p′的下降，举例说明时，只要把上面的例子颠倒过来就可以了。

$$\text{Ⅰ}.\ 90c + 30v + 15m,\ p' = 12\frac{1}{2}\%$$

$$\text{Ⅱ}.\ 100c + 20v + 10m,\ p_1{}' = 8\frac{1}{3}\%$$

前后对比为：

$$12\frac{1}{2}\%\ p' : 8\frac{1}{3}\%\ p_1' = 30v : 20v_1$$

可变资本的减少有两种情况：

第一，由于劳动生产率的提高，较少的工人能够使用较多的生产资料，这是现代工业发展的正常表现，但是可变资本的相对减少会导致利润率的下降。

第二，工资从 30 降到 20，下降了$\frac{1}{3}$，与此同时，工作日也缩短了$\frac{1}{3}$。在工作日不变的情况下，工资的上升不会引起总价值产品（v + m）的增加，工资的下降同样不会引起总产品价值的减少。原来总产品价值为 30v + 15m = 45，现在工资从 30 降为 20，总产品价值仍为 45，只是在分配比例上发生了变化，工资的减少引起剩余价值的增加，现在的分配是 20v + 25m = 45。但是这样一来，m′由原来的$\frac{15m}{30v} = 50\%$变成$\frac{25m}{20v} = 125\%$，背离了研究的前提。要使工资在下降$\frac{1}{3}$的情况下，m′不变，p_1'下降为$8\frac{1}{3}$，只有使工作日缩短$\frac{1}{3}$。这种例子在现实生活中不太可能发生，但对于问题的研究还是必要的。

2. m′不变，v 可变，C 因 v 的变化而变化

本小节所规定的各种经济条件和上一小节并没有什么本质上的区别，不同的是：

第一，假定的前提条件和上述有所不同。上述前提是在 v 发生变化后 c 也发生相反的同量变化，因而 v 的变化不会引起 C 的变化。本小节的前提是在 v 发生变化后，c 不变，因而 C 会随着 v 的变化而变化。但是由于 v 在 C 中所占的比重很小，因此 v 的变动对 C 变动的影响也是很小的。

第二，和上一小节的结果虽然都相同，利润率随可变资本的增加而提高，随可变资本的减少而下降，但提高或下降的幅度都会减小。例如：

可变资本增加时，在上一小节的例子是：

$$\text{Ⅰ}.\ 100c + 20v + 10m,\ p' = 8\frac{1}{3}\%$$

$$\text{Ⅱ}.\ 90c + 30v + 15m,\ p_1' = 12\frac{1}{2}\%$$

现在则是：

$$\text{Ⅰ}.\ 100c + 20v + 10m,\ p' = 8\frac{1}{3}\%$$

$$\text{Ⅱ}.\ 100c + 30v + 15m,\ p_1' = 11\frac{7}{13}\%$$

由于可变资本 v 的增加，即使总资本 C 随可变资本 v 的增加而增加，利润率 p′仍会提高，但提高的幅度略小于可变资本 v 虽增加但总资本 C 却不变的提高幅度。

可变资本减少时，在上一小节的例子是：

$$\text{Ⅰ}.\ 90c + 30v + 15m,\ p' = 12\frac{1}{2}\%$$

$$\text{Ⅱ}.\ 100c + 20v + 10m,\ p_1' = 8\frac{1}{3}\%$$

现在则是：

$$Ⅰ.\ 90c+30v+15m,\ p'=12\frac{1}{2}\%$$

$$Ⅱ.\ 90c+20v+10m,\ p_1'=9\%$$

由于可变资本 v 的减少，即使总资本 C 随可变资本的减少而减少，利润率 p′仍会下降，但下降的幅度略小于可变资本 v 虽减少但总资本 C 却不变的下降幅度。

第三，在上一小节中，“总资本因不变资本转化为可变资本，或可变资本转化为不变资本，而保持不变”（第 69 页）。而现在，“在可变部分增加时会有追加资本被束缚，在可变部分减少时会有原来使用的资本被游离”（第 69 页）。

3. m′和 v 不变，c 可变，因而 C 也可变

前两小节研究 v 的变化对利润率的影响，现在研究 c 的变化对利润率的影响。C 的变化有两种情况，一种是 c 和 v 作相反的同量变化，因而 C 不变，这种情况在第一小节中已研究过了；另一种情况是在 v 不变时 c 发生了变化，因而 C 也随之发生变化，现在要对后一种情况进行研究。

一、按照本小节假定发生的变化 ［本小节第 1 段—第 70 页第 4 段］

按照本小节的各种假定，会出现一些新的现象：

第一，当 C 因 c 的变化而变化，“在剩余价值率相等，可变资本部分也相等时，利润率和总资本成反比”（第 69 页）。

用方程式表示：

$$p':p_1'=m'\frac{v}{C}:m'\frac{v}{C_1}=C_1:C$$

马克思举以下三个资本或同一个资本的三种情况为例：

$$Ⅰ.\ 80c+20v+20m,\ C=100,\ m'=100\%,\ p'=20\%$$

$$Ⅱ.\ 100c+20v+20m,\ C_1=120,\ m'=100\%,\ p_1'=16\frac{2}{3}\%$$

$$Ⅲ.\ 60c+20v+20m,\ C_2=80,\ m'=100\%,\ p_2'=25\%$$

上述三种情况在进行比较时得数如下：

$$Ⅰ和Ⅱ相比：20\%\ p':16\frac{2}{3}\%\ p_1'=120C_1:100C$$

$$Ⅰ和Ⅲ相比：20\%\ p':25\%\ p_2'=80\ C_2:100C$$

第二，在 m′和 v 不变的情况下，利润率公式将作如下调整：

$$p_1'=m'\frac{v_1}{C_1}=m'\frac{ev}{EC}变为\ p_1'=m'\frac{v}{EC}$$

去掉 e 是由于 v 不变，即 $v_1=v$，因此 $e=\frac{v_1}{v}=1$。

第三，因为 m′v = m，如假定 m′和 v 都不变，则不论 C 如何变化，剩余价值量 m 也不会发生变化。

第四，假定 c 变为零，则 p′ = m′。

二、不变资本发生变化的原因［第70页第5段—本小节完］

不变资本 c 的变化是由各种原因引起的。

第一，劳动生产率的变动。

劳动生产率的变动会从两个方面影响不变资本 c 的变化，一是由直接生产部门的劳动生产率变化即资本的技术构成变化引起；二是为该生产部门提供生产资料的生产部门劳动生产率的变化引起该生产部门使用的生产资料在价值量上发生了变化，使该生产部门本身即使没有改变技术构成，也会改变价值构成，使 c 减少或增加。

第二，不变资本的节约。

“不变资本的节约，一方面会提高利润率，另一方面会使资本游离。”（第70页）对这一因素，将在第5章中单独进行论述。

第三，不变资本要素价格变动的影响。

这一因素将在第6章中单独进行论述。

上述各种因素引起不变资本的变化，都会对利润率产生影响。

4. m′不变，v、c 和 C 都可变

一、三种结果［本小节第1—4段］

变化后的利润率采用的公式是：$p_1' = m'\frac{ev}{EC}$，如 m′不变，公式则简化为 $p_1' = \frac{ev}{EC}$。这里有三种情况。

（a）E > e，即总资本 C 的增加快于可变资本 v 的增加，其结果是利润率下降。例如，C 增加 100%，v 增加 50%。

$$\text{Ⅰ}.\ 80c+20v+20m=120,\ p'=\frac{20m}{80c+20v}=20\%$$

$$\text{Ⅱ}.\ 170c+30v+30m=230,\ p'=\frac{30m}{170c+30v}=15\%$$

（b）E = e，即总资本 C 的增加比率和可变资本 v 的增加比率相同，其结果是利润率不变。例如，C 和 v 都增加了 100%。

$$\text{Ⅰ}.\ 80c+20v+20m=120,\ p'=\frac{20m}{80c+20v}=20\%$$

$$\text{Ⅱ}.\ 160c+40v+40m=240,\ p'=\frac{40m}{160c+40v}=20\%$$

（c）e > E，即总资本 C 的增加慢于可变资本 v 的增加，其结果是利润率上升。例如，c 增加 50%，v 增加 100%。

$$\text{Ⅰ}.\ 80c+20v+20m=120,\ p'=\frac{20m}{80c+20v}=20\%$$

$$\text{Ⅱ}.\ 120c+40v+40m=200,\ p'=\frac{40m}{120c+40v}=25\%$$

由于利润率 $p' = m'\frac{v}{C}$，利润率由剩余价值率 m′和资本有机构成$\frac{v}{C}$两个因素决定，如 m′不变，则取决于$\frac{v}{C}$这一因素。上述三种结果，第一种是资本有机构成提高的结果，第二种是资本有机构成不变的结果，第三种是资本有机构成下降的结果。

二、归结为一个因素的可变［第 72 页第 1 段—第 73 页末段］

“v、c 和 C 同时发生变化的情况，没有提出任何新的观点。它最后总是化为只有一个因素可变的情况。”（第 72 页）这就是说，当 m′不变，$p' = \frac{v}{C}$，p′的变化由$\frac{v}{C}$或$\frac{v}{c+v}$的变化引起，更简单地说，是由 v、c 或 C 三者之中的一个引起。马克思用以下三种情况说明这一观点。

第一种情况，C 与 v 发生同方向但不同比率的变动，只要我们把相同的比率部分约去就会看到利润率的变动或者是由 v 引起，或者是由 C 引起。具体地说，C 的增加快于 v 的增加，利润率的变动（下降）由 C 的变动（增加）引起；C 的增加慢于 v 的增加，利润率的变动（提高）由 v 的变动（增加）引起。

例如，资本Ⅰ的总资本 C = 100，v = 20，m = 20，资本Ⅱ的总资本 $C_1 = 130$，$v_1 = 30$，m = 30，这就是说，总资本 C 增加了 30%，v 增加了 50%，C 的增加慢于 v 的增加，列式如下：

$$\text{Ⅰ}.\ 80c + 20v + 20m = 120,\ \frac{v}{C} = 20\%$$

$$\text{Ⅱ}.\ 100c_1 + 30v_1 + 30m = 160,\ \frac{v_1}{C_1} = 23\frac{1}{13}\%$$

如果$\frac{v}{C}$比率不变，p′也不变，在资本Ⅱ中，约去和资本Ⅰ相同的比率：$100c_1 + 25v_1 + 25m = 150$，我们就会看到，资本Ⅱ的利润率比资本Ⅰ的利润率高出 $3\frac{1}{13}$个百分点，这是由资本Ⅱ比资本Ⅰ多了 5v 这一因素引起的。

第二种情况，C 与 v 发生反方向的变动，我们同样可以把相同的比率部分约去，会看到利润率的变动是由 C 或 v 中的一个因素引起。具体地说，在 C 增加 v 减少的情况下，利润率的变动（下降）由 c 的变动（增加）引起；在 C 减少 v 增加的情况下，利润率的变动（提高）由 v 的变动（增加）引起。

例如，资本Ⅰ的总资本 C = 100，v = 20，m = 20，资本Ⅱ的总资本 $C_1 = 120$，$v_1 = 10$，m = 10，这就是说，总资本 C 增加了 20%，v 减少了 50%，列式如下：

$$\text{Ⅰ}.\ 80c + 20v + 20m = 120,\ p' = 20\%$$

$$\text{Ⅱ}.\ 110c_1 + 10v_1 + 10m = 130,\ p_1' = 8\frac{1}{3}\%$$

如果$\frac{v}{C}$比率不变，p′也不变，在资本Ⅱ约去和资本Ⅰ相同的比率：40c + 10v + 10m = 60，我们同样会看到，资本Ⅱ的利润率比资本Ⅰ的利润率下降了 $11\frac{2}{3}$个百分点，这是由资本Ⅱ比资本Ⅰ多了 70c 这一因素引起的。

也可举相反的例子，即将上述变动颠倒过来：

$$\text{Ⅰ}.\ 110c + 10v + 10m = 130,\ p' = 8\frac{1}{3}\%$$

$$\text{Ⅱ}.\ 80c_1 + 20v_1 + 20m = 120,\ p_1' = 20\%$$

这个例子说明，总资本 C 减少了 17%，v 增加了 100%，资本Ⅰ的构成为 91.7%c：8.3%v，从资本Ⅱ中约去和资本Ⅰ相同的比率：$80c_1 + 6.64v_1 + 6.64m = 83.28$，我们由此可以看到，资本Ⅱ的利润率比资本Ⅰ的利润率提高了 $11\frac{2}{3}$个百分点，这是由资本Ⅱ比资本Ⅰ多了 13.36v（20v − 6.64v）这一因素引起的。

第三种情况，v，c 和 C 的价值量不变，但因 v 和 c 各要素的价值和价格的水平发生了变动，结果是同样价值量的 v 和 c，却代表不同要素的使用价值量，这种情况仍然不会离开上述的范围。

从 v 的方面看，工资的提高会使原来的工资雇用的工人数量减少，从而减少了剩余价值量，降低了剩余价值率，为了不违反我们的研究前提，不因工人的减少而降低剩余价值率，必须相应延长工作日。其结果是同量 v 带来同量的剩余价值量，如 c 量也不变，同量 C 会有同量的剩余价值量，即 p′不变。反之，工资的下降会使原来的工资雇用更多的工人，从而增加了剩余价值量，提高了剩余价值率，为了不违反我们的研究前提，不因工人的增加而提高剩余价值率，必须相应缩短工作日。其结果是剩余价值率不变，如 c 量也不变，同量 C 会有同量的剩余价值量，即 p′不变。

从 c 的方面看，只要 c 的各种要素的价值变动不会影响 c 和 v 的价值额，m′和 p′均不会改变。

三、两点结论［第 74 页第 1—2 段］

第一，由于 $p' = m'\frac{v}{C} = m'\frac{v}{c+v}$，影响 p′的，除 m′外，还有 v 和 c 或 v 和 C 的比率，因此，“在剩余价值率保持不变时，利润率可以降低，不变，或提高”（第 74 页）。

第二，m′要保持不变，v 和 c 的变化必须在一个界限内，“超过这个界限，m′也就必然会变为可变”（第 74 页）。下一节就来研究 m′可变的情况下 p′的变化。

Ⅱ．m′可变

当 m′可变时，p′的总公式就是：

$$p' : p_1' = m'\frac{v}{C} : m_1'\frac{v_1}{C_1}$$

$$p_1' = \frac{m_1'}{m'} \times \frac{v_1}{v} \times \frac{C}{C_1} \times p'$$

在 m′可变时，p′的变动有三种情况，以下分别说明。

1．m′可变，$\frac{v}{C}$不变

一、在 m′可变，$\frac{v}{C}$不变情况下计算 p′的变动规律［本小节第 1—3 段］

第一，“具有相同构成的两个资本的利润率之比，等于它们的剩余价值率之比”（第 75 页）。用方程式表示：

$$p' = m'\frac{v}{C},\quad p_1' = m_1'\frac{v}{C}$$

$$p' : p_1' = m'\frac{v}{C} : m_1'\frac{v}{C}$$

由于两个资本的构成即$\frac{v}{C}$相同，所以 $p' : p_1' = m' : m_1'$。例如：

$$Ⅰ.\ 80c + 20v + 20m = 120,\ C = 100,\ m' = 100\%,\ p' = 20\%$$

$$Ⅱ.\ 160c + 40v + 20m = 220,\ C = 200,\ m_1' = 50\%,\ p_1' = 10\%$$

$$20\%p' : 10\%p_1' = 100\%m' : 50\%m_1'$$

第二，“如果 v 和 C 的绝对量在两个场合是相等的，利润率还和剩余价值量成正比”（第 75 页）。用方程式表示：

$$p' : p_1' = m'v : m_1'v = m : m_1$$

例如：

$$Ⅰ.\ 80c + 20v + 20m = 120,\ m' = 100\%,\ p' = 20\%$$

$$Ⅱ.\ 80c + 20v + 10m = 110,\ m_1' = 50\%,\ p_1' = 10\%$$

$$20\%p' : 10\%p' = 100\%m' \times 20v : 50\%m_1' \times 20v = 20m : 10m_1$$

二、m′发生变动的原因［第 75 页末段—本小节完］

m′的变动是由两方面原因引起的。一是资本有机构成 c∶v 或$\frac{v}{C}$的变动，如资本有机构成提高后会提高劳动生产率，从而降低劳动力价值，产生相对剩余价值，提高剩余价值率。二是当资本有机构成不变时，m′将随工资、工作日长度和劳动强度三个因素的变动而变动。例如：

$$Ⅰ.\ 80c + 20v + 10m = 110,\ m' = 50\%,\ p' = 10\%$$

$$Ⅱ.\ 80c + 20v + 20m = 120,\ m' = 100\%,\ p' = 20\%$$

$$Ⅲ.\ 80c + 20v + 40m = 140,\ m' = 200\%,\ p' = 40\%$$

上述三个总资本的构成相同，但 m 不同，从而 m′和 p′也各不相同，这要用上述总资本的工资、工作日长度和劳动强度等三个因素来说明。这里的规律是：“工资的提高或降低会以相反的方向，劳动强度的提高或降低和工作日的延长或缩短会以相同的方向，影响剩余价值率，从而在$\frac{v}{C}$不变时，影响利润率。”（第 77 页）

2. m′和 v 可变，C 不变

假定 m′和 v 可变，C 不变，在研究 p′的变动时，仍可采用上一节中提出的方程式：

$$p' : p_1' = m'\frac{v}{C} : m_1'\frac{v_1}{C} = m'v : m_1'v_1 = m : m_1$$

p′在这里的变动规律是：“利润率之比，等于相应的剩余价值量之比。”（第 77 页）

在 C 不变的前提下，m′和 v 的变化有三种可能，对 p′的影响也各不相同。

（a）v 和 m′按照相反的方向，但是以相等的数量发生变化。例如：

$$Ⅰ.\ 80c + 20v + 10m = 110,\ m' = 50\%,\ p' = 10\%$$

$$Ⅱ.\ 90c + 10v + 20m = 120,\ m' = 200\%,\ p' = 20\%$$

在这一例子中，价值产品（v + m）不变：Ⅰ(20v + 10m) = Ⅱ(10v + 20m) = 30；工人人数、劳动强度和工作日长度都不变。不同的是价值产品的分配发生了变化，由资本Ⅰ的 20v + 10m 变为资本Ⅱ的 10v + 20m；p′因 m 的变化而发生了变化。

这里存在一个问题，即对马克思的假定中提出的 v 和 m′“以相等的数量发生变化”（第 77 页）如何理解。v 是绝对数，m′是相对数，无法进行比较。如将 v 和 m′的变动均用百分数来表示，从马克思的举例中，v 从 20 减少为 10，m′从 50% 提高到 200%，也不能说明 v 和 m′是以相反方向发生数量是相等的变化，因为这时的 v 减少了 50%，m′提高了 300%。

（b）v 和 m′按照相反的方向，但是以不相等的数量发生变化。例如：

$$Ⅰ.\ 80c + 20v + 20m = 120,\ m' = 100\%,\ p' = 20\%$$

$$Ⅱ.\ 72c + 28v + 20m = 120,\ m' = 71\frac{1}{7}\%,\ p' = 20\%$$

$$Ⅲ.\ 80c + 16v + 20m = 120,\ m' = 125\%,\ p' = 20\%$$

从此例中我们看到，在资本Ⅱ和资本Ⅲ中，C 和 m 均不变，因而 p′也不变，但价值产品和工资都发生了变化。价值产品的变化说明进行产品生产的劳动量发生了变化，而这一劳动量的变化取决于工人人数的变化、工作日的变化或劳动强度的变化。

在上例中同样存在如何说明 v 和 m′以不相等的数量发生变化的问题。

（c）v 和 m′按照相同方向发生变化。例如：

$$Ⅰ.\ 90c + 10v + 20m = 110,\ m' = 100\%,\ p' = 10\%$$

$$Ⅱ.\ 80c + 20v + 30m = 130,\ m' = 150\%,\ p' = 30\%$$

$$Ⅲ.\ 92c + 8v + 6m = 106,\ m' = 75\%,\ p' = 6\%$$

从此例中看到，v 和 m′发生同方向变动，双管齐下，加剧了对 m 从而对 p′的影响。

和（b）中举例一样，尽管三个资本的 C 相同，但由于工人人数、工作日和劳动强度各项因素的影响，上述三个资本的价值产品也各不相同，又由于 v 和 m′的不同，在 C 相同的情况下，三个资本的利润率也各不相等。

3. m′、v 和 C 都可变

对这种情况，马克思只用这样一句话来回答："这个场合不会提供任何新的观点，可以用Ⅱ即 m′可变这一节中求得的总公式来解决。"（第 78—79 页）

本章第Ⅱ节小结［第 79 页第 1 段—第 81 页第 2 段］

本章在第Ⅰ节中分析的是"同一个剩余价值率可以表现为极不相同的利润率"（第 80 页），"剩余价值率不变，利润率也可以提高、降低或者不变"（第 81 页）。第Ⅱ节中分析的却是不同的剩余价值率表现为不同的利润率，同一个利润率也可以有不同的剩余价值率；利润率可以和剩余价值率发生同方向变动，也可以发生反方向变动，甚至不因剩余价值率的变动而变动。

在第Ⅱ节中，利润率的变动有以下五种具体表现：

（1）"如果$\frac{v}{C}$不变，那么 p′和 m′会按照相同的比率提高或降低。"（第 79 页）

（2）"如果$\frac{v}{C}$和 m′按照相同的方向变化，即 m′提高，$\frac{v}{C}$也提高，m′降低，$\frac{v}{C}$也降低，那 p′会比 m′按照更大的比率提高或降低。"（第 79 页）

（3）"如果$\frac{v}{C}$和 m′按照相反的方向，但是$\frac{v}{C}$比 m′按照更小的比率变化，那么 p′会比 m′按照更小的比率提高或降低。"（第 79 页）

（4）"如果$\frac{v}{C}$和 m′按照相反的方向，但是$\frac{v}{C}$比 m′按照更大的比率变化，那么，尽管

m'降低，p'还是会提高，或者尽管m'提高，p'还是会降低。”（第 79 页）

（5）“如果$\frac{v}{C}$和m'按照相反的方向，但是恰好按照相同的比率在大小上发生变化，那么，尽管m'提高或降低，p'还是会保持不变。”（第 80 页）

对前四种情况，马克思只是举了个例子，未作具体解释，其中第 2 种例中的“$<$”系“$>$”的笔误，第 3 种例中的“$>$”系“$<$”的笔误。

对第五种情况，马克思按照条件的规定，举例如下：

$$\text{Ⅰ}.\ 80c+20v+20m,\ C=100,\ m'=100\%,\ p'=20\%$$

$$\text{Ⅱ}.\ 104c+16v+24m,\ C=120,\ m'=150\%,\ p'=20\%$$

这种变动“只有在各种条件仅仅在例外的情况下偶然结合在一起的时候，才是可能的”（第 80 页）。

按照马克思的假定，$\frac{v}{C}$和m'不仅按照相反方向变动，而且按照相同的比率发生变动，例中的$\frac{v}{C}$由 20% 下降到 13%，m'由 100% 提高到 150%，虽按照相反方向变动，但变动比率不相同。

本章小结［第 81 页第 3 段—本章完］

$p'=m'\frac{v}{C}$，利润率由两个因素决定，一是m'，另一是$\frac{v}{C}$，即资本有机构成。利润率是否变动和如何变动，取决于这两个因素的变动。

利润率不发生变动的情况：

1. 资本的百分比构成不变，剩余价值率也不变。例如：

$$\text{Ⅰ}.\ 80c+20v+20m=120,\ m'=100\%,\ p'=20\%$$

$$\text{Ⅱ}.\ 96c+24v+24m=144,\ m'=100\%,\ p'=20\%$$

2. 资本的百分比构成和剩余价值率都发生了变化，但按百分比计算的剩余价值率和可变资本的乘积（$m'v$）不变。例如：

$$\text{Ⅰ}.\ 80c+20v+20m=120,\ m'=100\%,\ p'=20\%,\ m'v=20$$

$$\text{Ⅱ}.\ 96c+24v+24m=144,\ m'=100\%,\ p'=20\%,\ m'v=20$$

利润率发生变动的情况：

1. “资本的百分比构成相等，但是剩余价值率不等。这时，利润率之比，等于剩余价值率之比。”（第 81 页）例如：

$$\text{Ⅰ}.\ 80c+20v+20m=120,\ m'=100\%,\ p'=20\%$$

$$\text{Ⅱ}.\ 80c+20v+10m=110,\ m'=50\%,\ p'=10\%$$

2. “剩余价值率相等，资本的百分比构成不等。这时，利润率之比，等于可变资本部分之比。”（第 81 页）例如：

$$\text{Ⅰ}.\ 80c+20v+20m=120,\ m'=100\%,\ p'=20\%$$

$$\text{Ⅱ}.\ 90c+10v+10m=110,\ m'=100\%,\ p'=10\%$$

3. “剩余价值率不等，资本的百分比构成也不等。这时，利润率之比，等于m'与v的乘积即按总资本的百分比计算的剩余价值量之比。”（第 82 页）例如：

$$\text{Ⅰ}.\ 80c+20v+20m=120,\ m'=100\%,\ p'=20\%,\ m'v=20$$

$$\text{Ⅱ}.\ 70c+30v+15m=115,\ m'=50\%,\ p'=15\%,\ m'v=15$$

这里的假定条件还应在“剩余价值率不等，资本的百分比构成也不等”这句话之后加上“按百分比计算的剩余价值率和可变资本的乘积（m′v）也不相等”这个补充条件，否则 p′就会相等，这一情况在前面已经指出过了。

上述对利润率的比较，无论是同时对两个资本比较（横向比较）或对同一个资本的不同时期的比较（纵向比较），都是适用的。

在恩格斯写的一个注释中，提到马克思手稿中还研究了关于剩余价值率和利润率的差数（m′ - p′）问题，有待另行专门分析。

第四章　周转对利润率的影响

在马克思的手稿中，第4章只留下一个标题，恩格斯在整理马克思手稿时，考虑到内容的重要性，就亲自执笔补写了这一章。

一、周转对利润率的影响［本章第1段—第85页第2段］

利润率是剩余价值率的转化形式，年利润率则是年剩余价值率的转化形式，剩余价值率是通过年剩余价值率转化为年利润率的。

剩余价值率 $m' = \frac{m}{v}$，这里的v是一定期间（如一个周期或一年）内所使用的可变资本，m是同一期间所生产的剩余价值；年剩余价值率 $M' = \frac{M}{v}$，这里的v代表一年中的预付可变资本，M代表这个预付可变资本在一年中带来的剩余价值量。M = m′×预付v×预付v年周转次数，年剩余价值率具体表述为 $M' = \frac{m' \times v \times n}{v}$，分子的v和分母的v都是同量的预付可变资本。当年剩余价值量表现为当年实际投入使用的可变资本v的产物时，则为剩余价值率；当年剩余价值量表现为当年预付的可变资本v的产物时，剩余价值率则转化为年剩余价值率；当年剩余价值量表现为当年预付的全部资本C的产物时，年剩余价值率就转化为年利润率 $p' = \frac{m' \times v \times n}{C}$。因此，只有通过年剩余价值率，才能正确计算年利润率。

年利润率公式 $p' = \frac{m' \times v \times n}{C}$ 告诉我们，年利润率的高低和年剩余价值量成正比，和预付资本量成反比。问题首先是，预付可变资本的周转究竟是通过年剩余价值量还是预付资本量影响年利润率呢？

恩格斯说："周转对剩余价值的生产，从而对利润率的生产的影响，已经在第2册作了说明。……第2册已经详细说明，周转时间或它的两个部分（生产时间和流通时间）中的任何一个部分的缩短，都会增加所生产的剩余价值量。"（第83页）

恩格斯的这一转述和马克思的《资本论》第2卷内容是有很大出入的。在第2卷有关章中，第15章说的是流动资本的周转对预付流动资本量的影响，这里没有也不可能提出剩余价值生产的问题；第16章说的是可变资本的周转对预付可变资本量的影响。两个在雇工人数（表现为每周实际进行使用的可变资本量）和实际剩余价值率（$\frac{m}{v}$）都相同的企业，由于可变资本的周转速度不同，就会引起预付可变资本量的差别，这是"和剩余价值的生产本身完全无关的事情"①。可变资本的周转固然会改变年剩余价值率（$\frac{\text{年剩余价值量 M}}{\text{预付可变资本量 v}}$），但却是通过预付可变资本量的变动而不是年剩余价值量的变动改变年剩余价值率的，年剩余价值量不因可变资本周转速度的变动而变动。至于固定资本的周转，不仅不会改变年剩余价值量，也不会影响预付资本量，正因如此，马克思在研究资本

① 《资本论》第2卷第346页。

周转对预付资本量和年剩余价值率的影响时，撇开了固定资本的周转。

周转时间的缩短会提高利润率，由于周转时间由生产时间和流通时间构成，要缩短周转时间就要缩短生产时间和流通时间。恩格斯认为：“缩短生产时间的主要方法是提高劳动生产率”（第 83 页），“缩短流通时间的主要方法是改进交通”（第 84 页）。但是劳动生产率的提高意味着资本有机构成的提高，这又会产生利润率下降的趋势。

恩格斯认为，周转对利润率的影响是：“在资本百分比构成相等，剩余价值率相等，工作日相等的时候，两个资本的利润率和它们的周转时间成反比。”（第 85 页）恩格斯举例说明了这种关系，假定资本 A 原来是每年周转 1 次，年 $p' = \frac{20M}{80c + 20v}$，现在每年周转两次，年 $p' = \frac{40M}{80c + 20v}$。

这一例子表明，流动资本周转时间缩短一半，而预付可变资本不变，意味着雇工人数增加 1 倍，从而使年剩余价值总量增加 1 倍，若不变资本量也不变动的话，利润率就会提高 1 倍。但是这一举例未必恰当，因为在原来的 80c 中，一部分是流动不变资本，假定为 20，在周转时间缩短一半时，原来的流动不变资本 20 可以满足生产规模扩大 1 倍的需要。问题发生在固定资本上，要适应生产规模扩大 1 倍的需要，原来固定资本 60 就要增加到 120。假定用 c_1 代表 C 中的固定资本，c_2 代表 C 中的流动不变资本，现在的年利润率变为年 $p' = \frac{40M}{120c_1 + 20c_2 + 20v} = 28.6\%$，而不是 40%，年利润率虽也随着周转时间的缩短而提高，成反方向变动，但并不是成同量的反比。恩格斯在此处举例时由于对 v 没有区分开实际使用的 v 和预付的 v，对 C 没有区分作为固定资本的 C_1 和作为流动不变资本的 C_2，则难以准确表示出周转时间和利润率的关系。

二、周转时间对利润率发生影响的原因 ［第 85 页第 3 段—第 87 页第 2 段］

恩格斯认为：“周转时间的缩短对剩余价值的生产，从而对利润的生产的直接影响，在于使可变资本部分由此提高效率。”（第 85 页）由此可见，恩格斯是通过周转时间对剩余价值的生产的影响，使利润率发生变化的。和恩格斯不同，马克思在第 2 卷第 16 章认为可变资本的周转对剩余价值的生产完全无关，更不用说不变资本的周转了。只要实际使用的可变资本相同，剩余价值率相同，两个生产规模相同的企业每年所获得的剩余价值量都是相同的，周转不能通过影响剩余价值量来改变利润率。

周转本身不能影响剩余价值量，是否就不能影响利润率呢？

答案是否定的。因为 $p' = \frac{m}{C}$，在 m 不变的情况下，通过 C 的变化同样会影响利润率的变化。在第 2 卷第 16 章中，马克思指出，由于可变资本周转时间的不同，预付可变资本少的企业可以和预付可变资本多的企业获得相同的年剩余价值量，从而使年剩余价值率发生差别，可变资本周转越快的企业，年剩余价值率就越高。年利润率是年剩余价值率的转化形式，年剩余价值率越高，年利润率也越高。只不过在计算利润率时，在 C 中除包括预付可变资本 v 外，还要包括预付固定资本 c_1 和预付流动不变资本 c_2。现在试以恩格斯的举例来说明周转对年利润率的影响。

如以符号 c_1 代表固定资本，c_2 代表流动不变资本，按照恩格斯的假定，资本 I 的预付固定资本 c_1 为 10 000，年损耗率 10% 即 1 000 c_1，每周投入使用的流动不变资本为 $100c_2$，每周投入使用的可变资本为 100v，$m' = 100\%$。

在上述假定条件下，如资本 I 的可变资本年周转 10 次，按一年为 50 周计算，则每 5

周完成一次周转或周转期间为5周，其结果如下：

（1）每个周转期间的产值及其分解为：

$$100\ c_1（损耗）+500\ c_2+500v+500m=1\ 600$$

（2）年产值及其分解为：

$$1\ 000\ c_1（损耗）+5\ 000\ c_2+5\ 000v+5\ 000m=16\ 000$$

（3）年剩余价值率为：

$$M'=\frac{M}{v}=\frac{m'\times 预付\ v\times 预付\ v\ 年周转次数\ n}{预付\ v}$$

$$=\frac{100\%\ m'\times 500v\times 10\ 次/年}{500v}=\frac{5\ 000M}{500v}=1\ 000\%$$

（4）年利润率为：

$$p'=\frac{M}{c}=\frac{m'\times 预付\ v\times 预付\ v\ 年周转次数\ n}{c_1+c_2+v}$$

$$=\frac{100\%\ m'\times 500v\times 10\ 次/年}{10\ 000c_1+500c_2+500v}=\frac{5\ 000M}{11\ 000C}=45.45\%$$

如资本Ⅰ的可变资本年周转为5次，周转期间则变为10周，其结果如下：

（1）每个周转期间的产值及其分解为：

$$200c_1（损耗）+1\ 000c_2+1\ 000v+1\ 000m=3\ 200$$

（2）年产值及其分解为：

$$1\ 000c_1（损耗）+5\ 000c_2+5\ 000v+5\ 000m=16\ 000$$

（3）年剩余价值率为：

$$M'=\frac{100\%\ m'\times 1\ 000\ 预付\ v\times 5\ 次/年}{1\ 000\ 预付\ v}=\frac{5\ 000M}{1\ 000v}=500\%$$

（4）年利润率为：

$$p'=\frac{100\%\ m'\times 1\ 000\ 预付\ v\times 5\ 次/年}{10\ 000c_1+1\ 000c_2+1\ 000v}=\frac{5\ 000M}{12\ 000C}=41.67\%$$

上述例子说明，不论周转期间如何变动，只要每年投入使用的可变资本量不变，剩余价值率不变，年剩余价值量也不会发生改变，在实际剩余价值率已定时，只有“实际能够使用的可变资本量发生变化时，才影响到剩余价值的生产”①。

在年剩余价值量不变时，年利润率却发生了变化，这是由预付资本C的量发生了变动引起的，而C的数量变化又是由预付流动资本（c_2+v）量的变化引起的，预付流动资本的量和预付流动资本的周转时间的变化成正比。

和马克思不同，恩格斯是通过周转对年剩余价值量的影响来说明年剩余价值率和利润率的变动或差别的。按照恩格斯的举例，无论周转时间怎样变化，预付资本量，包括预付流动不变资本的量和预付可变资本的量都是不变的。当资本Ⅰ的周转期间由5周延长到10周时，就出现了这样的结果：

（1）每个周转期间的产值及其分解为：

$$200c_1（损耗）+500c_2+500v+500m=1\ 700$$

（2）年产值及其分解为：

$$1\ 000c_1（损耗）+2\ 500c_2+2\ 500v+2\ 500m=8\ 500$$

---

①《资本论》第2卷第332页。

（3）年剩余价值率为：

$$M' = \frac{100\% m' \times 500 \text{预付} v \times 5 \text{次/年}}{500 \text{预付} v} = \frac{2\,500M}{500v} = 500\%$$

（4）年利润率为：

$$p' = \frac{100\% m' \times 500 \text{预付} v \times 5 \text{次/年}}{10\,000c_1 + 500c_2 + 500v} = \frac{2\,500M}{11\,000C} = 22.78\%$$

恩格斯的结论是："利润率下降了一半，因为周转时间延长了1倍。"（第87页）

恩格斯通过举例试图说明，无论年周转次数如何变动，预付资本量都不会发生变动，变动的是年剩余价值量，进而影响年剩余价值率和年利润率。

恩格斯没有考虑到，原来的预付流动不变资本$500c_2$和预付可变资本500v只能维持5周的需要，当周转期间由5周延长到10周时，要使周转能正常进行，就要相应追加c_2和v，由$500c_2$追加到$1\,000c_2$，500v追加到1 000v，使预付总资本从原来的$10\,000\ c_1 + 500c_2 + 500v = 11\,000C$，增加到$10\,000\ c_1 + 1\,000\ c_2 + 1\,000v = 12\,000C$。否则就会使生产规模减去一半，固定资本中的一半也将闲置不用。

在剩余价值量方面，从每个周转期间看，由于投入使用的可变资本量由500增加到1 000，m′不变，剩余价值量也由500增加到1 000。但是，由于原来预付可变资本一年周转了10次，因此M＝500m×10次/年＝5 000，现在每个周转期间可得剩余价值1 000，但年周转只有5次，M＝1 000m×5次/年＝5 000，年剩余价值量并未因周转时间的延长而减少。

在年剩余价值量不变的情况下，年剩余价值率和预付可变资本量的变化成反比，而预付可变资本量和预付可变资本的周转期间成正比，所以年剩余价值率和预付可变资本的周转期间成反比。年利润率则不然，年利润率和预付总资本成反比，但预付总资本并不和周转期间成正比，因此，年利润率和周转期间虽按相反方向变动，但并不成等量的反比。

要正确计算年利润率，首先要正确计算年剩余价值率，懂得周转通过预付可变资本量的变动对年剩余价值率的影响。

和马克思不同，恩格斯提出年剩余价值总量的计算公式是"M＝mn"（第87页），m是"一个周转期间所占有的剩余价值"，n是"一年内可变资本周转的次数"（第87页）。m是不变量，即一个企业不论其周转期间如何变化，每一个周转期间所产生的剩余价值量都是不变的。在上例中，资本Ⅰ在可变资本周转期间为5周即年周转10次时，每个周转期间产生的剩余价值是500，在周转期间变为10周即年周转5次时，每个周转期间产生的剩余价值仍是500，年剩余价值总量就取决于一年内可变资本的周转次数，周转10次时，M＝500m×10次/年＝5 000，周转5次时，M＝500m×5次/年＝2 500。这里恩格斯没有注意到，不仅可变资本的周转次数是一个可变量，每个周转期间产生的剩余价值在可变资本周转次数发生变化时也会发生相应变化。在上例中资本Ⅰ在可变资本周转期间为5周时，M＝500m×10次/年＝5 000，可变资本周转期间延长为10周时，M＝1 000m×5次/年＝5 000。一方面是每个周转期间剩余价值量增加1倍，另一方面是可变资本的年周转次数减少一半，年剩余价值量并不因可变资本年周转次数的变化而变化。

三、如何正确计算利润率［第87页末段—本章完］

（一）对利润率公式的调整［第87页末段—第88页第1段］

利润率$p' = \frac{m}{C}$是剩余价值率$m' = \frac{m}{v}$的转化形式，$\frac{m}{v}$中的v是一定期间（如一个周期或一年）内所使用的可变资本，m是同一期间所生产的剩余价值。我们在研究影响利润率的因素时，将利润率的公式 $p'=\frac{m}{C}$ 转化为 $\frac{m'\times v}{C}$，即 $m'\frac{v}{C}$，说明利润率的高低由剩余价值率和资本有机构成这两个因素决定。

但是当我们考虑周转的因素即计算年利润率时，$p'=m'\frac{v}{C}$ 这个公式就不能满足要求了，因为分子的 v 和分母中的 v（$C=c+v$）是两个因不同性质而导致往往是不同量的可变资本。分子中的 v 代表实际使用的可变资本，分母中的 v 却是预付的可变资本，这两个可变资本只有在考察一次周转时在数量上才是相等的，周转期间发生差别或变动，同量的实际使用的可变资本在预付可变资本量上却是不相同的。

要解决这一问题，首先就要从周转上考察剩余价值率，使剩余价值率转化为年剩余价值率，在此基础上，再进一步转化为年利润率。

年剩余价值率 $M'=\frac{M}{v}$，v 代表一年中的预付可变资本，M 代表这个预付可变资本在一年中带来的剩余价值量。$M=m'\times$ 预付 $v\times$ 预付 v 年周转次数，年剩余价值率具体表述为 $M'=\frac{m'\times v\times n}{v}$，分子的 v 和分母的 v 都是同质同量的预付可变资本。当年剩余价值量表现为预付可变资本的产物时，剩余价值率 $\frac{m}{v}$ 就转为年剩余价值率 $M'=\frac{m'\times v\times n}{v}$；当年剩余值量表现为全部预付资本 C 的产物时，年剩余价值率就转化为年利润率 $p'=\frac{m'\times v\times n}{C}$ 了。

（二）对年利润率计算的举例［第 88 页第 2 段—本章完］

在现实生活中，对年利润率的计算是十分困难的。对于资本家来说，他只注意固定资本和流动资本的区分，不懂得不变资本和可变资本的区分，不懂得预付的可变资本和实际使用的可变资本的区分，而要正确计算年利润率则必须要做好这些区分。

恩格斯采用了《资本论》第 1 卷第 7 章提供的现成例子进行了演算，这个例子是英国曼彻斯特一家纺纱厂老板向马克思提供的。

已知该厂固定资本是 10 000 镑（c_1），流动资本是 2 500 镑（c_2+v），每周的产值及其分解为：20 镑 c_1（损耗）+358 镑 c_2 +52 镑 v +80 镑 m =510 镑。

年利润率的计算公式为：$p'=\frac{m'\times \text{预付}\ v\times \text{预付}\ v\ \text{年周转次数}\ n}{C}$

演算如下：

$$C=10\,000\text{ 镑 }c_1+2\,500\text{ 镑 }(c_2+v)=12\,500\text{ 镑}$$

$$m'=\frac{80m}{52v}=153\frac{11}{13}\%$$

$$\text{预付 }v=2\,500\text{ 镑 }(c_2+v)\times\frac{52\text{ 镑预付 }v}{358\text{ 镑预付 }c_2+52\text{ 镑预付 }v}=318\text{ 镑}$$

$$n=\frac{52\text{ 镑使用 }v\times 52\text{ 周}}{318\text{ 镑预付 }v}=8.5\text{ 次/年}$$

$$p'=\frac{153\frac{11}{13}\%\,m'\times 318\text{ 镑预付 }v\times 8.5\text{ 次/年}}{12\,500\text{ 镑}}=33.27\%$$

年利润率和年剩余价值率比较如下：

从公式上看，年利润率 $p'=\frac{M}{C}=\frac{m'\times \text{预付}\ v\times n}{C}=m'n\frac{\text{预付}\ v}{C}$，年剩余价值率 $M'=\frac{M}{\text{预付}\ v}=\frac{m'\times \text{预付}\ v\times n}{\text{预付}\ v}=m'n$。

从计算上看，年利润率 $p'=153\frac{11}{13}\%\,m'\times 8.5$ 次/年 $\times\frac{318\text{ 镑预付 }v}{12\,500\text{ 镑 }c}=33.27\%$，年剩余价值率 $M'=153\frac{11}{13}\%\,m'\times 8.5$ 次/年 $=1\,307\%$，年利润率远远小于年剩余价值率。

第五章　不变资本使用上的节约

由于利润率等于$\frac{m}{c+v}$，在剩余价值量 m 和剩余价值率$\frac{m}{v}$不变的条件下，不变资本 c 的减少，会引起利润率的提高。

本章共 5 节，第Ⅰ节概论，分析资本主义条件下节约不变资本的途径和原因，第Ⅱ至Ⅴ节通过举例说明在第Ⅰ节中分析的各种情况。

Ⅰ. 概　论

在资本主义制度下，做到对不变资本使用上的节约，是由于以下几个方面的原因，或者说是通过以下几条途径实现的。

一、延长工作日［本节第 1 段—第 93 页第 1 段］

延长工作日可以在不追加固定资本投资的条件下，获得更多的剩余价值，从而提高利润率。

这里有两种情况，一种是对工作日被延长的部分不再额外增加工资支出，另一种是对工作日被延长的部分支付额外的工资，甚至是按原来的小时工资支付。不论是哪一种情况，都会节约不变资本，提高利润率。

例如，原来的情况是：$p'=\frac{20m}{30c_1+50c_2+20v}=20\%$，假定剩余劳动时间被绝对延长了 1 倍，现在的情况是：$p'=\frac{40m}{30c_1+100c_2+20v}=26.7\%$或$p'=\frac{40m}{30c_1+100c_2+40v}=23.5\%$。

在工人劳动追加量和剩余价值量增加 1 倍的情况下，流动不变资本 c_2（如原材料的投入）虽也相应追加 1 倍，但固定资本（如厂房、机器设备）并未增加，这就表明节约了固定资本。尽管在前一种情况下，由于 c_2 增加 1 倍而 v 未相应增加 1 倍，使整个 c 的比重增加了（c 在全部预付资本中比重由 80% 增加到 87%），和剩余价值量增加 1 倍相比较，总的说来，还是节约了不变资本。

如果工作日不变，上述不变资本的节约和利润率的提高就不会发生。这里有两种情况，一种情况是增加工人，其结果是一方面使剩余价值总量增加，另一方面又使资本总量（包括 v、c_1、c_2）与工人人数同比例地增加，二者的作用相互抵消，不能提高利润率。如原来的情况是：$p'=\frac{20m}{30c_1+50c_2+20v}=20\%$，假定工人人数增加了 1 倍，$p'=\frac{40m}{60c_1+100c_2+40v}=20\%$。另一种情况是通过一切有关生产部门增加劳动强度或提高劳动生产力，其结果是一方面产生了相对剩余价值，提高了剩余价值率；另一方面可变资本所占比重越来越少，利润率不仅不会提高，反而会出现下降的趋势。本卷第 3 篇中将专门分析这一问题。

延长工作日，不仅可以节约固定资本的投资，还可以节约监督费用、国税、地方税、火灾保险费、各种常雇人员的工资，减轻由于机器贬值带来的无形损耗，因为这些非生产费用不因工作日的长短而发生变化。

二、劳动的社会结合［第93页第2段—第94页第1段］

在第1卷中，为了说明相对剩余价值的生产，马克思在协作、分工和工场手工业、机器和大工业各章中，已经论述了劳动的社会结合问题，现在研究利润率的变动时，这一问题再一次被提了出来。

劳动的社会结合能够节约不变资本，从而提高利润率，是因为：

第一，生产资料的集中和大规模的生产，节省了发动机、传动机和工作机的费用。这是因为，发动机的费用不会和发动机的马力同比例增加；传动机的费用不会和它所带动的工作机的数量同比例增加；工作机（工具机）也不会和使用的工具数量同比例增加。

第二，生产资料的集中可以节省工厂建筑物（包括车间、仓库等）。

第三，生产资料的集中可以节省燃料和照明用电。

第四，大规模的生产带来大量的生产排泄物（边角废料、废渣、废水、废气、烟尘等），使开发利用具有商业价值，不仅使废物得到利用，减少了原材料的开支，甚至可以从废料和烟尘中开发出具有更高价值的新产品。此外，还减少了污染，最大程度地避免了对自然环境的破坏。

三、生产不变资本劳动的节约［第94页第2段—第96页第2段］

从生产价值和剩余价值的角度看，不变资本只是通过工人的具体劳动将自身的价值转移到商品中去，不论不变资本有多少，都不会带来价值的增殖。这里唯一要考虑的是不变资本的使用价值，不变资本的使用价值量越大，被吸收的劳动量就越多，从而使更多的价值和剩余价值的生产成为可能。但是我们如果从利润率的角度看，不变资本的价值如何就是至关重要的了，同样的机器设备，价值越低，投在不变资本的部分就越少，利润率越高。

机器的改良包括构成机器的原材料的改良、制造技术和工艺上的改良等，通过这些改良，机器变得更便宜了、更轻巧了、质量和效率更高了，使用过程中的维修费和废料也减少了。

生产机器的部门对机器的改良，引起使用机器的生产部门节省不变资本。在产业进步条件下促成的节约，其特征是："一个产业部门利润率的提高，要归功于另一个产业部门劳动生产力的发展。"（第96页）"生产力的这种发展，最终总是归结为发挥着作用的劳动的社会性质，归结为社会内部的分工，归结为脑力劳动特别是自然科学的发展。"（第96页）"一个生产部门，例如铁、煤、机器的生产或建筑业等等的劳动生产力的发展，……部分地又可以和精神生产领域内的进步，特别是和自然科学及其应用方面的进步联系在一起。"（第96页）在《资本论》第1卷中，马克思就将"科学的发展水平和它在工艺上应用的程度"列入决定劳动生产力的重要因素。在《1857—1858年经济学手稿》中，指出"生产力中也包括科学"①，并说，"随着大工业的发展，现实财富的创造较少地取决于劳动时间和已耗费的劳动量，较多地取决于在劳动时间内所运用的作用物的力

① 《马克思恩格斯全集》第2版第31卷第94页。

量，……取决于科学的一般水平和技术进步，或者说取决于这种科学在生产上的应用。……劳动表现为不再像以前那样被包括在生产过程中，相反地，表现为人以生产过程的监督者和调节者的身份同生产过程本身发生关系。……工人不再是生产过程的主要作用者，而是站在生产过程的旁边”①。马克思预见到：“一旦直接形式的劳动不再是财富的巨大源泉，劳动时间就不再是，而且必然不再是财富的尺度，因而交换价值也不再是使用价值的尺度。……于是，以交换价值为基础的生产便会崩溃。”②

四、不变资本本身使用上的节约［第 96 页末段—本节完］

在资本主义制度下，通过以下途径对不变资本的使用进行节约：

第一，“工人的集中和他们的大规模协作”即“大规模生产”（第 96 页）。

将生产规模扩大，会使不变资本的价值在绝对量上增加，“但是同不断扩大的生产相比，同可变资本的量或者说同所推动的劳动力的量相比，相对地说却是减少了”（第 97 页）。在大规模生产下，花费在建筑物、取暖设备、照明设备、动力机和工作机等方面的费用，和小规模生产相比较，绝对量增加了，相对量却减少了。大马力发动机的费用少于总和的小马力发动机的费用，加长的纺纱机的费用少于在纱锭数相等的总和的小纺纱机的费用，建筑物的费用、取暖设备和照明设备的费用都不会随产量的增加而同比例地增加。

在使用不变资本上的节约和上述在生产不变资本劳动上的节约区别在于：生产不变资本劳动上的节约是“用最少的费用，来实现对他人无酬劳动的这种尽可能大的占有”（第 97 页），而在使用不变资本上的节约则“直接是劳动的节约，即本部门内工人的有酬劳动的减少”（第 97 页）。

第二，生产资料在质量上要合乎目的，在数量上要能满足吸收剩余劳动的需要。

从剩余价值的生产来看，生产资料价值的高低是无关紧要的，重要的首先是在数量上不能因不变资本的节约而保证不了吸收剩余劳动的需要。

其次，生产资料在质量上要合乎目的，要求“不仅要有性能好的机器，而且要有优质的原料和辅助材料”（第 97 页）。优质材料可以减少废料，从而减少原材料的消耗，节约不变资本；优质材料还可以减少工作机运转时遇到的障碍，缩短劳动时间，增加剩余价值和提高剩余价值率。没有优质的材料，就难以有优质的产品。

第三，提高工人的素质和加强纪律。

马克思指出，在资本家工厂中，“要做到生产资料只按生产本身的要求的方式来消耗，这部分地取决于工人的训练和教育，部分地取决于资本家强加给结合工人的纪律”（第 98 页）。

第四，对生产要素掺假，欺骗顾客。

对生产要素掺假是降低不变资本费用的一种主要手段，因而也是“使利润率提高的一种主要手段”（第 98 页），这一问题在德国工业中尤其突出，他们的处理手段是：讨好顾客的办法是先送给他好样品，然后给他次货。

第五，靠牺牲工人而实现的劳动条件的节约。

不变资本的节约或者来自本部门劳动生产力的发展，或者来自其他部门劳动生产力的发展，但在资本主义制度下却表现为资本的力量，只和资本家有关，工人作为活劳动的承

① 《马克思恩格斯全集》第 2 版第 31 卷第 100 页。
② 《马克思恩格斯全集》第 2 版第 31 卷第 101 页。

担者，却和他的经济条件的节约使用毫不相干。

不仅如此，“资本主义生产方式按照它的矛盾的、对立的性质，还把浪费工人的生命和健康，压低工人的生存条件本身，看作不变资本使用上的节约，从而看作提高利润率的手段”（第 101 页）。

节约的范围包括：使工人挤在一个狭窄的建筑物中劳作；对危险的机器不安装安全设备；对有害健康甚至危险的生产过程不采取任何预防措施，等等。

由于工人的一生中大部分时间是在生产过程中度过的，因此生产条件也就是工人的生活条件，劳动条件的恶化也就是工人的生存条件和生活条件的恶化。

以下各节将举例说明资本主义生产方式在不变资本使用本身上的各种节约途径。

Ⅱ. 靠牺牲工人而实现的劳动条件的节约

一、煤矿中以工人的生命、肢体和健康的损害为代价而实行的安全设备的节约［本节第 1 段—第 103 页末段］

据英国 1829 年 4 月 21 日的《矿山童工调查委员会的第 1 号报告》提供的材料：“大部分煤矿只有极不完善的排水设备和通风设备；往往是竖井建造得很差，支架很糟，机械师不够格，坑道和车道设计和修建得不好；结果是生命、肢体和健康遭到损害，关于这方面的统计展示出一幅令人不寒而栗的景象。”

1860 年前后，英国煤矿平均每周死亡 15 人，在 1852—1861 年的 10 年间，共死亡 8 466人。由于隐瞒不报，这个数字被大大缩小。

二、工厂中以工人的生命危险和四肢残废为代价而实行的保护设备的节约［第 104 页第 1 段—第 106 页第 1 段］

英国虽然早在 1844 年就有关于工厂要安装安全设备的法律，但从 1844—1854 年的 10 年期间，只是一纸空文。1855 年，当工厂视察员表示要切实执行安装安全设备的法律，工厂主立即建立了“争取修改工厂法全国协会”这一行业组织，反对安装安全设备，甚至连内务部长提出的允许安装只是徒有其名的安全设备，也被拒绝接受。

由于缺少安全设备，工厂不断发生事故，但是处理这种案件的法官本人大多数都是工厂主或是工厂主的朋友，并且是上述协会的会员。首席法官坎伯尔谈到这种案件的处理时说：“这不是解释议会法令，简直是废除议会法令。”

三、在室内劳动中以浪费工人生命和健康为代价而实行的建筑物的节约［第 106 页第 2 段—本节完］

出于在建筑物上的节约，资本家使工人挤在狭小的场所里劳动，再加上通风设备的节约和过长的劳动时间，其结果是使工人的呼吸器官疾病大量增加，从而使死亡人数大量增加。马克思以约翰·西蒙医生编写的《公共卫生。1863 年第 6 号报告》中的材料为例证，揭露了英国的纺织业、印刷业、时装业等部门在劳动条件上实行的节约手段及其严重后果。

Ⅲ. 动力生产、动力传送和建筑物的节约

根据蒸汽锤发明人詹姆斯·内史密斯提供的材料，英国由于对蒸汽机及传动装置的改进，使马力增大50%，甚至1倍以上，机器运速加快了，并且更有规律了，提供一马力的煤耗却由每小时12—14磅降到$3\frac{1}{2}$磅或4磅。

工作机和传动装置的改良，使工厂主能够在减少雇工人数和不增加动力的情况下扩大生产。

机器的改良要求有相适应的建筑物，英国一家纺纱厂主披露：由于将所有的纺纱机集中在一间大建筑物中，集中管理机器，"我节省了60%到80%的传动装置。此外还可以大量节约机油、润滑油等等……总之，有了完善的工厂设备和改良的机器，我少算些，也节省了10%的劳动，并且还大大节省了动力、煤炭、机油、油脂、传动轴、皮带等等"。

Ⅳ. 生产排泄物的利用

一、排泄物的分类［本节第1—2段］

排泄物有两类，一类是生产排泄物，即工农业中的废料以及废水、废烟、废气等；另一类是消费排泄物，包括人的身体在新陈代谢中产生的粪、尿、头发和对生活用品消费后产生的废品，如破铜烂铁、破衣废纸、空瓶空罐、菜叶、废水、报废的家电和家具等。

对这些排泄物的利用可以节约日益昂贵的原材料，在生产中起着重要的作用（如人和牲畜的粪尿对农业生产的重要作用），对排泄物不加以利用，不仅浪费宝贵的资源，还会对人类生存环境造成破坏。

二、对排泄物再利用的条件［第115页末段—第117页第2段］

对排泄物的再利用必须具备以下条件：

第一，"这种排泄物必须是大量的，而这只有在大规模的劳动的条件下才有可能"（第115页）；

第二，"机器的改良，使那些在原有形式上本来不能利用的物质，获得一种在新的生产中可以利用的形态"（第115页）；

第三，"科学的进步，特别是化学的进步，发现了那些废物的有用性质"（第115页）。

马克思列举了纺织业和化学工业，说明随着资本主义生产方式的发展，对排泄物的利用的范围和技术在不断扩大和提高。

在我国现有的科技条件下，在利用外资时，必须严禁引进具有严重污染而又难以消除的生产门类，对含有核废料、剧毒、病菌的洋垃圾，更应拒之于国门之外。

三、对生产排泄物的再利用造成的节约和由于废料的减少而造成的节约的区分［第117页第3段—本节完］

由于废料的减少而造成的节约"是把生产排泄物减少到最低限度和把一切进入生产中

去的原料和辅助材料的直接利用提到最高限度”（第 117 页）。

废料的减少取决于两个因素：第一，“所使用的机器和工具的质量”（第 117 页）；第二，“原料本身的质量”（第 117 页）。

原料本身的质量又取决于：第一，“生产原料的采掘工业和农业的发展”（第 117 页）；第二，“原料在进入制造厂以前所经历的过程的发达程度”（第 118 页）。

对于机器和工具的作用，马克思举了法国面包生产的例子，由于磨谷技术的改进（采用了优质磨石），同量谷物多提供了原产量一半的面包。

Ⅴ．由于发明而产生的节约

一、由于发明而产生的节约的前提［本节第 1 段］

发明可以节省固定资本的费用，它要以大规模的协作生产为前提条件：

第一，只有大规模的生产才能使力学和化学上的各种发明得以应用并使商品价格不会昂贵。

第二，各种发明只有应用在大规模生产中才会产生节约。

第三，只有在大规模的生产中，才能结合工人的经验，发现在什么地方节约和怎样节约，怎样用最简便的方法去应用发明，需要克服哪些实际障碍等等。

二、一般劳动和共同劳动的区分［第 119 页第 1 段］

“一般劳动是一切科学劳动，一切发现，一切发明。”（第 119 页）“共同劳动以个人之间的直接协作为前提。”（第 119 页）二者都在生产过程中起作用，并互相转化，一般劳动是在共同劳动和前人达到的科学水平的基础上进行的发现和发明的劳动。

三、对由于发明产生的节约的两点说明［第 119 页第 2—末段］

一般劳动和共同劳动的区别在下述两件事实中表现了出来，下述两件事实也说明了由于发明产生的节约并不是立即表现出来的。

（1）初次制造的新机器费用很高，不会带来节约，只有在以后的重复生产中，才会带来费用的节省。

（2）与此相联系，开始用新发明的机器设备建立的工厂，经营的费用会很大，从中得利的是后来的货币资本家，他们采用现成的廉价机器和建筑物，而“最初的企业家大都遭到破产”（第 119 页）。

在整个过程中，共同劳动没有变化，变化的是一般劳动，随着科学技术的发展为后来的资本家带来最大的利润。

第六章　价格变动的影响

本章共3节，第Ⅰ节从正面阐明原料价格的变动对利润率产生的直接影响，第Ⅱ、Ⅲ节是对第Ⅰ节的补充。第Ⅱ节补充说明了除原料价格外，还有固定资本和劳动力商品的价格，这些要素价格的变动带来的影响具有二重性，在利润率下降的同时，出现了对利润率下降的补偿；在利润率提高的同时，又出现了对利润率提高的抵消。第Ⅲ节以英国棉纺织业的历史资料作为例证，阐释价格变动对利润率的影响形式。

Ⅰ. 原料价格的波动及其对利润率的直接影响

一、研究本节内容的两个假定［本节第1段—第121页第2段］

研究本节内容前要明确两个假定：

第一，假定剩余价值率和剩余价值量不变。

利润率取决于两方面的因素，一方面是剩余价值率的高低和剩余价值量的大小，另一方面是预付资本量的多少。由于前一因素在《资本论》第1卷中做了专门研究，现在集中在后一因素的研究上。

与此相联系，和考察剩余价值的生产不同，不再局限于生活必需品的生产部门，也包括奢侈品的生产部门。

第二，这里所说的原料只包括使用机器时投入的主要材料。

原料本身包括使用机器时投入的主要材料和消耗的各种辅助材料，还包括生产这台机器所耗费的一切原材料。我们现在研究的原料价格变动对利润率产生影响中所说的原料，不包括生产机器所耗费的一切原材料，也不包括使用机器时消耗的辅助材料，而仅仅指使用机器时投入的主要材料，如生产棉纱和棉布时所用的棉花。

二、原料价格的变动对利润率的直接影响［第121页末段—第123页第1段］

由于$p' = \frac{m}{C}$或$\frac{m}{c+v}$，因此，即使m和$\frac{m}{v}$不变，c的变动也会影响利润率。作为c中一个组成部分的原材料在价格上发生变动，在c中另一组成部分（固定资本）价格不变的条件下，c的部分就会发生变动，在m和$\frac{m}{v}$不变的条件下，利润率就会发生变动，变动的规律是："在其他条件不变的情况下，利润率的高低和原料价格成反比。"（第122页）马克思称之为"一个普遍规律"（第127页）。

由此，马克思得出了两个结论：

第一，"即使完全撇开供求关系，原料价格的低廉对工业国来说也是非常重要的"

（第 122 页）。

在货币价值不变的条件下，原材料的价格的变化取决于生产原材料的社会必要劳动量，另一方面，供求关系对价格的变动也会产生一定的影响。英国资产阶级经济学家罗·托伦斯（1780—1864）虽然认识到原料价格对利润率有显著影响，但是他在理论上却做了完全错误的解释，他用供求关系去说明价格的变动，进而说明利润的产生。马克思在批判罗·托伦斯时指出："利润的产生不是由于商品高于它的价值出卖，而是由于商品高于资本家所支付的预付资本的价值出卖。"①

第二，"即使撇开对外贸易由于使必要生活资料便宜而对工资产生的任何影响，对外贸易也会影响利润率"（第 122 页）。

从国外直接进口廉价的生活必需品，会使工资降低，从而减少可变资本的支出，提高利润率。从国外进口廉价的原料后加工成生活必需品，也会取得同样的效果。撇开这一点，进口廉价的原料，会使 c 中的这一部分价值减少，从而提高利润率。

李嘉图由于将利润率和剩余价值率混为一谈，因此只承认对外贸易使工资降低从而带来的利润率的提高，不承认对外贸易使 c 的价值减少带来的利润率的提高。

三、原料价格对产品价格、再生产过程和废料造成的损失的影响［第 123 页第 2 段—本节完］

（一）原料价格对产品价格的影响［第 123 页第 2—末段］

在不变资本中，原材料比劳动资料对产品价格的影响要大得多，并且随着劳动生产力的不断发展，原材料价格对产品价格的影响会越来越大。这是因为：

首先，在每次生产过程中，劳动资料的价值只是一部分加入产品的价值，而原料却是全部加入产品的价值。

其次，随着劳动生产力的发展，机器的价值不断下降，与此同时，机器的效率却在不断提高，消耗的原料越来越多，消耗的活劳动越来越少，使原材料价格在产品价格中所占的比重越来越大。

（二）原料价格对再生产过程的影响［第 124 页第 1 段］

要使再生产能够正常进行，则在出售商品时所得的价格应能够补偿不变资本和可变资本的消耗。区别在于，不变资本中的原料和工资一样，作为流动资本的组成部分，要求每次生产过程结束后出售商品所得的价格中的全部相关部分立即用来补偿，否则再生产将立即受到影响。不变资本中的劳动资料部分则不同，它是要经过无数次生产过程，直到机器设备报废后才进行全部的补偿，一次生产过程结束后实现的价格能否为机器设备的补偿提供一部分准备金，事实上是无关紧要的。

（三）原料价格对生产中产生的废料造成的损失的影响［第 124 页末段—本节完］

原料价格的高低和升降，对生产中产生的废料所造成损失的大小是很不相同的，原料价格越高，涨幅越大，生产厂家损失也越大。

例如，纺粗纱时废棉率为 15% 以上，假设棉花价格为每磅 $3\frac{1}{2}$ 便士，每磅棉花损失 $\frac{1}{2}$ 便士，棉花价格上升为每磅 7 便士时，每磅棉花就损失 1 便士，棉花价格上升 1 倍，棉花损失也增加 1 倍。

---

① 《剩余价值理论》第 3 分册第 83 页。

陈征对本节中一个问题的解释，与马克思的原意是不符的，但却与王珏等人的解释如出一辙。

马克思写的这一节的内容，概括为以下三个问题：①研究本节内容的两个假定；②原料价格的波动对利润率的直接影响（其中包含对资产阶级经济学家的错误认识提出的批评）；③原料价格对产品价格、再生产过程和废料造成的损失的影响。

问题发生在对第三个问题的解释上，马克思在论述了原料价格的波动对利润率的直接影响之后，又展开研究了原料价格对另外三个方面的影响。这里的问题是：第一，在王珏等人的著作中，将马克思论述的这三个方面影响概括为"原料价格变动对利润率发生影响的原因"①，原料价格的波动除直接影响利润率外，还对另外三个方面产生影响，虽然这三个方面的影响也会间接影响到利润率，但不能简单地说马克思在这里分析的是原料价格波动直接对利润率发生影响的原因。而在陈征的著作中也作了类似的概括②，是否巧合，不得而知。第二，王珏等人将"原料价格的变动对利润率发生影响的原因"归纳为四点，而在陈征的著作中也归纳了同样的四点。在马克思的著作中，这里的第一方面影响讲的是原料价格对产品价格的影响，并且分析了原料价格对产品价格的影响会越来越大的两个原因，而陈征和王珏等人却同样将这两个原因说成是对利润率发生直接影响的两个原因，并且将之独立出来，和另外两个方面的影响混合在一起，共同构成原料价格变动直接对利润率发生影响或重大影响的四个原因。这样的雷同，令人生疑。

Ⅱ．资本的增值和贬值、游离和束缚

一、什么是资本的增值和贬值、游离和束缚［本节第1段—第127页第4段］

上一节研究的原材料价格的变动对利润率的直接影响只限于"新投入企业的资本"（即投资），马克思指出："投资，即货币转化为生产资本，是第一次发生。"（第127页）这一资本的利润率是和原料的价格成反比的。但是对于在原料价格发生变动之前已完成投资行为，进入生产领域后以原料、辅助材料、在制品、半成品和完成了生产过程后的产品等形式存在的资本来说，原料价格的变动就会引起资本的增值和贬值，以及与此相联系的资本的游离和束缚。资本的增值和贬值使原料价格对利润率的影响抵消或部分抵消，这是本节所要补充研究的内容。

本节不仅研究原料价格变动的影响，还研究了机器价格、劳动力价格变动对资本价值变动的影响。

本节提出了资本的增值和贬值以及资本的束缚和游离两对既相互联系又相互区别的范畴。

资本的增值和贬值是指现有资本本身价值的增加或减少，资本的增值不同于由于剩余价值的附加造成的增殖，增殖是繁殖，资本的贬值也不同于由于亏损引起的资本量的减少。

资本的束缚是指为了使再生产能按照原有的规模继续进行，产品总价值中的一定部分必须重新转化为不变资本和可变资本的各种要素。资本的游离是指产品总价值中的一直用

① 王珏等：《〈资本论〉介绍》第3卷，中共中央党校出版社1992年版第45页。

② 陈征：《〈资本论〉解说》第3卷（修订本），福建人民出版社1997年版第78—79页。

来重新转化为不变资本和可变资本的各种要素的这个部分，现在在满足原有规模的需要之后，出现了多余部分，且从原资本中分离了出来。

二、资本的增值与贬值对由于价格变动引起的利润率变动产生的反作用［第127页末段—第130页第1段］

（一）对原料价格变动影响利润率的反作用［第127页末段—第129页第1段］

如果原料价格提高了，那么对尚未进行投资的货币资本来说，利润率将会下降，但对已进行投资的企业来说，已投入的资本会发生增值，低价买进的原料将以高价计入即将产出的商品中去，从而补偿由利润率下降而遭受的损失，尤其是事先库存了大量原料的企业，甚至在补偿之后还有余。

反之，如果原料价格下降了，对尚未进行投资的货币资本来说，利润率将会提高，但对已进行投资的企业来说，已投入的资本会发生贬值，高价买进的原料将以低价计入即将产出的商品中去，由利润率提高带来的利益被因资本贬值遭受的损失而抵消，尤其是事先库存了大量原料的企业，遭受的损失甚至大于利润率提高带来的利益。

（二）对机器价格变动影响利润率的反作用［第129页第2段—第130页第1段］

机器、建筑物和土地等由于价格的提高引起的资本增值不具有普遍意义，尤其是建筑物和土地价格引起的资本增值，要用地租理论去说明，这是在本卷第6篇中论述的内容，这里还不能涉及。现在要研究的是机器的贬值对利润率的反作用。

机器的贬值对新的投资来说，会减少预付固定资本的支出，从而提高利润率，但是对于已在使用的机器来说，机器的贬值又会使企业遭受损失。机器的贬值一方面来自劳动生产率的提高，用更少的劳动生产出同样的机器；另一方面是技术上的改进，生产出效率更高的机器，机器贬值造成的固定资本损耗是一种无形损耗，这种无形损耗在采用新机器的初期尤其严重。为了减轻由于机器贬值造成的损失，企业主采用延长工作日和日夜换班的办法，加快固定资本的磨损，在较短时间内转移尽可能多的机器价值到产品中去。

更便宜、生产效率更高的机器不断出现，使最早的投资者因机器迅速贬值而破产，第二个投资者用低廉的价格将这个破产企业收购过来，获得成功。

三、劳动力价值的变动和资本的游离与束缚［第130页第2段—第132页第1段］

劳动力价值的变动对于准备投入企业的货币资本来说，一方面会增加或减少预付资本量，另一方面又会增加或减少剩余价值量和提高或降低剩余价值率，从而对利润的变动产生较大的影响；对于已完成投资的企业来说，工厂主会储备原料而不会储备劳动力，工资的支付也是在工人完成价值的增殖之后。劳动力价值的提高或下降，会引起劳动力商品的增值或贬值，但不会引起可变资本的增值或贬值，因而不会对由于劳动力价值变动引起的利润率的变动发生反作用。不仅如此，已完成投资的企业除了从劳动力价值下降中得到利润率提高的同样利润之外，还可以从资本的游离中得到新的利益；反之，当劳动力价值提高时，它不仅要受到利润率下降的损失，还会受到资本的束缚带来的损失。

当生活资料价值随着劳动生产率的提高而下降时，劳动力价值也会随之下降（劳动力价值的下降与货币工资的增加可以并存）。对于新投资的企业会减少预付资本的支出，与劳动力价值下降相应的是剩余价值量的增加和剩余价值率的提高，接着引起利润率的提高；对于已完成投资的企业来说，除了从中取得同样的利益之外，原来作为工资使用的一部分可变资本，由于劳动力价值的下降而游离出来，可以作为新的投资使用，取得从资本的游离中带来的利益。

反之，当生活资料价值随着劳动生产率的下降而提高时，劳动力价值也随之提高。对于新投资的企业来说，其会增加预付资本的支出，与劳动力价值提高相应的是剩余价值量的减少和剩余价值率的下降，接着引起利润率的下降；对于已完成投资的企业来说，除了从中遭受同样的损失之外，原来作为工资使用的可变资本量只能雇用较少的工人，为了使生产按原有规模进行，就要将原来处于游离状态的用作扩大再生产的一部分积累或资本家个人收入追加到原资本中去，受到由于资本的束缚带来的损失。

四、劳动生产力的变动对资本的游离或束缚的影响［第132页末段—第133页第1段］

以上研究的是价值的变动对资本的游离或束缚的影响，价值下降了，引起资本的游离；价值增加了，引起资本的束缚。现在研究的是在价值不变时，劳动生产力的变动也会引起资本的游离或束缚。价值的变动也是来自劳动生产力的变动，这是向直接生产部门提供生产资料和工人的生活资料的有关生产部门劳动生产力的变动，现在要说的是使用这些生产资料和生活资料的直接生产部门劳动生产力的变动。

（一）对可变资本的游离或束缚的影响［第132页末段］

如果劳动力价值或工资率（$\frac{v}{v+m}$或$\frac{v}{m}$）不变，由于劳动生产力的提高，同量资本雇用的工人减少，一部分可变资本将会从中游离出来（不考虑这部分可变资本转为不变资本）；反之，当劳动生产力下降时，同量资本雇用的工人增加，导致追加可变资本的被束缚。

（二）对不变资本的游离或束缚的影响［第133页第1段］

如果不变资本各要素的价值不变，由于劳动生产力的提高，同量劳动可以生产更多产品，从而消耗更多的不变资本，使追加资本被束缚起来。

在农业中也会发生例外的情况，在劳动生产力下降时发生资本的束缚。例如，在遇到自然灾害时，要使同量劳动生产出和过去一样多的产品，就要投入更多的生产资料，如种子、肥料或排水设备等；反之，如果由于技术改良和充分利用自然力，用更少的不变资本生产出和过去同样多或更多的产品，使一部分不变资本发生了游离。

五、原料价格的剧烈变动对再生产的影响［第133页末段—本节完］

要使再生产能够正常进行，必须对已消耗的不变资本和可变资本进行补偿。撇开可变资本不说，在一切生产部门中，和机器的补偿相比较，原料的补偿在再生产的条件中是最重要的要素。因为机器的消耗并不要求立即实行补偿，在对机器正常使用期间，何时能得到用来补偿机器的折旧费，这个问题和再生产没有多大关系。原料则不同，每次生产过程结束后，要求立即补偿，如果原料价格上涨，不能从商品的价值中得到完全补偿，会立即影响到再生产的正常进行。“因此，剧烈的价格波动，会在再生产过程中引起中断，巨大的冲突，甚至灾难。”（第134页）

在资本主义再生产中，价格的剧烈变动和由此产生的影响是不可避免的。

第一，自然界对原料生产的限制。

原料的来源离不开自然界，一类是无机物，如水、金属等，另一类是有机物，包括植物性物质和动物性物质。

随着资本主义生产方式的发展，尤其是机器数量的增多和效率的提高，对原料的需求越来越多，但是原料的供应却受到自然条件的种种限制。

首先是自然资源的限制，如土地的面积和肥沃程度，海洋的面积和蕴藏水平，水资源的分布、流量和等级，矿藏的数量、质量和品种等。

其次，对于有机原料来说，自然条件的限制还包括气候条件的影响和生长期的影响。风调雨顺的话，农林畜产品则产量高，价格低；反之，产量低，价格高。无机原料只要有丰富的矿山，可以在短时间提高它的产量，有机原料却要受在成长时期必须经过一段自然的时间间隔的限制，增长速度很慢。

为了改变原料的供求落后于需求和价格高的状况，采取的措施是：①到远处购买较廉价的原料；②增加原料的产量；③利用代用品和更经济地利用废料。

原料价格的上涨会引起商品价格的上涨和利润率的下降，但是商品的涨价有一个临界点，超过这一临界点就会引起需求的下降，需求的下降会对商品价格的上涨产生反作用，商品价格的下降又会引起资本的贬值和生产的动荡。原材料价格的剧烈变动还会产生其他影响，对这些影响将在下面论述。

第二，资本主义生产周期性对原料需求的变动。

随着机器数量的增多和技术上的改进，工业生产对原料的需求量越来越大，尤其是繁荣阶段，原料生产的不足最为严重，原料价格涨到临界点。原料的生产虽相对滞后，但本地原料有了很大的发展，在这种情况下，需求量的减少使原料供大于求，并从高价位上跌落下来，造成各种严重的后果。首先是阻碍了原料的再生产。原料的生产随着资本主义生产周期的变化，"有时突然扩大，然后又急剧缩小"（第 137 页），发展是跳跃式的，在第 137—140 页中，马克思用英国毛纺织业和棉纺织业的材料说明这种剧烈的变动。最先受到打击的是新发展的、距离远的、国外的原料产地，"在一部分次要的原料产地，刚刚开始增长的再生产会再次遇到严重的障碍"（第 135 页）。那些生产条件最为有利的原料生产国，会借此机会在一定程度上恢复其垄断地位。

Ⅲ．一般的例证：1861—1865 年的棉业危机

本节主要以英国的棉纺织业为例，说明原料紧缺和价格上涨带来的后果。

一、1861—1865 年前原料的紧缺和价格的波动［本节第 1 段—第 144 页第 1 段］

1836 年，英国发生第二次经济危机，危机过后，经济复苏并走向繁荣。从 1836 到 1846 的 10 年期间，棉、毛、麻、丝等纺织业有了迅速的发展。在繁荣时期，棉花的价格很低，但是到了 1846 年，英国农业的歉收使情况发生了逆转，一方面由于在原料供应保持不变的情况下对原料的需求急剧增加，使棉花价格大大上涨；另一方面由于市场上在纺织品需求不变的情况下对纺织品的供应急剧增加。其结果，一方面是棉花价格大大上涨，另一方面是纺织品价格比棉花涨价前还要低，工厂主普遍抱怨营业不振，导致英国在 1847 年爆发了第三次经济危机。

1848 年最后几个月起，英国纺织业走出了 1847—1848 年经济危机的阴影，营业开始好转，1853 年上半年出现了大繁荣，但这一期间仍存在着原料供给不足和价格波动的隐忧。1853 年 10 月，棉纺织业出现萧条境况，生产相对过剩，1857 年，英国又陷入了第四

次经济危机。

1857 年经济危机之后，由于原料少而且贵，营业状况难有起色。到 1860 年，棉、毛、麻纺织业经营情况好转，但只维持了一年左右，又同时出现生产过剩，1861—1865 年美国爆发的内战，沉重打击了英国的棉纺织业。

二、1861—1865 年美国南北战争引起的英国棉业危机（棉荒）［第 144 页第 2 段—本节完］

美国南部奴隶庄园种植的优质棉，是英国棉纺织业原料的主要来源。1861—1865 年，美国爆发了解放南方奴隶的战争，原来依靠从美国进口的质优价廉的棉花数量剧减，使英国的棉花价格“上涨到近 100 年来闻所未闻的高度”（第 125 页）。到 1863 年的两年多时间内，棉花价格从每磅值半先令（6 便士）或不到半先令（5 便士），上涨到 2 先令，上涨了 3 倍，原料的紧缺和原料价格的上涨，沉重打击了英国的棉纺织业。

为了转嫁损失，工厂主解雇工人，损害工人的健康，降低工人工资，使工人生活恶化。

（1）工人工资的降低和收入的减少。

工资的降低和收入的减少是由以下几个具体原因造成的：

第一，在棉布中掺入过量的浆料和面粉代用品浆料，增加了工人的劳动量。

英国工厂主在棉布中掺入占棉布重量 25%—50% 的浆料，甚至出现布卖得比纱便宜的怪现象，尤其是用滑石粉代替面粉做浆料，可显著增加布的重量。棉布掺入过量的浆料，加大了工人的劳动量，尤其是使用面粉代用品的浆料致使棉纱变硬变脆，在织布时不断地将固定经纱位置的综丝拉断，为此而增加的修理次数不少于 10 倍，减少了织布的产量，计件工资大为减少。使用面粉代用品做浆料，也使工人的疾病日益增多。

第二，大量次棉进入工厂，又掺入大量废棉，增加了工人的劳动量。

次棉（如进口的东印度棉花）纤维短，成分不纯，再加上废棉，纺纱时很容易断开，增加了纺纱和织布的难度。由于要求工人的精力高度集中，原来可以看管两三台织布机的，现在只能看管一台，就是这一台机器，运转速率也大为降低，产量下降了，工人的工资也减少了。1863 年的工人工资和 1861 年相比，平均下降 20%，有些地方下降了 50%。

第三，缩减劳动时间。

据 1861 年材料，有些地区劳动时间被缩减了三分之一，与此同时，资本家还降低计件工资单价 5%—7.5%。

英国工厂视察员在 1863 年 10 月的一份报告中对英国棉纺织厂工人的生活做了这样的描述：“就业对有些家庭来说简直是一种不幸，因为就业不仅减少了收入，而且把收入减低到如此程度，以致这种收入只能满足一家的绝对需要的很小一部分，除非在一家的收入比完全失业时所领的救济金还少时，发给它一笔追加的救济金。”

（2）工人的失业。

根据 1862 年提供的材料，英国兰开夏郡和柴郡棉纺织业主要基地的棉纺织业工人中，充分就业的占 11.3%，半就业的占 38%，全失业的占 50.7%。如果撇开因纺细纱而受棉荒较轻的曼彻斯特和博尔顿的统计数字，兰开夏郡和柴郡的棉纺织工人中，充分就业的占 8.5%，半就业的占 38%，全失业的占 53.5%。

失业工人虽然可以得到救济，条件是随时接受救济委员会安排的公共工程劳动，工厂视察员在 1863 年 10 月的报告中描述了这种劳动："在布莱克本，人们几乎在每一种可能的户外劳动中受过考验；挖掘很深的泥泞的黏土，排水，碎石，修路，挖掘 14 英尺、16 英尺、有时 20 英尺深的下水道。他们经常站在 10—12 英寸深的泥水里，而且总是要忍受潮湿寒冷的气候……"

第七章　补充说明

一、利润和剩余价值是同一的东西 ［本章第1—3段］

利润是剩余价值的转化形式，当雇佣工人创造的剩余价值被看作是全部预付资本的产物时，就取得利润这种转化形式，社会总利润和社会剩余价值总量相同。资产者不承认这一点，即使假定某个特殊生产部门占有的利润量和雇佣工人在这个部门创造的剩余价值量相等，资产者也不承认利润和剩余价值是同一的东西。资产者的这种认识是由以下两个错觉产生的。

第一，流通过程可以影响利润的分配，使企业中生产的剩余价值量和所得的利润量不一致，产生利润不是来自剩余价值、利润和剩余价值不是同一东西的错觉。这是把剩余价值的实现和剩余价值的生产，即由流通引起的剩余价值的分配和剩余价值的生产混为一谈了。流通过程改变的是该部门剩余价值的分配，而不能改变该部门雇佣工人创造的剩余价值总量。

第二，除了流通过程中因欺诈和供求的产品价格因素影响利润率外，在剩余价值率相同的条件下，各企业也因经营本领和经营技巧上的差别出现利润率的差别，“这一情况使资本家产生了错觉，使他相信，他的利润不是来自对劳动的剥削，而是至少有一部分也来自与此无关的另外一些事情，特别是来自他个人的活动”（第155页）。实际上，这种经营管理包括指挥和监督并不能改变剩余价值或利润的绝对量，改变的是剩余价值或利润的相对量，经营管理好的企业能够使同量可变资本消耗较少的不变资本，结果是在相同剩余价值率的条件下，产生更高的利润率。

二、预付资本量对利润率的影响 ［第155页第1段—第156页末段］

$p' = \frac{m}{C}$，利润率一方面取决于剩余价值量 m 的大小（成正比），另一方面取决于预付资本量 C 的大小（成反比）。德国庸俗经济学家洛贝尔图斯（1805—1875）认为“资本价值总额”和“资本盈利额”总是按同一方向、同一比例发生变化的，因此，无论是预付资本量的变化，还是利润量的变化，都不会使利润率有“丝毫改变”。

洛贝尔图斯的见解只有在以下两种场合下才是正确的：

第一种场合，货币价值发生了变化。

在资本和商品的价值不变，剩余价值率也不变的条件下，货币的价值下降了，资本的价格和商品的价格就会和货币的价值发生反比例的变动，这时，利润量增加了，与此同时，预付资本的价格总量也同比例地增加了，利润率不会因货币价值的下降而发生变动；反之，货币价值上升了，资本的价格和商品的价格同样会和货币的价值发生反比例的变动，这时，利润量下降了，与此同时，预付资本的价格总量也同比例地下降了，利润率也不会因货币价值的上升而发生变动。

在上述场合，资本价值和剩余价值在价值量上都没有发生变化，变化的只是它们价值的货币表现，即价格。

第二种场合，资本有机构成不变，剩余价值率也不变。

如第一年的利润率 $=\frac{200m}{800c+200v}=20\%$，第二年的利润率 $=\frac{400m}{1\ 600c+400v}=20\%$，第三年的利润率 $=\frac{100m}{400c+100v}=20\%$。在这三种情况中，无论利润量发生怎样的变动，是增加还是下降，只要资本有机构成不变，剩余价值率不变，预付资本量就会和利润量发生同方向同比例的变化，利润率却始终不变。

这里还应补充第三种场合，那就是，即使资本有机构成和剩余价值率都发生了变化，只要这个变化是同方向的相应变化，利润量和预付资本量也可以按照同一方向和同一比例发生变化，从而不改变利润率。

例如，第一年的利润率 $=\frac{200m}{800c+200v}=20\%$，第二年的利润率 $=\frac{400m}{1\ 800c+200v}=20\%$，第三年的利润率 $=\frac{100m}{300c+200v}=20\%$，有机构成提高了，剩余价值率也相应提高了，利润量随着预付资本量的增加而同比例地增加；反之，有机构成降低了，剩余价值率也相应降低了，利润量随着预付资本量的减少而同比例地减少，其结果和第二种场合相同。

除了上述三种场合，预付资本量和利润量就不会发生既同一方向又同一比例地变动，从而产生利润率的差别。

三、资本价值的变动对利润率的影响［第 157 页第 1—2 段］

利润率 $\frac{m}{C}$ 是预付总资本和剩余价值的比率，在预付总资本不变的条件下，由于资本有机构成的提高或剩余价值率的提高，使剩余价值和全部预付资本相比，绝对地增加了，并提高了利润率；或者是在剩余价值量不变的条件下，由于预付总资本量的减少，使剩余价值和全部预付资本相比，相对地增加了，这也会使利润率提高。

除此之外，资本价值的变动也会对利润率的变动产生影响，当资本价值因劳动生产力的发展而出现贬值时，就会用比过去更少的资本价值生产出和过去同样多的利润，利润率同样会因此得到提高。

和资本价值的变动不同，货币价值的变动会改变利润量（成反比），但不会改变利润率。

第二篇　利润转化为平均利润

上一篇研究了不变资本和可变资本转化为成本价格、剩余价值率转化为利润率以及在这一基础上的剩余价值转化为利润等问题。本篇将研究利润进一步转化为平均利润、利润率转化为平均利润率并在这一基础上将商品价值转化为生产价格。

在上一篇中我们看到利润范畴虽然掩盖了剩余劳动这一真正来源，但利润和剩余价值在量上还是相同的。现在，从个别资本来看，利润和剩余价值在量上也不一致了，利润的本质被进一步掩盖。同样，在这一基础上形成的生产价格在量上也和商品价值产生了分离，商品价值取决于社会必要劳动量的规律完全模糊了。本篇任务在于阐明平均利润和生产价格的本质，捍卫并进一步发挥马克思的劳动价值学说和剩余价值学说，揭露资本家和工人之间的阶级对抗关系以及资产阶级之间的相互矛盾。

本篇从第 8 章开始，到第 12 章结束，共 5 章。第 8 章《不同生产部门的资本的不同构成和由此引起的利润率的差别》提出问题，为什么在现实生活中出现利润在各生产部门按资本量多少平均分配这一现象呢？这首先是因为不同生产部门存在着不同的利润率，同量资本不能得到同量利润，这是和资本的社会权力相矛盾的，资本的社会权力要求最低限度能获得平均利润。第 9 章《一般利润率（平均利润率）的形成和商品价值转化为生产价格》，通过计算的方法说明了平均利润率的形成，解决了同量资本不能得到同量利润的矛盾，但是同时又带来了新问题，即所谓第 3 卷与第 1 卷的矛盾问题。第 1 卷阐明商品价值量是由劳动量决定的，而在第 3 卷中商品价值量却表现为由资本量决定的，第 9 章阐明了生产价格是商品价值的转化形式，解决了这个表面上的矛盾。第 10 章《一般利润率通过竞争而平均化。市场价格和市场价值。超额利润》，从历史过程的起点开始，具体地阐明了从商品按照价值出售到商品按照生产价格出售的转化过程，突出阐明了竞争的作用。第 11、12 章，是对生产价格问题作的几点补充说明。

第八章　不同生产部门的资本的不同构成和由此引起的利润率的差别

一、不同生产部门发生利润率差别的原因［本章第 1 段—第 161 页末段］

不同生产部门利润率的平均化起因为不同生产部门利润率的差别，所以，在研究平均利润率时，应先研究不同生产部门利润率的差别问题。

上一篇第 3—6 章已经阐明了影响利润率的各种因素：剩余价值率、资本有机构成、资本周转速度、不变资本使用上的节约、价格的变动等。在这一篇一开始，又研究了这些因素，不同之处在于："我们以前当作同一个资本在时间上相继发生的变化来考察的东西，现在要当作不同生产部门各个并存的投资之间同时存在的差别来考察。"（第 161 页）这就是说，上一篇研究的是个别资本在不同时间里利润率发生变化的因素，这一篇研究的是在同一时间里社会资本在不同生产部门之间利润率发生差别的因素。研究的角度不同，研究的任务也不同。

造成个别资本在不同时间利润率发生变化的因素，同样也是造成在同一时间内不同生产部门利润率出现差别的因素。但是有的因素在考察不同生产部门利润率差别时意义不大，完全可以撇开它，如剩余价值率的差别和价格变动上的差别；有的因素对考察不同生产部门的利润率差别的意义较大，如资本有机构成上的差别和资本周转时间上的差别。下面对这些因素分别加以研究。

（一）剩余价值率的差别［本章第 1—2 段］

对于不同生产部门来说，工资的差别可能是比较大的，例如金匠的工资就会比铁匠的工资高很多，但是金匠创造的剩余价值也会按相同的比例大于铁匠创造的剩余价值，两个生产部门的剩余价值率大体上相同。因此，我们在考察不同生产部门之间的利润率差别时，可以假定剩余价值率和工作日的长度是一样的。

在研究各国之间利润率的差别时，我们当然首先要研究剩余价值率的差别，但是，如果各国的利润率的差别不是由剩余价值率的差别引起的，那就要在剩余价值率相同的前提下去研究其他因素了。

（二）价格变动的差别［第 160 页末段—第 161 页第 1 段］

在第 7 章中已指出，假定剩余价值率不变，由于不变资本中某部分（例如原材料）的价值变动，也会引起利润率的变动。如用 d 代表不变资本的价值变动量，利润率就会与 d 的增减量作相应的变动：$p' = \frac{m}{(C \pm d) + v}$。在这种情况下，尽管利润量不变（除非发生第 6 章第 2 节讲到的由于价值变动而引起资本的束缚或游离），利润率仍会随着不变资本的价值变动而成反方向变动。但是，由于价值变动的差别会在各生产部门资本有机构成中的价值构成比率的差别上得到反映，因而在考察不同生产部门的利润率差别问题时，对这一因素可以撇开。

（三）资本有机构成的差别和资本周转时间上的差别 ［第161页第2段—末段］

除上述因素外，引起不同生产部门利润率差别的因素就是资本有机构成的差别和资本周转时间上的差别，下面我们将分别专门加以研究。研究的前提除上述假定各生产部门的剩余价值率是相同的以外，还有：①当我们说到某一生产部门资本有机构成或周转时，是就整体平均水平而言，不考虑同一部门中各企业之间的差别；②一定量的可变资本代表一定量被推动的劳动力，代表一定量的物化劳动，如100镑可变资本就代表100个工人一周的工资，如每周每个工人劳动60小时，100镑可变资本又代表6 000个劳动小时。

二、不同生产部门的资本有机构成的差别和由此引起的利润率的差别 ［第162页第1段—第169页第2段］

（一）资本有机构成的含义 ［第162页第1段—163页第1段］

各个产业部门的资本是由能动部分和被动部分这两个部分按一定的比率构成的，从内容上看，是由生产资料和劳动力这两个部分按一定的比率构成，其中，生产资料（主要是机器）所占的百分比越大，说明技术基础越雄厚，因此，这种构成我们称之为技术构成。但是，在商品经济条件下，技术构成只有通过价值形式才能综合反映出来，因而，从形式上看，资本技术构成表现为不变资本和可变资本的比率，这种表现形式我们称之为资本的价值构成。所谓资本有机构成就是“由资本技术构成决定并且反映这种技术构成的资本价值构成”（第163页）。生产资料或不变资本所占比重越大，说明资本有机构成越高，反之则越低。

在一般情况下，一个生产部门中的资本技术构成发生了变化，价值构成也会发生相应的变化，不同生产部门的资本技术构成不同，价值构成也会不同。但是也有可能在两个生产部门中的技术构成相同的情况下，由于生产资料和劳动力的价值量不同，价值构成发生了差别；或者两个生产部门的技术构成不同，又由于生产资料和劳动力的价值量不同，价值构成却相同，甚至出现与技术构成反方向的差别。

关于资本有机构成的含义，第1卷第23章一开头已经作过简略的说明，不同之处在于当时是为了研究资本积累问题，现在是为了研究不同生产部门的利润率差别以及由此引起利润率平均化的问题。

（二）怎样研究由于不同生产部门的资本有机构成的差别引起利润率的差别 ［第163页末段—第164页第2段］

1．**研究方法** ［第163页末段］

由于价值构成的变化既可能反映资本技术构成的变化，也可能反映生产资料和劳动力本身价值上的变化，因此，当我们研究由于资本有机构成的差别而引起利润率的差别时，就要分别研究上述两种场合，一种是由于不同生产部门的技术构成差别而引起的价值构成差别对利润率的影响，另一种是在不同生产部门的技术条件虽然相同，但生产要素价值量上不同时对利润率的影响。

但是，要注意的是，由于我们在这一篇中已假定剩余价值率和工作日是不变的，一定劳动时间的工资也被看成是既定的，因此，不同生产部门可变资本的价值量上的不同，不是由劳动力价值的差别引起的，而只能是技术条件不同引起的，代表着劳动力数量的不同。而不变资本价值量上的差别既可能是技术条件不同引起的，也可能是由生产资料本身价值量上的差别引起的。

2. **基本观点**［第164页第1—2段］

资本家所预付的可变资本只包含工人为生产自己的生活资料而支出的劳动量，但可变资本所推动的活劳动量总是大于它所包含的劳动量，超出部分构成剩余价值或利润，进入资本家的口袋。我们在研究不同生产部门的利润率差别时，必须认清可变资本所包含的劳动量和它所推动的劳动量之间的差别。可变资本"所推动的活劳动量，总是大于它所包含的劳动量，因此，也总是表现为一个大于可变资本的价值；这个价值一方面取决于可变资本所推动的工人的人数，另一方面取决于工人所完成的剩余劳动量"（第164页）。

（三）不同生产部门资本有机构成差别对利润率的影响［第164页第3段—第168页第1段］

1. **由于技术构成不同而引起的价值构成不同对利润率的影响**［第164页末段—第165页第1段］

在两个不同的生产部门中，由于技术构成不同，在一定量的资本中，可变资本量就会不一样，因而这两个生产部门所推动的劳动力和活劳动就不同。在剩余价值率已定时，两个生产部门所推动的超额劳动或剩余劳动就不同，结果剩余价值量或利润量出现了差别，利润率不相等。如下表所示：

生产部门	C	v	c	m′	m 或 p	p′
A	700	100	600	100%	100	$\frac{100}{700}=\frac{1}{7}=14\frac{2}{7}\%$
B	700	600	100	100%	600	$\frac{600}{700}=\frac{6}{7}=85\frac{5}{7}\%$

可见，在不同生产部门之间，等量资本获得不等量利润，利润率的高低与资本有机构成的高低成反比。

当有机构成不变时，即使改变了资本的绝对量，利润率也不变，如下表：

生产部门	C	v	c	m′	m 或 p	p′
A	7 000	1 000	6 000	100%	1 000	$\frac{1\,000}{7\,000}=\frac{1}{7}=14\frac{2}{7}\%$
B	7 000	6 000	1 000	100%	6 000	$\frac{6\,000}{7\,000}=\frac{6}{7}=85\frac{5}{7}\%$

在上表所示的例子中我们看到：A、B两个生产部门的投资虽各增加9倍，但因有机构成不变，利润率也仍和以前一样。

2. **技术基础相同，但由于不变资本的价值量不同而引起的价值构成不同对利润率的影响**［第165页末段—第166页第1段］

两个生产部门尽管技术基础相同，但若不变资本的价值量不同，同样会使价值构成出现差别，从而产生同上述一样的结果。如下表：

生产部门	v	c	m′	m 或 p	p′	v 在 C 中的百分比
A	100	200	100%	100	$\frac{100m}{200c+100v}=33\frac{1}{3}\%$	$\frac{100v}{300C}=33\frac{1}{3}\%$
B	100	400	100%	100	$\frac{100m}{400c+100v}=20$	$\frac{100v}{500C}=20$

在上表所示的例子中，技术基础虽然相同，但因不变资本的价值不同，结果利润率仍发生差别，究其原因仍在于等量预付资本中包含着不等量的可变资本，因而所推动的活劳动量不同。在生产部门 A 中，每百镑资本中可变资本占 $33\frac{1}{3}$镑，在生产部门 B 中，每百镑资本中可变资本 20 镑，这样就产生了利润量或剩余价值量上的差别。

3. **结论** ［第 166 页第 2 段—第 168 页第 1 段］

根据上述分析，马克思的基本结论是："不同生产部门用百分比计算的资本，或者说，不同生产部门的等量资本，由于它们的有机构成不同，会生产出不等的利润。"（第 167 页）由此还可以得出进一步的结论："不同生产部门的不等资本的利润，不可能和这些资本各自的大小保持比例，也就是说，不同生产部门的利润，不和各部门分别使用的资本量保持比例。"（第 167 页）例如，甲部门比乙部门资本额多 20%，但是由于有机构成不同，甲部门利润量并不比乙部门多 20%，而是可能多于 20%，也可能少于 20%，甚至少于乙部门所得到的利润量。利润率的高低和资本有机构成的高低成反比，而"资本的有机构成不同，同资本的绝对量无关"（第 166 页）。"只有在资本的有机构成已定的同一生产部门之内，或在资本的有机构成相等的不同生产部门之间，利润量才会和所使用的资本量成正比。"（第 168 页）

为什么资本有机构成不同，利润率就不同呢？马克思在一开始（第 164 页）就已经明确了这个问题，现在又根据上述分析，提出以下结论："在劳动剥削程度相等时，资本 100 所推动的劳动量，从而它所占有的剩余劳动量，取决于它的可变组成部分的大小。"（第 167 页）可变资本组成部分在资本总额中所占的比重，是由资本有机构成的高低决定的。

如果再进一步，可变资本组成部分的大小为什么会决定利润量的大小呢？马克思指出，"剩余价值的唯一源泉是活劳动"（第 167 页），活劳动是劳动力的一种表现形式，而推动劳动力的多少取决于可变资本的大小。

以上分析都是以商品按照价值出售作为出发点的，如果商品背离价值出售，就会从流通范围方面影响到利润率的高低，这样，便和由于有机构成的差别对于利润率的影响搅在一起了。

4. **研究由于不同生产部门资本有机构成的差别对利润率发生影响的意义** ［第 168 页第 2 段—第 169 页第 2 段］

在不同生产部门之间发生利润率差别的主要因素是资本有机构成的差别，因此，研究各生产部门之间资本有机构成的差别，对分析造成各生产部门的利润率差别的原因至关重要。在比较国与国之间的利润率差别时，分析资本有机构成的差别尤为重要。在先进的资本主义欧洲各国，尽管剩余价值率很高，但由于资本有机构成高，利润率却比较低，而一些落后的亚洲国家却恰恰相反。

三、不同生产部门的周转时间的差别和由此引起的利润率的差别［第 169 页第 3 段—第 171 页第 1 段］

除了资本有机构成的差别以外，不同生产部门的周转时间的差别也会引起利润率的差别。因为：第一，“利润率和周转时间成反比”（第 169 页）；第二，“如果同一个可变资本的周转时间不同，它生产的年剩余价值量就会不等”（第 169 页）。对于第一点，我在对第四章的研读中通过举例说明，由于固定资本的周转不会改变固定资本的预付量，利润率和周转期间只能发生反方向变动，但不会成等量的反比；关于第二点，在《资本论》第 2 卷第 16 章中，马克思指出，在两个雇工人数和实际剩余价值率都相同的企业，可变资本的周转通过预付可变资本量的改变（成反比），引起年剩余价值率的变化，在上述条件下，年剩余价值量是不变的。笔者怀疑上述引文可能是恩格斯添加的，而不是马克思原著中所有的。

第二卷中讲过，由于资本周转方式不同，预付资本构成表现为固定资本和流动资本这两个部分。但是，这两部分的比率，“就它本身来说，它根本不会影响利润率”（第 169 页）。例如，在资本有机构成 90c + 10v 的比率情况下，假定剩余价值率为 100%，剩余价值量可得 10 镑，利润率为 10%，在不变资本 90c 中，固定资本和流动资本的比率无论怎样变动，都不会影响利润率，机器占 70c、原料占 20c 时如此，原料占 70c、机器占 20c 时也如此，利润率都是 10%。

只有各生产部门的固定资本和流动资本比率的差别同不变资本和可变资本比率的差别相符合，或者由于固定资本和流动资本的不同比率引起了实现一定量利润所需的周转时间的差别，才会对利润率发生影响。但是它之所以会发生这种影响，是由于可变资本所推动的活劳动量发生了变动，同固定资本和流动资本的构成比率本身无关。固定资本和流动资本的比率只影响价值的转移，而不能决定价值的增殖。

但是，资本有机构成高的部门，固定资本占的比重也往往较大；反之，在资本有机构成低的部门，固定资本占的比重也往往较小，造成固定资本和流动资本的比率同利润率有关的错觉。

四、不同生产部门利润率差别引起的矛盾［第 171 页末段—本章完］

以上分析表明，假定剩余价值率不变，商品按价值出售，在不同生产部门，由于资本有机构成不同和周转时间不同，等量资本得到不等量的利润。这是和资本主义社会的现实生活相矛盾的，现实情况是利润率趋于平均化，等量资本得到等量利润，否则资本主义体系就不会存在。要使等量资本得到等量利润，就要使利润按资本比例分配，形成平均利润率，第 9 章中提出的平均利润率解决了这一矛盾。

平均利润率的出现解决了等量资本不能得等量利润的矛盾，但又产生了另一个矛盾，即平均利润率的规律与价值规律的矛盾，这个矛盾要在第 10 章中对平均利润的具体形成过程的论述之后才能解决。

利润率平均化是建立在成本价格的等同性基础上的。不论资本有机构成如何，不论价值和剩余价值生产的多少，“成本价格对投在不同部门的等量资本来说总是一样的”（第 172 页）。与此相适应，对投在不同部门的等量资本来说，它们的利润也应该是一样的。

第九章　一般利润率（平均利润率）的形成和商品价值转化为生产价格

一、平均利润率和生产价格的形成［本章第1段—第178页第1段］

（一）怎样研究平均利润率和生产价格的形成［本章第1段］

（1）既然资本有机构成的高低取决于技术构成与生产资料价格两方面的情况，我们就要从这两方面去考察资本有机构成。

（2）为便于比较，对资本有机构成“必须按它的百分比来考察”（第173页）。

（3）“在比较时，假定剩余价值率不变，并且可以任意假定这个比率，例如100%。”（第173页）

（4）利润率$\frac{m}{C}$中的C是预付总资本，而不是所费资本，计算所费资本对利润率毫无意义，所以，我们现在“假定不变资本到处都是同样地全部加入所考察的资本的年产品”（第173页）。

（5）撇开周转时间的差别。

（二）平均利润率和生产价格的形成［第173页末段—第176页末段］

1. **假定不变资本全部加入产品价值的情况下平均利润率与生产价格的形成**［第173页末段—第174页第2段］

我们从马克思所列的表中可以看到，有机构成各不相同的生产部门，在剩余价值率相等的情况下，会有很不相同的利润率。如果我们把这些生产部门看作是同一个资本的不同部分，再根据用百分比表示的平均构成计算出来的利润率，就是平均利润率（$\overline{p'}$），根据平均利润率取得的利润量就是平均利润（$\overline{p}$）。

各个生产部门的同量资本（所用资本）由于有机构成不同，可变资本比重不同，在剩余价值率相同的情况下，会有很不相同的剩余价值量，因而会有很不相同的价值量。现在，随着剩余价值转化为利润，进而转化为平均利润，同量预付资本得到同量利润，不同量价值可以表现为同量价格。

2. **假定不变资本各以不同的部分加入产品价值的情况下平均利润率与生产价格的形成**［第174页第3段—第176页末段］

以上假定预付不变资本全部作为成本价格加入产品价值，这种假定很容易引出错误的结论来，即既然预付总资本C＝k，商品价值就由k＋m变为C＋m，商品价格就由k＋$\overline{p}$变为C＋$\overline{p}$了，同量的C，不仅可以带来同量的平均利润，而且可以带来同量的商品价格。

但实际情况并不如此，商品价值中的不变资本c是由已消耗的生产资料价值决定的，不是由投入使用的生产资料价值决定的，商品价格等于成本价格加上平均利润，而不是预付资本加上平均利润，同量预付资本得同量利润，但不能表现为同量价格。

为了避免引出上述的错误结论，我们还必须按照成本价格来考察平均利润率和生产价格的形成。

假定按照实际成本来考察，不变资本就不会全部加入到产品价值中去，而是按不同的比例加入到各生产部门的产品价值中去。在这种情况下，对剩余价值量，对利润率从而对平均利润率均不发生影响，但商品价值和商品价格均因包含的不变资本价值的比例各不相同而不同。商品价格不再表现为 $C+\overline{p}$，而是表现为 $k+\overline{p}$，这种价格我们称之为生产价格，在第 846 页上，用符号 P 表示。

生产价格的分解是 $k+\overline{p}$，商品价值的分解是 $c+v+m$，由于平均利润 $\overline{p}$ 在量上不等于 m，生产价格就同商品价值发生了偏离，但是，“价格的偏离，由于剩余价值的均衡分配，或者说，由于每 100 预付资本有平均利润 22 分别加入 I—V 的各种商品的成本价格，而互相抵消”（第 176 页）。

在以上两个假定中，第一个假定侧重讲平均利润率的形成，第二个假定侧重讲生产价格的形成。

（三）平均利润率、平均利润和生产价格的含义［第 177 页第 1 段］

1．平均利润率

“平均利润率，不外就是这些中等构成部门的用百分比计算的利润。”（第 193 页）所有不同生产部门占统治地位的特殊利润率，通过竞争而平均化为一般的利润率，“一般利润率是用社会的（资本家阶级的）总资本除生产出来的全部剩余价值而得出来的”[①]。这个一般利润率就是平均利润率。

具体计算时，平均利润率 $\overline{p'}=\frac{\text{社会总剩余价值}}{\text{社会总资本}}\times 100\%$

2．平均利润

“按照这个一般利润率归于一定量资本（不管它的有机构成如何）的利润，就是平均利润。”（第 177 页）即“社会总资本在所有生产部门的一定时间内生产的总剩余价值或总利润均衡分配时归于总资本的每个相应部分的剩余价值从而利润”（第 177 页）。

具体计算时，平均利润 $\overline{p}=C\,\overline{p'}$。

3．生产价格

“求出不同生产部门的不同利润率的平均数，把这个平均数加到不同生产部门的成本价格上，由此形成的价格，就是生产价格。”（第 176 页）“一个商品的价格，如等于这个商品的成本价格，加上生产这个商品所使用的资本（不只是生产它所消费的资本）的年平均利润中根据这个商品的周转条件归于它的那部分，就是这个商品的生产价格。”（第 177 页）

具体计算时，生产价格 $P=k+\overline{p}$。

（四）成本价格和利润的决定［第 177 页末段—第 178 页第 1 段］

成本价格是商品价格中用来补偿生产商品时所消耗的资本价值的部分，因而完全是由各个生产部门的支出决定的。但是加在这个成本价格上的利润却不是由各个生产部门自身生产的剩余价值量或利润量决定的，而是根据同量资本得同量利润原则决定的，每个生产部门的资本家如同是一家股份公司中的各个股东，按入股比例领取股息。

可见，成本价格是由本部门的实际支出决定的，因而是特殊的，加在成本价格上的利润是作为社会总资本的一部分，由在一定时间内得到的平均利润量决定的，因而是一

① 《剩余价值理论》第 2 分册第 492 页。

般的。

二、生产价格是商品价值的转化形式——生产价格的实质［第178页末段—第187页第1段］

在资本主义生产方式中，各个部门生产的商品是根据生产价格出售的，而不是根据各个生产部门本身的商品价值出售的，除与平均构成相一致的生产部门外，多数甚至所有生产部门的生产价格与商品价值并不一致。主张劳动价值论的资产阶级古典经济学在这一问题上被难住了，资产阶级庸俗经济学家以此否定劳动价值论，还指责《资本论》第3卷和第1卷互相矛盾。其实，生产价格无非是商品价值的一种转化形式，所谓第3卷与第1卷的矛盾完全是虚构的。马克思从以下两个方面分析了生产价格与商品价值的一致性及生产价格在价值基础上的背离。

（一）从整个社会看，商品的总价格同它们的总价值相等［第178页末段—第185页第1段］

1. 从生产价格的分解与商品价值的分解比较上看它们的一致性［第178页末段—第180页第2段］

生产价格 $k+\bar{p}$ 和商品价值 $c+v+m$ 在表现形式上是很不相同的，但从量上观察，商品价值中的 $c+v$ 代表资本的消耗量，与生产价格中的成本价格 k 在量上是相同的（这里也有成本价格背离资本价值的问题，下面再另行分析，这里可暂不考虑）。只是商品价值中的剩余价值和生产价格中的平均利润 $\bar{p}$，从个别部门来看，数量确是不等的。但平均利润无非是社会总剩余价值不考虑各生产部门资本有机构成的高低，一律按照预付资本的大小在各生产部门进行平均分配所取得的部分，从整个社会看，平均利润的总量和剩余价值的总量是相等的，改变的只是在不同部门之间的分配。因此，“商品的生产价格的总和等于它们的价值的总和”（第179页）。

这个论点和下述事实似乎有矛盾：当产业部门A生产出来的生产资料卖给产业部门B作为生产要素时，是按照生产价格出售的，从而连同利润进入产业部门B。产业部门A的利润又成为产业部门B中成本价格的一个构成部分，造成利润重复计算的错觉，按照这个错觉，就会得出生产价格与商品价值无论从个别部门考察或从整个社会考察都不相一致的错误结论。马克思指出，产业部门B商品的成本价格虽然包括了产业部门A商品的利润，但产业部门A商品的利润不会算到产业部门A自己的商品成本价格中，产业部门B商品的利润也不会算在产业部门B自己的商品成本价格中，一方是成本价格，另一方是利润，划分得很清楚。“在总计算中，A的剩余价值不能计算两次。”（第180页）

2. 从生产价格在商品价值基础上发生的背离看它们的一致性［第180页末段—第185页第1段］

社会商品的总价格和社会总价值是相等的，但并不是说各个产业部门的商品价格和它们的价值都是相等的，相反，从具体的产业部门来看，价格和价值的不一致是普遍存在的，价格和价值的一致却是偶然的，这是为什么呢？这种现象同商品的价格取决于商品的价值这一论点是否相矛盾呢？

（1）从商品价格具体分解上看各个商品的价格同价值的背离［第180页末段］。

从整个社会看，商品的总价格和商品的总价值是相等的，但是从每个具体商品来看，商品价格又是同它的价值发生偏离的，这一点我们从对商品价格的具体分解中就可以看得清楚。

商品价格分解为 k + p 两部分，具体地说分解为 c + v + p 三部分。这三个部分的价格表现同它们的价值都是相背离的。首先，利润 p，由于转化为平均利润$\bar{p}$，在量上和剩余价值是不相等的；其次，不变资本 c，代表已消耗的生产资料，但这一生产资料是按照生产价格而不是按照价值从另一资本家企业中购买来的，即按照成本价格加上平均利润这一价格买来的，其中的平均利润和剩余价值是有偏离的；最后，可变资本 v，代表工人必要的生活资料消费，而生活资料的价格也是按同价值发生偏离的生产价格计算的。“不过这一切总是归结为这样的情形：加入某种商品的剩余价值多多少，加入另一种商品的剩余价值就少多少，因此，商品生产价格中包含的偏离价值的情况会互相抵消。”（第 181 页）

马克思在这里还顺便给我们指出了资本主义社会一般经济规律的表现形式：“总的说来，在整个资本主义生产中，一般规律作为一种占统治地位的趋势，始终只是以一种极其错综复杂和近似的方式，作为从不断波动中得出的、但永远不能确定的平均数来发生作用。”（第 181 页）因此，生产价格偏离商品价值的现象并不能否定价值规律的存在，而是价值规律在资本主义生产方式中的一种表现形式。

（2）一般利润率的决定［第 181 页第 1 段—第 182 页第 5 段］。

以上所说的商品价格背离商品价值是由于一般利润率的作用使利润平均化偏离了剩余价值引起的，那么一般利润率又是怎样决定的呢？这取决于以下两个因素：

第一，各个产业部门的不同的利润率。各个产业部门的利润率是形成一般利润率的基础，一般利润率同各部门的特殊利润率成正比。

第二，社会总资本在各个产业部门之间的分配。一般利润率同资本有机构成低的产业部门所占的资本比重成正比，同资本有机构成高的产业部门所占的资本比重成反比。

（3）从各产业部门有机构成上看生产价格同商品价值的背离［第 182 页末段—第 183 页末段］。

由于一般利润率是由社会平均资本构成形成的利润率，因而只有在资本有机构成恰好和社会平均资本构成相等的生产部门中，所得平均利润与剩余价值才相等，商品的生产价格才等于商品的价值。实际上，这种生产部门是难以出现的，如再考虑到价值变动的因素，情况便更复杂了。

（4）商品生产价格偏离商品价值的影响［第 184 页末段—第 185 页第 1 段］。

商品生产价格偏离了商品价值，影响到对商品的成本价格和商品销售价格的规定。

首先，对成本价格。以前规定，一个商品的成本价格，等于该商品生产时所消费的各种商品（生产资料和劳动力）的价值，现在就要重新规定为：一个商品的成本价格，等于该商品生产时所消费的各种商品的生产价格。现在的成本价格和实际消费掉的生产资料价值发生误差，但是，“无论如何，商品的成本价格总是小于商品的价值这个论点，在这里仍然是正确的”（第 185 页）。只不过“成本价格小于商品价值的论点，现在实际上转化为成本价格小于生产价格的论点”（第 185 页）。

其次，对销售价格。以前规定，商品的销售价格 = k + p，即成本价格加上利润，由于利润量和剩余价值量相等，销售价格和商品价值也是相等的。现在也要重新规定为：商品的销售价格 = k + $\bar{p}$，即成本价格加上平均利润，由于平均利润量不等于剩余价值量，现在的商品价格也就偏离了价值。如前所述，这里所说的商品价格已经是生产价格了。

对价格的重新规定方面，有两点要注意：第一，生产价格中的成本价格 k 是经过修正了的，已不是原来所说的成本价格 k，这一点刚才已说明了；第二，平均利润$\overline{p}$的计算应由预付总资本 C 和一般利润率$\overline{p'}$相乘求出，也就是$\overline{p} = C\,\overline{p'}$，现在马克思却由成本价格 k 和一般利润率$\overline{p}$相乘求出，即$\overline{p} = k\,\overline{p'}$，如何解释？据本章一开始的假定，不变资本到处都是同样地全部加入所考察的资本的年产品，因而成本价格 k 等于预付总资本 C，所以这里的$\overline{p} = k\,\overline{p'}$，也就是$C\,\overline{p'}$了，在实际计算时，我们当然仍应由$C\,\overline{p'}$这一公式求出平均利润。

（二）从生产价格变动上看，生产价格的变动取决于商品价值的变动［第 185 页第 2 段—第 187 页第 1 段］

1. **生产价格变动的场合**［第 185 页第 2 段—第 186 页第 2 段］

生产价格的变动发生在以下三种场合：

（1）平均利润率的变动。以上已讲过，平均利润率的变动是由各个生产部门不同的利润率和社会总资本在这些不同部门之间的分配决定的。

（2）商品价值的变动。商品价值量的变动由生产该商品的社会必要劳动量的变动决定。

（3）上述两个因素共同发生作用。

2. **生产价格变动两因素的地位**［第 186 页第 3 段—第 187 页第 1 段］

从上述三种场合中可看到，生产价格的变动是由平均利润率的变动和商品价值的变动这两个因素引起的。但是这两个因素在生产价格变动中所处的地位并不是平列的，其中起决定作用的是商品价值的变动，因为：

（1）平均利润率的变动很缓慢，不能说明生产价格的经常变动，生产价格的变动只能由经常变动的商品价值来说明。

（2）平均利润率的变动本身也要由商品价值的变动来说明。从整个社会看，平均利润率的变动是怎样引起的呢？首先是由于不变资本或可变资本的价值发生了变动，以致预付资本 C 发生了变动，继而引起一般利润率$\frac{m}{C}$的变动（第 186 页第 4 段）；其次是由于劳动的剥削程度发生变动，以致剩余价值 m 发生变动，继而引起一般利润率$\frac{m}{C}$的变动；（第 186 页末段）最后，由于技术构成的变动，也会反映在不变资本 c 的价值变动上，从而引起一般利润率的变动。（第 187 页第 1 段）可见，商品价值的变动是生产价格变动的前提和基础。

三、平均利润是剩余价值的转化形式——平均利润的实质［第 187 页第 2 段—本章完］

（一）剩余价值转化为平均利润的两个阶段［第 187 页第 2 段—第 188 页末段］

平均利润是剩余价值的转化形式，剩余价值转化为平均利润，共经历了两个阶段。第一阶段，剩余价值转化为利润，剩余价值率转化为利润率；第二阶段，利润率转化为平均利润率，利润转化为平均利润。

1. **剩余价值转化为平均利润的第一阶段**［第 187 页第 2 段］

在第一阶段中，剩余价值和利润在量上还是同一的，只是利润率在量上一开始就和剩余价值率不同，表现出剩余价值好像是从总资本中产生，而且从总资本的一切部分产生，抹杀了不变资本和可变资本的差别，“因此，实际上，剩余价值本身在它的这个转化形态即利润上否定了自己的起源，失去了自己的性质，成为不能认识的东西”（第 187 页）。

2. **剩余价值转化为平均利润的第二阶段**［第 187 页第 3—4 段］

随着剩余价值率进一步转化为平均利润率、剩余价值转化为平均利润，利润和剩余价值的关系发生了新的变化。首先，“现在，不仅利润率和剩余价值率，而且利润和剩余价值，通常都是实际不同的量”（第 187 页）。其次，在第一阶段：“使剩余价值的真实起源完全模糊了和神秘化了”（第 187 页），“现在，在各特殊生产部门内，利润和剩余价值之间——不仅是利润率和剩余价值率之间——实际的量的差别，把利润的真正性质和起源完全掩盖起来”（第 188 页）。同时，“随着价值转化为生产价格，价值规定的基础本身就被掩盖起来”（第 188 页）。最后，各特殊生产部门的利润现在“不是由该部门本身的价值形成过程的界限决定，而是由完全外在的条件确定的”（第 188 页），因而资本家把利润看作是某种存在于商品的内在价值以外的东西这一看法就“完全被确认”（第 188 页）。

3. 研究剩余价值转化为平均利润两个阶段的意义［第 188 页末段］

马克思继第一篇研究了剩余价值向利润的转化之后，在第二篇中又研究了利润向平均利润的转化，从而阐明了平均利润无非是剩余价值进一步的转化形式，彻底揭露了利润的实质，第一次揭示出剩余价值与平均利润的内在联系。

资产阶级经济学家如李嘉图者不懂得剩余价值同平均利润的内在联系，为了坚持他的劳动价值学说，否认平均利润和剩余价值的区别，使他的价值沦陷于破产。后来的资产阶级庸俗经济学家，只看到平均利润同剩余价值的表面差别，放弃了劳动价值论，从而也“放弃了对待问题的科学态度的全部基础”（第 189 页）。

（二）平均利润率同利润率的关系［第 189 页第 1 段—第 190 页第 1 段］

平均利润率由利润率转化而来，平均利润率的高低又以利润率的高低为重要因素，因而平均利润率的形成并不能排斥利润率。在利润率转化为平均利润率后，利润率规律具有双重意义：

（1）一般利润率是利润率的表现形式。

一般利润率的高低要以各生产部门不同的利润率为基础，因而，利润率的规律也就是一般利润率的规律。不过由于以下三种情况，一般利润率并不是每天随着利润率的变动而变动的。首先，由于利润率在各生产部门中按不同的方向变动而抵消，一个生产部门的利润率提高了，但另一生产部门的利润率却降低了，它们互相抵消，各部门的利润率虽然变动了，对一般利润率却没有什么影响。其次，个别生产部门利润率的波动由于时间的先后得到平衡。例如，某个部门的利润率现在突然升高，但是过些时候它又降回到起点，甚至降到起点以下，这种利润率的波动对一般利润率仍然不会发生影响。（随着时间的转移，利润率趋向下降，这个问题在下一篇中再专门研究。）最后，不同的局部的变动还会互相中和。例如，社会总资本现在有相当一部分转移到有机构成高的部门，过不久社会总资本中又有相当部分转移到有机构成低的部门，利润率高的部门和利润率低的部门之间的资本比率虽然经常发生变化，但由于互相中和而不对一般利润率发生什么影响。

（2）在未能影响到一般利润率之前，利润率规律也可以直接表现出来。

利润率的变动开始时是不会影响到一般利润率的变动的，只是经过一段时间的波动，利润率的变动（提高或降低）固定下来之后，一般利润率才会发生变动。在一般利润率发生新的变动之前，利润率的规律直接表现在利润率的波动上。

可见，没有利润率，就不会有一般利润率，但没有一般利润率，利润率仍能独立存在。

（三）批判马尔萨斯的利润论［第 190 页第 2 段—本章完］

马尔萨斯认为资本的每个部分都同样产生利润，这种见解表现了一个实际的事实，在利润转化为平均利润之后，不论资本有机构成如何，即不论推动活劳动的可变资本占多大比重，同量资本得同量利润，马尔萨斯的见解似乎进一步得到证明。在利润率转化为平均利润率之后，一个部门的劳动生产力的变化，不仅会影响到某种商品所包含的劳动量，也会影响到雇佣工人的数量。但无论是哪种情况——由于劳动生产力的提高而减少了某种商品所包含的劳动量和雇佣工人人数，或由于劳动生产力的下降而增加了某种商品所包含的劳动量和雇佣工人人数——都不会改变平均利润率和平均利润，同量资本得到同量利润，与劳动量无关。甚至劳动消耗减少了，利润反而增加（超额利润），这种现象更是掩盖了利润的本质。

从成本价格看，一个生产部门的劳动生产力变动后，这一部门单个商品的成本价格会随着发生变动（其中包含的生产资料消耗量和工资支出都发生变动），但是平均利润率并不改变，改变的只是单个商品中包含的利润量。例如，一个生产部门共有 500 亿镑资本，共生产 10 亿件商品，在平均利润率等于 10% 的情况下，共得平均利润 50 亿镑，每件包含利润 5 镑。现在由于劳动生产力的提高，500 亿镑资本不变，产量增加到 20 亿件，平均利润率仍为 10%，平均利润总量也不变，仍为 50 亿镑，只是每件商品所包含的利润量发生了变化，由每件 5 镑降为每件 2.5 镑。

在劳动生产力变动的情况下，从整个成本价格看，利润的本质被进一步掩盖，如果从其中的可变资本看，利润的本质更是被掩盖了。随着劳动生产力的变化，每件商品中包含的劳动量，不论是有酬劳动或无酬劳动，也会发生相应的变化（反比例），但是资本家和资产阶级经济学家却只看到有酬劳动随着劳动生产力的变化而变化，看不到无酬劳动也随着劳动生产力的变化而变化，在平均利润量只是偶然地在某一部门中由无酬劳动的量决定的情况下，更看不到这一点了。

总之，马尔萨斯把在资本主义社会中利润以资本作为尺度进行分配看成是利润从资本中产生，从假象出发，掩盖利润是剩余价值的转化形式，剩余价值来源于可变资本所推动的活劳动这一事实。

* * *

被简称为转形问题的价值转化为生产价格问题，长期以来在国内外学术界一直不断地展开广泛的讨论。值得一提的是，丁堡骏教授对这一问题进行了坚持不懈的研究，至今已取得了重要成果，对这一研究成果，胡代光老师给予了很高的评价，他说："丁堡骏教授在构建简单的马克思价值转形模型基础上，创造性地提出了扩大的马克思价值转形模型。其对转形起点、转形投入和不变性方程等关键性问题的把握上是十分准确的，取得了突破性的成果。其一系列的研究成果具有极高的学术研究价值。"①

① 胡代光：《转形问题的一个马克思主义的全新解法》，《当代经济研究》2007 年第 7 期。

第十章　一般利润率通过竞争而平均化。市场价格和市场价值。超额利润

一、本章主要内容［本章第1段—第195页第1段］

一般利润率和生产价格的范畴本身是不难理解的。生产价格是按照中等构成部门的商品价值确定的价格。平均利润率也不外就是这些中等构成部门的用百分比计算的利润或剩余价值，平均利润只能是按照每个生产部门的资本量的比例分配在这些资本量上的剩余价值量。“因此，一切不同生产部门的利润的总和，必然等于剩余价值的总和；社会总产品的生产价格的总和，必然等于它的价值的总和。”（第193页）生产价格是价值的转化形式，平均利润是剩余价值的转化形式。平均利润率与生产价格形成后，对资本主义生产起着支配作用，各个部门的生产都要以平均利润率和生产价格作为调整的中心。平均利润率与生产价格只是作为一种理想，在现实生活中经常是不存在的，但是表现出一种趋势，时时刻刻发生作用。

平均利润率与生产价格只要通过简单的数字计算就可以确定，在第9章中就是通过抽象的数学上的计算，来说明平均利润率和生产价格的形成，但是，“真正困难的问题是：利润到一般利润率的这种平均化是怎样进行的，因为这种平均化显然是结果，而不可能是起点”（第195页）。本章的主要任务就是通过历史的分析，从生产价格的起点上，具体分析平均利润率和生产价格是怎样形成的。

生产价格是商品价值的转化形式，商品按照生产价格进行交换，是在一定的历史条件下，在商品按照价值交换的基础上，通过竞争，逐步形成的。因此，马克思先分析商品按照价值进行交换，然后再分析商品是怎样从按照价值进行交换转化为按照生产价格进行交换的。

二、按照价值进行商品交换——利润平均化的起点［第195页第2段—第200页末段］

（一）按照价值进行商品交换与按照生产价格进行商品交换的区别［第195页第3段—第196页末段］

商品是按照它们的价值出售，还是按照它们的生产价格出售，“这显然是完全不同的两件事情”（第195页）。商品按照价值出售和商品按照生产价格出售，代表着历史发展的两个不同的阶段，在商品按照它们的价值出售时，商品只是当作一般的商品来交换的，而在商品按照它们的生产价格出售时，“商品不只是当作商品来交换，而是当作资本的产品来交换”（第196页）。

这种区别，当我们假定生产资料不是被资本家占有，而是由工人直接占有自己所使用的生产资料，并且互相交换他们的商品，就会非常清楚地显示出来。在这种情况下，他们生产的商品价值会各不相同。从单个商品价值比较上看，其中包含的生产资料转移的价值

各不相同，吸收的活劳动也各不相同，因而各个商品的价值会大不相同。从商品价值总和比较上看也是如此，在同一劳动时间内，由于生产资料转移的价值不同，各个工人所生产的商品价值总和也是不相同的。但是，在同一劳动时间内，各个工人新创造的价值部分是相等的，工人对生产资料补偿部分所占的比例是不关心的，补偿部分比例大，他在这方面支出就多，补偿部分比例小，他在这方面支出也少。“因此，在这种假定下，利润率的差别是一件无所谓的事情”（第197页），只要生产资料能够得到补偿就可以了，工人关心的是在扣除生产资料价值补偿之后，同一劳动时间能否得到相等的价值。

如果生产资料归资本家占有，情况便会发生根本的变化。在商品生产中，资本家支付的是他的资本，而不是劳动，“这些资本要求从剩余价值的总量中，分到和它们各自的量成比例的一份，或者在它们的量相等时，要求分到相等的一份”（第196页）。

（二）按照价值进行交换的条件［第197页第1段—第198页末段］

从上述对比中，可以看出，按照价值进行交换和按照生产价格进行交换是在不同历史条件下发生的，“商品按照它们的价值或接近于它们的价值进行的交换，比那种按照它们的生产价格进行的交换，所要求的发展阶段要低得多。按照它们的生产价格进行的交换，则需要资本主义的发展达到一定的高度”（第197页）。关于按照生产价格进行交换的历史条件，下面再具体阐述，但这里已经从原则上指明了生产价格是资本主义的产物，而且是资本主义发展到一定阶段的产物，现在要着重分析的是商品按照价值进行交换的历史条件。

要了解商品按照价值进行交换的历史条件，就得从商品交换的历史谈起。在《资本论》第1卷第一篇中，马克思已经抽象地阐述了商品交换的发展过程，现在需要具体阐述商品交换发展的历史。由于没有来得及再对《资本论》第3卷整理一遍，马克思在这里只是写下一段话，没有加以发挥。这个任务由恩格斯完成了，恩格斯先是在1876年到1878年写的《反杜林论》中阐述了这个历史过程。尤其是在1877年美国学者摩尔根发表的《古代社会》巨著之后，写下了《家庭、私有制和国家的起源》（1884年），通过大量的历史资料，详尽阐述了商品交换的发展历史。《资本论》第3卷出版后，恩格斯又写下了对《资本论》第3卷的增补文章，其中一个内容就是对马克思关于商品交换历史发展那一段话的增补。（参见第1015—1027页）

从商品交换发展的历史中，可以确定要使商品按照价值出售，只需要以下三个条件：①商品交换比较经常；②供求平衡；③没有任何自然的或人为的垄断。

（三）怎样理解按照价值进行商品交换［第199页第1段—第200页末段］

怎样理解按照价值进行商品交换呢？第一，不能将其理解为商品的价格每时每刻都与价值完全一致，而是说，商品价值是价格围绕着运动的重心，价格的涨落围绕着这个重心来拉平；第二，商品不是按照各个商品的个别价值出售，而是按照市场价值出售。

那么什么是市场价值？它是怎样确定的？

第一，这里的市场价值和第1卷里讲的社会价值在本质上是相同的，它相对个别价值而言，不是由个别劳动量形成的价值，而是由社会必要劳动量形成的价值。“市场价值，一方面，应看作一个部门所生产的商品的平均价值，另一方面，又应看作是在这个部门的平均条件下生产的并构成该部门的产品很大数量的那种商品的个别价值。”（第199页）

第二，这里的市场价值和第1卷里讲的社会价值又有所区别。第1卷里讲的社会价值是在直接生产过程范围内形成的一个范畴，是撇开流通过程来谈的完全抽象的范畴，但是，社会价值虽在生产过程中产生，但却要在流通过程中实现。流通过程，具体地说，通过竞争引起的供求关系的变化，对形成价值的生产条件也会产生一定的影响，社会价值正是在这种市场的竞争中形成的，这种社会价值就成为市场价值，具体表现为市场价格。

供求关系并不能决定市场价值和市场价格，例如，当商品按照最坏条件下生产的个别价值出售，从而价格高于中等的市场价值时，其需求量就会减少，需求量会受到市场价格的调节。但是供求关系的变动能够引起市场价格的变动，在一定条件下（供求之间过于不一致），通过价格变动的影响，改变确定市场价值的各种生产条件的比例关系，在一定范围之内（生产条件好和差的两端之间），对商品价值的形成产生间接（通过生产条件比例关系的改变）的影响。

这样，形成市场价值的生产条件就有三种情况：第一种，按照中等条件形成的商品价值确定市场价值；第二种，按照最坏或较坏条件形成的商品价值确定市场价值；第三种，按照最好或较好条件形成的商品价值确定市场价值。总之，按照同类商品中大多数的生产条件来确定市场价值。第一种属于一般情况，第二、第三种属于特殊情况。

以上对市场价值形成的论述，同样也适用于生产价格。生产价格是怎样决定的呢?①受价值规律支配；②受平均利润率规律支配。

三、按照生产价格进行商品交换——利润平均化的过程与结果［第 201 页第 1 段—第 220 页末段］

商品的市场价值是怎样形成的? 商品又是怎样从按照价值进行交换转化为按照生产价格进行交换的? 答案是：一切都是通过竞争实现的。“竞争首先在一个部门内实现的，是使商品的不同的个别价值形成一个相同的市场价值和市场价格。但只有不同部门的资本的竞争，才能形成那种使不同部门之间的利润率平均化的生产价格。”（第 201 页）

对这段话要注意的是，对形成平均利润率和生产价格的竞争，马克思加了一个限制词，即指“不同部门的资本的竞争”，而对形成市场价值和市场价格的竞争则没有加限制词。很普遍的一种理解是也加上一个相对应的限制词，即认为同一部门竞争形成市场价值和市场价格，把马克思说的“竞争首先在一个部门内实现……一个相同的市场价值和市场价格”误认为是“一个部门内的竞争首先实现……一个相同的市场价值和市场价格”。下面我们将看到，买者之间、卖者之间以及买者和卖者之间的竞争都对市场价值和市场价格的形成发生作用，这不仅是部门内部的竞争，部门之间的竞争以及属于生产部门之外的消费者与各方面的竞争都会产生这方面的作用。

买卖各方的竞争首先是通过供求方面的变化表现出来的。

（一）买卖各方的竞争与市场价值、市场价格的形成［第 201 页第 2 段—第 215 页末段］

1. **从供给方面考察市场价值和市场价格的决定**［第 201 页末段—第 206 页第 2 段］

（1）市场价格的决定［第 201 页末段—第 202 页第 2 段］。

市场价格从本质上看，就是平均化了的个别价值，即社会价值。这个社会价值在现实生活中是通过市场上的竞争实现的，是通过市场价格的变动表现出来的。我们先从供给的角度来考察市场价格是怎样形成的。

第一，市场价格是由供求关系调节的。从供给方面看，市场价格是在卖方（包括生产者）的竞争中实现的。当卖者通过竞争，向市场提供的商品量和社会能够按市场价值支付的商品量相一致时，市场价格和市场价值就会一致。但是当供给量超过需要量时，商品的市场价格就会低于市场价值；反之，当供给量小于市场的需要量时，商品的市场价格就会高于市场价值。

第二，供求关系又受市场价值的调节。当市场价值降低时，社会需要（指有支付能力的需要）就会扩大，可以吸收较大量的商品；当市场价值提高时，商品的社会需要就会缩减，只能吸收较少量的商品。

可见，供求对市场价格的调节就是以市场价值为中心，在一定范围内上下波动，归根到底，市场价格取决于市场价值。

马克思在这里还顺便指出，“社会需要”从本质上看，“是由不同阶级的互相关系和它们各自的经济地位决定的”（第 202 页），首先取决于剩余价值和工资的比率，其次取决于剩余价值中的利润、利息、地租和赋税的比率。因此，在供求关系借以发生作用的基础——价值得到说明以前，供求关系绝对不能说明什么问题。

（2）市场价值的决定［第 202 页末段—第 206 页第 1 段］。

马克思在第 1 卷中已经阐明，任何一个商品的价值都是由社会必要劳动量决定的，商品的价格取决于社会价值，而不是个别价值。个别商品的价值量取决于社会必要劳动量，商品的个别价值要同它的社会价值相一致，把这一点运用到构成某一整个部门的产品总量上来就是：“这个商品总量包含着为生产它所必要的社会劳动，并且这个总量的价值 = 它的市场价值。”（第 203 页）这是决定价值的基本原则。

根据这一原则，市场价值按以下方法具体决定。

第一种情况，商品中的很大数量是在中等条件下生产出来的，较坏条件和较好条件生产的商品占一小部分，并且两端互相拉平，市场价值就由中等条件下生产的大量商品来调节。

第二种情况，假定商品供给量不变，商品的很大数量是在较坏条件下生产出来的，市场价值就要由这种生产条件生产出来的大量商品来调节。

第三种情况，商品的很大数量是在较好条件下生产出来的，市场价值就由这种生产条件生产的大量商品来调节。

以上三种情况是从大致上说的，如果进一步具体规定则还会出现无数的差别，为此，马克思又对上述三种情况作了具体的补充说明。

但是，尽管作了具体补充，上述市场价值的确定仍然是抽象的，因为它只是从供给的角度加以考察，没有同时从需求方面考察，从而没有从供求关系上去考察市场价值的确定。当从需求方面考察时，这里又出现了买者之间的竞争问题。

2. 从供求关系上考察市场价值和市场价格的决定［第 206 页第 2 段—第 215 页末段］

（1）考察需求量的意义［第 206 页第 2 段］。

以上对市场价格和市场价值的考察，特别是对市场价值的考察，是从供给方面进行研究，并假定供给量是不变的，只是各种生产条件下生产的商品量在比例上发生变化，这对了解问题的本质是必要的，但用来说明现实生活就不够了。在现实生活中，市场价值和市场价格是在供求关系不断的变动中形成的，这样，仅仅考察供给量就不够了，还得考察需求量（有支付能力的社会需要），并从不断变动着的供求关系中去考察现实生活中的市场价值和市场价格。

（2）供求关系与市场价值的决定［第 206 页末段］。

以上在确定市场价值时，假定生产的商品量不变，是已定的，只是在各种生产条件下生产的商品量在比例上发生变化，同量的商品就会出现三种不同的市场价值和与此相应的三种不同的市场价格。

现在，我们要考察供求不一致时市场价值的决定了。当供求不一致时，首先是市场价格在上述市场价值的基础上发生偏离，并通过市场价格与市场价值的偏离，改变作为形成市场价值基础的各种生产条件的比例，进而影响到市场价值的上升或下降。在供给量过少于求时，市场价值由最坏条件下生产的商品来调节；在供给量过大于求时，市场价值由最好条件下生产的商品来调节。马克思在这里有一句话，即当供求过于不一致时“市场价值就由两端中的一端来决定，尽管单纯就不同条件下生产的各个量的比例来看，必然会得到另外的结果”（第 206 页）。这里所说的“单纯”是指供求大体一致时的情况，没有供求关系的很大变动这一因素发生作用，市场价值的确定当然就“单纯”多了。

可见，在考虑到供求关系时，确定市场价值的方法就要作进一步的规定了。

供求之间的不一致是怎样发生的呢？可能有以下三种原因：第一，商品生产量发生了变化；第二，社会需求量发生了变化；第三，商品的生产量和需要量都发生了变化。

供求关系对商品价值形成的影响可用下表说明：

生产条件	个别价值（小时）	社会价值（小时）	供求大体一致			供过大于求			供过小于求		
			市场价格（镑）	生产条件	市场价值（小时）	市场价格（镑）	生产条件	市场价值（小时）	市场价格（镑）	生产条件	市场价值（小时）
上	3	4	4	上	4	2	上（多数）	3	6	上	5
中（多数）	4	4	4	中（多数）	4	2	中	3	6	中	5
下	5	4	4	下	4	2	下	3	6	下（多数）	5

注：每英镑代表 1 小时。

（3）供求关系与市场价格的决定［第 207 页末段—第 214 页第 2 段］。

①供求关系对市场价格的影响［第 207 页末段—第 209 页末段］。

先从供给方面进行考察。

所谓供给，就是指能提供给市场上的产品，如撇开商品储存这个因素，供给量也就是各个生产部门的商品生产量。

供给的表现形式有两种，一是使用价值，另一是市场价值。这二者在量的方面并没有必然的联系，10 件价值低的商品不一定比 1 件价值高的商品有更多的价值，只是同一种商品的量和市场价值量成正比例。

从供给方面看，供求关系对市场价格的影响表现在以下三个方面：

第一，当生产量超过需求量时，市场价格就低于市场价值。

第二，当生产量小于需求量时，市场价格就高于市场价值。

第三，当生产量等于需求量时，商品按照市场价值出售。

这种影响我们在上面已说明过，要注意的是马克思在这里又阐明了以下几点：

第一，为什么生产量超过需求量时，市场价格就低于市场价值？马克思回答：“如果某种商品的产量超过了当时社会的需要，社会劳动时间的一部分就浪费掉了，

这时，这个商品量在市场上代表的社会劳动量就比实际包含的社会劳动量小得多。”（第 208 页）

第二，怎样才能实现生产量和需求量相联系？马克思回答说：“只有在生产受到社会实际的预定的控制的地方，社会才会在用来生产某种物品的社会劳动时间的数量和要由这种物品来满足的社会需要的规模之间，建立起联系。”（第 208 页）有的学者对马克思这段话解释为只有社会主义制度才能建立这种联系，是否准确，值得研究。列宁在《帝国主义是资本主义的最高阶段》一书中指出：“从前是各个业主自由竞争，他们是分散的，彼此毫不了解，他们进行生产都是为了在情况不明的市场上去销售，现在则完全不同了。集中已经达到了这样的程度，可以对本国的，甚至像下面所说的，对许多国家以至全世界所有的原料来源（例如蕴藏铁矿的土地）作出大致的估计。现在不但进行这样的估计，而且这些来源完全操纵在一些大垄断同盟的手里。这些同盟对市场的容量也进行大致的估计，并且根据协议‘瓜分’这些市场。”① 看来，这种联系已在大垄断组织中建立起来了。但是，列宁接着又指出：“在几个工业部门中形成的垄断，使整个资本主义生产所特有的混乱现象更加厉害，更加严重。作为一般资本主义特点的农业和工业发展不相适应的现象，变得更加严重了。卡特尔化程度最高的所谓重工业，尤其是煤铁工业的特权地位，使其余工业部门，‘更加严重地缺乏计划性’。”②

第三，怎样说明市场价格偏离市场价值？马克思回答说：“商品按照它们的价值来交换或出售是理所当然的，是商品平衡的自然规律。应当从这个规律出发来说明偏离，而不是反过来，从偏离出发来说明价值规律本身。”（第 209 页）离开价值基础，是讲不清价格的，什么是价格高，什么是价格低，都要以价值基础来说明。

下面再考虑需求。

所谓需求就是为了进行生产消费或个人消费而对生产资料或生活资料的购买。

社会需要量是由两个方面的因素决定的，一方面是再生产本身的需求，生产的规模有多大，再生产所需要的生产资料及工人的生活资料补偿也就多大，并且还要有一定的追加量；另一方面还要看价格变动和购买力的因素，价格提高了，购买力下降了，需求量就会减少，反之就会增加。可见，社会需要量具有很大的伸缩性和变动性。这里要区别两种需求，“一方面是所要求的商品量；另一方面是商品的货币价格发生变化时可能要求的商品量，或者，买者的货币条件或生活条件发生变化时可能要求的商品量”（第 210 页）。

②批判供求决定论［第 210 页第 1 段—第 214 页第 2 段］。

市场价格是由市场价值决定的，市场价值又是由商品生产的社会必要劳动量决定的。供求可以影响市场价格在价值基础上的上下波动，甚至通过市场价格的变动，影响形成价值的各种生产条件的比例关系，从而对市场价值本身也发生一定的间接影响，但它并不能说明市场价格是怎样决定的，更不能说明市场价值本身。

第一，供求决定论不能解释当供求一致时，也就是在供求关系不发生作用时，市场价格和市场价值又是怎样决定的。马克思在《工资、价格和利润》中通俗地讲明了这个问题，他说：“供给和需求只调节市场价格一时的变动。供给和需求可以说明为什么一种商品的市场价格会涨到它的价值以上或降到它的价值以下，但决不能说明这个价值本身。假

---

① 《列宁选集》第 2 卷第 592—593 页。

② 《列宁选集》第 2 卷第 595 页。

定说，供给和需求是相互平衡的，或如经济学者所说，是相互一致的。当这两个相反的力量相等时，它们就相互牵制，彼此都不向对方发生作用。当供给和需求相互平衡因而停止发生作用时，商品的市场价格就符合它的实际价值，就符合市场价格随之变动的那个标准价格。所以在研究这个价值的本质时，我们完全不必讨论供给和需求对市场价格的一时的影响。"①

第二，"供求可以在极不相同的形式上消除由供求不平衡所产生的作用"（第212页）。例如，需求减少会引起市场价格下降，市场价格下降又会引起资本转走和供给量的减少；反之，需求增加会引起市场价格提高，市场价格提高又会引起资本转入和供给量的增加。

第三，供求决定市场价格的说法会引起逻辑上的种种混乱。因为"如果供求决定市场价格，那么另一方面，市场价格，而在进一步分析下，也就是市场价值，又决定供求"（第212页）。"除了价格由供求决定而同时供求又由价格决定这种混乱观点之外，还要加上：需求决定供给，反过来供给决定需求，生产决定市场，市场决定生产。"（第212—213页）

第四，"供求比例并不说明市场价值，而是相反，市场价值说明供求的变动"（第213页）。"市场的扩大或缩小取决于单个商品的价格，并和这个价格的涨落成反比。"（第123页）在两个不同时期内供求关系没有差别，市场价格却发生了变动，说明市场价格的决定是与供求无关的。市场价格是由市场价值决定的，也就是说，是由社会必要劳动量决定的。竞争同供求关系，起着一种实现市场价值的作用，一方面使个别价值符合社会价值，另一方面使市场价格符合市场价值。

我国有些学者照搬庸俗经济学的供求决定论，如蔡继明认为："价值是由供给和需求共同决定的。"② 汤在新认为："生产要素价格，与一般商品价格一样，是在市场上由供求双方竞争决定。"③ 王则柯认为："商品的价格由商品的市场供求关系决定。"④这些观点是完全错误的。

（4）供求关系与竞争［第214页末段—第215页末段］。

供求关系的变动是由竞争引起的，供求关系发生变动后，又引起新的竞争，市场价值和市场价格就是在这种竞争中形成的。

供求关系是下列关系的表现：第一，使用价值和交换价值的关系，商品和货币的关系，买者和卖者的关系；第二，生产者和消费者的关系。也就是说，供给代表使用价值、商品、卖者、生产者；需求代表交换价值、货币、买者、消费者；竞争是在卖者之间（或生产者之间）、买者之间（或消费者之间）、买者和卖者之间（或消费者和生产者之间）三个方面展开的。

从卖者之间看，竞争的内容是争夺市场，竞争的结果是使市场价格下降。买者之间也竞争，竞争的结果是抬高了市场价格。最后还有买者和卖者之间的竞争，买者想买得尽量便宜些，卖者想卖得尽量贵些。当求大于供时，卖者居优势，他们团结得像一个人一样，迫使买者将价格提高到最大限度，买者这时处于劣势，相互之间展开激烈竞争，个人不顾

---

① 《马克思恩格斯选集》第2卷第63页。

② 蔡继明、李仁君：《广义价值论》，经济科学出版社2001年版第14页。

③ 《剥削及其存在的历史前提》，《南方经济》2003年第2期。

④ 《重建政治经济学》，《南方日报》1994年2月26日。

集体，为了把商品买到手，争相比其他买者出更高的价钱购买，一个人带头破坏，其他人都会跟上，整个价格提高；反之，当供大于求时，买者居优势，相互之间消除了竞争，团结一致地迫使卖者压价出售，卖者处于劣势，相互之间展开激烈竞争，每个人都想从削价中找到出路，首先是较好的条件下的商品生产者，他们通过低价出售，迫使别人采用便宜的生产方法，减少商品的个别价值。关于买者之间、卖者之间、买者和卖者之间的竞争关系，可补充阅读马克思的《雇佣劳动与资本》第二部分，研究这种竞争，仍有现实意义，特别是在对外贸易方面，其意义是不可忽视的。

下面，马克思进一步研究资本主义生产方式基础上的竞争和供求关系。

（二）不同部门的资本的竞争与平均利润率、生产价格的形成［第216页末段—第220页末段］

1. 平均利润率和生产价格形成的前提和基础［第216段末段—第217页末段］

当商品按照市场价值出售时，供求关系的变动引起市场价格围绕着市场价值上下波动，供求平衡时，市场价格只是价值的单纯表现形式，二者在量上是一致的；而当商品按照生产价格出售时，供求关系的变动则引起市场价格围绕着生产价格上下波动，供求平衡时，市场价格在量上和生产价格一致，但由于生产价格与市场价值的不一致，市场价格和市场价值在量上也是不一致的。

从商品按照价值出售转化为按生产价格出售，这是由于经济关系的差别引起的。在单纯商品买卖关系中的原则是，"要用那个以商品形式投入流通的价值额，取出另一种形式（货币形式或其他商品形式）的等量的价值额"（第217页）。而在资本主义生产中，除此之外，还"要用那个预付在生产中的资本，取出和任何另一个同量资本所取得的一样多的或者与资本的大小成比例的剩余价值或利润，而不管预付资本是用在哪个生产部门；因此，问题在于，最低限度要按照那个会提供平均利润的价格，即生产价格来出售商品"（第217页）。资本主义生产关心的是利润，而不关心生产什么样的商品或从事哪个部门的生产。

2. 平均利润率和生产价格形成的过程和条件［第218页第1—末段］

（1）平均利润率的形成过程。

利润率平均化是各生产部门利润率不平均引起的，利润率的不平均又是由资本有机构成不同引起的。在剩余价值率不变的条件下，资本有机构成越低的生产部门，利润率就越高；反之，资本有机构成越高的生产部门，利润率就越低。这种情形，可用下表说明：

生产部门	c	v	m′	m	p′
食品工业	70	30	100%	30	30%
纺织工业	80	20	100%	20	20%
机械工业	90	10	100%	10	10%

由上表可以看出，同是100镑资本，在资本有机构成低的食品工业中可得利润30镑，在资本有机构成中等的纺织工业中得到利润20镑，在资本有机构成高的机械工业中只得10镑利润。

在这种情况下，社会资本就会集中投入食品工业，原有的机械工业乃至纺织工业的资本都会向食品工业转移，食品工业本身更是会在本部门追加投资，扩大生产规模。这样一来就引起两方面的结果，一方面，从利润率高的食品工业来看，其产量日益增多，终于使商品供大于求，造成价格下跌，利润减少，利润率下降；另一方面，从利润率低的机械工业来看，其产量日益缩减，终于使商品求大于供，造成价格上涨，利润增多，利润率上升。

上述过程概括表示如下：

有机构成低的生产部门：p′高；资本转入，规模扩大；产量增多，供大于求；价格下跌；p 减少；p′下降。

有机构成高的生产部门：p′低；资本转出，规模缩小；产量减少，求大于供；价格上涨；p 增多；p′上升。

由于价格一跌一涨，利润一减一增，利润率一降一升，出现利润率平均化的趋势。同量预付资本生产的商品，按同量的价格（生产价格）出售，同量预付资本得同量利润（平均利润）和同一利润率（平均利润率）。

利润率平均化的过程可用下表说明：

生产部门	各生产部门 p′的差别					p′的平均化		
	c	v	m、p	价值	p′	价格	p	p′
食品工业	70	30	30	130	30%	120（－10）	20（－10）	20%（－10%）
纺织工业	80	20	20	120	20%	120	20	20%
机械工业	90	10	10	110	10%	120（＋10）	20（＋10）	20%（＋10%）
合计	240	60	60	360		360	60	20%

上一章曾指出过，平均利润率的高低，不仅取决于各个产业部门不同的利润率，而且还取决于社会总资本在各个产业部门之间的分配。

平均利润率的形成是盲目地、自发地进行的，它只是一种趋势。

（2）生产价格的形成过程。

随着利润转化为平均利润、利润率转化为平均利润率，市场价值也就最终转化为生产价格了。马克思在这里只是提了一句，即“不同的生产部门都有相同的平均利润，因而价值也就转化为生产价格”（第 218 页）。这里较详细地分析一下。

资本家在出卖商品时的价格，总是由以下两部分构成：一部分是必须保证能收回的资本主义生产费用（已消耗的不变资本与可变资本）；另一部分是还必须得到的资本主义生产费用的超过额，即利润。以公式表示，资本主义商品的价格 $= k + p$。随着部门之间的资本竞争，利润转化为平均利润，资本主义商品的价格就按照 $k + \overline{p}$ 出售，这就是生产价格了。

生产价格的形成过程，可用下表说明：

生产部门	c	v	m	商品价值	$\overline{p'}$	$\bar{p}$	生产价格	生产价格比价值增减
食品工业	70	30	30	130	20%	20	120	-10
纺织工业	80	20	20	120	20%	20	120	0
机械工业	90	10	10	110	20%	20	120	+10
合计	240	60	60	360	20%	60	360	0

在商品生产价格形成以前，商品的市场价格是围绕着市场价值上下波动的，通过波动，对生产和流通起着调节作用。在商品生产价格形成之后，商品的市场价格就围绕着生产价格上下波动了，如机械工业，市场价格就在高于市场价值的生产价格基础上波动，而食品工业的市场价格则在低于市场价值的生产价格基础上波动。

当生产价格形成之后，价值规律不再直接对生产和流通起着调节作用，而是通过平均利润率和生产价格对生产和流通进行调节。以上述机械工业为例，商品价值为110镑，如市场价格为115镑，高出价值5镑，在这种情况下，仍不会有人愿意投资机械工业，因为这时的市场价格和生产价格120镑相比仍少5镑，机械工业商品所得利润为15镑，比平均利润少5镑；反之，如食品工业，商品价值为130镑，如市场价格为125镑，低于价值5镑，在这种情况下，其他生产部门照样愿意投资到食品工业中来。食品工业本身的资本更不会向其他部门转移，因为这时的市场价格和市场价值相比虽少5镑，但和生产价格120镑相比，仍高出5镑，所得利润也比一般利润多5镑。

生产价格 $= k + \bar{p}$，因此，如果完整说明生产价格的形成过程，必须从成本价格的形成入手，而不能局限于平均利润的形成。

（3）利润平均化和生产价格形成的条件。

前面已经指出，利润平均化和按照生产价格进行商品交换，“需要资本主义的发展达到一定的高度”（第197页），“要求资本主义生产方式有更高的发展”（第201页）。为什么呢？使利润平均化和按照生产价格进行商品交换，需要有两个条件，一是资本的自由转移，另一是劳动力的自由转移。在农奴制社会中，劳动者人身不自由，各个手工业部门都建立起行会制度，这两个条件是不具备的，只是随着资本主义的发展，为这两个条件创造了各种前提，使这两个条件具备和逐步发展了起来。

3. 平均利润率和生产价格学说的意义 ［第219页第1段—第220页末段］

第一，揭露了资本家和工人之间的阶级对抗关系以及资本家相互之间的矛盾。

平均利润率学说告诉我们，在剩余价值的分配过程中，整个社会的资本主义经济好像一个庞大的股份公司，“每个生产部门的资本，都应按照各自大小的比例来分享社会总资本从工人那里榨取来的总剩余价值；或者说，每个特殊资本都只作为总资本的一部分，每个资本家事实上都作为总企业的一个股东，按照各自资本股份的大小比例来分享总利润”（第232页）。“就利润来说，不同的资本家在这里彼此只是作为一个股份公司的股东发生关系，在这个公司中，按每100资本均衡地分配一份利润。因此，对不同的资本家来说，他们的各份利润之所以有差别，只是因为每个人投在总企业中的资本量不等，因为每个人在总企业中的入股比例不等，因为每个人持有的股票数不等。”（第178页）可见，资本家是作为一个阶级对整个工人阶级进行剥削的，工人不仅受本企业、本部门资本家的剥削，而且受整个资产阶级的剥削。

平均利润率是怎样决定的呢？马克思说："平均利润率取决于总资本对总劳动的剥削程度。"（第 219 页）因此，"出于直接的经济利益"（第 219 页），资本家不仅关心本企业和本部门对工人的剥削程度，而且关心整个社会资本家企业对工人的剥削程度，他们为了提高剩余价值率和利润率，竭力加强工人的劳动强度、延长工作日和提高劳动生产率。

资本家相互之间也不会满足于平均利润，他们都想把自己的利润率提高到平均利润率以上，以取得超额利润。马克思说："事实上，一个资本家或一定生产部门的资本，在对他直接雇用的工人的剥削上特别关心的只是：或者通过例外的过度劳动，或者通过把工资降低到平均工资以下的办法，或者通过所使用的劳动的例外生产率，可以获得一种额外利润，即超出平均利润的利润。"（第 219 页）其中主要是通过提高劳动生产率，使个别企业的劳动生产率高于整个部门的劳动生产率，从而使个别价值低于社会价值，个别生产价格低于社会生产价格，获得超额利润。除上述以外，在需求大于供给的情况下，市场价格高于生产价格，也可获得超额利润。人为的或自然的垄断也会带来超额利润，至于资本主义发展到帝国主义阶段，生产价格又转化为垄断价格，这种垄断价格带来的利润已经不是一般的超额利润，而是垄断利润了。

从以上分析中，马克思的结论是："我们在这里得到了一个像数学一样精确的证明：为什么资本家在他们的竞争中表现出彼此都是假兄弟，但面对着整个工人阶级却结成真正的共济会团体。"（第 220 页）因此，无产阶级要彻底解放，必须联合起来，推翻整个资产阶级的统治。

第二，揭露了平均利润和生产价格的实质，捍卫了马克思的劳动价值论和剩余价值学说。

马克思的平均利润率学说告诉我们："平均利润只能是按照每个生产部门的资本量的比例分配给每个生产部门的资本量的剩余价值总量。"（第 194 页）"平均利润和每 100 资本所生产的平均剩余价值相一致；……就平均利润来说，不过要把预付资本价值作为利润率的一个决定因素加进来。"（第 219 页）正是由于这个因素的加入，"把利润的真正性质和起源完全掩盖起来"（第 188 页）。马克思的平均利润率学说揭露了平均利润的实质和起源，进一步阐明和捍卫了马克思的剩余价值理论。

在利润转化为平均利润的同时，价值也就转化为生产价格，古典学派由于不能说明生产价格和价值的区别，使他们的学说遭到了破产。庸俗经济学家还以市场价格围绕生产价格波动的表面现象，反对劳动价值论。马克思的平均利润率和生产价格的学说，揭开了这一表面现象，阐明了商品按照生产价格交换是在商品按照价值交换的基础上形成的，从而捍卫了劳动价值论，并透过现实生活中的复杂现象，详尽探讨了价值规律在生产和流通中的作用，特别是在资本主义条件下价值规律的作用。

和简单商品经济相比，资本主义生产方式中价值规律的作用有以下特点：

第一，由于商品生产在资本主义社会中占统治地位，价值规律对一切劳动产品甚至劳动力都普遍发生作用。（活动范围）

第二，市场价格在供求关系的盲目支配下围绕着生产价格上下波动。（表现形式）

第三，价值规律不再直接对生产和流通起调节作用，而是通过平均利润率规律和生产价格规律对生产和流通起间接的调节作用。（调节的依据）

四、超额利润［第221页第1—2段］

超额利润就是超出平均利润以上部分的利润。超额利润的取得，或者是由于个别生产价格（个别成本价格加平均利润）低于社会生产价格（平均成本价格加平均利润），或者是由于市场价格高于社会生产价格。这是超额利润的两种表现形式。

在一般情况下，产生超额利润的条件或者是由于少数先进企业的劳动生产率高于该部门的一般的劳动生产率，从而使这些少数先进企业的个别生产价格低于社会生产价格，获得超额利润；或者是某种商品由于供不应求，市场价格高于社会生产价格，使该商品生产部门中的多数企业都因此获得超额利润，其中少数先进企业由于个别生产价格低于社会生产价格，同时获得上述两种不同形式的超额利润。

在一定情况下，例如资本主义社会中的农业生产部门，由于存在着土地自然条件的差别和土地经营权的垄断，社会生产价格按劣等地生产物的个别生产价格确定，因此，凡优于劣等地的生产物的个别生产价格，均可获得超额利润。不仅如此，由于农业资本有机构成低于工业，因而农业投资所形成的市场价值就会高于工业的社会生产价格。又由于农业的资本有机构成低和存在着土地私有权的垄断，农产品的市场价格就由农产品的社会生产价格，再加上农产品的社会生产价格与农产品的市场价值之间全部或一部分的差额确定，这个差额构成农业中又一种形式的超额利润，即使是劣等耕地也可以得到这个超出平均利润之上的部分。不过，农业中由于土地经营权的垄断和土地私有权的垄断而获得的超额利润不归属于农业资本家，而是由农业资本家以地租的形式缴纳给土地所有者（前一种称之为级差地租，后一种称之为绝对地租）。

第十一章　工资的一般变动对生产价格的影响

工资和利润是资本主义经济中对雇佣工人新创造出来的价值进行分配和使用时采取的两种价值形式，在这个已形成的新价值中，工资的提高，会使利润减少；反之，工资的降低，会使利润增加。无论是工资提高或降低，都不会引起商品价值的变动，改变的只是对已形成的新创造的价值进行分配和使用的方式。

当利润转化为平均利润、价值转化为生产价格之后，由于各生产部门的资本有机构成的差别和平均利润率规律的作用，工资的提高会引起资本有机构成低的部门商品的生产价格上涨，同时又引起资本有机构成高的部门商品的生产价格下跌；反之，当工资下降时，就会引起资本有机构成低的部门商品的生产价格下跌，同时又引起资本有机构成高的部门商品的生产价格上涨。生产价格的上涨和下跌并存，因而并没有改变生产价格的总额和平均的生产价格水平，从而不能影响商品的价值。

李嘉图坚持了劳动价值论，认为商品的价值量取决于生产这一商品时所耗费的劳动量，工资的提高只能使利润减少，不会改变商品的价值量。但是由于他把价值和生产价格混为一谈，当他看到工资的变动对生产价格的影响后，就产生了和他坚持的劳动价值论的矛盾。李嘉图对上述现象用“例外和影响很小”去解释，但这样不能说明生产价格和价值的一致性。

一、工资的提高对生产价格的影响［本章第1段—第224页第4段］

假定在工资未提高前，代表平均构成的生产部门的价值分解为：$80c+20v+20m=120W$，这个例子告诉我们，预付资本为100（$80c+20v$），剩余价值率为100%（$\frac{20m}{20v}$），利润率为20%（$\frac{20m}{80c+20v}$），形成的价值量为120。由于这一部门是代表平均构成的生产部门，20%的利润率即平均利润率，120的价值量即生产价格。按照由此确定的平均利润率计算，各生产部门的生产价格及其形成如下（符号P代表生产价格）：

Ⅰ．平均构成部门：$80c+20v+20\bar{p}=120P$

Ⅱ．低构成部门：$50c+50v+20\bar{p}=120P$

Ⅲ．高构成部门：$92c+8v+20\bar{p}=120P$

现在假定工作日不变，工人必需的生活资料价值也不变，将工资提高了25%，生产价格及其形成的变动如下：

Ⅰ．平均构成部门：价值分解为：$80c+25v+15m=120W$，剩余价值率降为60%（$\frac{15m}{25v}$），利润率降为$14\frac{2}{7}$%（$\frac{15m}{80c+25v}$），即平均利润率降为$14\frac{2}{7}$%，商品的价值量120没有改变，因而生产价格也未发生改变，具体分解为：$80c+25v+15\bar{p}=120P$。

Ⅱ．低构成部门：$50c + 62\frac{1}{2}v + 16\frac{1}{14}\bar{p} = 128\frac{4}{7}P$（$+8\frac{4}{7}$）

Ⅲ．高构成部门：$92c + 10v + 14\frac{4}{7}\bar{p} = 116\frac{4}{7}P$（$-3\frac{3}{7}$）

从上述生产价格的变动中，我们可以看到：

(1)“对于社会平均构成的资本来说，商品的生产价格保持不变”（第223页），“因为平均资本生产的商品的生产价格是和它们的价值一致的，所以这种商品的生产价格不变；因此，工资的提高，虽然引起利润的降低，但不会引起商品价值和价格的变动”（第222页）。

(2)“对于较低构成的资本来说，商品的生产价格提高了，虽然不是按照利润降低的比例而提高。”（第224页）

(3)“对于较高构成的资本来说，商品的生产价格降低了，虽然也不是按照利润降低的比例而降低。”（第224页）

工资的提高之所以会引起某些生产部门生产价格的上涨或下跌，完全是由于资本有机构成低于或高于平均构成，在平均利润率规律的作用下，对剩余价值重新进行分配引起的。在同样增加工资25%的条件下，资本有机构成低的部门由于可变资本占的比例较大，追加的可变资本的绝对量要比平均构成的多，所得利润也相应增加，生产价格随之上涨；构成高的部门则与之相反。这里改变的是对新创造的价值的分配，而不是商品价值和生产价格的总额。

二、工资的降低对生产价格的影响［第224页末段—本章完］

假定工资下降25%，平均构成部门价值分解变动为：$80c + 15v + 25m = 120W$，剩余价值率升到$166\frac{2}{3}\%$（$\frac{25m}{15v}$），利润率升到$26\frac{6}{9}\%$（$\frac{25m}{80c + 15v}$），即平均利润率升至$26\frac{6}{9}\%$，商品价值120没有改变，因而生产价格也未发生改变，各生产部门的生产价格及其形成调整如下：

Ⅰ．平均构成部门：$80c + 15v + 25\bar{p} = 120P$

Ⅱ．低构成部门：$50c + 37\frac{1}{2}v + 23\frac{1}{38}\bar{p} = 110\frac{10}{19}P$（$-9\frac{9}{19}$）

Ⅲ．高构成部门：$92c + 6v + 25\frac{15}{19}\bar{p} = 123\frac{15}{19}P$（$+3\frac{15}{19}$）

从上述变动中我们可以看到，当工资下降时，平均构成部门的生产价格和价值不变，低构成部门的生产价格会下降，而高构成部门的生产价格会上涨，最终的结果和工资提高时是一样的：“因为平均资本的商品的生产价格保持不变，和产品的价值相等，所以一切资本的产品的生产价格的总额也保持不变，和总资本所生产的价值的总额相等；一方面的提高，和另一方面的降低，对总资本来说，会平均化为社会平均资本的水平。”（第224页）

上面所说的工资的变动，前提之一是工人的生活资料价值不变，现在需要补充说明的是，如果是由于必要生活资料价值的变动而引起的工资变动，对商品的生产价格总额和价值总额是否会发生影响？如果生活资料的价值变动仅仅使得工资随之发生变动，生产价格总额和价值总额不会发生改变，上面的论述在这里也完全适用。但是，某些生活资料不仅作为生活资料进入可变资本，同时也可以作为生产资料进入不变资本，这就会改变商品的价值和生产价格。例如，作为工人生活资料之一的白糖的价值下降了，工资的价值也会下降，与此同时，剩余价值率和利润率提高了，而价值不变，生产价格总额也不变。但是，如果白糖同时又作为原材料进入食品工业的不变资本，白糖价值的下降就会引起食品工业商品价值的下降和生产价格总额的减少。即使如此，价值和生产价格总额的变动和工资的变动并无直接关系，引起食品工业商品价值下降的原因在于不变资本的减少，而不是食品工业工人工资的下降。

陈征教授在这里举例加以说明："例如，生产 1 吨钢铁需费不变资本 500 元，可变资本 500 元，由于生活资料的价值降低引起工资的降低，可变资本减少为 400 元，这时，生产 1 吨钢铁只要花费资本 900 元，但钢铁要作为原料进入机器厂，作为机器厂的不变资本构成要素，这就会引起机器本身的价值的降低。如果不是上述情况，消费资料价值的变动仅仅是影响工资，'那么以上所说就已经包含所要说的一切了'。"① 这里的思路是：原材料生产部门工资的降低会引起可变资本的降低，可变资本的降低会引起预付资本的降低，原材料生产部门预付资本的降低会引起使用这一原材料的生产部门不变资本价值的降低，进而引起这一部门生产的产品价值的降低。

陈征教授没有注意到，马克思曾经指出：可变资本的耗费虽然会加入商品的成本价格，但"决不会参加新价值的形成"（第 34 页），"可变资本的绝对价值量的变化，只要仅仅表现劳动力价格的变化，就丝毫不会改变商品价值的绝对量，因为它并不改变由活动的劳动力创造的这个新价值的绝对量"（第 37 页）。钢铁生产部门可变资本耗费的减少会使生产钢铁的成本价格降低，但不会因此使钢铁的商品价值降低，并进而使以钢铁为原料的机器价值降低。陈征的一个明显错误是其将由于工资降低而降低了的钢铁的成本价格看作是机器厂购买钢铁原料的销售价格了。

钢铁产品价值下降并进而引起以钢铁为原料的机器产品价值下降，只能是钢铁生产部门劳动生产率提高的结果。从资本表现上看，只能是由于生产钢铁产品的不变资本价值的下降，而不能是生产钢铁产品的可变资本价值的下降。

按照陈征的逻辑，机器产品价值的下降部分不仅包括钢铁生产部门可变资本下降部分的 100 元，还要包括生产机器的部门可变资本的下降部分若干元。

马克思是用生产资料本身价值的降低去说明不变资本价值的降低，进而说明用此生产资料生产的产品价值的降低。而陈征却用工资或可变资本的降低去说明不变资本价值的降低，进而说明用此不变资本生产的产品价值的降低，这是二者的本质区别。

在本章中需要研究的一个问题是，按照马克思的举例，当工资提高 25% 以后，生产价格总额（$120+128\frac{4}{7}+116\frac{4}{7}=365\frac{1}{7}$）大于商品价值总额（360）；当工资降低 25% 以后，生产价格总额（$120+110\frac{10}{19}+123\frac{15}{19}=354\frac{6}{19}$）小于商品价值总额（360），这是与以往马克思的观点相矛盾的。马克思曾指出："如果把社会当作一切生产部门的总体来看，社会本身所生产的商品的生产价格的总和等于它们的价值的总和。"（第 179 页）工资的变动既然不能改变商品价值的总和，当然也不能改变商品生产价格的总和。

现在的问题发生在工资的变动会使利润发生相反的同量变动，当工资提高 25% 而使工资总量增加 $19\frac{1}{2}$时，利润总量应减少 $19\frac{1}{2}$，但马克思举的例中只减少 $14\frac{5}{14}$（$60-45\frac{9}{14}$）；当工资下降 25% 而使工资总量减少 $19\frac{1}{2}$时，利润总量应增加 $19\frac{1}{2}$，而在马克思举的例中只增加 $13\frac{31}{38}$（$73\frac{31}{38}-60$）。

---

① 陈征：《〈资本论〉解说》第 3 卷（修订本），福建人民出版社 1997 年版第 157 页。

发生这一偏差的原因是在工资量发生变动后，平均构成部门已发生了更替，而马克思仍采用原来确定的平均构成部门计算平均利润率。按照总资本计算的平均利润率，当工资提高25%时大约为$\frac{60m-19.5v}{319.5C}=\frac{40.5p}{319.5C}=12.7\%$，而不是$14\frac{2}{7}\%$（$\frac{15m}{105C}$）；当工资下降25%时大约为$\frac{60m+19.5v}{280.5C}=\frac{79.5p}{280.5C}=28.3\%$，而不是$26\frac{6}{19}\%$（$\frac{25m}{95C}$）。

除此以外，马克思在上述计算过程中，个别数字也有笔误，这里就不去更正了。

第十二章　补充说明

Ⅰ. 引起生产价格变化的原因

本卷第 185—187 页上对这一问题已进行过论述。

生产价格 P = 成本价格 k + 平均利润$\overline{p}$，由于平均利润$\overline{p}$ = 成本价格 k × 平均利润率$\overline{p'}$，$P = k + \overline{p} = k + k\overline{p'}$。一个商品的生产价格发生变动，是由平均利润率的变动和商品价值的变动这两个因素引起的。

第一，平均利润率的变动。

平均利润率$\overline{p'} = \frac{\text{社会剩余价值总量 M}}{\text{社会总资本 C}}$。平均利润率的变动取决于两个因素，首先是平均剩余价值率的变动，这一因素又取决于劳动力价格与劳动力价值的背离情况和劳动生产率的提高引起的劳动力价值的变动。其次是总资本中不变资本部分的变动，当平均剩余价值率已定，平均利润率的高低取决于社会总资本，而且是社会总资本中的不变资本。不变资本在总资本中所占的比重，决定着资本有机构成的高低。一定量的可变资本能推动多少不变资本，取决于劳动生产力的水平，劳动生产力越发展，推动的不变资本越多，在剩余价值率没有得到相应提高的情况下，平均利润率就会下降。

决定平均利润率的因素也可这样作表述，首先是各个生产部门的特殊利润率，这一特殊利润率又取决于各个生产部门的特殊剩余价值率和预付不变资本量；其次是社会总资本在这些不同生产部门之间的分配比例，利润率高的部门的预付资本在社会总资本中占的比例越大，平均利润率则越高，反之则越低。（参见第 181—183 页）

第二，商品价值的变动。

生产价格 $P = k + \overline{p}$，$k = c + v$。生产价格是商品价值的转化形式，“商品生产价格的一切变动最终都可以归结为价值的变动”（第 228 页），成本价格 k 取决于不变资本 c 和可变资本 v 的价值变动，平均利润$\overline{p}$是剩余价值的转化形式，取决于剩余价值的变动。

商品价值由新创造的价值和原有的已消耗的生产资料价值构成，这两部分的价值发生变动就会引起商品价值的变动，而这两部分价值的变动都是由劳动生产率的变动引起的，商品价值量由包含在商品中的社会必要劳动时间决定，而社会必要劳动时间又随着劳动生产率的变动成反比地进行变动。生产资料价值的变动，决定着成本价格中不变资本消耗的价值变动，新创造的价值的变动决定着成本价格中的可变资本部分和平均利润部分的变动。

这里要说明的是，商品价值的变动决定着生产价格的变动，这是从社会总价值的角度来说的，至于个别部门的商品价值变动，由于可能其与其他生产部门相反方向变动的抵消作用，不一定会对生产价格变动产生影响。但是总的来说，与平均利润率的相对稳定不同，商品价值经常处于变动的状态，因此，对经常处于变动状态的生产价格，主要用同样经常处于变动状态的商品价值来说明。

Ⅱ. 中等构成的商品的生产价格

在上节中，我们假定中等构成部门的资本比例为 80c + 20v，即 4∶1，m′ = 100%，它的剩余价值 20m 和平均利润相等，因而它的生产价格 $P = 100k + 20\bar{p} = 120$，和商品价值 W（80c + 20v + 20m = 120）完全相等。

现在的问题是要使中等构成部门的生产价格和商品的价值相等，仅仅论证 $20\bar{p} = 20m$ 是不够的，还必须论证 100k = 80c + 20v，恰恰是成本价格 100k 和已消耗的生产资料价值 80c，以及已消耗的劳动力商品的价值 20v 可能是不一致的。本卷第 180 页末段中已提出这一问题，由于中等构成部门是按照生产资料的生产价格确定不变资本，又按照生活资料的生产价格确定可变资本的，在平均利润率规律作用的影响下，生产资料的生产价格和不变资本的价值、生活资料的生产价格和可变资本的价值往往是不一致的，这两部分如果不一致，中等构成部门的生产价格如何与它的价值相一致呢？

其实这种背离的可能性“根本不影响”关于中等构成部门的生产价格和它的价值相等这一观点的正确性，只要明确以 4∶1 作为中等构成的比例，它的剩余价值和平均利润相等，也就是说它的成本价格和资本价值相等，生产价格当然和价值相等。这是因为在已创造的价值中，当剩余价值量被确定后，工资的量也随之被确定，工资价格的变动可以改变剩余价值量的增减，但不会影响商品价值的量，当可变资本的价值量被确定后，按照 4∶1 的比例，它所推动的不变资本的价值量也就确定了。

Ⅲ. 资本家的补偿理由

资本家的基本观念是“等量资本必须在相同时间内提供等量利润”（第 232 页），这一基本观念成为资本家的补偿理由，当他因远离销售市场而使周转较慢，或因进行有较大风险的投资，为了补偿利润的损失，他就根据这一理由对自己的商品进行加价。

资本家的这一观念，是在通过资本主义竞争实现利润率平均化的过程中形成的。不同的生产部门，其资本有机构成存在差别，有机构成低的部门可变资本所占的比重大，同量资本提供的劳动量多，创造的价值大，在相同的剩余价值率条件下，会产生更多的剩余价值和更高的利润率，而有机构成高的生产部门却相反。其结果是利润率低的部门向利润率高的部门转移投资，部门之间的竞争导致了利润率平均化趋势的产生。

部门之间投资的转移会遇到很大困难，首先是要变卖机器设备，对于这种不能带来丰厚利润的固定资本很难被人接受。

竞争会造成种种假象，“在竞争中一切都颠倒地表现出来”（第 231 页），事物的本质被掩盖了。具体说来：①同量资本得同量利润，与各部门活劳动创造的价值无关；②生产价格随工资的变动而变动，不以商品价值为转移；③市场价格围绕着生产价格上下波动，和商品价值无关。

资本家在接受了等量资本必须在相同时间内提供等量利润的观念的同时，也接受了竞争造成的种种假象，将资本参与剩余价值的分配误解为资本创造利润。

第三篇　利润率趋向下降的规律

本篇共3章。第13章《规律本身》，研究在资本主义生产方式下利润率的趋势是什么，为什么会出现下降的趋势，利润率趋向下降的规律包含哪些内容。总之，是提出这个规律，并对这一规律本身加以研究。第14章《起反作用的各种原因》，指出了阻碍利润率下降的种种因素，进一步说明了利润率下降是一种趋势，而且不能理解为直线下降。第15章《规律的内部矛盾的展开》，揭露了由于利润率趋向下降规律的作用，在资本主义社会中发生的各种矛盾和冲突。

第十三章　规律本身

一、利润率趋向下降是资本主义生产方式下特有的规律［本章第 1 段—第 240 页末段］

（一）资本有机构成与利润率［本章第 1 段—第 236 页第 1 段］

利润率的高低受各种因素影响：剩余价值率的高低、资本有机构成的高低、资本周转的速度和不变资本的节省等。假定剩余价值率不变，利润率的高低就取决于有机构成的高低。马克思在第 235—236 页上列式说明，利润率和资本有机构成是按相反方向变动的，在剩余价值率不变的情况下，资本有机构成越高，利润率就越低。

（二）资本积累与资本有机构成［第 236 页末段］

资本有机构成的提高会引起利润率的下降，这是就整个部门的生产而言的，至于对各个企业而言，为了使个别价值低于社会价值，以便获得超额剩余价值，就要努力改进技术，提高资本有机构成。因而，在资本积累过程中，雇用劳动力的人数虽然会增加，表现在由于追加可变资本而使可变资本的绝对量不断增加，但是和不变资本相比，可变资本从而在总资本中的比率，则是相对减少的。马克思指出："随着资本主义生产方式的发展，可变资本同不变资本相比，从而同被推动的总资本相比，会相对减少，这是资本主义生产方式的规律。"（第 236 页）资本有机构成的不断提高也是一种强制性的规律。谁在技术改革上落后，从而使个别价值高于社会价值，谁就无法获得平均利润，进一步运作下去则连成本价格都不能实现，势必陷于破产境地。"资本主义生产的实际趋势"即"资本主义生产，随着可变资本同不变资本相比的日益相对减少，使总资本的有机构成不断提高，由此产生的直接结果是：在劳动剥削程度不变甚至提高的情况下，剩余价值率会表现为一个不断下降的一般利润率"（第 237 页）。

由此我们可以得出结论："一般利润率日益下降的趋势，只是劳动的社会生产力的日益发展在资本主义生产方式下所特有的表现。"（第 237 页）

（三）揭示利润率趋向下降的规律是马克思的贡献［第 237 页末段］

资产阶级经济学家也看到了利润率趋向下降的现象，但是他们绞尽脑汁也无法解释它。主要的问题在于他们不能明确地区分不变资本与可变资本，因而不能区分剩余价值与利润，不能分析资本有机构成的差别，不能解决一般利润率的形成事实，当然也就不能解释一般利润率趋向下降的原因了。这个问题只有在马克思提出了资本有机构成学说，阐明了平均利润率的规律之后才获得解决。

（四）利润率趋向下降的规律同利润的分割无关［第 238 页第 1 段］

马克思是在下一篇开始讲利润的分割问题的，也就是说，在没有讲利润的分割问题之前，他就先讲了利润率趋向下降的规律，这表明，利润率趋向下降的规律同利润被分割为各个部分是无关的。它所说明的问题是剩余价值同预付总资本的关系，而不是剩余价值被分割的各个部分之间的相互关系。

（五）同时并存的不同发展阶段的国家在利润率上的比较［第 238 页末段—第 240 页第 1 段］

在资本有机构成不断提高的过程中，同一个剩余价值率却表现为不断下降的利润率，“一个国家中各个相继发展的阶段的情况是这样，不同国家中同时并存的不同发展阶段的情况也是这样”（第 238 页）。发达国家资本有机构成高，利润率低；不发达国家资本有机构成低，利润率高。但是，在比较时应注意三点：

第一，两个国家的利润率的差别，可以由于剩余价值率的差别而消失，甚至颠倒过来。不发达的国家的资本有机构成低，利润率比较高，但是由于劳动效率比较低，工人必须用较多的劳动时间来再生产他自己的生活资料，这样，剩余价值率就比较低。发达的国家则相反，其利润率比较低，但剩余价值率比较高。当发达国家和不发达国家之间这种剩余价值率的差别扩大到一定程度时，发达国家的利润率和不发达国家的利润率就会日益接近，甚至一致。如果剩余价值率的差别继续扩大，发达的国家的利润率就会高于不发达国家的利润率。

第二，不能用一个国家的利息率水平来衡量一个国家的利润率水平。一般情况下，不发达国家的利息率比较高，“在劳动还没有在形式上从属于资本的国家，利息包含全部利润，甚至比利润更多”（第 239 页）。而在发达的资本主义国家里，利息率比较低，“它只代表所生产的剩余价值或利润的一部分”（第 239 页）。

第三，“在资本主义生产发展阶段不同、因而资本有机构成也不同的各个国家中，剩余价值率（剩余价值是决定利润率的一个因素）在正常工作日较短的国家可以高于正常工作日较长的国家”（第 240 页）。

（六）剩余价值率的不断提高与利润率的不断下降［第 240 页第 2—末段］

在劳动生产率和资本有机构成不断提高的情况下，不仅同一个剩余价值率会表现为不断下降的利润率，而且不断提高的剩余价值率也会表现为不断下降的利润率。这一点在前面（第 237 页）已经指出，现在又一次提出“一个同样的或甚至一个不断提高的剩余价值率表现为不断下降的利润率”（第 240 页）这个规律问题。

为什么呢？这还是由于在资本主义生产方式下，劳动生产率的提高表现为“可变资本的相对减少和不变资本的相对增加（尽管这两个部分都已经绝对增加）”（第 240 页）。结果，“所投总资本中转化为活劳动的部分越来越小，因而这个总资本所吸收的剩余劳动，同它自己的量相比，也越来越小，虽然所使用的劳动的无酬部分和有酬部分的比率可以同时增大”（第 240 页）。

马克思还举例说明了这个问题，一个发达的国家尽管在剩余价值率上两倍于一个不发达的国家，但是在利润率上不发达的国家却两倍于这个发达国家。

二、利润率的下降和利润量的增加［第 241 页第 1 段—第 250 页末段］

（一）在利润率趋向下降的同时，利润量却不断增加的原因［第 241 页第 1 段—第 244 页末段］

利润率趋向下降的规律绝不排斥整个社会资本或单个企业资本利润量同时不断增加的形式，不仅不排斥，而且伴随着利润率趋向下降而来的，就是利润量的不断增加，这是同一个规律（资本积累规律）的两种表现。马克思把利润率的下降和绝对利润量的同时增加称之为“二重性的规律”。在利润率趋向下降的同时，利润量却会不断增加的原因是：

第一，“利润率的下降，不是由于总资本的可变组成部分的绝对减少，而只是由于它的相对减少，由于它同不变组成部分相比的减少”（第 241 页）。

利润是剩余价值的转化形式，剩余价值来自于可变资本所推动的活劳动，只要可变资本的绝对量不断增加，利润量也会不断增加，从马克思所举的例子中可以看到，尽管由于可变资本的相对减少，利润率下降了一半，但由于可变资本的绝对量的增加，利润量却同时增加了一半。“所以，尽管利润率不断下降，资本所使用的工人人数，即它所推动的劳动的绝对量，从而它所吸收的剩余劳动的绝对量，从而它所生产的剩余价值量，从而它所生产的利润的绝对量，仍然能够增加，并且不断增加。”（第 242 页）

在资本主义生产的基础上，可变资本及其所推动的劳动的绝对量，不仅能够不断增加，而且必然不断增加，这是资本积累的结果。在资本积累中，追加资本不能全部用于不变资本，正如不能全部用之于可变资本一样，资本积累中的一部分用来追加不变资本，另一部分用来追加可变资本，而且，伴随着资本积累而来的，大量的相对过剩人口的产生，为可变资本的追加准备了劳动力条件。马克思的结论是：“预定要转化为资本的已经增加了的生产资料的量，总会随时找到相应地增加了的，甚至过剩的可供剥削的工人人口。所以，在生产过程和积累过程的发展中，可以被占有和已经被占有的剩余劳动的量，从而社会资本所占有的利润的绝对量，都必然会增加。但是，同一些生产规律和积累规律，会随着不变资本的量增加，使不变资本的价值同转化为活劳动的可变资本部分的价值相比，越来越快地增加。因此，同一些规律，使社会资本的绝对利润量日益增加，使它的利润率日益下降。”（第 243—244 页）

对于利润率的趋向下降和利润量的不断增加，从整个社会资本看是这样，从个别资本来看也是这样。提高资本有机构成的前提是个别资本的扩大。如何扩大个别资本？有两种形式，一种是靠企业本身内部积累（资本积聚），另一种是靠个别资本与个别资本的相互结合，如大企业吞并小企业、办股份公司等（资本集中）。对于各个资本家来说，随着个别资本的扩大，“他们支配的劳动军越来越大（尽管对他们来说，可变资本同不变资本相比已经减少）；他们占有的剩余价值量，从而利润量，会随着利润率的下降并且不顾这种下降而同时增长起来”（第 244 页）。

第二，“在工人人口已定时，如果剩余价值率提高了，不管这是由于工作日的延长或强化，还是由于劳动生产力的发展而引起的工资价值下降，那么，剩余价值量，从而绝对利润量，就必然会增加，尽管可变资本同不变资本相比是相对地减少了”（第 244 页）。

总之，在利润率趋向下降的同时，由于可变资本和劳动力的增加，利润量同时不断增加，而且即使可变资本和劳动力没有增加，但由于剩余价值率的提高，利润量也必然会不断增加。

（二）利润率的下降和绝对利润量的同时增加的表现形式 ［第 245 页第 1 段—第 248 页第 2 段］

这里所说的表现形式也就是在利润率下降时，能使利润量增加的条件，这种条件是通过资本量和利润率下降的关系表现出来的。

资本量和利润率的下降有两种表现形式：

第一种表现形式：在利润率下降时，资本量不变，利润量就会随着利润率的下降而下降，而且，“剩余价值的相对下降和它的绝对下降总是一致的”（第 245 页）。这是因为资本量已定，“所以，剩余价值和这个不变量的比率下降，就只能是剩余价值的绝对量和利润的绝对量减少的另一种表现。事实上这是一个同义反复”（第 246 页）。如果资本量减少，利润量就会下降更多。

第二种表现形式：在利润率下降时，资本量增加，在这种条件下，利润量的变化还要视资本量增加的幅度而定。这里又会出现三种具体形式：第一种，总资本（不变资本和可变资本之和）增加的乘数和表示利润率下降的除数相等，或者说，总资本增加的比例等于利润率下降的比例，总资本增加的比例等于可变资本所占百分比下降的比例，在这种形式上，利润量在利润率下降时可保持不变；第二种，总资本增加的比例小于利润率下降的比例或可变资本所占百分比下降的比例，在这种形式上，利润量仍然会下降；第三种，总资本增加的比例大于利润率下降的比例或可变资本所占百分比下降的比例，在这种形式上，即使可变资本不增加，也会因为可变资本的增加，再加上剩余价值率的提高，而使利润量增加。

利润率的下降和利润量的同时增加这个二重性的规律，必然会在总资本增加的比例大于利润率下降的比例或可变资本所占百分比下降的比例这种形式上表现出来。马克思从这种表现形式中得出如下结论："在资本主义的基础上，劳动生产力的提高必然会产生永久性的表面上的工人人口过剩。"（第 248 页）

（三）批判资产阶级经济学把利润率的下降和利润量的增加说成是资本增加的结果 [第 248 页末段—第 250 页末段]

首先，从资产阶级经济学对利润量增加原因的解释上看。他们说利润量取决于利润率和资本量这两个因素，因而只要资本增加，就可以不管利润率的下降而使利润量增加。马克思指出"这种理由也只是以一些陈词滥调和可能性为根据的"，"只是同义反复"（第 249 页）。所谓"陈词滥调"，是说他们不懂得区分不变资本与可变资本，把利润看成是整个资本的产物，而不是可变资本所推动的活劳动的产物，因而误以为随着资本的增加就会使利润量得到增加，但这只是可能性而已，上面已指出，只有当总资本增加的比例大于利润率下降的比例或可变资本所占百分比下降的比例时，利润量才会增加，否则就不会增加，甚至还会减少。

其次，从资产阶级经济学对利润率下降原因的解释上看。以罗雪尔为代表的庸俗经济学家认为由于资本增加，利润率较低的也会赚得较大的利润量，因而出于"比较明智和比较人道的"考虑，降低了利润率。其实，利润率的下降是资本积累的必然结果，是不以资本家的意志为转移的，在竞争中，大资本为了排挤小资本，有意识地压低自己的利润率，这种做法也并非是"比较明智和比较人道的"。

三、商品价格的下降和商品利润量的增加 [第 251 页第 1 段—本章完]

资本积累的规律一方面表现为利润率的下降和利润量的同时增加，另一方面又表现为单个商品的价格下降和商品总额的利润量同时增加。

（一）单个商品的价格下降和单个商品利润量的减少 [第 251 页第 2 段]

"因为生产力的发展以及与之相适应的资本构成的提高，会使数量越来越小的劳动推动数量越来越大的生产资料，所以，总产品中每一个可除部分、每一个商品或者说，所生产的商品总量中每一定量商品都只吸收较少的活劳动，而且也只包含较少的对象化劳动，即所使用的固定资本的损耗以及所消费的原料和辅助材料中所体现的对象化劳动。因此，每一个商品都只包含一个较小的、对象化在生产资料中的劳动和生产中新追加的劳动的总和。这样，单个商品的价格就下降了。"（第 251 页）马克思的这段话是比较容易懂的，要点是随着生产力的发展和资本有机构成的提高，单个商品中所包含的劳动量减少了，不仅活劳动减少了，而且物化劳动也减少了。在物化劳动中，不仅机器的消耗减少了，原材料（包括辅助材料、燃料）的消耗也减少了，单个商品的劳动量减少了，单个商品的价值量也就减少了。当货币的价值量减少的幅度小于该商品价值量的下降幅度，甚至货币价值量上升或不变，单个商品的价格就会下降。

随着单个商品中包含追加的活劳动大量地绝对减少，即使在剩余价值率不断提高的情况下，无酬劳动的绝对量也会减少，而不管它同有酬劳动相比相对地增加了多少，从而每个商品的利润量就会随着生产力的提高、随着单个商品中包含的活劳动的减少，而不断减少，只有在单个商品中活劳动减少得不多，剩余价值率又提高到一定程度，使无酬劳动的绝对量有所增加的这一范围内，单个商品的利润量才不会减少，甚至增加，但从长期来看，这是不可能的。单个商品利润量的下降速度可因各种反作用的因素延缓下来，但总的下降趋势是不可避免的。

（二）单个商品利润率下降［第 251 页末段—第 254 页第 3 段］

和单个商品价值量的下降相适应，按每件商品计算的利润率随着劳动生产力的提高和资本积累的增加而不断下降。这是因为：第一，每个商品中包含的新追加的活劳动绝对减少了，因而无酬劳动部分及由此决定的利润量也会减少；第二，每个商品的成本价格，包括原材料消耗和固定资本消耗的价值，以及新追加劳动形成的价值，虽然也会不断减少，但是同原材料消耗和固定资本消耗的价值相比，新追加劳动形成的价值部分不仅绝对减少，而且相对减少；原材料消耗和固定资本消耗的价值虽绝对减少，但相对增加。单个商品成本价格比例上的这种变化，是资本有机构成提高的一种表现形式，它意味着单个商品中新追加劳动形成的价值部分的减少，在速度上快于原材料和固定资本的价值消耗的减少，也就是单个商品中利润量的下降速度高于成本价格下降的速度。

由于包含在商品中的资本价值是已消耗的资本价值，即资本主义成本价格或生产费用，不同于预付资本价值，按成本价格计算的利润率称之为成本利润率，不同于第 1 篇中所说的实际利润率，即按预付资本计算的利润率，简称资本利润率，我们通常所说的利润率，就是这个资本利润率。

利润率是剩余价值率的转化形式，它是预付资本和在一年内所获得的利润总量之间的比率，计算公式是：

$$利润率\ p' = \frac{年剩余总量\ M}{预付资本\ C}$$

马克思指出："总资本的增殖率，即利润率。"（第 270 页）并明确指出这里所说的总资本指的是预付资本总额："利润率等于剩余价值和预付资本总额之比。"① 恩格斯虽然指出了利润率就是"一年内获得和实现的剩余价值或利润对总资本的以百分比计算的比率"（第 250 页），这在某些方面说得比马克思更明确、更具体，但他对他在这里所说的总资本指的却是所使用的总资本："利润率是按所使用的总资本计算的。"（第 252 页）。

除非是假定预付总资本一年周转一次，或用一个周转期间去计算利润率，所使用的总资本和预付总资本才相同，此种情况下的利润率也相同，否则就会是两个完全不同的量。例如，两个规模相同的企业，每周投入的流动资本同为 200 镑，其中可变资本为 100 镑，

① 《剩余价值理论》第 2 分册第 12 页。

剩余价值率为100%。假定一年为50周，50周内各自投入实际使用的流动资本为1万镑，其中可变资本部分为5千镑，剩余价值或利润所得为5千镑，如撇开固定资本部分，按实际使用的资本计算，年利润率均为50%（$\frac{5\text{千镑}M}{1\text{万镑}C}$）。但按预付资本计算，情况就往往并非如此了。

如果我们再假定甲企业1年能周转2次，即到第25周结束，就完成了一次周转，在这25周内投入的流动资本5千镑全部回流，从第26周开始，无需再追加流动资本，它用5千镑的预付资本获得年利润总量5千镑，利润率为100%。而乙企业1年能周转10次，即每5周就能周转1次，也就是说，乙企业只需要有1千镑的预付资本就可获得年利润5千镑，利润率为500%。

显然，对于比较不同企业之间的获利程度或同一企业在不同期间的获利差别，只有按预付资本计算的利润率才有实际意义。

什么是成本利润率？成本利润率是按成本价格计算的利润率，计算公式是$\frac{p}{k}$，具体有两种计算方法，一种是按每件产品中所获得的利润在每件产品的成本价格中所占的百分比去计算，另一种是按年剩余价值总量或年利润总量在年产品的成本价格总量中所占的百分比去计算。

除上述两种利润率外，还有一种工资利润率，它是按一定时间支付的工资和在同一时间所获得的利润计算出来的百分比。以公式表示，工资利润率$=\frac{p}{v}$，其中，v在量上代表一定时间内支付的工资，p代表同一时间内实现的利润。在实际生活中，我们用这个公式来代替剩余价值率的公式$\frac{m}{v}$，来计算资本家对工人的剥削程度。

由于计算基础不同，资本利润率和成本利润率是往往不一致的，恩格斯以一个产业资本在三个不同年度的不同状态为例，说明资本利润率和成本利润率的差别：

年度	预付总资本（镑）	年商品量（件）	成本价格		利润		利润率（%）	
			年成本（镑）	每件成本（先令）	年利润（镑）	每件利润（先令）	资本利润率	成本利润率
	①	②	③	④ = $\frac{③}{②}$	⑤	⑥ = $\frac{⑤}{②}$	⑦ = $\frac{⑤}{①}$	⑧ = $\frac{⑤}{①}$ 或 = $\frac{⑥}{④}$
Ⅰ	8 000	5 000	5 000	20	2 500	10	$31\frac{1}{4}$	50
Ⅱ	10 000	10 000	10 000	20	2 000	4	20	20
Ⅲ	15 000	30 000	19 500	13	3 000	2	20	$15\frac{5}{13}$

从上表所示的三种情况中，我们可以看出什么问题呢？

第一，只有在年周转的资本价值（预付总资本的年周转额，即年成本价格）等于预付总资本时，按每件商品计算的成本利润率或按年成本价格计算的成本利润率才和按预付总资本计算的预付资本利润率相等。当年成本价格总额小于预付总资本时，成本价格利润率就高于预付总资本利润率；当年成本价格总额大于预付总资本时，成本价格利润率就低于预付总资本利润率。

恩格斯在这里顺带解释了如何计算资本周转，在商业实践中，在计算资本回流的金额时，往往把利润也加进来计算，这是不正确的，应该只计算成本价格部分，当回流的成本价格和预付总资本相等时，才能说是完成了一次预付总资本的周转。

第二，“在资本主义生产下，不能把单个商品或任何一时期内生产的商品产品作为单纯的商品孤立地就它本身来进行考察，而要把它作为预付资本的产物，就这个商品和生产它的总资本的关系来进行考察”（第 254 页）。

第三，利润率的计算方法虽有不同，“但是利润量仍然只能和商品本身包含的并由商品的出售实现的利润量或剩余价值量相等”（第 254 页）。

这里有个概念，即年周转额的计算要说明一下，通常所说的年周转额是指预付总资本在一年内的周转额，即年成本价格，计算时用预付总资本乘上预付总资本的年周转次数，恩格斯在这里将多处年周转额解释为年产值，有时又解释为年成本价格。此外，恩格斯提到的包含在年产值中的预付资本实际上是指预付资本中被耗费的部分，因而指的是成本价格。

（三）商品总额的利润量的增加与商品总额的利润率的下降［第 254 页末段］

单个商品价格的下降必然引起单个商品利润量的减少，但不会影响总产品的利润量，只要剩余价值率不变和雇工人数不变，商品总额的利润量就不会减少，甚至在剩余价值率提高的情况下减少了雇工人数，商品总额的利润量也不会减少。如果雇工人数不变而剩余价值率提高，或者剩余价值率不变而雇工人数增加，或者在剩余价值率提高的情况下又增加雇工人数，商品总额的利润量就会随着单个商品利润量的减少而增加。我们的研究“以不变资本同可变资本相比已经增加和所使用的总资本的量已经增加为前提”（第 255 页），即以有机构成的提高和资本积累为前提，在这一前提下，资本家一方面使剩余价值率不断提高，另一方面又使雇工人数不断增加，从而在资本主义社会中呈现出这样的现象：“单个商品的利润量下降，它的价格也下降，社会总资本或单个资本家所生产的已经增加了的商品总量的利润量则增加。”（第 255—256 页）

单个商品价格的下降和单个商品利润量的减少必然引起单个商品利润率的下降，但是从单个商品利润率的下降却不能引起商品总额利润率的提高或下降，因为要确定商品总额的利润率，只知道单个商品的利润率是不够的，还必须了解预付总资本和商品量的变化。抽象地考察，利润率是保持不变甚至提高的，具体地研究则并非如此，随着资本积累和资本有机构成的提高，在剩余价值率不断提高和商品总额利润量不断增加的同时，商品总额的利润率和单个商品的利润率却都会下降。

（四）批判庸俗经济学对单个商品的利润量下降与商品总额的利润量增加现象的理解［第 255 页末段—本章完］

马克思认为：“商品价格下降，而变得便宜的更大量商品的利润量增加，这种情况实际上只是利润率下降，而利润量同时增加这个规律的另一种表现。”（第 256 页）但是庸俗经济学家却不能理解这种现象，他们认为由于商品量的增加，资本家心甘情愿地降低价格，从每个商品中取得较少的利润，然后从增加的商品中补回。庸俗经济学家的错误在于：

第一，“这种看法的基础是让渡利润的观念，而这个观念又是从商人资本的看法引申出来的”（第256页）。

第二，“庸俗经济学家所做的实际上只是把那些受竞争束缚的资本家的奇特观念，翻译成表面上更理论化、更一般化的语言，并且煞费苦心地论证这些观念是正确的”（第256页）。

第十四章　起反作用的各种原因

在现实生活中，由于各种反作用因素的影响，利润率的下降受到了阻挠，甚至被抵消，但是，“实际上利润率从长远来说会下降”（第 255 页），只不过由于反作用的影响，利润率的下降具有趋势的性质，利润率下降的规律是趋向下降的规律。

$p' = \frac{m}{C}$，也就是说，利润率与剩余价值量成正比，与预付总资本成反比，因而凡引起剩余价值量增加和预付总资本减少的因素，就会对利润率的下降产生反作用。

在现实生活中，有哪些对利润率的下降起反作用的因素呢？

Ⅰ．劳动剥削程度的提高

一、劳动剥削程度的提高对利润率下降的延缓和减弱作用［本节第 1 段—第 260 页末段］

一定量资本所生产的剩余价值量，取决于剩余价值率和以该剩余价值率使用的工人人数，当工人人数已定时，剩余价值率的提高或下降就直接决定剩余价值量的增加或减少，从而构成利润率变动的一个因素。

在资本主义社会，资本家通过延长工人的工作日、提高工人的劳动强度、提高资本有机构成、大规模使用妇女和儿童劳动等手段，既提高了绝对剩余价值率，又提高了相对剩余价值率，从而榨取越来越多的剩余价值，对利润率的下降起着阻碍、延缓和减弱的反作用。但是由于具体的手段不同，对利润率下降的反作用所取得的效果也是不同的。下面具体研究这个问题。

第一，关于提高劳动强度。提高劳动强度的背后有多种因素，马克思举了以下两种：一种是让工人看管更多的机器，从一定量可变资本来看，会带来更多的剩余价值，从而提高了剩余价值率。但由于资本有机构成提高了，从总资本的一定量来看，剩余价值却又减少了，从而使利润率下降了。另一种是提高机器的运转速度，这个因素除追加原材料的支出外，对机器本身的投资无需追加，这就比前一种对利润率的下降起的反作用更大。

第二，关于延长工作日。这个因素一方面会增加剩余劳动量，另一方面又不会引起资本有机构成的提高，实际上还会使不变资本相对减少，从而此因素对利润率下降所起的反作用也最大。

第三，关于进行技术革新，提高资本有机构成，提高劳动生产率。上述因素产生的结果是提高了绝对剩余价值率（对于通过提高劳动强度所获得的剩余价值属于绝对剩余价值还是相对剩余价值，学术界有争论），而现在这种因素产生的结果是相对剩余价值率提高了。剥削的方法不同，对利润率下降的反作用也不同。由于资本有机构成提高，一方面造成一定量的可变资本带来更多的剩余价值量，另一方面造成一定量的总资本带来更少的利润量，剩余价值率提高了，利润率却下降了，但利润率的下降由于遇到剩余价值率的提高而受到阻碍。这是了解利润率趋向下降的真正秘密所在。

第四，关于大规模使用妇女和儿童劳动。这一因素会引起劳动力价值的下降和相对剩余价值率的提高，对利润率的下降有减弱作用。

总之，在工人人数已定时，剩余价值率的提高会造成剩余价值量的增加，而剩余价值量的增加会减弱利润率的下降，“并且利润率下降的趋势特别会由于工作日的延长所产生的绝对剩余价值率的提高而减弱”（第 260 页）。

二、剩余价值率的提高不会取消利润率下降的规律［第 261 页第 1 段—本章完］

由于剩余价值率从来不按总资本计算，而只按可变资本计算，相反，利润率却不按可变资本计算，而只按总资本计算。因此，资本积累和资本有机构成的提高一方面使一定量的可变资本带来更多的剩余价值，提高了剩余价值率，另一方面又减少了一定量资本所使用的劳动力，从而降低了一定量资本所带来的剩余价值，造成了利润率的下降。剩余价值率的提高对利润率的下降起阻碍、延缓和减弱的反作用，它使利润率趋向下降，但不能取消利润率下降的规律。

Ⅱ. 工资被压低到劳动力的价值以下

工资是劳动力价值的货币表现或劳动力价格，由于失业大军的经常存在，劳动力这一商品的价格经常低于价值。在雇佣工人新创造的价值部分中，工资低于劳动力价值，意味着利润量的增加和预付可变资本的减少成为阻碍利润率下降趋势的最显著的原因之一。

Ⅲ. 不变资本各要素变得便宜

不变资本各要素变得便宜的情况有两种：第一，由于劳动生产力的提高使不变资本各要素（机器、原材料等）的价值减少，结果，资本技术构成提高了，价值构成却没有提高或没有按相同的比例提高，按总资本计算的利润率虽然也会下降，但下降的趋势会减弱。第二，由于劳动生产力的提高，使正在生产过程中的现有生产资料（机器、原材料等）发生贬值，这也是阻碍利润率下降的反作用之一。

Ⅳ. 相对过剩人口

由于资本积累和资本有机构成的提高，相对过剩人口产生了，从而在社会上出现了一支价格低廉、人数越来越多的失业队伍，其一方面结果是原有的某些生产部门乐意采用人数众多而又价廉的劳动力，反对采用大机器生产，在竞争中能够站得住脚而不被打垮，另一方面结果是又容易涌现一些新的生产部门，特别是生产奢侈品的部门，这些部门最先是要建立在使用大量活劳动的基础之上的。从以上这两种场合看，由于相对过剩人口的产生阻碍了资本有机构成的提高，造成非常高的剩余价值率和非常大的剩余价值量，那么通过利润率的平均化，则形成一种和利润率下降的相对抗的力量。

Ⅴ. 对外贸易

一、对外贸易对利润率下降规律的减弱作用［本节第 1 段］

通过外贸，可进口大量廉价的原材料、生活资料甚至机器设备等各种物资，从而降低不变资本的价值和劳动力价值，提高剩余价值率，即外贸具有提高利润率的作用。

但是由外贸活动又会引起资本积累的加速和资本有机构成的提高，从而加速利润率的下降。

可见，对外贸易具有二重作用，李嘉图只看到前一个作用，而完全忽略了后一个作用。

二、对外贸易使一般利润率的提高［本节第 2 段—第 266 页第 1 段］

对外贸易会减弱利润率的下降趋势，甚至还会使利润率在原有基础上进一步提高，我们可以从出口贸易，特别是对殖民地的出口贸易（包括商品输出和资本输出）上来分析这个问题。

从商品输出来看，由于比较发达的商品输出国的商品价值低于生产条件较差的商品输入国，商品输出时，即使按低于商品输入国商品的价值出售，出售价格仍高于商品输出国商品的价值，从而获得超额利润。

从资本输出来看，一些殖民地国家由于资本有机构成低，可以使用更廉价的奴隶和苦力等，因此可以榨取很高的剩余价值率和利润率。

只要不存在垄断，上述较高的利润率就会在商品输出国参与下平均化，使一般利润率得到提高。李嘉图也承认这种平均化，但不承认平均化到一个较高的水平，而认为平均化到原来的水平。

即使在这种情况下，对外贸易对利润率的作用仍具有二重性，较高的利润率一方面使本国的资本主义生产方式进一步发展，造成更多资本的积累和资本有机构成的迅速提高，另一方面在国外造成生产过剩，这两方面的情况又会引起利润率的下降。

三、怎样正确理解利润率下降的规律［第 266 页第 2 段—本节完］

从上述情况看，再一次表明利润率下降的规律是一个二重性的规律，“引起一般利润率下降的同一些原因，又会产生反作用，阻碍、延缓并且部分地抵消这种下降。……所以，这个规律只是作为一种趋势发生作用；它的作用，只有在一定情况下，并且经过一个长的时期，才会清楚地显示出来”（第 266 页）。

为了正确理解利润率下降的规律，马克思又重述了以下两个论点：

第一，“不应当把单个商品的相对费用的减少，以及这个费用中代表机器磨损部分的减少和不变资本价值同可变资本价值相比的相对增加混为一谈”（第 266 页）。

第二，“虽然商品中包含的追加的活劳动的总量减少了，但是由于有酬部分绝对的或相对的缩小，无酬部分同有酬部分相比却会增加”（第 267 页），因而不能从单个商品中追加的活劳动日益减少这一事实中得出无酬劳动在活劳动中的比例日益减少的结论。“利润率趋向下降，和剩余价值率趋向提高，从而和劳动剥削程度趋向提高是结合在一起的。”（第 267 页）

Ⅵ. 股份资本的增加

随着资本主义生产方式的发展，资本有机构成不断提高，企业规模不断扩大，开办新企业要求的资本额越来越大，尤其是像铁路、造船、汽车制造等工业和运输业部门，仅仅由个别资本家来兴办这些企业是很困难的，甚至是不可能的，这样就产生了股份公司。

由于创办资本有机构成高、生产规模大的企业，往往是这些股份资本，而且一旦创办，就难以再将原有资本转移到利润率更高的部门中去，不再参与利润率的平均化，减弱了利润率的进一步下降，“如果它们参加进来，平均利润率就会下降得更厉害”（第 268 页）。

对这一问题，有的学者用“股份资本并不要求获得平均利润，它只是凭股票取得一定的股息，而股息照例要小于平均利润”来解释。对此，学者李秉浚在《经济研究》杂志 1982 年第 3 期上发表文章提出质疑，认为这个问题要由股份资本难以自由转移来解释。

第十五章　规律的内部矛盾的展开

前两章阐明了利润率下降的规律本身，包括利润率趋向下降规律的内容及其原因。现在，在阐明利润率下降规律本身的基础上，我们进一步揭露由于利润率下降规律的作用而引起的各种矛盾，这些矛盾发展到严重冲突时便会爆发经济危机，使矛盾得到暂时的解决。马克思通过这一揭露阐明了利润率下降规律的作用与意义。另一方面，马克思又揭露了产生上述矛盾，特别是经济危机的根源在于资本主义制度，在于资本主义的基本矛盾——社会生产力的无条件发展和资产阶级对生产资料私人占有这一社会生产关系之间的矛盾，在于资本主义生产关系基础上产生的资本主义基本经济规律——追求剩余价值的规律。马克思从这两个方面，或者说从广度上和深度上对利润率下降的规律展开了论述。

本章共4节，第1节通过对李嘉图的批判对利润率下降规律的作用、意义及其根源做了一次总的论述。第2、3节着重对利润率下降规律引起的两个具体矛盾，即生产扩大和价值增殖之间的矛盾、生产扩大和人口过剩时的资本过剩之间的矛盾进行了论述。第4节是对本章的若干补充，主要是论述资本主义的基本矛盾问题。

从上述内容看，这一章是很重要的一章，为了学好这一章，还可以读一些补充的著作。关于资本主义基本矛盾和经济危机问题，可读恩格斯的《反社林论》第3编第2章，关于资本主义基本经济规律问题，可读马克思的《剩余价值理论》第2分册第624—625页。

在第3节中，马克思还详细地分析了由于利润率下降而引起的资本过剩问题，这对于认识帝国主义阶段的资本输出问题有很大帮助。

Ⅰ. 概　论

一、对李嘉图利润学说的批判［本节第1段—第271页第1段］

李嘉图关于利润问题的见解有许多错误，马克思在这里指出了以下几点：

第一，李嘉图由于把利润率和剩余价值率这两个不同的概念混为一谈，从而把利润率的下降看成是剩余价值率的下降。［本节第1—2段］

利润率和剩余价值率是两个不同的概念，李嘉图却把这两个概念混在一起，他自以为考察了利润率，实际上只是考察了剩余价值率。于是，他把利润率的趋向下降误认为是剩余价值率的趋向下降，而利润率的下降是与剩余价值率的提高并存的，剩余价值率的提高并不排斥利润率的下降，只是使利润率的下降成为一种趋势而已，除非不变资本 $c=0$，或资本有机构成不变甚至下降，利润率才会随剩余价值率的提高而发生不同程度的提高。

第二，李嘉图不能正确解释资本积累与利润率下降之间的关系。［本节第3段］

首先，关于利润率下降的原因。李嘉图认识到利润率的下降是由资本积累引起的，资本积累越多，利润率下降也越多，这是正确的。但是资本积累为什么会引起利润率的下降呢？李嘉图对这一问题的解释却又不正确了。马克思认为："积累，就引起劳动的大规模集中，从而引起资本构成的提高来说，又加速利润率的下降。"（第269页）而李嘉图却认为因为资本积累引起工资率的提高，所以利润率就下降。马克思在上一章中就批判了这种错误观点，指出："最荒谬的莫过于用工资率的提高来说明利润率的降低了。"（第267页）

其次，关于利润率对加速资本积累的作用。李嘉图只看到资本积累对降低利润率的作用，却忽视了利润率的下降对加速资本积累的反作用。马克思指出："另一方面，利润率的下降又加速资本的积聚，并且通过对小资本家的剥夺，通过对那些还有一点东西可供剥夺的直接生产者的最后残余的剥夺，来加速资本的集中。所以，虽然积累率随着利润率的下降而下降，但是积累在量的方面还是会加速进行。"（第269—270页）

第三，李嘉图把利润率的下降归咎于自然和土地出租者，掩盖资本主义的内在矛盾。[第270页第1段—第271页第1段]

马克思说："资本的增殖是资本主义生产的唯一目的。"（第270页）利润率的下降对资本主义制度是一个严重的威胁，而且，利润率的下降还促使人口过剩、生产过剩、投机、危机和资本过剩。对于这些，作为资产阶级经济学者的李嘉图是感觉到了，但是他没有把产生这种矛盾的根源归之于资本主义制度，而是归咎于自然，归咎于土地出租者。

首先，李嘉图认为利润率的下降是因为工资率的提高，但工资率为什么会提高呢？李嘉图认为有两个原因，一是就业人数随着资本的积累增加了，二是由于所谓"土地报酬递减规律"的作用，土地收益将随着土地投资的不断增加而递减，造成谷物价格昂贵。庸俗经济学者马尔萨斯根据这一捏造出来的"规律"，提出了他的人口理论。列宁在他早期的著作《土地问题和"马克思的批评家"》中详尽批判了这种"土地报酬递减"论。

其次，李嘉图还认为利润率的下降是因为地租率的提高。李嘉图认为，利润只包括产业利润和利息，不包括地租在内，由于谷物价格的提高，地租率就会提高，由于地租率提高，利润率就下降。这种解释是错误的，马克思说："李嘉图关于产业利润（加上利息）原来包含全部剩余价值这个假定，从历史上和概念上来说都是错误的。其实，只是资本主义生产的发展，才使①全部利润首先归于产业资本家和商业资本家，然后再行分配；②地租归结为超过利润的余额。在这个资本主义的基础上，地租以后还会增加，它是利润（即看作总资本的产物的剩余价值）的一部分，但不是这个产物中被资本家装进腰包的那个特殊部分。"（第271页）地租既然是利润的一个组成部分，因此，随着利润率的下降，"地租率也有下降趋势，虽然它的绝对量在增加，它同产业利润相比也可以相对地增加"（第270页）。说地租率不断提高是不合事实的，地租只是利润的一个组成部分，$\frac{p}{C}=\frac{p_1+z+r}{C}=\frac{p_1}{C}+\frac{z}{C}+\frac{r}{C}$，其中，$p_1$代表扣除利息和地租以后剩下的产业利润，z代表利息，r代表地租。在资本主义生产发展过程中，由于预付总资本C的增长快于剩余价值m的增长，利润率$\frac{m}{C}$会不断下降。地租率即使提高，也只是改变产业利润率$\frac{p_1}{C}$、利息率$\frac{z}{C}$和地租率$\frac{r}{C}$之间的比例关系，而不能减少利润和预付总资本的比率。李嘉图把利润率的下降说成是由于地租率的提高所致，是要归咎于土地出租者为资本主义制度开脱。

马克思在这里批判李嘉图的利润理论是要概括说明以下两个问题：

第一，利润率下降规律的意义和作用。马克思指出，一方面，伴随着利润率下降的是剩余价值率的提高和资本积累量的增加，而不是剩余价值率的下降和资本积累量的减少。

“另一方面，就总资本的增殖率，即利润率，是资本主义生产的刺激（因为资本的增殖是资本主义生产的唯一目的）来说，利润率的下降会延缓新的独立资本的形成，从而表现为对资本主义生产过程发展的威胁；利润率的下降在促进人口过剩的同时，还促进生产过剩、投机、危机和资本过剩。”（第 270 页）

第二，由于利润率下降引起的各种矛盾的根源在于资本主义制度，马克思指出：“资本主义生产方式在生产力的发展中遇到一种同财富生产本身无关的限制；而这种特有的限制证明了资本主义生产方式的局限性和它的仅仅历史的、过渡的性质；证明了它不是财富生产的绝对的生产方式，反而在一定阶段上同财富的进一步发展发生冲突。”（第 270 页）李嘉图感觉到了这一点，但也只是有所感觉而已，并没有真正认识。

以下，马克思对利润率下降规律的意义和作用分别加以考察，先考察后一方面的意义和作用。

二、生产剩余价值的条件和实现这个剩余价值的条件之间的矛盾［第 271 页末段—第 272 页末段］

（一）生产剩余价值的条件和资本主义生产的目的［第 271 页末段］

剩余价值的生产要受到以下三个条件的限制：必要的生产资料或资本积累；工人人口的数量；劳动剥削程度。

马克思指出：“资本主义的生产过程，实质上就是剩余价值的生产，……这种剩余价值的生产——剩余价值的一部分再转化为资本，或积累，也是这种剩余价值生产的不可缺少的部分——是资本主义生产的直接目的和决定性动机。因此，决不能把这种生产描写成它本来不是的那个东西，就是说，不能把它描写成以享受或者以替资本家生产享受品为直接目的的生产。”（第 272 页）这里要引起我们注意的是马克思除了正面指出资本主义生产的目的是为了追求剩余价值之外，还从相反方面着重指出资本主义生产的目的不是为了享受。为什么呢？在激烈的竞争中，资本家首先要考虑资本积累，只有最大限度地进行资本积累，资本家才能迅速扩大生产规模，提高资本有机构成，榨取更多的利润甚至超额利润，否则，不仅不能榨取更多的利润，甚至在竞争中站不住脚，“仅仅为了保存自身和避免灭亡”（第 273 页），资本家也不能过多地考虑享受问题。资本家的生产目的是为了享受也不能解释资本主义国家那些亿万富翁为什么还在竭力追求垄断利润。资本家的生产目的不是为了享受并不是说资本家都舍不得吃喝穿用，实际上，他们的大肆挥霍是以往农奴主远远比不上的，但是他们的大肆挥霍的主题也还是为了扩大社会联系，提高资本家的身价，为自己的商品打开销路。

（二）实现剩余价值的条件和对商品销售的限制［第 272 页末段］

剩余价值生产出来以后，还是物化在商品体中的，要使剩余价值实现出来，就得把生产出来的商品总量全部卖掉，“如果卖不掉，或者只卖掉一部分，或者卖掉时（的市场）价格低于生产价格，那么，工人固然被剥削了，但是对资本家来说，这种剥削没有原样实现，这时，榨取的剩余价值就完全不能实现，或者只是部分地实现，资本就可能部分或全部地损失掉”（第 272 页）。

但是，要使商品能够全部得到销售，必须具备两个条件：第一，不同生产部门合乎比例；第二，有相应的社会消费力。剩余价值的实现正是在这两点上受到了限制。马克思在这里着重对第二个限制进行了阐述。

什么是社会消费力？它不是绝对的消费力，而是资本主义经济条件下的购买力。在资本主义社会中，一方面是生产力的迅速增长；另一方面却是社会消费力的相对缩小，从工人的购买力来看，它受到资本主义对抗性的分配关系的限制，从资本家来看，“这个消费力还受到追求积累的欲望，扩大资本和扩大剩余价值生产规模的欲望的限制”（第273页）。这是一个尖锐的矛盾，资本家如何对待这一矛盾呢？马克思指出：“这个内部矛盾力图通过扩大生产的外部范围求得解决。但是生产力越发展，它就越和消费关系的狭隘基础发生冲突。”（第273页）这种矛盾积累到一定程度，就会爆发经济危机。

三、利润率的下降对资本积累量和利润量的影响［第273页第1段—本节完］

前面指出，资本积累将引起利润率的下降，但利润率的下降却不会引起资本积累量的减少，为什么呢？因为资本积累量取决于利润量，而不是取决于利润率。在一些不发达国家，尽管利润率很高，利润量却不大，资本积累很慢，而在一些发达的资本主义国家，尽管利润率低，但预付资本量大，资本积累可以更多更快地进行。

利润量是怎样决定的呢？它取决于雇工人数和剥削程度，在资本积累时，雇工人数绝对量有所增加，剩余价值率也不断提高，在这种情况下，利润率下降了，利润量却同时增加了，资本积累率下降了，资本积累增加了。在实现资本积聚和集中时，“利润量甚至在利润率较低时也会随着所投资本量的增加而增加”（第274页）。

Ⅱ. 生产扩大和价值增殖之间的冲突

一、生产力的发展对价值增殖的影响［本节第1段—第277页末段］

生产力的发展表现在以下两方面：第一，生产力在数量方面的增加和质量方面的提高。在数量方面的增加上，包括生产资本绝对量的增加，以及各种生产条件（生产资料、劳动力）数量的增加。劳动力的增加会带来剩余劳动总量的增加，又由于生产力在质量方面的提高缩短了雇佣工人的必要劳动时间，也使剩余劳动量得到增加。第二，可变资本的相对减少和推动一定量资本所使用的劳动力在数量上的绝对减少。

生产力发展的这两种表现是同一个规律——资本积累规律的互为条件、同时并进的两种现象，这两种矛盾的现象给资本的价值增殖带来不同的影响。

前者，工人人数的增加和剩余价值率的提高增加了剩余价值总量，延缓了利润率的下降，增加了资本积累量。马克思指出：“只要所使用的劳动的量由此增加了，因而剩余劳动的量也由此增加了，再生产出来的资本的价值和新加入资本的剩余价值也就增加了。”（第277页）

后者，由于工人人数（相对地或绝对地）减少，利润率就会下降，资本家“靠提高劳动剥削程度来补偿工人人数的减少，有某些不可逾越的界限；所以，这种补偿能够阻碍利润率下降，但是不能制止它下降”（第276页）。剩余价值总量的增加使资本积累能够相应增加，利润率的下降使一定量资本所带来的剩余价值量减少，降低了资本积累率。此外，劳动生产力的提高使单个产品的价值量减少，还使原有的资本发生贬值，这也是生产力的发展与价值增殖之间互相矛盾的一个内容。

这两种不同的影响引出种种矛盾：第一，资本积累同时会引起工人人口的增多和工人人口的相对过剩。第二，资本积累同时又会引起利润率的下降与资本的贬值，资本的贬值又会阻碍利润率的下降和加速资本的积累。第三，生产力越发展，可变资本越相对减少。这种种矛盾发展到一定程度，便会通过周期性的经济危机表现出来，马克思指出："危机永远只是现有矛盾的暂时的暴力的解决，永远只是使已经破坏的平衡得到瞬间恢复的暴力的爆发。"（第 277 页）

二、生产扩大和价值增殖之间冲突的根源［第 278 页第 1 段—本节完］

生产扩大和价值增殖之间的冲突是由资本主义生产的目的和用来达到这个目的的手段或方法之间的矛盾引起的。资本主义的生产目的是"保存现有资本价值和最大限度地增殖资本价值（也就是使这个价值越来越迅速地增加）"（第 278 页）。达到这一目的的手段或方法主要是增加资本积累，提高资本有机构成，发展社会生产力，其结果，一方面是工人人口的增加，剩余价值率的提高，剩余价值总量的增加，加入再生产资本的剩余价值的增加；另一方面却是"降低利润率，使现有资本贬值，靠牺牲已经生产出来的生产力来发展劳动生产力"（第 278 页）。引起生产扩大和价值增殖之间的冲突，而"现有资本的周期贬值，……会扰乱资本流通过程和再生产过程借以进行的现有关系，从而引起生产过程的突然停滞和危机"（第 278 页）。

马克思指出："资本主义生产总是竭力克服它所固有的这些限制，但是它用来克服这些限制的手段，只是使这些限制以更大的规模重新出现在它面前。"（第 278 页）

马克思并没有停留在对资本主义生产的目的和达到这一目的的手段之间的矛盾上，而是更深入地揭露出矛盾的根源在于资本主义生产方式与生产关系之间的矛盾。一方面，"资本主义生产方式包含着绝对发展生产力的趋势"（第 278 页）；另一方面，资本主义生产关系又决定着资本主义生产的目的是为了资本的增殖。生产力发展的无限性与生产目的的有限性之间的矛盾，正是资本主义生产方式与生产关系之间矛盾的表现。可见，"资本主义生产的真正限制是资本自身"（第 278 页），建立在广大生产者群众的被剥夺和贫困化基础上的资本价值的保存和增殖，不能不与生产力的发展发生冲突。

顺便要指出的是，斯大林在《苏联社会主义经济问题》中指出垄断资本主义追求的是"最大限度的利润"，给人的印象是自由资本主义追求的只是一般的剩余价值，不是最大限度的利润。学术界对此有不同看法，而对于这点，马克思讲到自由资本主义的生产目的时，已经明确指出是为了"保存现有资本价值和最大限度地增殖资本价值"。马克思还指出在资本主义社会中，"手段——社会生产力的无条件的发展——不断地和现有资本的增殖这个有限的目的发生冲突"（第 279 页）。而斯大林在揭示垄断资本主义社会追求利润的手段时，却不提发展生产力的问题。

Ⅲ. 人口过剩时的资本过剩

在资本积累过程中，一方面引起人口的相对过剩，另一方面又引起资本的绝对生产过剩，这两方面的后果阻碍甚至破坏生产力的发展，这是资本主义基本矛盾的又一突出表现。关于人口的相对过剩问题，我们在第 1 卷中已研究过了，本节的任务是研究在人口过剩时出现的资本过剩问题。

一、利润率的下降与资本过剩的形成［本节第 1 段—第 280 页末段］

资本过剩的形成是直接由利润率下降这一规律的作用引起的。马克思在第 13 章中指出，在利润率趋向下降的同时，利润量会不断增加，但这是就整个资本来说的，至于就个别资本来看，“利润率的下降由利润量的增加得到补偿，这只适用于社会总资本和地位已经巩固的大资本家”（第 285 页）。利润率的下降不断提高资本的最低限额，低于这一限额的单个资本家由于资本有机构成低，他的企业中商品耗费的劳动时间就会大于社会必要劳动时间，从而在利润率不断下降的情况下，尽管进行了资本积累，利润却没有比原来增加，甚至减少了，这种资本就成了过剩的资本。“所谓的资本过剩，实质上总是指利润率的下降不能由利润量的增加来抵消的那种资本——新形成的资本嫩芽总是这样——的过剩，或者是指那种自己不能独立行动而以信用形式交给大经营部门的指挥者去支配的资本的过剩。”（第 279 页）马克思把人口过剩的现象称之为工人失业，又把资本过剩的现象称之为资本失业。

和相对过剩人口一样，资本过剩也是由资本积累引起的，因此资本过剩仅仅是资本的积累过剩，为了了解资本的积累过剩，马克思假定它只是绝对的积累过剩。所谓绝对的积累过剩，它的含义是：第一，“为了资本主义生产目的而需要的追加资本 =0”（第 280 页），那么在怎样的条件下才会出现这种情况呢？“只要增加以后的资本同增加以前的资本相比，只生产一样多甚至更少的剩余价值量，那就会发生资本的绝对生产过剩”（第 280 页）。第二，资本的生产过剩“不仅扩展到这个或那个或几个重要的生产部门，而且在范围上成为绝对的，即包括一切生产部门”（第 280 页）。

资本发生过剩时，有些资本家陷入破产，有些从事投机诈骗活动，有些贷给大资本家使用，有些勉强开业，但也只能以较低的利润率来增殖。

二、为避免资本过剩而引起的冲突及其后果［第 281 页第 1 段—第 287 页第 4 段］

在利润率不断趋向下降的情况下，原有的旧资本中总会有一部分成为过剩资本闲置下来，但是这种损失究竟降临在谁的身上，要取决于资本家之间的竞争。和分配利润时资本家表现出来的兄弟情谊不同，在承担损失时，资本家之间变为敌对的兄弟进行你死我活的斗争，力图把损失转移到别人的身上。在发生资本过剩时，追加资本只有极力排挤掉相应的部分旧资本才能作为资本执行职能。这样，由于利润率下降引起的资本过剩，在资产阶级内部展开了激烈的冲突，资本主义的基本矛盾不仅表现在无产阶级与资产阶级之间的冲突上，也表现在资产阶级内部相互之间的冲突上。这里为什么没有提无产阶级与资产阶级之间的斗争呢？马克思的研究假定是资本的绝对生产过剩，它的前提是对于工人“既不能延长这些人口所提供的绝对劳动时间，也不能增加相对剩余劳动时间”（第 280 页），在这种情况下，矛盾就突出表现在资产阶级内部的冲突上了。

资产阶级相互斗争的结果使损失“极不平均地、以极不相同的形式进行分摊”，“一个资本闲置下来，另一个资本被毁灭，第三个资本只受到相对的损失，或者只是暂时的贬值，等等”（第 282 页）。这种结果，会带来各种影响。

第一，生产资料——资本的物质实体的闲置与破坏。由于资本过剩，一部分生产资料无法通过销售进入生产领域执行生产资本的职能，已经执行生产资本职能的生产资料也因企业的停工而闲置，并受到侵蚀与毁坏。

第二，资本的价值受到更严重的破坏。表现在股票的贬值、金银的闲置、商品价格的极大的下降、固定资本要素的贬值、价格普遍下降引起的再生产过程的停滞和混乱，继而破坏货币的支付手段职能以及建立在货币支付手段基础上的信用制度，反过来又加重再生产过程的停滞和混乱。

第三，生产停滞使工人阶级的一部分闲置下来并使工资下降。上面马克思已指出过，“在任何情况下，平衡都是由于一个或大或小的资本被闲置下来，甚至被毁灭而得到恢复”（第 282 页）。现在，我们可以看到，激烈的竞争，迫使资本家采用新机器，资本过剩造成的大量廉价的劳动力和便宜的生产资料又为生产的恢复准备了条件。“这样，周期会重新通过。由于职能停滞而贬值的资本的一部分，会重新获得它原有的价值。而且，在生产条件扩大，市场扩大以及生产力提高的情况下，同样的恶性循环会再次发生。”（第 284 页）在不断产生相对的过剩人口的情况下，为什么还会形成大量的过剩资本呢？这个问题要从资本过剩的本质上去了解，资本的绝对生产过剩并不是生产资料已经多得绝对不能再使用了。“资本的生产过剩，从来仅仅是指能够作为资本执行职能即能够用来按一定剥削程度剥削劳动的生产资料——劳动资料和生活资料——的生产过剩”（第 284—285 页），过剩的工人人口不能为过剩的资本所使用和吸收，就是“因为他们只能按照很低的劳动剥削程度来使用，或者至少是因为他们按照一定的剥削程度所提供的利润率已经很低”（第 285 页）。资本输出就是绝对的过剩资本和相对的过剩人口二者同时并存和互为条件的一个例子。资本输出是帝国主义五大经济特征之一，马克思在这里对资本输出的分析对我们认识帝国主义这一基本特征有重要意义。但是在一般关于帝国主义理论的教科书中往往认为输出国外的过剩资本只是一种相对的过剩资本，而没有像马克思那样在这里指出它也是绝对的过剩资本。

第四，商品的生产过剩和市场上的商品充斥。在利润率不断下降的情况下，为了避免资本过剩，资本家相互之间展开激烈的竞争斗争，他们尽力进行资本积累，采用新机器，改进技术，使个别价值低于社会价值，但是结果又引起资本有机构成的提高，不仅利润率会进一步下降，而且带来堆积如山的商品，“在立足于资本主义基础的有限的消费范围和不断地力图突破自己固有的这种限制的生产之间，必然会不断发生不一致”（第 285 页）。这种冲突发展到一定程度，便会引起商品的生产过剩的危机。由于资本是由商品构成的，资本的生产过剩就包含着商品的生产过剩。有些资产阶级经济学家只承认个别生产部门发展的不平衡，承认资本过剩现象，却否认商品的生产过剩，这是错误的。首先，“在资本主义生产内部，……全部生产的联系是作为盲目的规律强加于生产当事人”（第 286 页）；其次，资本主义的生产目的不是为了满足工人的生活需要，当供工人消费的商品不能转化为资本的时候，这种商品就不会让工人去消费，工人尽管很需要它，而这些商品却成为过剩商品；最后，资本主义生产的目的也不是为了满足资本家本身的消费，过剩的商品不可能由资本家购买。商品生产过剩的根本原因在于资本主义制度，“这种资本主义生产方式的矛盾正好在于它的这种趋势：使生产力绝对发展，而这种发展和资本在其中运动、并且只能在其中运动的独特的生产条件①不断发生冲突”（第 286 页）。正是这种矛盾，产生出资本主义社会特有的怪现象，一方面对于人民的生活需要来说，生活资料生产得太少了，另一方面大量消费品成为过剩商品卖不出去；一方面对于人口中有劳动能力的就业来说，

① 原稿为生产关系。

生产资料生产得太少了，另一方面大量的生产资料却卖不出去，已有的生产资料也闲置在工厂里。可见，“不是财富生产得太多了。而是资本主义的、对立的形式上的财富，周期地生产得太多了”（第 287 页）。

三、资本主义生产方式的局限性［第 287 页第 5 段—本节完］

根据上述分析，可以看到资本主义生产方式有很大的局限性，这种局限性表现在以下两个矛盾上：

（1）劳动生产力的发展与利润率的下降之间的矛盾。在资本主义社会，劳动生产力越是发展，利润率越是下降，二者的冲突越来越严重，这种冲突不断通过危机即生产力的破坏来解决。

（2）劳动生产力的发展与追求利润之间的矛盾。劳动生产力的发展具有无限性，但是追求利润这一生产目的却是极其有限的，于是，在资本主义社会劳动生产力的发展就受到有限目的的束缚，“利润率是资本主义生产的推动力；那种而且只有那种生产出来能够提供利润的东西才会被生产”（第 288 页）。李嘉图从他的资产阶级立场出发，对由于生产力的发展而引起的利润率下降感到不安，而小资产阶级经济学家西斯蒙第责难李嘉图在考察资本主义生产时不注意所谓抽象的“人”，只注意生产力的发展，这种指责忽略了资本主义生产的本质并不是什么为了“人”，而是追求利润，因而是错误的。

由此可以得出结论：“资本主义生产不是绝对的生产方式，而只是一种历史的、和物质生产条件的某个有限的发展时期相适应的生产方式。”（第 289 页）

Ⅳ. 补充说明

一、资本主义社会提高劳动生产力的条件［本节第 1 段—第 291 页末段］

在资本主义社会，各个产业部门的劳动生产力是极不平衡的，这是由两种原因造成的，一是由于以追求利润为生产的目的和生产的无政府状态；二是与某些生产部门的自然条件有一定的关系，如采伐森林、采矿等，这类部门的生产活动进行到一定时间，产量就会下降。

用什么标准来衡量劳动生产力（劳动生产率）是提高还是倒退呢？经过恩格斯改写过的马克思原来的一个注释中说：“劳动生产率的提高正是在于：活劳动的份额减少，过去劳动的份额增加，但结果是商品中包含的劳动总量减少；因而，所减少的活劳动大于所增加的过去劳动。”（第 290 页），简单说来，劳动生产力提高或下降的主要标志是看加入单个商品中的劳动总量（过去劳动加上活劳动）是增加了还是减少了。增加了，说明劳动生产力下降了，减少了，继而可以说明劳动生产力提高了。

但是，资本家并不是以这个标准去推动生产力发展的，资本家耗费的是他的资本而不是劳动，因此，活劳动的节省本身资本家是不关心的。“对资本来说，劳动生产力提高的规律不是无条件适用的。对资本来说，不是在活劳动一般地得到节约的时候，而是只有在活劳动中节约下来的有酬部分大于追加的过去劳动部分的时候，这种生产力才提高了”（第 291—292 页），也就是说，只有在被机器所代替的劳动力价值大于从机器上转移到商品上去的价值时，资本家才采用新机器。

马克思和恩格斯由此得出结论："资本主义生产方式在这里陷入了新的矛盾。它的历史使命是无所顾忌地按照几何级数推动人类劳动的生产率的发展。如果它像这里所说的那样，阻碍生产率的发展，它就背叛了这个使命。它由此只是再一次证明，它正在衰老，越来越过时了。"（第 292 页）

二、关于资本积累的后果［第 292 页第 1 段—第 293 页末段］

（一）资本有机构成的提高与利润率的下降［第 292 页第 1 段—第 293 页第 2 段］

在第 13 章中已指明，资本有机构成的高低是影响利润率的一个重要因素，在剩余价值率不变的情况下，资本有机构成越高，利润率越低。各资本主义企业为了使个别价值低于社会价值以获得超额剩余价值，在资本积累中，资本有机构成的提高是一个必然的规律，而且是一种强制性的规律，但是，随着资本有机构成在各个产业部门中普遍提高，利润率就会下降。马克思现在要补充说明的是：

第一，利润率的下降会提高资本的最低限额，由此又会引起中小资本受排挤，这些被排挤的过剩资本为了找出路，其中一部分又会作为股份资本并入大资本，第 14 章中已指出，股份资本是阻碍利润率下降的一个因素。

第二，只有资本有机构成普遍提高才会引起利润率的下降，而资本有机构成提高的普遍化要经历一定的时间才能实现，在资本积累过程中，资本有机构成并不与社会总资本按照同等的比例提高，因而利润率下降的程度与社会总资本的增长速度也是不一致的。

第三，在资本有机构成提高时，工人人数一般只是相对地减少，而在个别部门也可能绝对地减少。如果在整个社会范围内工人人数减少，就会引起革命，使资本主义生产方式无法生存。这里又暴露出资本主义生产方式的局限性，资本家是否采用新技术提高生产力，取决于能否增加工人的剩余劳动时间，而不是减少物质生产的一般劳动时间。

（二）资本的社会权力与资本家对资本拥有的私人权力之间的矛盾［第 293 页末段］

在资本主义社会里，随着资本的积累和积聚，资本的权力日益表现为社会权力，但资本是作为物出现的，资本家通过对资本的占有而取得这种社会权力，成为社会权力的执行者，而资本家的这种占有却是对资本拥有的私人权力。资本的社会权力与资本家占有资本的私人权力之间的矛盾随着资本的社会权力的发展而日益尖锐化，生产力的发展将冲破资本家的私人权力，实现生产资料的公有化，最终解决这一矛盾。

三、竞争对提高生产力与利润率下降的作用［第 294 页第 1 段—第 295 页第 2 段］

新的生产方法一般是和资本有机构成的提高联系在一起的，随着新的生产方法普遍化和资本有机构成的提高，利润率会相应下降，那么资本家为什么竞相采用新的生产方法呢？

如果说，采用新的生产方法会直接引起利润率的下降，这种生产方法不管它的效率有多高，也不管它可以使剩余价值率得到提高，资本家也不会采用，问题在于，最初采用新的生产方法，可以使商品的个别价值低于社会价值，在供不应求的情况下，还可以使商品的市场价格高于市场价值出售，从而获得超额利润。在激烈的竞争中，最先采用新的生产方法的资本家就会取得优胜，即使在价格跌至价值以下也会站得住脚。

但是，超额利润的获得是暂时的，当新的生产方法普遍化以后，商品价值下降，原来的超额利润就会失去，而且，由于资本有机构成的普遍提高，引起了利润率的下降，在这种情况下，还没有采用新的生产方法的资本家，还会不会改变旧的生产条件，采用新的生产方法呢？答案是肯定的，因为这时商品价值已下降，他们的企业中商品的个别价值已高出社会价值，如再不及时采用新的生产方法，就会威胁到自己的生存，竞争的规律这时作为一种强制性的规律，迫使“他们也必须采用使可变资本同不变资本相比已经相对减少的新的生产方式”（第 295 页）。

马克思肯定了理·琼斯的这一观点：在利润率不断下降的情况下，“积累的欲望和能力仍然会增加”。

四、资本主义生产的三个主要事实［第 295 页末段—本节完］

资本主义生产的三个主要事实是：

（1）生产资料集中在作为社会代表的少数资本家手中，劳动者一无所有。

（2）资本主义企业中的私人劳动被组成为社会劳动。

（3）形成了世界市场。资本主义首先在国内遇到了生产力的巨大发展与越来越狭小的基础之间的矛盾。经济危机就是在这个基础上发生的，世界市场的形成暂时解决了这个矛盾，但又蕴藏着一次更大范围内的经济危机。

第四篇　商品资本和货币资本转化为商品经营资本和货币经营资本（商人资本）

在资本主义社会，除了产业资本家外，还存在专门从事商品销售和货币技术性业务的商业资本家，他们也和产业资本家一样，按照等量资本在相同的时间内获得等量利润的原则，参与产业部门工人创造的剩余价值的分配。因此，我们在研究剩余价值分配问题时，还必须考察商业资本（商人资本）和商业利润。

商业资本家并不生产商品，而只是从事商品买卖活动和货币的技术性业务，因而商业资本不是生产资本，而是流通资本，它是由商品经营资本和货币经营资本这两部分构成的。

本篇共5章，第16—18章研究商品经营资本和商业利润及商业价格，第19章研究货币经营资本，第20章研究商业资本发展史。

第十六章　商品经营资本

一、商品经营资本的本质与职能［第 297 页末段—第 302 页 末段］

（一）商品经营资本是商品资本的转化形式［第 297 页末段］

商品经营资本是专门从事商品销售的流通资本，它是从产业资本中分离出来而独立存在的一部分商品资本。

商品经营资本的职能是通过商品的销售，实现商品的价值和剩余价值，完成商品形态变化的第一个阶段（W—G）。这一职能原来是由产业资本家自己兼任的，他将产品直接卖给消费者（包括生活消费和生产消费），不过这种业务只是产业部门的附带职能，商品资本只是作为产业资本的一个单纯形式存在着，没有独立出来，当商业资本介入后，一部分或大部分的商品销售业务由这一类特殊资本家担任，商品的形态变化和商品所有者的变化发生了分离，这时，商业资本的职能就作为一种特殊投资的专门业务从产业资本中分离出来，独立存在并固定下来，于是商品资本就转化为商品经营资本，产业资本中的一部分商品资本形式转化为商业资本中的商品经营资本形式。

（二）商品经营资本的研究对象［第 298 页第 1 段—第 299 页第 1 段］

为了对商品经营资本进行纯粹的考察，就要撇开与商业资本的特殊性质与特殊职能无关的内容。

第一，必须撇开流通过程中的运输、保管和分配等职能活动。在社会分工未充分发展时，商品经营资本的职能不是以纯粹的形式出现的，也就是说，商品经营资本除了担负将商品资本转化为货币这种专门的独特职能之外，还要从事运输、保管、分配等附带的实际职能活动，而且这种职能是和商品经营资本混合在一起的。这种职能虽有它的特殊重要性，但不能说明商品经营资本的特征，如果也把它作为现在的研究对象，就会偏离我们的研究目的，为此，我们在考察商品经营资本时，必须撇开它。

第二，完全撇开产业资本家自身直接进行的商品买卖活动。在出现商业资本家之后，产业部门中的商品资本会有相当一部分作为商品经营资本独立出来，与产业资本相分离，这部分商品由专职的商业资本家从事买卖。但是，产业部门生产出来的商品中总有一部分由产业资本家相互之间直接进行买卖，或由产业部门直接卖给个人，无需商业资本家担任中介人，对于这种业务活动，我们在考察商品经营资本时就要完全撇开。因为，一方面，“它对于规定商人资本的概念，对于理解商人资本的特有性质毫无帮助”，另一方面，“在第二部中，我们已经对这个部分做了为我们的目的所需要做的详尽说明”（第 299 页）。

根据上述分析，马克思对商品经营资本的实质又作了更具体的表述，指出：“商品经营资本不外是这个不断处在市场上、处在形态变化过程中并总是局限在流通领域内的流通资本的一部分的转化形式。”（第 299 页）

（三）商品经营资本同作为产业资本的一个单纯存在形式的商品资本的区别［第 299 页第 2 段—第 302 页末段］

在没有商业资本家作为商品销售中介人的情况下，产业部门生产的产品是作为产业资本的一个单纯存在形式的商品资本出现的，这时产业资本家直接出售自己生产的商品给消费者（生活消费或生产消费），商品销售以后，一方面发生商品所有者的改变，另一方面同时又发生商品自身形态的变化，由商品转化为货币，完成了商品形态变化的第一阶段。但是，一旦由商业资本家作为商品销售的中介人，产业资本家不是将自己的商品直接销售给消费者，而是销售给商业资本家，再由商业资本家转售给消费者，这时，上述商品所有者的改变和商品形态的改变就会发生分离。产业资本家销售了自己的商品，将商品转化为货币，并有可能进而将这一货币再转化为生产资料和工人的工资，进入再生产过程，但是，这时改变的只是商品所有者，商品从产业资本家手中转入商业资本家手中，而就商品本身的性质（仍作为商品停留在市场上待售，并未退出流通）和它在资本循环中所处的位置（仍旧是商品资本）来看，商品形态变化的第一阶段 W—G 并未完成。

这种情况通过以下两个方面表现出来：

第一，当商业资本家的销售发生困难时。在商业资本家顺利销售从产业资本家那里购买来的商品时，上述商品所有者的改变与商品形态的分离是不易被人们觉察的，产业资本家将自己的商品卖给了商业资本家，取得了货币，商品所有者转换了，商品的第一形态变化 W—G 似乎也完成了。其实不然，一旦商业资本家不能顺利销售从产业资本家那里购买来的商品，引起产业部门再生产的中断，产业资本家就会明白，尽管改变了商品所有者，商品形态却并没有发生变化。

第二，商品经营资本特有的流通形式。商业资本家不生产商品，而只是经营商品，在商品流通中起中介作用，因此，商品经营资本的流通形式也就是它的全部运动过程。只要经营商品，他就必须首先购买商品，因此他必须首先是一个货币资本的所有者，商品经营资本的运动就从用货币去购买产业部门的商品开始，到售出这一商品，取回原来预付的货币资本和商业利润为止，用公式表示：G—W—G′，资本的运动完全局限在流通过程中，在第 1 卷中，马克思就是用这个公式作为资本的一般公式去和简单商品流通公式进行比较的。现在，马克思在将商品经营资本流通形式 G—W—G′和产业资本的商品流通形式 W′—G—W 进行比较时，又顺便将简单商品流通形式 W—G—W 也包括在产业资本的商品流通形式中，从第 1 卷中已指出的在 W—G—W 公式中是同一货币两次换位，而在 G—W—G′中是同一商品两次换位这一区别中，提出两个初步的结论来。一点是在商品经营资本流通形式中同一商品两次换位，在第一次换位中，改变了商品所有者，商品形态却未改变，仍然作为商品停留在流通过程，直到这一商品第二次换位时，商品形态才发生了变化，表明在商业资本家作为流通的中介人时，商品所有者的改变和商品形态的变化发生了分离。另一点是同一件事情，即商品的销售，在产业资本运动中表现为 W—G，商品资本 W 表现为商品的职能，且没有表现出价值的增殖，而在商品经营资本运动中，商品的销售却表现为 G—W—G′，商品资本 W 表现为资本的职能，不仅表现出商品价值的实现，而且表现出商业资本家预付资本的特殊增殖过程。

从商品经营资本导致商品所有者的改变与商品形态变化的分离这一情况中，我们可以看出，从产业资本家转入商业资本家的商品并没有发生商品的形态变化，没有转化为货币，它仍然是商品资本，商品资本的职能没有完成，所不同的是，商品资本现已转入商业资本家手中，商品资本的职能也由商业资本家通过商品的第二次换位后继续完成，这种职能现在分离出来而独立存在，由专门从事这一职能的商业资本家担当。马克思的结论是：商品经营资本无非就是产业资本家的商品资本，但又不等于是商品资本，商品经营资本是一部分商品资本的转化形式。

二、商品经营资本的形成 [第 303 页第 1 段—第 305 页第 1 段]

在上面，马克思指出了商品经营资本无非是商品资本的转化形式，这不仅说明了商品经营资本的实质，也说明了商品经营资本的来源。现在所要分析的商品经营资本的形成，只是针对商品经营资本形成的条件。

商品经营资本的形成，必须具备以下两个条件：

第一，形成一种特殊的社会分工，即产业资本家专门从事商品的生产活动，商品的销售从产业资本的职能中分离出来，作为专门的职能由另外的流通当事人担任。否则，产业资本既要完成生产商品的职能，又要完成经营商品的职能，商品资本就仍然作为产业资本的一种形式，没有分离出来独立成为商业资本的一种形式——商品经营资本。

第二，流通当事人要有预付的货币资本（自有或借入）。流通当事人如果没有独立的投资，只能作为产业资本家的推销员或直接代理人的身份出现，则这时的商品资本仍作为产业资本的一种形式出现。如流通当事人本身拥有独立的投资，他在从事商品资本职能时，首先预付货币资本（这时的货币既可能作为流通手段，也可能作为支付手段），他用这个预付货币资本从产业资本家那里购得商品，再转售给其他产业部门或个人，以 G—W—G′这种特殊的形式表现出来，在这种条件下，商品资本就从产业资本中分离出来，转化成了商品经营资本。

以上两个条件是缺一不可的，没有预付货币资本，商品资本不会转化为商品经营资本，有了预付货币资本而不专门从事商品的买卖活动，商品资本同样也不会转化为商品经营资本。在 G—W—G′中所表现的，先是向产业资本家购买商品，然后再出售所购买的商品给其他产业资本家或个人，完成商品形态变化的第一阶段 W—G，在商品销售中起中介作用，随着这一过程的结束，商品资本就转成了商品经营资本。

三、商品经营资本的作用 [第 305 页第 2 段—本章完]

商品经营资本既然是商品资本的转化形式，那么如果专门从事商品买卖活动，则这种资本就总是处在流通领域，先是以货币形式出现，购买商品后转化为商品资本形式，出售后又转化为货币形式，不会采取生产资本的形式。商品经营资本就是在这个流通领域范围内，通过货币资本和商品资本的具体形式发生作用的。

马克思从以下三个方面具体分析了商品经营资本的作用：

（一）商品经营资本对单个产业资本的作用 [第 305 页末段—第 306 页末段]

在没有专门从事商品买卖的商业资本家参与的情况下，产业资本家就得兼任商业活动，他要把他的商品全部卖给消费者以后才能收回原来预付的货币资本，转入再生产过程。而商品的销售过程是相当长的，如果等到这个商品销售过程最终结束后才转入再生产，势必造成再生产的中断，为使生产能够不断进行，各个产业资本家就要缩小生产规模，以便抽出一部分资本作为货币准备金，当有些商品还处在市场上没有实现为货币时，就用相应的货币准备金投入再生产。

当商业资本家介入时，情况就不同了，产业资本家生产的商品可以很快全部销售给商业资本家，虽然对于商品本身来说，形态变化尚未完成，但对于产业资本来说，其完成了形态变化，“形态变化的过程缩短了，……生产者能够把他的资本中较大的部分不断地用于真正的生产过程，而把较小的部分用作货币准备金”（第306页）。与此相联系，再生产规模也不再受到那样大的限制，再生产过程能够比较顺利地进行，产业资本家能够集中精力用之于生产上。

马克思在本章中多次提到的“生产者”实际上并不是指产业工人，而是指产业资本家，他在第305页上就说明了“生产者即麻布厂主”。为什么要把产业资本家说成是生产者呢？在下一章中马克思作了回答：产业资本家“作为产业资本的人格化，对外界来说，他总是作为‘生产者’出现”（第316页）。

（二）商品经营资本对社会总资本的作用［第307页第1段—第310页末段］

如果商品经营资本只是对产业资本家来说，则缩短了商品的形态变化过程，减少了货币准备金，而从社会总资本方面来看，商品的形态变化过程并未缩短，货币准备金也不减少，那么，商品经营资本的作用就难以说明了，从单个产业资本来看，再生产规模可以扩大，从整个社会的产业资本来看，规模仍然不变。所以更重要的是看商品经营资本对社会总资本的作用如何。

由于实行了新的特殊的社会分工，专门从事商品买卖业务的商业资本形成了，这不仅使商业资本可以小于产业资本家亲自从事商业活动所需要的资本，加快了商品形态的变化过程，而且由于商业资本不固定为某一个单个产业资本家销售商品，使整个部门内的产业资本家之间，乃至整个社会产业资本家之间，紧密联系起来，从而推动整个社会商品经济的发展。具体说来：

第一，由于商业资本家专门从事买卖活动，可以节省各方面的开支，在社会总资本中，销售商品所需要的流通资本部分的比重就会减小，生产资本部门的比重就会相应增大。

第二，由于商业资本家专门从事买卖活动，这不仅对产业资本家来说，商品形态的变化过程缩短了，而且对商品本身来说，也加快了形态变化的过程，使社会总资本的运动加快了。

第三，由于商品经营资本是从产业资本中独立出来的商品资本，那么它就不再局限于在某个产业资本周转中起中介作用，而是在同一生产部门中的不同企业，甚至在不同生产部门的企业的资本周转中起中介作用，它不再受某个企业乃至整个产业部门生产时间的限制。麻布商人用他的货币资本购买某个麻布工厂的第一批麻布并销售之后，并不需要将回流的货币作为准备金等待这个工厂生产出第二批麻布，而是立即用这笔回流的货币去购买另一麻布工厂生产出来的麻布，甚至立即去购买其他产业部门的产品。这就使再生产能够不断地进行下去，货币准备金减少了，商品的形态变化过程加速了，用之于销售方面的资本减少了，用之于生产方面的资本增多了，商品生产与商品流通得到进一步的发展，生产与交换的社会化程度也提高了。

由于同一商业资本可以依次对投入同一生产部门以及不同生产部门资本的不同周转起中介作用，马克思在这里又研究了商业资本的周转问题，其中有：

（1）商业资本的周转与产业资本周转的区别。

马克思指出：“商人资本的周转，与一个同样大小的产业资本的周转或一次再生产是不同的；相反地，它同若干个这种资本的周转的总和相等，而不管这种资本是属于同一生产部门还是属于不同生产部门。”（第308页）

（2）商业资本周转速度的意义。

马克思指出：“商人资本周转得越快，总货币资本中充当商人资本的部分就越小；商人资本周转得越慢，总货币资本中充当商人资本的部分就越大。生产越不发达，商人资本的总额，同投入流通的商品的总额相比，就越大；但是绝对地说，或者同比较发达的状态相比，则越小。反过来，情况也就相反。因此，在这样的不发达的状态下，真正的货币资本大部分掌握在商人手中，这样，商人的财产对于其他人的财产来说成为货币财产。”（第308—309页）

（3）商业资本周转中的货币量。

由于商业资本家同时进行着商品的购买与商品的销售这两种运动，因此，商业资本只是在购买商品时才需要作为流通手段的货币，也就是说，货币资本只占商品资本的一部分，另一部分是以商品资本形式存在的。在货币作为支付手段的情况下，商人购买商品时无需支付货币，只要商业资本家在支付期限内能够将赊购来的商品销售出去，商人对这笔交易就无需预付分文了，货币作为支付手段的职能越发展，信用制度即越发达，在社会总资本中货币资本所占的比重就越小。

（三）商品经营资本对价值增殖的作用［本章末段］

商品经营资本是在流通领域中执行职能的资本，因而它不生产价值和剩余价值。但是由于它有助于流通时间的缩短，有助于市场的扩大，有助于流通资本的减少，从而能够间接地助力产业资本家所生产的剩余价值的增加，促进产业资本的积累和提高利润率。马克思从四个方面（在第312页上出现的四次“既然它……”）具体阐述了商品经营资本对价值增殖的作用。

商业资本对发展资本主义经济的上述积极作用是有前提条件的，即“商人资本没有超过它的必要的比例”（第307页），事实上资本主义社会的商人资本往往超过这一必要的比例，商业资本的激烈竞争与盲目发展，更使资本主义生产处于无政府状态，促使资本主义的基本矛盾不断加深。

第十七章　商业利润

商业利润是以平均利润形式归商业资本家所有的一部分剩余价值，来源于产业部门中工人创造的剩余价值。本章论述的商业利润内容是商业资本中商品经营资本的利润，但所阐述的原理，对商业资本中的货币经营资本的利润也是适用的。

一、商业利润的来源与实现［本章第 1 段—第 320 页第 1 段］

（一）商品经营资本的性质［本章第 1 段—第 314 页第 1 段］

1．商品经营资本是流通资本

产业资本在流通领域内的纯粹职能（即撇开流通领域中对商品进行保管、运送、运输、分类和散装等生产性职能的纯粹流通活动），是对商品进行买卖，这种活动以及为此所需要的时间，既不生产价值，也不生产剩余价值。不仅如此，从整个社会看，这方面资本占用得越多，生产资本就越少，这方面时间需要得越多，生产时间就越少，对价值和剩余价值的生产就起着限制的作用。作为产业资本的一个组成部分的商品资本如此，当商品资本从产业资本中独立出来转化为商品经营资本时，同样也是如此，商品经营资本“既不创造价值，也不创造剩余价值，它只是对它们的实现起中介作用，因而同时也对商品的实际交换，对商品从一个人手里到另一个人手里的转让，对社会的物质变换起中介作用”（第 314 页）。

2．商品经营资本是职能资本

商品经营资本和产业资本中的货币资本、生产资本、商品资本一样，担当一定的资本的职能，它虽不能生产价值和剩余价值，但却能为产业资本家实现价值和剩余价值，因此，它也要求和产业资本一样，获得平均利润，否则，商业经营资本就会向产业部门转移，不同的是“没有哪一种资本比商人资本更容易改变自身的用途，更容易改变自身的职能了”（第 314 页）。

（二）商业利润的来源［第 314 页第 2 段］

商品经营资本不生产剩余价值，却又要获取平均利润，那么很明显，商业利润即以平均利润形式归商品经营资本所有的这部分剩余价值，只能是来源于产业部门所生产的剩余价值。

（三）商业利润的实现［第 314 页第 3 段—第 320 页第 1 段］

由以上分析可知，商业利润来自产业部门所生产的剩余价值，但是它又是怎样实现的呢？也就是说，商品经营资本是怎样从产业部门所生产的剩余价值或利润中获得归它所有的那一部分商业利润呢？

1．从现象上看商业利润的实现［第 314 页第 3 段—第 316 页第 2 段］

无论是产业利润还是商业利润，都是通过高于购买价格出售商品实现的，如撇开流通费用不论，商业利润就等于商品的销售价格和购买价格之间的差额，如考虑到流通费用这一因素，在这一差额中还要扣除流通费用后才是全部的商业利润。

商业利润的实现与产业利润的实现也有它的不同之处，产业资本购买商品后立即将这些商品从流通领域转入生产过程，经过工人的劳动，再投入市场出售，这时的商品从使用价值上看发生了质的变化，从价值上看发生了量的变化，得到了增殖，人们比较容易看清，商品的销售价格之所以能够高于购买价格，来源于生产过程中工人创造的剩余价值，利润只是实现在生产过程中所创造的剩余价值，产业利润只是这一剩余价值的转化形式。商业利润的实现却不然，由于商品在商业资本家手中始终处于流通领域，它不经历吸收剩余价值的生产过程，这样，通过商品的销售价格高于购买价格所实现的商业利润看来似乎不是从生产中产生的，而是从流通本身产生的，先是按照商品的生产价格或商品价值从产业资本家那里购买商品，然后按高于生产价格或价值出售，对商品价格实行名义上的加价，使名义价值高于实际价值，其中的差额构成商业利润，商业利润通过商品的销售价格高于购买价格来实现，就表现为通过商品的销售价格高于生产价格或商品价值实现，即对商品价格实行名义上的加价实现。

“认为商业利润是单纯的加价，是商品价格在名义上高于它的价值的结果，这不过是一种假象。”（第 314 页）这种表面现象会造成一种错觉，即商业利润不是来源于产业部门在生产过程中雇佣工人所创造的剩余价值，而是来自流通过程中的贱买贵卖。这就不仅关系到商业利润的实现问题，更重要的是关系到商业利润的来源和商品价格的决定等问题，因而有必要揭露这一假象。

2. **商业利润是怎样实现的**［第 316 页末段—第 320 页第 1 段］

就个别情况而言，一部分商业利润通过高于商品的价值或生产价格出售来实现，这种情况在现实生活中是存在着的，但从总的情况来看，商业利润是不可能通过这一途径实现的。如果商业利润是通过对商品的价值或生产价格的加价来实现，那么首先就要假定产业部门是按照价值或生产价格出售商品给商业资本家，商业资本家要取得利润，只有通过对商品的加价才能实现。但是，这个假定是以不存在商业资本为前提的，因而产业部门就只能按照商品的价值或实际的生产价格出售，将全部剩余价值占为己有。以前就是从这个前提出发去研究平均利润与生产价格的形成的，现在，在存在商业资本的情况下，商业资本家不创造剩余价值，但却要按照等量资本在同样的时间内获得等量利润的原则，参与产业部门创造的剩余价值的分配，这时产业资本家就不能按照原来的平均利润率去获得利润，因而也不能按原来的实际生产价格或价值出售给商业资本家了。

假定产业部门预付资本 $C = 720c + 180v = 900$，$m' = 100\%$，商品价值 $W = 720c + 180v + 180m = 1\ 080$，$\overline{p'} = \frac{180m}{720c + 180v} = 20\%$，$\overline{p} = 900C \times 20\% \overline{p'} = 180$，实际生产价格 $P = 900k + 180\overline{p} = 1\ 080$。现在，有商品经营资本 100B（用来购买商品的货币资本）加入，使平均利润率下降为 $18\% \overline{p'}$（$\frac{180m}{720c + 180v + 100B}$），产业资本的平均利润降为 $162\overline{p'}$（$900C \times 18\% \overline{p'}$）商品经营资本获得商业利润 18h（$100B \times 18\% \overline{p'}$），实际生产价格总量不变：$P = 720c + 180v + 162\overline{P_1} + 18h = 1\ 080$，但产业资本家只能按工业生产价格 1 062（$720c + 180v + 162\overline{P_1}$）将商品卖给商业资本家，商业资本家加上商业利润 18h 后，按实际生产价格 1 080 出售，商业资本家是从对商品的实际生产价格的扣除而不是加价实现商业利润的，商业利润来自生产部门的创造，而不是流通中的贱买贵卖。

对这里所举的例子，在下一问题中还要展开论述。

以前只就产业部门本身去研究平均利润率和生产价格的形成，这是正确的："第一，因为商业资本本身那时对我们来说还不存在；第二，因为平均利润，从而一般利润率，首先必须作为不同生产部门的产业资本实际生产的利润或剩余价值的平均化来说明。"（第317页）现在，出现了商业资本，对原来的平均利润率和生产价格的形成问题就要加以补充说明了：原来平均利润率是按照总产业资本计算的，现在要按照总产业资本加上商业资本来计算；与此相应，原来产业部门按照成本价格 k 加上按照总产业资本计算的平均利润 $\overline{p}$ 这一实际生产价格出售商品，现在，产业部门按照成本价格 k 加上按照总产业资本和商品经营资本一起计算的平均利润 $\overline{p'}$ 这一工业生产价格出售商品，因而小于它的实际生产价格。原来商品的实际生产价格 $P = k + \overline{p}$，现在，商品的实际生产价格 $P = k + \overline{p_1} + h$，商业资本家按照工业生价格 $P = k + \overline{p_1}$ 购进商品，然后按照实际生产价格 $P = k + \overline{p_1} + h$ 出售商品。

可见，商业资本家所以能够实现利润，是建立在产业资本家没有全部实现它的剩余价值或利润的基础之上的，解决这一问题的钥匙仍在于马克思的平均利润率学说。

从上述商业利润的形成与实现中，马克思作了两点结论：

第一，"同产业资本相比，商人资本越大，产业利润率就越小。反过来，情况也就相反"（第319页）。

第二，从第1篇中我们可以看到，利润率小于剩余价值率，而在本篇中，我们又可以看到在商业资本的参与下，利润率就更小于剩余价值率。

马克思在作出这两点结论后，又指出以下两点：其一是"假定其他一切条件不变，商人资本（但零售商人的资本例外，它是混合类的东西）的相对量，是和它的周转速度成反比的，因此，也是和再生产过程本身的活力成反比的"（第320页）。其二是对一般利润率形成的分析过程和历史过程是相反的，按照本卷第一至四篇的分析，平均利润率最先在产业部门中形成，后来才有商业资本参与利润的分配，使一般利润率重新作了调整，而实际历史过程正好相反，在资本主义生产方式确立以前，一般利润率最先在商业中形成，由商业利润决定产业利润，而在资本主义生产方式确立以后，生产者自己变成了商人，商业利润才从属于产业利润。

二、纯粹流通费用的补偿与平均利润率的进一步下降［第320页末段—第325页末段］

（一）问题的提出［第320页末段—第321页第1段］

在研究商业利润时，为什么要提出纯粹流通费用问题？

在以上研究商业利润时是假定商品经营资本全部用之于购买产业资本家的商品，没有其他追加费用，但是这只是假设而已，在实际生活中，商业资本家为了买卖商品，除了预付购买商品的货币资本 B 之外，还要预付追加的货币资本作为流通费用，其中一部分是生产性流通费用，另一部分是纯粹流通费用。这样就生发出以下两个问题：

第一个问题是在纯粹流通费用参与下的平均利润率的形成。

商品经营资本包括用来购买商品的货币资本 B、生产性流通费用和纯粹流通费用三部分，为了对商品经营资本进行纯粹的考察，就应撇开生产性流通费用。作为商品经营资本，纯粹流通费用和用来购买商品的货币资本 B 一样，要参与利润的分配，从而引起平均利润率的重新调整和进一步下降。特别是纯粹流通费用的性质——它不仅会引起平均利润率的进一步下降，而且会引起平均利润率的形成方法发生变化，这就需要我们在这里专门加以研究了。

第二个问题是纯粹流通费用的补偿。

纯粹流通费用为什么需要补偿？道理很简单，因为它在使用过程中发生了消耗，有消耗就需要补偿。作为商品经营资本，不论是哪一部分，都要参与利润的分配，但不是都需要补偿，因为并不是任何部分都发生消耗，用来购买商品的货币资本 B 就是如此，它在商品的买卖中只是发生形态的变化，不会带来资本的损耗。

纯粹流通费用从何处补偿？纯粹流通费用的补偿不同于生产性费用（包括生产性流通费用）的补偿，生产性活动一方面消耗资本的价值，另一方面同时又转移资本价值和创造新价值，生产性费用就通过自身转移和创造的价值中进行补偿。而纯粹的买卖活动一方面消耗纯粹流通费用，另一方面却既不能转移资本价值，更不能创造新价值，纯粹流通费用的消耗只能从产业部门生产的商品价值中进行补偿，而且只能是从商品中的剩余价值部分进行补偿。

纯粹流通费用通过什么方式补偿？从现象上看，似乎是通过加价的方法进行补偿，实际上是通过对剩余价值的扣除进行补偿的。

马克思在这里只是抽象地回答了这个问题，即纯粹流通费用是通过“作为追加要素加入商品的出售价格”（第 321 页）来补偿的，但是这个要素“不形成商品价值的实际追加”（第 321 页），以下将具体举例说明这一问题。

（二）什么是纯粹流通费用［第 321 页末段—第 322 页第 3 段］

在第 2 卷第 6 章中已经提出了纯粹流通费用的概念，不过当时还是作为产业资本的一个组成部分去考察的，现在我们将其作为独立出来的商业资本的一个组成部分去考察。

纯粹流通费用是商业资本的追加部分，在商业资本中，有相当一部分是用在购买产业资本家的商品的垫支上的，但除此以外，为了经营商品，还要追加经营的费用。

商品经营资本的流通费用是由两部分构成的，一种是仅仅使商品的价值形态发生转化而在商品交换中起中介作用所必需的经营费用，这是“买和卖方面的费用”（第 322 页），包括计算、簿记、市场、通信等方面的开支，如借用不变资本和可变资本的概念来划分，店铺、纸张、邮资等支出属于不变资本 K，商业雇工工资支出属于可变资本 b。另一种商业流通费用就不是由于价值形态变化而引起的，它是由于使用价值位置的变动、价值的保存与增加而引起的，例如发送、运输、保管等方面的费用，由于这些费用是生产性的流通费用，和生产费用没有本质上的区别；而且在批发商业中，也很少有从事运输、发送、保管等方面的职能，这些职能由专门的、作为产业部门组成的铁路部门、航运部门去行使，只不过是把有关的费用记在商人的账上罢了。因此，在研究商业的流通费用时，要撇开这种与所要研究的内容无关的生产性流通费用。

对于纯粹流通费用的各个组成部分，也不是同样对待的，马克思说：“在这些费用中，我们在这里唯一感兴趣的部分，是花费在可变资本上的那部分。”（第 322 页）因为作为纯粹流通费用的可变资本，和不变资本一样是不产生价值和剩余价值的，这就引出如下的问题：商业利润从何而来？商业雇工有无受到剥削？纯粹流通费用如何补偿？纯粹流通费用获得的平均利润来自何处？

（三）纯粹流通费用参与下的平均利润率［第 322 页末段—第 325 页末段］

使商品形态发生变化的“这种职能既不会增加价值，也不会创造剩余价值”（第 323 页）。当产业资本家自己从事商品销售时如此，当商业资本家专门执行这种职能时也如此。

买卖时间虽然不创造价值和剩余价值，但为此所支出的纯粹流通费用却同样要参与剩余价值的分配，从而引起平均利润率的下降。

当产业资本家自己从事商品出售时，纯粹流通费用是由产业资本家从追加的资本中预付的，当出售商品的职能转由商业资本家担任时，纯粹流通费用就由商业资本家预付了。不同的是，由于商业资本家专门执行这种职能，“专门用在流通过程上的时间减少了，为流通过程预付的追加资本减少了，而且总利润中以商业利润的形式表现出来的损失也比在没有这种划分的情况下减少了”（第 324 页）。在这种情况下，平均利润率虽然也会下降，“不过程度较小了，途径也不同了”（第 325 页）。

现将在商品经营资本的参与下，特别是在纯粹流通费用参与下平均利润率进一步下降的情况举例如下。为了进行对比，先从没有商品经营资本参与下的产业资本的平均利润率与生产价格开始。

（1）在没有商品经营资本参与下的平均利润率与生产价格.

假设一年中预付的总产业资本 C 或 $k=720c+180v=900$，$m'=100\%$，结果如下：

$$m=180v\times100\%=180$$

$$\overline{p'}=\frac{180m}{900C}=20\%$$

$$\overline{p}=900C\times20\%\,\overline{p'}=180$$

$$W=720c+180v+180m=1\ 080$$

$$P=900k+180\,\overline{p}=1\ 080$$

（2）在用以购买商品的商品经营资本 100B 参与下的平均利润率与生产价格.

$$\overline{p'}=\frac{180m}{900C+100B}=18\%$$

工业平均利润$\overline{p_1}=900C\times18\%\,\overline{p'}=162$

商业平均利润 $h=100B\times18\%\,\overline{p'}=18$

工业生产价格 $P_1=900k+162\,\overline{p_1}=1\ 062$

（商业进货价）

实际生产价格 $P=1\ 062\ P_1+18h=1\ 080$

（商业销售价）

如果按照加价法计算，产业部门按原来的实际生产价格，即 1 080（$900k+180\,\overline{p}$）出售商品给商业资本家，产业资本的平均利润率和平均利润均不减少，商业资本家按照这一实际生产价格另外加上商业利润 20h（$100B\times20\,\overline{p'}$）即 1 100 价格出售。

（3）在又有纯粹流通费用 50（$K+b$）参与下的平均利润率与生产价格。

$$\overline{p'}=\frac{180m-50(k+b)}{900C+100B+50(k+b)}=12.38\%$$

$$\overline{p_1}=900C(B+K+b)\times12.38\%\,\overline{p'}=111.43$$

$$h=150(B+K+b)\times12.38\%\,\overline{p'}=18.57$$

$$P_1=900k+111.43\overline{p_1}=1\ 011.43$$

$$P=1\ 011.43\ P_1+50(K+b)+18.57h=1\ 080$$

如按照加价法计算，商业资本家按实际生产价格 1 080 进货，然后另外再加上纯粹流通费用 50 和商业利润 30h［150（$B+K+b$）$\times20\%\ \overline{p'}$］即 1 160 的价格出售。

在第 324—326 页上，马克思一方面对商业利润采取扣除法计算，另一方面对纯粹流通费用的补偿又采用加价的方法，其结果是：

$$\overline{p'} = \frac{180m}{900C + 100B + 50} = 17\frac{1}{7}\%$$

$$\overline{p_1} = 900C \times 17\frac{1}{7}\%\overline{p'} = 154\frac{5}{7}$$

$$h = 150\ (B + K + b)\ \times 17\frac{1}{7}\%\ \overline{p'} = 25\frac{5}{7}$$

工业生产价格 $P_1 = 900k + 154\frac{2}{7}\overline{p_1} = 1\ 054\frac{2}{7}$

实际生产价格 $P = 1\ 054\frac{2}{7}P_1 + 25\frac{5}{7}h = 1\ 080$

商业销售价 $= 1\ 080P + 50\ (K + b)\ = 1\ 130$

在这里，纯粹流通费用不是通过商品价值本身补偿，而是通过加价的途径补偿，这和马克思在前面的论述是不一致的。马克思认为纯粹的商业职能不能使商品价值得到追加，纯粹流通费用只能从商品价值中而且必然是在剩余价值中得到补偿，也正是由于这种特殊的补偿途径，才使形成平均利润率的“途径也不同了”（第325页）。这一不同显然并不在于参与利润分配的资本总量中要加上纯粹流通费用50，而是还要先在被分配的剩余价值总额中扣除纯粹流通费用50。

对于商品经营资本特别是纯粹流通费用参与下的平均利润率与生产价格，有几点需要说明和明确：

第一，商品经营资本不生产价值和剩余价值，但它作为职能资本，却要参与利润的瓜分，从而导致平均利润率的下降。但这种下降并不是在出现商品经营资本后才发生的，过去由产业部门自己销售商品，需要追加更多的资本，延误更长的时间，使平均利润率下降得更多，只是过去在研究利润平均化问题时将这一内容撇开了。

第二，出现商品经营资本后，在流通过程中的预付资本增加了一个项目，即用来购买商品的货币资本B，其特点是不创造价值和剩余价值，但也不消耗价值，因而不存在补偿问题，但是其作为职能资本，会参与利润的分配，从而引起平均利润率的下降。

第三，纯粹流通费用过去是产业资本的一个组成部分，现在是商业资本的一个组成部分，是商品经营资本或流通费用的追加部分。它的特点是：在流通中既消耗价值，又不转移和创造价值，它的消耗只能由产业部门的剩余价值来补偿，从而改变了$\overline{p'}$形成的方法；使平均利润率下降得更严重；使生产价格概念有了新的规定，原来生产价格 $P = k + \overline{p}$，现在分成产业部门生产价格 P_1（工业生产价格、商业购买价格）和实际生产价格 P（商业部门销售价格）。$P_1 = k + \overline{p_1}$，$P = k + \overline{p_1} + (K + b) + h$，$K + b$ 为纯粹流通费用符号。

第四，平均利润率和生产价格是在商业资本参与下才最终形成的。有了商业资本的参与，过去只有能创造剩余价值的产业资本家才可以参与利润的平均化，现在不创造剩余价值的商业资本也可以参与利润的平均化，从而确定了一条新的原则——只要是职能资本，就有参与利润平均化的权力。

第五，用加价法计算平均利润率和生产价格存在的问题。所谓加价法，就是在出现商业资本家后，产业资本家仍按自己在市场上销售的市场价格（由实际生产价格确定）将产品卖给商业资本家，然后再由商业资本家加上商业利润及纯粹流通费用的补偿，高于产业资本家自己在市场上销售的价格出售产业资本家的商品，在同一市场上同一种产品出现两种高低不同的价格，有谁会去接受商业资本家的加价商品呢？在产业资本家的直销价中已包含有追加的流通资本的利润及纯粹流通费用的补偿，现在的加价又重复这笔价值，是违反价值规律的。加价是以商业资本家不参与利润平均化为前提的，商业资本家为产业资本家销售商品尽心尽力，产业资本家却不仅不给分文利润，连商业资本的消耗也置之不理，而要商业资本家另辟蹊径，有哪个商业资本家会做这种蠢事呢？加价法修订了商品的价格，修改了货币流通规律，修改了工资的本质及其因素，修改了各种服务费用。在出现商业资本以后，节省了纯粹流通费用，缩短了流通时间，却加大了商品的价格，这是令人难以置信的。

* * *

1956 年第 4 期的《经济研究》杂志上发表了江诗永先生的《论商业利润与纯粹流通费用的补偿问题》一文，引起了学术界热烈的争论，《经济研究》杂志上发表了多篇争论文章，但不久就宣告中止，《经济研究》杂志编辑部于 1957 年选印了 9 篇未发表的文章，以《关于纯粹流通用补偿问题讨论》为标题，装订成册，作为内部参考资料。

三、纯粹流通费用中可变资本的补偿［第 326 页第 1 段—本章完］

马克思在上面叙述纯粹流通费用的构成时就已经提出："在这些费用中，我们在这里唯一感兴趣的部分，是花费在可变资本上的那部分。"（第 322 页）

马克思之所以对纯粹流通费用中可变资本部分感兴趣，是因为在这里遇到了各种棘手的问题：

第一，这个可变资本是否应当作为成本支出，列入预付的商人资本中？

第二，这个可变资本是怎样补偿的？

第三，商业工人是怎样受剥削的？

问题的中心是可变资本的补偿。这一问题的产生是由于商业雇佣工人的劳动特点。马克思首先从两个方面分析了商业工人与其他工人一样，都是雇佣工人，接着就着重指出商业工人与产业工人的区别，区别在于商业工人和商业资本家一样，既不生产价值，也不生产剩余价值。尽管有这个区别，如果只是说明商业工人是怎样直接为他们的雇主生产利润，这是不困难的，困难在于说明可变资本的补偿问题。

（一）纯粹流通费用中的可变资本部分是否应当作为成本支出，列入预付的商业资本中［第 327 页第 3 段—第 329 页第 2 段］

为什么提出这一问题？因为纯粹的商业劳动是不创造价值和剩余价值的，它只是通过在流通过程中执行实现价值的职能，把产业部门生产的一部分剩余价值转移到商业部门中来，从这方面看，用于雇用商业劳动力的可变资本不应作为成本支出列入预付的商业资本中，如果计入成本，似乎商业资本也能够创造价值和剩余价值。但是，如果不作为成本支出列入预付的商业资本中，那么商业资本中这一部分不能参与利润的分配，商业资本的利润率就会低于产业资本的利润率，这是违反平均利润率规律的。

这里出现了难题。马克思的解决方法是把这个可变资本作为成本支出列入预付的商业资本中，参与利润的分配，问题只是说明这个可变资本的加入会不会使商业资本增多，从而引起利润率进一步下降。

马克思的分析表明，商业中比产业中会更多地出现这样的现象，同一职能，不管是大规模地完成还是小规模地完成，都要花费同样多的劳动时间，同量的营业额所耗费的不变资本和运输费用，大规模地完成比小规模地完成要节省得多。因此，商业资本家为了雇用商业工人而预付了可变资本之后，其商业资本总额比不雇用商业工人时反而可以减少，否则，随着产业资本的发展，商业资本就会越来越分散，商业资本也就无限地扩大。同一商品资本的周转，雇用商业工人的商品经营资本会小于不雇用商业工人的商品经营资本。如以 B 代表直接投在商品买卖上的商业资本，b 代表可变资本，则 B + b 反而会小于 B。可见，商业雇佣工人虽不创造价值与剩余价值，但可以使预付的商品经营资本相对地减少，从而也使可变资本能够作为成本支出，加入预付的商品经营资本，参与利润的分配，却又不使利润率进一步下降。

（二）纯粹流通费用中的可变资本是怎样补偿的［第 329 页末段—第 333 页末段］

既然纯粹流通费用的可变资本是作为成本支出列入预付的商品经营资本中的，那么，接着又发生这样一个问题，即它是怎样补偿的。这个问题在上面还没有得到解决，马克思说“我们还是没有解决困难”（第 329 页），指的就是现在所要解决的纯粹流通费用中的可变资本部分的补偿问题。

当商人自己从事商品买卖而不雇用他人时，商品的出售价格是由直接投在商品买卖上的资本和从事商品买卖时所消耗的不变资本，加上这二者所带来的利润构成的，如以 B 代表从产业部门购买的商品的价格，K 代表商品买卖时消耗的不变资本，则市场价格 = B + K + (B + K 的利润)。无论是 B 或 K，它们的补偿是不会发生困难的。先说 B，对于工厂主来说就是生产价格，对商人来说就是购买价格，这个购买价格是低于实际生产价格的，当商人按实际生产价格出售时，不仅收回了 B，还获得了 B 的利润。再说 K，当工厂主自己从事商品买卖时也是要支付这部分投资的，会通过从产业利润中扣除进行补偿，现在由商人代替他预付这一部分投资时，当然也要从产业利润的扣除中进行补偿，不仅如此，还要从产业利润中取得 K 的利润。这会不会减少幅度产业利润和降低利润率呢？会的，但由于分工的作用，商人对 K 的预付比工厂主自己直接对 K 的预付要少，产业利润的减少幅度和利润率的降低幅度也就会比工厂主自己经营小一些。

但是，当商人因雇用了工人而另外预付了可变资本 b 后，补偿就发生了问题。为了补偿 b，是将 b 作为市场价格中的一个新的构成部分，还是仅仅作为商业利润中的一部分？

如果仅仅将 b 作为商业利润中的一部分，市场价格就表现为 B + K + (B + K + b 的利润)，b 由 b 的利润补偿，从商业利润中扣除，商业资本家得不到平均利润，这样就违反了平均利润率规律，如果 b 作为市场价格中的一个新的组成部分，市场价格就表现为B + K + b + (B + K + b 的利润)，这样，一方面 b 得到了补偿，另一方面商品经营资本也获得了平均利润。问题在于 b 的补偿从何而来？如果通过提高商品价格来补偿，则是违反价值规律的，因为商业劳动不创造价值，商品价值不因商业劳动的加入而增加，商人本身劳动如此，商人雇用工人进行这种劳动同样如此，b 的补偿只能通过对产业利润的扣除来完成，但这会造成工厂主对商业中可变资本的双重支付，一是要以工资形式支付给商业劳动者，二是要以利润形式支付给商业资本家。这种情况带来的问题是产业利润会不会由于雇用商业工人而进一步减少呢？或者说，对于工厂主，B 是否会更低于实际生产价格呢？

问题的解决在于规定 b 的数学意义上的界限，只要在商业上投入的可变资本不是过量的，虽然 b 的支出作为价格的一个新的组成部分，但它不会使价格提高，虽然 b 的支出是由产业利润的一部分加以补偿的，但不会使产业利润比没有 b 的支出时更少，从而不会使 B 更低于实际生产价格。

为了说明商业中 b 的支出是由产业利润的一部分进行补偿的，马克思从历史上进行了考察。最先，商品买卖活动由产业资本家兼任，工厂主除了开工厂外，还建立了事务所，从事生产资料的购买与商品的销售。开始时，由于生产规模较小，事务所的规模很小，并不雇用工人，但是随着生产规模的扩大，雇用工人成为不可避免的趋势，商品买卖的劳动是不创造价值和剩余价值的，为了支付这部分工资，工厂主就要将一部分产业利润用来追加预付资本。当增加工人薪金时，工厂主也往往采取分红的办法直接用产业利润支付，可见，用产业利润的一部分去补偿商业工人的工资，在商业没有以独立形式出现时已经这样去做了。由于商业活动的分工和专业化，使商业工人的工资相对减少，产业利润中扣除的这一部分也会相对减少。

（三）商业工人是怎样受剥削的［第334页末段—本章完］

商业工人不生产剩余价值，他们的工资是从扣除产业部门工人所创造的剩余价值中得来的，于是产生了这样的问题：商业工人是否也受资本家的剥削？资本家是怎样剥削商业工人的？

商业工人虽不创造剩余价值，但可以通过他的劳动帮助资本家（包括产业资本家和商业资本家）减少实现剩余价值和价值的费用，而商业工人的工资却不是由这部分被减少了的流通费用决定的，而是由他的劳动力价值决定，也就是由劳动力的生产费用决定，二者之间有一个差额被资本家占有。可见，商业工人和产业工人一样，也是受剥削的，不仅受商业资本家的剥削，而且受产业资本家的剥削，产业资本家和商业资本家一起，既剥削了产业工人，也剥削了商业工人，也正是从这个意义上说，流通费用虽然对产业资本来说是非生产费用，但对商业资本来说，却是一种生产投资，商业劳动“也是直接生产的”（第336页）。

真正的商业工人的劳动是比一般产业工人的劳动更复杂一些的，因而工资也比较高。但随着资本主义生产方式的发展，工资有下降的趋势。这是因为：第一，由于商业内部分工的发展，商业劳动片面发展，趋于简单化。第二，随着科学与教育的进步与普及，熟练的商业工人越来越多，越来越廉价，加剧了商业工人之间的竞争。

商业资本的出现形成了资本的二重化：“一方面，向商品资本和货币资本的二重化，另一方面，向商品经营资本和货币经营资本的二重化。”（第328页）

第十八章　商人资本的周转。价格

本章研究商业资本周转的特点和作用以及商业资本周转对商品价格的影响。这里所说的商业资本仍限于商业资本中的商品经营资本，不涉及货币经营资本。

一、商业资本周转的特点［本章第1—4段］

和产业资本的周转相比较，商业资本的周转具有以下特点：

第一，产业资本的周转既包含了流通时间，又包含了生产时间，而商业资本的周转只包括买和卖的流通时间。这是因为商业资本是商品资本从产业资本中分离出来进行独立的运动，商人先是买，用货币向产业资本家购买商品，然后是卖，将从产业资本家那里购买来的商品转售给消费者（包括卖给另一产业资本家进行生产性消费或生活性消费），周转形式表现为：G—W—G′，所有过程都在流通过程中进行。

第二，从流通过程看，产业资本的形态变化 W_1—G—W_2 和商业资本的形态变化 G—W—G′也不相同。产业资本在流通中的形态变化 W_1—G—W_2 或 G—W_1，W_2—G′，产业资本购买的商品是他在生产中所需要的生产资料和劳动力，表现为 $W<{}^{A}_{Pm}$，他所销售的是用他所购买的生产资料和劳动力生产出来的另外一种产品，表现为 W′。买和卖是两种不同的商品，同一货币换位了两次，先是由购买者手中转到产业资本家手中 W_1—G，然后又由产业资本家手中转入销售者（生产资料所有者和雇佣工人）手中 G—W_2。商业资本的形态变化 G—W—G′中购买的和销售的是同一种商品，先是由产业资本家手中转入商业资本家手中，然后再由商业资本家手中转入购买者手中，换位两次的是同一商品，而不是同一货币。

第三，产业资本的一次周转包含多次的循环，商业资本每完成了一次循环也就完成了一次周转。如商人用100镑购买商品，然后按110镑卖掉，商业资本100镑就全部回流。这里我们只考虑商业资本中用来购买商品的货币资本B，不考虑还要追加的纯粹流通费用。

为了说明商业资本周转的特点，马克思还将其和货币流通进行了比较。商业资本周转一次所实现的商品价值和同量货币流通一次所实现的商品价值是相等的，因而商业资本的周转次数和货币作为流通手段的流通次数十分相似。不同的是，第一，在货币流通中，同一货币要经过不同人的手，货币一旦离开购买者就不再返回。在商业资本周转中，却是同一货币价值反复流回到同一个人手里。第二，在货币流通中，投入流通的货币和从流通中换回的商品在价值量上是相等的，而在商业资本周转中，从流通中取回的货币却比投入流通的货币多，因而在价值量上不相等，其中的差额构成商业利润。

由于货币流通次数和商业资本的周转次数相等，当商业资本周转速度加快时，货币流通速度也会随之加快。

二、商业资本周转的作用［第 338 页末段—第 340 页末段］

商业资本的周转（G—W—G′）对生产资本的周转（$P\cdots W'—G'—W\left\langle\begin{matrix}A\\Pm\end{matrix}\right.\cdots P$）起着中介作用，因而它在一端要受到产业资本的生产时间的限制，“如果再生产过程是缓慢的，商人资本的周转也就是缓慢的”（第 338 页）。另一端要受到购买者，即全部个人消费的速度和规模的限制。

商业资本的中介作用具有二重性，一方面，“商人资本会缩短生产资本的 W—G 阶段”（第 339 页），以此节省了流通费用，它虽“不会直接影响生产时间”（第 338 页），但是，从整个社会来考察，“流通时间的延长和缩短，对于生产时间的缩短或延长，或者说，对于一定量资本作为生产资本执行职能的规模的缩小或扩大，起了一种消极限制的作用”①。另一方面，“在现代信用制度下，商人资本支配着社会总货币资本的一个很大的部分，因此，它可以在已购买的物品最终卖掉以前反复进行购买”（第 339 页），从而“创造出一种虚假的需求”（第 339 页）。这种虚假的需求发展到一定程度，就会引起经济危机的爆发。

虚假的需求产生于商品流通中卖（W—G）和买（G—W）的分离，以及在这一基础上出现的资本主义商业资本运动的独立化。商业资本对产业资本存在着内部依赖性，但是商业资本的独立性却脱离甚至破坏了这种内部依赖性，使再生产不受产品销售的限制而继续进行和发展，这种脱离和破坏达到一定点，就会通过经济危机的爆发重新恢复这种内部联系。

由于批发商业借助银行的贷款大量地进货和充实库存，一旦虚假的需求被破灭，经济危机最先就在批发商业和有关的银行中暴露和爆发。

生产的发展“最终要受个人消费的限制”（第 340 页），尽管通过工厂主和批发商人、工厂主和工厂主之间的流通，这种生产在一段时间内可以顺利进行和发展，商人和产业家的营业非常活跃，但最终会因受个人消费的限制使销售发生困难，于是虚假的繁荣随之结束。

商业资本的周转不限于对某个产业资本的周转起中介作用，“同一个商人资本的周转能够同时或依次对极不相同的生产资本的周转起中介作用”（第 340 页）。此外，“商人资本的周转，不仅能够对不同产业资本的周转，而且还能够对商品资本形态变化的相反的阶段起中介作用”（第 340 页）。例如，商人将麻布厂的麻布卖给漂染厂，对麻布厂来说是 W（麻布）—G，对漂染厂来说就是 G—W（麻布）。因此，商业资本周转的中介作用比上面所分析的要更大。

三、商业资本的周转对商品价格的影响［第 341 页第 1 段—本章完］

1. 商品出售价格的两个界限［第 341 页第 1 段—第 344 页第 1 段］

商业部门按实际生产价格销售，其中包括：$k+\overline{p_1}+(K+b)+h$，$k+\overline{p_1}$为产业部门的销售价格或商业部门的购买价格。其中，k 为社会成本价格，$\overline{p_1}$为产业利润；K + b 为纯粹流通费用，其中 K 为不变资本部分，b 为可变资本部分，h 为全部商业资本（B + K + b）的利润。按照本章的假定，对商业资本只考虑其中用来向产业部门购买商品所支付的金额 B 及由此带来的商业利润 h，撇开纯粹流通费用（K + b）及由此带来的商业利润⊿K + ⊿b。

---

① 《资本论》第 2 卷第 142 页。

因此，商业部门的销售价格只包括产业部门的生产价格（$k+\overline{p_1}$）和商业资本 B 的利润（h）两部分，商业资本 B 的利润取决于平均利润率，商业部门的销售价格就是由产业部门的生产价格和商业资本 B 所获得的平均利润确定的。

例如，商业资本 B 为 100 镑，$\overline{p'}=15\%$，当砂糖生产部门每镑砂糖的生产价格为 1 镑时，商人可购买 100 磅砂糖，每磅砂糖售价为 1 镑 +（1 镑 ×15% $\overline{p}$），即 1 镑 3 先令，年利润 =100 磅 ×3 先令/磅 = 15 镑。如果每磅砂糖的生产价格由 1 镑降为 1 先令，商人用 100 镑 B 可购买 2 000 磅砂糖，每磅砂糖售价为 1 先令 +（1 先令 ×15% $\overline{p'}$），即 1 先令 $1\frac{4}{5}$ 便士，年利润 =2 000 磅 ×$1\frac{4}{5}$ 便士/磅 = 15 镑。

上述例子说明，“生产价格的高低，对利润率没有任何意义；但是，对每磅砂糖的出售价格中构成商业利润的部分的大小，也就是说，对商人在一定量的商品（产品）上的加价的多少，却有很大的、决定性的意义”（第 341 页）。

上述例子又说明，认为对商品实行薄利多销或厚利少销完全取决于商人自己，这种看法是非常荒唐的。商品的销售价格有两个界限，一个是商品的生产价格，另一个是平均利润率，这两个界限都不是由商人决定的。商人能够决定的是愿意经营昂贵的商品还是经营价廉的商品，甚至连决定这一点还要考虑其他一些因素，如商人是否有足够量的资本经营昂贵的商品等。上述流行的看法产生于局限在流通领域观察问题和商人的偏见，这种偏见由于以下各种情况得以保持和加深。第一，一个商人为击败他的对手而廉价出售商品；第二，庸俗经济学宣传商品出售价格的变化是由“明智和人道”引起的；第三，市场价格随需求的增加而提高，使商人得到的利润大于平均利润；第四，商人为加快周转而低价出售商品。

商业的出售价格最终取决于商品的价值，取决于物化在商品中的社会必要劳动量，它既不取决于剩余价值量，也不取决于剩余价值率。

在资本主义早期阶段，由于劳动生产率较低，工业生产价格很高，又由于尚未形成平均利润率，商业资本在剩余价值中占有较大的份额，因此商业的商品价格比较高，商业利润比较大，随着资本主义生产方式的发展，上述状况逐渐消除。

2. 商业资本的周转对平均利润率的影响［第 344 页第 2 段 —第 346 页第 3 段］

如上所述，商业销售价格是由工业生产价格和平均利润率确定的，商业资本的周转对平均利润率的决定有影响作用。

从周转本身考察，不论是商业资本的周转还是产业资本的周转，也不论是产业资本中不变资本的周转还是可变资本的周转，都不会增加年剩余价值量或年利润量，周转的快慢改变的是预付的流动资本量，从而使相同的年剩余价值量或年利润量产生极不相同的年剩余价值率和年利润率。

不同的是，产业资本的周转除流通时间外，还包含有生产时间，周转时间的缩短可以节省追加的流动资本和流通费用，产业资本家将这笔金额用于扩大生产规模，雇用更多的工人，其结果是：“总产业资本周转次数越多，利润量或一年内生产的剩余价值量也就越大，因此，在其他条件不变时，利润率也就越高。”（第 345 页）流通时间不创造价值和剩余价值，因流通时间支付和占用的费用影响着生产规模的进一步扩大，因而对剩余价值的生产起着消极的限制作用，但是它的作用的后果可以是积极的，由于流通时间的缩短，更多的货币资本转移到生产投资上，这样就可以产生更多的剩余价值，从而提高利润率。

商业资本的周转完全在流通中进行，无论怎样提高周转速度，都不会将节省下来的货币资本投放到生产上，增加社会剩余价值总量。在社会剩余价值总量已定的情况下，商业资本的周转是通过减少商业资本在社会总资本中所占的份额使平均利润率提高。

例如，年剩余价值总量为 5 500，产业资本为 9 000，商业资本为 2 000，即占总资本 11 000 的 18%，$\overline{p'}=\frac{5\ 500}{11\ 000}=50\%$，当商业资本的周转速度提高 1 倍，商业资本减为 1 000 时，商业资本占总资本 10 000 的 10%，$\overline{p'}=\frac{5\ 500}{10\ 000}=55\%$。商业资本的周转次数增加了，商业资本的绝对量就减少了，“商人资本的绝对量和它的周转速度成反比”（第 345 页）。商业资本的绝对量减少了，它在总资本中所占的比重也随之下降，“如果其他一切条件不变，它的相对量，即它在总资本中所占的份额，就由它的绝对量决定”（第 345 页）。

这里所说的其他一切条件不变，首先是产业资本的绝对量不变。

资本主义生产方式对商业资本在数量上产生双重的影响，一方面，随着商品生产的发展，商业资本的绝对量有不断增加的趋势，另一方面，由于商业资本周转的加速和再生产过程的加速，商业资本在社会总资本中所占的比重将会缩小。

和资本主义以前生产方式中的商业资本相比较，商业资本的绝对量大大增加了，这是因为：

第一，和过去不同，总产品中绝大部分都作为商品进入市场。

第二，每种商品的产量大大增加了，其中越来越多的部分会进入商业，使投在流通中的一切资本都会增加。

第三，商业资本越来越容易挤进零售商业、投机事业的发展、游离资本的过剩等，都会增加商业资本。

商业资本绝对量的增加并不妨碍它在社会总资本中相对量的减少，因为在商业资本绝对量增加的同时，产业资本在以更快的速度增长着。

3. 商业资本的周转对商业价格的影响［第 346 页末段—本章完］

上面谈到，撇开纯粹流通费用及由此带来的商业利润，商业部门的销售价格只包括产业部门的生产价格和对产业生产价格的加价——商业资本 B 的利润。商业利润的多少取决于商业资本 B 的数量和平均利润率。

当平均利润率已定时，商业加价的多少就取决于预付的商业资本 B 的量，假定$\overline{p'}=15\%$，B = 100 镑，商人经营的砂糖每磅进货价为 1 镑，当商业资本年周转 1 次时，购销砂糖为 100 镑，每磅售价为 1.15 镑，共得商业利润 15 镑，当商业资本每年周转 5 次时，购销砂糖为 500 镑，每磅售价为 1.03 镑，共得商业利润仍为 15 镑。

由此可见，商业资本的周转速度不能使商业利润增加，商业利润由预付的商业资本决定，而不是由商品资本的周转额决定，否则将违反平均利润率规律。

但是，商业资本的周转速度多少会对产业生产价格的加价发生影响：“商业加价的多少，一定资本的商业利润中加到单个商品的生产价格上的部分的大小，和不同营业部门的商业资本的周转次数或周转速度成反比。”（第 347 页）。

如撇开货币的价值，商品的销售价格归根到底取决于商品的价值，取决于商品中包含的社会必要劳动量。从商品价值到生产价格，从剩余价值到商业利润，要经过许多中间环节，不懂得这些中间环节，就会被竞争产生的假象所迷惑，误认为价格是由周转决定的，周转越快，单个商品的价格就越低，流通过程可以不以生产过程为转移而独立地决定商品的价格。在上一章中，马克思就指出了："认为商业利润是单纯的加价，是商品价格在名义上高于它的价值的结果，这不过是一种假象。"（第 314 页）所谓的加价，也只是在原有的价值范围内加价，只能来自产业部门原有价值的扣除或实际生产价格的扣除。

由于商业资本周转从每年 1 次加快到 5 次，使砂糖销售价格（即实际生产价格）从每磅 1. 15 镑降到每磅 1. 03 镑，是以预付商业资本在社会总资本中所占的比重不变所得出的结论。实际上，随着商业资本周转速度的加快，商业资本所占的比重必然会减少，总资本因商业资本的减少，提高了平均利润率，一方面是商业资本的减少引起商业加价有所减少，另一方面是平均利润率的提高使产业生产价格有所提高，其结果，商业销售价格（即实际生产价格）不会由于商业资本周转速度的加快而下降。

单个商业资本的周转速度如果快于其平均的周转速度，更不会降低商品的实际生产价格，但会由于销售了更多的商品而取得超额利润。

第十九章　货币经营资本

本章分析商业资本的另一个亚种——货币经营资本。

一、货币经营资本的本质与职能［本章第1段—第353页第2段］

货币经营资本是从产业资本和商品经营资本中分离出来而独立存在的一部分专门从事货币技术性业务的货币资本。之所以说是一部分，就是因为还有或多或少的另外一部分货币的技术性业务仍保留在产业部门和商品经营部门中。

货币形式的资本在新投入时（包括积累时追加的货币资本）表现为运动的起点和终点，但是货币资本一旦处在运动过程中，起点和终点都表现为经过点。

作为商业资本的货币经营资本，它的职能就是专门从事货币的技术性业务，这里包括：

第一，“收付货币业务”（第352页），即“付款和收款”（第356页）。这时，“货币经营者作为单纯的出纳业者”（第356页）。

第二，“记账”（第352页），这是货币经营者的会计业务，货币无论执行什么职能，记账都是必要的。

第三，“计算差额和结算”（第352页）。这是由货币执行支付手段时产生的业务。

第四，“贮藏货币的保管”（第352页）。是由货币的贮藏职能产生出来的货币技术性业务，货币经营者自己并不贮藏货币，而是替产业资本家和商品经营者贮藏的货币进行保管。

第五，“汇兑”（第354页）。“汇”即汇款，将款项由这一地区汇往另一地区，或由这一国家汇往另一国家。“兑”指货币的兑换，包括国与国之间不同铸币或纸币的兑换，本国或外国的贵金属条块换成能够进行流通的铸币。

第六，在世界的金银贸易和货币流通中，对贵金属在世界范围内的分配起中介作用。

“货币经营业，即经营货币商品的商业”（第353页），作为商业的货币经营业，是“纯粹形式的货币经营业，即与信用制度相分离的货币经营业，只与商品流通的一个要素即货币流通的技术以及由此产生的不同的货币职能有关”（第358页）。在下一篇中要论述的生息资本也是一种货币经营业，但它从事的业务是对资本的借贷，这已经不是货币经营的技术性业务了，它不再是商业资本。

无论是货币经营上的技术性业务还是非技术性业务，后来都集中到银行和邮政部门进行，但是，作为银行，其主业是从事借贷，如实行所谓的银行商业化，按照词意本身理解，银行就会不务主业，甚至抢商业经营者的“饭碗”，商业部门也没有必要存在了。

二、货币经营业的产生［第353页第3段—第356页末段］

货币经营业产生的经济基础是商品生产和商品交换。商品交换的萌芽最初出现在原始社会的不同共同体之间，从产品交换发展到商品交换，形成以交换为目的的商品生产，在价值形式上也从简单的价值形式演变为货币形式，在这一经济基础上，产生了货币经营业。

货币经营业最先是在国与国之间的贸易往来中产生的，在商品买卖中，必然发生不同国家之间铸币的兑换，或铸币与金银条块的兑换，于是兑换业产生了，后兑换业又发展为汇兑业，可以从一国汇款到另一国。

在金银首饰买卖基础上建立起来的金银贸易，使建立专门的货币经营机构成为必要。"货币往返于不同国家的流通领域之间，以平衡国际支付，并从资本的移动中谋取利息；除此之外，还有一种运动，就是货币从贵金属产地流到世界市场，并把贵金属的供给分配给不同国家的流通领域。"（第354—355页）货币经营业自身并不从事金银贸易，它只是通过收付业务促使货币流通，进行结算和平衡，担任金银在世界范围内进行分配的中介人。

在一般贸易中，货币必然要执行贮藏的职能，第一，"充当支付手段和购买手段的准备金"（第355页），这是货币贮藏的第一个形式；第二，资本积累是一个过程，首先是货币积累，然后才进行实际积累，处于货币积累阶段，货币以贮藏形式出现，这是货币贮藏的第二个形式。作为货币经营业，自身并不贮藏货币，而是替产业部门和商品经营部门贮藏货币，使保管和记账的货币经营业务成为必要。与此相联系，还需要单纯的出纳业务替商人和产业资本家进行现款的收付、支付的平衡等。

货币经营业的职能还包括借贷和信用贸易，这不属于对商业资本进行考察的范围，在下一篇将对此展开论述。

三、货币经营资本的作用［第357页第1段—第359页第1段］

货币经营业在货币流通中起中介作用，在资本主义条件下，也就是在资本的流通中起中介作用。

货币流通是商品流通的"单纯结果和表现方式"（第358页），"整个货币流通就它的规模、它的形式和它的运动来说，只是商品流通的结果"（第357页）。从货币执行购买手段和支付手段以及贵金属在世界市场上的运动来看，无不说明这种关系，即使是货币的贮藏职能，这里的货币也"只是流通过程的一种必然的沉淀物"（第357页）。

货币经营业的这种中介作用，总的说来，是"货币经营业作为中介，担任货币流通的各种技术性业务，使之集中、缩短、和简化"（第358页）。具体地说，表现在以下四个方面：

第一，在货币贮藏中的作用。货币经营业自身不进行货币贮藏，而是替商人和产业资本家进行货币贮藏，货币经营业的作用在于为这种货币贮藏"提供技术手段"（第358页），并使之"减少到它的经济上的最低限度"（第358页）。

第二，在金银贸易中的作用。货币经营业自身不进行金银的买卖，但"在商品经营业买了贵金属以后对它的分配起中介作用"（第358页）。

第三，在货币执行支付手段时的作用。在货币执行支付手段时，货币经营业"既不决定各种互相支付的联系，也不决定它们的规模"（第358页）。货币经营业的作用在于"使差额的平衡易于进行，并且会通过各种人为的结算机构减少平衡差额所需要的货币量"（第358页），使这一平衡工作"在技术上更完善"（第358页）。

第四，在货币执行购买手段时的作用。货币经营者不能决定“买和卖的规模与次数”（第358页），但它能够“缩短买和卖引起的各种技术活动，并由此减少这种周转所必需的货币现金量”（第358页）。

作为商业资本的货币经营业不同于商品经营业，商品经营业经营的是商品，在商品的形态变化和商品交换中起中介作用，它的流通形式是G—W—G′；货币经营业经营的是货币，在货币流通中起中介作用，从事纯粹技术性的货币业务，它的流通形式只能是一般的资本形式：G—G′，作为G与G′之间的中介，不是物质要素，而是技术要素。

作为商业资本的货币经营业也不同于作为借贷资本和信用制度的货币经营业，商业资本的货币经营业只从事货币的技术性业务，所得利润不采用利息、股息等形式。

四、几点补充［第359页第2—末段］

第一，货币经营业使用的货币资本量。货币经营业的服务对象是商人和产业家，货币经营业所使用的货币资本总量就是商人和产业家处在流通中的一部分货币资本。

第二，货币经营业所得利润的来源与实质。货币经营者的活动包括职工的劳动只与价值的实现有关，不创造价值与剩余价值，因而无论是货币经营者的利润还是各种纯粹流通费用，都来自产业部门生产的剩余价值的扣除。

第三，货币经营职能的二重化。在形成货币经营业以后，还会有一部分货币的技术性业务保留在产业部门和商品经营部门，这就是货币经营职能的二重化，如同商品经营职能的二重化。但是，当我们对货币经营资本作纯粹的研究时，如同对商品经营资本的研究，应撇开产业部门和商品经营部门的货币技术性业务。

第二十章　关于商人资本的历史考察

一、对把商业资本和产业资本混同看法的批评［本章第2段—第361页末段］

马克思指出："最荒唐的看法莫过于把商人资本——不管它以商品经营资本的形式或货币经营资本的形式出现——看作是产业资本的一个特殊种类，就像采矿业、农业、畜牧业、制造业、运输业等等是由社会分工造成的产业资本的分支部门，从而是产业资本的特殊投资领域一样。"（第360页）认为这种荒唐的看法是"粗陋的见解"（第360页）。因为商业资本是产业资本中的商品资本和货币资本的转化形式，将产业资本和独立存在的商业资本混为一谈，也就是将产业资本的生产资本和商品资本及货币资本混为一谈，而商品资本和货币资本都是流通资本，将生产资本和流通资本混为一谈，也就是将生产和流通混为一谈。不同产业部门之间的物质区别和产业部门与商业部门之间职能形式的区别"是有天壤之别的"（第360页）。

资产阶级庸俗经济学犯下上述错误除了因为考察资本时只注意物质方面却忽视形式上的区别这种"粗鲁态度"（第361页）外，还有以下两点原因：第一，不懂得商业利润的特性；第二，把资本主义特有的商品经营资本和货币经营资本形式说成一般生产过程必然产生的形式。既然一般生产和资本主义生产被看成是一回事，资本主义的商品经营资本以及货币经营资本和谷物栽培业的区别，也就如同谷物栽培业和畜牧业、制造业等的区别了。古典经济学者斯密、李嘉图等人的研究从商业资本转向产业资本，从流通领域深入到生产领域，接触到资本主义的本质，产生了真正的现代经济科学，这是一个伟大的贡献。他们的缺陷是把商业资本完全撇在一边，他们对流通资本也只是在研究再生产过程所经历的流通阶段时才去考察它，在提到商业资本时，也只是把它当做产业资本的一部分，在谈到对外贸易时，虽然指出它不创造价值，但是否也适用于国内贸易呢？商业部门既然不创造价值，它的利润又从何而来呢？对这些问题，他们都避而不答。

把商业说成是产业，被马克思斥为"最荒唐的看法"和"粗陋的见解"，但在我国已广为流行，这不能不说是历史的倒退。

二、商业资本存在的条件［第362页第1段—第363页第1段］

商业资本包括商品经营资本和货币经营资本，货币经营资本是随着商品经营资本尤其是批发商业发展起来的，在考察商业资本的历史时，只考察商品经营资本就可以了。

商业资本在资本主义生产方式之前就已存在，早在奴隶社会发生的第三次大分工中就出现了商人和商业，并逐渐形成商业资本，因此，在考察商业资本的历史时，就要从资本主义生产方式以前开始。①

由于商业资本是一种流通资本，它在商品交换中起中介作用，因此，商业资本的存在，要以简单的商品流通和货币流通为条件。进一步说，要以简单的商品流通和货币流通所需要的条件为前提。

作为商业资本存在条件的商品究竟是在什么生产方式的基础上生产出来的，这个问题与商业资本存在的条件是没有关系的，这一商品究竟是以交换为目的生产出来的，还是以直接消费为目的，只是出现了剩余之后才作为商品去进行交换，也是没有关系的，重要的是产品作为商品进入流通，这是商业资本存在的基础。

商品在什么生产方式下生产出来，对商业资本的存在条件是没有关系的，不等于说生产方式对商业资本的发展也是没有关系的，“产品进入商业，通过商人之手的规模，取决于生产方式”（第 363 页）。在资本主义生产方式中，商品生产有了充分的发展，使商业的规模“达到自己的最大限度”（第 363 页）。但是，商业资本对商品生产的发展有着积极的反作用，商业的发展会促使每个生产者为了增加享受或贮藏货币将自己的产品变为商品，“商业使生产越来越具有面向交换价值的性质”（第 363 页）。

三、商业资本运动的表现形式［第 363 页第 2 段—第 364 页第 1 段］

商业资本在商品交换即商品运动中起中介作用。商品的运动在物质上是由两个不同的商品之间的互相交换构成，在形式上由卖（W—G）和买（G—W）两个形态构成，通过买和卖的形式变化，完成不同商品之间的交换。在商业资本介入下，买和卖都集中在商人手中，一个商人可以为许多生产者进行商品买卖。作为商人的购买和他的直接需要是没有关系的。

由于商人财产总是以货币财产存在，所以他的货币也总是作为资本执行职能，在商品流通中担任中介人，商业资本的运动表现为 G—W—G′，不同于简单商品流通表现形式：W—G—W，商业资本运动的目的是获取更多的交换价值，简单商品生产者的目的是换取他所需要的使用价值，从而使货币财产集中在商人手中，表现为商人财产的独特形式。

四、商业资本的发展规律［第 364 页第 2 段—第 366 页末段］

商业资本是早在资本主义生产方式以前很久就已存在的一种资本形式，不同之处在于，在资本主义生产方式之前，商业资本是一种独立存在、独立发展的资本，资本主义生产方式形成之后，商业资本从属于产业资本，失去了独立的地位。“在资本主义社会以前的各阶段中，商业支配着产业；在现代社会里，情况正好相反。”（第 368 页）商业资本的发展规律是：“商人资本的独立发展，是与社会的一般经济发展成反比例的。”（第 365 页）“商人资本的独立发展与资本主义生产的发展程度成反比例。”（第 366 页）

在资本主义生产方式之前，商业资本建立在简单商品经济的基础上，商业资本直接剥削商品的生产者和购买者，商业资本表现为资本的真正职能。

商业资本的存在与发展，为资本主义生产方式的建立与发展准备了条件。①商业资本集中了大量的货币财富，而少数人占有相当数量的货币，是货币转化为生产资本的历史前

---

① 许多著作将资本主义以前的生产方式或社会形态简称为前资本主义，这是一个不科学的用语，如将资本主义分成前后的话，则前资本主义仍是资本主义，只不过是自由资本主义，后资本主义是垄断资本主义，即帝国主义。

提。②商业资本将许多人的购买行为集中在一起进行，并促使生产者和产品的占有者将产品转化为商品。为贸易而生产，大规模的销售，这是资本主义方式不可少的前提条件。但是，下面会谈到，商业资本对旧的生产方式有解体作用，至于用什么样新的生产方式去取代旧的生产方式，商业资本起不了决定作用。

商业资本的独立存在与独立发展是建立在落后的、过时的生产基础上的，商业资本占优势，支配着商品的生产，"在这里，正是商业使产品发展为商品，而不是已经生产出来的商品以自己的运动形成商业"（第 365 页）。

随着商品生产的发展，商业资本的地位逐渐发生了变化，"直接从流通中产生出来的资本形式——商业资本——只表现为资本在它的再生产运动中的形式之一"（第 366 页）。在资本主义生产方式中，商业资本只是作为生产资本的要素执行一种特殊职能的资本，这一特殊职能是协助产业资本家销售商品，实现价值与剩余价值，通过这一职能，从产业资本家那里转移产业工人创造的一部分剩余价值，商业资本的运动 G—W—G′只是表现为从产业资本运动中一部分（销售部分）分离出来的运动形式，失去了它原有的独立性。

商业资本的独立发展与资本主义的发展程度成反比这个规律，在威尼斯、热那亚、荷兰等经营转运贸易的纯粹商业民族的兴衰史中表现得最为明显。

五、商业利润的来源［第 367 页第 1 段—第 368 页末段］

商业资本运动的形式是 G—W—G′，它的运动全部是在流通中进行，因此，商业利润是在流通中得到的，通过销售 W—G′，将得到的商业利润实现出来。这给人以错觉，认为商业利润是在流通中产生出来的，重商主义者詹·斯图亚特就将这种利润称之为"让渡利润"，认为资本家的利润来自商品的价格高于实际价值，这是将利润在流通中的实现和利润的生产混为一谈了。商品之间的交换改变的只是价值形式而不是价值量。从价值上看，互相交换的商品不仅在质的方面相同，在量的方面也是相等的。商品之间交换的量的比例，最初完全是偶然确定的，随着交换的频繁进行，就会逐渐消除这种偶然性。

商业资本只是在商品流通中起中介作用，而不能创造价值和剩余价值，通过中介作用，产生贮藏货币；使生产从属于交换价值，生活日益依赖于出售；促使旧的经济关系解体；增进了货币流通；使整个生产依附于它。

在资本主义以前的生产方式中，通过中介作用得到的商业利润，大部分是从侵占和欺诈中产生的，商业资本能够做到这一点，从客观条件看，一是因为简单商品经济生产的目的是为了换取使用价值，是否按价值出售和购买则被看得比较次要；二是因为剩余产品的主要占有者是奴隶主、封建地主、君主等，容易使人上当受骗。

不仅如此，资本主义以前的商业资本实行着一种掠夺制度，商人的财富和暴力掠夺、海盗行径、绑架奴隶、征服殖民地等结合在一起。

六、商业资本对旧的生产方式解体和资本主义生产方式产生中的作用［第 370 页第 1 段—第 371 页第 1 段］

商业资本的存在与发展，到处使生产朝着交换价值的方向发展，从而对各种已有的、以生产使用价值为目的的各种经济关系的生产组织起着解体的作用。但究竟在多大程度上起着解体作用，用什么样的新生产方式代替旧的生产方式，这不取决于商业资本。在奴隶占有制的社会，商业资本可以"使家长制的、以生产直接生存资料为目的的奴隶制度，转化为以生产剩余价值为目的的奴隶制度”（第370页）[①]，但不能以新的制度去代替奴隶制度，商业资本为资本主义生产方式准备了一些必要条件。

商业资本对旧的生产方式的解体作用究竟有多大程度，究竟用什么样的新的生产方式代替旧的生产方式，“这些结果本身，除了取决于商业资本的发展以外，还取决于完全另外一些情况”（第370页）。对这一结论，马克思用两方面的事例来加以说明。

首先，以古代城市工业的发展为例。

城市工业的发展和商业的发展是互为条件的，城市工业一旦和农业分离，它的产品一开始就作为商品，离不开商业的中介，商业的发展也必然依赖城市工业的发展。但是工业的发展并不一定是和商业的发展齐头并进的，城市工业有多大程度的发展，还取决于另外一些情况。第一个例子，在古罗马，商业有了前所未有的发展，城市工业却没有任何进步；第二个例子，在科林斯和欧洲、小亚细亚的其他希腊城市，工业与商业齐头并进，有了高度发展；第三个例子，在游牧民族中，只有商业资本的发展，却没有城市工业。

这些例子说明，商业的发展本身，还不能决定工业的发展、旧的生产方式的解体和新的生产方式的产生，还要取决于另外一些情况。

其次，用近代封建生产方式的解体和资本主义生产方式的产生为例。

从欧洲方面看，随着16世纪和17世纪的地理大发现，世界市场突然扩大，促进了商业资本发展的大革命，对封建生产方式的解体起了重大作用，推动着资本主义生产方式的蓬勃发展。但是，这种作用是在早期的资本主义生产方式（工场手工业）已经形成的基础上发生的。作为商业国家的荷兰走向衰落，工业国家的英国迅速崛起，由工场手工业进一步发展为机器大工业，充分说明了“在这里不是商业使工业发生革命，而是工业不断使商业发生革命”（第371页）。

从亚洲方面看，由于“资本主义以前的、民族的生产方式具有的内部的坚固性和结构”（第372页），严重阻碍了商业资本的解体作用，具体地说，这种生产方式的坚固性和结构就是：“在印度和中国，小农业和家庭工业的统一形成了生产方式的广阔基础。此外，在印度还有建立在土地公有制基础上的村社的形式，这种村社在中国也是原始的形式。”（第372页）农业和手工制造业的直接结合带来的节省，对大工业产品进行了最顽强的抵抗。

七、向资本主义生产方式过渡的途径和形式［第373页第1段—本章完］

从农奴制生产方式向资本主义生产方式过渡有两条途径。

第一条途径是由生产者变成商人和资本家，通过这一途径建立起新的资本主义生产方式，与农村的自然经济和城市的行会手工业相对立，这是真正革命化的道路。

第二条途径是由商人直接支配生产。这里有两种情况，一种是商人通过供应原料和收购产品控制手工业，例如17世纪英国呢绒商人对毛纺织工人的控制；另一种是商人以工厂主身份出现，向分散的手工工人发放原料和回收产品，例如19世纪中叶法国的丝织业和英国的织袜业及花边业。这条途径“并没有引起旧生产方式的变革，而不如说保存了这

① 剩余价值并非资本主义特有的经济范畴，奴隶制和农奴制下均存在剩余价值，和资本主义剩余价值相比较，其代表的经济关系不同，在经济生活中的地位也不同，“在使用奴隶和农奴的生产中，剩余价值仅仅是例外”（见恩格斯1884年6月26日写给卡·考茨基的信）。

种生产方式，把它当作自己的前提予以维持。……到处都成了真正的资本主义生产方式的障碍”（第 373 页）。尽管如此，这一条途径仍在历史上作为过渡起过巨大的作用。

较第二条途径略有变化的还有一种情况，即商人通过独立经营的小老板间接支配生产，将大部分的剩余价值占为己有。例如英国伦敦一部分手工家具制造业就是如此，由于经营规模非常大，整个工场按不同产品分成许多独立的营业部门，各个营业部门的小老板每周一次到家具店推销产品，成为商人和自己营业部门工人的中间人。

从上述两条途径中出现三种过渡的形式：第一，商人直接成为工业家，即上述第二条途径中出现的形式；第二，商人把小老板变成自己的中间人，或者直接向独立生产者购买，这是上述变化了的第二条途径中出现的形式；第三，产业家成为商人，这是上述第一条途径中出现的形式。

随着资本主义生产方式的建立和发展，商业资本的地位发生了重大转变，从“商业资本对产业资本的统治”（第 375 页）下降为商业成为“工业生产的奴仆”（第 375 页）。在中世纪，商人是行会手工业者或农民生产的商品的“包买商”，通过对原料的供应和产品的包销，从流通领域对生产进行控制。接着，商人又成了工业家，生产者自己就是商人，他们使城乡手工业者都为他劳动。商业一方面为产品创造了市场，另一方面又为生产者提供了等价物以及新的原料和辅助材料，并由此开创了一些新的生产部门，为资本主义生产准备了有利条件。

一旦资本主义的工场手工业，尤其是机器大工业建立和发展起来，产业资本就会为自己创造市场，用自己的商品来夺取市场。限制工业生产发展的不是商业，而是工业本身的资本量和劳动生产力水平，产业资本家面对国内外市场进行成本价格和市场价格的比较，商业资本统治的时代由此结束。

重商主义把流通过程作为它的研究对象，是因为商业资本是资本的一种古老形式，并产生过压倒一切的影响。这种研究使经济学停留在事物的表面上，并被假象迷惑。而“真正的现代经济科学，只是当理论研究从流通过程转向生产过程的时候才开始”（第 376 页）。

第五篇　利润分为利息和企业主收入。生息资本

以上各篇中是假定产业资本家和商业资本家是全部使用自己的资本的，实际上这是不可能的，他们总会或多或少地向货币资本家借钱，既然是借，就必须在一定期间内偿还，另外还要支付利息。于是，职能资本家就不能得到全部利润，而要对将所得的利润分割为企业利润（即企业主收入）和利息这两部分，企业利润归职能资本家，利息归货币资本家，货币资本家手中的货币成为生息资本。本篇主要内容就是研究生息资本是如何参与利润分配的。

本篇共 16 章，分三个部分，第一部分从第 21 章到第 24 章，研究生息资本这种资本形式及其分配形式。第二部分从第 25 章到第 35 章，研究生息资本的运动形式——信用，马克思将此内容分成两个部分进行研究，在第 27 章，马克思作了如下说明：“以上，我们主要联系产业资本考察了信用制度的发展以及在这一制度中包含的资本所有权的潜在的扬弃。以下几章，我们将要联系生息资本本身来考察信用，考察信用对这种资本的影响和信用在这里采取的形式；同时，我们还要作几点专门的经济的评述。”（第 499 页）其中第 33 章至第 35 章，研究了信用制度下的货币流通。第三部分是本篇的最后一章，该部分将对生息资本作历史的考察。

第二十一章　生息资本

在资本主义社会，货币所有者为了获取利息，将自己的货币作为资本商品贷给职能资本家使用，这种货币资本就是生息资本。

生息资本是最早出现的一种资本形式，在资本主义以前称之为高利贷资本，在资本主义社会通常称之为借贷资本，本章所研究的生息资本就是这种借贷资本。借贷资本是为了获得利息而暂时贷给职能资本家使用的作为资本存在并表现为资本商品的货币资本，它是从职能资本中分离出来并且为职能资本服务的财产资本。

关于本章的主要内容，可由第 392 页的一段话说明，这段话是："以上我们只考察了借贷资本在它的所有者和产业资本家之间的运动。现在来研究利息。"这就是说，本章主要有两个内容，一个是借贷资本的运动，另一个是利息。在考察这两个问题之前，马克思将本章与以往的论述联系起来，说明了借贷资本产生的前提。

一、借贷资本产生的前提［本章第 1 段—第 379 页末段］

（一）平均利润率取得了完成的形态［本章第 1 段］

马克思在第 2 篇考察平均利润率的形成时，只是在各个不同的产业部门之间的关系上进行的，从整个社会范围看，平均利润率规律尚未普遍起作用，因而若要作为一个规律来看，则平均利润率此时还没有最终形成。到了第 4 篇，马克思分析了商业资本也和产业资本一样，按照资本的比例参与利润的分配，平均利润率规律不仅在创造价值的生产领域内，也在不创造价值的流通领域内起作用，平均利润率规律最终形成，平均利润率取得了完成的形态。

既然不论货币资本作为产业资本投在生产领域内，还是作为商业资本投在流通领域内，都可以按照资本的比例取得平均利润。那么，当货币所有者把货币作为资本贷给无论是产业资本家或商业资本家时，也就都能够按照借贷资本的比例，从他们所获取的平均利润中占有一定份额。可见，借贷资本的形成要以平均利润率取得完成的形态为前提。

（二）货币转化为资本［第 378 页第 1 段—第 379 页末段］

在第 1 卷，马克思揭示出从商品到货币和从货币到资本的转化过程，首先指出货币是从商品转化而来的，在这个转化过程中，我们看到货币也是一种商品，和其他商品不同之处在于它具有充当一般等价物的使用价值。接着，马克思分析了货币转化为资本的过程，指出资本无非是货币的转化形式。因而归根到底，资本也是由商品转化而来的，它和普通的商品以及货币不同之处在于，它能够使价值得到增殖，产生出利润。

于是，谁拥有一定数量的货币资本，谁就拥有按照平均利润率产生一定量利润的权力，当他把这个权力让渡给他人时，他人就会运用这个权力同样产生出这个一定量的利润。不过，执行职能的资本家不能将这一定量的平均利润完全归自己所有，其中一部分要以利息的形式支付给货币资本的所有者。

可见，货币转化为资本是产生借贷资本的前提，在职能资本家把货币作为资本支出之前，货币所有者已经把这个货币作为资本支出了。

二、借贷资本的运动［第380页第1段—第391页末段］

马克思一开始就指出："我们先来考察生息资本的特有的流通。然后第二步再来研究它作为商品出售的独特方式，即它是贷放，而不是永远出让。"（第380页）

（一）生息资本的特有的流通［第380页第2段—第381页末段］

生息资本的流通公式和产业资本及商业资本的流通公式相比较，是有明显区别的：

产业资本：$G—W<^{A}_{Pm}\cdots P\cdots W'—G'$

商业资本：G—W—G′

生息资本：G—G′

在生息资本运动中，不仅生产过程消失了，连商品流通过程也消失了，剩余价值的来源被完全掩盖，货币表现为具有天然增殖的性能，变成神秘莫测的东西。其实，生息资本贷出后便立即由职能资本家投入生产过程或流通过程，产业资本家借入生息资本的全部运动过程就是：$G—G—W<^{A}_{Pm}\cdots P\cdots W'—G'—G'$，当商业资本家借入生息资本时，资本的全部运动过程就是G—G—W—G′—G′。

为了简便起见，我们采用G—G—W—G′—G′这个公式来说明生息资本的特有的流通即可。从这个生息资本的运动过程中，我们会马上发现它的特别之处，首先是货币作为资本的双重支出，第一次是G—G，借贷资本家将货币作为资本贷放给商业资本家，第二次是G—W，商业资本家又将这一货币作为资本从产业资本家那里购进商品。然后，我们又看到，与这个货币作为资本双重支出相适应，货币作为已实现的资本进行了双重的回流，第一次是W—G′，商业资本家通过商品出售，使货币作为已实现的资本加上平均利润流回到职能资本家手中，第二次是G′—G′，职能资本家将已实现的资本加上一部分利润（利息）回流到借贷资本家手中。

下面具体分析货币资本的双重支出与双重回流。

1. **货币作为资本的双重支出**［第380页末段—第381页第2段］

在生息资本流通过程中，货币作为资本支出连续发生了两次，随着这两次支出，同一货币两次转手与换位。

同一货币或同一商品在流通过程中两次转手与换位，并不是生息资本的流通所特有的。例如，在商业资本的流通G—W—G′中，同一商品就转手与换位了两次，先是由产业资本家转入商业资本家手中，再由商业资本家转入消费者（包括生产消费）手中。在简单商品流通W—G—W中，同一货币转手与换位了两次，先是由消费者转入商品生产者手中，接着这一商品生产者又以消费者身份出现，将同一货币转入其他商品生产者手中。

生息资本流通的独特之处在于：第一，其他流通中的两次转手与换位都发生了形态上的变化，或者是由商品转化为货币，或者是由货币转化为商品，而在生息资本流通的双重支出中，第一次的换位没有发生形态上的变化，货币由借贷资本家转到商业资本家手中后，出现在流通过程的仍然是货币，只是在第二次换位后，商业资本家用这个货币向产业资本家购买商品时，才发生了形态上的变化。第二，在简单商品流通或商业资本流通中，商品与货币的每一次换位都是再生产过程本身不可缺少的环节，构成再生产的要素，而在生息资本流通中 G 的第一次换位，并不是再生产的要素。

2. 货币作为资本的双重回流 [第 381 页末段]

与货币作为资本的双重支出相适应，最后又出现了货币作为资本的双重回流。第一次回流是 W—G′，资本带着利润流回到职能资本家手中，由于这一资本是从借贷资本家那里借来的，借贷资本家是这一资本的法律上的所有者。因此，当这一资本不再执行职能时，就要归还给借贷资本家，又由于借贷资本家是将这一货币作为资本支出的，因此当职能资本家归还资本时，还要从利润中取出一部分作为利息支付给借贷资本家，形成货币资本的第二次回流 G′—G′，第二次回流的货币额小于第一次回流的货币额，因为其中有一部分作为企业利润留在职能资本家手中，不参与第二次回流。

（二）生息资本作为商品出售的独特方式 [第 382 页第 1 段—第 385 页末段]

如将生息资本作为一种商品，就有一个出售的问题，但是由于生息资本特有的性质，它的出售就具有一种独特的方式。

1. 在生息资本的流通中，货币表现为资本，作为资本商品存在——生息资本的独特性质 [第 382 页第 1 段—第 384 页第 1 段]

为了说明这个问题，马克思把生息资本和处在流通过程中的商品资本及货币资本这两种职能资本形式进行比较。

先看商品资本，它是由生产资本转化而来，以待出售的商品形式出现，商品资本这时单纯地作为商品执行职能，即将商品的价值实现为货币，从现象上看和简单商品流通并没有什么区别，现在的资本家也是单纯地以卖者的身份出现在买者面前，商品资本并不作为资本执行职能，它之所以成为资本，是因为：①在这一商品中包含有剩余价值，随着商品价值的实现，剩余价值也得到实现；②从总的价值增殖过程看，商品的出售是其中不可缺少的一环。这两点都是从具体分析中提出的，并未直接出现在人们面前。

处在流通过程中的货币资本同样如此，资本家用这个货币去购买商品，这里的货币也只是单纯地作为商品的购买手段来发生作用，从表现上看并不执行资本的职能，说它是货币资本，这也是从资本总运动的联系上来看的。

总之，资本“在自己的流通过程中从来不表现为资本，而只是表现为商品或货币，并且在这里，这就是它对他人来说的唯一存在形式。……在现实的运动中，资本并不是在流通过程中，而只是在生产过程中，在剥削劳动力的过程中，才作为资本存在”（第 383—384 页）。

生息资本不同于上述处于流通过程中的资本，由于生息资本在它的流通中第一次换位时，形态上并没有发生变化，G—G，它们是同质的，显然，同质的东西进行换位，是为了能够取得更多的量。因而在生息资本中，货币作为资本，在它的运动中一开始就表现了出来，职能资本家借入生息资本，一开始就是将之作为资本商品投入流通中的。

作为资本转手的商品，是为了在转手后能使它的价值得到保存与增殖，因此，这种转手的方式只能是贷放，而不是付出或卖出。贷放的条件一方面是资本过一定时期后要回流到贷放者手中，不是永久的出让；另一方面是回流时要由职能资本家支付一定的利息。

2. 生息资本作为商品出售的特别方式：贷放 [第 384 页末段—第 385 页末段]

生息资本作为资本商品进入流通领域，这种特有的性质决定了生息资本是以贷放的方式转手到职能资本家那里的，而贷放的方式又决定了生息资本的回流采取偿还的方式。作为资本贷放的商品，按照它的使用价值的性质，或者是作为固定资本贷放，或者是作为流动资本贷放。贷放上的两种形式决定了偿还的两种形式，作为固定资本贷放，生息资本就逐步带着利息归还；作为流动资本贷放，生息资本就一次性还本付息。

资本在流通过程中是不表现为资本的，只有考察整个再生产过程，才能看到一定量货币支出后会带着一个增长额回来，这时货币才表现为资本，而生息资本的借贷本身不借助任何中介，就表现出货币会生出货币。这种资本的特性，使剩余价值的来源被完全掩盖了，便更使资本神秘化了。

（三）批判蒲鲁东关于生息资本的作用与性质方面的错误见解［第 386 页第 1 段—第 391 页末段］

1. 批判蒲鲁东关于生息资本的作用所持的奇特见解［第 386 页第 1 段—第 387 页末段］

在蒲鲁东看来，贷放是一件坏事，理由是：第一，普通的商品出售时发生所有权的转移，商品所有者对所出售的商品的价格也只能得到一次，而生息资本的贷放却不然，货币资本家出售商品时并不转移所有权，他对自己的同一商品可以不断地重新出售，并为此一次又一次地得到商品的价格。第二，产业资本家是按照价值出售他的产品，因而得到的只是原来的预付资本，而货币资本家的出售价却高于自己的商品价值，通过不等价交换，货币资本家除得到投放的生息资本之外，又得到了利息。

在第 386 页第 1 至末段，马克思揭露并批判了上述第一个所谓的理由，接着，在第 387 页第 1 至末段，又批判了上述第二个所谓的理由。

第一个所谓的理由的错误在于蒲鲁东不懂得生息资本在贷放时没有变更所有者，但也没有任何等价物，而在普通的商品出售中，在放弃了所有权的同时得到了等价物。

第二个所谓的理由的错误在于他不懂得在商品交换中，价值不会发生变化，价值的增殖发生在生产过程中，生息资本的利息正是来自这个生产过程，而不是交换本身。由于商品的价值在生产过程中发生了增殖，产业资本家按照价值出售自己的产品不仅可以得到预付资本，还可以取得利润。如果他用自己的资本进行生产，所得利润就全部归自己，如果他用借来的资本进行生产，除了要归还借来的资本以外，还要将利润中的一部分以利息的形式支付给货币资本家，正如利润是价值的一部分一样，利息也是价值的一部分，利息的支付只是改变了利润在不同个人之间的分配，却不能改变商品的价值。

2. 批判蒲鲁东关于生息资本的性质的错误理解［第 388 页第 1 段—第 391 页末段］

蒲鲁东认为，生息资本的运动是货币资本通过一次又一次的交换，在取得利息后又不断回到它的出发点。

马克思指出，货币离开它的出发点，经过增殖，又回到它的出发点，这是资本在它的总循环中的独具特征的运动，绝不只是生息资本运动的特征。和 G—W—G′这个一般资本运动形式不同，生息资本的运动形式是 G—G′，先是由货币资本家将货币作为资本商品贷放给职能资本家，经过一定时期，职能资本家又将这一货币资本连同利息归还给货币资本家。

从生息资本的运动过程中，我们可以看出生息资本运动的特征在于：它和资本的现实循环过程相分离，“表现为任意的、以法律上的交易为中介的运动”（第 389 页），“它与资本的现实的再生产过程无关，只是为这个再生产过程作了准备”（第 389 页）。生息资本的全部运动只是货币的贷放和偿还，自始至终，我们看到的也只是单一的货币形式，因而它是“现实资本运动的没有概念的形式”（第 390 页）。

蒲鲁东把一般资本的运动说成是生息资本特有的运动，是由于他不理解生息资本的性质。生息资本是作为资本商品进入流通的，既不卖也不买，因而就没有发生交换，价值形式没有改变，所有权也没有改变，没有得到等价物。作为资本商品的生息资本的这种独特性质，促使生息资本以贷放这种独特的方式进行让渡，产生了 G—G′这种独特的资本运动形式。

三、利息的产生与性质［第 392 页第 1 段—第 398 页末段］

什么是利息？货币资本家由于把货币作为资本商品贷给职能资本家而取得的一部分平均利润；利息是一部分剩余价值的转化形式；它是借贷资本运动的必然结果。

（一）利息来自于平均利润［第 392 页末段—第 394 页第 1 段］

对这个问题，马克思是从货币资本家这一方入手进行分析的，具体地说，是从货币资本家让渡给产业资本家的实际上是什么这个问题入手进行分析的。

从一般的商品出售者来看，他所让渡给买者的是使用价值而不是价值，这个价值只是改变了形式而已，在以商品形式或使用价值形式从卖者转入买者手中的同时，又以货币的形式从买者转入卖者手中。

货币资本家的货币作为资本商品出售，和普通商品一样，实际上是将使用价值让渡给对方，不同的是，普通商品在出售之后，使用价值会被消费掉，随着使用价值的被消费，商品的价值就会消失。借贷资本却不然，作为资本商品，由于它的使用价值被消费，它的使用价值和价值不仅会保存下来，而且会增加。所以，借贷资本的使用价值是："能够作为资本执行职能，并且作为资本在平均条件下生产平均利润。"（第 394 页）从这点来看，借贷资本的使用价值和劳动力的使用价值有相似之处。产业资本家购买劳动力或借入货币资本，都是因为二者具有能使价值增殖这种特殊的使用价值。

作为资本商品的借贷资本与普通的商品在出售上还有其他的共同点与不同点，马克思分别从使用价值和价值两个方面阐明了这个问题。

利息正是在作为资本商品的借贷资本，具有能够带来平均利润这一特殊的使用价值基础上产生的。

（二）利息是平均利润的一部分［第 394 页末段—第 396 页第 1 段］

马克思从货币资本家这一方分析之后，现在又从产业资本家这一方进行了分析，具体地说，从产业资本家实际上向借贷资本家支付了什么这一问题入手进行了分析，阐明了利息的性质。

从一般的商品购买者来看，他所购买的是商品的使用价值，他所支付的是这个商品的价值或价格。现在，产业资本家在这里购买的是货币作为资本的使用价值，在买者与卖者之间，并没有发生价值形式的变化，货币的所有权始终在卖者方面，因而产业资本家向货币资本家支付的就不是作为资本商品的借贷资本的价值或价格，这个问题我们在下面再作具体分析。

那么，产业资本家向货币资本家支付的是什么呢？产业资本家购买的商品是作为资本购买的，通过使用，原有的货币资本得到增殖，除原有货币资本外，还得到平均利润，由于原有资本属于货币资本家所有，产业资本家这时就以偿还的形式交给货币资本家，偿还不是支付，这点从第 393 页第 3 段中就可以知道。一方面，产业资本家所能支付的只能是平均利润，而且只能是平均利润的一部分，如果是全部，货币资本家就不仅没有让渡价值，连使用价值也没有让渡，产业资本家得不到使用价值，也就不会花钱去购买资本商品，借贷资本也就不会存在。另一方面，平均利润也不能全部归产业资本家所有，产业资本家如果对货币资本家让渡的使用价值不给予支付，借贷资本就不成其为资本，借贷资本家是不会接受的。

能不能因为同一货币额对借贷双方来说都是资本而取得两份平均利润呢？答案是不能，因为作为资本执行职能的货币额并没有增加，同一货币额之所以对双方都作为资本，是因为同一份平均利润被分割为两部分。

（三）对利息是借贷资本的价格说法的批评［第 396 页第 2 段—第 398 页末段］

根据上述分析，我们可以明确职能资本家向货币资本家支付的只能是作为平均利润一部分的利息，而不是作为资本商品的借贷资本的价格。蒲鲁东把货币资本家与职能资本家之间的借贷关系与普通商品交换中的买卖关系混为一谈，从而把货币资本家从贷款中所取得的利息说成是取得商品的价格。我国学术界也有人认为“利息率毕竟是生息资本的价格，这是不能抹杀的”①。

把利息说成是借贷资本的价格的错误在于：

第一，这种说法与商品价格的概念完全相矛盾。什么是价格？价格是商品价值的货币表现，价值是价格的内容，价格是价值的表现形式，而利息并不是货币资本的价格，而是对货币资本的使用价值所支付的一定货币额，利息所表现的是使用价值，而不是价值，把利息说成是借贷资本的价格，就是抽去了价值的内容谈价格，使价格成为“纯粹抽象的和没有内容的形式”（第 396 页），这是和价格的概念完全矛盾的。［第 396 页第 2 段］

第二，把利息说成是借贷资本的价格会引出荒谬的矛盾。既然价格是商品价值的货币表现，作为一定货币额的货币资本已经表现了一个价值额，成为这个价值额的价格，怎么能在这个价格之外，又出现一个和价值有质的区别的价格呢？如果这个说法能够成立，商品就有了双重的价值和两个不同质的价格，例如获得 100 镑利息的 1 000 镑货币资本，它就会有两个不同质的价格，一个价格是 1 000 镑，另一个价格是 100 镑，这当然是很荒谬的。［第 397 页末段］

发生上述错误的原因在于把以货币为中介的商品交换中的买卖关系直接运用到货币资本的借贷关系中来了，而之所以会把这二者混为一谈，从客观条件上看，是因为货币资本在借贷中表现为商品，于是很容易就认为利息是作为资本商品的借贷资本的价格了。

货币资本在借贷中为什么会表现为商品呢？首先是因为货币资本和普通商品一样出现在市场上，并且和其他商品一样将自己的使用价值让渡给他人。其次是因为利润如何分割为利息与企业利润，和商品的市场价格一样，是由供求状况即竞争来调节的。

但是，资本商品是不同于普通商品的，首先，资本商品的使用价值是生产利润，利息是利润的一部分，因而利息量的大小首先要取决于平均利润的多少，进而取决于资本商品的使用价值，既然利息不是借贷资本的价值表现，当然就不能称其为借贷资本的价格。借贷资本为什么会具有这样的使用价值，是因为在资本主义生产的基础上，货币在可能性上是资本，再进一步，仅仅凭借货币的所有权本身，离开资本主义生产过程也可以带来价值的增殖。其次，竞争对货币资本的利息的调节和对商品的价格的调节也是有明显区别的，竞争对商品价格的调节只是起影响作用，商品价格取决于价值规律，不以竞争为转移，货币资本的利息却不然，它在平均利润中所占的比重，是由竞争决定的，“除了由竞争强加

① 王珏等著：《〈资本论〉介绍》第 3 卷，中共中央党校出版社 1982 年版第 222 页。

的分割规律之外，不存在别的分割规律”（第 399 页）。

关于资本商品和普通商品的区别，马克思前后进行了详尽的论述，概括起来，有以下三点区别：

第一，让渡商品的形式不同，普通商品的让渡采取买卖形式，资本商品采取借贷形式。这两种形式的区别在于：

（1）在买卖中发生所有权的转让，借贷则不存在所有权的转让。

（2）在买卖中发生价值形式的变化，借贷的第一次换位（G—G）不发生价值形式的变化。

（3）“在简单商品交换中，货币总是在买者方面；但在贷放中，货币却是在卖者方面。”（第 395 页）因而作为资本商品的“这个使用价值与普通商品不同，它本身就是价值”（第 394 页），“在贷放上，只有货币资本家在这种交易中让出价值”（第 394 页）。

（4）“一个普通商品的买者所购买的，是这个商品的使用价值；他支付的，是这个商品的价值。”（第 395 页）而“借款人所购买的，是货币作为资本的使用价值”（第 395 页），他支付的是由这个使用价值产生的一部分利润。

（5）供求与竞争对普通商品的价格只是产生影响作用，对资本商品的利息在利润中的分割却有决定作用。

第二，使用的结果不同。普通商品经过使用后，使用价值和价值会发生消耗，资本商品经过使用后，使用价值和价值不仅未发生消耗，反而得到保存和增加。在这点上，资本商品和劳动力商品十分相似，不同之处在于，劳动力商品的使用价值和价值在使用过程中同样会发生消耗，但在劳动过程中可以创造出新的、比原有的更大的价值，不仅使价值得到补偿和增殖，同时也恢复了使用价值。另外，“产业资本家对劳动力的价值是支付，而他对借贷资本的价值只是偿还”（第 393 页）。

第三，有无价格的不同。普通商品有价格，资本商品没有价格。作为资本商品的货币本身就是商品的价格，说资本商品有价格，就等于说货币有价格或价格有价格，这是不合逻辑的。蒲鲁东将利息说成是借贷资本的价格，马克思在上面已经指出这种说法的谬误。

四、生息资本的实质［第 399 页第 1 段—本章完］

生息资本是为了获得利息而暂时贷给职能资本家的货币资本，利息是平均利润的一部分，平均利润的产生是由职能资本家借入货币资本购买了生产资料与劳动力，在生产过程中创造出剩余价值，在流通过程中又实现了这个剩余价值，通过各部门之间资本家的竞争形成的。但是，在生息资本中，我们看到的是 G—G′，只是货币与货币自身这种单纯的物的关系，资本家对工人的剥削关系则完全被隐蔽了起来，不仅生产过程消失了，连流通过程也消失了，货币本身表现出能够自行增殖的天然属性，资本完全神秘化，一切都表面化了。

德国浪漫学派代表人物亚当·弥勒（1779—1829）只是看到这种表面现象就断定“决定物品价格时，无须考虑时间；决定利息时，主要的是考虑时间”。其实，利息是由一定时间内生产的利润决定的，时间本身不能决定利息。商品的价格取决于商品中所包含的社会必要劳动量，这个劳动量是以时间来计算的，说决定商品价格时无须考虑时间同样是错误的。

这里的问题在第 24 章中还要专门论述。

第二十二章　利润的分割。利息率。“自然”利息率

在上一章，马克思阐明了利息的本质，指出利息无非就是平均利润的一部分，在这一基础上，我们现在转向研究利息的量，研究职能资本家由于借入资本而得到的利润如何分割，其中有多少归职能资本家自己，又有多少归货币资本家。

当借贷资本量已定时，利息量是由利息率确定的。利息率就是以百分数表示的在一定时期内的利息量和借贷资本量的比例，用公式表示即 $z' = \frac{z}{\text{借贷资本}}$，研究利息量，不可避免地要着重研究利息率这个问题。

本章对利息量的研究只限于它的一般规定性上，许多具体情况现在还不能详细探讨。例如，贷方与借方之间的竞争及货币市场上由此造成的短暂变动；在产业资本周转中利息率的变动；平均利息率在世界范围内的形成等。

货币的借贷以及由此而产生的利息在历史上早已存在，例如，小商品生产者和贵族向高利贷者借债付息，这一问题将在第 36 章中论述，现在要研究的是资本主义生产方式下的生息资本与利息，贷方是货币资本家，借方是职能资本家，利息来自于职能资本家的利润。

一、决定利息量与利息率的因素［本章第 2 段—第 408 页末段］

利息量与利息率是怎样确定的？职能资本家对借入资本所获得的利润如何进行分割？其中有多大比例以企业利润形式归自己，又有多大比例以利息形式支付给货币资本家？这里并没有一个内在的规律加以确定，这一点与商品价格、工资、利润等量的确定是完全不同的，利息率的高低是由借贷双方议定的，议定的结果是偶然的，我们只能从以下三个因素对利润率的分割作一个大致的说明。

（一）有待分割的利润总量与平均利润率［本章第 2 段—第 403 页第 1 段］

有待分割的利润总量与平均利润率对利息量与利息率的规定表现在以下三个方面：

第一，有待分割的利润总量为利息规定了最高界限。

马克思指出：“当要在两个人之间分割一个已定的总量，例如利润的时候，当然首先要看这个有待分割的总量有多大，而这个总量，即利润的量，是由平均利润率决定的。”（第 403 页）在一般情况下，利息量是不能达到利润总量这个最高界限的，因为达到这个界限就意味着职能资本家所得部分等于 0，不仅如此，在一般情况下，利息量不能包括扣除因监督和指挥劳动所得监督工资的全部利润余额。至于利息的最低界限则完全无法确定，只能说，在一般情况下，利息不会下降到零，无息贷款不是资本主义的原则，也不是任何市场经济的原则。

应该说，利息的最高界限也是不能确定的，我们只能说，利息不能包括扣除监督工资后的全部利润余额，这仍然是一个不确定的数字。

第二，如果利息量不变，总利润的变动和归职能资本家的企业利润部分成正比，和归

借贷资本家的利息部分成反比。

马克思指出：“如果利息等于平均利润的一个不变的部分，结果就是：一般利润率越高，总利润和利息之间的绝对差额就越大，因而总利润中归执行职能的资本家的部分就越大；反过来，情况就相反。”（第402页）“在利润率不同时，不同的利息率可以代表总利润中同一个部分，或总利润中同一个百分比部分。在利息有这样的不变的比率时，一般利润率越高，产业利润（总利润和利息之间的差额）就越大；反过来情况也就相反。”（第402页）

例如，利息100是个不变量，当总利润是1 000时，企业利润与利息之比为9∶1，利息占10%；当总利润增加到2 000时，企业利润与利息之比为19∶1，利息占5%；当总利润减少到500时，企业利润与利息之比为5∶1，利息占20%。

第三，利息率受平均利润率下降规律调节而具有下降趋势。

在第3篇中，马克思揭示了利润率趋向下降的规律，指出了随着资本有机构成不断提高，利润率呈现下降的趋势。随着利润率的趋向下降，利息率也必然会出现下降的趋势。

上述变动是从总的趋势来说的，在具体场合情况则往往相反，在利润率最高的时候，利息率却是比较低的，而在利润率最低的时候，利息率却是最高的，对这一点将在下一个因素中进行分析。但是，既然利息只能是平均利润中的一个部分，平均利润率就成为对利息率具有最后决定作用的最高界限，平均利润率的趋向下降必然会引起利息率的趋向下降。

马克思指出，不论平均利润率高低如何，执行职能的资本家“能够并且也愿意与利润率的高低成正比地支付较高或较低的利息”（第403页）。这里的“能够”是对低利润率而言，由于职能资本家是按照总利润中一定的比率支付利息，因此，在利润率很低的情况下，他们仍然能够支付一定的利息。这里的“愿意”是对高利润率而言的，在利润率很高的情况下，职能资本家按照总利润中一定的比率支付的利息量也会相应增加，但是由于职能资本家自己所得部分的量也增加了，而且当职能资本家在总利润中占有较大比重时，职能资本家所得部分的量比货币资本家所得部分的量便增加得更多。

（二）货币市场上的供求与竞争［第403页末段—第405页第3段］

当有待分割的利润总量已定时，利息量的多少和利息率的高低就取决于对这一利润总量如何分割。留在职能资本家手中的部分越多，货币资本家所得的部分就越少，二者成反比。

利息率的变动和平均利润率在具体场合的变动是不相同的，而且往往是按相反方向发生变动。平均利润率不变，利息率却发生了变动，平均利润率提高了，利息率却下降了，平均利润率下降了，利息率却提高了。

究竟是什么因素引起总利润量在职能资本家与货币资本家之间进行各种不同比例的分割呢？我们首先看到的是货币市场上供求与竞争的情况在这里起着决定性作用，这种决定性作用在以下两种现象上明显地表现了出来：

第一，利息率在资本主义周期过程中的变动。［第404页第1—末段］

在繁荣阶段，职能资本家获得大量利润，利润率很高，但由于这时商品销售顺畅，职能资本家从银行获得贷款比较容易，因而这时的利息率反而是较低的，“低利息率多数与繁荣时期或有额外利润的时期相适应”（第404页）。在危机阶段，职能资本家由于商品销售困难，利润大为减少，甚至亏损，但由于难以从银行获得满足自己需要的贷款，因而在利润率最低的情况下出现最高的利息率。[①]

拥有货币资本的人往往利用这种变动规律从事有价证券的买卖。因为有价证券的价格与利息率是成反比的，在危机阶段，利息率最高，有价证券的价格也就最低，货币资本家利用这个机会购进有价证券，一旦经济由复苏转向繁荣，利息率下降，有价证券价格上涨，货币资本家便又利用这个机会抛售有价证券。

第二，利息率可以完全不以利润率的变动为转移而具有下降的趋势。[第405页第1—3段]

由于货币市场上供应量增加的趋势，即使不考虑平均利润率下降的规律，利息率也会具有下降的趋势。货币供应量增加的因素有两个：一是食利者阶层的人数越来越多，二是信用制度日益发展，这两个因素对利息率起着压低的作用。

（三）习惯和法律传统等 [第405页末段—第408页末段]

当货币市场上的供求大体上平衡时，各个国家的利息率水平仍然会发生差别，对这种差别，只能从不同国家的习惯和法律传统等方面进行解释。

1. 习惯与法律传统和竞争本身一样对利息率的决定产生作用 [第405页末段—第406页末段]

如果我们用货币市场上的供求与竞争情况还能够说明一下不断变动着的市场利息率的话，那么对于比较稳定的平均利息率就难以说明了。所谓市场利息率，就是受货币市场供求与竞争情况影响而不断变动着的利息率，所谓平均利息率，就是在一个生产周期中根据不同阶段的市场利息率的平均数计算出来的利息率。在短期贷款中，采用的是市场利息率，在长期贷款中，采用的是平均利息率。

在商品市场上，竞争对商品价格不起决定作用，商品的市场价格是由价值规律决定的，我们只要假定商品的供求一致，从而竞争对价格的变动不起作用时，我们很容易发现价值规律的决定作用。在货币市场上却不然，在货币市场上供求平衡时，利息率的确定仍然不能由任何内在规律加以说明。正因为竞争本身在这里起决定作用，这种决定就成为偶然的、纯粹经验的东西，除竞争之外，习惯和法律传统等，对平均利息率的决定同样产生作用。

为什么中等利息率的界限不能从一般规律中得出来？简单地回答是因为利息的性质：利息不过是平均利润的一部分。同一货币具有双重规定，对于贷方是借贷资本，是财产资本，对于借方是产业资本或商业资本，是职能资本，作为财产资本的借贷资本在生产过程中不起任何作用，资本的双重规定并不能带来双重的利润，在总利润中，企业利润和利息如何分割，成为纯粹经验的、偶然的事情。

为了说明这个问题，马克思将企业利润与利息之间的分割，同剩余价值与工资之间的分割作了对比。剩余价值与工资的分割是由资本和劳动力这两个要素决定的，工资由新创造的价值中的劳动力价值部分决定，剩余价值由劳动力新创造的超过劳动力价值部分的价值确定，剩余价值与工资的质的区别产生了对新创造的价值在量上的分割。企业利润与利息之间的分割却不然，它并不是从企业利润与利息之间的质的区别中产生的，相反，企业利润与利息之间质的区别是从企业利润与利息之间量的分割中产生的。具体表现在当职能资本家因借入货币资本而将由此产生的总利润分割为企业利润与利息之后，即使今后不再

---

① 按照马克思在第30章的分析，危机阶段的利息率是最高的，萧条阶段的利息率是最低的，复苏阶段的利息率有所提高，但仍是低利息率，繁荣阶段的利息率进一步提高，“利息率达到了它的平均水平”（第553页）。

借入资本，也会把自有的货币资本全部看作是生息资本，同样将总利润分割为企业利润与利息这两个部分。

2. **对所谓"自然"利息率的批评** [第 408 页末段]

马克思在上述研究利息率的规定上这一问题中，已经对所谓的"自然"利息率进行了批评，肯定了英国古典经济学家马西（？—1784）在《论决定自然利息率的原因》一书中所说的，利息率的确定是借贷双方同意的结果，否定了能由任何一般的规律所能确定的"自然"利息率。现在，马克思又根据上述分析，作出了不存在什么"自然"利息率的结论。

为了说明这个问题，马克思将平均利息率和平均利润率作了比较，平均利润率可以由剩余价值规律加以规定，我们只要用$\frac{\text{社会总剩余价值}}{\text{社会总资本}}$这个公式，就可以计算出平均利润率。但在现实生活中，平均利润率并不是以一个明确的量直接表现出来的，现实的利润率是以平均利润率为中心上下摆动，由此发生差别；平均利息率却不能由任何一般的规律加以规定，但是平均利息率或市场利息率在表现上却是一个明确的、没有什么差别的量。

二、利息率同利润率的关系 [第 409 页第 1 段—第 413 页末段]

利息率同利润率的关系和市场价格同商品价值的关系有类似之处。市场价格是由商品价值决定的；利息率是由利润率决定的；市场价格由商品的社会价值决定而不是个别价值决定，利息率由平均利润率决定，而不是个别企业、个别部门的特殊利润率决定。

但是，在现实生活中，平均利润率同利息率在表现上是大不相同的，平均利润率只是作为一种趋势存在，并不直接表现出来，表现出来的是千差万别的特殊利润率，各个企业、各个部门和各个地区的利润率都很不一致。利息率却不然，不论是平均利息率还是市场利润率，在一国范围内，至少在一个地区范围内，像市场价格一样，它们非常一致。其中的平均利息率在每个国家的较长时间内都会表现为不变的量，这一点和平均利润率相似，而且正是由于平均利润率的相对的不变性，决定着平均利息率的相对的不变性。但是平均利润率所表现出来的特殊利润率，不仅千差万别，而且不断变动，在这点上却和平均利息率不一样了。从不断变动这一点上看，平均利润率在表现上和市场利息率相同，但是市场利息率虽也不断变动，可在同一时间内还是很一致的。假定在甲地区的市场利息率为 5%，那么在乙地区的市场利息率也会是 5%，或接近 5%，平均利润率在表现上却并不如此。

平均利息率是平均化了的市场利息率，它的一致性比较容易理解，现在成为问题的是，为什么不确定的而且在时间上不断变动着的市场利息率表现为在空间上固定的和一致的百分比，而确定的、在时间上相对不变的平均利润率却表现为在时间上不断变动的、在空间上千差万别的、不确定的特殊利润率?

最主要的原因是："一般利润率的决定和市场利息率的决定不同，市场利息率是由供求关系直接地、不通过任何中介决定的，一般利润率事实上是由完全不同的更复杂得多的原因决定的，因而也不像利息率那样是明确的和既定的事实。"（第 412 页）

为什么"市场利息率是由供求关系直接地不通过任何中介决定"，而一般利润率却是由"完全不同的更复杂得多的原因决定"？更复杂得多的原因有哪些呢?

首先，是由于生息资本作为资本商品，使利息表现为资本的价格，因而使利息和普通商品的市场价格一样，直接受供求调节，利息虽然会不断发生变动，但在同一时间内，总是固定的和一致的。利润率却不然，它不是由市场价格决定的，而是由商品的市场价格和成本价格之间的差额决定的，要使这个差额平均化，就不是由供求关系的变动所能直接决定的了，供求关系只能直接影响市场价格的变化，平均利润率的形成最终还要通过资本在不同生产部门中的流入和流出来实现，决定平均利润率的因素有：①社会总剩余价值；②社会总剩余价值和社会总资本的比率；③竞争。因而平均利润率总是作为一种趋势存在着，现实生活中表现出来的总是各不相同的特殊利润率，即使各个部门出现了和平均利润率相一致的利润率，这种现象也是极其偶然的、短暂的，而且从各个企业来看仍然是千差万别的。

其次，借贷资本的运动形式表现为 G—G′，自始至终都是以货币形式出现，所有借贷资本都采取这种没有质的区别的货币形式，因而它不像职能资本家那样，存在着各种特殊部门之间的竞争，借贷资本家代表供给一方，职能资本家代表需求一方，双方都是以一个整体出现的，在信用制度发展的情况下更使供求双方集中在一起，使货币市场上的供求变化，能够简单地、直接地决定着利息率的一致性。平均利润率却不然，商品生产行业存在着许多特殊部门，任何一个职能资本家都不是简单地作为供给一方或需求一方出现，他既是供给者，也是需求者，千万种商品的供求关系交织在一起，因而由供求关系直接决定的一般利润率就难以出现了，平均利润率所表现的是差别性，而不是一致性。

产生市场利息率和平均利润率的区别，除上述最主要的原因之外，还由于：①各国的利息率水平都有历史上的传统规定；②世界市场的形成，使世界范围内日益形成一个统一的利息率，对各国利息率的确定有很大影响。

由此可见，“利息率总是表现为一般利息率”（第 414 页），而利润率却总是表现为特殊利润率，利息率表现为一致性，利润率表现为差别性。

第二十三章　利息和企业主收入

上一章研究了由于职能资本家向货币资本家借入资本，所得利润就不能全部归己所有，而要从量上对利润分割为两部分，一部分是企业利润即企业主收入，这部分归职能资本家所有，另一部分是利息，这部分归货币资本家所有。现在进一步分析这种对利润在量上的分割如何转变为质上的分割及其产生的后果。

一、利润在量上分割为企业利润与利息的原因［本章第1段—第417页第1段］

职能资本家获得的利润为什么要从量上分割为企业利润与利息，这个问题在上一章中已经说明，是由职能资本家使用的不是自有的资本，而是向货币资本家借入资本引起的。如果职能资本家使用的是自有的资本，所得利润就全部归己，不存在从量上分割为企业利润与利息的问题；反之，如果货币资本所有者不是将货币资本贷放给他人，而是由自己将它投放到再生产过程中去，也就不会参与决定利息率的竞争，也就不会存在利息这一范畴。因此，利润从量上分割为企业利润和利息，这是和产业资本运动的本身没有什么关系的。

对上述内容，在本章中需要补充的是：

第一，利润从量上分割为企业利润与利息是由于资本家分为货币资本家和产业资本家，利息率的高低也取决于这两类资本家之间的竞争。

第二，产业资本家要使资本作为资本执行职能，这个资本就必须固定在再生产过程中，即使是自有资本，也不能按照别种方式去支配它；同样，货币资本家要使他的货币作为资本执行职能，就必须贷放出去，而不能留在自己的手中。

第三，英国银行家和经济学家博赞克特（1804—1877）认为："如果利息率压低到1%，借入的资本就会和自有的资本几乎处于同等地位。"另一位英国的经济学家托马斯·图克批评了这种观点，认为博赞克特"忽视了偿还是借贷资本的前提"。马克思肯定了博赞克特的观点，否定了图克的批评。马克思认为，如果利息等于0，用同量的借入资本和自有资本经营的产业资本家将获得相同的平均利润，从而处于同等地位，借入的资本必须偿还，而且这种地位不会改变。

第四，用自有资本经营和用借入资本经营有以下区别：①借入资本要支付利息，自有资本不需要支付利息；自有资本的利润p全部归己，借入资本的所得只能是p－z，即利润减去利息；"z越是接近于零，p－z就越是接近于p，这两种资本就越是接近于同等地位"（第417页）。②借入资本必须偿还，接着再重新借入；自有资本不存在偿还问题，但要不断重新将资本投入再生产过程中。③自有资本经营者是这一资本的所有者，借入资本经营者则不是。

二、利润在量上的分割为什么会转变为质上的分割 [第417页第2段—第418页末段]

所谓利润在质上的分割是指一旦职能资本家向货币资本家借入资本，利润在量上分割为企业利润与利息之后，职能资本家的自有资本部分，甚至是只使用自有资本也被看作是借入资本，将所得总利润区分为企业利润与利息两部分。

这是什么原因呢？我们知道，利润在量上的分割并不限于上述场合，例如，股份公司所得总利润就要按照股东投资额的多少从量上进行分割，但是这种量上的分割就不会引起质上的分割，独资企业所得利润不会区分为各个股东的股息。

究其原因，除了因为股份公司虽然是由许多股东组成，但却不是由许多法人组成，股份公司作为整体，只有一个统一的法人，而在借贷关系中却存在两个不同的法人之外，还因为货币资本家和职能资本家在再生产过程中起着完全不同的作用，“在他们手中，同一资本实际上要通过双重的完全不同的运动。一个只是把资本贷出去，另一个则把资本用在生产上”（第418页）；对于商业资本家来说则用在流通上。

对于用借入的资本从事经营的职能资本家来说，所得利润必须分成两部分，其中一部分以利息形式支付给货币资本家，扣除利息后的余额才以企业利润形式归职能资本家所有，因此，企业利润表现为产业资本家或商业资本家执行资本职能的产物，利息表现为与执行资本职能无关的资本所有权的产物。资本的二重化使得用自有资本经营生产和流通的职能资本家也要将所得利润划分为由执行资本职能带来的果实——企业利润和由资本所有权带来的果实——利息，以此对利润从量上的分割转变为质上的分割。

三、对总利润质的分割的普遍化 [第420页末段—第424页第1段]

总利润从量上分割为利息和企业利润，一旦转变为质的分割，就会对全体资本家保持这个质的分割，不论是用借入资本经营的职能资本家，还是用自有资本经营的职能资本家，总利润都被分割为利息和企业利润两部分，好像它们来自两个本质上不同的源泉。企业利润来自对资本执行职能，利息来自资本的所有权，这种分割的硬化和独立化必然在全体资本家的全部资本中固定了下来，资本的使用者得到的是企业利润，资本的所有者得到的是利息，如果用自有资本从事经营，他就以双重身份分别获取利息与企业利润。

为什么总利润从量上分割为利息和企业利润，但一旦转变为质的分割就会普遍到全体资本家的全部资本？

第一，大多数职能资本家除自有资本外，还或多或少地向货币资本家借入资本，并按照二者的比例对总利润进行分割，这种分割成为习惯之后，职能资本家很自然地就会将自有资本部分甚至是只使用自有资本也看作是借入资本，将所得总利润分割为利息和企业利润。

第二，从历史上看，生息资本是作为一种现成的、遗留下来的形式独立存在的，在资本主义生产方式存在以前，利息就作为资本所生产的剩余价值的派生形式存在了，借贷资本即使不作为资本使用，甚至只作为消费而使用的时候也会产生利息，这一事实已作为被人们普遍接受的观念固定了下来。只不过直到18世纪中叶，才被英国古典政治经济学的代表人物约·马西（？—1784）和英国哲学家、货币数量论早期代表人物之一的大·休谟（1711—1776）发现利息是总利润的一部分这个事实。

利息是总利润的一部分，当利息被固定下来成为一个独立的存在形式之后，总利润的另一部分事实上也就成为和利息对立的形式固定了下来。

第三，作为一种独立的资本，货币资本同产业资本家相对立，这种对立不仅存在于使用借入资本经营的职能资本家与货币资本家之间，也存在于使用自有资本经营的职能资本家自身。

使用自有资本经营的职能资本家先是以货币资本所有者的身份出现，然后投资到生产中或流通中执行资本的职能，他是货币资本的所有者，同时又是执行资本职能的经营者，身兼二任。

作为货币资本所有者获得的利息，是凭借单纯所有权从产业资本家执行资本职能后提供的一部分剩余价值，利息率的高低也是独立地预先决定的。使用借入资本经营和使用自有资本经营的区别在于："后者是把利息装进自己腰包而不必支付出去的货币资本家。在这两个场合，对产业资本家来说，总利润中和利息不同的那一部分都表现为企业主收入，利息本身则表现为资本自身提供的剩余价值，因而表现为资本不在生产中使用也会提供的剩余价值。"（第423页）

对单个资本家来说，他可以自由选择将货币资本转化为生产资本或贷给他人使用，但是如果将全部社会资本都转化为货币资本就荒唐了。

最后，马克思还列了第四点，但手稿里只是空白。

四、总利润质的分割引起的后果［第424页末段—第428页末段］

总利润质的分割使利息表现为资本所有权的果实，企业利润表现为对资本执行职能的果实，利息和企业利润表现为货币资本家和职能资本家之间的对立关系，"因此，它们二者不是与剩余价值发生关系，——它们只是剩余价值固定在不同范畴、不同项目或名称下的部分，——而是互相发生关系"（第425页）。这里不讨论个别企业、个别部门的实际利润与平均利润的偏离。

从利息形式看，一方面，作为产生利息的货币资本是资本主义生产过程的前提，因为有了货币资本才能转化为生产资本从事剩余价值的生产，在生产过程中存在着资本与工人的对立。但是另一方面，在利息形式上，表现为与资本主义生产过程无关的资本所有权的产物，"借贷资本家就他本身来说，直接与在再生产过程中实际执行职能的资本家相对立，而不是与正是在资本主义生产基础上被剥夺了生产资料的雇佣工人相对立。生息资本是作为所有权的资本与作为职能的资本相对立的"（第426页），因而"在利息的形式上，这种与雇佣劳动的对立却消失了"（第425页）。

从企业利润形式看，"企业主收入也不与雇佣劳动形成对立，而只与利息形成对立"（第426页），因为：第一，"假定平均利润已定，企业主收入率就不是由工资决定，而是由利息率决定。企业主收入率的高低与利息率成反比"（第426页）。第二，和货币资本只是凭借资本所有权获得利息不同，职能资本家要指挥生产过程和流通过程，"对生产劳动的剥削也要花费气力"（第426页）。在他看来，企业利润是他"作为劳动者执行职能的结果"（第427页）。

于是，企业利润表现的便不是职能资本家与工人之间的对立关系了，它"不仅不是他人的无酬劳动，相反，它本身就是工资，是监督工资，是高于普通雇佣工人工资的工资"（第427页）。

人们只注意利润的分割，从而只看到货币资本家与职能资本家之间的对立，却忘记了利息与企业利润“二者不过是剩余价值的不同部分，并且它的分割丝毫不能改变剩余价值的性质、它的起源和它的存在条件”（第427页）。

事实上，利润的分割要以利润的已经存在为前提，进一步说，要以雇佣工人创造的剩余价值为基础，利润的分割掩盖了资本家无偿占有雇佣工人剩余劳动的对立关系。货币资本家虽在生产过程之外以单纯的资本所有者的身份与在生产过程或流通过程中的资本经营者相对立，却要由职能资本家来代表，在生产过程或流通过程中参与对雇佣工人的剥削。

五、企业利润的本质［第429页第1段—本章完］

资本主义的企业利润是雇佣工人创造的剩余价值扣除支付给借贷资本家的利息之后归职能资本家（包括产业资本家和商业资本家）占有的部分。利息表现为资本所有权的产物，企业利润则表现为对资本经营的产物，表现为监督工资，即资本家和普通的管理人员一样，通过监督和指挥等管理活动得到劳动报酬，资本家获得的企业利润和雇佣工人获得的工资看上去没有什么本质上的区别，资本家与工人之间似乎不存在剥削与被剥削的关系。

如果说企业利润是归职能资本家占有的一部分剩余价值的转化形式，监督工资则是一部分企业利润的转化形式，剩余价值的本质被进一步掩盖，作为马克思主义者的任务是揭示监督工资的本质，而不为一些假象所迷惑。

马克思在这里批判了将企业利润混同于监督工资的错误。

（一）企业利润为什么会表现为监督工资［第429页第1段—第430页末段］

监督工资是资本家观念上的产物，“在资本家的脑袋里必然产生这样的观念：他的企业主收入远不是同雇佣劳动形成某种对立，不仅不是他人的无酬劳动，相反，它本身就是工资，是监督工资，是高于普通雇佣工人工资的工资”（第427页），企业利润为什么会表现为监督工资，即资本家进行管理劳动的报酬？

首先，“企业主收入是劳动的监督工资这种看法，是从企业主收入同利息的对立中产生的”（第430页），这里所说的企业主收入即企业利润。

资本的独特的社会规定性凭借资本的所有权支配他人的劳动，当借贷资本家凭借资本的所有权以利息形式从职能资本家那里获得雇佣工人创造的一部分剩余价值之后，另一部分剩余价值——企业利润必然表现为和资本的社会规定性无关的一般的劳动过程产生出来，“同资本所有者相区别的产业资本家，不是表现为执行职能的资本，而是表现为甚至与资本无关的执行职能的人员，表现为一般劳动过程的简单承担者，表现为劳动者，而且表现为雇佣劳动者”（第429页）。

利润这种形式一方面使利息表现为两个资本家之间的关系，而不是资本家和工人之间的关系，另一方面又使利润的另一部分取得企业利润以至监督工资这种质的形式，职能资本家对雇佣工人的剥削过程表现为单纯的劳动过程，“在这个过程中，执行职能的资本家与工人相比，不过是在进行另一种劳动。因此，剥削的劳动和被剥削的劳动，二者作为劳动成了同一的东西。剥削的劳动，像被剥削的劳动一样，是劳动”（第430页）。

其次，当职能资本家雇用经理来代替他执行监督和管理的职能时，“利润部分会以经理的薪水的形式纯粹地表现出来，一方面同利润（利息和企业主收入的总和），另一方面同扣除利息以后作为所谓企业主收入留下的那部分利润相独立并且完全分离出来”（第431页）。这一现象使上述错误看法得到进一步加强，人们在现实生活中确实看到利润中的一部分能够以工资形式分离出来。

最后，由于经营管理水平上的差别，会引起利润率上的差别，由于对生产过程各个阶段的总安排非常完善，指挥和监督简单而有效，杜绝了原材料的浪费，在企业经营上能施展各种技巧等，就可以获得更高的利润率，这里涉及的只是剩余价值在不同的单个资本家之间的分配，与剩余价值的来源及总量的多少无关，但是剩余价值分配上的改变却“使资本家产生了错觉，使他相信，他的利润不是来自对劳动的剥削，而是至少有一部分也来自与此无关的另外一些事情，特别是来自他个人的活动”（第 155 页）。

（二）监督劳动和指挥劳动的二重性［第 431 页第 1 段—第 433 页末段］

要认清监督工资的本质，首先要认清监督劳动的本质。

凡是有许多生产者结合在一起从事生产的场合，都必然产生包括监督劳动和指挥劳动在内的管理劳动，但在直接生产者和生产资料所有者之间存在对立的生产方式中，监督劳动和指挥劳动具有二重性。

一方面，指挥和监督的劳动是“由一切结合的社会劳动的性质引起的特殊职能”（第 433 页），这种职能“就像一个乐队要有一个指挥一样。这是一种生产劳动，是每一种结合的生产方式中必须进行的劳动”（第 431 页）。

另一方面，指挥和监督劳动“是由生产资料所有者和单纯的劳动力所有者之间的对立所引起的职能”（第 433 页），这是一种“剥削的劳动”（第 430 页），“相对于货币资本家来说，产业资本家是劳动者，不过是作为资本家的劳动者，即作为对他人劳动的剥削者的劳动者。他为这种劳动所要求和所取得的工资，恰好等于他所占有的他人劳动的量”（第 435 页）。

马克思关于资本主义企业管理二重性的理论给我们的启迪是，要虚心学习和吸收资本主义企业管理中的科学成就。资本主义的社会化大生产，从建立机器大工业开始，已有二百多年的历史，在经营管理上积累了丰富的经验和教训。我们在引进外资时，不仅要消化吸收他们的先进科学技术，还要消化吸收他们对现代化企业的科学管理经验。

古代和现代的一些学者在其著作中，都把剥削与被剥削两种不同性质的劳动混淆在一起，甚至把监督劳动用作替奴隶制度和雇佣劳动制度辩护的理由。其中一个突出的例子是美国奥康瑙尔律师于 1859 年 12 月 19 日在纽约的一次集会上为南方奴隶制辩护时发表的谬论：“如果人们强迫黑人再去劳动，并为他的主人提供正当的报酬，来报答他的主人为统治他，为使他成为一个对自己和对社会有用的人而花费的劳动和才能，这并没有剥夺他的任何权利。”现代的雇佣工人也和奴隶一样，“被迫生产他自己的工资，并且在这个工资之外再生产监督工资，作为对统治和监督他而花费的劳动的补偿”（第 433—434 页），也被看作是理所当然的事。

值得我们注意的是，即使是现代奴隶制度的辩护士也承认，奴隶主所谓的监督工资是由奴隶的劳动提供的，他的辩护性在于，认为这是奴隶为“报答”主人统治他而向主人提供的“正当的报酬”。我国的一些学者却以“总体劳动”为名，将企业利润说成是资本家自己的管理劳动创造出来的监督工资或管理工资，这种辩护性言论已超过了上述中的奥康瑙尔律师。

管理劳动和体力劳动及脑力劳动一起共同创造价值，这似乎成为学术界的定论。其实这种说法还有若干可商榷之处。

首先，这种说法没有区分物质生产部门的管理劳动和非物质生产部门的管理活动。

在管理劳动中，首先就有经济管理和非经济管理，后者包括政治、军事、文化、教育、体育、医疗卫生等管理之分，在经济管理中，还有物质生产部门的管理劳动和非物质生产部门（如纯粹的商业）的管理劳动之分。除企业管理外，还有部门管理、国民经济管理。由于使用价值是商品价值的物质承担者，因而只有生产使用价值的物质生产部门的直接生产者才能创造价值，离开这一物质产品的直接生产，无论是管理劳动，还是体力劳动或脑力劳动，都不能创造价值。

由此可见，主张管理劳动和体力劳动及脑力劳动共同创造价值是一种模糊的说法，它不仅试图把几乎所有的体力和脑力劳动都塞进商品的价值源泉中，还试图把所有的管理劳动都塞进商品的价值源泉中。

其次，这种说法没有区分资本家的剥削劳动和雇佣工人的被剥削劳动。

资产阶级辩护士把资本家的监督劳动和雇佣工人的劳动混为一谈，从而把剥削的劳动和被剥削的劳动混为一谈，进而把企业利润和监督工资，即监督劳动的报酬混为一谈。

马克思指出："资本家，作为处于自行增殖过程中的资本的代表（生产资本的代表），执行着一种生产职能，这种职能恰恰就在于管理和剥削生产劳动。"① 所谓资本家的监督劳动能够创造的价值，只不过是剥削雇佣工人劳动所创造的价值。

有的学者引用马克思说过的资本家或经理的劳动"是一种加入产品价值的劳动"来论证说资本家或经理的监督劳动也创造价值，却忽视了马克思紧接着这句话下面所作的解释：这种与剥削相结合的劳动"正如在奴隶制下奴隶监工的劳动，也必须和劳动者本人的劳动一样给予报酬"②。给予报酬的劳动属于分配问题，和创造价值的劳动是两回事。在另一处，马克思将这种剥削的劳动解释为加入生产费用的劳动："剥削劳动是要花费劳动的。就资本主义企业主所从事的劳动仅仅由于资本和劳动对立才成为必要这一点来说，这种劳动加入他的监工（工业军士）的费用，并且已经算在工资项下，这种情况跟奴隶监工和监工所用的鞭子的费用算在奴隶主的生产费用中完全一样。这种费用跟大部分商业费用完全一样，属于资本主义生产的非生产费用。"③ 加入生产费用的劳动和创造价值的劳动是不能混为一谈的，更何况资本主义的监督劳动加入的是资本主义生产的非生产费用。

最后，这种说法没有区分剩余价值的生产和剩余价值的分配。

在剩余价值率即剥削程度相同的情况下，表现在利润率上的剩余价值分配仍会有很大的差别，企业的经营管理在这方面起着重要作用。马克思指出："如果一定量可变资本的剩余价值已定，这个剩余价值会表现为多大的利润率，从而会提供多大的利润量，在很大的程度上还要取决于资本家自己或他的经理的职员的经营本领。"（第 154 页）马克思列举的因素有："原料采购人员的内行程度"；"生产过程各个阶段的总安排的完善程度，即原料的浪费是否被杜绝，指挥和监督是否简单而有效"；"企业的经营技巧"等。在这里，由于企业管理水平上的差别，同量的预付资本会带来不同的利润量，从而产生不同的利润率，但这只是对剩余价值的分配问题，不能改变剩余价值的总量。

企业管理对利润率的影响问题，属于对资本竞争问题的研究，"这种研究，总的来说，涉及资本家之间以及他们为攫取最大数量的剩余劳动所作的斗争和努力，而且只涉及剩余

---

① 《直接生产过程的结果》，《马克思恩格斯全集》第 49 卷第 110 页。

② 《剩余价值理论》第 3 分册第 551 页。

③ 《剩余价值理论》第 3 分册第 392 页。

劳动在不同的单个资本家间的分配，但同剩余劳动的来源及其一般大小无关”①。

认为管理劳动创造价值，即使限于物质生产部门中的企业管理范围来说，在理论上和实践中都会遇到许多难以回答的问题：

第一，马克思指出：“雇佣工人被迫生产他自己的工资，并且在这个工资之外再生产监督工资。”（第433页）这就说明，企业利润，包括在其中扣除的监督工资，都是由雇佣工人生产出来的，如果资本家或其代理人的管理劳动也创造价值，为什么还要雇佣工人向他提供监督工资呢？

第二，资本家及其代理人的监督工资是“从可供形成一般利润率的东西中扣除”②，经理的薪水来自总利润中的扣除部分（参见第437页），我们知道，利润是剩余价值的转化形式，是雇佣工人在剩余劳动时间创造出来而被资本家无偿占有的那部分价值，如果监督工资是由资本家监督劳动创造出来的价值，那它怎么会构成企业利润的一个部分呢？

第三，马克思指出：“‘企业主的薪金’与资本的大小成反比。资本活动的规模越大，生产方式越是资本主义的，产业利润中可以归结为‘薪金’的组成部分就越微小，产业利润就越清楚地表现出它的真正性质：它是‘超额利润’，即剩余价值，亦即无酬剩余劳动的一部分。”③ 企业规模越大，监督劳动的作用也越大，但它所“创造”的价值在比重上为什么越来越小了呢？

第四，马克思认为，支付监督工资的费用“跟大部分商业费用完全一样，属于资本主义生产的非生产费用”④，属于非生产费用支出的监督工资，怎么能是监督劳动生产出来的价值呢？

第五，如果说监督劳动也在创造价值，企业中的厂长室、经理室、财务与调度等各种科室是否也和车间厂房的建筑一样，各种办公用具从桌椅板凳、笔墨纸砚到电脑和复印机也和工业生产中的原材料一样，作为不变资本转移它们的价值，加入到所生产的商品价值中去？作为财务管理费用支出的簿记费用还是不是纯粹流通费用？

第六，如果说管理劳动能够创造价值，又怎样去解释马克思将这种劳动说成是“只涉及剩余劳动在不同的单个资本家间的分配，但同剩余劳动的来源及其一般大小无关”⑤？为什么马克思认为利润中至少有一部分来自资本家“个人的活动”的看法是资本家产生的“错觉”呢？（参见第155页）

第七，如果说资本主义的监督劳动能够创造价值，那么奴隶主和封建主的庄园里的监督劳动是否也能够创造价值？奴隶监工使用的皮鞭是否也能作为监督劳动的工具加入到产品的价值中去？

第八，早在19世纪末，英国资产阶级经济学家马歇尔在萨伊的所谓生产三要素：劳动、资本、土地之外，又将组织即经营管理列入第四个生产要素，进一步否定资本家对工人的剥削。认为经营管理也能创造价值，如何与马歇尔的谬论划清界限呢？

如此等等。

---

① 《剩余价值理论》第3分册第392页。
② 《剩余价值理论》第3分册第392页。
③ 《剩余价值理论》第3分册第395页。
④ 《剩余价值理论》第3分册第392页。
⑤ 《剩余价值理论》第3分册第392页。

（三）管理劳动和资本主义所有权的分离［第434页第1段—第437页末段］

我国学术界出现的误区之一是将资本主义企业管理等同于资本家在进行企业管理，进而论证企业利润就是资本家进行企业管理的劳动报酬，将企业利润等同于监督工资。

资本主义企业只要发展到一定规模，监督和指挥的管理劳动就会作为一种特殊的职能由资本家委托他的代理人（经理和监工）进行。尤其是股份制企业的建立与发展，管理劳动与资本所有权的分离成为一种趋势，如同乐器的所有者和乐队指挥相分离，资本家既不参加体力劳动，又不参加管理，在这种情况下，把企业利润说成是监督工资，就是“把资本家和他的经理混同起来了”①。

资本家把企业利润说成是由于他从事监视和监督工人的劳动而应得的报酬，马克思认为这是愚弄人们的无味的空话，经理和监工们听到后都会耸肩窃笑，“他把这一类虚伪的遁词和空话都交给他为此目的雇用的政治经济学教授们去讲”②。可悲的是，我国有的经济学教授正在充当这一角色。

所谓的监督工资就是经理和监工们的收入采取的分配形式，从本质上看，监督工资是企业利润的一种转化形式，它表现为“完全同利润分离而采取熟练劳动的工资的形式”（第434页），监督工资来自企业利润的扣除，从量上看，监督工资只是资本家所得企业利润中的一部分，而且只占很小的一部分。

明显的例子是，英国的工厂主因债务破产后往往留在他所在的工厂里当经理，新工厂主是他的债权人，作为经理所得，只能是“低微的工资”（第435页）。随着教育的普及，经理的工资和其他熟练工人的工资一样，呈现下降的趋势。因此，“如果辩护论者〔关于企业主利润是监督工资〕的这种说法，明天被认真地实现，如果资本主义企业主的利润只是管理和指挥的工资，那么占有他人剩余劳动并把这种剩余劳动转化为资本的资本主义生产，后天就完结了”③。

将企业利润说成是监督工资，实际上是搬起石头砸自己的脚，“把利润归结为作为监督劳动的报酬的工资这一辩护论观点，本身又转过来反对辩护士；因为英国社会主义者曾以充分的理由回答说：‘很好，以后你们就只应拿普通经理的工资’；你们的产业利润不仅在口头上而且在实际上都应归结为监督或管理劳动的工资”④。

资本主义生产本身使管理劳动无须资本家亲自担任了，管理劳动和资本的所有权完全分离，“合作工厂提供了一个实例，证明资本家作为生产上的执行职能的人员已经成为多余的了，就像资本家自己发展到最成熟时，认为大地主是多余的一样”（第435页）。在合作工厂中，“留下来的只有执行职能的人员，资本家则作为多余的人从生产过程中消失了”（第436页）。

（四）在管理工资名义掩盖下的欺诈勾当［第438页第1段—本章完］

在资本主义股份制企业中，在从事实际管理劳动的经理之外，还出现了一批无所事事的挂名董事和监事，他们在管理工资或监督工资的名义下，进行着新的欺诈勾当，侵吞利润果实，“对这些董事和监事来说，管理和监督实际上不过是掠夺股东、发财致富的一个

---

① 《剩余价值理论》第3分册第550页。
② 《资本论》第1卷第225页。
③ 《剩余价值理论》第3分册第392—393页。
④ 《剩余价值理论》第3分册第551页。

借口而已”（第 438 页）。

马克思引用过的资料表明，一个银行家或商人可以参加八九个不同公司的董事会，每周只需出席一次会议，就可以领得丰厚的报酬，“这种监督工资照例和这种挂名董事实际行使的监督成反比”（第 439 页）。

以管理工资为名对普通的股民进行欺诈和掠夺，在我国的某些股份制企业中，又何尝不存在呢？

*　　　*　　　*

认清资本主义企业管理的剥削性质和发展我国资本主义经济中认清资本主义企业管理的剥削性质并不否定资本主义在人类历史发展中的重要地位与积极作用。资产阶级在剥夺小生产者的基础上，建立起资本主义的经济基础，以资本主义的私有制取代小生产者的私有制，以资本主义的剥削制度取代封建主义的剥削制度，解放了生产力，使社会生产力以前所未有的速度迅速发展，建立起社会化的机器大生产，使科学技术日新月异。但是，资本主义制度中存在的生产的社会化与生产资料资本主义私有制的基本矛盾决定资本主义制度必将为社会主义制度所代替，生产资料的资本主义私有制将转变为生产资料的社会公有制，剥削制度将被彻底消灭。

马克思的过渡时期理论告诉我们，从资本主义转变为社会主义（马克思称为共产主义社会第一阶段），必须经历一个相当长的过渡时期。这一时期无产阶级的基本任务是利用自己掌握的政权，实行无产阶级专政，彻底消灭资本主义，建成一个生产资料属全社会公有，商品和货币退出历史舞台，实行有计划地发展社会经济，个人消费品在经过各项社会扣除之后以劳动时间作为尺度进行分配的社会主义社会。

在欧美的资本主义经济已经有了高度发展的同时，中国还处在半殖民地半封建社会，生产力水平极端落后，尤其是广大农村，一家一户就是一个生产单位，生产工具无非是锄头镰刀和扁担箩筐，靠牛耕地，靠驴马运输，人民缺衣少食，资本主义经济在中国不是太多了，而是太少了。中国革命的最大特点是反对帝国主义侵略和封建主义的压迫，而不是消灭资本主义的剥削（不包括官僚资本主义和殖民主义的剥削），革命胜利后建立起以工人阶级为领导的、工农联盟为基础的人民民主制度，即新民主主义社会，经过一个很长的新民主主义历史阶段，再逐步向马克思所阐述的共产主义社会第一阶段过渡。新民主主义革命胜利后，我国不仅不能立即进入共产主义社会的第一阶段，而且也不可能进入马克思所指明的只有在高度发达的资本主义国家实现无产阶级革命胜利后才能进入的、以彻底消灭资本主义为中心任务的过渡时期。

由于我国民族资本主义工商业在发展生产、繁荣市场、沟通城乡经济、解决劳动力就业等方面起着重要作用，在新民主主义革命取得胜利后，不仅不能消灭资本主义经济，对于凡有利于国计民生的私营经济（包括小业主经济），还应鼓励和扶助其发展，国家依照法律保护他们的财产。

由于急于求成，我国在 1956 年就宣布进入社会主义社会，过早地结束了新民主主义制度，并跳过从新民主主义社会向社会主义社会过渡的阶段，甚至于进一步通过人民公社这座桥梁，跑步进入共产主义社会这个高级阶段。

“文革”大灾难结束后，人们终于认识到过早消灭资本主义经济和小商品经济的错误，逐步恢复和发展了各种私有制经济，这里不仅包括小私有制经济，还包括一切有利于国计民生的资本主义私有制经济，甚至大量引进港澳台资本和外国资本，这是在新的历史条件下重新恢复了新民主主义制度。

资本主义的私有制经济和社会主义的公有制经济是两种根本对立的经济关系，资本主义企业的生产目的是追求最大限度的利润，而不是建设一个从根本上消灭一切剥削制度的社会主义社会。但在现阶段，资本主义经济，包括外资经济，在发展我国国民经济、改善人民生活、增加国家和地方的财政收入和维护社会的稳定等方面发挥着重要作用，与工农群众的利益有共同之处，在客观上有利于社会主义的建设与发展。

我们还应注意到，在改革开放后重新成长的中国资本主义经济，既不同于欧美的资本主义祖先靠圈地运动、海盗掳掠、买卖黑奴等原始积累的手段起家，也不同于生存在旧中国帝国主义侵略和封建主义、官僚资本主义统治的缝隙中而备受摧残的民族资本主义工商业，他们中的大多数在改革开放的春雨中滋润成长，对中国共产党的领导和改革开放的方针政策是衷心拥护的。他们在经营范围上受到国家政策的限制和引导，在生产、商品流通、金融、土地的开发、工人的工资福利和工作日等方面都受到国家法律的约束，他们在不同程度上与社会主义国有企业建立各种合作关系，从而带有不同程度的国家资本主义性质。

资本主义在我国的重要历史地位和积极作用并不能否定资本主义企业管理的剥削性质，认识这一性质将使我们清醒地认识到，由于资本主义企业以追求利润为经营管理的根本目的，这一特性必然会带来生产的盲目性、制假贩假、偷税漏税、忽视工人的安全与健康、克扣工人的工资等后果，不利于国民经济的发展和保障工人的生活福利，社会主义国家必须加强对资本主义企业的监督、管理和守法的教育。

资本主义经济占有雇佣工人创造的剩余价值的剥削性质是客观存在，回避这一事实将无法说明我国为什么要制定以社会主义公有制经济为主体，以社会主义国有经济为主导的方针，而这一方针关系到我国实行的基本经济制度和社会主义发展方向的根本问题。指出资本主义企业管理的剥削性质不仅不与发展我国资本主义经济的政策相悖，反而能使资本主义经济在正确政策的指引下和有关法规的约束下，得到健康的发展。

如何认识资本主义的管理劳动与监督工资，除本章外，可参阅《资本论》第 1 卷第 216 页第 1—3 段，第 223 页末段，第 358 页末段—第 359 页末段，第 383 页第 2 段—第 385 页末段，第 488 页第 1 段—第 490 页第 1 段，第 583 页第 2—末段；《资本论》第 3 卷第 154 页末段，第 997 页第 2—3 段；《剩余价值理论》第 1 分册第 147 页第 1—末段，第 443 页末段—第 444 页第 1 段；《剩余价值理论》第 3 分册第 391 页末段—第 395 页第 2 段，第 543 页第 1 段—第 552 页末段；《马克思恩格斯全集》第 36 卷第 197 页末段—第 198 页第 1 段；《马克思恩格斯全集》第 49 卷第 100 页末段，第 110 页第 3 段。

第二十四章　资本关系在生息资本形式上的外表化

资本关系是资本家与雇佣工人之间剥削与被剥削的社会关系，但表现出来的却是一种物与物之间的自然关系，人与人之间的关系被掩盖了，尤其是生息资本形式，“在生息资本上，资本关系取得了它的最表面和最富有拜物教性质的形式”（第 440 页）。本章的任务在于揭露被物的外表掩盖下的生息资本的本质。

一、在生息资本上，资本关系为什么会取得最表面、最富有拜物教性质的形式［本章第 1 段—第 443 页末段］

在生息资本上，资本关系为什么会取得最表面、最富有拜物教性质的形式？马克思举出以下三点来说明：

第一，从生息资本的运动形式看。［本章第 1—2 段］

资本是能够使价值不断增殖的价值，是能够创造更多货币的货币，在产业资本循环中，货币的增殖是通过生产过程和流通过程完成的，在商业资本循环中，商业资本只存在于流通过程中，这里虽然没有生产过程，但在流通过程中商品与货币仍然发生交换关系，因而“利润仍然表现为一种社会关系的产物，而不是表现为单纯的物的产物”（第 440 页）。生息资本的循环却表现为 G—G′，没有任何生产过程或流通过程作中介，资本的价值增殖的性质直接地、纯粹地表现出来，“创造价值，提供利息，成了货币的属性，就像梨树的属性是结梨一样”（第 441 页）。资本中的人与人之间的社会关系表现为单纯的货币与货币之间的物的关系，货币就是资本，资本就是货币。

实际上，生息资本运动形式 G—G′无非是“被缩减成了没有意义的简化式的资本最初的一般公式”（第 441 页），如果生息资本是贷给产业资本家，生息资本运动的完整表现就是：$G'—G—W<\begin{smallmatrix}A\\Pm\end{smallmatrix}\cdots P\cdots W'—G'—G'$；如果贷给商业资本家，生息资本运动的完整表现就是：G—G—W—G′—G′。生息资本的运动是离不开生产过程和流通过程的，必然表现为一种社会关系。引文中说的“没有意义”指的是没有具体内容或具体概念。

第二，从企业利润与利息的相互关系上看。［第 441 页末段—第 442 页第 1 段］

利息本身只是职能资本家从雇佣工人身上榨取的剩余价值中分割给借贷资本家的一部分，在表现上却颠倒过来，利息成为资本的真正果实，职能资本家所得的企业利润成为一种附加物和增添物，于是，在利息“这个形式上再也看不到它的起源的任何痕迹了。……在这里，资本的物神形态和资本物神的观念已经完成。……资本的神秘化取得了最显眼的形式。……在这个形式上，利润的源泉再也看不出来了”（第 441—442 页）。

第三，从生息资本的表现形式上看。［第 442 页第 2 段—第 443 页末段］

生息资本是一种货币资本（这里不考虑赊购商品、典当等派生的形式），和职能资本中表现为单纯货币的货币资本不同，生息资本是作为资本存在的，表现为资本商品的货币资本，表现出具有自行增殖的性质，取得纯粹的拜物教形式。其一，在这种货币形式上，商品的使用价值的差别消失了，从而使劳动力和生产资料的区别、可变资本和不变资本的区别都消失了，利润的来源被完全掩盖；其二，由生息资本产生的利息同样采取了货币的形式，表现为生息资本本身产生的果实，就像长在树上的果实一样。

德国著名的宗教改革活动家马丁·路德（1792—1878）严厉指责把利息看作是资本应得的果实的观点，他认为高利贷“就是偷盗和抢劫财物”，而他所说的高利贷就是：“当人们贷出货币，并为此要求或取得更多的或更好的东西时，这就是高利贷，它受到所有的法律的谴责。”他揭露说：“拿别人的东西，偷窃或抢劫别人，是一种无耻生涯，这种人，对不起，就叫做盗贼，通常要处以绞刑；而高利贷者是高尚的盗贼，坐在安乐椅上，因此，人们称他们为坐在安乐椅上的强盗”，“犯了使人饿死，使人灭亡的杀人大罪”，“像一只蹂躏一切的恶狼”。马克思对路德的观点给予充分的肯定：“这一切描写得绘声绘色，同时也确切地抓住了旧式高利贷和一般资本的性质，揭穿了这种‘幻想的损失’、这种对货币和商品‘自然生出的损失的赔偿’、高利贷者会带来好处这种普遍性论调以及高利贷者的这种‘虔诚的’外表：他和‘别人’不同，他装出一副样子，拿别人东西好像是给人东西，牵回去好像是放出来，等等！”① 路德对利息本质的揭露中有两点值得重视，首先，“路德比蒲鲁东站得高。借贷和购买之间的区别没有把他弄糊涂；他认为在这两种情况下都同样有高利贷存在。”② 其次，“在他进行的论战中，最有力的一点，是他把利息长在资本上当作主要的攻击点”③。但是，马克思也指出路德对高利贷的谴责是“天真的狂吼”（第443页），其天真之处在于指责高利贷在几年之内“就会把整个世界吞掉”，不懂得利息必然要受到剩余价值乃至剩余劳动总量的限制。

二、普赖斯对生息资本荒诞无稽的幻想［第444页第1段—本章完］

理查·普赖斯（1723—1791），英国的政论家、经济学家和哲学家。有的《资本论》教材将理查·普赖斯写成普莱斯·理查（接着又将威廉·皮特写成皮特·威廉），这是不规范的，其原因可能是误将《资本论》书中附载的人名索引中的“普莱斯，理查”以及“皮特，威廉”，理解成“普莱斯·理查”和“皮特·威廉”了。有的《资本论》教材将理查·普赖斯称为庸俗经济学家，这是不确切的，庸俗经济学专指19世纪20年代开始出现的对以斯密和李嘉图为代表的对古典经济学进行庸俗化的一种资产阶级经济学，普赖斯生活的年代还谈不上对古典经济学庸俗化的问题。

由于生息资本表现为货币可以不借助任何生产过程和流通过程的中介，具有自行增殖的天然属性，在这种最富有拜物教性质的形式迷惑下，普赖斯博士产生了许多荒诞无稽的幻想，他提出如果从耶稣诞生那一年（即公元元年）开始，一年以5%的复利贷放出一个便士，到现在就会产生出比1亿5千万个地球体积还要大的纯金。如果以6%的复利贷出，就会产生出一个同土星轨道直径相等的金球。他提出一个致富之道就是用单利借钱，用复利使它增殖。

这种只有靠耶路撒冷圣殿中顶礼膜拜的上帝帮助才能实现的天真可笑的欺人之谈，居

---

① 《剩余价值理论》第3分册第597页。
② 《剩余价值理论》第3分册第586页。
③ 《剩余价值理论》第3分册第586页。

然被当时的英国首相威廉·皮特（1759—1806）所接受，用单利发行100万镑国债，其中25万镑用之于积累，通过债务积累致富，另外一部分用复利的神秘法术来驱除国债。

普赖斯远远超过炼金术士的幻想在更早的他人著作中已经出现，但其荒诞程度无法与普赖斯相比，其影响力也远不如普赖斯，普赖斯的荒诞言论不仅为英国首相接受和实施，而且还混入现代经济学的著作中。

普赖斯的错误包括以下几点：

（1）最根本的错误在于，他被生息资本运动的表现形式所迷惑，“他完全不顾再生产和劳动的条件，把资本看作自行运动的自动机，看作一种纯粹的、自行增长的数字”（第445—446页）。

（2）他不懂得，利息只是剩余价值中的一部分，因而利息量要受到剩余价值量的限制，剩余价值量取决于剩余劳动量，因而又取决于总工作日、生产力和人口等因素。

（3）他不懂得，生息资本作为过去劳动的产品的表现形式，能够产生出利息还需要有两个条件，首先是有活劳动的投入，其次是存在着一定的社会关系即资本关系。

（4）他不懂得，随着社会劳动生产率的不断提高，商品的价值，从而包括一切资本的价值，会发生贬值。

（5）他不懂得，随着资本有机构成的不断提高，利润率有下降的趋势，作为其中一部分的利息率，也必然会呈现下降的趋势。

第二十五章　信用和虚拟资本

从本章开始，研究借贷资本的运行。

借贷资本的运行借助信用这一中介形式。所谓信用，主要是债务人向债权人提供的按期偿还债务和支付利息的承诺和保证。根据债务人的信誉程度，在贷款时有要求抵押（动产、不动产、票据等）或担保和不要求抵押或担保之分。即使是通过抵押或担保取得贷款，也得遵守承诺和保证。从债权人方面看，也要向债务人提供不同程度的信用，尤其是以银行券形式提供贷款，更是以银行信用做担保。从这个意义上说，信用是借贷双方互相向对方提供的承诺和保证。

在资本主义社会，借贷主要是通过银行这一中介机构进行，银行信用是在商业信用基础上产生的，本章主要内容就是研究商业信用与银行信用这两种信用形式以及由银行信用产生的虚拟资本与投机。本章不涉及公共信用，所谓公共信用，即国债。①

一、商业信用［本章第 2 段—第 452 页末段］

商业信用是职能资本家之间因赊购商品而提供的信用。

本题内容由两部分构成，第 1 段（即本章第 2 段）是一般性论述，以下各段引用他人的论述或资料，作为马克思论述的例证。

在第 1 段的论述中，有以下三点内容：

第一，商业信用的产生与发展。

商业信用早在简单商品流通中就已经出现和形成了，对这一问题在第 1 卷中讲货币的支付手段时已作了详尽的分析，进入到资本主义社会后，“信用制度的这个自然基础也在扩大、普遍化、发展”（第 450 页）。

第二，商业票据。

商业票据是商业信用的工具，包括一切由商品买卖产生的各种票据，具体有期票、汇票、支票等各种形式。

期票是职能资本家在赊购商品时作为债务人对作为债权人的销售商签署的在一定期限内付款（偿还债务）的保证书，到期时债权人即可凭期票向债务人或债务人委托的银行索款。由于是赊购商品，因而载入期票票面额的商品价格采用赊销价格，赊销价格大于直接用现金购买的价格，其中的差额由利息构成。究竟采用贷款利息率还是存款利息率，由买卖双方的竞争决定。

汇票是销售商在因赊售商品而从购买者手中获得已签署的期票，作为债权人在期票上背书后，向债务人发出的在约定期限内向第三方（期票持有者）支付债款的命令书。

支票是银行的活期存款客户向该银行发出的由该银行印发的提款通知单。

---

① 参见《资本论》第 1 卷第 864—865 页。

为了简便起见，马克思将各种支付凭证“概括为票据这个总的范畴”（第 450 页），并说，商业信用的“代表是汇票”（第 542 页）。马克思所说的“汇票”包括了上述我国政治经济学教科书采用的“期票”一词的内容。

上述各种票据在支付日到来之前，都可作为支付手段投入流通，成为“真正的商业货币”（第 450 页），尤其是可在结算时使债务得到抵消，商业票据“绝对地作为货币来执行职能”（第 450 页）。

第三，商业信用货币是银行信用货币的基础。

如果说商业上的赊购赊销是形成信用的真正基础，商业票据就是真正的信用货币如银行券等等的基础。

商业信用“是信用制度的基础”（第 542 页），银行信用产生于商业信用，由于商业的信用程度比较低，当商品销售者因急需现金而将未到期的商业汇票投入流通时，会受到种种限制，所以必须求助于银行，银行用银行券收购未到兑现期的商业汇票，用信用程度高的银行信用取代信用程度低的商业信用。

银行券是由银行自身发行的信用货币，由于信用程度高而容易被广泛接受，能够和纸币一样投入流通。银行券虽以纸币形式出现，但和作为流通手段的纸币有着种种区别，甚至是本质上的区别：作为流通手段的纸币是在货币执行流通手段的基础上产生的货币符号，银行券是在货币执行支付手段的基础上产生的“流通的信用符号”（第 454 页）；纸币的发行要以货币流通为基础，银行券的发行则“以票据流通为基础”（第 451 页）；纸币可以在一切流通范围内使用，银行券限于在和银行有业务往来的范围内使用；纸币在使用时具有强制性，银行券的使用则不具有强制性；在通常的情况下，凭银行券可以向银行兑换贵金属，纸币则不能；银行发放银行券时要收取利息，成为生息资本，纸币的发行则不然。

马克思对银行券下了这样一个定义：“银行券无非是向（由？）银行家签发的、持票人随时可以兑现的、由银行家用来代替私人汇票的一种汇票。”（第 454 页）“银行券不过是流通的信用符号。”（第 454 页）银行券是以票数流通为基础的“真正的信用货币”（第 451 页）。

从马克思引用的一些材料看，英国在工业革命后，商业中的借贷关系迅速发展起来，1839 年全年汇票总额近 5 亿 3 千万镑，其中作为货币投入流通的有 1 亿 3 千万镑，每日作为货币进行流通（转移所有权）的汇票和存款有 1 800 万镑。

二、银行信用［第 453 页第 1 段—第 457 页末段］

和上面“商业信用”部分的结构一样，本题内容也是由这样两部分构成：从开头一段（即第 453 页第 1 段）至第 455 页第 3 段是一般性论述，从第 455 页末段至第 457 页末段是引用他人的论述或资料，作为马克思论述的例证。

在前一部分，马克思论述了以下几个问题：

第一，银行信用的建立。

银行信用是信用制度发展到一定阶段的产物。信用制度的建立与发展一方面和商品经营业的发展联系在一起，另一方面又与货币经营业的发展联系在一起，而货币经营业的发展与商品经营业的发展又是齐头并进的。

在本卷第 19 章中已介绍过货币经营业是商业资本的一个组成部分，如进行纯粹的考察，货币经营业从事的只是货币的收付、记账、结算、保管、汇兑等技术性业务，不包括进行借贷的信用业务，这是“与信用制度相分离的货币经营业”（第 358 页）。但在实际生活中，货币经营业不仅从事货币的技术性业务，也从事信用业务，这种信用业务伴随着商品经营业的发展而发展起来，由作为货币经营业的特殊职能发展成它的一般职能，纯粹的货币经营业发展为银行业，并建立了银行信用。

第二，银行业务。

银行作为一种货币经营业，同作为商业资本一个亚种的纯粹的货币经营业一样，要从事货币的各项技术性业务，但是它的主要业务已经转变为担任借贷双方之间的中介，从事借贷的信用业务。银行家一方面作为全体贷出者的代表，成为货币资本的总管家，另一方面又作为全体借入者的代表，同所有的贷出者相对立。

银行资本来自两部分，一部分是银行家自己的投资，另一部分是通过各种途径借入的资本。银行贷出的货币主要靠借入提供。借入的途径有：职能资本家暂时闲置不用的货币资本；货币资本家的存款；一切阶级的小额积蓄和暂时不用的货币；准备逐渐花费的收入。

银行的货币资本的贷放则通过以下途径：对商业汇票贴现①；各种形式的贷款，包括直接的信用贷款（无抵押贷款）、抵押贷款等；对存款进行良性的透支。

汇票贴现即汇票持有人在汇票兑现日之前，因急需现金而将汇票转卖给银行，要求银行用现金购买未到兑现日的汇票，银行认可后就对汇票进行贴现，贴现时要以贷款利息率作为贴现率，从汇票的票面额中扣除距汇票兑现日期间的利息，即扣除贴水，到兑现日时，由出票人偿付给银行，出票人不能偿付则由最后一个背书人即向银行进行贴现的人负责偿还。

抵押贷款中的抵押品包括动产、不动产和各种票据三大类。各种票据又包括股票、债券、提货单、存货单等。

马克思在后面引用的材料中告诉我们，由于存贷款的不断转换，存入银行的货币中的 90% “除存在于银行家各自的账面上外，根本就不存在”，根据英国一银行家提供的材料，在苏格兰流通的货币不超过 300 万镑，由于到银行中来回提存，在银行中的存款却有2 700万镑。根据我国国家统计局公布的 2001 年材料，全部金融机构各项存款余额为158 302亿元，而在流通中的现金余额为 15 689 亿元，占银行存款不到 10%，也就是说，我国银行存款中的货币同样是有 90% “根本不存在”，此外还必须考虑到银行中存在的坏账，这就要求我们纸币发行的增长量必须与商品流通的增长量相适应，防止超量发行引起的通货膨胀和群众去银行挤提现金，在扩大内需的力度和调整利息率的幅度上都必须掌握好分寸。

第三，银行利润的来源。

银行利润来自于贷款利息率高于存款利息率的差额。

银行利润量取决于银行自有资本量和平均利润率的乘积。

第四，银行信用的形式。

银行的信用形式有：向其他银行开出的银行汇票、支票，开立信用账户，发行本行的银

---

① 马克思说：“贷放……是通过票据的贴现……来进行的。”（第 454 页）恩格斯认为：“如果贷款采取汇票贴现的形式，那就连贷款的形式也消失了。这是一种纯粹的买卖。”（第 485 页）“在这里，根本不是什么贷款，而只是通常的买和卖。”（第 517 页）“汇票贴现不是发放贷款，而是购买商品。”（第 604 页）

行券。

“对银行来说具有最重要意义的始终是存款”（第454页），银行券的意义在于以银行信用取代商业信用，使信用货币“进入一般的流通”（第454页），作为货币执行职能；银行券有国家信用作为后盾，在一定程度上成为“合法的支付手段”（第454页）；“银行家经营的是信用本身”（第454页），银行券成为“流通的信用符号”（第454页）。

银行汇票是在货币短缺时取代银行券对商业汇票贴现而采取的一种信用货币形式，19世纪40年代伦敦的银行汇票兑现期为21天，如果受款人想要银行券，就必须再次将银行汇票拿去贴现。

三、信用与投机［第458页第1段—本章完］

马克思在这里列了五个方面的资料，说明信用制度助长了产业投机与贸易诈骗，造成虚假的繁荣和信用膨胀，最终引发了经济危机。由于马克思在手稿中没有展开论述，于是恩格斯在整理手稿时加上了他自己的一些论述。

产业方面的投机是在经济进入繁荣时期发展起来的。1842年底，英国摆脱了1836年的经济危机，尤其是1840年6月至1842年8月对中国发动的鸦片战争，打开了中国的门户，掠夺了大量财富，经济得到迅速发展，1844年以后进入繁荣时期。为了追求高额利润，工厂主转向对铁路建筑的投资，他们不仅将大量的剩余价值，还将正常运转的流动资金用来购买铁路股票，仅在1846至1847的一年多时间里，投在铁路上的资本约有7 500万镑。

由于当时银行的信用贷款不仅容易得到，而且贴现率低，工厂主为了解决正常营业不可缺少的流动资金和不顾一切地购买铁路股票，便通过汇票贴现的途径取得银行贷款。

银行的信用业务使为了获得汇票而发生的贸易上的欺诈能够顺利进行，人们购买商品不是为了自己生产或生活上的需要或通过转售他人谋利，而是用未售出的商品作为抵押取得贷款。在对印度和中国实行的大量委托销售制度中，英国工厂主一方面通过出口工业品获取用来贴现的汇票，另一方面又用进口的农产品的提货单作抵押获取银行的贷款。

1846年英国农作物歉收，工业品出口又发生困难，只能用大量黄金去换回必需的农产品，迫使银行紧缩信贷，银行的支付陷于停滞，使大批商行倒闭，终于在1847年4月开始又一次爆发了经济危机，银行信用业务的膨胀加剧了经济危机。

根据马克思引用的英国上院公布的材料，从1847年的2月到同年的10月，英国多项有价证券共贬值114 762 325镑，其中英国国债券贬值93 824 217镑，船坞和运河股票贬值1 358 288镑，铁路股票贬值19 579 820镑。

第二十六章　货币资本的积累，它对利息率的影响

在第 22 章，马克思论述了决定利息率高低的三个大致的因素，其中一个因素就是货币市场上的供求与竞争，本章继续探讨这一问题，并对通货学派中两个英国银行家诺曼（1793—1882）和奥弗斯顿（1796—1883）的错误观点进行批驳。

一、货币资本的积累对利息率的影响［本章第 1 段—第 471 页第 3 段］

马克思在这一部分引用了 1816 年以后，特别是 1845 年英国繁荣时期利息率的下降和 1847—1848 年英国发生经济危机时期利息率上升的资料，说明货币资本的积累对利息率的影响。

在第 2 卷中已介绍过，资本积累一般要经过两个阶段，先是进行货币积累，达到一定量后再进行实际积累。在进行货币积累时，货币资本成为闲置的游离资本，构成借贷资本的来源，当完成货币积累而转向实际积累时，如遇到各种障碍不能继续运转时，就成了过剩的货币资本，只能从货币市场上寻找出路，导致货币市场上供大于求，利息率就会下降。

在英国历史上，国债发挥着吸收过剩资本的作用，但是在 1816 年以后，由于国债达到最高限度，使每年有 2 700 万镑过剩的货币资本只能另找出路，到 1845 年，英格兰银行的黄金储备达到空前的规模，银行贴现率只在 3% 以下，利息率 3% 的国债券几乎可照票面价值进行买卖，利息率甚至“降到几乎只剩一个名义了”。

1846—1847 年的农业歉收和饥荒，使英国为进口粮食而向外国支付了大量黄金，1847 年流出的黄金超过 900 万镑，货币供应的紧缺使利息率迅速提高，贴息率甚至高达 10% 。

1844 年的银行法以通货学派的理论为根据，代表了大银行家的利益，限制了银行券的发行，加剧了货币供应的短缺状况，使大银行家在信用危机中大有收益，英格兰银行的股息率在 1844 年时为 7% ，1847 年上升为 9% ，股东的所得税也由银行代为缴纳。

二、批驳诺曼提出的利息率由商品供求调节的观点［第 471 页末段—第 473 页末段］

英格兰银行董事诺曼认为利息率不是取决于银行券的数量，而是取决于资本的供求，而诺曼所说的资本是指生产上使用的一切商品或服务。他以赊购为例，说明利息离开货币也能存在，利息率的高低取决于现金价格和赊购价格之间的差额。

马克思批驳了诺曼的错误观点，斥之为“胡言乱语”。

第一，商品供求调节的是商品价格而不是利息率。

我们从这两件事实中看到诺曼的谬误，一个事实是，在商品价格或供求没有变动的情况下，利息率却发生了变动；另一个事实是，不同的商品在市场上有不同的供求情况，但工厂主都按同一利息率得到货币。诺曼更不能解释以下这个既定事实，即在 1847 年经济危机爆发时，由于商品供大于求，价格下跌，利息率却反而上升；危机过后，由于商品供

不应求，价格上涨，利息率却反而下降。

第二，颠倒了利息与利息率的关系。

利息率（z′）是以百分数表示的利息量（z）在借贷资本量中所占的比率，我们在计算时，采用了这样一个公式：$z' = \frac{z}{借贷资本量} \times 100\%$。这种计算方法会产生一种错觉，撇开借贷资本量不谈，利息率取决于利息量，先有利息的绝对量，然后才有利息的相对量即利息率。诺曼就是这样举例来说明利息率是由利息量来决定的，他颠倒了利息率与利息量的关系。

按照诺曼的举例，现金价格为 1 000 镑的棉花，如果是赊购，就要按赊购价格支付，赊购价格 = 现金价格 + 赊购期间的利息，赊购价格和现金价格之间的差额就成为计量利息率的尺度。但是在利息率尚未确定的情况下，利息量，即赊购价格和现金价格之间的差额又是如何确定下来的呢？这只能说利息率是由利息量决定的。

棉花的现金价格由棉花商品中包含的价值量决定，并受市场供求调节，棉花的赊购价格则由棉花的现金价格加上以利息率为尺度计算的利息量来确定。

诺曼用商品的赊销价格和购买价格之间的差额来说明利息率，从本质上说，就是要用商品的供求与价格去说明利息率来否定或掩盖由于 1844 年银行法对发行银行券的限制所引起的利息率的上升。

第三，利息不能离开货币而存在。

诺曼以赊购为例，说明即使根本没有货币，利息仍然能够存在。这种说法也是非常荒谬的，当棉花这一商品以赊销方式售出时，棉花商品已经转化为货币资本，离开货币，就不存在现金价格与赊购价格；离开货币，就不存在一般利息率，也就无法计算现金价格与赊购价格之间的差额，即利息。

第四，资本是“生产上使用的商品或服务”的说法是一种庸俗的见解。

诺曼的这一说法之所以是庸俗的见解，是因为他把资本和资本采取的某种形式混为一谈了。作为资本，属于资本主义经济范畴，作为商品，则属于若干社会形态共有的一般范畴。而且，作为生息资本，采取的是货币形式，而非商品形式，诺曼将利息和商品联系在一起，是为了掩盖 1844 年银行法限制银行券的发行引起的利息率提高这一事实。

诺曼说的生产上使用的资本，指的当然是产业资本，产业资本带来的是利润而非利息，用产业资本的利润率是说明不了利息率的变动的。首先，利润率虽然和商品的供求与价格有一定的关系，但决定利润率的仍是剩余价值率，而非市场供求与价格的变动。诺曼试图用商品的市场供求与价格来说明利润率，进而说明利息率，这一思路是站不住脚的。其次，利润率为利息率规定了最高界限，但利息率在利润率的范围内如何调节，是由货币资本的供求决定的，利润率的变动无法说明利息率的变动。资本主义现实告诉我们，利息率和利润率往往是按相反方向变动的。

诺曼和奥弗斯顿等通货学派鼓吹这种观点是不安好心的，因为他们力图通过人为的立法干涉，限制银行券的发行，从而提高利息率，为大银行家谋私利。

三、批驳奥弗斯顿在利息率和贴现问题上的错误观点［第 474 页第 1 段—本章完］

（一）批驳奥弗斯顿将利息率提高的原因归之于利润率的提高［第 474 页第 1 段—第 479 页末段］

奥弗斯顿以 1847 年和 1855—1856 年的材料为例，认为利息率的提高“可以明确无误地归结为资本的价值的变动”，他所说的资本价值的变动就是利润率的变动。

奥弗斯顿说法的用意是想说明“1847 年的危机以及随之而来的高利息率，同‘现有货币量’无关，也就是说，同他所鼓吹的 1844 年的银行法的规定无关”（第 475— 476 页），企图掩盖银行法加剧了货币恐慌和利息率的猛升程度这一事实。

1. **奥弗斯顿的说法与事实不符**［第 475 页末段—第 477 页第 1 段］

由于利息只能是利润中一个部分，因而利息率的提高要受到利润总量的限制，但这不等于说，利润率提高了，利息率也随之提高，利润率下降了，利息率也下降。在具体场合中，情况往往是相反的或不一致的。

1847 年的危机带来的后果正是如此，由于农业歉收造成黄金大量外流；将大量货币资本包括流动资本进行铁路投机；进出口贸易上的汇票诈骗等原因，引起了对货币资本需求的增加，“正是对货币资本的需求提高了利息率”（第 475 页）。利息率的提高不是由于利润率的提高，相反，“利息增加是因为利润减少和商品的货币价值大幅度下降”（第 477 页）。

至于 1855—1856 年的情况同样如此。这时处在 1857 年经济危机的前夕，出现用资本而不是利润支付利息的情况。

2. **利润率高不等于企业主收入也高**［第 477 页第 2—末段］

奥弗斯顿认为，利息率的提高来自于利润率的提高，因此利息率的提高不会“消灭”企业利润。

企业利润是平均利润中扣除利息后余下的部分，如果提高利息率，利润率即使保持较高的水平，企业主的收入也会下降，利润中的大部分被利息吞掉。“虽然高利润率和营业扩大可以是高利息率的原因，但高利息率决不因此就是高额利润的原因。”（第 478 页）在经济危机中高利润率消失之后，更不能用高利息率去说明不存在的高利润率了。

奥弗斯顿将利息率提高的原因归之于资本价值的提高，什么是资本价值呢？按照一般的解释，资本价值指的是利息率，于是，利息率提高的原因归之于利息率的提高，同义反复。奥弗斯顿将资本价值解释为利润率，这是犯了混淆概念的错误，他将资本价值和利润率混为一谈，也就是将利息和利润率混为一谈，从而将货币资本的价值和现实资本（商品资本和生产资本）的货币价值混为一谈，将利息率的提高和利润率的提高混为一谈。

3. **外贸的发展引起的是利润率的提高，而不是利息率的提高**［第 478 页末段—第 479 页末段］

奥弗斯顿用 1844 年银行法生效后的 13 年期间英国出口贸易由 4 500 万镑增长到 12 000万镑的材料说明，英国这一时期利息率的提高得益于利润率的提高，而利润率的提高得益于外贸出口的增长。令奥弗斯顿不解的是，商业的发展引起对货币的巨大需求，但是利息率为什么没有提得更高？

商业和生产的发展，引起利润率的提高，而不是利息率的提高，商业和生产的发展一方面会引起对货币的巨大需求，另一方面也会引起对货币的巨大供给，除非对货币的需求超过了供给，才会引起利息率的提高。

奥弗斯顿认为利润率的提高一方面引起现实资本的积累，另一方面又引起对货币资本的巨大需求，这是把现实资本的增长和对货币资本的需求增长混为一谈了，现实资本增长来自于利润的增长，对货币资本的需求增长的原因不一定和利润率有关，例如 1847 年对货币资本需求的增长就是由现实资本的贬值引起的。

（二）批驳奥弗斯顿认为工商业主拿汇票到银行贴现是为了“得到更大的资本”［第480页第1段—第486页末段］

奥弗斯顿认为：工商业主拿汇票到银行进行贴现是为了“得到更大的资本”，这是把通过汇票贴现从银行取得的货币和通过个人信用从银行取得的无抵押贷款混为一谈了。

马克思指出：“一个普通实业家去贴现是为了提前实现他的资本的货币形式，由此使再生产过程继续进行；不是为了扩大营业或获得追加资本，而是为了要用他得到的信用来平衡他所提供的信用。”（第481页）

银行家以现金形式交给他的客户支配的东西，究竟是资本呢，还是只是货币、流通手段、通货呢？对这个问题要做具体分析，恩格斯区分了三种不同的情况：

第一种，无抵押贷款。这时的实业家“无条件地获得了一定量价值的贷款，这是他原来已经使用的资本的追加。他是在货币形式上得到这笔贷款的，因此，他得到的不仅是货币，而且是货币资本”（第485页）。

第二种，以代表资本的有价证券等为抵押的贷款。由于“有价证券也代表资本，并且代表着比贷款更大的金额。因此，受款人得到的资本价值小于他拿去抵押的资本价值；这对他来说根本不是获得追加资本。他做这种交易不是因为他需要资本，——他在自己的有价证券上已经有了这个资本，——而是因为他需要货币。因此，这里是货币的贷放，而不是资本的贷放”（第485页）。

第三种，汇票贴现。汇票贴现如同用商品换取货币，不存在偿还的问题，因此，这里“连贷款的形式也消失了。这是一种纯粹的买卖。……在正常的贴现业务中，银行客户得到的决不是贷款，既不是资本贷款也不是货币贷款，他得到的是由卖掉的商品换来的货币”（第485—486页）。

奥弗斯顿之所以把贴现看作是资本贷款，使实业家获得追加的资本，是因为和他在以下两个问题的认识上是相联系的：

第一，什么是资本和资本家？

奥弗斯顿认为资本只能是货币资本，因而只有掌握货币资本的银行家才是资本家，没有货币资本的工商业主“不是资本家，而是非资本家”。他们从银行获得货币，“就对资本家的资本获得支配权，于是使营业由不是资本家的人来管理”。

奥弗斯顿对资本的概念是十分混乱的，有时说只有货币资本才是资本，有时又说“资本是由营业借以进行的各种商品构成的；有固定资本，有流动资本”。流动资本又是由粮食、衣服等生活资料构成的。

第二，什么是汇票和汇票贴现？

汇票是在赊销商品时由赊购方开出的一张信用凭证，代表已经卖出或运出的商品的价值，并包括赊购期间应支付的利息，“签发汇票是使商品转化为一种形式的信用货币”（第483页）。奥弗斯顿厚颜无耻地否认了这一点。

汇票贴现无非是将汇票这种信用货币形式转化为银行券这样另外的一种信用货币形式，或转化为现实的货币。在这一问题上，奥弗斯顿同样十分混乱，过去他认为汇票贴现是为了获得追加资本，现在却又说“获得货币是汇票贴现的目的”。

（三）批驳奥弗斯顿否定货币市场供求变化对利息率的决定作用［第487页第1段—本章完］

利润率为利息率规定了最高界限，当利润率在总的下降趋势影响下，利息率也会出现下降的趋势，但在具体场合，利润率对利息率的作用往往是不一致的甚至是相反的，货币市场的供求状况在这里起了决定作用，马克思在本章开始引用的英国资料就说明了这一点。而奥弗斯顿却不顾事实，用利润率的变动去说明利息率的具体变动，否定货币市场供求对利息率的周期性变动起决定作用。

他认为货币市场上的供求的变化引起的利息率的变动“是微不足道的”。贴现率和货币供应量二者之间“可能有联系，但不是原则上的联系”。

奥弗斯顿的说法和他所鼓吹的1844年银行法是相抵触的，1844年银行法规定的原则是英格兰银行要按照它所拥有的金量来规定利息率。事实上，奥弗斯顿自己又不得不承认贴现率的提高“是由于对资本的需求的增加引起的”，“如果国内的货币由于流出而减少，……英格兰银行会提高利息率”。但是他又不顾事实，用利润率的提高和营业规模的扩大来说明“对资本的需求的增加”，这种自相矛盾的论断把利息率具体变动的原因又归之于利润率的变动上来了。

第二十七章　信用在资本主义生产中的作用

信用在资本主义生产中有以下作用：

Ⅰ. **促使利润率的平均化**

资本主义生产建立在同量资本要获得同量利润或按资本量的多少来瓜分利润的基础上，当出现利润率高的部门时，其他利润率低的部门就会千方百计向利润率高的部门转移，转移的首要条件是要有最低限额的货币资本，如果完全靠自有的货币资本向其他部门进行投资，是相当困难的，通过贷款等信用手段，就比较容易解决资金上的困难，使资金迅速流向利润率高的部门，通过商品供求关系的变动，加速了利润平均化的进程。

Ⅱ. **减少流通费用**

信用通过以下两条途径节约了流通费用：

（1）节约了货币的流通量。

为了流通的需要，必须组织大量的人力、物力和财力，开采金矿，铸造金币。在投入使用过程中，又会发生磨损，构成纯粹流通费用的一部分。通过信用，货币可以从以下三种方式中得到节约。

A.“相当大的一部分交易完全用不着货币。”（第 493 页）这指的是赊账，到期债款通过双方或三方结算而抵消。

B. 加速货币流通。信用能够加速货币流通的原因有二，一是由银行业务的技术性引起的，通过银行机构一方面将大量的闲散资金集中起来，另一方面又迅速借贷给急需货币资本的企业，使货币不休不止地运动；二是“信用又会加速商品形态变化的速度，从而加速货币流通的速度”（第 494 页）。

C.“金币为纸币所代替。”（第 494 页）纸币是货币符号，不可能取代黄金，这里说的“金币为纸币所代替”应该是纸币代表金执行流通手段的职能，减少了由金直接执行流通手段而发生的磨损，从而降低了流通费用。

金退居幕后会引起种种误解，认为金不再是货币了，只有纸币才是货币，纸币不仅执行流通手段职能，还执行价值尺度职能，价格成为商品价值甚至金价值的纸币表现。

（2）加快资本周转，缩小准备金。

信用使商品流通和货币流通的速度加快了，进而使资本形态变化的各个阶段加快了，整个再生产过程因而也加快了。

信用一方面使货币流通量相对减少了，另一方面又使货币资本也相对缩减了，从而使准备金也相对缩小了。

Ⅲ. 建立与发展股份公司

股份公司的建立与发展，对资本主义经济的发展起过重要的作用：

第一，通过股份公司形式，使资本迅速集中，企业规模惊人地扩大，从而能够兴办原来单个资本难以兴办的大型工程。马克思特别举了铁路的例子，他说："假如必须等待积累使某些单个资本增长到能够修建铁路的程度，那么恐怕直到今天世界上还没有铁路。但是，集中通过股份公司转瞬之间就把这件事完成了。"①

第二，形成了与私人资本、私人企业相对立的社会资本和社会企业，"这是作为私人财产的资本在资本主义生产方式本身范围内的扬弃"（第495页）。这就是说，资本主义的股份公司并没有改变资本主义的私有制，但是它的生产方式却发生了重大变化，从原来由各单个资本家私人支配和经营的生产改变为由资本家共同占有生产资料和共同管理。可见，在资本主义发展过程中，股份制的出现标志着新的资本主义生产方式将逐步取代旧的资本主义生产方式。

第三，在股份公司内，资本的所有权和资本的职能相分离，这是"资本再转化为生产者的财产所必需的过渡点"（第495页）。资本主义生产方式的变化必然会引起资本主义生产资料所有制的变化，生产资料的共同占有要求建立与之相适应的生产资料社会主义公有制，即生产资料的社会公有制。股份制的建立与发展，也为这种生产资料所有制的转变准备了条件，因为在股份公司内，生产资料的所有权已经与生产资料的支配权、经营管理权相分离，在这一基础上，解决资本主义的私有制向社会主义公有制的过渡就会比较容易、比较顺利。

第四，由于股份公司的利润采取纯粹利息的形式，作为资本所有权的收入并不一定要求取得平均利润，从而构成阻止平均利润率下降的一个因素。

在马克思对股份公司作了上述论述之后，恩格斯注意到资本主义经济又发生了新的变化："一些新的产业经营的形式发展起来了。这些形式代表着股份公司的二次方和三次方。"（第496页）这就是垄断组织的出现，恩格斯提到了卡特尔和托拉斯等垄断组织形式，在垄断组织统治下，"历来受人称赞的竞争自由已经日暮途穷"（第496页），"在每个国家里，一定部门的大工业家会联合成一个卡特尔，以便调节生产。……在有些部门，只要生产发展的程度允许的话，就把该部门的全部生产，集中成为一个大股份公司，实行统一领导。……在欧洲，到现在为止，最大的一个实例是联合制碱托拉斯。这个托拉斯把英国的全部碱的生产集中到唯一的一家公司手里。……因此，在英国，在这个构成整个化学工业的基础的部门，竞争已经为垄断所代替"（第496—497页）。垄断组织使资本主义生产方式又有了新的发展，大大提高了生产社会化的程度，"最令人鼓舞地为将来由整个社会即全民族来实行剥夺做好了准备"（第497页）。

在马克思论述股份公司时，已经注意到"它在一定部门中造成了垄断，因而引起国家的干涉"（第497页）。

Ⅳ. 提供支配他人的资本、财产和劳动的权力，使少数人越来越具有纯粹冒险家的性质

拥有一定量的资本是能够获得信用的物质基础，反过来，信用又使拥有少量资本的人

① 《资本论》第1卷第724页。

获得大量他人的资本、他人的财产，乃至他人的劳动的支配权，这种情况特别适用于批发商，“信用使这少数人越来越具有纯粹冒险家的性质”（第498页）。“进行投机的批发商人是拿社会的财产，而不是拿自己的财产来进行冒险的。”（第498页）他们不怕冒最大的风险，成功了，捞上一大笔收入，失败了，转嫁到他人身上，“成功和失败同时导致资本的集中，从而导致最大规模的剥夺。在这里，剥夺已经从直接生产者扩展到中小资本家自身”（第498页）。

如果说，资本家起初用靠自己的节俭进行资本积累的辩护词还能进行欺骗的话，现在再也找不到多少还可以站得住脚的辩护理由了。“资本起源于节约的说法，也变成荒唐的了，因为那种人正是要求别人为他而节约。……他的奢侈——奢侈本身现在也成为获得信用的手段——正好给了另一种关于节欲的说法一记耳光。”（第498页）

马克思对在资本主义生产方式中产生的工厂制度和信用制度基础上由工人自己创办的合作工厂给予了很高的评价，认为“工人自己的合作工厂，是在旧形式内对旧形式打开的第一个缺口，……资本和劳动之间的对立在这种工厂内已经被扬弃”（第499页），对这种扬弃，马克思称作是“积极地扬弃”（第499页）。

在资本主义的合作工厂中，和股份公司一样，生产资料共同占有，不同的是，在合作工厂中生产资料归工人所有，并由工人委派的管理人员进行管理，管理人员代表该工厂的工人利益提高工人的收入，因而资本和劳动之间的对立在这种合作工厂内已经被扬弃。

而在股份公司内，生产资料仍属资本家私有，资本所有权和资本使用权虽已发生了分离，但资本所有者仍作为生息资本家占有工人创造的剩余价值，在股份公司内执行资本职能的不再是资本所有者，而是资本所有者委派的经理和其他各种监管人员，他们虽和雇佣工人一样，也是由资本家雇用的人员，但他们却代表了资本家的利益，和雇佣工人相对立。

合作经济，包括合作工厂在内，不是一种独立存在的经济成分，它的性质首先取决于它所依附的占主导地位的经济，在资本主义经济的包围中，在平均利润率规律的作用下，独立存在的社会主义合作经济是不可能的，代表工人利益的合作工厂也是难以存在和巩固的。

资本主义信用制度的作用具有二重性，一方面，“由于信用，流通或商品形态变化的各个阶段，进而资本形态变化的各个阶段加快了，整个再生产过程因而也加快了。（另一方面，信用又使买和卖的行为可以互相分离较长的时间，因而成为投机的基础。）”（第494页）“信用制度加速了生产力的物质上的发展和世界市场的形成；使这二者作为新生产形式的物质基础发展到一定的高度，是资本主义生产方式的历史使命。同时，信用加速了这种矛盾的暴力的爆发，即危机，因而促进了旧生产方式解体的各要素。……一方面，把资本主义生产的动力——用剥削他人劳动的办法来发财致富——发展成为最纯粹最巨大的赌博欺诈制度，并且使剥削社会财富的少数人的人数越来越减少；另一方面，造成转到一种新生产方式的过渡形式。”（第500页）

*　　　　*　　　　*

如何认识我国现阶段的股份制

在社会主义国家发展的一定阶段中，股份制对于筹集资金、扩大公有制的支配范围、转换管理体制和调整产业结构等方面起着一定的作用，在以生产资料公有制为主体的基础上，在一定的范围内进行一些试点和推行是很有必要的。这里值得注意的是：

第一，人们讲股份制，主要是从对社会主义国有企业改革的角度提出来的，但是从长远来看，它的重要意义在于通过股份制的形式，变革我国私有制，特别是资本主义私有制的生产方式，使之成为向社会主义生产资料公有制的过渡点。

私有制向公有制转变分为两个步骤：第一步，变对生产资料的个人占有为对生产资料的共同占有，这是对生产方式的变革。第二步，变对生产资料的私人所有为对生产资料的共同所有，这是对生产关系的变革。生产关系和生产方式相适应，生产方式和生产力相适应，必将推动生产力的发展。可见，实行股份制的根本意义在于变革生产方式，为今后生产资料的公有化准备条件，推动生产力的发展。

我国国有经济不仅实行了生产资料的共同占有，而且实行了生产资料的共同所有，实行股份制的意义发生了质的变化。

第二，在我国，由于建立了生产资料社会主义公有制的经济基础，股份制的积极作用和消极作用都受到很大的限制。

一方面，它的消极作用受到很大的限制，在公有制的基础上，实行股份制同样也可以逐步消除失业与贫困，避免经济危机的发生。但是，即使在公有制基础上，股份制的消极作用也不可能完全消除，例如，股民们滋长了投机致富和损公利己的思想与行为；炒股成风，分散工作和学习的精力；股民们以个人利益最大化为目标，打一枪换一个地方，根本谈不上什么主人翁精神；食利者阶层出现，两极分化加剧；大量分散的股民无兴趣也不可能参与企业的经营管理和对大股东实行监督；大股东们可以凭着股票的优势自己选自己当董事和董事长，再利用自己的职权玩弄账目，兴风作浪，赚了就进自己腰包，亏了就迅速将自己的资本转移，并充分发挥股份制花别人钱不用还的“优越性”，免除股民追债之忧。这些消极作用甚至破坏作用，是不可低估的。

另一方面，在社会主义公有制的基础上，股份制的积极作用也受到很大的限制，首先是对于社会主义公有制经济来说，实行股份制已失去通过生产方式的变革向公有制过渡的意义。其次，发行股票也只是筹集资金的途径之一，它不可能取代通过发行企业债券筹集资金的途径，企业通过证券交易所直接融资更不能取代通过财政手段和国家银行的间接融资手段对国民经济的宏观调节作用。此外，凭借股票优势产生的企业决策层和管理人员的管理体制是否优越于由职工代表大会通过民主选举产生领导班子的管理体制，也是很成问题的。

第三，股份制本身并非灵丹妙药，认为“一股就灵”，那是天真的想法。

从资本主义的历史发展来看，股份制发挥了重大作用，但是它并不能消除生产的社会化和生产资料的资本主义私有制的矛盾，相反，“这种向股份形式的转化本身，还是局限在资本主义界限之内；因此，这种转化并没有克服财富作为社会财富的性质和作为私人财富的性质之间的对立，而只是在新的形态上发展了这种对立”（第 498— 499 页）。股份公司由于迅速完成了资本的集中，在资本有机构成迅速提高的同时，也加速了对原有在业工人的排斥，使他们卷入到失业大军中去，仍然在业的工人受剥削程度也加重了。资产者成为靠股息为生的寄生虫，不参与生产和流通的管理，成为新的食利者阶层，显露出资本主义的腐朽性与寄生性。股份制也不能消灭经济危机和经济振荡，20 世纪 20 年代末和 30 年代初的大危机，正是在股份制广泛发展的基础上发生的。

我国学术界对股份制的认识存在许多分歧：

第一，资本主义社会的股份公司是否由于实行了生产资料的共同占有，就消除了资本主义的基本矛盾，没有必要再去建立生产资料的社会主义公有制了？

刘西荣和顾培东合写的在 1993 年第 3 期《经济理论与经济管理》杂志上发表的文章，公开反对马克思和恩格斯关于建立社会主义公有制的理论。文章说："马恩公有制理论的缺陷并不是个别结论的不当，而是整个理论体系依以建构的基础，即马克思推导的前提和假设存在着严重的误差。"文章不顾历史事实，说"历史本身是一位严厉的'判官'，社会主义经济发展的缓慢只能归咎于公有制经济制度本身"；文章还认为"马恩揭示的导致资本主义灭亡的基本矛盾——生产资料的私有与生产社会化的矛盾在现代企业制度——股份制的发展中冰释了"；"从现实的基本利益出发，合理的产权主体结构应当是以私有产权主体为基本内核的产权主体结构"。

资本主义基本矛盾是生产的社会化和生产资料的资本主义私有制之间的矛盾，资本主义股份公司的建立与发展，并不能"冰释"这一矛盾，而是在新的形态上发展了这种对立。

第二，我国现阶段股份公司中的个人股份已经是公有制而不再是私有制了吗?

有的学者对此作了肯定的回答，论据是社会主义社会股份制中生产资料共同占有，个人所有权和经营权发生了分离。

在 1995 年 1 月广东人民出版社出版的《市场经济与产权制度改革》论文集中，收集了张元元教授写的《论社会主义公有制的实现形式》一文，该文认为："社会主义社会的这种个人股份所有制，已经不是私有制了。因为在这种情况下，个人所有的只是一种股权，一种和企业法人所有权及其经营权相分离的最终所有权，它已经不能对生产资料直接占有、使用和处置。"社会主义社会的股份制"一方面保证了个人对股权的最终所有，另一方面又实现了全体股东通过股份公司对生产资料的共同占有。这种在生产资料共同占有的基础上，建立的个人股份所有制，已经不是私有制，而是公有制的一种表现形式和一个组成部分。所以马克思曾经多次指出股份制是对资本主义的扬弃，是导向共产主义的最完善的形式"。

厉以宁在《经济学动态》2004 年第 1 期上发表的《论新公有制企业》一文中认为："大量存在的没有国家投资的公众持股企业，是新公有制企业的第三种形式。"

所有权和使用权的分离、生产资料的共同占有，这是股份公司的一般特征，如果我们由此得出社会主义公有制的结论来，岂不是说，资本主义社会中的股份公司也是一种社会主义公有制经济，由于参加了股份公司而不能直接占有生产资料的资本家也成为社会主义公有制经济中的成员了？按照这一逻辑，在社会主义国家中，不论原来的身份是国有企业的职工，还是私营企业主，只要一加入股份公司，就都成为社会主义公有制经济中的成员了。如果认为生产资料的所有权和经营权相分离就是实行了公有制，这岂不是说，借贷资本家把资本贷给他人使用，大地主将土地租给农业资本家去雇人耕种，似乎都因此变成社会主义公有制经济了。

显而易见，这里是把共同占有和共同所有混为一谈了。股份制中对生产资料的共同占有也就是对生产资料的共同使用，这种对生产资料的共同使用要求建立与之相适应的生产资料的公有制，要求建立不等于已经建立。即使我国已经建立起以生产资料社会主义公有制为基础的经济结构，也不能由此得出结论说我国现阶段的所有股份公司都是社会主义性质的股份公司，所有的证券持有者都是社会主义公有制的成员。

股份公司是现代企业的一种组织形式，在这种企业里，生产资料由股东们共同使用，这是属于生产方式的范畴，不牵涉所有制的问题。股份公司的性质取决于该公司的经济关系的性质，包括生产关系、交换关系和分配关系的性质。

马克思从未说过股份制是对资本主义的扬弃，他所说的扬弃是新的资本主义生产方式（生产资料共同占有）对旧的资本主义生产方式（生产资料个人占有）的扬弃，“这是资本主义生产方式在资本主义生产方式本身范围内的扬弃”（第497页），“这种向股份形式的转化本身，还是局限在资本主义界限之内”（第498—499页），所有制并没有改变。马克思的这些话说得十分明白，但却被一些人有意或无意地“扬弃”掉了。

陈征的《〈资本论〉解说》（第3卷）中，对股份公司的认识出现“资本主义生产关系的自我扬弃”[①] 这种说法，而且按照陈征的说明，这里所说的扬弃，其含义即抛弃，如果资本主义国家的股份制已经抛弃了资本主义生产关系，那么这种股份制又是什么性质的生产关系呢？看来，陈征是把生产方式和生产关系这两个不同的概念混淆了，而且，马克思即使谈到资本主义生产方式时，也只是说股份公司的成立扬弃了旧的资本主义生产方式，取而代之的是新的资本主义生产方式，可见，即使对资本主义生产方式，马克思说的也只是扬弃，而不是抛弃。

张元元在他的文章中说：“马克思曾经多次指出股份制……是导向共产主义的最完善的形式。”该文能够向我们提供的出处只有一处，而且和他的引文有所出入。这是马克思在1858年4月2日写给恩格斯的一封信中提到的，在这封信中，马克思告诉恩格斯，他的《政治经济学批判》第1分册《资本》分为4篇，其中第4篇就是股份资本。马克思写道：“（d）股份资本，作为最完善的形式（导向共产主义的），及其一切矛盾。”[②] 股份公司作为资本主义最完善的形式是导向共产主义的，和股份公司“是导向共产主义的最完善的形式”这两句话的含义是不相同的。而且，无论如何也不能从股份公司“是导向共产主义的最完善的形式”得出股份公司就是共产主义的最完善的形式的结论。

第三，我国国有企业改革的根本出路是否在于实行股份制？股份公司是否能够明晰产权，使个人感到是实实在在的所有者，而不是“虚所有”？

发表在1986年第11期《经济研究》杂志上的李维森的文章中就认为：“根据马克思的上述原理，并针对国家所有是劳动者个人的‘虚所有’这一事实，我提出以企业劳动者的个人劳动为基础的生产资料的‘劳动者个人实所有’这一概念”，具体实施是建立所有券制度，“把标有明确的票面额的所有券发给每个劳动者，并让每个劳动者在每年年底持所有券领取根据本企业本年度生产经营收益状况所决定的‘孳息’”。作者将这种“劳动者个人实所有制”称之为“新型的公有制”，在笔者看来，不如称之为被瓦解了的公有制，这不是重新建立个人所有制，而是重新破坏已经建立起来的生产资料公有制。

股份公司是在1866年经济危机以后迅速发展起来的资本主义企业的一种组织形式，它是资本主义基本矛盾发展到一定阶段的产物，股份公司的建立与发展，对资本主义经济的发展起过重要的作用，但生产越来越社会化了，但生产资料仍属于资本主义的私人所有，资本主义的基本矛盾不仅未能解决，反而更加尖锐和严重了。在我国社会发展的一定历史阶段上，在一些企业中试行股份制也是必要的。但是股份公司并不是什么灵丹妙药，把它抬到不适当的高度，甚至作为我国社会主义国有企业改革的根本方向，这是不恰当的。

---

① 陈征：《〈资本论〉解说》第3卷（修订本），福建人民出版社1997年版第410页。

② 《马克思恩格斯全集》第29卷第299页。

国有企业的产权从最根本的所有权上看应该说是十分清晰的，属于国家所有的资产由国务院代表国家行使所有权，有待清晰的地方主要是产权的管理责任。恰恰是在今天实行私有制的西方资本主义国家，个人产权十分模糊。在那里，由个人直接购买的股票或通过银行代理间接购买的股票，它只是现实资本的纸制复本，成为纯粹是幻想的没有任何资本价值的虚拟资本，通过股权迂回曲折的流动，以及在各行各业的分布，任何个人都说不清个人的产权流落何方，任何股份公司也讲不明它的资产究竟来自哪位持股者。更不用说大量小股东的产权被玩弄于大股东的掌心之中。马克思指出："因为财产在这里是以股票的形式存在的，所以他的运动和转移就纯粹变成了交易所赌博的结果；在这种赌博中，小鱼为鲨鱼所吞掉，羊为交易所的狼所吞掉。"（第498页）

在竞争和投机的浪潮中，有的发家致富，成为幸运儿，有的倾家荡产，淹没在大浪中，股份制无疑会加剧两极分化。熊映梧先生说："参照许多发达国家经验，可以通过完善的税收制度……和社会福利制度加以调节，把收入和财产差距限制在合理的限度之内。"[①] 事实上，资本主义国家从来没有，也不可能有这方面的经验，我们看到的却是财富越来越集中在少数大资产者手中，从百万富翁发展为千万富翁、亿万富翁……

第四，马克思所要重建的个人所有制，能否说就是建立社会主义的股份制?

有些学者认为社会主义的股份制在生产资料共同占有的基础上实现个人对股权的所有，因而成为马克思所要重建的个人所有制的实现形式。

张元元在上述他的文章中认为，社会主义社会的股份制正好体现了马克思所要重建的个人所有制，他说："在社会主义市场经济体制下，把股权分散掌握在广大群众个人手上，比由国家集中掌握，更符合股份制的内在要求，也更符合社会主义的本质，这种建立在个人股份所有制基础上的社会主义，可以称为人民社会主义，应该是当代社会主义的理想模式。"

这种看法笔者认为值得商榷。首先，这里描绘的股份制广泛存在于资本主义社会，没有表现出任何社会主义的性质，这不可能是马克思所要建立的个人所有制。既然这种股份制早在资本主义社会中就已存在，也就更谈不上再去重建了。其次，生产资料个人所有不等于是个人私有，生产资料的共同占有不等于是生产资料公有。马克思所要重建的个人所有制是联合的社会个人所有制，生产资料归社会直接所有，个人所有权通过社会来实现，而个人私有是生产资料以实物形式或价值形式直接归个人所有，这是有根本区别的。生产资料公有要以生产资料公共占有为基础，但是生产资料公共占有未必就是生产资料公有，用生产资料的公共占有代替生产资料公有，后果必定是以生产资料的私有制代替生产资料的社会主义公有制。最后，在重建的个人所有制下，生产资料固然也是共同占有，但和股份公司中对生产资料的共同占有也是大不相同的，在重建个人所有制下对生产资料实行全社会范围内的共同占有，而股份公司中对生产资料的共同占有只限定在股份公司范围内，这两种共同占有也是必须加以区分的。

如果将已经建立和发展起来的我国国有企业资产以股份形式分解到职工手中，来个分产到户，这就不仅不是建立什么社会主义公有制，而是将已经建立起来的社会主义公有制进行瓦解，恢复个人私有制，这种将国有经济瓜分后建立起来的股民社会主义，和马克思所要重建的个人所有制是背道而驰的。

---

① 《论非国有经济》，《学术交流》1995年第1期。

令人不解的是，对这位积极鼓吹资源贡献价值论和私有化的张元元，居然被某省的经济学会会长撰文赞之为“优秀的党外布尔什维克”。

更为荒唐的是，鼓吹民主社会主义的谢韬在2007年第2期《炎黄春秋》杂志上发表的《民主社会主义模式与中国前途》一文中，根据马克思在《资本论》第3卷第27章中对股份公司的论述，污蔑马克思到了晚年已成为民主社会主义者，是和平长入社会主义的首创者。而在《资本论》第3卷这一章中，马克思明确指出股份公司是以新的资本主义生产方式取代旧的资本主义生产方式，生产资料的资本主义私有制并未改变。而谢韬得出的结论却是：“资本主义就这样完成了向社会主义的和平过渡，《资本论》第3卷推翻了《资本论》第1卷的结论，不再需要‘炸毁’资本主义的‘外壳’了。”这是把自己的思想强加到马克思的身上。

第二十八章　流通手段和资本。图克和富拉顿的见解

本章内容主要是对与通货学派相对立的银行学派中两个代表人物进行的批评。其中一个是英国资产阶级经济学家托马斯·图克（1774—1885），另一个是英国资产阶级经济学家约翰·富拉顿（1780—1849）。

银行学派批评了通货学派的货币数量论，否定了银行券的发行要有十足的黄金量作保证，这是正确的。他们的错误在于将资本和货币对立起来，从而既不能正确阐述信用与产业资本的联系，也不能正确阐述信用对生息资本的影响。

一、对图克将资本的流通和货币的流通对立起来的批评［本章第1段—第508页第2段］

图克认为，当货币作为资本进行分配或转移时，就是资本的流通，当货币作为收入用之于个人消费时，就是货币的流通。

例如，银行家在职能资本家之间从事货币资本的信贷业务，或批发商与零售商之间的买卖，都是买者将货币作为资本支出，卖者实现了资本的补偿，无论是前者或后者，货币在资本的转移中起中介作用，图克将这称之为资本的流通。还有一种情况，例如银行家对一切将货币作为收入用于个人消费的顾客（包括资本家在内）进行的存款与提款业务，或货币在零售商与个人消费者之间的交易中起中介作用时，图克将这样的情况称之为货币的流通。

图克的错误在于将资本的流通和货币的流通对立起来了，因为图克所说的资本的流通也是一种货币形式的流通，这里的区别是作为资本的货币形式和作为收入的货币形式的区别，而不是货币和资本的区别，作为收入流通的是货币，作为资本流通的也是货币。图克的错误会引起各种混乱，误认为只有作为收入进行流通的是货币，作为资本流通的货币就不是货币。

图克所以会产生这种混乱，有以下三个原因：

1.**“混淆了职能上的规定”**（第503页）

货币在实现收入中执行它的职能和在资本转移中执行它的职能，这是货币在两种不同职能作用上的区别，而不是货币与资本的区别，不论在哪种场合，货币都同样作为流通手段执行职能，无论货币代表收入还是代表资本，都不会改变这一点。

而且，货币作为收入的流通和作为资本的流通又是交织在一起，难以划分。例如，消费者向零售商购买消费品，对消费者来说是实现收入，货币作为收入投入流通，对零售商来说是实现资本，货币作为资本回流，并且在实现资本的同时还实现了剩余价值，在剩余价值中又包含了收入，图克无法回答这种流通是收入的流通还是资本的流通。又如批发商向工厂主购买商品，对批发商来说，是将货币作为资本投入流通，对工厂主来说，其在完成资本回流的同时，还实现了商品中包含的剩余价值，在剩余价值中包含有工厂主的收入，在回流的资本中，也有一部分用来支付工人的工资，成为工人的收入。

图克之所以会把货币作为收入的流通和作为资本的流通区分为货币流通和资本流通，原因在于他站在银行家的立场上，看到银行家自己发行的执行流通手段职能的银行券，通过贴现，成为一种能够使他的资本增殖的手段。然而这种以银行券形式出现的通货虽然能够为银行家带来更多的货币，但和他的银行资本（包括自有资本和借入资本）存在着一种独特的区别，其将资本和货币割裂了开来。

图克在把货币作为实现收入的中介执行职能和作为实现资本的中介执行职能区分为货币和资本的同时，也将执行流通手段时的货币和执行支付手段时的货币看作是货币与资本的区别。这是因为货币在实现收入中充当中介时多半执行的是流通手段，现款交易，而在实现资本中充当中介时多半执行的是支付手段，赊账交易，但是执行流通手段的货币和执行支付手段的货币，是货币本身在执行两种不同职能上的区别，而不是货币和资本的区别。

2．**“混进了关于在两种职能上合计需要多少流通货币量的问题”**（第503页）

图克在计算商品流通对流通货币的需要量时，区分了作为收入流通所需要的货币量和作为资本流通所需要的货币量。

首先，这种区分毫无意义，只要货币在商品流通中充当中介物，则不论它是执行购买手段或支付手段，也不论它的职能是实现收入还是实现资本，都适用于简单商品流通中的货币流通量规律，即：

$$\text{流通货币的需要量}=\frac{\text{待售的商品价格总额}-\text{赊售的商品价格总额}+\text{到期的支付总额}-\text{彼此抵消的支付总额}}{\text{货币交替地执行流通手段和支付手段职能的流通次数}}$$

在这里，货币究竟是代表收入还是资本，对流通中的货币需要量是毫无关系的。

其次，这种区分也是不可能的，对生活消费者来说，购买商品时将货币投入流通，这是实现收入；对另一方，即销售此商品的工厂主或商人来说，这种商品流通使资本得到补偿，而且在补偿资本的同时也补偿了收入，既是资本流通也是收入流通。那么在计算货币流通需要量时，如何能够将交织在一起的资本流通和收入流通区分开来呢？

陈征教授在批评图克的上述错误时，认为“不管货币是作为支付手段，还是作为流通手段，不管这种货币是作为货币资本，还是仅仅作为收入的货币，都不会使流通中所需要的货币量发生任何变化”①。对进入流通的货币需要量不因货币是执行流通手段职能或支付手段职能而发生变化的说法，由于表述不当而出现了常识性的错误。

当货币执行支付手段时，由于货币流通速度的加快以及到期债务的彼此抵消，和货币执行流通手段时相比较，对流通中的货币需要量就会减少，遂认为货币在执行支付手段时“不会使流通中所需要的货币量发生任何变化”的说法是不正确的。

如果将陈征的上述一段话改成以下表述就会是正确的了：“不管这种货币是作为货币资本，还是仅仅作为收入的货币，既不会使货币在执行流通手段时所需要的流通量发生任何变化，也不会使货币在执行支付手段时所需要的流通量发生任何变化。”

即使如此，也还需要进一步指出，在货币流通中，将货币区分为收入的货币和资本的货币不仅是毫无意义的，也是不可能的。

① 陈征：《〈资本论〉解说》第3卷（修订本），福建人民出版社1997年版第426页。

3.**“混进了关于在两种职能上，从而在再生产过程的两个领域内流通的流通手段量互相保持相对比例的问题”**（第 503 页）

再生产过程的两个领域内的流通，即资本的流通和收入的流通具有内在的联系，因为这两个流通的关系实际上表现了生产和消费的关系，资本量的大小表现了再生产的规模和速度，收入量的多少表现了消费的规模。

但是，生产的变动对两个流通领域内流通手段量的变动会发生不同的甚至是相反的作用。例如，在繁荣时期，由于工人充分就业和工资的提高，工资总量会相应得到提升，同时，资本家的收入更会显著增加。消费的普遍提高和随之而来的商品价格上涨，使用在收入的花费上的流通手段的量显著增加，至于用在资本上的流通手段的量，在绝对量上也会相应增加，但由于生产的迅速发展和销售的顺利进行，货币流通速度加快了，又由于信用得到发展，因而对流通手段的需要量相对减少了。在发生经济危机时期，情况则相反。

马克思在这里要说明的并不是在资本的流通和收入的流通中流通手段量的变动是如何不同，而是要说明这种变动上的区别并不能成为图克对通货和资本作出庸俗划分的依据。

二、对富拉顿将借贷资本的需求和流通手段的需求对立起来以及对资本借贷与货币借贷错误划分的批评［第 508 页第 3 段—本章完］

（一）富拉顿将借贷资本的需求和追加流通手段的需求对立起来的错误［第 508 页第 3 段—第 510 页第 2 段］

富拉顿在图克将资本的流通和货币的流通对立起来的基础上，进一步将借贷资本的需求和流通手段的需求对立起来，认为这二者“是完全不同的两回事”，具体地说，在繁荣时期，“需要有流通手段的追加供给”，“而利息上涨，要求银行贷放资本的压力，主要是出现在商业周期的较晚的阶段”。

马克思批评了这种说法。

首先要说明的是，对流通手段和资本这两个范畴不能混为一谈，繁荣时期流通手段的增加不等于对资本需求的增加，如工厂主从他自己在银行的存款中以金或银行券形式提取的一部分用于资本的支出，对流通手段的需求增加了，对资本的需求并未增加，改变的只是工厂主自己的资本采取的不同形式。此外，同量的资本往往需要有不同的货币量来完成。

但是，富拉顿提出的对流通手段需求和对借贷资本需求的对立的说法则是错误的。

第一，对贷款的需求在繁荣时期和危机时期的区别在于获得这一贷款的难度上，而不是数量上。

马克思指出：“使停滞时期同繁荣时期区别开来的，并不是像他所说的那样，是对贷款的强烈需求，而是在繁荣时期，这种需求容易得到满足，在停滞发生之后，这种需求难以得到满足。……作为两个时期的特征的，并不是贷款需求的数量差别。”（第 510 页）

对贷款的需求是否容易得到满足，取决于信用的发展，信用的发展又取决于生产的发展，当资本周转运行顺畅，信用便以惊人的速度扩展开来，对贷款的需求就容易得到满足，当资本周转运行受阻，信用紧缩，对贷款的需求就难以满足。

这里存在一个问题，马克思上述的停滞时期指的究竟是危机时期过后的停滞时期还是危机时期？从马克思在第 22 章和第 30 章阐述的内容来看，指的应该是危机时期，因为只有在危机时期对贷款的需求最难以满足；相反，在停滞时期，借贷资本大量闲置不用，利息率最低，对贷款的需求最容易得到满足。

第二，对流通手段的需求在繁荣时期和危机时期的区别首先在于它的构成上，而不是数量上。

对这一问题，马克思在上述批判图克时已涉及，现在再一次指出："使两个时期互相区别的，首先是下述情况，在繁荣时期，占统治地位的是对消费者和商人之间的流通手段的需求，在停滞时期，占统治地位的是对资本家之间的流通手段的需求。在营业停滞时期，前一种需求会减少，后一种需求会增加。"（第510页）

（二）富拉顿对资本借贷和货币借贷的错误划分［第510页末段—本章完］

富拉顿将银行的贷款区分为货币借贷与资本借贷，在繁荣时期，银行家用客户的存款（即银行的借入资本）转为贷款，就能满足职能资本家的借款要求，而在停滞时期，由于存款减少，只靠客户存款难以满足贷款的需要。为此，银行家就要动用他的自有资本贷给职能资本家。富拉顿从银行家的角度观察，将用客户存款进行的贷款称为货币贷款，用银行自有资本进行的贷款则称为资本贷款。在富拉顿眼里，资本被看成是被迫发放的超过他的单纯信用能力（客户存款）的贷款。

富拉顿还将货币在执行流通手段和支付手段的职能上区别看作是货币需求与资本需求的区别。

马克思批驳了富拉顿对银行贷款所作的划分。

1. **银行用自有资本进行的贷款不一定是资本贷款**［第512页第2段—第519页末段］

第一，银行为贸易逆差用自有资本的贷款引起的黄金外流是货币执行国际支付手段的需要，而不是对资本的需要。［第512页第2段—第514页末段］

资本贷款和货币贷款的划分是根据对贷款的需求是用之于追加资本还是用之于货币的支付为标准，银行用借入资本还是自有资本贷放只是说明贷款的规模，不能说明贷款的性质。例如英国在1846年农业歉收，工业品出口又发生困难，这时不得不用黄金换取进口的粮食，1847年向国外输出的黄金达900万镑以上，其中750万镑来自英格兰银行。对于英格兰银行来说，代表银行家的自有资本或借入资本，对输出黄金的商人来说代表的是商人资本，但是对金的需求并不是作为对资本的需求用来扩大企业规模，而是用作世界货币，"人们要求的东西，不是作为资本的资本，而是作为货币的资本"（第513页）。

通货学派认为"通货充足会驱逐金，通货缺少会吸引金"。这是把贵金属在国内流动的规律和在国际流动的规律混淆在一起了，富拉顿正确地区分了这种差别，指出："金的流出，不一定包含对国内流通手段需求的减少。"马克思在《资本论》第1卷论述世界货币时就指出了贵金属在国与国之间的流动规律，现在他又从对贮藏货币的具体职能（列出了三种）的分析中，发现了较为复杂的情况，即黄金在国内的流出和向国外的流出可以结合在一起。

第二，除因国家的支付逆差引起的黄金外流情况之外，银行增加的贷放也不一定是资本贷款。［第515页第1段—第519页末段］

银行增加的贷款通过以下两种形式发放，一种是用银行券发放，另一种是开立信用账户，无论是哪一种，都不一定是资本的贷款。

从用银行券发放贷款来说，一方面，银行家虽然会因此增加银行券的发行量，从而动用银行的自有资本，但是由于出现第515—516页上列出的两种情况，贷出的银行券很快又回流；另一方面，从职能资本家来看，恩格斯认为，他从银行取得货币要通过三种途径，第一种是从银行获得无任何抵押的信用贷款，这笔贷款可以使职能资本家的资本得到追加，因而属于资本贷款；第二种是用“有价证券、国债券或股票向银行抵押”获得的贷款，这部分贷款不能使自己的资本得到追加，职能资本家所需要的是支付手段，而不是追加资本，这种贷款只能是货币贷款，而不是资本贷款；第三种，职能资本家用汇票向银行贴现，这是一种买卖关系，连借贷关系都不是，也就谈不上是资本借贷了。

从开立信用账户来说，银行不需要向债务人贷放银行券，只是将债务人变成它的想象的存款人，从而为债务人开立一个存款账户，银行在没有任何银行券介入的情况下增加了银行贷款，最后只是用一张支票来结清银行的债务。

银行即使是用它的自有资本增加贷款，这些自有资本也不一定是它的实际资本，因为它的实际资本中有相当一部分转换成有价证券、国债券和股票等，银行要增加贷款，就要把这些有价证券换成银行券，而这些有价证券都是虚拟资本，而不是实际资本。

2. 富拉顿将货币在执行购买手段和支付手段职能上的区别看作是货币与资本的区别［第 520 页第 1 段—本章完］

富拉顿将执行购买手段的货币称之为货币，将执行支付手段的货币称之为资本，这是将货币本身职能上的区别看作是货币与资本的区别了，马克思认为这是“银行家关于流通的狭隘观念”（第 522 页），这种狭隘观念来自表面现象的迷惑：“在英国，当作铸币的货币几乎完全被排挤到生产者和消费者之间的零售贸易和小额贸易的领域之内，而当作支付手段的货币则在大规模交易的领域内居于支配地位。”[①] 在繁荣时期，用于购买手段的货币量增多，到了危机阶段，用于支付手段的货币量增多。

富拉顿将执行支付手段的货币和资本混为一谈，无论从贷款的数量或性质上看，都是错误的。从贷款的数量上看，贷款量和用于支付手段的货币需要量是不同的，“在英格兰银行发放的货币信贷大量增加的同时，该行银行券的流通保持不变甚至减少”（第 520 页）；从贷款性质上看，“在危机期间，接受贷款是为了支付，而不是为了购买，是为了结束旧的交易，而不是为了开始新的交易”（第 520 页），这是对货币的需要，而不是对资本的需要。

---

① 《政治经济学批判》第 1 分册，《马克思恩格斯全集》第 2 版第 31 卷第 538 页。

第二十九章　银行资本的组成部分

银行是借贷双方之间的中介机构，银行资本是专门从事信用业务的货币资本。

银行学派对货币资本的认识有两个错误，第一，将货币与货币资本混为一谈，在上一章中，马克思就指出过银行学派的富拉顿将执行流通手段的货币称之为通货，将执行支付手段的货币称之为资本，将货币在执行职能上的区别看作是货币与资本的区别；第二，将生息资本意义上的货币资本和职能资本意义上的货币资本混为一谈，生息资本是财产资本，不进入生产过程或流通过程，生息资本的收入来自职能资本转移过来的一部分剩余价值，在银行资本中，生息资本转化为虚拟资本，和执行职能的实际资本（也称现实资本）相分离。

银行资本的物质组成包括两部分：①现金（金或银行券）；②有价证券。有价证券又可分成两部分，一部分是商业票据即汇票，另一部分是公共有价证券，包括国债券、国库券、股票、不动产抵押单等。

从来源看，银行资本又可区分为自有资本（银行家的投资）和借入资本（存款）。

生息资本带来的后果是使一切收入资本化，不论是债息、股息、地租，乃至工人的工资，均看作是资本的收入，并且根据利息率推算出资本价值，例如年收入是 25 镑，在年利息率为 5% 的情况下，它的资本额是 500 镑，在年利息率为 10% 的情况下，它的资本额就变成 1 000 镑。

银行资本是生息资本的转化形式，收入资本化使“银行家资本的最大部分纯粹是虚拟的，是由债权（汇票）、国债券（它代表过去的资本）和股票（对未来收益的支取凭证）构成的”（第 532 页）。

本卷第 25 章的标题为“信用和虚拟资本”，实际上对虚拟资本并未从理论上展开论述，该章除在引文中偶见“虚拟资本”这个用词外，在正文中不再出现，本章标题虽未出现“虚拟资本”这个用词，却在正文中用最大篇幅从理论上对虚拟资本展开论述。

虚拟资本是和实际资本相对而言，它是由生息资本转化而来，以不进入生产过程和流通过程的债券、股票、汇票等本身无价值但可作为商品买卖的有价证券形式存在的所有权证书，持有者凭此证书可定期获得利息收入。在本章中，马克思对银行资本的各个物质组成部分即主要是虚拟资本的各个物质组成部分展开了分析。

一、国债［第 527 页第 1 段—第 528 页末段］

国债券是“对收益的可靠支取凭证”（第 532 页），《资本论》第 2 卷中，马克思就指出“公债券。这根本不是资本，而是对一国年产品的债权。”[①] 公债券是包括国债券在内的，在上一章中，马克思在讲到国债券时，同样指出：“它本身不是资本，而只是债权。”

① 《资本论》第 2 卷第 385 页。

(第519页) 在本章中，马克思甚至说国债“不代表任何资本”(第531页)，它所代表的只能是“购买者支付的购买价格”(第519页)。如果说国债券是资本，那也只是“对它的买者来说是资本”(第519页)，如果说它代表什么资本的话，也只能是“代表纯粹幻想的资本”(第529页)，代表购买者“投在国债券上的资本”(第519页)，这是“代表过去的资本”(第532页)。

国债券本身之所以不是资本，是因为它只是购买者的所有权证书，所有权证书和资本本身是两回事，资本是有价值的，所有权证书本身没有任何价值。国债券本身不仅不是资本，也不代表任何资本，因为购买国债的款项不是作为资本耗费的，而是“已经由国家花掉了，耗费了。它已不再存在”(第527页)。因而国债的利息也只能来自国家的税收，而不是现实资本所带来的一部分剩余价值。

由于生息资本造成的收入资本化，国债的购买者可以凭国债券从国家税收中获取一定的利息，基于此，国债券就表现为获取这一利息的资本，并且按照获取利息量的多少计算出资本的金额，在年利息率是5%的情况下，25镑的年利息表明国债债权人拥有500镑的资本，这是实际上已不存在的“幻想的虚拟的资本”(第527页)，尽管这种国债券作为生息资本反复变换它的所有者，“国债的资本仍然是纯粹的虚拟资本；一旦债券不能卖出，这个资本的假象就会消失”(第527页)。

生息资本造成的更荒唐的颠倒错乱表现在将雇工的工资也说成是资本的收入，在年利息率是5%的情况下，50镑的年工资就成为雇工拥有的1 000镑劳动力资本的收入。

马克思严厉斥责这种荒诞无稽的“轻率的观念”，指出：“资本家们思考方式的错乱在这里达到了顶点，资本的增殖不是用劳动力的被剥削来说明，相反，劳动力的生产性质却用劳动力本身是这样一种神秘的东西即生息资本来说明。”(第528页) 他们忽视了这样两件事实，第一，雇佣工人只能按照50镑转让他的劳动力年价值；第二，雇佣工人为了获得这50镑的所谓利息，必须为雇主进行一年的劳动。

将工资说成是劳动力资本的收入这一荒诞说法由来已久，从17世纪下半叶一直延续至今，我国一些经济学家就将工人的劳动力和一切从事生产和流通的工程技术人员、经营管理人员，以及文教卫生等各行各业的服务人员，不仅是劳动者，也包括资本家，都归属于人力资本，价值增殖的源泉由是被掩盖了。

收入的资本化使得“和资本的现实增殖过程的一切联系就彻底消灭干净了。资本是一个自行增殖的自动机的观念就牢固地树立起来了”(第529页)。

在《资本论》第2卷中，马克思就批评了将工人和资本家混为一体的说法，指出“劳动力根本不是资本，工人不是资本家”①，“我们应当分清：劳动力，在工人手中，是商品，不是资本”②，“劳动力只是劳动者的财产（它将不断自行更新，自行再生产），而不是他的资本。”③ 令人惊奇的是，这种被马克思斥之为“这些人总爱用他们像甘草一样甜的肮脏东西来涂饰一切科学”④ 和“资本家们思考方式的错乱在这里达到了顶点”(第528页) 的错误观念，近些年来在我国已广为流行，“人力资本”用语泛滥成灾，和马克思当

① 《资本论》第2卷第231页。
② 《资本论》第2卷第422页。
③ 《资本论》第2卷第491页。
④ 《1857—1858年经济学手稿》，《马克思恩格斯全集》第2版第30卷第250页。

年批评的内容有所不同的是，过去说工人也是资本家，现在进一步说资本家也是工人。资本家不仅掌握技术，还进行经营管理，他们对价值创造的贡献要比工人大得多，一位长期从事《资本论》研究的经济学家甚至说："资本的增殖是资本和企业主的人力资本共同作用的结果。"① 工人对价值的创造竟被一笔勾销。

二、股票［第 529 页第 1 段—第 531 页第 4 段］

什么是股票？在《资本论》第 2 卷中，马克思就指出："股票。如果没有欺诈，它们就是对一个股份公司拥有的实际资本的所有权证书和索取每年由此生出的剩余价值的凭证。"② 在本章中，马克思又先后指出了："股票不过是对这个资本（指股票购买者向企业已经投入或将要投入的资本——引者注）所实现的剩余价值的一个相应部分的所有权证书。"（第 529 页）"一张对股份资本预期可得的剩余价值的单纯所有权证书"（第 529 页）。"股票（对未来收益的支取凭证）"（第 532 页）。股票是"现实资本的所有权证书"（第 532 页）。

同样是有价证券，股票和国债有很大的区别，国债不代表任何资本，或者说只"代表纯粹幻想的资本"（第 529 页），而股票却"代表股东所预付的、在这些企业中作为资本来用的货币额"（第 529 页）。即代表已经投入企业使用的实际资本。由此而来，国债利息只能来自国家的税收，而股息却来自实际资本所实现的剩余价值。此外，国债收益稳定可靠，股票收益有很大风险；作为债务，国家必须偿还本金给债权人（也是用国家的税收偿还），在未到偿还期之前，国债券持有人也可作为投资，通过出售将国债转让给他人，股票持有者如想收回本金，只能通过股票市场进行转让，而不能向股份公司收回本金。

尽管如此，股票仍然和国债一样，是虚拟资本，它虽然不像国债券那样"代表纯粹幻想的资本"，但是作为股票的资本价值"也纯粹是幻想的"（第 529 页），这点和作为实际的资本价值是两回事。如果说国债券是"代表已经消灭的资本的纸制复本"（第 540 页），同样是所有权证书的股票则"成为现实资本的纸制复本"（第 540 页）。

股票形式的资本是虚拟资本，可以从以下两点说明：

第一，从质的方面分析。作为资本，只能是企业中已经实际投入执行职能或将要投入执行职能的资本，股票只是这个资本的所有权证书，同一个资本不能有双重存在，即不能既是前者，又是后者。股票虽代表着实际资本，但其本身不是资本，如果说它是资本，也只能是幻想的没有任何资本价值的虚幻资本。

第二，从量的方面分析。股票可以像商品一样在市场上买卖，它既有名义价值（票面金额），又有市场价值（市场价格），表现为资本价值。股票虽代表实际资本，却"完全不决定于它们所代表的现实资本的价值"（第 531 页）。股票价格有其独特的运动规律和决定方法，这是说，股票价格并不取决于它所代表的现实资本的价值，而是取决于股息量（两者成正比）和银行存款的利息率（二者成反比）。因而无论股票价格怎样变动，只要现实资本本身不发生变动，一个国家的财富便不会因此而发生变动。

这种虚拟资本带来种种后果：

（1）股票价格"不是由现实的收入决定的，而是由预期得到的、预先计算的收入决

---

① 汤在新：《剥削及其存在的历史前提》，《南方经济》2003 年第 2 期。

② 《资本论》第 2 卷第 386 页。

定的”（第 530 页），这使股票市场带有很大的投机性。

（2）在资本价值不变，股票价格剧升的情况下，就会产生“肥皂泡的破裂”（第 531 页）。

（3）资本主义国家货币资本的积累大部分采取国债、股票等有价证券形式，从而使这种货币资本的积累成为“幻想的资本价值的积累”（第 531 页），具有极大的风险。

（4）“随着生息资本和信用制度的发展，一切资本好像都会增加一倍，有时甚至增加两倍，因为有各种方式使同一资本，甚至同一债权在各种不同的人手里以各种不同的形式出现。”（第 533 页）

三、汇票［第 531 页末段］

汇票是银行资本的一个重要组成部分，汇票贴现是“银行家的基本业务”（第 526 页）。对汇票和汇票贴现，马克思和恩格斯在第 25 章、第 26 章和第 28 章先后展开了论述，这里不再重复。

马克思在这里再一次提出汇票，是要说明汇票和国债、股票一样，都是银行的虚拟资本。汇票虽代表已售出的商品的价值，但它本身并没有价值，它虽然也能投入流通进行买卖，本身却只是一种信用货币，通过贴现，从银行获得另一种真正的信用货币——银行券。

四、现金［第 532 页第 1 段—本章完］

银行现金来自两部分，一部分来自银行家的自有资本，以金或银行券形式出现，主要用作货币准备金，在日常支付出现差额时动用，另一部分是客户的存款。

马克思说：“银行家资本的最大部分纯粹是虚拟的。”（第 532 页）其所以如此，是因为银行家的货币资本不论是自有的还是借入的，绝大部分都以各种有价证券形式出现，而这些有价证券都是由银行家手中的现金转化而来。

存款的虚拟性质表现在以下三个方面：

第一，银行用存款进行汇票贴现，现金转化为有价证券。

第二，银行将存款作为生息资本贷放出去，存款只登记在银行账目上，实际上并不存在。在本章中，马克思又重复了在第 25 章中引用的材料，说明由于存贷款之间的不断转换，随之而来的是货币的反复使用，这种流转方式使存款只存在于银行账目上，其中 90% 已经消失。

第三，银行对不同存款人的存款账户进行划拨，将甲的存款转为乙的存款，这种存款只是在账面项目上起作用。

第四，再看准备金。私人银行的准备金在全部存款中所占的比重是极少的，在英国，就是这极少的准备金中的绝大部分也要以存款形式存放在英格兰银行中，变成英格兰银行的准备金，存入英格兰银行的黄金被转换成银行券这种“流通的信用符号”继而投入流通，1847 年英国爆发经济危机时，英国商人用银行券从英格兰银行中兑换出 750 万镑黄金，用来从国外进口粮食，使私人银行存入英格兰银行的准备金中很大一部分变成只能进行销毁的银行券。

银行资本的虚拟性还表现在它发行无金贮备的大量银行券，成为“虚拟货币资本”（第 537 页恩格斯注）。

第三十章　货币资本和现实资本。I

从第 30 章至第 32 章，马克思分析货币资本的积累和现实资本的积累之间的联系和区别。这里所说的货币资本指的是银行家手中的借贷货币资本，不是产业资本循环过程中的货币资本。这里所说的现实资本，指的是产业资本循环过程中的生产资本和商品资本。

产业资本循环离不开货币资本的投入，货币资本除来源于产业资本的自有资本外，还必须依赖于借贷资本，借贷资本的积累与现实资本的积累之间既有联系，又有区别，马克思将研究的重点放在它们的区别上。

货币资本的积累和现实资本的积累之间的关系，具体地说，即货币资本的增加以至过剩或减少以至紧缺和生产规模的扩大或缩减之间的关系。马克思现在要说的是，在有些条件下，货币资本的积累和现实资本的积累是一致的，在另外一些条件下，二者又是不一致的，随着信用制度的发展，货币资本的积累会大大超过现实资本的积累。

在第 30 章至第 32 章这三章中，马克思从两个方面分析货币资本积累和现实资本积累之间的关系：

第一，在第 30 章（从第 549 页第 1 段开始），从资本主义生产周期的各个阶段分别考察货币资本积累和现实资本积累之间的关系。

第二，在第 31 章，从借贷资本的不同来源上考察货币资本积累和现实资本积累之间的关系，进而从量上、从多大程度上考察二者之间的关系。这一章的第 1 节，论述和现实资本积累无任何关系的借贷资本的积累；第 2 节，论述和现实资本积累有关的借贷资本的积累。第 32 章则对上一章的第 2 节在量上作进一步的研究。

在第 30 章一开始，马克思就货币资本的过剩与不足两方面情况和现实资本积累的关系提出了一系列问题。在回答这些问题之前，先分析了各种有价证券（国债、股票、汇票等）的借贷资本形式的积累与现实资本积累的关系。

一、有价证券的积累与现实资本的积累 ［第 539 页末段—第 548 页末段］

本章及以下两章的标题都是“货币资本和现实资本”，论述了货币资本积累和现实资本积累之间的联系和区别，这里首先要明确的是，什么是货币资本积累？什么是现实资本积累？关于现实资本，马克思明确指出“现实资本即生产资本和商品资本”（第 567 页），不包括产业资本循环中的货币资本，因而说现实资本的积累也就是说产业资本循环中的生产资本和商品资本的积累。关于货币资本积累，马克思作了如下说明：“我们不妨把货币资本的积累，理解为银行家（职业的货币贷放者）手中的财富的积累。”（第 541 页）在上一章中，马克思将银行资本的物质组成分成两部分，一部分是现金，包括准备金和存款，另一部分是有价证券，包括国债券、国库券、股票和地产抵押单。对这些种种的银行财富的形式，这里并不都要进行研究，“我们要在这里研究的问题，就是这种借贷资本的积累，而且，特别是借贷货币资本的积累”（第 542 页）。尽管如此，马克思在本章的开头部分还是研究了国债券、股票和汇票等有价证券形式上的积累和现实资本之间的关系。

（一）国债券和股票［539 页末段—第 542 页第 1 段］

要了解国债券和股票的积累和现实资本积累的相互关系，首先就要明确国债券和股票和性质。

关于国债券和股票的性质，在《资本论》第 2 卷中就已指出："公债券。这根本不是资本，而是对一国年产品的债权。"① 公债券是包括国债券在内的。"股票。如果没有欺诈，它们就是对一个股份公司拥有的实际资本的所有权证书和索取每年由此生出的剩余价值的凭证。"② 在本卷第 28 章中，马克思又指出："如果这是国债券，那就只是对它的买者来说是资本；它代表着买者支付的购买价格，代表着他投在国债券上的资本；它本身不是资本，而只是债权。如果这是地产抵押单，那它就只是有权获得未来地租的凭证。如果这是股票，那它就只是有权取得未来剩余价值的所有权证书。所有这些东西，都不是实际的资本，也都不是资本的组成部分，并且本身也不是价值。"（第 519 页）在本卷第 29 章中，马克思指出国债券"是幻想的虚拟的资本"（第 527 页），"是纯粹的虚拟资本"（第 527 页），"代表纯粹幻想的资本"（第 529 页），"不代表任何资本"（第 531 页），"它代表过去的资本"（第 532 页）。对股票，马克思则说："股票不过是对这个资本所实现的剩余价值的一个相应部分的所有权证书。……一张对股份资本预期可得的剩余价值的单纯所有权证书。"（第 529 页）"股票（对未来收益的支取凭证）（第 532 页）。"现在，在第 30 章中，马克思指出国债券是"表现为资本积累"，实质上却是"债务积累"（第 540 页），股票"只是在法律上有权索取这个资本应该获得的一部分剩余价值"的"所有权证书"（第 540 页）。

为什么说国债券不代表任何资本？马克思从以下三个方面进行分析：第一，"资本本身已经由国家花掉了，耗费了，它已不再存在"（第 527 页）。发行的国债券是"原来借入的并且早已用掉的资本"（第 540 页）。第二，"这不仅是说贷给国家的金额已经不再存在。这个金额从来不是要作为资本支出的，不是要作为资本投下的，而只有作为资本投下，它才能转化为一个自行保存的价值"（第 527 页）。第三，为发行国债券支付的利息不是来自现实资本带来的一部分剩余价值，而是来自国家的税收，由国债券的购买者"从国家的年收入即年税收中索取一定的金额"（第 527 页）。

由于国债券不代表任何资本，国债券的积累和现实资本的积累之间也就毫无关系了，国债券的积累只能说是债务的积累，而不是现实资本的积累。

股票则不同，股票和国债券虽然都是以有价证券形式存在的虚拟资本，是一张所有权证书，但国债券是"代表已经消灭的资本的纸制复本"（第 540 页），而股票则是"现实资本的纸制复本"（第 540 页），国债券不代表任何资本，股票却代表现实资本。"铁路、采矿、轮船等公司的股票代表现实资本，也就是代表在这些企业中投入的并执行职能的资本，或者说，代表股东所预付的、在这些企业中作为资本来用的货币额"（第 529 页）。

既然股票代表着现实资本，股票的积累就会和现实资本的积累发生关系，"当这些证券的积累表示铁路、矿山、汽船等等的积累时，它们也表示现实再生产过程的扩大，就像动产征税单的扩大表示这种动产的增加一样"（第 540—541 页）。例如，为了扩大企业规

① 《资本论》第 2 卷第 385 页。

② 《资本论》第 2 卷第 386 页。

模或兴建新的企业而发行股票时，股票的积累就意味着现实资本的积累。

但是，股票和国债券一样，也是一种纸制的复本，它虽然代表现实资本，但它本身却不是现实资本，由于股票价格有其独特的运动规律和决定方法，“它们的货币价值或资本价值，……完全不决定于它们所代表的现实资本的价值”（第 531 页）。“作为纸制复本，这些证券只是幻想的，它们的价值额的涨落，和它们有权代表的现实资本的价值变动完全无关。”（第 541 页）。

只有在这种情况下，股票价格才表现现实资本的变动，这就是当劳动生产率的变动引起现实资本价值发生变动，同量的股票面额就会因此而升值或贬值，代表不同的现实资本价值，“只要这种证券的贬值或增值同它们所代表的现实资本的价值变动无关，一国的财富在这种贬值或增值以后，和在此以前是一样的”（第 531 页）。

国债券和股票都是纸制复本，即使代表现实资本的股票本身，也不是资本，它们和“其他一切有价证券一样，是借贷资本即用于生息的资本的投资领域。它们是资本贷出的形式。但它们本身不是投在它们上面的借贷资本”（第 542 页）。马克思要研究的是借贷资本的积累，而不是借贷资本所采取的各种特殊形式，如国债、股票和接下来要论述的汇票的积累。

（二）商业信用［第 542 页末段—第 548 页末段］

1. 商业信用及其界限［第 542 页末段—第 544 页末段］

什么是商业信用？马克思说，商业信用“即从事再生产的资本家互相提供的信用”（第 542 页），它是在职能资本家之间由于赊购商品而互相提供的信用。

在商业信用中使用的票据是汇票，是由债务人向债权人签发的“一种有一定支付期限的债券，是一种延期支付的证书”（第 542 页）。因此当我们谈商业信用的积累时，也就是谈汇票的积累。

在商业信用的基础上，银行信用产生了。银行对未到期的商业票据提前向持有人兑换银行券，用银行信用取代商业信用，从事贴现业务，“贴现已经成为银行家的基本业务”（第 526 页），从而使商业信用成为“信用制度的基础”（第 542 页）。马克思现在研究的商业信用是“纯粹商业信用”（第 543 页），即撇开对汇票贴现的银行信用。

和国债、股票一样，汇票也是一种有价证券，在有些《资本论》辅导教材，例如陈征教授编写的《〈资本论〉解说》中就将马克思论述国债券和股票这一部分加上这样一个标题——在有价证券形式上的生息资本的积累和现实资本积累的关系①，将汇票撇开在有价证券之外，这是不恰当的。两者之间的区别只在于国债券和股票属于“公共有价证券”，汇票属于“商业证券”（参见第 526 页）。

汇票和国债券及股票虽然都是有价证券，却存在着“本质差别”（第 526 页），其本质差别在于，国债券所代表的资本价值是根本不存在的，股票虽代表现实存在着的资本，但是“这种证券的资本价值也纯粹是幻想的”（第 529 页），有时像充满肥皂的泡沫一样。汇票是处在再生产过程中的商品资本的转化形式，它既代表着现实存在的资本，也代表着一定的价值额。汇票所代表的资本和货币价值都不是幻想的，因而可以经过债权人的背书作为支付手段在一定范围内进入流通，或通过银行的贴现兑换另一种形式的信用货币即银行券进入流通，并在商业信用的循环中取代现金进行结算。

---

① 陈征：《〈资本论〉解说》第 3 卷（修订本），福建人民出版社 1997 年版第 453 页。

对纯粹商业信用的循环，可举下例说明。在商品交易中，出现了连环赊购行为，先是A向B赊购，为此签发一张承诺今后兑付现金的汇票，接着，B向C赊购，B将A签发的汇票转给C，C又向A赊购，C将A以前签发的汇票转回给A，最后，A将这张汇票又退回给B，抵消了债务。在这种情况下，只有出现差额，才需要用现金来支付。

对这种纯粹商业信用的循环，马克思提出要注意两点：

第一，能否兑付汇票，取决于一系列债务人的再生产能否顺畅进行。

能否兑付汇票，取决于债务人的再生产能否顺畅进行，特别是他的企业生产出来的产品或代他人销售的产品能否卖得出去，在到支付期之前，他拥有的商品能否转化为货币。

在商业信用循环中，由于存在着连成一体的信用连环，一方的W—G发生阻滞就会产生连锁反应。因此，要使债权能够互相抵消，就要求在这信用循环中的所有企业都能使自己的资本顺利回流。否则，就要准备资本支付债务。

第二，纯粹的商业信用不可能完全排除现金的支付。

这是因为：首先，“支出的一大部分，例如工资、税款等等，总是要用现金支付”（第543页）。其次，本人签发的汇票已到期，但本人接收的另一张他人签发给自己的汇票却未到期。再次，商业信用的循环只能是一个例外，通常情况是下游企业向上游企业赊购，不发生债权序列的回转。最后，即使形成商业信用的循环，也难免会发生中断。

有些《资本论》教材将马克思对纯粹商业信用的循环所作的两点说明说成是商业信用或纯粹商业信用的循环的两个特点①，这是不确切的。因为作为特点，都是相比较而言，商业信用的特点是和银行信用相比较而言，纯粹商业信用是和由银行介入的商业信用相比较而言的，显然，马克思在这里并不是在作这样的比较。如果作这种比较，商业信用的特点应该表述为：银行信用是银行家和职能资本家之间互相提供的信用，商业信用是职能资本家之间互相提供的信用；银行信用贷放的是货币资本，商业信用贷放的是商品资本；银行信用贷放的是闲置资本，商业信用贷放的是职能资本；银行信用的贷款期限可以很长，商业信用的贷款期限则比较短；银行信用的票据是银行券，商业信用的票据是汇票等等。

联系上下文，马克思对上述纯粹商业信用的循环提出的两点说明，是要说明商业信用存在界限的两点原因。

商业信用的界限取决于两个方面：一方面是债务人的资本回流的延迟期间所能支配的准备资本量，否则，商业信用就不能实现；另一方面是债务人的资本回流的延迟期间商品价格下降甚至出现滞销，从而影响到商业信用的实现。

上述两方面的界限使商业信用存在很大的局限性。随着大规模生产的发展，商品市场不仅会随之扩大，并且会伸展得越来越远，商业信用也随之发展起来，商业信用的期限也会随着市场距离的增加而延长，一方面，要求兑付汇票的准备资本越来越多；另一方面，资本延迟回流的可能性越来越大，尤其是对交易的投机商的支配程度越来越大，加大了资本回流的风险，商品的价格下降和滞销的可能性越来越大，这将突破商业信用的界限。

大规模的生产离不开银行信用的参与，不过我们现在仍撇开银行信用，只对纯粹的商业信用进行研究。

---

① 参见陈征：《〈资本论〉讲解》第3卷（修订本），福建人民出版社1997年版第456—457页；王珏等：《〈资本论〉介绍》第3卷，中共中央党校出版社1982年版第256—257页。

2. 商业信用的积累和现实资本的积累［第545页第1段—第548页末段］

在纯粹的商业信用中，贷出的资本是处在再生产过程中的一定阶段（销售阶段）上的商品资本，它绝不是游离在再生产过程之外的闲置资本，在这里贷出去的资本就是现实资本，因此，“这种信用随着产业资本本身的规模一同增大”（第545页），商业信用的积累也就是现实资本的积累。

商业信用在商品的流通阶段包括W—G和G—W中起中介作用，对这一中介作用可分作两个时期。第一个时期，在连续不断的加工阶段中起中介作用，例如通过商业信用，将棉花转到纺纱业手中，再将棉纱转到织布业手中，再将棉布转到制衣业手中等。第二个时期，在商人之间的转手中起中介作用，例如，将棉布或棉衣转入出口商，出口商又将这棉布或棉衣转入国外的进口商，直到变成货币或换回其他商品如靛蓝进入再生产过程为止。

商业信用无论处在第一个时期还是第二个时期，W—G阶段还是G—W阶段，“在这里，商品至少总还是处在流通行为中，所以总还是处在再生产过程的一个阶段中。因此，在这里贷出的资本，决不是闲置的资本”（第546页）。“信用的中介作用在这里表现为：①就产业资本家来说，使产业资本由一个阶段转移到另一个阶段，使彼此有关和彼此衔接的各生产部门联系起来；②就商人来说，使商品由一个人手里运到和转入另一个人手里，直到商品最终出售，变成货币，或者交换成其他商品。”（第546页）

商业信用的存在与发展建立在再生产过程顺畅进行的基础上，一旦出现商品销售困难，价格下降，资本回流延迟，商业信用就会降低，一方面，商品的堆积使商人无力也不敢再进货；另一方面，商品供应方要求现金支付，对赊售格外小心谨慎。在这种情况下，商业信用的降低不是由于生产资本的缺乏，而是生产资本的过剩。

出现生产过剩的经济危机，其原因不能用各个不同部门生产的不平衡以及资本积累和资本家个人消费之间的不平衡来说明，“一切现实的危机的最后原因，总是群众的贫穷和他们的消费受到限制”（第548页）。

商业信用的局限性要求有银行信用的参与，但是银行信用并不能解决产生于资本主义制度的经济危机。在银行信用的参与下，情况变得十分复杂，“以致在资本回流实际上早已只有一部分靠牺牲那些受骗的货币贷放者，一部分靠牺牲那些受骗的生产者才能实现之后，竟然还能平静地继续维持营业扎实可靠、回流十分顺畅的假象。因此，正好在崩溃的前夕，营业总是显得几乎安然无恙”（第548—549页）。1857年8月爆发的经济危机就是一例，“在崩溃一下子到来之前，营业总是非常稳定，特别兴旺”（第549页）。在此之前一个月，有不少银行家、商人和受邀的以奥弗斯顿勋爵为首的专家，还在祝贺营业的繁荣和稳定。我们应该汲取资本主义国家的教训，在经济高速发展的过程中，认真发现和解决可能潜伏的危害，防止其突然爆发为严重的灾害。

二、货币资本积累和现实资本的积累［第549页第1段—本章完］

从这里开始，进入马克思所要研究的主题。在第542页，马克思已说明，他现在要研究的货币资本积累不是职能资本中的货币资本积累，而是借贷资本积累，而且是借贷货币资本积累。上述商业信用虽然是一种借贷资本，却是借贷商品资本，马克思在论述货币资本积累之前比较仔细地研究了这种积累，现在转入正题之后，就将这一积累撇在一边了。

马克思从两个方面考察货币资本积累和现实资本积累之间的关系，本章从资本主义生产周期的各个阶段分别考察这二者的关系。

资本主义生产的周期包括哪些阶段？[1] 各阶段的序列如何？马克思先后说过："工业的生命按照中等活跃、繁荣、生产过剩、危机、停滞这几个时期的顺序而不断地转换。"[2]"现代工业特有的生活过程，由中常活跃、生产高度繁忙、危机和停滞这几个时期构成的。"[3]"在周期性的危机中，营业要依次通过松弛、中等活跃、急剧上升和危机这几个时期。"[4]"现代工业在其中运动的周转周期，——沉寂状态、逐渐活跃、繁荣、生产过剩、崩溃、停滞、沉寂状态等等。"（第404页）恩格斯在《资本论》第1卷英文版序言中表述的是"停滞、繁荣、生产过剩和危机"[5]。

我们通常将资本主义生产的周期概括为危机、萧条（停滞）、复苏和繁荣（高涨）四个阶段。

对上述四个阶段，马克思排列的顺序是萧条（停滞）、复苏、繁荣（高涨）和危机。具体说来，马克思将"停滞时期"（第510页）称之为"危机以后周期开始的时期"（第561页），这是产业周期的"第一个阶段"（第561页），将接下来的复苏阶段称之为产业周期的"第二个阶段"（第561页），然后是"另一个阶段"（第553页），即繁荣时期，周期的最后是危机时期，马克思称之为"周期的末尾"（第553页）。

借贷货币资本的积累和现实的资本积累虽有密切的联系，但是"借贷货币资本的增大，并不是每次都表示现实的资本积累或再生产过程的扩大"（第549页），甚至往往出现相反的表现。马克思指出："表现在利息率上的借贷资本的运动，和产业资本的运动，总的说来是方向相反的。"（第553页）

由于利息率的变动取决于货币市场的供求的变动，因而利息率的高低表现了借贷货币资本的供求状况。从利息率的变动上来看产业周期不同阶段中货币资本积累和现实的资本积累之间的关系大致如下：

危机阶段货币市场供不应求，在这一阶段，"高利息率和产业资本的过多结合在一起"（第553页）；萧条阶段，货币市场供过大于求，利息率最低，在这一阶段，"低利息率和产业资本的收缩结合在一起"（第553页）。无论是危机阶段或萧条阶段，货币资本的积累和现实的资本积累是不一致的，甚至在方向上是相反的。

复苏阶段货币市场供大于求的局面有所缓和，利息率虽有所提高，但仍较低；繁荣阶段货币市场供求大体平衡，利息率达到平均水平，"只是在这两个阶段，充裕的借贷资本才和产业资本的显著扩大结合在一起"（第553页）。尽管如此，在这两个阶段，借贷货币资本的积累和现实的资本积累之间也不是完全一致的。

马克思对资本主义生产周期各个阶段中的借贷货币资本的积累和现实的资本积累之间的关系的分析从"产业周期的开端"，即"第一个阶段"开始。

（一）萧条阶段 ［第549页第2段—第552页第3段］

资本主义经济在遭受危机的打击之后，生产过程紧缩，商品价格下降到最低点，企业

---

① 在陈征教授撰写的《〈资本论〉解说》第3卷修订本中将资本主义生产周期的各个阶段称之为"产业资本循环的不同阶段"（福建人民出版社1997年第3版第467页），这是错误的，因为产业资本循环的不同阶段只能是指购买阶段、生产阶段、销售阶段、再生产阶段，和产业周期的不同阶段是两回事。

② 《资本论》第1卷第522页。

③ 《资本论》第1卷第729页。

④ 《资本论》第2卷第207页。

⑤ 《资本论》第1卷第34页。

信心不足，失去投资的积极性，其结果是，一方面，现实的资本积累下降到最低点，另一方面，“借贷资本大量闲置不用”（第 549 页）。这样，借贷货币资本的运动和现实的资本的运动按相反方向进行。

马克思从以下三个方面说明：“借贷资本的增加，正是由于产业资本的收缩和萎靡不振造成的。”（第 549 页）

第一，“当商品价格下跌，交易减少，投在工资上的资本收缩时，所需的流通手段就会减少”（第 549 页）。

第二，“在对外债务一部分由金的流出，一部分由破产而偿清之后，也就不需要追加的货币去执行世界货币的职能了”（第 549 页）。

第三，“汇票贴现业务的规模，随着汇票本身的数目和金额的缩小而缩小”（第 549 页）。

“因此，对借贷货币资本的需求，不论是用于流通手段，还是用于支付手段（这里还谈不上新的投资），都会减少，这样，借贷货币资本相对说来就充裕了。”（第 549 页）即使从绝对量上看，“借贷货币资本的供给也会实际增加”（第 549 页）。

例如，1847 年爆发的经济危机结束后进入萧条阶段，由于“商业几乎完全遭到破坏，投入货币的可能性几乎完全没有”，因而此阶段流行着“交易紧缩，货币过多”的现象，利息率很低。

马克思引述了英国利物浦银行家亚当·霍奇森的一段话，批判他“为了说明这种现象”而发表的谬论。这段话是：

“货币紧迫（1847 年）是由国内货币资本的实际减少引起的，而这种减少部分地是由于从世界各地进口的货物必须用金支付，部分地是由于流通资本转化为固定资本而造成的。”

联系上下文，马克思说霍奇森“为了说明这种现象”所指应该是萧条阶段出现的“交易紧缩，货币过多”的现象，而现在引述的这段话所要说明的却是危机阶段的现象，前后不衔接，究其原因，《资本论》第 3 卷是一部未定稿，马克思来不及整理加工就去世了，恩格斯在整理这一卷时说：“真正的困难是从第 30 章开始，从这章起，不仅要整理引证的材料，而且要整理思路，因为思路不时为插入的句子、离题的论述等等所打断，然后再在别处展开，而且往往是完全附带地展开的。”（第 9 页）

陈征教授认为霍奇森的这段话说明：“资产阶级经济学家对萧条阶段借贷货币资本和现实资本的关系的看法，是完全错误的。”① 看来这是一个误解，霍奇森的那段话已注明是发生经济危机的 1847 年，其中提到的用黄金支付进口货物和铁路投机这两件事，都是在英国由繁荣到危机的时期发生的，马克思对霍奇森的批判也是针对他对 1847 年发生的英国经济危机发表的谬论，这里扯不上霍金森对萧条阶段的错误认识。

马克思对霍奇森的这段话谈了两个问题：

第一，流通资本转化为固定资本，不会减少国内的货币资本。

霍奇森所说的流通资本转化为固定资本指的是这样一件事：英国在 1844 年以后进入繁荣时期，为了追求高额利润，工厂主转向对铁路建筑的投资，他们不仅将大量的利润，还将正常运转的流动资金用来购买铁路股票。

马克思认为，流通资本转化为固定资本不会减少国内的货币资本，因为：第一，“无

---

① 陈征：《〈资本论〉解说》第 3 卷（修订本），福建人民出版社 1997 年版第 461 页。

论金或纸币都没有用来架设桥梁和铺设铁轨”（第 550 页），“这些货币在实际用在建筑上的时候，它们就作为购买手段和支付手段在国内流通”（第 550 页）。第二，“购买铁路股票的货币，只要它的存入是为了支付股金，……甚至还会暂时增加借贷货币资本”（第 550 页）。第三，由于当时英国的出口货物卖不出去，工厂主如果将自己的资本投到其他部门，其结果也是一样，不可能通过出口回流货币。

霍奇森还认为对进口货物必须用黄金支付也是国内货币资本实际减少的原因之一。用黄金支付进口货物这件事指的是 1846 年英国农作物歉收，需要进口大量的粮食和其他生活资料，而供给国只能接受少量的英国工业品，为此英国不得不将大量黄金出口换回农产品。当时输出黄金超过 900 万镑，从而造成英国国内可供支配的货币资本的实际减少。对霍奇森将用黄金支付进口货物这一事实作为国内货币资本实际减少的原因之一，马克思并未加以否定，只是指出这“是一件和铁路投机毫不相干的事情”（第 551 页）。

第二，英国在 1847 年发生经济危机的原因。

马克思指出：“1847 年危机的主要原因，是市场商品的惊人过剩和东印度贸易上的无限度的欺诈。”（第 551 页）

除此主要原因之外，还有：经营印度贸易的“全部资本都固定在毛里求斯的地产或靛蓝厂和制糖厂上了”；1842 年中英签订南京条约后，英国许多大工厂大量生产输往中国的棉织品，但遭到失败；英国国内市场疲软，进口的如茶叶等回头货滞销，亏损惨重。

（二）复苏阶段和繁荣阶段［第 552 页末段—第 554 页第 1 段］

1847—1848 年的英国经济危机结束后，经过一段停滞时期，英国经济又走向复苏和繁荣，在复苏和繁荣这两个阶段中，“充裕的借贷资本才和产业资本的显著扩大结合在一起”（第 553 页），尤其是进入繁荣阶段，“事实上这是唯一的这样一个时期，这时低利息率，从而借贷资本的相对充裕，可以说是和产业资本的现实扩大结合在一起的”（第 553 页）。

在萧条阶段，由于生产过程紧缩，投资缺乏信心，使借贷资本大量闲置不用，这时的利息率降到最低水平，随着经济的复苏，存款大量增加并转为借贷资本，信用日益活跃，产业资本迅速扩大，利息率随之开始回升，但由于存在相对充裕的借贷货币资本，利息率仍然是很低的，到了繁荣阶段，“利息达到了它的平均水平”（第 553 页）。

产业周期是周而复始的运转，各个阶段都会在周期中再现出来，在度过 1847 年的危机之后，1857 年，英国又陷入了更大规模的世界性的经济危机。

（三）危机阶段［第 554 页第 2 段—本章完］

到了危机阶段，“在借贷资本几乎绝对缺乏的同时，闲置的产业资本发生过剩”（第 553 页），表现在利息率上的借贷资本运动和产业资本运动上，是“高利息率和产业资本的过多结合在一起”（第 553 页）。

发生这种借贷资本缺乏和产业资本过剩是由经济危机引起的，在以信用制度为基础的生产制度中，只要信用突然停止，银行不受理汇票贴现，就会即刻爆发经济危机。信用危机和货币危机会引发和加剧经济危机，但不是经济危机发生的根本原因，“一切现实的危机的最后原因，总是群众的贫穷和他们的消费受到限制”（第 548 页），“现实买卖的扩大远远超过社会需要的限度这一事实，归根到底是整个危机的基础”（第 555 页）。

对 1847 年的经济危机，马克思认为其主要原因除“市场商品的惊人过剩”外，还提到“东印度贸易上的无限度的欺诈”（第 551 页），商人购买商品不是为了通过销售去获利，而是为了得到提货单，从银行获取抵押贷款，工厂主出售商品是为了得到汇票，然后去银行贴现，为此，同一批产品重复出售。商业上的投机与诈骗，带来市场虚假的繁荣，一旦泡沫破裂，就会爆发危机。

要认清经济危机的原因，对以下两种现象必须加以正确的解释：

第一，关于危机中出现的产业资本过多的现象。

经济危机是产业资本过多，即生产过剩的危机，它表现在两种相反的现象上，一方面是商品资本的过剩，另一方面是表现这一商品资本的货币资本的收缩。

货币资本收缩的原因是，商品生产过剩引起的商品价格下跌，原有的商品资本只能代表更少的货币资本。因此，认为一国的货币资本在货币紧迫时会减少，等于说货币资本的紧缩和商品价格的下跌都是经济危机的表现，而不是经济危机的原因。

第二，关于进出口贸易。

生产过剩推动商品大量出口，表现为出口过剩，对进口国来说，就是进口过剩，即贸易过剩，其结果是在贸易顺差的同时出现支付上的逆差，一旦清算支付到期的总账，就会导致信用停止和发生货币危机。

1857 年的经济危机首先在美国爆发，美国由英国输入黄金，很快，英国也发生了经济危机，英国又由美国输入黄金，对于黄金的输出，马克思认为：“①金的流出只是危机的现象，而不是危机的原因；②金的流出现象在不同各国发生的顺序只是表明，什么时候会轮到这些国家算总账，什么时候会轮到这些国家发生危机，并且什么时候危机的潜在要素会轮到在这些国家内爆发。”（第 557 页）

在经济危机中，除商品资本随商品价格的下降会大量丧失它所代表的货币资本外，在证券交易所流通的各种有价证券也会因价格的下降而大量丧失它所代表的货币资本。有价证券价格下降的原因有三：第一，利息率提高；第二，信用的普遍缺乏；第三，股份公司的利润减少。

第三十一章　货币资本和现实资本。Ⅱ（续）

本章从借贷资本的不同来源上考察货币资本积累和现实资本积累之间的关系。

借贷资本来自多方面，归结起来有两类：一类是由货币单纯地转化为借贷资本，这种货币资本的积累不是来自现实资本的积累；另一类是资本或收入转化为货币，接着再转化为借贷资本，这种货币资本的积累依赖于现实资本的积累。

本章包括两节，分别分析上述两种来源。

1. 货币转化为借贷资本

一、和现实资本积累无关的借贷资本积累［本节第1段—第565页第1段］

货币单纯地转化为借贷资本有以下四种情况：

第一，由于生产的紧缩引起的大量闲置的货币资本转化为闲置的借贷资本。［本节第1段］

这种情况首先发生在危机过后的萧条阶段中，经过危机的猛烈冲击，表现在生产资本和商品资本上的产业资本已经收缩，使原先用在生产上和商业上的货币资本过剩，转化为借贷资本，同样的原因也使这一借贷资本成为过剩的、闲置的借贷资本，表现为处于利息率周期上最低水平的阶段。随着经济的复苏，生产开始好转，货币资本在日益增长的规模上被使用，使借贷资本的过剩逐渐减少，但和生产发展的需求相比较，仍然存在相对的过剩，利息率仍处在一个较低的水平上。

无论是萧条阶段还是复苏阶段，借贷资本的积累都不是来自现实资本的积累，如果说二者之间有什么联系的话，也只能说借贷资本的积累和现实资本的积累成反比。表现在萧条阶段上，一方面是生产的紧缩，另一方面是借贷资本的过剩。表现在复苏阶段上，一方面是生产规模的扩大，另一方面是借贷资本过剩的减少。

第二，通过各种纯技术性的手段实现借贷资本的积累。［第561页末段—第562页第1段］

马克思说："在没有任何现实积累的时候，借贷资本的积累，可以通过各种纯技术性的手段，如银行业务的扩大和集中，流通准备金或私人支付手段准备金的节约（因此，这些准备金在短期内就转化为借贷资本）而实现。"（第561页）对这种借贷资本，马克思又称之为"流动性资本"。这里说的流通准备金是指流通手段准备金，具体地说是购买手段准备金。

通过上述各种纯技术性的手段，可能使借贷资本的总量在同现实资本积累完全无关的情况下得到增加。

如何从作为纯技术性的手段去理解：通过"银行业务的扩大和集中"，也可以在没有任何现实资本积累的时候实现借贷资本的积累？有的辅导材料解释说："由于银行业务的扩大和集中的结果，存款和放款都会增加，这就增加了借贷货币资本。"[①] 通过增加存款实现的借贷资本的积累，不能说它是来自纯技术性的手段。作为纯技术性手段，笔者理解的银行业务的扩大和集中的作用在于通过结算业务和其他业务，节约了流通手段和支付手段，从而可以在没有任何现实资本积累的情况下实现借贷资本的积累。

由于通过各种纯技术性手段构成借贷资本来源的银行客户不断地流动，有一个人存款，另有一个人在提款，一个人今天去存款，过十天半月又去提款，从而使这种借贷资本成为"流动性资本"，只能用来对汇票进行短期贴现。

第三，通过对汇票的再贴现和各种票据（汇票、栈单、提货单等）的抵押，将银行存款转化为借贷资本。[第 562 页末段—第 564 页末段]

由于农业地区的地方银行有大量存款在当地找不到出路，大工业城市的汇票经纪人将自己已贴现过的汇票作抵押，从这些地方的银行取得贷款，或对汇票再一次进行贴现，汇票经纪人用所得借贷资本又对新的汇票进行贴现或再贴现，此外，还从事对栈单、提货单进行抵押贷款。

对汇票进行再贴现或用作抵押贷款，以及用还在生产过程中的在制品开出的提货单进行抵押贷款，带来的是虚假信用，这种借贷资本的积累和现实资本的积累也是完全无关的。

第四，发售股票所得款项在实际投入使用前存入银行转化为借贷资本。[第 565 页第 1 段]

由这种途径带来的借贷资本积累和现实资本的积累同样完全无关。

二、借贷资本量和通货量的区别 [第 565 页第 2 段—第 566 页末段]

借贷资本来自银行的通货，但是这二者的量并不一致。

从利息率的变动上看就很明显，利息率的变动取决于借贷资本的供给量而不是货币的流通量。

从计算方法上看，二者也是大不相同的，借贷资本的总量是各次贷出的借贷资本之和。如在一定时期内，借贷资本共贷出 5 次，每次均为 20 镑，借贷资本总量则为 20 镑/次 ×5 次 =100 镑，由于货币在同一期间的重复使用，只要重复使用 4 次的 20 镑货币就可完成这一期间 100 镑货币的借贷，在计算上，借贷资本总量对通货的需要量由借贷资本总量减去重复流通的货币量得出。

因此，较少的流通手段量也可产生出巨额的借贷资本量，这取决于以下两个因素：

第一，"同一货币所完成的购买和支付的次数"（第 566 页）。

这里所说的是货币流通速度问题，货币流通速度越快，用作借贷资本的货币供应量也可能越多。

第二，"同一货币作为存款流回银行的次数"（第 566 页）。由于反复进行存贷，同一货币，可以在一定时期内被银行家贷出 10 次、20 次，如 100 镑货币经过反复存贷转化成用作借贷资本的 1 000 镑或 2 000 镑的存款。

三、1824—1863 年期间英国的出口贸易 [第 567 页第 1 段—本节完]

马克思用 1824—1863 年期间英国的出口总额的统计资料说明英国现实资本积累规模

① 陈征：《〈资本论〉解说》第 3 卷（修订本），福建人民出版社 1997 年版第 468 页。其他著作也有类似说法。

的发展。

在上述期间英国共经历了 4 次经济危机，即 1825 年、1836 年、1847—1848 年和 1857 年危机，又经历了 5 次经济繁荣，即 1825 年、1836 年、1847—1848 年、1857 年和 1866 年各次经济危机前的繁荣。现分别将危机期间和危机前英国的出口额列表如下：

第 1—4 次危机期间 最低出口额（单位：万镑）		第 1—5 次危机前 最高出口额（单位：万镑）	
年份	出口额	年份	出口额
1825 年	3 500	1824 年	4 040
1837 年	4 200	1836 年	5 337
1848 年	5 300	1845 年	6 011
1858 年	11 600	1856 年	12 200
		1863 年	14 650

从列表中我们可以看到，每次新发生的经济危机期间出口额的最低点都高于上一次经济危机期间出口额的最低点；同样，进入新的繁荣时期出口额的最高点都高于上一繁荣时期出口额的最高点，也就是说：“前一个繁荣时期在危机以前的最高点，每次都作为下一个繁荣时期的最低点而再现出来，然后又上升到一个高得多的新的最高点。”（第 567 页）如果在危机结束之后经济恢复和发展不能超出危机发生前的最高点，又转向新的危机，这就表明没有再出现繁荣，资本主义生产的周期发生了紊乱。

无论从各次危机期间最低出口额的对比，还是从各次繁荣时期最高出口额的对比，反映出现实资本的积累在上述期间迅速地但是波浪式地向前发展。

对上述统计资料有以下两点需要加以说明：

第一，1866 年危机前的最高出口额缺 1864—1866 年期间的数字，只能用 1863 年的出口额作为 1866 年危机前的最高出口额。

第二，上述资料只有年份统计，缺少月份统计，从而对最低或最高出口额的年份确定就会不太精确，因为在同一年里可能上半年处于繁荣时期，下半年进入危机时期，使这一年的最高出口额被部分抵消，不能显示出来。

2. 资本或收入转化为货币，这种货币再转化为借贷资本

本节研究和现实资本积累有关的货币资本积累，这里的研究除了撇开上述由生产紧缩产生的货币资本过剩和实际流通手段或再生产当事人的准备金的节约产生的货币资本积累外，现在还要撇开在澳大利亚和加利福尼亚新金矿的发现后，大量黄金存入英格兰银行，使货币资本积累迅速增加的事实。

在本节中，马克思分别从货币资本家和职能资本家的不同角度，分析作为现实资本积累产物的货币资本积累。

一、货币资本家自身的货币资本积累［第568页末段—第569页第1段］

货币资本家自身的货币资本积累通过以下途径实现：

第一，将所得利息转化为货币资本，形成货币资本积累。

利息来自对职能资本家所得利润的分割，是对职能资本家榨取的剩余价值的一部分扣除，因而这种由利息转化的货币资本积累依存于现实资本的积累。尤其是在危机阶段带来的高利息率，甚至把职能资本家的利润全部吞掉，更是靠牺牲职能资本家进行积累。

第二，由买卖有价证券带来的高额收入，转化为货币资本积累。

在危机阶段，有价证券价格大跌，货币资本家乘机购进，待经济复苏后，有价证券价格回升，货币资本家再抛出，一进一出，带来高额收入，并转化为自己的货币资本。即使不卖出原来购进的有价证券，也可带来比他人更高的利息率，即用很少的投入获得和他人较多的投入取得的同样的利息，这部分利息也被转化为自己的货币资本积累。

在利息率降低的时候，货币资本家也会将货币资本的贬值转嫁给存款人承担。

以上货币资本家自身进行的积累虽然都是现实资本积累的产物，但和现实资本直接提供的货币资本积累是不同的，下面，马克思就研究了由现实资本直接提供的货币资本积累。

二、职能资本家直接提供的货币资本积累［第569页第2段—本章完］

职能资本家，首先是产业资本家，直接提供给货币资本家作为借贷资本进行积累的途径有以下三种：

第一，将剩余价值中用作积累的部分存入银行，构成银行家的借贷资本。

产业部门生产的剩余价值中或多或少会提取一部分用作积累，进行扩大再生产，积累要分两个阶段进行，首先是货币积累，只有在货币积累到一定数量才能进行下一步的实际积累，在整个积累过程中，要以货币形式停留一段时间，在此停留时间就会存入银行，转化为银行的借贷资本。

第二，将剩余价值中用作收入的部分存入银行，构成银行的借贷资本。

所谓剩余价值中的收入部分，即资本家用作个人消费的部分，由于是逐渐进行花费的，因而在花掉之前仍以货币形式存在，这部分货币存入银行，也会转化为银行的借贷资本。

第三，其他一切用作个人消费的收入都可以变为存款，成为银行家的借贷资本。

马克思说："一切逐渐消费的收入，例如地租，高级工资，非生产阶级的收入等等，也是这样。它们都在一定时间内采取货币收入的形式，因此可以变为存款，并由此变为借贷资本。"（第570页）

上述积累或一切收入，"只要它存在于某种货币形式中，它就是商品资本转化为货币的价值部分，从而是现实积累的表现和结果，但不是生产资本本身"（第570页）。

第三十二章　货币资本和现实资本。Ⅲ（续完）

本章继续上一章第2节，对借贷资本积累量和现实资本积累量的区别进行研究。

一、借贷资本的积累量总是大于现实资本的积累量［本章第2段—第574页末段］

尽管借贷资本的积累要以现实资本的积累为基础，但二者的数量并不相等，即使撇开上一章第1节列出的和现实资本积累无关的因素，借贷资本的积累也总是大于现实资本的积累量，这里有以下四种原因：

第一，在货币资本积累中，除直接来自现实资本的积累外，还来自收入这一伴随现实资本积累而来但又和现实资本积累有本质上区别的要素。［本章第2段］

剩余价值中用于购买追加的消费资料的收入的扩大部分，并不是资本，从第Ⅱ部类的全部产品看，其中除一部分直接用作第Ⅱ部类自身的消费外，另一部分为了从第Ⅰ部类换取生产资料，提供给第Ⅰ部类的资本家和工人进行消费。无论是全体资本家的收入还是全体工人的收入，“虽然它的数量和再生产过程的规模一同增长，它本身无论在这个形式上或在那个形式上都不表示积累”（第571页）。但是这些不属于现实资本积累的收入在存入银行后，就转化为借贷资本，使借贷资本的积累大于现实资本的积累。

第二，借贷资本积累除来自收入这一非资本积累要素的扩大外，还来自“产业资本在自己的循环过程中转化成的一切货币”。［第572页第1段］

这里所说的产业资本循环中转化成的一切货币指的是由商品资本转化而来的一切货币，具体地说，包括c、v、m三个部分，这里既包括预付资本的补偿，也包括对剩余价值的占有，既有用之于积累，也有用之于资本家和工人的收入的部分，不论如何分解，将这些货币存入银行后就转化成借贷资本，其中有些来自现实资本的积累，有些则不是来自现实资本的积累，在非现实资本的积累中，除上述剩余价值中的收入部分外，还包括预付资本(c＋v)的补偿，这种自有的预付资本一旦存入银行后，也转化为借贷资本，成为他人借入的货币资本，使借贷资本的积累更进一步超过现实资本的积累。

第三，货币资本积累的各种特殊形式，使借贷资本的积累量大于现实资本的积累量。［第572页末段］

货币资本积累的特殊形式有：

（1）各生产要素价格下跌，出现了游离的货币资本，这一货币资本如不直接用来扩大自己的生产规模，就会作为过剩的货币资本从循环中游离出来，转化为借贷货币资本。

（2）商人的营业中断，他的资本就会以货币形式游离出来，转化成借贷货币资本。

（3）产业资本家发财之后变身为单纯的货币资本家，从而增加了借贷资本的积累。

第四，资本积累受阻，利润因找不到出路而成为过剩资本，并转化为过剩的借贷货币资本。［第573页末段］

资本积累受阻是因为各生产部门过分膨胀，找不到合适的投资领域，产生了资本过剩，其障碍在于资本增殖的规律，在上述情况下，追加资本不能带来追加的利润，使资本家止步不前，从根源上看，这源于资本主义生产的局限性，而不是生产的发展超过人民大众的生活需要。

根据以上分析，借贷资本的积累量之所以会超过现实资本的积累量，是因为借贷资本积累的扩大，除了其中一部分是来自现实资本积累的扩大外，还有一部分“是各种和现实积累的扩大相伴随但和它完全不同的要素造成的结果”（第574页），“甚至是现实积累停滞的结果”（第574页）。

这里无须再涉及来自地租和工资的借贷资本积累，马克思只是指出，产业资本家不仅用自己的资本剥削工人，而且通过借贷资本家利用他人的资本和工人的节欲进一步剥削工人。

二、对信用资本的几点说明［第575页第1段—第579页第2段］

第一点说明，决定同一货币执行借贷资本职能次数的因素共有以下三点：［第575页第2—5段］

1. 货币的流通速度。

借贷资本贷出之后，职能资本如果能立即将这一货币资本转化为生产资本或商品资本，同一货币也就会很快转化为银行存款，被再次用作借贷资本。

2. 支付的节约以及信用事业的发展和组织。

银行贷出的货币能否迅速地回流到银行，还取决于银行信用事业的发展和组织工作。

3. 信用的衔接和活动速度。

银行贷出的货币回流之后能否再迅速地贷出，要看信用的衔接和活动速度，信用衔接得好，一个地方沉淀下来的存款就可以迅速转移到另一个地方贷出。

同一货币执行借贷资本职能的次数关系到借贷资本积累量的变动，同一货币执行借贷资本职能的次数越多，借贷资本的积累量就越多，从而越是使借贷资本的积累量大于现实资本的积累量。

第二点说明，借贷资本中相当大的一部分也是虚拟的。［第575页末段—第576页第1段］

既然同一货币可以反复多次作为借贷资本发放，超出这一货币量的借贷资本量也就成为虚拟的了。银行家的借贷资本的积累变成索取权或权利证书本身的积累，这种积累“既不同于它由以产生的现实积累，也不同于以贷放的货币为中介而实现的未来积累（新的生产过程）”（第575—576页）。

第三点说明，随着物质财富的增长，货币资本家阶级也增长起来。［第577页末段—第579页第1段］

随着物质财富的增长，货币资本家也随之增长的原因是：

第一，职能资本家在获取大量利润后变身为食利者阶层。

第二，随着信用事业的发展，银行家、货币贷放者、金融家等的人数也增加了。

第三，随着信用事业的发展，作为证券交易中心的大的集中的货币市场就兴起了，银行家把公众的货币资本大量交给这伙证券经纪人去支配，于是“这帮赌棍就繁殖起来”了（第579页）。

三、批判奥弗斯顿用对现实资本的需求说明利息率的提高［第579页第3段—本章完］

奥弗斯顿男爵（1796—1883）是英国银行家和“通货原理”学派的主要代表人物，马克思在本卷第26章已经对他有关利息率的观点进行了批评，本章又对奥弗斯顿用现实资本的需求来说明利息率的提高进行了批评。

（一）批判奥弗斯顿用营业发展和利润率的提高说明利息率的提高［第579页第3段—第581页第1段］

奥弗斯顿说：“利息率的提高是我国营业巨大发展和利润率大大提高的结果……高利润率总是会造成对资本的巨大需求，对资本的巨大需求会提高资本的价值。”他认为：“由一个国家内货币量的变化引起的利息率的变动，是微不足道的。”

利息是利润中分割给借贷资本家所得的部分，因此，“连续多年的长期平均利息是由平均利润率决定的”（第579页），利润率的提高又会刺激产业资本家对现实资本的需求。

但是，这里要说明的是：

第一，从长期来看，较高的利息率要依存于较高的利润率，但在具体场合并不一定如此。较低的利润率甚至零利润却产生很高的利息率（危机阶段），与较高的利润率并存的又可能是较平均的利息率（繁荣阶段）。这里还要说明的是利润率高不等于企业主收入也高，“很可能，这个高利润率，除去高利息率之后，只留下一个低的企业主收入率。企业主收入率可以在高利润率持续存在时缩减”（第580页）。奥弗斯顿掩盖这一点是企图将银行家的利益和职能资本家的利益说成是一致的。

第二，利息率的提高取决于对货币资本（借贷资本）需求的增长，而不是对产业资本需求的增长。

利息率的提高究竟是取决于对借贷资本需求的增长，还是取决于对产业资本需求的增长，这点在危机阶段表现得最明显。在这一阶段，“利润率几乎没有了，与此同时，对产业资本的需求也几乎没有了”（第580页）。但是利息率并不因此而下降，不仅如此，“在危机时期，对借贷资本的需求达到了最高限度，与此同时，利息率也达到了最高限度”（第580页）。产业资本家这时对借贷资本的大量需求并不是为了购买生产资料和劳动力来扩大生产能力，而是因为自己生产的产品卖不出去，无钱偿还债务。

到了复苏阶段，随着利润的提高，产业资本家恢复了对生产的信心，增长了对借贷资本的需求，用以购买生产资料和劳动力来扩大生产能力。伴随着利润率的提高、对产业资本需求的增长和对借贷资本需求的增长，利息率也随之提高。

无论是危机阶段还是复苏阶段，决定利息率提高的原因是对借贷资本需求增长的，不同的只是，在危机阶段，来自借贷资本的货币用作支付手段，伴随着对借贷资本需求增长的是利润率的下降和对产业资本需求的减少；在复苏阶段，来自借贷资本的货币用作购买手段，伴随着对借贷资本需求增长的是利润率的提高和对产业资本需求的增长。

在复苏阶段，产业资本家对借贷资本的需求是为了购买生产资料和劳动力。其中对劳动力的需求有两方面的作用，一方面，增加了对可变资本的需求，进而增加了对借贷资本的需求，这种情况会提高利息率，另一方面，对劳动力需求的增加又会提高工人的工资，这会引起利润率的下降，因此，“当利息率是由利润率决定时，对劳动力需求的增加本身，决不可能是利息率提高的原因”（第580页）。

（二）批判奥弗斯顿用对商品的需求说明利息率的变动［第 581 页末段—本章完］

奥弗斯顿说："利息率所发生的一切巨大的波动，不管是波动时间久的或者波动范围广的，都可以明确无误地归结为资本的价值的变动。"那么，什么是资本呢？奥弗斯顿答："资本是由营业借以进行的各种商品构成的；有固定资本，有流动资本，你们的船舶，你们的码头，你们的造船厂是固定资本；你们的粮食，你们的衣服等等是流动资本。""资本是和任何的商品一样的；根据供求的情况变动自己的价格。"

奥弗斯顿是用商品供求的变化去说明利息率的变动的。马克思从以下三个方面指出奥弗斯顿的错误。

第一，商品供求的变化只能说明商品价格的变动，不能说明利息率的变动。［第 581 页末段—第 582 页末段］

在资本主义制度下，投放在市场上的生产资料或生活资料，都是作为产业资本家或商人的商品资本出现的。因此，用对商品的需求的增长去说明利息率的提高，也就是用现实资本的增长去说明利息率的提高。其用意在于说明借贷资本家，即银行家的利益和产业资本家的利益是一致的，银行家从利息率的提高获益，产业资本家从他销售的商品提价获益。

决定利息率提高的是对借贷资本需求的增长，而不是商品价格的提高。商品价格提高了，利息率不一定提高，商品价格下降了，利息率不一定下降，甚至有可能提高，一切都取决于对借贷资本需求的变动。

当商品供不应求而使商品的价格提高时，作为买者，产业资本家要保持原有的生产规模，购买同量的生产资料就要支付更多的货币，为此增加了对借贷资本的需求，从而提高了利息率。但是也有可能减少购买，对借贷资本的需求不变，利息率就不会提高。这里还没有考虑两点：第一，作为卖者，产业资本家也从提价中获得更多的货币，从而无须增加对借贷资本的需求；第二，当某些商品因供不应求而提价时，另有一些商品因供大于求而降价，提价和降价起互相抵消的作用。

当商品供大于求而使商品价格下降时，产业资本家购买同量的生产资料就会减少货币的支付，为此减少了其对借贷资本的需求，从而降低了利息率。但是更有可能的是，产业资本家会利用这一时机扩大生产规模，或者囤积居奇，从而增加其对借贷资本的需求，利息率不仅没有下降，反而进一步提高了。

第二，经济危机时期的高利息率是由于对借贷资本的需求的增长，而不是对商品需求的增长。［第 583 页第 1 段—第 586 页第 1 段］

利息率的高低究竟是取决于对借贷资本的需求还是对商品的需求，在经济危机阶段充分表现了出来，这时市场上商品因严重超过需求而滞销，在物价不断下跌的同时，利息率却上升到最高水平。

在商品滞销和物价猛跌的情况下，利息率为什么被提得很高？这是因产业资本家的商品不能转化为货币或转化为较少的货币，他要维持正常的生产和生活，不能不靠举债度日，尤其是原来的债务无力偿还，只能再去借新债还旧债，使整个社会进入货币紧迫时期，货币危机不可避免地爆发，利息率随之急剧上升。

信用制度加剧了货币危机，在信用制度的支持下，生产如脱缰的野马，不顾群众购买力的需要，迅猛跳跃，终于陷入经济危机，商品的滞销加大了信用风险，又产生了信用危机，"在信用紧缩或完全停止的紧迫时期，货币会突然作为唯一的支付手段和真正的价值存在，绝对地同商品相对立”（第584页）。为了保持表现在货币上的商品价值，产业资本家不惜销毁大量的商品。信用紧缩使货币的借贷更为困难，从而推动利息率的提高。

支付手段的紧缺是经济危机的表现，但不是经济危机的原因。当银行信用没有发生动摇的情况下，通过增加信用货币可以缓和货币危机，1844年的英国银行法，限制了银行券的发行，从而加剧了货币供应的紧张，提高了银行贴现率。

在国际贸易中发生的支付逆差加剧了货币危机，进一步提高了利息率。1847年英国发生的经济危机就是因为支付逆差而加剧了货币危机和信用危机。当时的英国在大量进口农产品的同时也大量出口工业品，尽管在贸易上仍是顺差，但因英国是一个“提供信用最多而接受信用最少的国家”（第556页），从而使英国在贸易上对外是顺差的同时，在支付上却是逆差，为了立即结清各种到期支付的差额，不得不输出贵金属；廉价抛售在国外委托销售的商品；废止信用；宣告破产等等。

第三，利息率的变动如果取决于商品供求的变动，不同商品就会有不同的利息率。[第586页末段—第587页第2段]

在本卷的第26章中，马克思已经批判了诺曼提出的利息率由商品供求调节的观点，奥弗斯顿犯了和诺曼同样的错误。奥弗斯顿和诺曼同样不能解释，不同的商品不论其供求状况如何不一致，但在利息率上却是一致的。马克思以1845年的英国为例，当时棉花的价格很低，棉纱的价格却很高，利息率如何既由棉花价格调节，又由棉纱价格调节呢？

对借贷资本的需求和对现实资本的需求是不一致的，如果要它一致，就必须以各种生产要素的贷放取代货币的贷放，这种贷放的金额并不能说明利息率的多少，它说明的只是在利息率已定时能根据这个金额从平均利润中获取多少利息。

第三十三章　信用制度下的流通手段

从本章至第35章连续3章研究信用制度下的流通手段，第33章研究信用制度对流通手段的影响以及银行通过创造信用和资本获得高额利润，第34章是对通货原理学派的进一步批判，第35章从国际范围研究信用制度下的货币流通。

一、信用制度对流通手段量的影响［本章第1段—第598页第1段］

（一）信用制度节省了流通中所需要的货币量［本章第1段—第591页第1段］

在《资本论》第1卷第3章中，马克思告诉我们，货币执行流通手段职能时的需要量由两方面因素决定，一是进入流通中的商品的价格总额，另一是货币的流通速度（用同名货币的流通次数来表示）。货币执行支付手段时，会从两个方面对商品流通中的货币需要量产生影响，从而减少对流通手段的需要量，但是货币执行支付手段时需要作为中介的信用进行沟通，要以信用作为基础。

在本章第1段马克思分两个方面阐述信用对商品流通中的货币需要量的影响，第一方面是在第589页倒数第9行尾“流通手段的单纯节约……”开始展开的，直到第590页第5行，而另一方面则是在第590页第5行开始展开，直到该段结束。

先讲第一方面，在货币执行支付手段时，由于债务的锁链而互相抵消，减少了对流通货币的需要量。但是这种抵消业务需要以信用机构为中介，在票据交换所里，这种结算业务就可很轻易地完成，支付手段的职能只是结清余额。汇票的存在和发展要以工商业者相互提供的信用为基础，信用减少了，票据随之减少，结算业务也会减少。“在交易上排除货币，完全以货币的支付手段职能为基础，而这种职能又是以信用为基础的。”（第589页）

信用对货币的节约有两种形式，一种是债务人和债权人在同一个银行都有户头，只要通过转户即可清算债务，无需任何现金。另一种是债务人和债务人的户头在不同的银行，就由不同银行之间结算，在不同银行之间出现结算差额时，货币才执行支付手段职能。

另一方面，在信用介入下，货币的流通速度会加快，表现在一定时间内，货币流通的次数会增加。例如，A向B买，B向C买，C向D买，D向E买，E向F买，同一货币流通5次，如无信用介入，就需要较长时间才能完成这5次购买，而在信用介入下，可以在较短的时间内完成这5次购买。也就是说，在信用介入下，在原来的时间内，同一货币可流通7次、8次，乃至更多次，继续进行F向G买，G向H买，……在原有的基础上，更多地增加货币流通的次数。

陈征虽也认为在信用的介入下，“从一定时间来说，流通的次数增加了”[①]，但是他又认为原有的货币流通次数却因信用的介入而减少。他举例说“流通中的这100元货币，只

---

① 陈征：《〈资本论〉解说》第3卷（修订本），福建人民出版社1997年版第490页。

是由 A 转到 B 手，由 B 转到银行，最后由银行转到 F 手，只要流通 3 次”①，由于原有货币流通次数的减少，要使一定时间内货币流通次数增加，不仅要有新增加的货币流通次数，而且要求这新增加的货币流通次数必须要多于原来在这一时间内减少的货币流通次数（2 次）。按照他所举的例子，在信用的介入下，还需要再来 5 次购买，才能增加 3 次货币流通，加上原有的 3 次，货币流通共 6 次，比原来的 5 次增加了 1 次。这样看来，陈征所说的“从一定时间来说，流通的次数增加了”就成为疑问。

货币的流通次数既包括货币作为流通手段的流通次数，也包括货币作为支付手段的流通次数，货币的流通次数不因货币执行支付手段而减少。

商品的购买次数也就是货币的流通次数，它既不因货币执行支付手段也不因信用的介入而减少它的次数，信用的介入减少的是每次购买所需要的时间，而不是像陈征所说的减少了货币的流通次数。正因为由于信用的介入使每次货币流通所需的时间有所减少，才能够在一定时间内使货币流通的次数增加，货币流通的速度加快。

此外，陈征对货币流通次数的计算也有些混乱，按照他的排列，货币流通共有 3 次，第一次，A 向 B 购买，A 的货币进入 B 手中；第二次，B 将 A 付给的货币存入银行；第三次，银行将这笔货币付给 F。实际上，5 次货币流通在这里只计入第一次，即 A 向 B 的购买，至于另外 4 次，即 B 向 C 的购买、C 向 D 的购买、D 向 E 的购买、E 向 F 的购买，均未出现，也就是 5 次购买行为在信用的介入下被压缩成一次完成。陈征所列的所谓第二、三次流通，均属信用业务，不能构成货币的流通次数，而且就信用业务而言，在上例中共发生 4 次：B 的货币存入银行、银行为 C 贴现、D 的货币存入银行、银行为 E 贴现。陈征只列出了其中的第一次，即 B 的货币存入银行。

（二）银行券的流通规律［第 591 页第 2 段—第 598 页第 1 段］

银行券是由银行家签发的用来代替私人汇票的银行汇票，持票人可以将它作为流通手段投入流通，并可随时向银行兑现金属货币。银行券成为以纸币形式出现代表金属货币进入流通的信用货币，同样要受货币流通规律支配，它的发行量一方面要取决于进入流通的商品的价格总额以及因货币执行支付手段带来的节约，另一方面取决于货币的流通速度。

1. 信用业务节约了银行券的流通量［第 591 页第 2 段—第 593 页第 2 段］

马克思引用的有关统计资料表明，从 1844 年到 1857 年期间，虽然进出口显示出来的营业额已增加 1 倍以上，流通的银行券总额却反而减少了，其中 5 镑和 10 镑的小额银行券尽管有所增加，但也只增加了 15%（14 万镑），而 200—1 000 镑的大额银行券却减少了 38%（201 万镑）。

其主要原因是信用业务的发展使票据集中到票据交换所进行结算，从而“在批发商业上，货币的使用已减少到多么小的最低限度，……现在英国虽然银行券的流通量几乎一样，但可以经营 5 倍甚至 6 倍的营业”（第 593 页）。

除上述原因外，“另外一些情况，如 1 便士邮政制、铁路、电报，总之，各种改进了的交通工具，也有助于流通手段的节约”（第 593 页）。这些情况，加快了货币乃至银行券的流通速度，当今各种条件，尤其是互联网的发展，使这一速度更是大大加快。

2. 银行券流通量的规定［第 593 页末段—第 596 页第 1 段］

上述统计材料表明，从 1844 年到 1857 年的十多年间，银行券的流通量始终保持在

---

① 陈征：《〈资本论〉解说》第 3 卷（修订本），福建人民出版社 1997 年版第 490 页。

2 000万镑上下，“由此就可以看出，只要银行券可以随时兑换货币，发行银行券的银行就决不能任意增加流通的银行券的数目”（第593页）。

银行券的流通量不是人们任意加以规定的，“流通的银行券的数量是按照交易的需要来调节的”（第594页），按照《资本论》第1卷第3章的论述，不能兑现的纸币也不是人们任意加以规定的，它的流通量也要按照交易的需要进行调节，不同的是，银行券可以随时向银行兑现金属货币，“每一张多余的银行券都会立即回到它的发行者那里去”（第594页），纸币不能通过兑现调节它的流通量，超量发行的纸币只能滞留在流通中，通过所谓的“贬值”，即贬低它所代表的金属货币量来调节商品交易对它的需要量。

马克思引证了许多银行家及个别经济学家的论述证明：“银行券的流通既不以英格兰银行的意志为转移，也不以该行为保证银行券兑现而在地库中贮藏的金的数量为转移。”（第595页）

3．银行券流通量周期性的变动［第596页第2段—第598页第1段］

从1844年到1857年十多年期间，银行券的流通量始终保持在2 000万镑上下，一方面说明了银行券的流通量不能由银行家任意增加，它取决于市场上的商品流通量，另一方面，在营业额成倍增加的同时，银行券的流通量基本保持不变，这又给人以错觉，银行券的流通量并不取决于商品的交易量。在进出口营业额成倍增加的同时，银行券的流通量为什么基本不变，其原因在上面已作了分析，如果从银行券流通量的周期性上的变动来看，就会明显地表明：“只有营业本身的需要才会影响流通的货币即银行券和金的数量。”（第596页）

马克思从两方面考察银行券流通的周期性变动。

首先是由季节性的支付引起的银行券流通的周期性变动。如英格兰银行在每年8月的收获季节为支付工资会有几百万镑金进入国内流通，至年底回流。在苏格兰，银行券的流通集中在5月和11月，投入流通后一个月内回流。英格兰银行国债利息按季支付，银行券也按季流通。

其次是由产业周期不同阶段引起的银行券流通的周期性变动。

“流通手段总额同产业周期的不同阶段相适应的变动，更显著也更持久得多。”（第597页）恩格斯根据英格兰银行的银行券流通的变动情况，作了如下概括：“在危机以后的消沉时期，通货额最小，随着需求的复苏，又会出现对流通手段的较大的需要。这种需要随着繁荣的增进而增加；而在过度扩张和过度投机的时期，流通手段量将达到最高点，——这时危机突然爆发了，昨天还是如此充足的银行券，一夜之间就从市场上消失了；随着银行券的消失，汇票贴现者，要有价证券作担保的贷款人，商品购买者，也消失了。”（第597页）

二、对查普曼关于信用制度下流通手段证词的评述［第598页第2段—第612页末段］

查普曼是19世纪上半叶奥维伦德—葛尼公司的代表，他在1857年向银行委员会作证时的证词引起了马克思的兴趣，并对以下几个问题进行了评述。

（一）流通手段量和利息率的关系［第598页第3段—第602页末段］

1857年，英国爆发了第四次经济危机，市场上通货紧缺，查普曼指出有些资本家趁机抛售各种证券，从流通中取走100万镑或200万镑银行券，造成货币紧缺现象更为严重，查普曼对外贷款的利息率不断提高。

这一证词折射了一个问题，即利息率和流通手段量的关系如何，利息率的提高是否由于流通手段量或通货量的减少？查普曼并未提出更未回答这一问题，有的教材认为查普曼用流通手段量或通货量来说明利息率的变动，从马克思的引述中是看不到这一点的。提出并回答这一问题的是马克思。

在本书第 22 章中，马克思已指出利息率的高低取决于货币市场上的供求状况，“在货币市场上，……借贷资本的供给和借贷资本的需求之间的关系，决定着当时市场的利息状况”（第 411 页）。现在要补充说明的是流通手段量或通货量对利息率有无影响。

在这里，马克思明确指出在一般的情况下，利息率的变动“同流通手段的绝对量无关”（第 600 页），“通货的绝对量不会影响利息率”（第 601 页）。

马克思仍引用 1844 年至 1857 年这十多年间的英格兰银行的银行券每年在公众手中的年平均额的统计资料，说明在这一期间银行的利息率低至 3%，高至 9%，有较大变动，而公众手中的银行券经常保持在 1 900 万镑至 2 000 万镑之间，这就说明，流通手段的绝对量和利息率之间没有什么必然的联系。

如果说流通手段量或通货量和利息率之间有什么关系的话，也只能是和流通手段量的分配有关。公众手中的银行券通常被分作两部分，一部分进入实际的流通，另一部分当做准备金存入银行。“如果这个准备金很多，从而实际流通的通货很少，那么，从货币市场的观点看，这就是通货充足；如果这个准备金很少，从而实际流通的通货很多，从货币市场的观点看，就叫做通货短缺，也就是说，代表闲置的借贷资本的那部分，只有一个很小的数额。”（第 599 页）利息率的高低直接和借贷资本的供求有关，从借贷资本的供给这一方面看，当通货充足时，代表闲置借贷资本量就多，当通货短缺时，代表闲置借贷资本量就少。但是，什么情况下是通货充足，什么情况下是通货短缺呢？马克思告诉我们，当进入实际流通的通货很少时，表明通货充足，当进入实际流通的通货很多时，表明通货短缺。因而，当利息率因借贷资本供给减少而提高时，并不是因为进入实际流通的通货很少，反而是进入实际流通的货币很多引起的。

和产业周期各阶段无关的进入实际流通的通货（银行券和金）的膨胀或收缩，可以是由于技术上的原因引起的，也可以是由于营业的扩大或收缩引起的。无论是什么原因引起的，流通手段的绝对量和利息率的高低并无必然的联系，对前一原因引起的通货膨胀（不同于纸币超量发行引起的通货膨胀）和利息率下降，马克思指出这时的利息率下降只和借贷资本的贷放有关，“这同流通手段的绝对量无关”（第 600 页），对后一原因引起的通货膨胀或收缩，马克思更进一步指出，在通货充足时，利息率可能是比较高的，在通货短缺时，利息率也可能是比较低的，这一切取决于借贷资本的供求状况。

陈征教授在他的《〈资本论〉解说》第 3 卷（修订本）中，对前一原因引起的通货膨胀或收缩，认为流通手段紧缺，对借贷资本的需求就增加，“流通手段充裕，对借贷资本的需求减少”①，他以此说明流通手段量和利息率是有必然联系的。首先，陈征教授现在要说的是实际流通的通货量而不是流通手段绝对量，对流通手段的绝对量，马克思明确指出它和利息率的变动是无关的。其次，实际流通的通货量和利息率之间并无必然的联系，马克思在对后一个原因引起的通货膨胀或收缩的分析中就回答了这个问题，指出在通货充足时，利息率可能是比较高的，在通货短缺时，利息率可能是比较低的，以此说明通货量

① 陈征：《〈资本论〉解说》第 3 卷（修订本），福建人民出版社 1997 年版第 494 页。

与利息率并无必然的联系，陈征教授不知何故却由此得出相反的结论，认为“如果通货的充足或短缺是由于营业的扩大或收缩，就可能对利息率发生影响”①。按此说来，通货充足时利息率就会低，通货短缺时利息率就会高，事实并不一定如此，一切取决于借贷资本的供求状况。

马克思认为在一般情况下，“通货的绝对量不会影响利息率”（第601页），原因是：第一，通货的绝对量除取决于商品价格总额和货币流通速度外，还取决于信用状况，利息率如果取决于通货的绝对量，也就等于说借贷资本的供求取决于通货的绝对量了，这就颠倒了通货的绝对量和信用状况之间的关系。第二，商品价格和利息之间并无任何必然的联系，商品价格取决于商品价值和货币价值，商品价格总额决定通货的绝对量，而利息率则取决于借贷资本的供求状况，它既不由通货的绝对量决定，也不决定通货的绝对量。

马克思用多年的统计资料说明，有好几年，“通货很少，利息率也低”，另有好几年，“通货很多，利息率也提高了”，甚至“自从金矿发现以后，整个欧洲的货币流通都膨胀了，利息率却提高了”。马克思的结论是：“利息率并不取决于流通的货币量。”（第601页）

“通货的绝对量只有在紧迫时期，才对利息率产生决定的影响。”（第601页）即使在这一时期，通货的紧迫也是由信用缺乏（银行不愿贷款和对汇票贴现）引起的，这时货币由流通手段和支付手段变为贮藏手段，退出了流通。

进入实际流通的通货量和借贷资本量是两个不同的量，在两大部类之间的交换中，这一区别表现得最清楚，问题是，在发达的信用制度下，货币集中在银行手中，银行不仅从事货币的贷放，也从事商品交易中的现金出纳和结算，从而使只与流通中的货币有关的通货的贷放和借助这些通货而流通的资本的贷放混合在一起，将进入实际流通的通货量和借贷资本量混为一谈。

（二）商品出口和国内货币市场需要量的关系［第603页第1段—第604页末段］

马克思说：“甚至出口的增加，或多或少会对每个国家，特别是对提供信用的国家，表现为国内货币市场需要的增加。”（第603页）当出口增加时，有更多的外汇流入，为什么还会表现为国内货币市场需要的增加呢？这不仅要考虑在出口增加的同时也会增加进口，甚至更多的进口，还要考虑到这个国家对信用的提供和接受的情况。如果通过提供信用增加出口，出口国得到的不是现款，而是大量的汇票，从事出口的工厂主和商人就会用这些汇票向本国银行进行贴现，造成对国内货币市场需求的增加。恩格斯在这里虽然再一次强调“汇票贴现不是发放贷款，而是购买商品”（第604页），但汇票贴现会促使利息率（包括贴现率）的提高，从而对银行家十分有利。

（三）危机阶段的汇票贴现［第605页第1段—第608页第2段］

在出现高利息率的情况下，被马克思称之为“信用冒险家”的汇票经纪人预期从事汇票贴现可获取高额利润，就不惜以高利息率向银行借款，用以对汇票贴现。他们这样做，有利于工厂主的营业，也使自己“靠预期中的利润，过着阔绰的生活”（第605页）。但是，到期的汇票能否兑现是有很大风险的，为了转嫁风险，查普曼主张用法律规定，强制英格兰银行像接受银行券兑换金币那样，接受汇票经纪人对汇票的再贴现。这种要求是不可能被接受的，尤其是在经济危机中，谁也不会愿意对难以兑付的汇票进行贴现和再贴现。

① 陈征：《〈资本论〉解说》第3卷（修订本），福建人民出版社1997年版第493页。

（四）危机阶段的银行准备金［第 608 页第 3 段—第 611 页第 2 段］

地方银行为了能够正常营业，必须持有一笔最低限度的准备金，其中一部分留在自己银行，另一部分存入英格兰银行。在工商业正常发展的情况下，银行的准备金是很充足的，在发生经济危机时，准备金就会变得很少。1846 年英国农业歉收和工业品出口受阻，为此输出黄金达 900 万镑以上，这减少了国内的黄金储备，货币紧迫使银行不愿向客户提供贷款，公众手中的银行券金额比过去增加，却宁肯贮藏起来也不愿以高利率放贷，从而加深了经济危机。

（五）银行券的流通和票据的流通［第 611 页第 3 段—第 612 页末段］

批发商除了使用银行券作为流通手段外，更重要的是他们还使用票据作为第二种流通手段，这里的票据有两种，一是商业汇票，另一是银行汇票。现在要研究的是这两种流通手段的关系如何。

第一，“流通的汇票的数量，和银行券的数量一样，完全是由交易上的需要决定的”（第 612— 613 页）。50 年代的英国发行银行券 3 900 万镑，流通的汇票有 3 亿镑。

第二，银行券流通的规模不受汇票流通规模的影响，在货币短缺的时候，银行券流通的规模会影响汇票流通的规模，这时，“汇票的数量将会增加，汇票的质量却会下降”（第 613 页）。

第三，过剩的银行券可随时向银行兑换金币，没有任何风险；过剩的汇票不仅不能兑换金币，也不能兑现纸币，因此“在危机期间，汇票流通会完全停止；没有人能够使用支付凭证，因为每个人都只接受现金支付；至少直到现在的英国，只有银行券还保持流通的能力，因为国家以其全部财富作英格兰银行的后盾”（第 613 页）。

三、银行家的权势［第 613 页第 1 段—本章完］

银行家有很大的权势，当货币发生紧迫情况时，只要有少数几家银行抛售一两百万镑统一公债，从市场上取走等额的银行券，就会使整个货币市场陷于混乱。

最有权势的是具有半国家机关地位的英格兰银行，它有雄厚的资本和利润，政府的税收规定必须存入该银行，它吸收了大量的公众和地方银行的存款，发行了大量的银行券，在伦敦货币市场上举足轻重。

马克思从以下三个方面说明银行家，特别是英格兰银行的权势和在国民经济生活中的重大影响。

第一，采取各种手段创造信用和创造资本。［第 614 页第 2 段—第 615 页第 1 段］

这些手段有：

“1. 发行本行的银行券。”（第 615 页）

为商业汇票贴现而发行的银行券保证能随时兑换金，必须有一定数量的贵金属储备，但是国家也允许在这个金额之外，发行一定数量不需要有贵金属准备的银行券，如按照 1844 年银行法的规定，英格兰银行可以在发行与贵金属储备等额的银行券之外，另外增发 1 400 万镑不需要有贵金属准备的银行券，1847 年暂停执行 1844 年的银行法，更使英格兰银行可以发行任意数量的银行券。在私人银行发行的银行券中，有三分之二是没有贵金属准备的，被认为是“同额资本的创造”。

对这种没有黄金准备的银行券，马克思指出：“英格兰银行不用它的地库内的金属贮藏作准备金而发行银行券时，它创造了一些价值符号，它们不仅是流通手段，而且对英格兰银行来说，它们还按没有准备金的银行券的票面总额，形成了追加的——虽然是虚拟的——资本。并且这一追加的资本，会为它提供追加的利润。”（第 614 页）恩格斯也指出：“1844 年银行法的暂停执行，使英格兰银行可以发行任何数量的银行券，而不用考虑自己手中有多少金准备可以作为保证；这样，使它可以创造任何数量的纸票形式的虚拟货币资本，从而用来贷给各个银行和各个票据经纪人，并且通过他们，贷给商业界。”（第 537 页）

最为荒谬的是，当国家向英格兰银行发行国债获取由国家授权发行的银行券时，还要支付债息。

“2. 签发以 21 天为期在伦敦兑付的汇票，但在签发汇票时，立即收进现金。”（第 615 页）

这就是说，在汇兑业务中，客户由银行汇出现金后，要在 21 天后才能向银行领取，在这一期间由银行无偿使用这笔现款，通过放贷可以无本取利。

“3. 付出已经贴现的汇票，这种汇票之所以有信用能力，至少对有关地区来说，首先是并且主要是因为有了银行的背书。”（第 615 页）

这是指向银行申请贷款时，银行付出的不是货币，而是一张已经贴现但尚未到期的商业汇票，这种汇票之所以能被对方接受，是因为有银行的背书，也就等于说由银行担保这张汇款到期的支付，从而具有信用能力。商业汇票是一种信用货币，现被银行转化为可以生利的借贷资本。

第二，调节市场利息率。［第 615 页末段—第 617 页末段］

在营业正常进行时，货币供应比较充足，对支付手段的需要容易得到满足，在这种情况下，英格兰银行难以通过提高利息率获取更多的利润，在 1893 年时曾经这样尝试过，但失败了。但是，到了货币紧迫时期，私人银行或经纪人的贴现业务受到了限制，这项业务转交给英格兰银行，使它能够具有调高市场利息率的实力，尽管它不能像私人银行那样肆无忌惮地利用自己的权力大幅度提高利息率，但也从中获取了高额利润。

根据马克思所引的统计资料，英格兰银行的资本总额为 11 642 400 镑，而从 1797 年到 1817 年这 19 年间，共获利润 29 280 636 镑。

第三，资本的集中与银行家的统治。［第 618 页第 1—末段］

马克思提出以下三点值得注意的地方：

（1）以国家银行为中心，周围有大的货币贷放者和高利贷者的信用制度。

（2）国家银行及其信用体系干预现实生产，吞并一部分企业。

（3）银行制度成为宗教的和道德的制度。

第三十四章　通货原理和1844年英国的银行立法

在第26章中，马克思对通货学派的代表人物奥弗斯顿勋爵（即银行家琼斯·劳埃德）等人在利息率问题上的错误观点进行了批评，在本章中，马克思进一步对奥弗斯顿在信用制度下的流通手段问题上的错误进行了批评。

1844年英国的银行立法（这个银行法也以当时制定这一法令的英国首相罗伯特·皮尔命名）就是根据奥弗斯顿等通货学派的理论制定出来的，而通货学派的这一理论又来自李嘉图的货币数量论。本章的分析就从李嘉图的货币数量论开始。

一、1844年银行法的理论基础［本章第1段］

1844年银行法的理论基础是通货学派的货币数量论。

货币数量论认为商品价格决定于流通中的货币量，而不是相反地流通中的货币量决定于商品价格。这一见解由来已久，“17世纪的意大利经济学家已经多多少少提到过这种见解，洛克有时加以肯定有时加以否定，而《旁观者》杂志（1711年10月19日的那一期）、孟德斯鸠和休谟则明确地把它发挥了。……休谟是18世纪这一理论的最重要的代表人物”①，“关于价格决定于流通手段量的学说，最初是洛克提出的，1711年10月19日的《旁观者》复述了这一学说，休谟和孟德斯鸠把它发展了并作了优雅的表述；李嘉图在它的基础上从形式上把它推到了极端，劳埃德、托伦斯上校等人则把这一学说连同它所有的荒谬之处实际应用于银行业等等”②。

例如，洛克认为金银只有一种想象的或习惯的价值，孟德斯鸠认为：“商品价格的决定总是基本上取决于商品总量和货币总量之间的比例。”（《论法的精神》），休谟认为：“与其说价格决定于一国内商品和货币的绝对数量，不如说决定于进入或能够进入市场的商品数量和流通着的货币。”（《对若干问题的论述》）

关于上述内容，马克思在本章中并未提及，恩格斯在编辑本章时，着重补充了李嘉图的货币数量论，而这一补充内容都来自马克思的《政治经济学批判》第1分册第2章。

李嘉图的货币数量论主要有以下三点内容：

第一，李嘉图认为：“商品价格按货币增减的比例而涨跌，我以为这是无可争辩的事实。”（《答博赞克特先生的具体意见》）

休谟把货币看成是商品的没有价值的代表，和休谟不同，李嘉图认为：“贵金属的价值和其他一切商品的价值一样，最终决定于取得它们并把它们送到市场所必需的劳动总量。”（《政治经济学和赋税原理》）金银作为具有既定价值的商品，用来计量一切其他商品的价值。但是他却加了一个条件，即只有在具有一定价值的金量和商品的价值总额相平

---

① 《政治经济学批判》第1分册，《马克思恩格斯全集》第2版第31卷第555页。

② 《1857—1858年经济学手稿》，《马克思恩格斯全集》第2版第31卷第185页。

衡时才如此，如果货币量超过这一比例，货币价值就会降低，商品价格就会提高，反之，如果货币量低于这一比例，货币价值就会提高，商品价格就会降低。

第二，货币量和商品量之间的平衡通过金的输出或输入进行调节。

当金量相对过剩并使货币价值下跌时，通过金的输出和商品的进口，使货币量和商品量之间取得平衡，货币价值得以回升。

当金量相对减少并使货币价值提高时，通过金的输入和商品的出口，使货币量和商品量之间取得平衡，货币价值恢复到正常水平。

第三，银行券代表的货币价值随金的价值变动而变动。

当货币价值随着货币数量的变动而提高或降低时，可兑换金属货币的银行券所代表的货币价值也随之提高或降低。例如，当货币价值因金量的增加而降低了20%的话，那么，手中的10镑银元券虽然和原来一样，仍可兑换10镑金币，但现在的10镑金币包含的价值只相当于原来8镑金币的价值了。

二、通货学派产生的历史背景及对李嘉图货币学说的应用［第620页第1—末段］

这一部分内容仍由恩格斯引自马克思的《政治经济学批判》第1分册。

对大卫·休谟（1711—1776）的货币数量论，马克思认为："休谟所考察的仅仅是贵金属本身的价值发生革命的时代，也就是价值尺度发生革命的时代。自从美洲矿山发现以来随着金属货币量的增加同时发生的商品价格的提高成为他的学说的历史背景，正如反对货币主义和重商主义的论战构成他的学说的实际动因一样。"①

大卫·李嘉图（1772—1823）货币数量论产生的历史背景是在18世纪中，尤其是18世纪末和19世纪初英法战争期间大量发行纸币引起的纸币贬值。

以奥弗斯顿（1796—1883）为主要代表的通货学派产生的历史背景是"19世纪的商业危机，特别是1825年和1836年的大危机"②，经济危机是在世界市场上刮起的一场大风暴，震撼了资本主义世界，人们都在寻找这种大风暴的根源和抵御它的对策。作为资产阶级经济学家当然不会从生产过剩上去研究商业危机中发生的物价普遍跌落现象，因为这将暴露资本主义的基本矛盾，他们从生产过程的最表面和最抽象的货币流通领域中去寻找危机的根源和抵御它的对策，通货学派就此应运而生。

在货币流通领域内，"这个经济气象学派所依据的真正的理论前提，实际上不过是以为李嘉图已经发现了纯粹金属流通规律这一信条。留给他们去做的，是使信用券或银行券的流通也从属于这个规律"③。

把商品价格的普遍跌落说成是货币价值的相对提高，把商品价格的普遍上涨说成是货币价值的相对下降，这是同义反复，李嘉图的货币理论将这种同义反复改称为因果关系，将商品价格的涨落说成是货币价值相对提高或下降的结果，而货币价值的相对提高或相对下降又是由货币数量的减少或增加引起的。通过金的输入或输出 ，可以使商品价格调整到正常水平。通货学派所做的是："对商品价格的这种作用，现在必须人为地由银行模仿金属流通规律来进行了。如果金从国外输入，那么这就证明流通中货币不足，货币价值太

① 《政治经济学批判》第1分册，《马克思恩格斯全集》第2版第31卷第555—556页。
② 《政治经济学批判》第1分册，《马克思恩格斯全集》第2版第31卷第577页。
③ 《政治经济学批判》第1分册，《马克思恩格斯全集》第2版第31卷第577页。

高，商品价格太低，因而银行券必须同新输入的金成比例地投入流通。反之，它必须同金的流出国外成比例地从流通中收回。换句话说，必须依照贵金属的输入和输出或依照汇率来调节银行券的发行。”①

1844 年的英国银行法，就是对李嘉图的货币学说付诸实施。

三、货币数量论的理论错误和实践中的破产［第 622 页第 1 段—第 627 页第 3 段］

对李嘉图及其以前的货币数量论，马克思在《政治经济学批判》第 1 分册第 2 章中已进行了详细的评述，这里不再重复，但对这一理论，有必要指出它的以下错误：

第一，货币数量论不懂得在发现新的金矿并大量开采后引起的商品价格上涨，是由于生产金的劳动生产率提高，从而使同量的金包含的价值量减少，而非金量的增加。

18 世纪美洲金矿的发现使金属货币量随之增加，与此同时，商品价格也随之上涨，休谟被这一表面现象迷惑，提出商品价格的上涨是由货币数量增加引起的这一认识。马克思针对休谟的错误指出：“表面现象是，在商品交换价值不变时价格随流通手段量的增减而变化。”②

第二，货币数量论不懂得纸币的本质，从而将价格符号和价格本身混为一谈，将由于纸币超量发行引起的“纸币贬值”和价格上涨混为一谈。

马克思指出，“李嘉图完全受价值符号因它的数量而贬值的现象所左右”③。

纸币是货币符号或价格符号，本身并无价值，纸币的发行量无论有多少，都不能改变商品的价格，改变的只是它所代表的货币量。纸币发行量能改变商品的价格，这是在纸币执行流通手段时出现的一种假象，这时，货币流通规律被颠倒地表现出来，在货币流通中，商品的价格总额决定着金属货币的数量，而在纸币流通中，表现为进入流通的纸币的数量决定着商品的价格。对此，马克思指出：“由此就可以知道，那些片面地根据强制通用的纸币流通来研究货币流通现象的观察家们为什么必定会对货币流通的一切内在规律发生误解。实际上，这些规律在价值符号的流通中不仅颠倒了，而且消失了，……”④

对纸币本质的认识问题，笔者在另外一篇论文中进行了详细的探讨（《如何认识我国的物价上涨现象》，《当代经济研究》1997 年第 2 期）。

第三，货币数量论不懂得不同质的物体不能进行量的比较这一普遍原理。

任何两个物，只有同质才能进行量的比较，不同质的物是不能进行量的比较的。

货币所以能够对任何商品的价值计量，是因为货币和任何商品作为一般人类劳动的凝结物，都是同质的，而货币数量论离开这一共同的质，是不能进行量的比较的。首先，货币金与其他一切商品在使用价值上是各不相同的，不能进行量的比较。其次，不同的商品有不同的使用价值，不能相加在一起构成商品的总量，不仅 1 亿吨米和 1 亿尺布不能相加，1 亿吨米和 1 亿吨苹果也不能相加。马克思在批评休谟时指出：“商品世界是由无数不同的使用价值组成的，它们的相对价值无论如何不是由它们的相对数量来决定的。然而，休谟关于一堆商品和一堆金之间的这种交换究竟是怎样想的呢？他满足于空洞模糊的

---

① 《政治经济学批判》第 1 分册，《马克思恩格斯全集》第 2 版第 31 卷第 578—579 页。

② 《政治经济学批判》第 1 分册，《马克思恩格斯全集》第 2 版第 31 卷第 555 页。

③ 《政治经济学批判》第 1 分册，《马克思恩格斯全集》第 2 版第 31 卷第 569 页。

④ 《政治经济学批判》第 1 分册，《马克思恩格斯全集》第 2 版第 31 卷第 516 页。

想象，说每一个商品作为商品总量的一个可除部分同金量中的一个相应的可除部分交换。”①

第四，货币数量论“抹煞货币除了作为流通手段的职能以外的一切其他职能”②。

李嘉图把金看作只是铸币（流通手段），因而将金属货币流通规律和纸币流通规律混为一谈，纸币超量发行时，纸币就会发生贬值（代表的金属货币量减少），表现为商品价格的上涨，这种价格上涨当然是一种假象，其实质是超量发行的纸币被压缩到原来所代表的价格水平。金属货币不同，除执行流通手段职能，还执行其他货币职能，流通中的金属货币过多时，它就退出流通，进行贮藏，不再执行流通手段，流通中的金属货币不足时，金属货币又会从像蓄水池一样的货币贮藏中输入到流通中，因而流通中的货币量无论是剩余还是不足，都可通过货币的贮藏手段进行调节。

李嘉图将自己的货币理论涂上了一层国际的色彩，但是他“完全不理解贵金属作为国际支付手段的职能”③。在国际支付中，货币主要是用作支付手段，而不是流通手段。

第五，货币数量论被事实证明是错误的。

李嘉图硬用他的抽象理论解释实际现象，他断言，在1800—1820年间英国经常遇到的荒年里，金的输出并不是因为需要谷物，而是因为金量相对过多而贬值。但是，马克思引用的统计材料证明，从1793年以来，每逢英国遇到荒年的时候，流通手段的现有数量不是过多，而是不足，因此就有并且必须有比从前更多的货币流通。

19世纪初英法战争期间欧洲大陆对英国进行了封锁，李嘉图硬说这时英国向大陆输出黄金是因为本国的货币贬值，事实是英国的货栈里堆满了商品，价格比大陆低得多。

有多少金存在就要使多少铸币流通，李嘉图的这一信条在1844年英国的银行法中得以付诸实施，“这一信条在最大的、全国规模的实验之后，无论在理论上或实践上都遭到了可耻的破产”④。

通货学派的理论受到以图克、富拉顿为代表的银行学派的批评，由于他们自己对货币的性质并未真正地理解，因此对通货学派的批评很不彻底，在第28章中，马克思已对银行学派的理论进行了评述，现在，马克思从三个实际例子中进一步说明通货学派的理论错误及其在实践中的被否定。

第一个例子，1834—1843年及1844—1853年的金量、市场贴现率及15种主要商品的统计表。[第622页末段—第624页末段]

英格兰银行前总裁约·盖·哈伯德从他列出的两个统计表中得出结论：“金的输出……决不会影响商品的价格。”话虽如此，但金的输出会影响利息率，进而影响有价证券的价格。

马克思认为：“金量的减少只会提高利息率，而金量的增加则降低利息率。”（第625页）对通货学派所说的金量的增减会引起商品价格的涨跌，马克思认为“实际上已经是陈词滥调了”（第625页）。

第二个例子，19世纪50年代英国和亚洲之间的贸易。[第625页第1段—第626页第

---

① 《政治经济学批判》第1分册，《马克思恩格斯全集》第2版第31卷第560页。
② 《政治经济学批判》第1分册，《马克思恩格斯全集》第2版第31卷第569页。
③ 《政治经济学批判》第1分册，《马克思恩格斯全集》第2版第31卷第574页。
④ 《政治经济学批判》第1分册，《马克思恩格斯全集》第2版第31卷第579页。

1 段]

19 世纪 50 年代的英国对外贸易是用白银向印度购买鸦片，再全部转运到中国换回蚕丝，再将一部分从中国和孟加拉买回的蚕丝运往法国和意大利，通过蚕丝的转口和金的输出，从法国取得大量的白银。按照通货学派理论，英国用金换回的白银输出到印度和中国，商品价格在英国必定下跌，在印度和中国必定上涨，但结果并不如此。

第三个例子，1847 年英国经济危机中的纺纱业。[第 626 页第 2 段—第 627 页第 3 段]

1847 年英国又一次爆发经济危机，在危机中，一方面是进口的棉花价格上涨，另一方面则是棉纱的价格急剧下跌，货币紧缺使利息率不断升高，1844 年的银行法限制了银行券的发行，使货币供应更为紧缺，贴息率的提高使商品购买者望而却步，从而加剧了经济危机，迫使这个银行法不得不暂停执行。

四、1844 年银行法的制定和各种评论［第 627 页末段—本章完］

（一）1844 年银行法的制定［第 627 页末段—第 629 页第 1 段］

1817 年英国政府开始恢复银行券兑换黄金，为了防止银行兑换黄金的困难局面，根据通货学派的原理，由英国首相罗伯特·皮尔倡议，1844 年通过了一项改革英格兰银行的法律。

1844 年银行法的主要内容是将英格兰银行划分为两部，一个是发行部，另一个是银行部。发行部的职责是保管金库（银在金属储备量中限定为 20%）和担保品（绝大部分为政府债券），并根据二者的总和发行等额的银行券；其次是以金兑换公众手中的银行券，或以银行券兑换公众手中的金。银行部的职责是对发行的银行券及少量日常使用的铸币进行经营，如存贷、汇票贴现等。

1844 年英格兰银行的担保品为 1 400 万镑，因此，英格兰银行发行的没有准备金保证的银行券为 1 400 万镑，超过部分均以黄金作保证等额发行。按照第 624 页上英格兰银行总裁哈巴德提供的数字，银行的金属贮藏在 1844 年 3 月 1 日统计为 1 616 万 2 000 镑。按照上述两者之和，银行券的发行量约为 3 000 万镑。以后每有 5 镑金从金库流出，就会有 5 镑银行券流回发行部进行销毁，反之，每有 1 索维林金币进入金库，就会有一张新的 5 镑银行券进入流通。

银行法限制了银行券的发行，也就限制了货币的供给，尤其是在发生经济危机时，人们迫切需要大量的流通手段，而银行券的发行却因黄金大量外流而减少，另一方面又人为地增加对贷款的需求，结果“促使利息率在危机时期上升到空前的高度”（第 629 页恩格斯插写）。

1844 年银行法的制定，使“奥弗斯顿理想中的严格遵循金属流通规律的纸币流通，就实现了，按照通货学派的论断，危机因此就永远不可能了”（第 628 页，恩格斯插写）。但是，“这个银行法并没有消除危机，反而使危机加剧了，以致达到了不是整个产业界必然破产，就是银行法必然破产的程度”（第 629 页，恩格斯插写）。在 1847 年和 1857 年两次经济危机期间，政府被迫暂时停止执行 1844 年的银行法。

通货学派的理论为什么会被皮尔政府接受并以法律形式推行，其重要原因有二：第一，1837 年的经济危机带来了长期的痛苦后果，紧接着在 1842 年又发生了一次正规的后续危机，人们普遍关心产生危机的原因和后果，庸俗经济学否认是生产过剩引起的经济危机，使人们的思想发生混乱，“致使通货学派得以在全国范围内实施他们的教条。1844—1845 年的银行法被通过了”（第 628 页，恩格斯插写）；第二，18 世纪末的英法战争期间，英国滥发银行券，并于1797年5月由英国政府颁布银行限制法，宣布停止用银行券兑换黄金，直到1819年才开始恢复兑换，因此人们存在对银行券贬值的恐惧心理。“1844年的立法显示出人们对于19世纪最初20年即银行停止兑现和银行券贬值时期的记忆痕迹。担心银行券可能丧失信用的恐惧心理还很明显。”（第629页，恩格斯插写）

（二）对1844年英国银行法的各种评论［第629页末段—本章完］

1844年的英国银行法实施之后，除受到银行家及其利益代表的通货学派赞扬之外，还受到工商业主及其利益代表银行学派的强烈反对。

（1）约·斯·穆勒的评论［第629页末段—第630页末段］

约·斯·穆勒（1806—1873）是个折中主义者，“一方面他在许多问题上赞成图克，反对奥弗斯顿，另一方面他又相信，商品价格是由现有的货币量决定的”（第630页，恩格斯插写）。他在1857年6月12日说过，1844年的银行法曾抑制过度的投机，但是4个月后危机就爆发了，他的说法受到事实的嘲弄。

（2）托马斯·图克（1774—1858）的评论［第631页第1—2段］

托马斯·图克认为由于英格兰银行划分为两个部，限制了银行券的发行，其结果是提高了利息率，他举1825年危机为例，当时增加银行券的发行量，反而有助于充实银行的金贮藏。

图克的批评有片面性，他认为银行券的发行只要有信用保证就可以了，不需要有黄金保证。

（3）威廉·纽马奇（1820—1882）的评论［第631页第3段］

威廉·纽马奇认为英格兰银行划分为两个部后，金准备也划分为两个部分，使银行业务只能用其中的一半来进行，货币供应紧缺提高了贴现率，经常突然发生变动。

（4）约翰·霍斯利·帕尔默（1779—1858）的评论［第631页末段—第634页第1段］

约翰·霍斯利·帕尔默认为1844年的银行法提高了利息率，在1847年危机期间，“不论银行向有信用的商行要求多高的利息率，银行都会情愿支付，以便维持自己的继续支付的能力”，这造成了人为的营业上的困难，最终也会导致银行破产，他以1825年的银行困境为例：“1825年12月，银行只剩下大约110万镑的金。如果这个法令〈1844年法令〉那时已经颁布，银行一定会完全破产。我相信，银行曾经在12月份一个星期之内发行了500万或600万镑银行券，因而大大缓和了当时的恐慌。”

（5）约翰·特韦尔斯（?）的评论［第634页第2段—第635页末段］

约翰·特韦尔斯认为1844年英国银行法“使银行家及各种〈货币〉资本家得到了丰富的收获。……使货币借贷成为一种非常赚钱的营业”。伦敦的股份银行支付给股东的股息达到18%，甚至是20%，从而使这些股东“极其坚决地支持这个法令”。但对“诚实而勤勉的商人来说，它已经产生了很坏的影响”，使他们连到期的汇票也无力承兑。

（6）威廉·布朗（1784—1864）的评论［第636页第1段］

英国1844年银行法规定英格兰银行发行部的金贮藏不得低于900万镑。由于不能动用，威廉·布朗将其比喻为“如同把它们扔到大海里去一样”。

（7）爱德华·卡普斯（?）的评论［第636页末段］

爱德华·卡普斯认为“现行〈银行立法〉制度是一种很巧妙的安排，其目的在于周期地把产业利润放到高利贷者的钱袋中去”。

（8）肯尼迪、安德森、威尔逊等人的评论［第637页第1—末段］

1845 年的英国银行法规定苏格兰各银行采用近似英格兰的制度，这一法令受到肯尼迪等人的批评。

肯尼迪认为，苏格兰在此之前从不在意什么金的流通，1845 年后规定苏格兰各银行必须保持约 90 万镑金，“它把苏格兰资本中一个相等的部分吸收掉了，即没有带来任何利润”。

安德森和威尔逊都指出，由于针对苏格兰的 1845 年法令，苏格兰各银行向英格兰银行提取了大量金币，“以便应付苏格兰境内只是可能发生但也许永远不会发生的需求……从那时候起，就始终有一个巨大的金额保留在苏格兰，而且有另一个相当可观的金额不断地往返于伦敦和苏格兰之间”。

（9）奥弗斯顿勋爵的评论［第 638 页第 1 段—本章完］

1844 年的英国银行法是根据通货学派的原理制定的，当然会受到通货学派的代表人物奥弗斯顿的赞扬。甚至在 1847 年和 1857 年两次危机中，他仍竭力坚持这个面临破产的法令。

1847 年 10 月 25 日，政府下令暂停执行这个法令，准许增发银行券，奥弗斯顿表示反对，他说：“因缺少充足的资本而引起的货币紧迫和高利息率，不能用增发银行券的办法来缓和。”

1857 年 7 月 14 日，奥弗斯顿又说：“只要严格地一丝不苟地遵循 1844 年法令的原则，一切事情都会有条不紊，非常顺利，货币制度就很可靠，不可动摇，国家的繁荣就不成问题，公众对 1844 年的法令的信心就日益增强。”接着，他为这个银行法的执行大唱赞歌，但是，政府为挽救败局，于同年 11 月 12 日再次决定暂停执行这个银行法。

第三十五章　贵金属和汇兑率

本章研究国与国之间在信用制度下的货币流通问题。在国与国之间要由贵金属执行货币职能，在信用制度下，国与国之间的货币流通有可能引起各国中央银行金贮藏的变动，贵金属在各国之间流动的重要原因是汇兑率的变动。因此，马克思在本章中列出“金贮藏的变动”和“汇兑率”这两节内容进行研究。

Ⅰ. 金贮藏的变动

1844 年的银行法规定英格兰银行发行的银行券的数量在相当银行中担保品金额之外的超额部分，要和英格兰银行的黄金贮藏量等额发行，这是把现有的贵金属都看作是流通手段，既不考虑货币的贮藏手段职能，也不考虑货币的支付手段职能以及货币的流通速度。以至于 1844 年以来，银行券的发行从未达到它有权发行的最高限额，到了发生经济危机的 1857 年，这个最高限额又远远不能满足需要。

一、贵金属在各国之间的流出和流入［本节第 2 段—第 646 页第 2 段］

贵金属的流出是指贵金属的输出超出贵金属的输入，贵金属的流入是指贵金属的输入超出贵金属的输出。

（一）金银在世界市场上的流向［第 640 页末段—第 641 页末段］

在《资本论》第 1 卷第 3 章论述货币职能时，马克思已经指出了在世界市场上金银的运动有两种流向，一种是由生产国流向整个世界市场，另一种是随着汇率的不断变化而输入或输出。贵金属在各国的用途是：第一，进入国内流通渠道，补偿磨损了的金银铸币；第二，供给奢侈品的材料；第三，凝固为贮藏货币，其中一部分作为准备金，在国内外流通手段出现不足和支付国内外到期债款时动用，另一部分作为国家的绝对财富进行积累。贵金属作为材料供给的也不限于奢侈品。

现在要补充的是 19 世纪初以来世界各国对贵金属供求方面发生的变化。

19 世纪初是黄金开采业处于衰落的时期，1811 年至 1820 年世界黄金的平均年产量由 1741 年至 1760 年间的 24.6 吨下降到 11.4 吨，这时世界正处于第一次产业革命时期，贵金属供不应求，“供给一直只够补偿铸币的磨损，满足对奢侈品的通常需求，以及对亚洲的银的输出”（第 641 页）。

随着俄国采金业的复苏，尤其是 1848 年美国加利福尼亚金矿的发现和 1851 年澳大利亚金矿的发现，欧美各国对贵金属的需求得到了满足：第一，满足了欧美各国对亚洲贸易增长的需要，如英国对亚洲的贸易，用输出白银向印度购买鸦片，再用鸦片向中国换取蚕丝，其白银的来源除通过对法国和意大利进行转口贸易又换回白银外，还用从美洲和澳大利亚获取的黄金换取白银。第二，满足了国内对流通手段的需要，到1857年为止，英国为此增加的黄金约有3千万镑。第三，满足了增加银行准备金的需要。第四，满足了用于奢侈品的贵金属的需要。

在世界市场上，货币的职能主要用在支付手段上，当国与国之间对各种支付进行结算并出现差额时，就会产生货币的流出或流入。贵金属的流出或流入不仅产生于进出口贸易上的支付差额，其他方面原因也会引起贵金属的流出或流入，如出国探亲旅游，对外投资，对外援助，对外借贷，战争支出等。

（二）中央银行的贵金属贮藏与贵金属的流出或流入的关系［第642页第1段—第643页末段］

1. **中央银行贵金属贮藏的变动是贵金属流出或流入的一个重要尺度**［第642页第1段］

贵金属在一个国家内的流出或流入，大体上可用中央银行的贵金属贮藏的减少或增加来测量，贵金属流出了，这一贮藏就减少了，贵金属流入了，这一贮藏就增加了。

但是，这一测量尺度的准确度如何，还取决于另外两个因素：第一，取决于中央银行的业务集中到什么程度，集中程度越高，中央银行贵金属贮藏的变动越能反映贵金属的流出或流入的状况。第二，取决于国内对金铸币和其他各种金银制品的需要。例如，当贵金属流入时，却被国内的流通和用于其他金银制品的材料吸收，中央银行的贵金属贮藏就不会增加，甚至出现减少；又如，贵金属没有流入，却因流通需要的减少使部分金铸币退出流通，转入银行贮藏，使贵金属的贮藏在没有贵金属流入的情况下得到增加。

2. **中央银行贵金属贮藏减少到一定程度会使贵金属的输出采取流出的形式**［第642页末段—第643页第1段］

贵金属的输出不等于流出，正如同贵金属的输入不等于流入一样，这要看输出和输入的对比情况。当中央银行贵金属贮藏不断减少，持续很长时间后，贵金属贮藏会减少到平均最低限度，在这种情况下，表明贵金属的输出采取了流出的形式。

3. **中央银行贵金属准备金的用途**［第643页末段］

中央银行的贵金属准备金有三种用途：①作为国际支付的准备金，即用以支付国与国之间货币结算差额的准备金；②作为国内金属货币流通的准备金；③作为支付存款和兑换银行券的准备金。

“这种金属准备会受到涉及这三种职能中每一种职能的事情的影响”（第643页），具体说来：

第一，作为国际支付的准备金，会受到国与国之间支付差额的影响。

第二，作为国内金属货币流通的准备金，会受到国内流通的扩大或收缩的影响，国内流通扩大了，原有的货币贮藏就会减少，国内流通收缩了，部分金属货币退出流通，加入原有的货币贮藏。

第三，作为支付存款和兑换银行券的准备金，会产生双重影响。首先，如果发行银行券是为了在国内流通中代替金铸币，上述第二项准备金的职能就会消失，货币贮藏也就不会因此发生影响；其次，如果为了支付存款和兑换银行券，在任何情况下都必须保持最低限额的准备金，就会对金的流出或流入的结果产生影响，流入的金对已有的准备金来说是多余的，流出金时则会引起恐慌。

（三）贵金属的流出或流入与经济危机的关系［第644页第1段—第646页第1段］

1. 经济危机总是在贵金属流出停止后又流入时爆发［第644页第1段—第645页第2段］

从历次经济危机的爆发来看，除1837年危机之外，总是在汇兑率发生逆转之后，即贵金属的流出停止后又转向流入时发生。1847年的危机是这一现象的突出表现，1846年英国农业歉收，不得不用大量黄金进口农作物，黄金流出是危机的前奏和先兆，1847年4月，银行制止了金的流出，并提高了汇兑率，8月初起，汇兑率一直对英国有利，从银行流入国内的黄金已有220万镑，之后的10月英国便爆发了经济危机。

应该注意的是，马克思在第30章中已指出："金的流出只是危机的现象，而不是危机的原因"（第557页），1839年贵金属大量外流就没有引发经济危机。

2. 经济危机结束后金的流动［第645页末段］

一旦普遍的经济危机结束，"就会按金银在平衡状态下在各国形成特别贮藏的比例再行分配。……贵金属会从存额超过正常水平的国家流到别的国家去；这种流出和流入的运动，不过是恢复金属贮藏在各国之间原来的分配"（第645页）。

3. 对外贸易变化与金的流出［第646页第1段］

"金属的流出，在大多数情况下总是对外贸易状况变化的象征，而这种变化又是情况再次逐步接近危机的预兆。"（第646页）如1846年英国因农业歉收引起的对外贸易的变化，使黄金大量流出，成为1847年爆发经济危机的预兆。

（四）国与国之间的支付差额与金的流出或流入［第646页第2段］

一国对外的支付差额出现顺差，金会流入，出现逆差，金则流出。19世纪50年代，在亚洲的支付差额为顺差，在欧美的支付差额为逆差。马克思在这里就是用贸易差额去说明支付差额的，并未涉及非贸易差额。

二、信用制度下贵金属在国与国之间流动产生的影响［第646页第3段—第648页第1段］

贵金属的流动在资本主义生产周期的不同阶段表现的特点不同，在萧条阶段和复苏阶段，贵金属不断流入，在繁荣阶段进入尾声，即又一次经济危机爆发前夕，贵金属开始不断地大量流出。①

在萧条阶段，人们对投资失去信心，使借贷资本大量闲置不用，因而利息率降到最低水平，商品价格因低廉而在国际市场上具有竞争力，汇兑率因外汇充裕而较低，使贵金属不断流入。贵金属的流入增加了借贷资本的供给，从而使利息率进一步降低。

在复苏阶段，随着产业资本的发展，对借贷资本产生了需求，利息率开始回升。但是，由于在这一阶段对借贷资本需求的增长赶不上生产的扩大，使利息率仍处于很低的水平，贵金属的流入，影响着利息率的提高。

在信用制度下，贵金属的流出或流入都会产生重大影响。这是因为，信用制度和银行制度的发展，一方面，"使所有货币收入转化为资本"（第648页），因此，贵金属的流入或流出，已不单纯是货币量的增加或减少，而是具有资本性质的货币数量的变动了；另一方面，信用的发展将所有企业连成一条债务人与债权人的锁链，牵一发而动全身，任何一

---

① 马克思指出贵金属不断地大量输出的时期发生在"崩溃之前"（第647页）商品在市场上发生过剩的时期，陈征教授将这一时期说成是繁荣阶段，是不够确切的。

个环节都成为整个机体的敏感部位，信用的发展又“使金属准备减少到最低限度，使它不再能执行它应执行的职能”（第 648 页）。在这种情况下，即使有少量的贵金属流出，也会“像加到天平秤盘上的一根羽毛的作用一样，……具有决定性意义”（第 647 页）。

三、贵金属在信用制度下的地位 [第 648 页末段—本节完]

在资本主义制度下，一切货币的借贷和结算都集中在银行进行，中央银行通过汇票的贴现、发行银行券、兑换黄金等业务，成为信用制度的枢纽，这一枢纽的基础是中央银行的贵金属贮藏。

货币和别的财富形态的区别在于“它们是财富的社会性质的独立体现和表现”（第 649 页），但是在信用制度下，这一点往往被人们忘记，因为在信用制度下，通过赊购和结算，货币被大量节省下来，货币作为流通手段和支付手段又被信用工具（汇票、银行券等）所取代，“使得产品的货币形式表现为某种转瞬即逝的和观念的东西，表现为单纯想象的东西”（第 650 页）。“同样作为财富的社会形式的信用，排挤货币，并篡夺它的位置。”（第 650 页）

“但是，一当信用发生动摇，——而这个阶段总是必然地在现代产业周期中出现，——一切现实的财富就都会要求现实地、突然地转化为货币，转化为金和银。”（第 650 页）资本主义经济由一个极端的信用主义走向另一极端的货币主义，但是，银行几百万镑的货币贮藏难以满足对货币的巨额要求。银行学派图克和通货学派奥弗斯顿都主张提高利息率，限制借贷资本，阻止黄金的外流，试图维持住银行的金属贮藏。

信用危机表现得如此严重，有以下两个原因：第一，资本主义生产目的不再是为了使用价值和本人生活上的需要，而是追求社会财富，追求剩余价值；第二，信用制度一方面竭力排挤金属货币，另一方面又不得不受到金属货币的限制，以至于“不断地在这个限制面前碰破头”（第 650 页）。

Ⅱ. 汇兑率

一、汇兑率对贵金属的国际流动的影响及其对策 [本节第 1 段—第 652 页末段]

汇兑率是世界各国之间货币兑换的比率，用一国的货币表现另一国货币的价格，如 1 英镑可兑换 2 美元，2 美元就成为 1 英镑的外汇价格。各国货币兑换比率要以外汇平价即各国单位货币的含金量的比率为基础，外汇行市在此基础上随外汇的供求状况而波动。当外汇市场价格高出外汇平价的一定水平，如 1 英镑只能兑换 1.5 美元，只要这个差额超过贵金属的输出费用（包括运费、保险费、运输期间的利息），贵金属就会从英国流出，反之则会流入。

因此，恩格斯指出：“汇兑率是货币金属的国际运动的晴雨计。”（第 651 页）他举例说，英国对德国出现了支付逆差，如在英国的德国外汇行市高出平价，英国如以现行外汇价签发用英镑支付的汇票，就会进行超额支付，英国必然改向德国输出金币或金块，用黄金兑换马克来支付。

但是，如果英国的黄金流出规模比较大，持续的时间也比较长，就会减少英格兰银行的货币贮藏。为此，英格兰银行就会采取各种保护措施，其主要措施是提高利息率及相应的贴现率，通过提高利息率影响汇兑率，进而影响金的流出。

利息率的提高是怎样影响汇兑率和金的流出的呢？

第一，提高利息率后，使有价证券价格显著下跌，吸引了大批外国人托人在英国购买铁路股票，同时英国人又向国外抛售外国的铁路股票，其结果是流出的黄金又流回英国，外汇市场有了缓和，汇兑率下跌。

第二，使结清对外的债权与债务加快完成，一方面，英国收回了美国和俄国对其欠下的几百万债款；另一方面，英国对美俄两国欠下的好几百万的谷物债款，通过宣布英国债务人的破产，赖掉了其中的一大部分。

第三，8%的高贴现率，吸引了俄国商人将黄金从彼得堡运到伦敦，签下为期3个月的汇票，取得高额的利息收入。

二、对威尔逊在汇兑率问题上错误观点的批评［第653页第1段—第667页末段］

詹姆斯·威尔逊（1805—1860）是英国经济学家，曾任英国财政大臣和印度财务大臣，马克思批评威尔逊在汇兑率问题上的错误观点时使用的标题是“对亚洲的汇兑率”，是因为要针对英国对亚洲，主要是印度的资本输出对汇兑率的影响进行论述。

（一）对威尔逊混同对外投资中的贵金属输出和商品输出的不同影响［第653页第1段—第662页第1段］

英国在向印度投资建筑铁路开始时输出资本有1千多万镑，其中一半是贵金属，主要用以雇用当地工人，另一半用铁轨运往印度，同样是资本输出，以贵金属形式的输出会对汇兑率发生影响，以商品形式的输出就不对汇兑率发生影响。威尔逊却不加区分，认为无论是贵金属输出还是商品输出，只要是资本输出，都会对汇兑率产生影响。他说：“不管您是输出贵金属，还是输出商品，印度建筑铁路对英国资本市场的影响不是一样吗，不是和全部用贵金属输出一样，会提高资本的价值吗？”

马克思指出：“威尔逊不理解，在资本向外国输送时，输送的形式本身，已造成这样不同的影响；就是说，他不理解，资本的不同形式，首先是资本的货币形式，会具有这样的重要性，这是和启蒙经济学的说法完全相反的。”（第657页）

首先，从贵金属的输出形式看，由于“贵金属直接是借贷的货币资本，是整个货币制度的基础”（第653页），因而“一定会直接影响贵金属输出国的货币市场，从而影响其利息率”（第653页）。同时，“贵金属所以被输出，只是因为伦敦货币市场上供给的、例如对印度签发的汇票不能满足对这种额外汇款的需求，并且只是以此为限。这就是说，对向印度签发的汇票的需求超过供给，汇兑率因此暂时变得对英国不利”（第653—654页），从而贵金属的输出“也会直接影响汇兑率”（第653页）。

其次，从作为资本的商品的输出形式看，“如果资本是用铁轨等等的形式输出，这就不会对汇兑率发生任何影响，因为印度用不着对此付款。由于同一原因，这也不应该对货币市场发生影响”（第654页）。

马克思驳斥了威尔逊的种种辩护，其一是威尔逊认为作为资本的商品输出，必然使英国扩大生产规模，而要扩大生产，就必然要增加贷款，从而提高利息率。马克思认为这里没有必然性，生产规模的扩大无论是增加输出还是增加国内消费，货币市场所受到的影响都是一样的，和利息率的提高并无必然联系，“只有当英国的国外投资限制了英国的商业输出（这种输出应得到支付，因而会产生货币的回流），或者这种投资总的说来已经是信用过度膨胀或欺诈活动开始的象征时，才会出现区别”（第 654 页）。威尔逊还混淆了利息率的提高和汇兑率的提高，马克思认为：“这是完全不同的两件事。利息率会影响汇兑率，汇兑率也会影响利息率，但汇兑率变动时，利息率可以不变，利息率变动时，汇兑率也可以不变。”（第 657 页）“这种以商品形式而不是以贵金属形式把资本转移到外国去的投资，只有当这种出口商品的生产需要其他外国商品的额外进口时，才会影响汇兑率（并不影响对得到投资的那个国家的汇兑率）。”（第 658 页）

威尔逊的另一辩护是作为资本的商品输出，必须有相应的商品输入进行平衡，英国如对印度进行没有输入的输出，就会对美国进行没有输出的输入，并因此欠下外债，从而影响英国对美国的汇兑率。这种说法是完全错误的，英国每年从印度获取数百万镑的贡赋，因此，英国对印度并非只有输出而无输入，对这种不花分文取得的贡赋，即使吃光用光也不会影响汇兑率，当然，用这些贡赋向美国换取输入的商品，或者用这些贡赋向克里夫运送军需品，都不会对汇兑率发生影响。

（二）对威尔逊提出利息率随各种商品的过剩而下降观点的批评［第 662 页第 2 段—第 667 页末段］

威尔逊认为各种商品（包括贵金属）的过剩，会导致商品价格的下降，从而使利息率下降，并影响汇兑率，这是为他上述作为资本的商品的输出会提高外汇价格的观点的又一种辩护。但是这种辩护也是完全错误的，因为利息率的变动取决于借贷资本供求状况的变动，而不是商品的供求状况和商品价格上的变动。

在第 662— 663 页上，马克思引用了威尔逊的一段话，分成四点逐点进行批驳。

第一点，批驳威尔逊所说“各种商品的大量储存”必然引起利息率下降的错误说法。

以萧条阶段和复苏阶段为例，危机过后，生产已大为缩减，即使进入复苏阶段，也还没有出现“各种商品的大量储存”，但是利息率却是最低的或比较低的，这时黄金不仅没有流出，反而大量流入，马克思用事实批驳了威尔逊的错误说法。

第二点，批驳威尔逊提出的库存有可供两年销售的商品可使利息率大大下降的说法。

首先应该指出的是，这个假定是荒谬的，撇开这一点，我们只能说商品的过剩会引起商品价格的下降，至于利息率是否下降，取决于借贷资本的供应是否充裕，而不是商品价格的下降。商品价格的下降，包括生产资料价格的下降和生活资料价格的下降会使利润率提高，只有在借贷资本供应充裕的条件下，商品价格的下降和利息率的下降才会同时并存。

第三点，批驳威尔逊将商品过剩为什么引起利息率下降的原因解释为一切货币借贷都是商品支配权的转移。

威尔逊的这一解释仍然不能说明为什么商品过剩，利息率就会低这个问题。

商品过剩只能说明商品价格的下降，而不能说明利息率的下降，“商品的货币价格低和利息率低，不是必然连在一起的”（第 665 页）。

首先，商品价格下降后，销售量可以同比例地增加，也可以低于这一比例增加，在同比例增加时，对货币市场需求量不变，利息率就不会下降。

其次，商品价格低廉有三个原因，一是由于生产萎缩造成需求不足，这时利息率很低，但利息率低的原因并不是因为商品价格低，而是由于生产萎缩，对借贷资本需求量少；二是由于生产过剩，商品市场供大于求，这时的利息率不是下降，反而是提高了；三是由于商品的价值下降只能说明利润率的提高，不能说明利息率的下降，否则就会出现农产品价格最低的贫穷国家利息率最低，农产品价格最高的富有国家利息率最高，但事实却并不如此。

最后，从资本主义生产周期各阶段的表现来看，商品价格低和利息率低也并无必然的联系。在危机阶段，商品大量过剩，不能转化为货币，出现高利息率；在繁荣阶段，由于需求量增大而供不应求，商品价格虽提高了，利息率却因货币的迅速回流而变得较低。

第四点，批驳威尔逊提出商品所有者在商品过剩时用赊销的办法出售商品，利息率会因此下降的说法。

商品过剩，商品所有者会廉价抛售商品，但是为什么利息率会因此下降，威尔逊并没有解释清楚。马克思再一次指出，商品过剩和利息率下降并无必然的联系，在商品过剩时，利息率可能提高，也可能下降，一切要看借贷资本供求状况的变化。

马克思在第三点中指出："利息率和商品价格各自进行着完全独立的运动；而利息率的运动同金属贮藏和汇兑率的运动却正好是互相适应的。"（第 666 页）1847 年英国经济危机前夕，利息率和汇兑率都比较低，黄金大量外流，共输出贵金属 8 602 597 镑，随着 3 月初利息率的提高和 3 月底汇兑率的提高，到了 5 月初，情况开始发生转变，贵金属由流出开始转向流入。

三、外汇率发生变化的原因［第 668 页第 1 段—本章完］

在第 669 页上，马克思对外汇率变化的原因归纳为以下三点：

（1）"一时的支付差额。"有支付差额，就会引起对外的现金支付，产生对外汇的需求，从而影响汇兑率。

（2）"一国货币的贬值。"一个国家的货币，不论是金属货币还是纸币，只要发生贬值，它所兑换的外币就会相应减少，即汇兑率提高，要注意的是"在这里汇兑率的变化纯粹是名义上的"，因为从价值上看，它所兑换的外币并没有减少，因此对外汇的需求也不会因此而改变。

（3）当本国与另一国分别采用金和银不同材料作货币，而这两种金属的价值出现相对变动时，汇兑率就会发生变化。

对第一个原因要作具体分析，以英国为例，英国是在支付上有顺差的国家，如印度每年要向英国支付 300 多万镑甚至 500 万镑的贡赋，每年还从印度、澳大利亚、加拿大等国寄回大量汇款，其中包括英国在当地官员的薪水、英国商人赚回的利润、英国银行家赚回的股息。还有从在世界各国购买国债券和有价证券而获得的股息。相反，外国从英国得到的股息和英国人在外国的生活开支却是微不足道的。但是汇兑率对英国并不一定有利，黄金仍会发生外流，这是因为：一方面，英国从印度得到的贡赋是"一种完全和普遍营业无关的输入品"（第 659 页），并不是贵金属；英国从世界各国得到的汇款，也"几乎完全是以超过英国输出额的产品的形式得到的"（第 668 页）。另一方面，英国在对外贸易上，对输出品提供长期信用，对输入品则用现金支付。

当本国外汇价格下降时，对于还债和购买商品十分有利，此时贵金属会流入；当本国外汇价格提高时，结果就相反。

人们从货币主义转向信用主义，又从信用主义转回货币主义，说明信用的发展竭力排挤货币，并篡夺它的位置，但又不断地受到货币的限制，无法摆脱。

陈征教授著的《〈资本论〉解说》第3卷（修订本）中，在解释汇兑率变化的原因之后，写下了这样两小段话："至于具体原因，由于具体的历史条件不同而不同，在这里就不必再作详细的考察了。总之，从信用与货币流通的关系的考察中，可以得出这样的结论：一方面信用制度篡夺了货币制度的位置；另一方面信用制度也没有从货币制度的基础上解放出来。"① 如果我们打开王珏等人写的《〈资本论〉介绍》第3卷，同样可以看到类似的两小段话："至于影响汇兑率的更具体的原因和条件，则不在这里考察了。从信用与货币流通的关系的整个考察中，可以得出这样的结论：一方面是信用制度篡夺了货币制度的位置，但另一方面，信用制度也没有从货币制度的基础上解放出来。"② 这两小段话都是由作者对《资本论》中相应段落进行补充和发挥写出来的，但补充和发挥得如此雷同，令人生疑。

---

① 陈征：《〈资本论〉解说》第3卷（修订本），福建人民出版社1997年版第521页。

② 王珏等：《〈资本论〉介绍》，中共中央党校出版社1982年版第295—296页。

第三十六章　资本主义以前的状态

生息资本有两种形式，其古老形式为高利贷资本，在资本主义生产方式存在的形式通常称之为借贷资本，本章对生息资本进行历史的考察。

一、高利贷资本的产生与发展、特点与作用［本章第2段—第678页第1段］

（一）高利贷资本的产生与发展［本章第2段—第672页第1段］

高利贷资本是在奴隶制社会早期发生第三次社会大分工时，随着商人的出现和金属货币的出现而产生的，[①] 并随着商业资本的发展而发展。

第一，高利贷资本作为货币资本或商品资本，存在的前提是至少有一部分产品已经转化为商品，并随着商品交换的发展，货币的各种职能得到发展，“高利贷产生于货币的支付手段职能”（第678页），恩格斯说：“在使用货币购买商品之后，出现了货币借贷，随着货币借贷出现了利息和高利贷。”[②]

第二，高利贷资本随着商业资本的产生而产生，随商业资本的发展，尤其是货币经营资本的发展而发展。商业资本家借入货币是把它作为资本使用，为了获得利润。

第三，奴隶制度发展了大规模农业生产和手工生产，通过购买奴隶和土地成为致富的重要手段，从而推动了高利贷资本的发展。

（二）高利贷资本贷款的对象与形式［第672页第2—末段］

在资本主义生产方式以前的时期，具有高利贷资本特征的形式有以下两种：“第一是对那些大肆挥霍的显贵，主要是对地主放的高利贷；第二是对那些自己拥有劳动条件的小生产者放的高利贷。这种小生产者包括手工业者，但主要是农民。”（第672页）

这两种高利贷形式带来的后果是“富裕地主因高利贷而遭到破产，小生产者被敲骨吸髓，这二者造成了大货币资本的形成和集中”（第672页）。

上述高利贷资本具有特征的形式是建立在小生产者、自耕农和小手工业主占优势的基础上的，因为从借者一方看，是以生产者和生产资料所有者的身份和贷放者的资本相对立的，而这个资本是作为高利贷资本和借者相对立。而在发达的资本主义生产方式中，作为生产者的工人是和已经被分离的生产资料相对立的，工人无须作为生产者向货币资本所有者借钱。

马克思批评了弗·威·纽曼以银行因贷款对象是富人而受尊敬，高利贷者因贷款对象是穷人而被鄙视，来区分银行与高利贷者的不同。马克思认为，首先，纽曼这种说法很庸俗，为什么贷款给富人就受尊敬，贷款给穷人就受鄙视？其次，纽曼用穷人富人的区别代替了两种生产方式和两种社会制度的根本区别；最后，高利贷者的贷款对象不仅有贫苦的

---

① 恩格斯：《家庭、私有制和国家的起源》第9章。

② 恩格斯：《马克思恩格斯选集》第4卷第167页。

小生产者，也有富裕的大地主。

（三）高利贷资本的利息来源［第 673 页末段］

亨·查·凯里认为，高利贷者的利息占有全部剩余价值或剩余产品，而现代的利息，只是剩余价值的一部分，对这种对比，马克思认为是非常荒谬的。第一，现代利息虽只是剩余价值的一部分，但雇佣工人为雇用他的资本家生产全部剩余价值；第二，高利贷者不仅榨取了小生产者的全部剩余劳动，还从小生产者那里夺取了生产资料，这是为资本主义生产方式的建立创造了前提条件；第三，“凯里作这种荒谬的比较，是为了要说明，资本的发展和伴随而来的利息率的下降，对劳动者是多么有利”（第 673 页）。

高利贷资本为资本主义生产方式的建立创造了前提条件，但它本身并不代表一种新的生产方式，它的作用只是破坏旧的生产方式，而不能建立新的生产方式。

（四）高利贷资本的作用［第 674 页第 1 段—第 675 页第 2 段］

高利贷资本在瓦解封建社会方面起着重要作用，从而为资本主义生产方式的建立创造了前提。

第一，高利贷资本像吸血鬼那样在资本主义生产方式之前的社会机体上吮吸着民脂民膏，使这个社会机体衰弱不堪。一方面使分散的货币财富集中在少数人手中，另一方面使社会再生产每况愈下地衰退下去，“对于古代的和封建的所有制，发生破坏和解体的作用”（第 674 页）。

第二，在高利贷资本的参与下，生产者要受到奴隶主或封建主和高利贷者的双重剥削，由于奴隶主或封建主也受到高利贷者的榨取，于是他们将这种榨取转嫁到生产者身上，生产者受到的剥削更加重了。高利贷者不仅占有生产者的全部剩余劳动，还占有生产者的生产资料和房屋，使劳动者和劳动条件相分离，成为一无所有的自由劳动者。

高利贷资本为资本主义生产方式创造了前提条件，“这一方面是由于封建主和小生产遭到毁灭，另一方面是由于劳动条件集中为资本”（第 675 页），“但是，这个过程会在多大的程度上像在现代欧洲那样使旧的生产方式废除，并且是否会以资本主义生产方式代替它，这完全要取决于历史的发展阶段以及由此产生的各种情况”（第 672 页）。“只有在资本主义生产方式的其他条件已经具备的地方和时候，高利贷才表现为形成新生产方式的手段之一。”（第 675 页）

（五）高利贷不存在一般的利息率［第 675 页末段］

《资本论》中的这一段话在原来中文译本中是作为马克思本人写的话收入书中的，2003 年 5 月出版的《资本论》中文译本第 3 卷的第 2 版中，改为马克思引用休耳曼的一段话。

这段话要说明的是，在中世纪，货币的流通量很少，满足不了在现金支付上的大量需要，因而不得不去借钱。但是由于教会禁止任何放贷和取息的行为，法律上也很少给予保障，因而很难形成后来在资本主义生产方式中存在的一般利息率，使个别场合的利息率反而更高了，最高的达到 $216\frac{2}{3}\%$，后来虽大为降低，但有的国家的普通利息率也高达 10%。

高利贷只有个别利息率，没有一般利息率，是高利贷资本和以后的借贷资本的又一个区别点。

（六）高利贷资本有资本的剥削方式，但没有资本的生产方式［第676页第1段—第678页第1段］

高利贷资本有资本的剥削方式，这是高利贷资本和资本主义生产方式中借贷资本的一个共同点；高利贷资本没有资本的生产方式则是高利贷资本和以后的借贷资本在使用性质上的区别点。

高利贷者和货币贮藏者不同，“货币贮藏者所要的，不是资本，而是作为货币的货币”（第677页），高利贷者却把货币看作是资本的货币，“通过利息，他把这种贮藏货币为自己转化为资本，转化为一种手段，他依靠这种手段占有全部或部分剩余劳动，以及一部分生产条件本身，虽然对他来说这种生产条件名义上仍然是他人的财产”（第677页）。

但是，高利贷者虽然占有直接生产者的全部剩余劳动，甚至占有劳动者的劳动条件，却不直接支配劳动。高利贷者无论贷给奴隶主、封建主还是小生产者，都不是作为资本使用，奴隶主和农奴主需要货币，目的是用来过奢侈的生活，小生产者需要货币，是为了缴纳租税。

二、信用制度的建立与发展［第678页第2段—第685页第3段］

现代信用制度是在和高利贷资本进行激烈的斗争中建立和发展起来的，斗争的实质在于生息资本通过借贷关系究竟是服从资本主义生产方式的条件和需要，为产业资本家和商业资本家服务，还是让资本主义生产方式服从自己，来支配产业资本家和商业资本家。而古代著作家、教父、路德或旧的社会主义者在对待高利贷资本时，只是停留在利息的“公道”和“公正”这些空泛的用语上。

现代的借贷资本和以往的高利贷资本的区别“决不在于这种资本本身的性质或特征。区别只是在于，这种资本执行职能的条件已经变化，从而和货币贷出者相对立的借入者的面貌已经完全改变”（第679页），这就是说过去的生息资本面对的是处于弱势地位时使用手工工具的分散的小生产者，以及在此基础上产生的奴隶主和农奴主，现代生息资本面对的是建立在机器大生产基础上的产业资本家和商业资本家，他们以追逐剩余价值为目的，所获剩余价值还要分割为企业利润、地租、利息、税收等项，利息只能占剩余价值的一部分。

生息资本转变为资本主义的借贷资本后，高利贷资本仍在多种场合（马克思列了四种）下保存下来，“现代信用制度创始人的出发点，并不是把一般生息资本革出教门，而是相反，对它予以公开承认”（第679页）。

在和高利贷资本的激烈斗争中，具有决定意义的是现代银行机构的成立和现代银行制度的建立，因为“现代银行制度，一方面把一切闲置的货币准备金集中起来，并把它投入货币市场，从而剥夺了高利贷资本的垄断，另一方面又建立信用货币，从而限制了贵金属本身的垄断”（第682页）。

1694年由私人创办的英格兰银行是建立现代银行制度的重要标志，开始时只是一家商业银行，以后转变为英国的中央银行。

现代银行制度是在和高利贷资本长期斗争中逐步形成和发展的。

（1）为使贫民摆脱高利贷，14世纪和15世纪在欧洲建立了一些公立当铺，贷款开始时免息，之后演变为100%的利息率，成为“历史的讽刺”（第680页）。

（2）休·张伯伦和约翰·布里斯科在17世纪末企图建立农业银行，以土地为抵押贷放纸币，使英国贵族摆脱高利贷，马克思称之为“信用幻想”（第680页）。

（3）为使批发商业在海外贸易中摆脱高利贷，12世纪和14世纪在威尼斯和热那亚设立了信用组合，并计划建立英格兰银行。

(4) 17 世纪初，建立了阿姆斯特丹银行（1609 年）和汉堡银行（1619 年），由于只从事存款和汇款及划拨业务，两间银行纯粹是存款银行，还不能说建立起现代银行制度。

(5) 被称为英国私人银行业和证券交易业之父的乔·柴尔德爵士（1630—1699）抨击高利贷者的垄断，倡议压低利息。

(6) 苏格兰经济学家约翰·罗（1671—1729）1716 年在法国创办了一家私人银行，后改组为国家银行，因滥发纸币和投机倒把，使银行于 1720 年倒闭。

(7) 约翰·弗兰西斯（1810—1866）于 1683 年提出建立国家信用银行的计划，建成后以商品为抵押，营业情况不佳。

(8) 前圣西门主义者埃米尔·贝列拉（1800—1875）1852 年于法国建立了一家名为动产信用公司的大股份银行，并从事投机活动，1867 年破产。

对 1831 年在巴黎出版的《圣西门学说释义》的著作，马克思指出其中的错误，如将产业资本家称之为劳动者；将职能资本家暂时闲置的资本称之为有闲者的资本等。认清借贷资本来自职能资本家的暂时闲置的货币资本，由现代银行永远或暂时用之于积累，关系到确定银行制度的性质。但是，我们决不能忘记以下两点：第一，信用制度和以往的高利贷资本一样，仍以贵金属形式的货币为基础，一旦发生危机，这一问题就会充分显露出来。第二，信用制度以资本主义生产资料私有制为前提，因此，离开资本主义生产方式，信用制度就不可能存在，另一方面，它又推动资本主义生产方式的发展，并使之达到最高和最后的形式。

三、银行制度和高利贷资本的历史地位与作用［第 685 页末段—第 690 页第 1 段］

（一）信用制度和银行制度的历史地位和作用［第 685 页末段—第 688 页末段］

首先，马克思引用《对英格兰利息的几点看法》一书的观点，指出：“银行制度，就其形式的组织和集中来说，……是资本主义生产方式造成的最人为的和最发达的产物。”（第 685—686 页）马克思进一步指出：“银行制度同时也提供了社会范围的公共簿记和生产资料的公共分配的形式，但只是形式而已。”（第 686 页）信用制度和银行制度是形成平均利润的重要条件，“资本的这种社会性质，只是在信用制度和银行制度有了充分发展时才表现出来并完全实现”（第 686 页）。不仅如此，“信用制度和银行制度把社会上一切可用的，甚至可能的、尚未积极发挥作用的资本交给产业资本家和商业资本家支配”（第 686 页）。“信用制度和银行制度扬弃了资本的私人性质，从而自在地，但也仅仅自在地包含资本本身的扬弃。银行制度从私人资本家和高利贷手中夺走了资本的分配这样一种特殊营业，这样一种社会职能。但是这样一来，银行和信用同时又成了使资本主义生产超出它本身界限的最有力的手段，也是引起危机和欺诈行为的一种最有效的工具。”（第 686 页）信用制度和银行制度使生产社会化了，从而使资本主义生产方式发生重大变革，使资本主义生产方式和资本主义关系的矛盾冲突日益加剧。

其次，在银行制度中，劳动及其产品的社会性质通过货币得到充分表现，但货币自身总要表现为一个物，“表现为和其他商品并列的一种”“特殊商品”（第 686 页）。

最后，“在由资本主义的生产方式向联合起来劳动的生产方式过渡时，信用制度会作为有力的杠杆发生作用；但是它仅仅是和生产方式本身的其他重大的有机变革相联系的一个要素”（第 686— 687 页）。马克思反对信用制度和银行制度“被赋予社会主义的意义”

（第 687 页），这是因为信用制度和银行制度是建立在资本主义生产方式基础上的表现形式，本身不具有社会主义性质，资本主义生产方式被社会主义生产方式和经济关系取代之后，信用制度和银行制度也就不再存在，这里未涉及在进入社会主义社会之前，还有一个很长的过渡时期，在这一过渡时期，信用制度和银行制度必然仍会存在，并发挥重要作用。蒲鲁东梦想在资本主义社会中实现无息信贷，只是"妄想实现小资产阶级的这种虔诚愿望"（第 687 页）。

马克思在这里的三段话的后两段用了"其次"和"最后"来划分开，不言而喻，第一段必定是"首先"了，但在许多辅导材料中都以类似"资本主义信用制度的性质和作用"的标题列出了四点，即将属于前一问题的最后一段移入现在标题的第一段，并称之为第一点，于是，上述的"首先"变成了第二点，马克思写明的"其次"变成了第三点，"最后"变成了第四点，马克思的三点内容变成了四点内容，也使前后内容段落错乱。此外，马克思在本章对生息资本的论述是从历史的角度去写的，不是对资本主义信用制度进行一般的论述，而"资本主义信用制度的性质与作用"这一标题未能体现这一点。

马克思在论述上述三点内容后，对将生息资本说成是资本的基本形式的观点进行了批评，指出这一观点来自生息资本在价值增殖中的神秘性质，其错误在于："对资本主义生产方式的内部结构的认识就完全错了。并且完全忽视了这样的事实：土地和资本一样只是贷给资本家。"（第 688 页）

（二）高利贷资本的历史地位与作用［第 689 页第 1 段—第 690 页第 1 段］

第一，在第 676 页上，马克思就指出："高利贷资本有资本的剥削方式，但没有资本的生产方式。"现在他又说："高利贷和商业一样，是剥削已有的生产方式，而不是创造这种生产方式，它是从外部同这种生产方式发生关系。"（第 689 页）和后来的借贷资本相比较，高利贷资本使已有的生产方式"处于越来越悲惨的境地"（第 689 页）；"流通在社会再生产中所起的作用越是不重要，高利贷就越是兴盛"（第 689 页）。"一个国家的大量生产越是陷于实物等等，也就是，越是陷于使用价值，该国的高利贷资本就越是发展。"（第 689— 690 页）高利贷资本"在货币索取权的形式上拥有它的一切索取权"（第 689 页）。

第二，高利贷资本有两种作用：同商业资本并列，"形成独立的货币财产"（第 690 页）；使生产者失去生产资料和房屋，"对形成产业资本的前提是一个有力的杠杆"（第 690 页）。

四、中世纪的利息和教会由禁止取息中得到的好处［第 690 页第 2 段—本章完］

（一）中世纪的利息

马克思引用的资料中谴责中世纪的高利贷者"是不顾廉耻"，"是贪得无厌"，"是铁石心肠的吸血鬼"，他们以 8% 或 8% 以上的利息率放贷，在莱比锡的利息率高达 40%，当时一个农民一年的生活费是 40 佛罗伦，即每放贷 100 佛罗伦，就相当于取走了农民一年的生活费。

贷款对象主要是大地主，大量的地租收入仍不能满足他们过奢侈生活的开支，利息的支出归根结底仍转移到农民身上。

（二）教会由禁止取息中得到的好处

"教会禁止收取利息，但不禁止在应付急需时出卖财产；也不禁止在一定期间内，在借款归还以前，把财产抵押给货币贷放者，使他们在占有期间能够作为贷款的补偿使用这种财产"，教会及其所属团体和慈善机构，由此占有大量的财富。

第六篇　超额利润转化为地租

在前五篇内容中，马克思论述了剩余价值转化为利润，而利润又被产业资本家和商业资本家根据资本量所占比例进行瓜分，利润进一步转化为平均利润，后来，又有借贷资本家以利息的形式占有一部分平均利润，参与剩余价值的分配。在本篇中，马克思则论述在农业中由于农业资本家向土地所有者租佃土地雇工耕种，因而要将农业部门中所特有的超额利润作为地租交给土地所有者，从而又揭露了土地所有者也参与了雇佣工人所创造的剩余价值的分配。

资本主义地租有两种形式，一种是级差地租，另一种是绝对地租。第 38 章至第 44 章研究了级差地租，第 45 章研究了绝对地租。第 46 章研究了农业以外部门的地租及土地价格。第 47 章则对地租作了历史的考察。

关于本篇的研究内容与顺序，在第 821 页上列了个提纲。

在本篇中，马克思揭露了李嘉图在地租问题上的骗局，建立了科学的地租理论，具有十分重要的理论意义与现实意义。

第一，马克思揭露了土地所有者的经济条件，也就全面揭露了资本主义社会的经济结构，以及在三种分配形式——利润、地租和工资——基础上产生的资本主义社会的阶级结构——资产阶级、土地所有者阶级和工人阶级。揭露了在资本主义社会中，雇佣工人不仅受资产阶级剥削，还受土地所有者剥削，揭露了土地所有权与资本主义地租的破坏作用。因此，无产阶级的历史使命，不仅是要推翻资产阶级的统治，实行社会主义革命，还要消灭土地所有权的私人垄断，完成资产阶级革命所没能完成的任务。哥达纲领草案中的一个严重错误是提出在资本主义社会中“劳动资料为资本家阶级所垄断”，避而不谈土地所有权的私人垄断，这一条文受到了马克思的严厉批判。

第二，随着科学的地租理论的建立，进一步深化了马克思的生产价格与平均利润率的学说，捍卫了马克思的劳动价值论，建立了完整的价值理论体系和剩余价值理论体系。关于价值理论方面，值得我们注意的是在第 37 章中阐明的社会必要劳动的含义以及在第 45 章中提出的农产品市场价格确定的问题。

第三，批判了作为马尔萨斯人口论及所谓“铁的工资规律”的理论依据——土地报酬递减的“规律”。

第四，无产阶级革命取得胜利后，如何进行土地制度的改革，认识价格变动的规律，制定正确的价格政策和税收政策，以及房地产的开发等等，都离不开马克思地租理论的指导。

第三十七章　导　论

本章内容主要是对资本主义地租与资本主义土地所有权作一般的考察。

在资本主义社会，由于资产阶级革命不彻底，没有将地主的土地收归国家所有，农业资本家要雇工经营农业，就得向土地所有者租佃土地，为此，农业资本家要向土地所有者缴纳地租。这样，土地所有者就和农业资本家一起剥削了农业工人，农业资本家根据资本的大小从剩余价值中取得平均利润，土地所有者依靠对土地的所有权从剩余价值中取得超额利润。地租是“土地所有权的特殊经济表现”（第 702 页），农奴制社会的地租如此，资本主义社会地租也如此，因此，在研究资本主义地租之前，先考察一下地租所依存的土地所有权问题是必要的。

一、土地所有权［本章第 1 段—第 695 页末段］

（一）研究的对象［本章第 1 段］

在人类历史上，存在着各种土地所有权的形式，如奴隶主的土地所有权、农奴主的土地所有权、小农的土地所有权等，这些都不是现在所要研究的。第 3 卷的任务是研究资本主义生产方式中剩余价值的分配，以上各种土地所有权形式都与这个研究任务无关，与这个研究任务有关的是资本主义的土地所有权，农业资本家以地租的形式将自己占有的剩余价值的一部分交给土地所有者，这种土地所有权就是现在我们所要研究的了。

（二）研究资本主义土地所有权的必要性［第 694 页第 1 段—第 694 页末段］

在资本主义社会中，既然有一部分剩余价值以地租形式交给土地所有者，因而，要了解剩余价值的分配问题，就必须考察资本主义的土地所有权，“不作这种考察，对资本的分析就是不完全的”（第 694 页）。

为此，马克思对土地所有权的研究对象又作了两点具体补充：

第一，“我们的研究仅限于真正的农业上的投资，即人们赖以生活的主要植物性产品的生产上的投资。我们可以谈谈小麦，……凡是同用来生产小麦的土地无关的土地所有权，我们就不专门谈论，而只是为了举例子有时才提到”（第 694 页）。

第二，“只要水流等等属于一个所有者，是土地的附属物，我们也把它作为土地来理解”（第 694—695 页）。

（三）资本主义土地所有权的形成及其特征［第 695 页末段］

马克思指出：“我们所考察的土地所有权形式，是土地所有权的一个独特的历史形式，是封建的土地所有权或小农维持生计的农业……受资本和资本主义生产方式的影响而转化成的形式。”（第 693—694 页）这就是说，资本主义的土地所有权和历史上农奴制的小农的土地所有权在本质上没有什么区别，都是土地私有权，但历史上的这种土地所有权现在受到资本和资本主义生产方式的影响。资本主义生产方式的前提“一方面是直接生产者从土地的单纯附属物（在依附农、农奴、奴隶等形式上）的地位中解放出来，另一方面是人民群众的土地被剥夺”（第696页）。前一方面使劳动者取得人身自由，后一方面又造成劳动者的一无所有。资本主义生产方式的建立与发展，一方面使农业生产有一个很大的进步，另一方面也使土地所有权发生两个重大变化：第一，由于劳动者取得人身自由，土地所有权就同人身依附关系相分离，“使土地所有权从统治和从属的关系下完全解放出来”（第697页）。第二，土地所有者不仅不从事农业生产，也不从事农业经营，土地所有权同农业经营完全分离，“以致在苏格兰拥有土地所有权的土地所有者，可以在君士坦丁堡度过他的一生”（第697页）。由于这两点，“土地所有权就取得了纯粹经济的形式”（第697页）。

二、为了避免误解需要对资本主义地租作四点说明［第697页第1段—第714页第1段］

（一）不应把地租和利息这两个不同的范畴混同在一起［第698页末段—第704页第1段］

地租可能在两种形式上和利息混同在一起。第一种，在租地农场主支付给土地所有者的地租中，其中除有一部分是由于土地所有权引起的真正的地租外，还有一部分是对属于土地所有者所有的固定资本（如水利工程、农业建筑物等）所支付的利息，但这两部分都以地租的形式出现，混同在一起。第二种，在土地买卖时，土地价格$=\frac{地租额}{利息率}$，从土地所有者方面看，出售土地后的钱存入银行所得到的利息相当于原来从这块土地上所得到的地租量，从土地购买者方面看，手中的货币或者用来存入银行取得利息，或者用来购买土地，从租地农场主那里取得地租，这二者是没有差别的。这样一来，地租和利息在人们的心目中又会被混同在一起。

为了科学地分析地租，必须将地租与利息区分开来。

1. 必须区分真正的地租和投入土地的固定资本的利息［第698页末段—第701页末段］

农业资本家在租约的有效期间内，有很大一部分资本要投到土地上，如施肥、兴修水利、平整土地、兴建畜舍和仓库等。这种土地资本在租约期满后，仍然存在并发挥作用，但随着租约期满，这些土地资本就归属于土地所有者，在签订新的土地契约时，即使与原来投入这一土地资本的农业资本家续约，土地所有者也要提高租额，在原来的真正的地租基础上，再加上土地资本的折旧费和利息，这里的利息是以地租形式出现的，但是它和真正的地租是有区别的，“真正的地租是为了使用土地本身而支付的”（第699页），这里的利息是为了使用土地上的固定资本而支付的。

土地资本的利息将随着新的租约的签订而加到真正的地租上，这一事实将使我们认识到以下一系列的问题：第一，为什么随着资本主义生产的发展，土地所有者力图尽可能地缩短租期；第二，为什么随着资本主义生产的发展，地租以及土地价格会不断上涨；第三，为什么随着资本主义生产的发展，土地所有者越来越成为一个寄生的阶级；第四，为什么资本主义土地所有权成为“合理农业的最大障碍之一”（第700页）。

租地资本家在土地上的投资最后总是连同土地一起落入土地所有者手中，这种现象，在把土地作为建筑地段使用时，比真正的农业中要严重得多。

由此可见，区别真正的地租和投入土地的固定资本的利息是非常必要的。

2. 必须区分地租本身和地租在土地购买者面前采取的利息形式［第702页末段—第704段第1段］

地租与利息又是可以互相转化的两种有着密切联系的分配形式，这点在买卖土地时就充分体现出来，在这里我们需要从土地价格入手研究这一问题。

（1）土地价格的确定及其实质。[第 702 页末段]

当土地所有者出售土地时，为了取得和原来地租额同样多的货币收入，就必须使出售土地的货币额在存入银行后可以获得相等于地租额的利息量。因此，土地买卖时，土地价格 $=\frac{\text{地租额}}{\text{利息率}}$，这种现象又使地租和利息混同起来，在土地所有者看来是放弃了地租，换回相等的利息，在土地购买者看来是放弃了利息、换回相等的地租时，二者显得并无差别。

土地本身是没有价值的，因此，土地价格是一个不合理的范畴，从土地价格的确定上，我们可以看到："实际上，这个购买价格不是土地的购买价格，而是土地所提供的地租的购买价格，它是按普通利息率计算的。"（第 703 页）"土地价格无非是出租土地的资本化的收入。"（第 705 页）

（2）土地价格的变动趋势。[第 703 页第 1 段]

从土地价格的计算公式上看，土地价格与地租额成正比，与利息率成反比。在资本主义社会，一方面，由于投入土地的固定资本不断增加而使地租额不断增加，另一方面，又由于利息率随着利润率的下降而呈现下降的趋势，这两方面的原因以及其他原因致使土地价格不断提高，在大城市中这种现象尤为突出。

（3）为土地所有权及地租辩护的两个谬论。[第 703 页末段—第 704 页第 1 段]

一个谬论是认为地租收得太少了。

在一些古老的国家中，由于土地所有者地位优越，购买土地被看作是特别可靠的投资，同量货币，用来购买土地所获得的地租额就会少于存入银行而取得的利息，由此就有人得出结论说地租是低微的。其实，地租并不是低微，而是土地价格所依据的利息率低了，从而使地租的购买价格提高了。产生这一错误的原因正是由于人们把地租本身和地租在土地购买者面前所采取的利息形式混同了。

另一个谬论是把土地所有权看成是土地购买者支付了一个等价物后换来的，地租就是这个等价物所带来的利息。

马克思指出，土地价格就是地租的买卖价格，用土地和地租可以买卖说明土地所有权和地租的存在的合理性，就等于用土地所有权的存在替土地所有权的存在辩护，用地租的存在替地租的存在辩护，是什么也说明不了的。

（二）应该区分地租和租金，对地租进行纯粹的考察 [第 704 页第 2 段—第 711 页末段]

在现实生活中被称为地租的这一形式，其中除有相当一部分是由于租地农场主租佃土地本身而支付的真正的地租外，还有一部分是各种形式的租金。关于租金的内容，马克思在这里举了三项：支付以往投入土地的资本的利息；平均利润的扣除；正常工资的扣除。其中第一项在上面已作了详细的分析，现在着重讲后两项。

1. 关于平均利润的扣除 [第 706 页末段]

在资本主义农业中有一些小资本家，由于生产落后，经营管理水平低，他们在支付了地租之后，却不能得到平均利润，也就是说，他们除了把超额剩余价值作为地租支付之外，还把平均利润中的一部分也作为地租交给土地所有者了，这一部分从内容上看不是地租，而是租金，但以地租形式表现出来。

2. 关于正常工资的扣除 [第 707 页末段—第 711 页末段]

从平均利润中扣除一部分作为地租支付，这种情况并不带有普遍性，"一个更普遍得多更重要得多的事实是，真正农业工人的工资被压低到它的正常平均水平以下，以致工资的一部分由工人手中扣除下来，形成租金的一个组成部分，从而在地租的伪装下流到土地所有者而不是工人的手中”（第 707 页）。

农业工人正常的工资被扣除主要是在农业劳动力大量过剩，农业歉收，货币贬值等情况下发生的，租地农场主和土地所有者一起乘机加重对工人的剥削，土地所有者的地租中的一部分就是由租地农场主替他从农业工人的工资中掠夺而来的。但是，在农业劳动力供不应求和因农业丰收而使农业工人的工资有所增加时，地租往往并不因此而降低，租地农场主为了将地租的负担全部转移到农业工人身上，大量采用新机器，造成农业工人过剩，使工资再度下降。

农业工人的低工资保证了土地所有者的高地租，高额地租又引起土地价格的昂贵。

为了对地租进行科学的分析，就要摆脱那种表现为地租但实际上却是租金的使地租概念歪曲和混杂的附属物，对地租进行纯粹的考察，这是很重要的。但是，另一方面，为了理解土地所有权的实际影响，以及澄清在理论上的混乱（把地租和租金混同起来），对租金各种因素进行分析研究也是必要的。

（三）避免把剩余劳动或剩余产品和资本主义地租混同起来［第 712 页末段—第 713 页末段］

资本主义地租是由剩余产品构成的，但剩余产品并不是在任何条件下和任何部分都成为资本主义地租的。一般的剩余产品无论是在量的方面还是质的方面都与资本主义地租不同。剩余劳动或剩余产品是早在原始公社时期就已出现的，直到资本主义生产方式产生以前，并未形成资本主义地租。即使在资本主义社会，剩余劳动或剩余产品不仅在农业中存在，也在工业中存在，并没有都形成地租，在农业中，租地农场主也只是将剩余产品中的一部分以价值形式作为地租支付给土地所有者。

（四）“必须牢牢记住，那些本身没有任何价值，即不是劳动产品的东西（如土地），或者至少不能由劳动再生产的东西（如古董，某些名家的艺术品等等）的价格，可以由一些结合在一起的非常偶然的情况来决定”［第 714 页第 1 段］

三、在研究地租时应当避免的三个主要错误［第 714 页第 2 段—本章完］

关于资本主义地租，马克思在上述部分对应当避免的误解共讲了四点，并没有讲完，现在又讲了三点，从内容上看，这一部分是上一部分的继续。

马克思在这里指出的三个主要错误是：

（1）把适应于社会生产不同发展阶段的不同地租形式混同起来。［第 714 页第 3 段—第 715 页第 1 段］

地租并不是资本主义社会特有的产物，在人类历史上，存在着各种地租形式，而且所有地租形式都有共同性，即“地租是土地所有权在经济上的实现，即不同的人借以独占一定部分土地的法律虚构在经济上的实现”（第 715 页），由于这种共同性，使人们忽略了它们之间的区别。

资本主义地租和农奴制度下的地租的区别在于：第一，经济关系和阶级关系不同。农奴制地租包含着农奴主和农奴这样两个阶级的关系，而且这种阶级关系是建立在农奴在人身上依附于农奴制的土地所有权基础上的，资本主义地租却包含着租地农场主、农业雇工和土地所有者这样三个阶级的关系，而且无论从租地农场主和土地所有者的关系上看，还是从农业雇工和租地农场主的关系上看，不存在人身依附关系，这三个阶级的相互关系建立在纯经济关系的资本主义土地所有制的基础上；第二，剥削的范围不同。农奴制地租包括直接生产者的全部剩余劳动或剩余产品，甚至一部分必要产品，资本主义地租却只是剩余价值中超过平均利润以上的部分，只占有一部分剩余劳动或剩余产品（上面讲到租金各因素时，曾指出农业工人工资有一部分也会被扣除，以地租形式转入土地所有者手中，但这已经不是资本主义的真正的地租了，现在可以完全不考虑它），剩余价值中的其他部分（平均利润）被租地农场主占有。

（2）认为只要把一般剩余价值和利润的一般存在条件解释清楚，作为剩余价值一部分的资本主义地租就可以从性质上和数量上讲清楚了。［第 715 页末段］

产生这一错误看法是由于把地租和剩余价值混为一谈。不错，一切地租都是剩余价值，是剩余劳动的产物，地租在它的不发达的形式，即实物地租的形式上，还直接是剩余产品。但是剩余价值却不是在任何条件下都形成地租，形成一般剩余价值的条件和形成地租的条件是不同的。

形成一般剩余价值的主观条件是直接生产者的劳动时间必须超过再生产他们自己的劳动力即再生产他们本身所必需的时间，他们一般必须完成剩余劳动；客观条件是要有一定的自然条件和社会生产力条件，使直接生产者能够完成剩余劳动。

从整个社会看，由于食物的生产是直接生产者的生存和进行一切生产的首要的条件，因而要求食物部分首先完成剩余劳动，完成的标志是食物的生产能够满足整个社会的需要，从食物生产者本身看虽然也划分为必要劳动与剩余劳动，但从整个社会看，满足社会需要的整个食物生产的劳动都是必要劳动。

现在所说的社会必要劳动是指按照一定的比例分配在不同部门、不同产品中所需要的劳动，这是“另一种意义”（第 717 页）的社会必要劳动，[①] 这个比例是根据社会对各种使用价值的需要量及生产各个使用价值所消耗的社会平均劳动量确定的，它首先要求经济上最广义的农业劳动（食物的生产劳动）能满足社会的需要，接着又要求其他各个部门按照社会需要分配的劳动比例进行生产。个别部门的劳动投放如超过社会规定的比例，这个超过的部分就成为社会不必要的劳动，这个超过的部分的劳动形成的产品虽然是按照第 1 卷所说的社会平均耗费的劳动量生产的，但不能形成使用价值和价值，具体表现在商品卖不出去或降价出售。这里所说的社会必要劳动量和第 1 卷中所说的社会必要劳动量在含义上有所不同，第 1 卷是从单个商品来说的，现在是从整个部门来说的，它们在内容上是一致的，对商品的价值总量同样起着决定作用，不过，现在所讲的价值量的规定“是价值规律本身进一步展开的表现”（第 717 页）。现在的价值总量上限的规定是在第 1 卷中所说的社会必要劳动量基础上形成的。马克思在下一章中对商品价值的决定作了如下新的表述——“价值不是由某个生产者个人生产一定量商品或某个商品所必要的劳动时间决定，而是由社会必要的劳动时间，由当时社会平均生产条件下生产市场上这种商品的社会必需总量所必要的劳动时间决定”（第 722 页）。

以上讲的是一般剩余价值和利润的一般存在条件，这些条件能够说明一般剩余价值，但不能用来说明作为剩余价值特殊形式和特殊部分的地租，只有用资本主义土地所有权才

① 关于另一种意义的社会必要劳动，可参见《资本论》第 1 卷第 54、128—129、412 页，《资本论》第 3 卷第 208、715—717、722 页，《剩余价值理论》第 2 分册第 595 页，《马克思恩格斯选集》第 3 卷第 657—658 页。

能说明资本主义的地租，这个问题将在以下各章中详细展开论述，这里只一带而过。

（3）认为地租的特征在于：地租（从而也包括土地价格）是随着农产品作为商品的不断发展而逐步增加。[第717页第1段—本章完]

地租量是不由土地所有者本身决定的，而是表现为由农产品作为商品的发展决定的，在资本主义社会，随着工业生产的发展和农业人口的增加，对农产品的需求会增大，对土地本身的直接需求也会增大，这样，农产品就会作为商品发展起来，地租以及土地价格就会相应增加，这一现象往往使人错误地认为这是农业中地租的特征。

其实，这并不是农业及其产品特有的现象，农产品不能孤立地作为商品发展起来，农业作为商品生产发展起来，意味着它所交换的非农业产品也作为商品发展起来，离开商品生产的基础，孤立存在的农产品就不能转化为商品。随着商品生产的发展，不仅地租得到增加，整个剩余价值和剩余产品也会得到增加，土地所有者获得的地租增加了，产业资本家的利润也增加了，可见，用农业商品生产的发展来说明地租的特征就错了，要害在于掩盖了资本主义的土地所有权问题，土地所有者正是凭借着这一土地所有权，从发展越来越充分的农业生产及其创造的剩余价值中，坐享其成地占有越来越多的果实。

马克思的结论是："地租的特征是：随着农产品作为价值（商品）而发展的条件和它们的价值的实现条件的发展，土地所有权在这个未经它参与就创造出来的价值中占有不断增大部分的权力也发展起来，剩余价值中一个不断增大的部分也就转化为地租。"（第720页）这一结论揭露了土地所有者的寄生性和土地所有权"是多余而且有害的"（第702页）。

第三十八章　级差地租：概论

在上一章中，马克思已指出，作为资本主义地租，无论是级差地租还是绝对地租，都是由超额利润构成的。超额利润形式不同，地租形式也不同，其中，级差地租是由个别生产价格低于社会生产价格产生的超额利润构成的，绝对地租是由市场价格高于社会生产价格产生的超额利润构成的。现在我们研究级差地租这种形式时，就要对构成级差地租的超额利润进行研究。

一、分析地租时的前提 [本章第 1 段]

在资本主义社会，随着市场价值转化为生产价格，商品的市场价格就按照生产价格出售，当我们研究地租时，首先也要假定农产品或矿产品是按照生产价格出售的，暂不考虑由于供求不一致而引起的市场价格的变动，在这个前提下研究地租是怎样产生的。

无论是级差地租还是绝对地租，都由超额利润构成，在农产品按照生产价格（社会生产价格）出售的前提下，要获得超额利润，只能来自它的个别生产价格与社会生产价格的差额。

二、构成级差地租的超额利润同其他一切正常的超额利润的比较——级差地租的形成 [本章第 2 段—第 727 页末段]

马克思说："一切正常的，也就是并非由于偶然的出售行为或市场价格波动而产生的超额利润，都是由这个特殊资本的商品的个别生产价格和一般生产价格（它调节着这整个生产部门的资本的商品的市场价格，或者说这个生产部门所投总资本的商品的市场价格）之间的差额决定的。"（第 724 页）可见，马克思所说的正常的超额利润是指由于个别生产价格低于社会生产价格而产生的超额利润，而非正常的超额利润是指由于供不应求引起的市场价格高于社会生产价格而产生的超额利润。

马克思以工业部门中采用自然瀑布为动力的工厂和采用蒸汽机为动力的工厂为例进行了这种比较，尽管马克思在这里谈的是工业中的情况，但通过这个例解，却可以说明真正的农业上的级差地租，马克思在第 43 章中点明了这个意图："级差地租的概念。以水力作为例解。过渡到真正的农业地租。"（第 821 页）

既然商品是按照社会生产价格出售，由于少数以自然瀑布作为动力的工厂比多数的以蒸汽机作为动力的工厂节约了煤炭和活劳动，它的成本价格就低于一般成本价格，由此产生的利润差额构成了超额利润。

生产同量产品，假定以蒸汽机作为动力的个别成本价格 100 为一般成本价格，以自然瀑布为动力的个别成本价格为 90，又平均利润率为 15%。于是：

社会生产价格 = 一般成本价格 + 平均利润 = 100 + 100 × 15% = 100 + 15 = 115。

以自然瀑布为动力的个别生产价格 = 个别成本价格 + 平均利润 = 90 + 15 = 105。

以自然瀑布为动力的超额利润 = 社会生产价格 - 个别生产价格 = 115 - 105 = 10，或超额利润 = 个别利润 - 平均利润 = 25 - 15 = 10（其中个别利润 = 社会生产价格 - 个别成本价格 = 115 - 90 = 25）。

如何计算个别生产价格？在第 723 页中，马克思按上述假定计算为 90 + 90 × 15% = 90 + 13.5 = 103.5，如按社会生产价格与个别生产价格之间的差额求出超额利润，得数将是 115 - 103.5 = 11.5。

这种由于以自然瀑布作为动力的工厂产生的并构成级差地租的超额利润同其他一切正常的超额利润有什么共同点和区别点呢？

第一，共同点。[第 722 页末段—第 724 页第 1 段]

它们都是由于个别成本低于一般成本而使个别生产价格低于社会生产价格或个别利润高于平均利润产生的，而不是由于市场价格高于社会生产价格产生的。差额的大小，因而超额利润的多少，取决于两个界限，一个是个别生产价格，另一个是社会生产价格，超额利润的多少与社会生产价格的大小成正比例，与个别生产价格的大小成反比例。

第二，区别点。[第 724 页第 2 段—第 727 页末段]

有以下三点区别。

（1）产生的条件不同。从上述例子看，以自然瀑布作为动力的工厂之所以能够取得超额利润，是由于它有着较好的自然条件，没有较好的自然条件，就不能获得这种超额利润。自然条件越好，这种超额利润越多，形成一系列的级差。而以煤作为动力的工厂要获得正常的超额利润，则取决于它有没有比较有利的资本条件。一个是产生于自然条件的差别，另一个是产生于资本条件的差别，两者是不同的。

对自然力的单纯利用还不能充分说明构成级差地租的超额利润的存在原因，因为：首先，对自然力的单纯利用在工业中也是普遍存在的，例如，通过燃烧，将水变成蒸汽就是对自然力的利用，但不会因此使个别生产价格低于社会生产价格，产生超额利润。其次，自然生产率的差别也不能说明为什么农产品的社会生产价格是由最差耕地农产品的个别生产价格确定。因此，还需要用另一方面原因，即土地经营权的垄断来说明。

（2）产生的原因不同。仅仅是由于自然力的利用还不能说明超额利润的形成，因为以煤作为动力的工厂在将水变成蒸汽的能力时，虽然也利用了自然力，但是，在工业中对自然力的单纯利用是任何资本都能做到的，这种自然力可以在同一生产部门中让一切资本自由支配，因而它能够提高一般利润率，但不会创造出超额利润来。要创造出超额利润，在以煤为动力的工厂中，就要改进资本的投入方式，马克思指出："成本价格的减少以及由此而来的超额利润，在这里，是执行职能的资本的投入方式造成的。它们的产生，或者是因为异常大量的资本积聚在一个人手中（这种情况在平均使用同样大的资本量的时候就会消失），或者是因为一定量资本以一种生产率特别高的方式执行职能（这种情况在例外的生产方式已经普遍应用，或者为更发达的生产方式所超过的时候也会消失）。"（第 726 页）可见，在这种原因下产生的超额利润是很不稳定的。而在以瀑布为动力的工厂要获得超额利润却并不一定要改进资本的投入方式，或者说，在不改进资本的投入方式时，也可以获得超额利润，并可以持久地获得这种超额利润，这是因为它所利用的自然瀑布不是和煤炭、机器结合在一起，而是同土地结合在一起，只要工厂支配了具有自然瀑布的这一特殊地段，也就形成了土地经营上的垄断，从而垄断了这一土地上的自然力，"占有瀑布的那一部分工厂主，不允许不占有瀑布的那一部分工厂主利用这种自然力"（第 727 页），于是获得一种稳定的超额利润，不转化为平均利润。马克思指出："超额利润在制造业中是流动的、不稳定的，时而由这个资本家赚得，时而由那个资本家赚得，并且又不断地消失，而超额利润在农业中，却由于有土地差别这种稳定的（至少在一段较长的时间内）自然基础而固定下来。"① 土地经营的垄断是由于土地的有限性，特别是具有较好自然条件的土地有限性产生的，如果任何地段都存在着这种瀑布，也就不可能从对这种自然力的利用中产生出超额利润，而这种自然瀑布又不能由资本创造出来，它与资本是完全无关的。从超额利润产生的原因上看，一个是土地经营（资本主义的）的垄断，另一个是资本的投入方式，两者是不同的，在前一个，自然力和土地结合在一起，而与资本相分离，在后一个，自然力和资本结合在一起，而与土地相分离。

（3）归属的不同。由于资本的投入方式的不同所产生的超额利润归属于工厂主，而由于土地经营的垄断所产生的超额利润则归属于土地所有者，构成级差地租，如果利用瀑布的工厂主本人兼土地所有者，这部分超额利润就仍归这个工厂主所有，但他不是以工厂主的身份，而是以土地所有者的身份去占有这一部分超额利润的。构成级差地租的超额利润的形成是由于土地的自然条件的差别和土地经营的垄断，和土地私有权毫无关系，土地私有权只是使上述超额利润从工厂主手中转入土地所有者手中，对这一特点，马克思指出："制造业和农业不同之处只是：在制造业中超额利润落进资本家自己的腰包，而在农业中落进土地所有者的腰包；……"② 这当然不包括农业资本家因改进技术而获得的超额利润。

在上述区别点中，我们将自然条件的差别称之为级差地租产生的条件，将土地经营权的垄断（马克思在本章中表述为自然力占有的垄断）称之为级差地租产生的原因，但在马克思的《资本论》中并无此严格区别，产生的条件也就是产生的原因。

三、关于级差地租的一般概念［第728页第1段—本章完］

马克思共讲了五点：

第一，级差地租的特征。

和绝对地租一样，它们都是超额利润的转化形态。不同点在于，级差地租是在商品按照生产价格出售的前提下产生的，因此它只能产生于个别生产价格和社会生产价格的差额，这种商品生产之所以能够获得这种差额，并且不参加利润的平均化，是由于土地自然条件的差别以及因土地的有限性而产生的土地经营的垄断，从这方面看，这种构成级差地租的超额利润和一般工业中所获得的正常的超额利润也是不同的。绝对地租虽也要以社会生产价格作为出发点，但它是在商品按照高于社会生产价格的市场价值出售的情况下产生的，由此而来的是商品的市场价格高于社会生产价格出售，形成超额利润，这种超额利润和一般工业部门中由于暂时供不应求产生的市场价格高于社会生产价格的超额利润是不同的，形成绝对地租的原因和条件是由于农业部门的有机构成低于工业，以及土地私有权的垄断，这种超额利润同样带有持久性，而不是暂时的。

第二，级差地租与社会生产价格的关系。

级差地租既然来自个别生产价格与社会生产价格的差额，这个差额就不仅取决于垄断

---

① 《剩余价值理论》第2分册第267—268页。

② 《剩余价值理论》第2分册第267页。

着较好自然条件的个别生产价格的大小，还取决于由于资本投入方式决定的社会生产价格的高低；一旦由于没有垄断较好自然条件的劳动生产率超过垄断着较好自然条件的劳动生产率，使社会生产价格降到垄断着较好自然条件的个别生产价格的水平，而且有巨大的收益，这里的超额利润就不能产生，级差地租也不会存在。

第三，构成级差地租的超额利润的源泉。

马克思指出："自然力不是超额利润的源泉，而只是超额利润的一种自然基础，因为它是特别高的劳动生产力的自然基础。"（第728页）"如果对地租有正确的理解，自然首先会认识到，地租不是来自土地，而是来自农产品，也就是来自劳动，来自劳动产品（例如小麦）的价格，即来自农产品的价值，来自投入土地的劳动，而不是来自土地。"① 这段话不仅适用于级差地租，也适用于绝对地租。价值是由劳动创造的，剩余价值来自雇佣劳动者的剩余劳动，自然力之所以会引起超额利润的产生，是因为它是特别高的劳动生产力的自然基础，并且由于存在着土地经营的垄断，造成拥有这个自然力的个别生产价格低于社会生产价格。可见构成级差地租的超额利润来自劳动具有较高的生产力，自然力本身不能形成超额利润，不仅如此，如果没有土地经营权的垄断，单纯地利用自然力而引起的劳动生产力的提高，只能降低商品的价值和价格，不会带来利润的增加。结论只能是：构成级差地租的超额利润的源泉是雇佣劳动者的剩余劳动，而不是自然力。

第四，土地所有权与构成级差地租的超额利润的关系。

土地所有权与构成级差地租的超额利润的形成"没有任何关系"（第729页），即使是无主的土地，只要这块土地有较高的自然力，由任何一个农场主去利用也会带来超额利润。但是土地所有权对这种超额利润的归属与表现形式就有直接关系了，土地所有权使这个超额利润以级差地租形式从资本家手中转入土地所有者的手中。"如果土地所有权被废除而资本主义生产保存下来，这种由肥力不同引起的超额利润也不会消失。如果国家把土地所有权据为己有，而资本主义生产继续存在，Ⅱ、Ⅲ、Ⅳ的地租就会支付给国家，但地租本身还是存在。"② 这里所说的"Ⅱ、Ⅲ、Ⅳ的地租"是指较好等级土地产生的级差地租。

马克思的结论是："土地所有权并不创造那个转化为超额利润的价值部分，而只是使土地所有者，即瀑布的所有者，能够把这个超额利润从工厂主的口袋里拿过来装进自己的口袋。它不是使这个超额利润创造出来的原因，而是使它转化为地租形式的原因，也就是使这一部分利润或这一部分商品价格被土地或瀑布的所有者占有的原因。"（第729页）列宁也作出同样的结论："级差地租的形成和土地私有制毫无关系，土地私有制只是使土地占有者有可能从农场主手中取得这种地租。"③

由于"级差地租是同市场价格的调节作用联系在一起的，因而会随着价格和资本主义生产一起消失。保持不变的只是这种情况：社会劳动耕种肥力不同的土地"④，但是"决不会产生资产阶级条件下的那种后果，也就是对较好土地［的产品］也必须以较大的劳动量来支付。相反，在Ⅳ上节省下来的劳动，会用来改良Ⅲ，在Ⅲ上节省下来的劳动，会用

---

① 《剩余价值理论》第2分册第158页。

② 《剩余价值理论》第2分册第108页。

③ 《土地问题和"马克思的批评家"》，《列宁全集》第5卷第104—105页。

④ 《剩余价值理论》第2分册第111页。

来改良Ⅱ，在Ⅱ上节省下来的劳动，会用来改良Ⅰ；因此，现在由土地所有者吞食的全部资本，会被用来使不同土地上的劳动均等化，并使农业上花费的总劳动量减少"①。

第五，级差地租与自然力的价格的关系。

在上一章中，马克思指出土地价格实际上是对土地所提供的地租的购买价格，是地租这种货币收入形式的资本化，这个论述对附属在土地上的自然力——如瀑布——是同样适用的，自然力的价格也不外是级差地租的资本化，是土地所提供的级差地租的购买价格。马克思现在要说明的有两点：首先，自然力的价格"虽然会加到工厂主的个别成本价格上，但不会加到商品的生产价格上"（第729页）；其次，自然力不是劳动生产物，因而没有价值。

在没有价值的地方也就没有价格，所谓自然力的价格，完全是一个不合理的表现，它不是根据劳动消耗量决定的，而是由与这个自然力所带来的超额利润相等的利息量所需要的货币量决定的，自然力价格 = 由于利用这个自然力提供的超额利润 ÷ 利息率。"如果有一种新的不用水力的生产方法，使那些用蒸汽机生产的商品的成本价格由100镑减低到90镑，那么，超额利润，从而地租，从而瀑布的价格就会消失。"（第730页）

最后，马克思指出："我们在这样确定级差地租的一般概念之后，现在就要进而考察真正农业中的级差地租了。关于农业所要说的，大体上也适用于采矿业。"（第730页）

---

① 《剩余价值理论》第2分册第111页。

第三十九章　级差地租的第一形式（级差地租Ⅰ）

由于土地自然条件的差别和土地占有权的垄断，农产品的社会生产价格按照劣等地农产品的个别生产价格确定，于是，除劣等地以外的农产品的个别生产价格都低于它的社会生产价格，产生一系列的超额利润，这种超额利润所构成的地租，称之为级差地租。

级差地租有两种形式，一种是由于不同地块土地肥沃程度和地理位置上的差别，在相同面积上投入等量的资本和劳动，产量及购销条件各不相同，由此产生的超额利润构成的地租称之为级差地租第一形态或级差地租Ⅰ。另一种是在同一地块上，由于追加了投资，在新的技术条件下，会比原来投资有更高的生产率，由此产生的超额利润构成的地租称之为级差地租第二形态或级差地租Ⅱ。

一、在研究级差地租时的一些说明［本章第1段—第732页第3段］

马克思通过对李嘉图有关地租理论的两段话的评述，提出了对研究级差地租时的一些说明。

第一段话："地租总是使用两个等量的资本和劳动所取得的产品量之间的差额。"

马克思在肯定这一观点"完全正确"的同时，作了一些说明：

第一，李嘉图不承认有绝对地租，因此他在这里所说的地租只能是级差地租。

第二，在比较不同地块上产生的级差地租时，必须是相同面积的土地进行比较。

第三，不等量资本同样可以按照各自的百分比进行比较，如每100镑资本产生出多少夸特小麦。

第四，必须研究级差地租产生的原因和条件，以及级差地租的变动规律。李嘉图认为土地的耕种从优等地开始，以后耕种的是越来越差的土地，并由此产生越来越高的级差地租，以及越来越高的谷物价格。

马克思引用的李嘉图的第二段话："凡是使同一土地或新地上所得产品的差额缩小的事物，都有减低地租的趋势；凡是扩大这种差额的，必然产生相反的结果，都有提高地租的趋势。"

马克思认为，如果只限于级差地租，上述论点"也是正确的"。马克思要说明的是，级差地租发生的变动除"一般的原因（肥力和位置）"外，还有赋税的分担、农业的发展程度、资本的分配等具体原因。

二、级差地租Ⅰ的形成与比较［第732页第4段—第744页第3段］

（一）形成级差地租Ⅰ的自然基础［第732页第4段—第734页第2段］

形成级差地租的原因，从自然条件方面看，有两项内容，一个是土地肥沃程度的差别，另一个是土地所处地理位置上的差别。

一般说来，地理位置对耕种土地的序列具有决定意义，土地的耕种从中心地区周围作为起点，逐步向四周扩散，由近到远，这个过程既可能由较好的土地逐渐转向较差的土地，也可能相反，我国在20世纪后半叶才逐步开垦的被称之为北大荒的土地，就是最肥沃的黑土地，因此，李嘉图认为土地的耕种从优等地开始，转向越来越差土地的说法是错误的。

撇开地壳运动的影响，土地位置是不变的，但是它的周围环境会发生变化，例如，随着新的城镇的建立、大的生产中心和商业中心的建立、交通运输业的发展、电网的铺设、水利资源的开发等，就会改善其周围地区的环境，提高这一地区的土地等级，与此同时，又会拉大与偏远地区土地等级的差距。

形成级差地租的自然条件差别的另一项内容是土地肥沃程度的差别，所谓土地肥沃程度的差别也就是“表层土壤的化学成分的差别”，即“表层土壤所含植物养分的差别”（第733页），具体分析时还要考虑到这些养分能在多大程度上被植物直接吸收。农业中化学和机械的发展，对土壤结构进行人工的改造，应用新耕作方法等，都会改变土地的肥力等级。

对于土壤本身，马克思只是用肥力差别进行分析，实际上还应包括气候条件的差别、水力资源等，为了研究的方便，马克思将这些因素撇开了。

以下马克思转向对级差地租Ⅰ的形成过程进行研究，这里只限于对土地肥力因素的研究，撇开了土地位置这一内容，因为用土地肥力的因素去研究，其原理也适用于对土地位置的研究，此外，在第46章中，将着重对土地位置因素进行研究。

马克思在研究级差地租的形成过程时，通过用三个表的对比（既可理解成前后对比，也可理解成横向对比）来说明。

（二）第一表［第734页第3段—第737页第3段］

假定有四级土地A、B、C、D，面积相同，预付资本也相同（50先令），平均利润率为20%，耕种起点的A是最坏土地，产量为1夸特，依次为B，产量为2夸特，C的产量为3夸特，D的产量为4夸特，列表如下：

土地等级	资本（先令）	平均利润（先令）	产量（夸特）	个别生产价格（先令）		社会生产价格（先令）		利润（先令）	超额利润或地租（先令）
				全部产品	每夸特	每夸特	全部产品		
①	②	③	④	⑤=②+③	⑥=⑤/④	⑦	⑧=④×⑦	⑨=⑧-②	⑩=⑧-⑤ 或=⑨-③
A	50	10	1	60	60	60	60	10 （$\frac{1}{6}$夸特）	0
B	50	10	2	60	30	60	120	70 （1$\frac{1}{6}$夸特）	60 （1夸特）
C	50	10	3	60	20	60	180	130 （2$\frac{1}{6}$夸特）	120 （2夸特）
D	50	10	4	60	15	60	240	190 （3$\frac{1}{6}$夸特）	180 （3夸特）
合计	200	40	10	240	—	—	600 （10夸特）	400 （6$\frac{2}{3}$夸特）	360 （6夸特）

从上表可以看出，马克思是用上升的序列，即从最坏土地的耕种开始，逐渐扩展到越来越好的土地，来说明级差地租的形成与发展。与此相反，李嘉图是用下降的序列来说明

级差地租的形成与发展，即假定农业资本家最初耕种的是最好的土地，以后逐渐扩展到越来越差的土地，按照上述假定，列出以下三个下降的序列表。

第一个表是由 D 下降到 C 的级差地租Ⅰ形成表：

土地等级	资本（先令）	平均利润（先令）	产量（夸特）	个别生产价格（先令）		社会生产价格（先令）		利润（先令）	超额利润或地租（先令）
				全部产品	每夸特	每夸特	全部产品		
①	②	③	④	⑤ = ② + ③	⑥ = $\frac{⑤}{④}$	⑦	⑧ = ④ × ⑦	⑨ = ⑧ − ②	⑩ = ⑧ − ⑤ 或 = ⑨ − ③
D	50	10	4	60	15	20	80	30（$1\frac{1}{2}$夸特）	20（1 夸特）
C	50	10	3	60	20	20	60	10（$\frac{1}{2}$夸特）	0
合计	100	20	7	120	—	—	140（7 夸特）	40（2 夸特）	20（1 夸特）

第二个表是由 D 下降到 B 的级差地租Ⅰ形成表：

土地等级	资本（先令）	平均利润（先令）	产量（夸特）	个别生产价格（先令）		社会生产价格（先令）		利润（先令）	超额利润或地租（先令）
				全部产品	每夸特	每夸特	全部产品		
①	②	③	④	⑤ = ② + ③	⑥ = $\frac{⑤}{④}$	⑦	⑧ = ④ × ⑦	⑨ = ⑧ − ②	⑩ = ⑧ − ⑤ 或 = ⑨ − ③
D	50	10	4	60	15	30	120	70（$2\frac{1}{3}$夸特）	60（2 夸特）
C	50	10	3	60	20	30	90	40（$1\frac{1}{3}$夸特）	30（1 夸特）
B	50	10	2	60	30	30	60	10（$\frac{1}{3}$夸特）	0
合计	150	30	9	180	—	—	270（9 夸特）	120（4 夸特）	90（3 夸特）

第三个表是由 D 下降到 A 的级差地租 I 的形成表：

土地等级	资本（先令）	平均利润（先令）	产量（夸特）	个别生产价格（先令）		社会生产价格（先令）		利润（先令）	超额利润或地租（先令）
				全部产品	每夸特	每夸特	全部产品		
①	②	③	④	⑤=②+③	⑥=$\frac{⑤}{④}$	⑦	⑧=④×⑦	⑨=⑧－②	⑩=⑧－⑤ 或=⑨－③
D	50	10	4	60	15	60	240	190 （$3\frac{1}{6}$夸特）	180 （3 夸特）
C	50	10	3	60	20	60	180	130 （$2\frac{1}{6}$夸特）	120 （2 夸特）
B	50	10	2	60	30	60	120	70 （$1\frac{1}{6}$夸特）	60 （1 夸特）
A	50	10	1	60	60	60	60	10 （$\frac{1}{6}$夸特）	0
合计	200	40	10	240	—	—	600 （10 夸特）	400 （$6\frac{2}{3}$夸特）	360 （6 夸特）

以上两种序列的表格说明，“不论是从较好的土地向较坏的土地推移，还是从较坏的土地向较好的土地推移，级差地租同样是可能的”①。李嘉图以农业耕地的越来越恶化作为级差地租产生的前提，是完全错误的。

这两个序列的差别在于：在下降的序列（由 D 到 A）中，随着农产品价格的不断上涨（由每夸特 15 先令涨到每夸特 60 先令），地租总量不断增加（由 20 先令增加到 360 先令），平均利润率虽不变（原先是 20%，现仍为 20%），但由于农产品价格上涨，同样的利润量代表的农产品却减少了。在上升的序列（由 A 到 D）中，农产品价格一直不变，但一开始就处在高价位上（每夸特 60 先令），所投资本的利润率不变，而且同样的利润量代表同量的农产品。但是，“无论价格不变，还是价格上涨，无论由较坏土地不断推进到较好土地，还是由较好土地不断退向较坏土地，级差地租总是同样发展和增加”（第737 页）。

（三）第二表［第 737 页第 4 段—第 739 页第 1 段］

现在再假定，对农产品的需求量由 10 夸特增加到 17 夸特，为此又增加 A′、B′和 B″等级的土地，原来最坏耕地 A 为另一块同面积的耕地代替，列表如下：

---

① 《剩余价值理论》第 2 分册第 268 页。

土地等级	资本（先令）	平均利润（先令）	产量（夸特）	个别生产价格（先令）		社会生产价格（先令）		利润（先令）	超额利润或地租（先令）
				全部产品	每夸特	每夸特	全部产品		
①	②	③	④	⑤＝②＋③	⑥＝$\frac{⑤}{④}$	⑦	⑧＝④×⑦	⑨＝⑧－②	⑩＝⑧－⑤ 或＝⑨－③
A	50	10	$1\frac{1}{3}$	60	45	45	60	10 （$\frac{2}{9}$夸特）	0
A′	50	10	$1\frac{2}{3}$	60	36	45	75	25 （$\frac{5}{9}$夸特）	15 （$\frac{1}{3}$夸特）
B	50	10	2	60	30	45	90	40 （$\frac{8}{9}$夸特）	30 （$\frac{2}{3}$夸特）
B′	50	10	$2\frac{1}{3}$	60	$25\frac{5}{7}$	45	105	55 （$1\frac{2}{9}$夸特）	45 （1 夸特）
B″	50	10	$2\frac{2}{3}$	60	$22\frac{1}{2}$	45	120	70 （$1\frac{5}{9}$夸特）	60 （$1\frac{1}{3}$夸特）
C	50	10	3	60	20	45	135	85 （$1\frac{8}{9}$夸特）	75 （$1\frac{2}{3}$夸特）
D	50	10	4	60	15	45	180	130 （$2\frac{8}{9}$夸特）	120 （$2\frac{2}{3}$夸特）
合计	350	70	17	420	—	—	765 （17 夸特）	415 （$9\frac{2}{9}$夸特）	345 （$7\frac{2}{3}$夸特）

从上表中可以看到：

第一，由于劣等地的改善（产量由 1 夸特提高到 $1\frac{1}{3}$夸特），农产品的社会生产价格也相应下降（由每夸特 60 先令下降到每夸特 45 先令）。

第二，两种序列同时出现，交错进行，既有从 A 上升到 A′，A 和 B 上升到 B′和 B″，也有从 C 和 D 下降到 A′、B′和 B″。

第三，B、C 和 D 的地租都下降了（B 由 60 先令降到 30 先令，C 由 120 先令降到 75 先令，D 由 180 先令降到 120 先令），地租总额虽也下降（由 360 先令降到 345 先令），但所代表的农产品却由于农产品价格下降而增加了（由 6 夸特增加到 $7\frac{2}{3}$夸特）。A 的利润量不变（10 先令），但所代表的农产品却由于农产品价格的下降而增加了（由$\frac{1}{6}$夸特增加到$\frac{2}{9}$夸特），利润率可能因农产品价格的下降而提高。

（四）第三表［第 739 页末段—第 741 页第 1 段］

假定社会对农产品的需求量由 10 夸特提高到 23 夸特，所增加的 13 夸特由原有各级土地提高产量获得，没有增加新的耕地，级差地租Ⅰ的形成将如下表：

土地等级	资本（先令）	平均利润（先令）	产量（夸特）	个别生产价格（先令）		社会生产价格（先令）		利润（先令）	超额利润或地租（先令）
				全部产品	每夸特	每夸特	全部产品		
①	②	③	④	⑤＝②＋③	⑥＝$\frac{⑤}{④}$	⑦	⑧＝④×⑦	⑨＝⑧－②	⑩＝⑧－⑤ 或＝⑨－③
A	50	10	2	60	30	30	60	10（$\frac{1}{3}$夸特）	0
B	50	10	4	60	15	30	120	70（$2\frac{1}{3}$夸特）	60（2 夸特）
C	50	10	7	60	$8\frac{4}{7}$	30	210	160（$5\frac{1}{3}$夸特）	150（5 夸特）
D	50	10	10	60	6	30	300	250（$8\frac{1}{3}$夸特）	240（8 夸特）
合计	200	40	23	240	—	—	690（23 夸特）	490（$16\frac{1}{3}$夸特）	450（15 夸特）

上表中包含这样两个假定，第一个假定是农业的改良在各级土地上取得的效果是不相同的，在 C 和 D 的土地上取得的效果要比 A 和 B 的土地上大。第二个假定是对农产品的总需求随着产量的增加而相应增大，其中包括用来酿酒和增加出口。

其结果是：农产品价格由每夸特 60 先令下降到每夸特 30 先令，即下降 50%；农产品总产量由 10 夸特增加到 23 夸特，即增加 130%；B 的地租不变（60 先令），C 的地租由 120 先令增加到 150 先令，即增加 25%，D 的地租由 180 先令增加到 240 先令，即增加 $33\frac{1}{3}$%，地租总额由 18 镑（360 先令）增加到 $22\frac{1}{3}$镑（450 先令），即增加 25%。

（五）结论［第 741 页末段—第 744 页第 3 段］

以上三个表既可理解为纵向比较，也可理解为横向比较，得出的结论如下：

1．土地等级上升序列也就是级差地租上升序列，土地等级下降序列也就是级差地租下降序列，但人们在考察地租时，总是按下降序列考察，从提供最高地租的土地开始，最后才谈到不提供地租的土地。

2．农产品的社会生产价格由最坏土地 A 的个别生产价格决定，前提是其他等级 B、C、D 的土地不能满足社会对农产品的需要，如能满足需要，A 就退出该农作物的耕种，由 B 的个别生产价格起调节作用，进而由 C 的个别生产价格起调节作用。

3．在较好土地上所以会产生级差地租，是由于最好土地面积有限，也就是等量资本必须投在提供不等量的产品的各种等级的土地上。

4．级差地租 I 既可以在下降序列中产生，也可以在上升的序列中产生，还可以在按两个方向相互交叉的序列（第二表）中产生。

5．级差地租 I 既可以在农产品价格不变时产生，也可以在农产品价格上涨和下降时产生。

产生级差地租的前提条件“只是土地等级的不同”（第 743 页），只要存在土地等级的不同，无论是耕种越来越差的土地还是耕种越来越好的土地，都能产生级差地租，李嘉图错误地认为级差地租必然是以耕种越来越坏的土地或农业肥力越来越下降的土地为前提的，产生这一错误的时代背景是18世纪末到1815年，英国谷物价格不断上涨，李嘉图的土地等级下降序列和谷物价格不断上涨的情况是与之相符合的。马克思在批评李嘉图的错误时指出："不论是从较好的土地向较坏的土地推移，还是从较坏的土地向较好的土地推移，级差地租同样是可能的。……级差地租并不以农业的不断恶化为前提，它也可以从农业的不断改良产生。"①

三、虚假社会价值［第744页第4—末段］

从级差地租Ⅰ的形成过程来看，以第一表为例，10夸特农产品的实际生产价格总和为240先令，即每夸特平均价格为24先令。但由社会生产价格决定的市场价格总额是600先令，每夸特平均价格为60先令，市场价格高出实际生产价格150%，社会生产价格和个别生产价格之间的差额总和360先令形成一个虚假的社会价值，即实际耗费的劳动时间为240，形成的价值却达到600。

虚假的社会价值产生于农产品的社会生产价格由最坏土地农产品的个别生产价格决定。市场价值由最坏条件下的个别劳动时间决定，在一般工业中也是存在的，在第10章论市场价值问题时就分析过这种情况，因而农业中的虚假的社会价值不能理解为是虚构的、不存在的价值。

虚假的社会价值不仅不违反价值规律，反而要用价值规律来说明，如同级差地租，"是由在资本主义生产方式基础上通过竞争而实现的市场价值所决定的；这种决定产生了虚假的社会价值"（第744—745页）。在竞争中，当较好土地农产品的生产不能满足社会需要时，人们必须耕种更差的土地，耕种的前提是，这种土地生产的农产品的市场价格必须要由它的个别生产价格来决定，这样才能保证农场主获取平均利润，由于"同种商品的市场价格的等同性"（第745页），B、C、D等较好或最好的土地生产的农产品都会按照这种统一的市场价格出售，从而使这一市场价格高出B、C、D各自的个别生产价格。

消灭虚假社会价值因而也是级差地租Ⅰ的条件是"社会的资本主义形式已被扬弃，社会已被组成为一个自觉的、有计划的联合体"（第745页）。在保留资本主义生产方式的基础上，只是将级差地租转归国有，农产品价格不会因此而改变，虚假社会价值便仍不会消灭。

四、地租总额、地租率和每亩平均地租的变动规律［第745页第1段—第752页末段］

现在要研究的是随着耕地总面积的增加，但对各等级土地面积增加比例不相同的情况下，对农产品的总产量、地租总额、地租率和每亩平均地租额的影响。

地租总额r＝各等级土地地租的总和。有些教材用耕地总亩数×每亩耕地平均地租求出地租总额，得数虽然正确，但在地租总额未统计出结果之前，是不可能知道每亩平均地租的。

$$每亩耕地平均地租\bar{r}=\frac{地租总额}{耕地总亩数}$$

$$平均地租率\overline{r'}=\frac{地租总额\ r}{耕地总亩数\ C}$$

① 《剩余价值理论》第2分册第268页。

马克思共列了四个表，研究在耕地总面积增加，但各等级土地增加比例不同，对总产量、地租总额、每亩平均地租及地租率的影响，从而发现其变动规律。

这四个表中，表Ⅰ即上列的第一表，作为运动的出发点，成为以下三个表的参照系来进行对比。第二表为表Ⅰa，假定各等级土地面积均同比例增加；第三表为表Ⅰb，假定最差和较差的A和B的土地面积增加3倍，而较好和最好的C和D的土地面积只增加1倍；第四表为Ⅰc，假定最差土地A的面积不变，较差土地B的面积增加1倍，而较好土地C和D的面积分别增加4倍和3倍。

列表时有以下假定：

（1）土地等级仍分为四个等级，由A的个别生产价格决定的社会生产价格或市场价格不变（每夸特3镑）。

（2）每亩生产费用（3镑）不变，其中预付资本为2.5镑，平均利润为0.5镑。

（3）各土地等级的肥力不变、亩产不变、每亩地租不变、地租率不变。

现在的表Ⅰ和前面的表Ⅰ不同处是货币单位用镑代替了先令，1镑=20先令，照此换算即可；另外用生产费用栏目取代了预付资本栏目，生产费用中除预付资本外，还包括平均利润，已知平均利润率为20%，从生产费用中可用这一公式求出预付资本：预付资本=生产费用×$\frac{100}{120}$，在计算地租率时，必须从生产费用中求出预付资本量。

表Ⅰa、Ⅰb、Ⅰc和表Ⅰ对比的结果如下：

	耕地面积（英亩）	产量（夸特）	地租总额（镑）	地租总额（夸特）	每英亩平均地租（镑）	平均地租率（%）
Ⅰ	4	10	18	6	4.5	180%
Ⅰa	8（+100%）	20（+100%）	36（+100%）	12（+100%）	4.5	180%
Ⅰb	12（+200%）	26（+126%）	42（+133%）	14（+133%）	3.5	140%
Ⅰc	12（+200%）	36（+236%）	72（+300%）	24（+300%）	6	240%

Ⅰa和Ⅰ比较。Ⅰa的四种土地的耕种面积都增加1倍，其结果是：总产量和地租总额也增加1倍，但每亩平均地租和平均地租率均不变。

Ⅰb和Ⅰ比较。Ⅰb的四种耕地面积都有增加，但最坏和较坏的A、B等级面积增加多于较好和最好的C、D等级面积，其结果是：总产量和地租总额都有增加，但增加的幅度要小于耕地总面积的增加，每亩平均地租和平均地租率却减少了。

Ⅰc和Ⅰ比较。Ⅰc的耕地总面积增加，但增加的主要是较好的和最好的C、D等级的耕地，较差的B级耕地的面积虽增加，但相对较少，最坏的A级耕地面积则没有增加，其结果是：总产量和地租总额的增加幅度大于耕地总面积的增加，每亩平均地租和平均地租率都上升了。

由上述对比中，可以发现地租总额的变动规律，这就是：

（1）“只要耕地的扩大不是仅仅限于那些不支付地租的最坏土地，那么，地租总额就

会随着这种扩大而增加。”（第 749 页）

（2）在扩大耕地面积时，如果以 C、D 等级的好地为主，那么地租总额增加的幅度就会大于耕地总面积的增加，反之，如果以 A、B 等级的坏地为主，那么地租总额增加的幅度就会小于耕地总面积的增加。也就是说，一国总土地面积内 C、D 等级的好地所占比重越大，地租总额就越多，A、B 等级的坏地所占比重越大，地租总额则越少。

由上述对比中，还可以发现每亩平均地租和平均地租率的变动规律，这就是：

（1）在因耕地总面积扩大而引起每亩平均地租和平均地租率发生变化时，“二者变化的方向相同，但是彼此的比例不同”（第 751 页）。

（2）“只要各级土地在总面积中所占的比例不变，每英亩的平均地租或按投资计算的平均地租率就会不变。”（第 751—752 页）表 Ia 说明了这一规律。

（3）“只要不提供地租和只提供少量级差地租的土地，比提供地租较多的较好土地扩大得快，每英亩的平均地租和按资本计算的平均地租率就会降低。”（第 752 页）表 Ib 说明了这一规律。

（4）“要是较好土地在总耕地面积中相对地占有较大的部分，因而在它们上面的投资相对地较多，每英亩的平均地租和按资本计算的平均地租率就会相应地提高。”（第 752 页）表 Ic 说明了这一规律。

在耕地总面积增加时，较好和最好的土地所占比重越大，每亩平均地租就越多，反之，较差和最差的土地所占的比重越大，每亩平均地租就越少，这种现象给人以错觉，每亩平均地租和地租总额的高低是由土地的绝对肥力决定的，这种看法是错误的，因为按照这种看法，最坏的土地也是有一定肥力的，因而也必然会产生地租，这就否定了级差地租。实际上，级差地租是由相对肥力，即不同等级土地肥力之间的比率决定，也就是由预付总资本在各等级土地分配的比率决定的。

五、对级差地租Ⅰ研究的几点补充［第 753 页第 1 段—本章完］

马克思对级差地租Ⅰ提出了四点补充说明，这四点补充以及上述耕地面积增加对级差地租Ⅰ的影响，对接着要研究的级差地租Ⅱ也是很重要的。

第一，未耕地的土地价格的决定。［第 753 页末段］

未耕地的土地价格取决于已耕地的土地价格，具体地说：“各种质量的未耕地的价格（假定只有级差地租存在），就是由具有相同质量和相同位置的已耕地的价格决定的。”（第 753 页）并随着已耕地价格的变动而变动。

土地不是劳动的产物，为什么会有价格呢？因为凭借土地的所有权可以获得地租，土地价格的实质就是“资本化的地租”（第 753 页）。土地价格 $=\dfrac{\text{地租总额}}{\text{利息率}}$，也就是说，土地价格要和取得这块土地的地租总额同量的利息所需要的银行贷款金额相同。未耕地虽还没有提供地租，但预期今后会和已耕地一样提供地租，对于土地价格来说，已耕地和未耕地的预期性质是没有区别的。“所以，对未耕地部分来说会形成一个名义价格，并且这种未耕地会变成一种商品，对它的所有者来说变成财富的一个源泉。”（第 754 页）

第二，耕地扩大的顺序。［第 754 页第 1—末段］

耕地扩大的顺序是由较好的土地向较坏或更坏土地扩展，或者是各等级土地按不同比例扩展。

耕地扩大的顺序是由两方面原因决定的，一个原因是农产品供不应求，引起农产品的市场价格上涨，使耕种更坏的土地有了可能，在资本主义生产方式中，这种结果必然会出现。另一个原因是地理位置，“较坏土地可以由于位置好，比那种相对较好的土地优先被人利用。在年轻的国家中，位置对于耕地的扩大是具有决定意义的”（第 754 页）。

第三，殖民地和落后国大量出口价格低廉的农产品的原因。[第 755 页第 1 段—第 757 页第 3 段]

对殖民地和落后国家大量出口价格低廉的农产品，有人解释为这些国家土地肥沃带来的结果，这种解释是错误的。其真正原因是：

1. “在那里，谷物不仅低于它的价值出售，而且低于它的生产价格，即低于由较古老的国家的平均利润率决定的生产价格出售。”（第 755 页）

2. “这并不是由于它们的土地肥沃，也不是由于它们的劳动富有成效，而是由于它们的劳动，从而体现它们的劳动的剩余产品，具有一种片面的形式。”（第 756 页）

3. “可以粗放耕作的土地面积很大，……一个家庭可以粗放耕作比如说 100 英亩。每英亩的产量虽然不大，但 100 英亩将提供相当多的剩余产品，可供出售。此外，不在人工牧场上，而在天然牧场上饲养牲畜，几乎不需要任何费用。这里起决定作用的，不是土地的质，而是土地的量。”（第 756 页）

4. “土地肥力的这种立即被利用的可能性，在天然贫瘠的土地上比在天然富饶的土地上要更大些。移民首先着手耕种的正是这种天然贫瘠的土地，在缺少资本时，也不得不这样做。”（第 757 页）

第四，土地耕种面积扩大的前提。[第 757 页末段]

耕种更坏的土地要以农产品价格的上涨为前提，但不等于说，农业耕种面积的扩大都必须以农产品价格的上涨为前提，在以上表 I 中就提供了这样的例证，农产品价格不变，耕地总面积却扩大了。这是因为农业资本家和工业资本家一样，为了在农产品市场上占有更大的份额，获取更多的利润，就不断向新的耕地上投入新的资本。

第四十章　级差地租的第二形式（级差地租Ⅱ）

在本章中，马克思通过和级差地租Ⅰ的对比，论述级差地租Ⅱ的本质与特点。

一、级差地租Ⅱ和级差地租Ⅰ的比较［本章第1段—第763页第2段］

级差地租Ⅰ是在面积相等而自然条件不同的各种等级土地上同时投入等量资本所具有的不同生产率的结果，级差地租Ⅱ则是在同一地块上追加等量资本所具有的高于最坏耕地生产率结果。无论是级差地租Ⅰ或级差地租Ⅱ，作为级差地租，“实质上终究只是投在土地上的等量资本所具有的不同生产率的结果”（第759页）。

以上一章的表Ⅰ为例，假定预付总资本10镑不是一分为四投在四块各1英亩的土地上，而是分四次投入地块相同的1英亩的耕地上，并假定其结果相同，就会由级差地租Ⅰ转换为具有相同结果的级差地租Ⅱ。

投资顺序	资本（镑）	平均利润（镑）	产量（夸特）	个别生产价格（镑）		社会生产价格（镑）		利润（镑）	超额利润（镑）
				全部产品	每夸特	每夸特	全部产品		
①	②	③	④	⑤＝②＋③	⑥＝$\frac{⑤}{④}$	⑦	⑧＝④×⑦	⑨＝⑧－②	⑩＝⑧－⑤ 或＝⑨－③
1	$2\frac{1}{2}$	$\frac{1}{2}$	1	3	3	3	3	$\frac{1}{2}$ （$\frac{1}{6}$夸特）	0
2	$2\frac{1}{2}$	$\frac{1}{2}$	2	3	$1\frac{1}{2}$	3	6	$3\frac{1}{2}$ （$1\frac{1}{6}$夸特）	3 （1夸特）
3	$2\frac{1}{2}$	$\frac{1}{2}$	3	3	1	3	9	$6\frac{1}{2}$ （$2\frac{1}{6}$夸特）	6 （2夸特）
4	$2\frac{1}{2}$	$\frac{1}{2}$	4	3	$\frac{3}{4}$	3	12	$9\frac{1}{2}$ （$3\frac{1}{6}$夸特）	9 （3夸特）
合计	10	2	10	12	—	—	30 （10夸特）	20 （$6\frac{2}{3}$夸特）	18 （6夸特）

对级差地租的两种形式，就超额利润的形成来说，“这两种场合是毫无差别的”（第759页），“都不会影响超额利润的形成规律”（第760页），“在这两种场合下，都是一个10镑的

资本，其依次投入的价值部分各为 $2\frac{1}{2}$ 镑，不管它们是同时投在肥力不同的 4 英亩上，还是相继投在同一英亩上。由于它们的产量不同，其中一部分不会提供超额利润，而其他各部分会按照它们的收益和不提供地租的投资的收益之间的差额提供超额利润”（第 760 页）。

区别在于这一超额利润向地租的转化上，级差地租Ⅰ是根据土地肥力的差别，在租地时就已确定下来的，在租约有效期间由此产生的超额利润按照预计金额直接转化为地租归土地所有者所有。级差地租Ⅱ则不同，追加投资的行为是在租地后进行的，由此产生的超额利润归租地农场主所有，直到租约期满重新签订租约时，才会转化为地租，“正因为这样，租地农场主总是力争签订长期租约；但另一方面，由于地主占优势，每年都可解除的租约增加了”（第 760 页）。

对级差地租Ⅱ，马克思强调了以下两点：

第一，级差地租Ⅰ是级差地租Ⅱ的基础和出发点。

从历史上来说，在资本主义生产方式建立之前，存在大量未耕种的土地，资本还未真正形成，人们只能通过粗放经营增加农产品的产量。“按照耕作的自然规律，当耕作达到一定的水平，地力已经相应地耗尽的时候，资本（在这里同时指已经生产出来的生产资料）就成为土地耕作的决定要素。”（第 762 页）在同一块土地上通过不断追加投资提高农产品的产量，这是在新的资本主义生产方式下的集约化耕作。从粗放经营到集约化耕作的过程，也就是从级差地租Ⅰ发展到级差地租Ⅱ的历史过程。

从级差地租Ⅱ的运动来说，也是要以级差地租Ⅰ作为它的基础和出发点。因为级差地租Ⅱ建立在和最坏耕地生产率差别的基础上，追加投资的生产率必须高于最坏耕地的生产率，才能形成级差地租Ⅱ，这个差距越大，级差地租Ⅱ也就越多。

第二，获取构成级差地租Ⅱ的超额利润的资本量无需大于平均资本量。

和级差地租Ⅰ相比，形成级差地租Ⅱ的因素除土地肥力上的差别外，还有各租地农场主的资本规模的差别。

在工业中，要获取超额利润，必须要求生产条件高于中等水平，从而要求资本规模必须高于平均水平，农业中则不然，由于社会生产价格由最坏耕地的个别生产价格决定，因而只要生产条件高于这个最差条件，就可得到超额利润，因而在资本规模上无须大于平均水平，也可获得构成级差地租Ⅱ的超额利润。

二、构成级差地租Ⅱ的超额利润形成的前提［第 763 页第 3 段—第 769 页第 2 段］

在对同一块土地上追加投资能否产生构成级差地租Ⅱ的超额利润，取决于这一投资的生产率能否高于最坏耕地上投资的生产率，只要高出，就会产生这一超额利润，高出的幅度越大，这一超额利润也越多，可见，级差地租Ⅱ是以级差地租Ⅰ为前提的。级差地租产生于对不同肥力等级的地块上进行投资的生产率的差别，级差地租Ⅱ产生于对同一肥力等级地块上进行追加投资的生产率的差别，同样是追加投资，追加在肥力好的土地上的投资生产率总是会高于追加在肥力差的土地上的投资生产率，“这里很明显，级差地租Ⅱ只是级差地租Ⅰ的不同的表现，而实质上二者是一致的”（第 763 页）。

本章开始时假定按在 1 英亩最坏土地 A 上投资生产率上升序列拟定了级差地租Ⅱ的形成表，现在再假定按在 1 英亩最好土地上投资生产率下降序列拟定级差地租Ⅱ的形成表。其中最差的追加投资生产率代表最坏土地 A 的生产率，列表如下：

投资顺序	资本（镑）	平均利润（镑）	产量（夸特）	个别生产价格（镑）		社会生产价格（镑）		利润（镑）	超额利润（镑）
				全部产品	每夸特	每夸特	全部产品		
①	②	③	④	⑤＝②＋③	⑥＝$\frac{⑤}{④}$	⑦	⑧＝④×⑦	⑨＝⑧－②	⑩＝⑧－⑤ 或＝⑨－③
1	$2\frac{1}{2}$	$\frac{1}{2}$	3	3	$\frac{3}{4}$	3	12	$9\frac{1}{2}$（$3\frac{1}{6}$夸特）	9（3夸特）
2	$2\frac{1}{2}$	$\frac{1}{2}$	3	3	1	3	9	$6\frac{1}{2}$（$2\frac{1}{6}$夸特）	6（2夸特）
3	$2\frac{1}{2}$	$\frac{1}{2}$	2	3	$1\frac{1}{2}$	3	6	$3\frac{1}{2}$（$1\frac{1}{6}$夸特）	3（1夸特）
4	$2\frac{1}{2}$	$\frac{1}{2}$	1	3	3	3	3	$\frac{1}{2}$（$\frac{1}{6}$夸特）	0
合计	10	2	10	12	—	—	30（10夸特）	20（$6\frac{2}{3}$夸特）	18（6夸特）

在本章开始提供的表格和现在提供的表格中表明，追加投资生产率无论是下降或上升，只要高于最坏耕地的生产率，就会产生级差地租Ⅱ。而李嘉图认为只有在追加投资生产率下降引起生产价格的上升，才会产生级差地租Ⅱ。投资生产率下降而又引起生产价格上升，固然会由此产生级差地租Ⅱ，但这只是一种特例而非通例，即将追加投资投放到最坏耕地A上，当生产率下降时就会引起生产价格上升。但是通常情况是将追加投资投放到肥沃的土地上，在这种土地上追加投资，即使生产率下降，也会高于最坏耕地的生产率，从而不会使生产价格提高，同样产生出超额利润。

如果由于追加投资增加了对社会农产品的供给，满足了社会的需要，A级土地就会受到排挤，农产品的生产价格将由B级土地农产品的个别生产价格来调节，使农产品社会生产价格下降，在这种情况下，马克思仍认为，“按每英亩计算的地租额还是增长$33\frac{1}{3}$%”（第765页），“起调节作用的市场价格下降，而同时肥沃的土地的地租却增加”（第766页），但未用表格具体说明。

在级差地租Ⅱ的形式上，存在着多种复杂的组合，李嘉图却将这一问题简单化了。

产生构成级差地租Ⅱ的超额利润的前提是追加资本的生产率高于最坏土地的生产率，在这一前提下，不论追加投资的生产率是上升系列还是下降系列，不论是生产价格提高、不变或下降，都会产生这一超额利润。①

李嘉图是通过追加资本的生产率的按比例的下降，使生产价格提高来说明级差地租Ⅱ的，其前提是："已耕地提供的供给已经不够，从而市场价格长期高于生产价格，直到来耕种新追加的较坏土地，或者，投在各级土地上的追加资本的总产品只能按高于以前的生产价格来供应。"（第768页）其实，构成级差地租Ⅱ的超额利润不仅发生在生产价格的提高上，也可能发生在生产价格的不变甚至下降上。

在追加资本时，生产率的下降会导致三种结果：生产价格提高，生产价格不变，生产价格下降。当追加资本的生产率低于最坏土地A的生产率，所增加的产量又为社会所需求，生产价格就会上升，从而产生新的超额利润。当追加资本的生产率等于A土地的生产率时，生产价格不会发生变化，从而不会形成超额利润。但是，当在B、C、D等级土地上追加资本的生产率虽下降却仍高于A土地的生产率时，即使生产价格不变，也会在B、C、D土地上产生新的超额利润。如果追加资本使农产品的产量超过社会的需求，就会使A级土地被排挤出去，从而使农产品的生产价格下降到B级土地的个别生产价格水平上，在这种情况下，在C、D等级土地上仍可获得超额利润，甚至可能增加。"如果把最坏土地A从耕地中排挤出去，起调节作用的生产价格就会下跌，而以货币表现的超额利润从而级差地租是增加还是减少，就取决于每夸特价格的减少和形成超额利润的夸特数的增加这二者之间的对比关系。"（第769页）

紧接着，马克思又说："不管怎样，有一点值得注意：在各个连续投资的超额利润减少时，生产价格并不像看起来那样必然上涨，而是可能下跌。"（第769页）这段话读起来不好理解，遂疑是笔误，其中的"超额利润减少时"似乎应为"超额利润增加时"。

三、级差地租Ⅰ和级差地租Ⅱ的本质区别［第769页第3段—本章完］

级差地租Ⅰ和级差地租Ⅱ的本质区别实际上在本章一开始就已阐明，即级差地租Ⅰ是在面积相等而肥力不同的各种等级土地上同时投入等量资本所具有的不同生产率的结果，级差地租Ⅱ则是在同一地块上追加等量资本后具有的高于最坏耕地生产率的结果。现在要说的本质区别是这一本质区别的具体表现。

级差地租Ⅰ和级差地租Ⅱ的本质区别的具体表现，可用下列表格显示。

按照已举过的例子，级差地租Ⅰ用下表说明：

① 陈征认为："只要追加投资的生产率不低于最坏土地（A）的生产率，农产品的社会生产价格不变，价格不致上涨，利润率也不致下降，在这种情况下，社会级差地租Ⅱ不仅会产生，而且级差地租总额仍然会增长。"见《〈资本论〉解说》第3卷（修订本），福建人民出版社1997年版第614页。这段话有两个问题：第一，如果追加投资的生产率虽不低于却等于最坏土地的生产率，是否也能产生级差地租Ⅱ；第二，产生级差地租Ⅱ的前提是否还要包括农产品生产价格不变。

土地等级	资本（镑）	平均利润（镑）	产量（夸特）	个别生产价格（镑）		社会生产价格（镑）		利润（镑）	超额利润（镑）
				全部产品	每夸特	每夸特	全部产品		
①	②	③	④	⑤ = ② + ③	⑥ = $\frac{⑤}{④}$	⑦	⑧ = ④ × ⑦	⑨ = ⑧ − ②	⑩ = ⑧ − ⑤ 或 = ⑨ − ③
A	$2\frac{1}{2}$	$\frac{1}{2}$	1	3	3	3	3	$\frac{1}{2}$	0
B	$2\frac{1}{2}$	$\frac{1}{2}$	2	3	$1\frac{1}{2}$	3	6	$3\frac{1}{2}$	3
C	$2\frac{1}{2}$	$\frac{1}{2}$	3	3	1	3	9	$6\frac{1}{2}$	6
D	$2\frac{1}{2}$	$\frac{1}{2}$	4	3	$\frac{3}{4}$	3	12	$9\frac{1}{2}$	9
合计	10	2	10	12	—	—	30	20	18

从此表中可以看到，级差地租Ⅰ的地租总额为 18 镑，每英亩的平均地租 = $\frac{18\text{镑}}{4\text{亩}}$ = $4\frac{1}{2}$ 镑，平均地租率 = $\frac{18\text{镑 r}}{10\text{镑 C}}$ = 180%。

以上假定为在 A、B、C、D 各等级土地上的投资，均在 1 英亩土地上进行，如以同样的投资额，在 A、B、C、D 各级土地上再多耕种 1 英亩土地，并假定生产率不变，各等级土地的肥力不变，生产价格不变，级差地租Ⅰ将发生以下变化：

土地等级	资本（镑）	平均利润（镑）	产量（夸特）	个别生产价格（镑）		社会生产价格（镑）		利润（镑）	超额利润（镑）
				全部产品	每夸特	每夸特	全部产品		
①	②	③	④	⑤ = ② + ③	⑥ = $\frac{⑤}{④}$	⑦	⑧ = ④ × ⑦	⑨ = ⑧ − ②	⑩ = ⑧ − ⑤ 或 = ⑨ − ③
A	$2\frac{1}{2}+2\frac{1}{2}$	1	2	6	3	3	6	1	0
B	$2\frac{1}{2}+2\frac{1}{2}$	1	4	6	$1\frac{1}{2}$	3	12	7	6
C	$2\frac{1}{2}+2\frac{1}{2}$	1	6	6	1	3	18	13	12
D	$2\frac{1}{2}+2\frac{1}{2}$	1	8	6	$\frac{3}{4}$	3	24	19	18
合计	20	4	20	24	—	—	60	40	36

从此表中可以看到，由于各等级耕种土地增加 1 倍，总面积由 4 亩增加到 8 亩，在生产率和生产价格不变的情况下，地租总额由 18 镑增加到 36 镑，但每英亩平均地租和平均地租率却不变（每英亩平均地租 = $\frac{36\text{镑}}{8\text{亩}}$ = $4\frac{1}{2}$镑，平均地租率 = $\frac{36\text{镑 r}}{20\text{C}}$ = 180%）。

如果将同量的追加投资投放在原来已耕的 A、B、C、D 各 1 英亩的土地上，在同样的前提下，则会产生不同的结果。我们只要将上表中的追加投资转换成投放到原来的已耕的土地上，则级差地租Ⅱ将会产生，和级差地租Ⅰ相对比，地租总额同样是 36 镑，比原来的级差地租Ⅰ增加了 1 倍，平均地租率也不变，仍为 180%（$\frac{36\text{镑 r}}{20\text{镑 C}}$），但在每英亩的平均地租却发生了变化，现在，每英亩平均地租 = $\frac{36\text{镑}}{4\text{镑}}$ = 9 镑，比原来的级差地租Ⅰ增加了 1 倍。

从上述级差地租Ⅱ和级差地租Ⅰ的区别中，马克思得出以下结论："由此可见，在生产价格不变，利润率不变和差额不变（因而，按资本计算的超额利润率或地租率也不变）时，每英亩的产品地租额和货币地租额，从而土地的价格，都可能提高。"（第 771 页）

马克思通过举例又补充说明，在同一地块上追加的投资即使生产率下降，但只要能提供级差地租Ⅱ，"在这个场合，各个追加的资本和投在 A 上面的资本相比较的差额都已减少，生产价格则仍旧不变，但每英亩的地租增加了，因而每英亩的土地价格也提高了"（第 771—772 页）。

第四十一章　级差地租Ⅱ——第一种情况：生产价格不变

在上一章的结尾，马克思说：“关于级差地租Ⅱ（它的前提是以级差地租Ⅰ作为自己的基础）的种种组合，我们下面来谈。”（第772页）从第41章到第43章研究的就是级差地租Ⅱ的各种组合，包括生产价格不变、生产价格下降和生产价格上涨这三种组合，本章研究的是在生产价格不变条件下的级差地租Ⅱ的组合。

李嘉图认为，人们起初耕种的是优等地，随着对农产品需求的增加，新开发的土地越来越差，使追加投资的生产率不断下降，农产品的社会生产价格不断上升，从而产生级差地租Ⅱ。现在，马克思通过对生产价格不变、生产价格下降和生产价格上涨这三种组合的分析，得出的结论是，即使在生产价格不变甚至下降的情况下，仍然会产生级差地租Ⅱ，从而具体分析了级差地租Ⅱ在各种场合下的形成。

本章研究的是在社会生产价不变的情况下，级差地租Ⅱ的形成及其变动，出发点是第39章中列出的级差地租Ⅰ形成的表格：

表Ⅰ

土地等级	资本（镑）	平均利润（镑）	产量（夸特）	个别生产价格（镑）		社会生产价格（镑）		利润（镑）	超额利润或地租（镑）
				全部产品	每夸特	每夸特	全部产品		
①	②	③	④	⑤＝②＋③	⑥ ＝$\frac{⑤}{④}$	⑦	⑧＝④×⑦	⑨＝⑧－②	⑩＝⑧－⑤ 或＝⑨－③
A	$2\frac{1}{2}$	$\frac{1}{2}$	1	3	3	3	3	$\frac{1}{2}$	0
B	$2\frac{1}{2}$	$\frac{1}{2}$	2	3	$1\frac{1}{2}$	3	6	$3\frac{1}{2}$	3
C	$2\frac{1}{2}$	$\frac{1}{2}$	3	3	1	3	9	$6\frac{1}{2}$	6
D	$2\frac{1}{2}$	$\frac{1}{2}$	4	3	$\frac{3}{4}$	3	12	$9\frac{1}{2}$	9
合计	10	2	10	12	—	—	30 （10夸特）	20 （$6\frac{2}{3}$夸特）	18 （6夸特）

这里假定各级土地面积相同，均为1英亩；预付资本也相同，均为$2\frac{1}{2}$镑；平均利润

率为 20%。

在社会生产价格不变的前提下，即农产品的市场价格仍由最坏土地 A 的个别生产价格来调节的前提下，由于在原有各级土地追加投资的生产率的不同，将会出现以下四种具体场合。

Ⅰ. 在 B、C、D 各级土地上追加投资的生产率和 A 级土地的生产率相同［本章第 2 段］

例如，在 B、C、D 各级原有土地上各自追加投资 $2\frac{1}{2}$ 镑，各自增加的产量同为 1 夸特，即与 A 级土地投资 $2\frac{1}{2}$ 镑带来的生产率相同，其结果如下表所示：

土地等级	资本（镑）	平均利润（镑）	产量（夸特）	个别生产价格（镑）		社会生产价格（镑）		利润（镑）	超额利润或地租（镑）
				全部产品	每夸特	每夸特	全部产品		
①	②	③	④	⑤ = ② + ③	⑥ = ⑤/④	⑦	⑧ = ④ × ⑦	⑨ = ⑧ − ②	⑩ = ⑧ − ⑤ 或 = ⑨ − ③
A	$2\frac{1}{2}$	$\frac{1}{2}$	1	3	3	3	3	$\frac{1}{2}$	0
B	$2\frac{1}{2}+2\frac{1}{2}$	1	2 + 1	6	2	3	9	4	3
C	$2\frac{1}{2}+2\frac{1}{2}$	1	3 + 1	6	$1\frac{1}{2}$	3	12	7	6
D	$2\frac{1}{2}+2\frac{1}{2}$	1	4 + 1	6	$1\frac{1}{5}$	3	15	10	9
合计	$17\frac{1}{2}$	$3\frac{1}{2}$	13	21	—	—	39（13 夸特）	$21\frac{1}{2}$（$3\frac{1}{6}$ 夸特）	18（6 夸特）

由此表可以看出，在 B、C、D 各级土地追加投资的生产率如果和 A 级土地相同，其结果如同有同样面积或更大面积的新的 A 级土地投入耕种，追加投资不提供任何超额利润，但会由于资本的追加而使平均利润按相同比例增加。

Ⅱ. 在 A、B、C、D 各级土地上追加投资的生产率和原来各级土地的生产率相同。［第 773 页末段—第 775 页第 3 段］

假定在 A、B、C、D 各级原有土地上的追加投资都增加 1 倍，级差地租Ⅱ的形成将用下表说明：

表Ⅱ

土地等级	资本（镑）	平均利润（镑）	产量（夸特）	个别生产价格（镑）		社会生产价格（镑）		利润（镑）	超额利润或地租（镑）
				全部产品	每夸特	每夸特	全部产品		
①	②	③	④	⑤＝②＋③	⑥ $=\frac{⑤}{④}$	⑦	⑧＝④×⑦	⑨＝⑧－②	⑩＝⑧－⑤ 或＝⑨－③
A	$2\frac{1}{2}+2\frac{1}{2}$	1	2	6	3	3	6	1	0
B	$2\frac{1}{2}+2\frac{1}{2}$	1	4	6	$1\frac{1}{2}$	3	12	7	6
C	$2\frac{1}{2}+2\frac{1}{2}$	1	6	6	1	3	18	13	12
D	$2\frac{1}{2}+2\frac{1}{2}$	1	8	6	$\frac{3}{4}$	3	24	19	18
合计	20	4	20	24	—	—	60（20夸特）	40（$13\frac{1}{3}$夸特）	36（12夸特）

上表说明，在社会生产价格不变和各级土地投资生产率不变的前提下，在B、C、D各级土地的产量、利润和超额利润（地租）和追加投资按相同比例增加时，如同将这一追加资本投在B、C、D各级土地另外一块相同面积（各1英亩）上，其结果是一样的。至于在A级土地上的追加投资，其产量和利润虽也会和这一投资同比例地增加，但仍不会产生超额利润（地租）。

在各级土地生产率不变的前提下，各级土地追加投资所产生的级差地租之间的比例差额是不变的，在B级土地上每追加投资$2\frac{1}{2}$镑则产生3镑（1夸特农产品）级差地租，在C级土地上每追加投资$2\frac{1}{2}$镑则产生6镑（2夸特农产品）级差地租，在D级土地上每追加投资$2\frac{1}{2}$镑则产生9镑（3夸特农产品）级差地租。但是各级土地级差地租的算术差额却会随着各级土地追加资本量的变动而变动，例如，假定原来的追加资本10镑只投放在B和D的土地上，其结果如下：

土地等级	资本（镑）	平均利润（镑）	产量（夸特）	个别生产价格（镑）		社会生产价格（镑）		利润（镑）	超额利润或地租（镑）
				全部产品	每夸特	每夸特	全部产品		
①	②	③	④	⑤ = ② + ③	⑥ = ⑤/④	⑦	⑧ = ④ × ⑦	⑨ = ⑧ - ②	⑩ = ⑧ - ⑤ 或 = ⑨ - ③
A	$2\frac{1}{2}$	$\frac{1}{2}$	1	3	3	3	3	$\frac{1}{2}$	0
B	$2\frac{1}{2}+5$	$1\frac{1}{2}$	6	9	$1\frac{1}{2}$	3	18	$10\frac{1}{2}$	9
C	$2\frac{1}{2}$	$\frac{1}{2}$	3	3	1	3	9	$6\frac{1}{2}$	6
D	$2\frac{1}{2}+5$	$1\frac{1}{2}$	12	9	$\frac{3}{4}$	3	36	$28\frac{1}{2}$	27
合计	20	4	22	24	—	—	66（22 夸特）	46（$15\frac{1}{3}$ 夸特）	42（14 夸特）

原来的级差地租：A =0 镑，B =3 镑（1 夸特），C =6 镑（2 夸特），D =9 镑（3 夸特），而现在 A =0 镑，B =9 镑（3 夸特），C =6 镑（2 夸特），D =27 镑（9 夸特）。从各级土地级差地租的算术差额看，发生了以下变动，D 和 A 的差额以前是 9 镑（3 夸特），现在是 27 镑（9 夸特），[①] B 和 A 的差额以前是 3 镑（1 夸特），现在是 9 镑（3 夸特），C 和 B 的差额以前是 +1 夸特，现在却是 -1 夸特等。

Ⅲ. 在 B、C、D 各级土地上的追加投资的生产率下降，但仍高于 A 级土地的生产率［第 775 页末段—第 777 页第 2 段］

这种情况可用下表说明：

① 《资本论》上写的是“D 和 A 的差额就 =7 夸特”（第 775 页），可能是笔误，上表显示的 D 级土地级差地租为 27 镑，即 9 夸特。

表Ⅲ

土地等级	资本（镑）	平均利润（镑）	产量（夸特）	个别生产价格（镑）		社会生产价格（镑）		利润（镑）	超额利润或地租（镑）
				全部产品	每夸特	每夸特	全部产品		
①	②	③	④	⑤ = ② + ③	⑥ = $\frac{⑤}{④}$	⑦	⑧ = ④ × ⑦	⑨ = ⑧ − ②	⑩ = ⑧ − ⑤ 或 = ⑨ − ③
A	$2\frac{1}{2}$	$\frac{1}{2}$	1	3	3	3	3	$\frac{1}{2}$	0
B	$2\frac{1}{2}+2\frac{1}{2}$	1	$3\frac{1}{2}$	6	$1\frac{5}{7}$	3	$10\frac{1}{2}$	$5\frac{1}{2}$	$4\frac{1}{2}$
C	$2\frac{1}{2}+2\frac{1}{2}$	1	5	6	$1\frac{1}{5}$	3	15	10	9
D	$2\frac{1}{2}+2\frac{1}{2}$	1	$7\frac{1}{2}$	6	$\frac{4}{5}$	3	$22\frac{1}{2}$	$17\frac{1}{2}$	$16\frac{1}{2}$
合计	$17\frac{1}{2}$	$3\frac{1}{2}$	17	21	—	—	51（17 镑）	$33\frac{1}{2}$（$11\frac{1}{6}$夸特）	30（10 夸特）

这一例子表明，在 B、C、D 各级土地上追加投资的生产率下降后，超额利润率或地租率和原来相比会随着追加投资生产率的下降而下降，但在超额利润或级差地租的绝对量上仍然会增加，前提是追加投资的生产率在降低后仍高于 A 级土地的生产率。

如果说第Ⅱ种假定产生的结果则相当于将追加资本投放到较好的各级同质的新的地块，从而增加了较好的同级别的土地面积，那么第Ⅲ种假定产生的结果则相当于将追加资本投放到新的高于 A 级的别的土地上，也就是说，上表中的 B 的追加资本相当于投放到 A 与 B 之间新的土地级别上，C 的追加资本相当于投放到 B 与 C 之间新的级别土地上，D 的追加资本相当于投放到 C 与 D 之间新的级别土地上。

上述结果的前提是追加投资的生产率在降低后仍高于最坏的 A 级土地的生产率。至于追加资本是分配到 B、C、D 各级土地上还是集中在其中某一级的土地上，追加资本分配到 B、C、D 土地上是均等还是不均等，各级土地追加投资的生产率是按相同比率下降还是相异比率下降，对说明级差地租Ⅱ的规律是无关紧要的。

Ⅳ. 在 B、C、D 各级土地追加投资的生产率不仅高于 A 级土地的生产率，也高于原来各自级别的生产率［第 777 页末段—第 779 页末段］

在这种假定下，不仅级差地租总额和每英亩的地租会增加，而且增加的比例大于追加资本增加的比例。

追加投资生产率的提高“意味着一个较小的追加资本和从前一个较大的追加资本相比会产生同样或更大的效果”（第 778 页），这种效果来自追加投资时对土地进行改良，这种效果表现在追加资本提高了生产率，也使原资本提高了生产率，例如，原资本 100 先令生产农产品 2 夸特，利润为 10 先令，当追加投资 100 先令并对土地进行改良后，资本生产率提高 1 倍，农产品产量由 2 夸特提高到 8 夸特，利润由 10 先令提高到 40 先令，即利润率由 10% 提高到 20%。

在这种情况下，会出现以下三种结果：第一，如原有农产品已能满足市场需求，就用原来一半的预付资本 50 先令投放到土地上，另一半预付资本 50 先令成为游离资本；第二，如现在市场对农产品的需求增加 1 倍，用原来的预付资本 100 先令继续投入生产即可，节省了追加资本；第三，当市场对农产品的需求在新的基础上再增加 1 倍（即原来的 3 倍）时，只要追加与原资本等量的金额 100 先令即可，按照原来的生产率，生产 8 夸特的农产品需要投入 400 先令预付资本，现在只需 200 先令，预付资本增加的比例低于对农产品的需求增加的比例。

剩余价值来源于雇佣工人的剩余劳动，但是要提高农业生产率就要提高资本的有机构成，即增加不变资本的比重，降低可变资本的比重，尽管活劳动是利润的源泉，但资本家为了追求更多的利润，却力求多使用物化劳动，将活劳动缩减到最低限度，这是一种矛盾的表现，但在资本主义生产方式中，“从竞争的观点看，一切都失真了，一切都颠倒地表现出来”（第 780 页）。

从第 780 页末段至本章结束，马克思对上述四种情况提出了三点结论或说明：

第一，在社会生产价格不变的前提下，在较好土地上追加投资，无论是生产率提高，还是不变甚至下降，只要产生比 A 级土地更高的生产率，都会产生级差地租Ⅱ，即使在 A 级土地上追加投资，只要有比原来 A 级土地更高的生产率则级差地租Ⅱ也会产生。

第二，有两种投资方式，一种是“在时间上相继地投在同一土地上，……在有限土地上连续投资”（第 781 页），另一种是“在空间上并行地投在新的、质量相当的追加土地上，……在比较广阔的土地上并行投资”（第 781 页），前一种产生的是级差地租Ⅱ，后一种产生的是级差地租Ⅰ，在同级土地上进行同量的追加投资，那么超额利润或地租的总量相同，但在每英亩的平均地租量却不相同了，“资本在较小土地上的积聚就会增进每英亩的地租量，而在相同的情况下，资本在较大土地上的分散，在其他条件不变时，却不会引起这个结果”（第 781 页）。

资本主义农业生产发展的规律是资本越来越集中在同一土地上，因此每英亩的地租越来越高，地租的多少是决定土地价格的一个重要因素，资本主义农业生产的发展也必然使土地价格越来越高。

第三，什么是剩余产品？在产品中代表剩余价值的全部产品都是剩余产品，但在个别场合只是指代表平均利润部分的产品，现在论述资本主义地租时，只是指代表超额利润相应部分的产品。

第四十二章　级差地租Ⅱ——第二种情况：生产价格下降

本章研究的是在社会生产价格下降的情况下，级差地租Ⅱ的形成及其变动，出发点仍是第39章中列出的级差地租Ⅰ形成的表格。

生产价格下降的原因是追加投资在较好的B、C、D等级土地上的农产品产量已经能够满足社会需要，使A级土地退出耕种，社会生产价格由B级土地的个别生产价格调节。这种情况无论在追加投资生产率提高，还是不变甚至下降时，都可能发生。现在先研究在追加投资的生产率不变及生产价格下降的情况下，级差地租Ⅱ的形成及其变动。

Ⅰ．追加投资的生产率不变

一、第一次追加投资（第二次投资）时生产价格下降情况下级差地租Ⅱ的形成及其变动［本节第1段—第784页末段］

当第一次追加投资后，B、C、D土地上的农产品产量已能满足社会需要，从而使A级土地退出耕种，社会生产价格由B级土地调节，级差地租将发生以下变化：

表Ⅳ

土地等级	资本（镑）	平均利润（镑）	产量（夸特）	个别生产价格（镑）		社会生产价格（镑）		利润（镑）	超额利润或地租（镑）
				全部产品	每夸特	每夸特	全部产品		
①	②	③	④	⑤＝②＋③	⑥ ＝$\frac{⑤}{④}$	⑦	⑧＝④×⑦	⑨＝⑧－②	⑩＝⑧－⑤ 或＝⑨－③
B	$2\frac{1}{2}+2\frac{1}{2}$	1	4	6	$1\frac{1}{2}$	$1\frac{1}{2}$	6	1	0
C	$2\frac{1}{2}+2\frac{1}{2}$	1	6	6	1	$1\frac{1}{2}$	9	4	3
D	$2\frac{1}{2}+2\frac{1}{2}$	1	8	6	$\frac{3}{4}$	$1\frac{1}{2}$	12	7	6
合计	15	3	18	18	—	—	27	12	9 （6夸特）

和作为出发点第一次投资产生的级差地租Ⅰ相比较，由于A退出了耕种，从而形成了新的级差地租Ⅰ。在生产价格下降的前提下，一方面，货币地租在对预付资本追加后（由

10 镑增至 15 镑）仍然出现下降情况（由 18 镑降至 9 镑），在 B 级土地上，级差地租由 3 镑变为零镑；另一方面，谷物地租却因生产价格的下降并未减少（仍为 6 夸特）。在货币地租减少的情况下，高于 B 级土地生产率的 C 和 D，不仅存在级差地租Ⅰ，也因追加投资而产生级差地租Ⅱ，二者各占$\frac{1}{2}$。

二、在生产价格下降情况下第二次追加投资（第三次投资）时级差地租Ⅱ的形成及其变动［第 785 页第 1 段—本节完］

在生产价格下降的情况下，货币地租在第一次追加投资后仍然在减少，要使货币地租回升，就需要再一次追加投资，要使货币地租恢复到原有水平，就必须大量增加第二次的追加投资。

（一）使货币地租回升的第三次投资［第 785 页第 1 段—第 787 页第 1 段］

当追加投资造成生产价格下降和货币地租减少后，要使货币地租回升，就要再一次追加投资，由于 B 级土地不再产生级差地租，因而要增加级差地租，就要将资本追加到高于 B 的 C 级和 D 级原有土地上。

第一个假定：将第三次投资的 $2\frac{1}{2}$镑追加到 C 级土地上，结果如下：

表Ⅳa

土地等级	资本（镑）	平均利润（镑）	产量（夸特）	个别生产价格（镑）		社会生产价格（镑）		利润（镑）	超额利润或地租（镑）
				全部产品	每夸特	每夸特	全部产品		
①	②	③	④	⑤＝②＋③	⑥ ＝$\frac{⑤}{④}$	⑦	⑧＝④×⑦	⑨＝⑧－②	⑩＝⑧－⑤ 或＝⑨－③
B	5	1	4	6	$1\frac{1}{2}$	$1\frac{1}{2}$	6	1	0
C	$5+2\frac{1}{2}$	$1\frac{1}{2}$	9	9	1	$1\frac{1}{2}$	$13\frac{1}{2}$	6	$4\frac{1}{2}$
D	5	1	8	6	$\frac{3}{4}$	$1\frac{1}{2}$	12	7	6
合计	$17\frac{1}{2}$	$3\frac{1}{2}$	21	21	—	—	$31\frac{1}{2}$	14	$10\frac{1}{2}$ （7 夸特）

和第一次追加投资引起的货币地租下降相比，地租从 9 镑回升到 $10\frac{1}{2}$镑，但仍大大落后于出发点时的水平（18 镑），至于从谷物地租看，其超出了出发点时的水平（由 6 夸特增加到 7 夸特）。

第二个假定：将第三次投资的 $2\frac{1}{2}$镑追加到 D 级土地上，结果如下：

表Ⅳb

土地等级	资本（镑）	平均利润（镑）	产量（夸特）	个别生产价格（镑）		社会生产价格（镑）		利润（镑）	超额利润或地租（镑）
				全部产品	每夸特	每夸特	全部产品		
①	②	③	④	⑤=②+③	⑥=⑤/④	⑦	⑧=④×⑦	⑨=⑧-②	⑩=⑧-⑤ 或=⑨-③
B	5	1	4	6	$1\frac{1}{2}$	$1\frac{1}{2}$	6	1	0
C	5	1	6	6	1	$1\frac{1}{2}$	9	4	3
D	$5+2\frac{1}{2}$	$1\frac{1}{2}$	12	9	$\frac{3}{4}$	$1\frac{1}{2}$	18	$10\frac{1}{2}$	9
合计	$17\frac{1}{2}$	$3\frac{1}{2}$	22	21	—	—	33	$15\frac{1}{2}$	12 （8夸特）

第二个假定的结果与第一个假定基本上一致，只是在货币地租上回升得更多一些，谷物地租也比出发点时的水平更高一些。

无论是第一个假定还是第二个假定，在货币地租上均未恢复到原来生产价格未下降时的水平。

（二）使货币地租恢复到生产价格未下降时水平的第三次投资［第787页第2段—第790页第3段］

要使货币地租恢复到出发点时的水平（18镑），必须在C级或D级土地上大量增加新的投资。

第一个假定：在原有15镑资本的基础上再追加$12\frac{1}{2}$镑资本，其中10镑追加到C级原有土地上，$2\frac{1}{2}$镑追加到原有的D级土地上，结果如下：

表Ⅳc

土地等级	资本（镑）	平均利润（镑）	产量（夸特）	个别生产价格（镑）		社会生产价格（镑）		利润（镑）	超额利润或地租（镑）
				全部产品	每夸特	每夸特	全部产品		
①	②	③	④	⑤=②+③	⑥=⑤/④	⑦	⑧=④×⑦	⑨=⑧-②	⑩=⑧-⑤ 或=⑨-③
B	5	1	4	6	$1\frac{1}{2}$	$1\frac{1}{2}$	6	1	0
C	5+10	3	18	18	1	$1\frac{1}{2}$	27	12	9
D	$5+2\frac{1}{2}$	$1\frac{1}{2}$	12	9	1	$1\frac{1}{2}$	18	$10\frac{1}{2}$	9
合计	$27\frac{1}{2}$	$5\frac{1}{2}$	34	33	—	—	51	$23\frac{1}{2}$	18 （12夸特）

第二个假定：将第三次投资集中在最好的 D 级土地上，在原有 15 镑资本的基础上只需再追加 $7\frac{1}{2}$镑资本即可使货币地租恢复到原来生产价格下降时的 18 镑。

表Ⅳd

土地等级	资本（镑）	平均利润（镑）	产量（夸特）	个别生产价格（镑）		社会生产价格（镑）		利润（镑）	超额利润或地租（镑）
				全部产品	每夸特	每夸特	全部产品		
①	②	③	④	⑤ = ② + ③	⑥ = $\frac{⑤}{④}$	⑦	⑧ = ④ × ⑦	⑨ = ⑧ − ②	⑩ = ⑧ − ⑤ 或 = ⑨ − ③
B	5	1	4	6	$1\frac{1}{2}$	$1\frac{1}{2}$	6	1	0
C	5	1	6	6	1	$1\frac{1}{2}$	9	4	3
D	$5+7\frac{1}{2}$	$2\frac{1}{2}$	20	15	$\frac{3}{4}$	$1\frac{1}{2}$	30	$17\frac{1}{2}$	15
合计	$22\frac{1}{2}$	$4\frac{1}{2}$	30	27	—	—	45	$22\frac{1}{2}$	18（12 夸特）

当生产价格下降一半（由每夸特 3 镑下降至每夸特 $1\frac{1}{2}$镑）和地租也相应减少一半时（由 18 镑减少至 9 镑），按照上述两种假定，可以使货币地租恢复到原来出发点时的水平。但在获得相等的货币地租的同时，和出发点时的情况相比较，发生了一系列的变化：

1. 要获得 18 镑货币地租，原来只需投资 10 镑，现在则需要投资 $27\frac{1}{2}$镑或 $22\frac{1}{2}$镑，增加 1 倍以上。

2. 谷物地租原来是 6 夸特，现在由于谷物的生产价格下降一半，同量的 18 镑货币地租已相当于 12 夸特谷物地租。

3. 每英亩级差地租增加了，每英亩的货币地租由原来的 $4\frac{1}{2}$英镑（$\frac{18\text{镑}}{4\text{英亩}}$）增加到 6 英镑（$\frac{18\text{镑}}{3\text{英亩}}$），每英亩的谷物地租增加比率更高，由 $1\frac{1}{2}$夸特（$\frac{6\text{镑}}{4\text{英亩}}$）增加到 4 夸特（$\frac{12\text{镑}}{3\text{英亩}}$）。

4. 地租率（$\frac{r}{C}$）大大下降，由原来的 180%（$\frac{18\text{镑 }r}{10\text{镑 }C}\times 100\%$）下降到 $65\frac{5}{11}$（$\frac{18\text{镑 }r}{27\frac{1}{2}\text{镑 }C}\times 100\%$）或 80%（$\frac{18\text{镑 }r}{22\frac{1}{2}\text{镑 }C}\times 100\%$）。

5. 货币地租在总产值中所占的比重也有较大程度的下降，由原来的 60%（$\frac{18\text{镑 }r}{30\text{镑 }W}\times 100\%$）下降到 36%（$\frac{18\text{镑 }r}{51\text{镑 }W}\times 100\%$）或 40%（$\frac{18\text{镑 }r}{45\text{镑 }W}\times 100\%$）。用谷物地租在总产量中所占的比重说明，结果相同，等等。

（三）使货币地租恢复到在生产价格和追加投资生产率都不变的情况下追加投资 1 倍时的水平的第三次投资［第 790 页末段 —本节完］

要使货币地租恢复到第 41 章中第Ⅱ种场合带来的结果（36 镑），也就是在生产价格下降一半的条件下，货币地租还要比出发点时的 18 镑增加 1 倍，这就要求在 C 或 D 土地上更大量地追加投资，如集中在D级土地上追加投资，第三次投资需追加22 $\frac{1}{2}$镑。

土地等级	资本（镑）	平均利润（镑）	产量（夸特）	个别生产价格（镑）		社会生产价格（镑）		利润（镑）	超额利润或地租（镑）
				全部产品	每夸特	每夸特	全部产品		
①	②	③	④	⑤=②+③	⑥ $=\frac{⑤}{④}$	⑦	⑧=④×⑦	⑨=⑧-②	⑩=⑧-⑤ 或=⑨-③
B	5	1	4	6	$1\frac{1}{2}$	$1\frac{1}{2}$	6	1	0
C	5	1	6	6	1	$1\frac{1}{2}$	9	4	3
D	$5+22\frac{1}{2}$	$5\frac{1}{2}$	44	33	$\frac{33}{44}$	$1\frac{1}{2}$	66	$38\frac{1}{2}$	33
合计	$37\frac{1}{2}$	$7\frac{1}{2}$	54	45	—	—	81	$43\frac{1}{2}$	36 （24夸特）

这一结果说明以下两个问题：

第一，在生产价格和投资生产率不变的情况下，只要在B、C、D土地上的投资增加1倍（由7.5镑增至15镑），则货币地租也相应增加1倍（由18镑增至36镑）；当生产价格下降一半而投资生产率不变时，要使货币地租由原来的18镑增加至36镑，在C、D土地上的投资就要由原来的5镑增至32 $\frac{1}{2}$镑，超过5倍。加上A、B级土地上的投资，总投资由10镑增至37 $\frac{1}{2}$镑，增幅也接近3倍。

当生产价格下降而投资生产率不变时，需要追加多少资本才能使货币地租恢复到原有水平甚至提升到新的水平，这取决于生产价格下降的程度，下降比例越大，需要追加的资本越多；取决于土地等级之间的差距，差距越大，需要追加的资本越少；取决于追加资本在各级土地上的分配，土地等级越高，需要追加的资本越少。

第二，生产价格的下降一方面使货币地租受到损失，另一方面却又会引起谷物地租的增加，使货币地租的损失得到补偿。作为生活资料，其价值的下降，降低了劳动力价值，作为工业原料，其价值的下降则会使更多的游离资本参与到扩大再生产中。

在本节结尾的脚注中，恩格斯认为本节中有4个表（Ⅳa至Ⅳd）“由于包含一个贯串全部的计算上的错误而必须重新计算”，但未具体指明错误所在。

Ⅱ. 追加资本的生产率降低

在追加资本生产率降低的情况下，生产价格为什么会下跌？这是因为将资本追加到较好的土地上后，尽管生产率降低，总产量仍有较大的增长，使A的产品成为多余的，生产价格原来由A调节，现转为由B进行调节。

表Ⅴ

土地等级	资本（镑）	平均利润（镑）	产量（夸特）	个别生产价格（镑）		社会生产价格（镑）		利润（镑）	超额利润或地租（镑）
				全部产品	每夸特	每夸特	全部产品		
①	②	③	④	⑤＝②＋③	⑥＝⑤/④	⑦	⑧＝④×⑦	⑨＝⑧－②	⑩＝⑧－⑤ 或＝⑨－③
B	$2\frac{1}{2}+2\frac{1}{2}$	1	$2+1\frac{1}{2}$	6	$1\frac{5}{7}$	$1\frac{5}{7}$	6	1	0
C	$2\frac{1}{2}+2\frac{1}{2}$	1	3＋2	6	$1\frac{1}{5}$	$1\frac{5}{7}$	$8\frac{4}{7}$	$3\frac{4}{7}$	$2\frac{4}{7}$
D	$2\frac{1}{2}+2\frac{1}{2}$	1	$4+3\frac{1}{2}$	6	$\frac{4}{5}$	$1\frac{5}{7}$	$12\frac{6}{7}$	$7\frac{6}{7}$	$6\frac{6}{7}$
合计	15	3	16	18	—	—	$27\frac{3}{7}$	$12\frac{3}{7}$	$9\frac{3}{7}$

在生产价格下降的前提下，无论是生产率不变还是降低，“不会引出什么新的东西”（第793页），同样是资本由10镑追加到15镑，在追加资本生产率不变的情况下，货币地租由18镑减至9镑，减少了$\frac{1}{2}$，谷物地租不变（6夸特），在追加资本生产率下降的情况下，货币地租由18镑减至$9\frac{3}{7}$镑，谷物地租由6夸特减至$5\frac{1}{2}$夸特，情况基本相同。相比之下，后一种情况下货币地租稍多些，谷物地租则稍少些，之所以会出现这种情况，是因为后一种情况B级土地产量少一些，从而生产价格相对就高一些，生产价格高，货币地租就多，谷物地租就少。

Ⅲ．追加资本的生产率提高

本章研究的生产价格下降可以在生产率不变、生产率下降和生产率提高三种情况下发生，生产价格下降会使最差的A级土地受到排挤，不同的是，在生产率提高的情况下，A级土地会更快地受到较好土地的排挤。

现在要研究的是，当生产率提高后，较好土地的农产品仍不能满足社会需要时，生产价格也仍由A级土地进行调节，级差地租Ⅱ就会发生新的变化。

首先，最差等级A的土地不仅没有受排挤（仍可得到平均利润），甚至可以获得超额利润。

当生产价格仍由A级土地调节时，如果少数A级土地上的农场主由于追加投资提高了生产率，就会得到超额利润，这种情况可用下表说明，其中A′代表A级土地上少数租地农场主。

土地等级	资本（镑）	平均利润（镑）	产量（夸特）	个别生产价格（镑）		社会生产价格（镑）		利润（镑）	超额利润或地租（镑）
				全部产品	每夸特	每夸特	全部产品		
①	②	③	④	⑤＝②＋③	⑥＝⑤/④	⑦	⑧＝④×⑦	⑨＝⑧－②	⑩＝⑧－⑤ 或＝⑨－③
A	$2\frac{1}{2}$	$\frac{1}{2}$	1	3	3	3	3	$\frac{1}{2}$	0
A′	$2\frac{1}{2}+2\frac{1}{2}$	1	$1+1\frac{1}{5}$	6	$2\frac{8}{11}$	3	$6\frac{3}{5}$	$1\frac{3}{5}$	$\frac{3}{5}$
B	$2\frac{1}{2}+2\frac{1}{2}$	1	$2+2\frac{2}{5}$	6	$1\frac{3}{22}$	3	$13\frac{1}{5}$	$8\frac{1}{5}$	$7\frac{1}{5}$
C	$2\frac{1}{2}+2\frac{1}{2}$	1	$3+3\frac{3}{5}$	6	$\frac{10}{11}$	3	$19\frac{4}{5}$	$14\frac{4}{5}$	$13\frac{4}{5}$
D	$2\frac{1}{2}+2\frac{1}{2}$	1	$4+4\frac{4}{5}$	6	$\frac{15}{22}$	3	$26\frac{2}{5}$	$21\frac{2}{5}$	$20\frac{2}{5}$
合计	$22\frac{1}{2}$	$4\frac{1}{2}$	23	27	—	—	69（23夸特）	$46\frac{1}{2}$	42（14夸特）

从此表中可以看出，当生产价格不变，仍由A级土地调节时，少数租地农场主由于在追加投资时提高了生产率，使他的农产品生产价格由每夸特3镑降为$2\frac{8}{11}$镑，使这部分A级土地农产品按较高的每夸特3镑价格出售，从而也获得级差地租Ⅱ（$\frac{3}{5}$镑）。

但是，当A级土地普遍实行追加投资和改良经营方法，调节农产品的生产价格也由3镑降为$2\frac{8}{11}$镑，上述A级土地的超额利润就会消失，但是，与以往不同的是，在生产价格下降的情况下，A级土地并未受到排挤，它以提高生产率维持自己的生存。

表Ⅵ

土地等级	资本（镑）	平均利润（镑）	产量（夸特）	个别生产价格（镑）		社会生产价格（镑）		利润（镑）	超额利润或地租（镑）
				全部产品	每夸特	每夸特	全部产品		
①	②	③	④	⑤＝②＋③	⑥＝⑤/④	⑦	⑧＝④×⑦	⑨＝⑧－②	⑩＝⑧－⑤ 或＝⑨－③
A	$2\frac{1}{2}+2\frac{1}{2}$	1	$1+1\frac{1}{5}$	6	$2\frac{8}{11}$	$2\frac{8}{11}$	6	1	0
B	$2\frac{1}{2}+2\frac{1}{2}$	1	$2+2\frac{2}{5}$	6	$1\frac{3}{22}$	$2\frac{8}{11}$	12	7	6
C	$2\frac{1}{2}+2\frac{1}{2}$	1	$3+3\frac{3}{5}$	6	$\frac{10}{11}$	$2\frac{8}{11}$	18	13	12
D	$2\frac{1}{2}+2\frac{1}{2}$	1	$4+4\frac{4}{5}$	6	$\frac{15}{22}$	$2\frac{8}{11}$	24	19	18
合计	20	4	22	24	—	—	60	40	36（$13\frac{1}{5}$夸特）

以上两表说明：第一，生产价格如由最差的A级土地进行低劣的耕种来调节，那么，在同样差的A级土地上如果有少数租地农场主追加投资，通过生产的改良提高了生产率，就能在这种土地上产生出超额利润（级差地租Ⅱ），并使较好土地的地租增加。当A级土地普遍通过追加投资提高生产率，使调节农产品的生产价格下降时，少数缺少资本无力改进技术的租地农场主，就得被迫按照比自己农产品低的生产价格出售。第二，当A级土地追加投资的产量大于预付投资的产量时，生产价格会化成一个平均数，不会由此产生大小两个不同的生产价格，因而在A级土地上追加投资部分更高的生产率，不会产生地租。

生产价格的水平是由起调节作用的土地等级每英亩平均投资额（每英亩投资标准）来确定的，这种平均投资随社会的发展而不断增加，引起生产价格的下降和较好土地的地租的下降。

接下来，马克思在第799页第2段上用“其次”开头，分析了在追加投资提高生产率后，级差地租在量上发生的变化，并探讨了它的变动规律。

将本节的表Ⅵ的结果和作为出发点的第39章中的表Ⅰ及第41章中列出的生产价格和投资生产率都不变的表Ⅱ进行比较，就会发现：“表Ⅵ现在表明，谷物地租比表Ⅰ增加1倍以上，比表Ⅱ增加$1\frac{1}{5}$夸特；货币地租和表Ⅰ相比，增加1倍，和表Ⅱ相比，却没有变化。”（第799页）

在生产价格下降的前提下，生产率的提高对级差地租Ⅱ的影响有它的规律，马克思用许多假定条件说明这个变动规律，概括起来有以下四点：

第一，在起调节生产价格作用的A级土地上追加的投资对生产率的提高推动力越小，生产价格下降得也就会越少，从而使货币地租总量显著增加；反之，在这一A级土地上追加投资对生产率的提高推动力越大，生产价格下降得也就会越多，从而使货币地租总量相对减少，甚至绝对减少。

第二，在较好土地上追加的投资越多，生产率越高，他的个别生产价格就越低，货币地租也越多，谷物地租也增多。

第三，在高等级土地上追加的投资越多，产生的货币地租增长得也越多。

第四，追加的投资生产率提高的比例大于预付资本增长的比例，每英亩货币地租增加的比例在一般情况下就会大于投资增加的比例。

追加资本对农业进行集约化经营，使大量资本集中投放在较小面积的土地上，从而使每英亩的地租额大大增加，引起土地价格越来越上扬。

第四十三章　级差地租Ⅱ——第三种情况：生产价格上涨。结论

本章研究的是在社会生产价格上涨的情况下，级差地租Ⅱ的形成及其变动，并对以上各章研究的级差地租Ⅱ作出一些必要的结论。

一、社会生产价格上涨情况下的级差地租Ⅱ［本章第1段—第808页第1段］

这一部分由恩格斯补写。

社会生产价格上涨发生在以下两种场合，A级土地投资生产率下降，使原来A级土地上的生产价格上涨；或者是必须耕种比A更坏的土地a，出现比原来A级土地更高的生产价格。

恩格斯先研究A级土地上的生产价格上涨及其对级差地租Ⅱ的影响。

A级土地生产价格的上涨不仅取决于追加投资生产率的下降，还取决于原预付资本生产率的下降，因此A级土地生产价格的上涨不仅发生在追加投资生产率的下降上，还发生在追加投资生产率不变甚至提高上。当预付资本生产率不变而追加投资生产率下降时，固然会引起总资本的生产率下降，使生产价格上涨，即使追加资本生产率不变，由于预付资本生产率下降，生产价格也会上涨，甚至当追加资本生产率提高时，预付资本生产率却更大程度地下降，仍会使总资本的生产率下降，使生产价格上涨。恩格斯列了四张表（表Ⅶ至表Ⅹ）分析生产价格上涨的不同情况及其对级差地租Ⅱ的影响。

另一种场合是社会需要比A更坏的土地a投入耕种，出现比A级土地更高的生产价格，从而产生了新的级差地租Ⅰ，过去无地租的A级土地也得到了级差地租。

生产价格的上涨会使货币地租增加，谷物地租减少；生产率的下降又使各级土地产量相对减少，货币地租也随之相对减少。在表Ⅶ与表Ⅱ的比较中，表Ⅶ产量的减少本应使货币地租也减少，但因起调节作用的生产价格的上涨弥补了产量的减少，使货币地租与表Ⅱ相等，但也正因为社会生产价格的提高，同量的货币地租代表了更少的谷物地租。

在a土地投入耕种的情况下，假定从A到D的肥力之比为1∶2∶3∶4，恩格斯从所举例子中得出如下结论："如果A的地租 = n，并且肥力较高一级的土地的地租 = n + m，序列就是：n∶n + m∶n + 2m∶n + 3m等等。"（第808页）

二、恩格斯对马克思级差地租Ⅱ理论的总结［第808页第2段—第820页末段］

恩格斯在这里谈了三个问题：

（一）如何举例说明级差地租Ⅱ［第808页第2段］

马克思的举例是各级土地在面积相等时它们之间收益的比例是1∶2∶3∶4，恩格斯认为这一举例不当，原因有二：第一，差额过分夸大，"在这个基础上进一步作出各种假定和

计算时，会导出十分不近情理的数值”（第808页）；第二，这一举例会引起地租之比和肥力程度之比成比例的假象，而“地租之比和肥力程度之比并不成比例，而是和以无租土地作为零计算的肥力差额之比成比例”（第808页）。

（二）恩格斯的归纳与举例［第808页第3段—第816页末段］

恩格斯把级差地租Ⅱ的各种场合归纳为“三种主要情况和九种派生情况”（第808页）。三种主要情况为生产价格不变、生产价格下降和生产价格上涨，九种派生情况指每一种主要情况中都包含生产率不变、生产率降低和生产率提高三种变例。

恩格斯对每一种派生情况都设计了新表，由于第三种主要情况有两种方式，第一种方式：A级土地仍然起调节作用，第二种方式：更坏的土地a加入竞争。每种方式都各自有生产率不变、生产率降低和生产率提高三种变例，连同前两种主要情况的6个变例，共12个变例，从表Ⅶ开始，到表ⅩⅩⅣ，恩格斯重新设计了13个表（其中第一种情况变例2包含2个表），再加上相当于第39章中作为出发点的第Ⅰ表（恩格斯重新设计为表Ⅺ），共14个表。

（三）恩格斯的结论［第817页第1段—第820页末段］

恩格斯从自己重新设计的上述13个表中得出以下结论：

首先，“把没有地租的起调节作用的土地作为零点，地租序列恰好与肥力差额序列成比例。对地租起决定作用的，不是绝对的收益，而只是收益的差额。无论各级土地每英亩分别提供1，2，3，4，5蒲式耳，还是提供11，12，13，14，15蒲式耳产品，地租在这两种情况下形成的序列，都是0，1，2，3，4蒲式耳或与此相应的货币额”（第817页）。这一结论和第808页上他说的另一句话是相呼应的：“地租之比和肥力程度之比并不成比例，而是和以无租土地作为零计算的肥力差额之比成比例。”

其次，“在所有可能的情况中，就大多数情况来说，由于土地投资增加，每英亩有租土地的地租，特别是地租总额都会增加”（第819页）。

在以上所举的13个变例中，有10例在投资增加1倍后地租总额都有不同程度的增加，其中有5例增加了1倍，更有4例增加了1倍以上，只有3例在投资增加1倍后，地租总额不变。至于总地租下降到第一次投资时的水平，“只有在下述情况下才是可能的：A级土地和B级土地都退出竞争，C级土地起调节作用并且变为无租土地”（第819页）。而这种情况几乎是不可能出现的。

由此可发现级差地租Ⅱ的变动规律：“只要已耕种的土地仍有竞争能力，土地上使用的资本越多，一国的农业和整个文明越发展，每英亩的地租和地租总额就增加得越多，社会以超额利润形式付给大土地所有者的贡赋也就越多。”（第819页）

三、马克思研究地租理论的各个项目［第821页第4—19行］

马克思对地租理论的研究包括四项：级差地租、绝对地租、土地价格和关于地租的结论，它们构成了《资本论》第3卷中地租理论的主要内容。

四、马克思对级差地租理论得出的一般结论［第821页倒数第2段—本章完］

第一，级差地租Ⅱ与级差地租Ⅰ既有区别又有联系。

级差地租Ⅱ和级差地租Ⅰ都是由超额利润转化而来，不同的是，首先，级差地租Ⅱ和级差地租Ⅰ的超额利润“按不同的途径形成”（第821页），级差地租Ⅰ的超额利润是

“以全部农业资本投入由肥力不同的各级土地构成的土地面积为基础”（第 821 页），而级差地租Ⅱ“是以同一土地上的连续投资有不同的级差生产率为基础”（第 821—822 页），即在相同面积的同一块较好土地上的追加投资，比调节生产价格的 A 级土地上的等量投资有更高的生产率，例如调节生产价格的 A 级土地投资 5 镑，产量为 1 夸特，B 级土地第一次投资 5 镑，产量为 2 夸特，产生级差地租Ⅰ，再追加投资 5 镑，产量为 $1\frac{1}{2}$夸特，生产率虽不及第一次投资，但仍高于 A 级土地的生产率，则产生级差地租Ⅱ。

其次，“就级差地租Ⅰ来说，级差结果本身就是可以区别的，……就级差地租Ⅱ来说，必须使级差结果先变成可以区别的，实际上必须使它再转化为级差地租Ⅰ”（第 822 页）。这就是说，作为级差地租的超额利润，都是产生于个别生产价格低于由最差土地调节的社会生产价格之间的差额，超额利润转化为级差地租的先决条件是确定社会生产价格和个别生产价格，对于级差地租Ⅱ来说，先后投资出现的不同个别生产价格，就要平均化为个别的平均生产价格，然后才能和起调节作用的生产价格计算出差额，确定出超额利润，转化为级差地租Ⅱ。

马克思以表Ⅲ为例，说明上述结论。

第二，获取级差地租的界限。

这里包含两个内容，首先，从追加投资的界限来说，追加投资的界限是在较好的 1 英亩土地上生产 1 夸特谷物的追加投资和无租的 A 级土地上投资生产 1 夸特的费用相等，在这种情况下，这一追加投资可以获取平均利润，但不能得到超额利润，不产生级差地租Ⅱ。在较好土地上追加投资生产率下降虽然会使这一土地上每夸特谷物的平均生产价格提高，但不会提高到 A 级土地生产价格的水平，不会影响到第一次投资所产生的超额利润或地租，因而地租总量不会减少，从马克思所举的例子来看，货币地租和谷物地租均未发生变化，这是因为在较好土地上的每夸特平均生产价格下降的同时，产量也按相同比例增加。

其次，从总投资的界限来说，当较好土地如 B 的每英亩产品平均生产价格上涨到 A 级土地每英亩的生产价格时，B 级土地的总投资（包括第一次投资和以后的追加投资），不再产生级差地租Ⅰ或Ⅱ。如果在较好土地上追加投资生产率降低到 A 级水平以下，地租总量就会减少，但在实际允许的范围内不会消除，只有在较好土地如 B 级土地总投资的生产率下降到 A 级水平时，B 级土地的级差地租就被消除，马克思在第 827 页上列表说明了这一情况。

接着，从第 829 页第 1 段开始，马克思又另外写下三个有关级差地租Ⅱ的结论，其基本内容仍属于前两个结论。

第一，在同一土地上追加投资的生产率只要高于调节生产价格的土地的生产率，“即使这种生产率越来越下降，每英亩的绝对的谷物地租和货币地租也会增加，虽然相对地和预付资本相比（即超额利润率或地租率）会降低”（第 829 页）。

因此，追加资本获取级差地租Ⅱ的界限是它的个别生产价格和一般生产价格相等，只有高于这个界限（个别生产价格低于一般生产价格）才能得到构成级差地租Ⅱ的超额利润。

第二，如果在较好的 B 级土地上追加投资的生产率和调节生产价格的 A 级土地生产率相同，那么这一部分追加投资将和 A 级土地投资一样，只能获取平均利润，不能得到转化为级差地租Ⅱ的超额利润，并使B级土地个别平均价格提高，从而使每夸特产品中的超额利润减少了，但由于追加投资按这减少的比例增加产品的数量，从而也不会减少B级土地原有的地租量。

第三，如果在较好的B级土地上追加投资的生产率低于调节生产价格的A级土地生产率，这一部分投资不仅不能得到超额利润，连平均利润部分也被削减，使B级土地原有的超额利润减少，降低了每英亩土地获得的超额利润。

超额利润减少不等于超额利润消失，只有当B级土地的总投资（追加投资+原有投资）的生产率和调节生产价格的A级土地生产率相一致时，超额利润才会消失，这也就是马克思在上面讲到的总投资获取级差地租的界限。

在多次如四次追加投资中，后两次超额利润的减少甚至平均利润的减少，本可以由两次较高生产率产生的超额利润来弥补，但是由于资本主义土地所有权的存在，前两次的超额利润已被土地所有者收取，后两次的亏损就无法弥补，但地租额仍要按原来数量缴纳。因此，在土地所有权规律支配下，“追加资本尚能按一般生产价格来进行生产的情况形成一个界限。超过这个界限，同一土地上的追加投资就必须停止”（第831页）。

在最后的补充说明中，马克思对级差地租Ⅰ和级差地租Ⅱ的相互关系指出：“级差地租Ⅰ虽然是级差地租Ⅱ的基础，但它们同时互为界限，这使得资本有时连续投在同一块土地上，有时并行地投在新追加的土地上。”（第833—834页）

第四十四章　最坏耕地也有级差地租

本章主题是论述最坏耕地也有级差地租，另外编入几个与本章主题并无直接关系的问题。

一、最坏耕地也有级差地租的三种场合［本章第1段—第842页第3段］

最坏耕地也有级差地租存在于三种场合："假定对谷物的需求不断增加，并且供给只能通过提供地租的土地上生产率不足的连续投资，或者通过A级土地上生产率也不断降低的追加投资，或者通过比A更坏的新地上的投资来满足。"（第835页）

（一）第一种场合：B级土地追加投资的生产率低于调节生产价格的A级土地［本章第2段—第838页第1段］

假定A级土地原来是不提供级差地租的最坏耕地，B级土地作为提供级差地租的代表。当B级土地追加投资的生产率未降到A级土地之前，情况如下表：

土地等级	资本（镑）	平均利润（镑）	产量（夸特）	个别生产价格（镑）		社会生产价格（镑）		利润（镑）	超额利润或地租（镑）
				全部产品	每夸特	每夸特	全部产品		
①	②	③	④	⑤=②+③	⑥ $=\frac{⑤}{④}$	⑦	⑧=④×⑦	⑨=⑧−②	⑩=⑧−⑤ 或=⑨−③
A	$2\frac{1}{2}$	$\frac{1}{2}$	1	3	3	3	3	$\frac{1}{2}$	0
B	$2\frac{1}{2}+2\frac{1}{2}$	1	$2+1\frac{1}{2}$	6	$1\frac{5}{7}$	3	$10\frac{1}{2}$	$5\frac{1}{2}$	$4\frac{1}{2}$
C	$2\frac{1}{2}+2\frac{1}{2}$	1	$3+2\frac{1}{2}$	6	$1\frac{1}{11}$	3	$16\frac{1}{2}$	$11\frac{1}{2}$	$10\frac{1}{2}$
D	$2\frac{1}{2}+2\frac{1}{2}$	1	$4+3\frac{1}{2}$	6	$\frac{4}{5}$	3	$22\frac{1}{2}$	$17\frac{1}{2}$	$16\frac{1}{2}$
合计	$17\frac{1}{2}$	$3\frac{1}{2}$	$17\frac{1}{2}$	21	—	—	$52\frac{1}{2}$	35	$31\frac{1}{2}$

此表中B级土地生产率虽有下降，但仍高于A级土地，因而A级土地不能产生级差地租Ⅰ或Ⅱ。

当B级土地追加投资生产率出现低于A级土地的水平，例如追加$3\frac{1}{2}$镑投资仅能获得和A级土地投资$2\frac{1}{2}$镑同样数量的1夸特谷物，而这1夸特谷物（作为1万夸特或1亿夸特代表）又为社会所需要，谷物生产价格将由B级土地这一追加投资来调节，即由原来A

级土地每夸特 3 镑调整为 $3\frac{1}{2}$ 镑，从而使 A 级土地每夸特谷物可获得$\frac{1}{2}$镑的超额利润或级差地租Ⅱ。马克思在第 837 页上列表说明这一结果，经过笔者重新整理后列表如下（其中 B 级土地个别生产价格按第二次追加投资部分计算）：

土地等级	资本（镑）	平均利润（镑）	产量（夸特）	个别生产价格（镑）		社会生产价格（镑）		利润（镑）	超额利润或地租（镑）
				全部产品	每夸特	每夸特	全部产品		
①	②	③	④	⑤=②+③	⑥=$\frac{⑤}{④}$	⑦	⑧=④×⑦	⑨=⑧-②	⑩=⑧-⑤或=⑨-③
A	$2\frac{1}{2}$	$\frac{1}{2}$	1	3	3	$3\frac{1}{2}$	$3\frac{1}{2}$	1	$\frac{1}{2}$
B	$2\frac{1}{2}+2\frac{1}{2}+2\frac{9}{10}$	$1\frac{3}{5}$	$2+1\frac{1}{2}+1$	$3\frac{1}{2}$	$3\frac{1}{2}$	$3\frac{1}{2}$	$15\frac{3}{4}$	$7\frac{17}{20}$	$6\frac{1}{4}$
C	$2\frac{1}{2}+2\frac{1}{2}$	1	$3+2\frac{1}{2}$	6	$1\frac{1}{11}$	$3\frac{1}{2}$	$19\frac{1}{4}$	$14\frac{1}{4}$	$13\frac{1}{4}$
D	$2\frac{1}{2}+2\frac{1}{2}$	1	$4+3\frac{1}{2}$	6	$\frac{4}{5}$	$3\frac{1}{2}$	$26\frac{1}{4}$	$21\frac{1}{4}$	$20\frac{1}{4}$
合计	$20\frac{2}{5}$	$4\frac{1}{10}$	$18\frac{1}{2}$	$24\frac{1}{2}$	—	—	$64\frac{3}{4}$	$44\frac{7}{20}$	$40\frac{1}{4}$

（二）第二种场合：必须通过开垦比 A 级土地更坏的 A－1 新土地才能满足社会对农产品的需要［第 838 页第 2 段］

按照假定，在 A 级土地上每夸特谷物的生产费用为 3 镑（包括投资 $2\frac{1}{2}$镑和平均利润$\frac{1}{2}$镑），那么调节谷物的生产价格每夸特为 3 镑。现在如果因需求的增加，需要耕种比 A 级土地生产率更差的 A－1 级土地，在 A－1 级土地上每夸特谷物的生产费用为 4 镑（其中投资 $3\frac{1}{3}$镑，平均利润$\frac{2}{3}$镑），那么调节谷物的生产价格就由每夸特 3 镑提升到每夸特 4 镑，使原来无租的 A 级土地每夸特可获取超额利润 1 镑，现列出下表说明。

土地等级	资本（镑）	平均利润（镑）	产量（夸特）	个别生产价格（镑）		社会生产价格（镑）		利润（镑）	超额利润或地租（镑）
				全部产品	每夸特	每夸特	全部产品		
①	②	③	④	⑤=②+③	⑥ $=\frac{⑤}{④}$	⑦	⑧=④×⑦	⑨=⑧－②	⑩=⑧－⑤ 或=⑨－③
A－1	$3\frac{1}{3}$	$\frac{2}{3}$	1	4	4	4	4	$\frac{2}{3}$	0
A	$2\frac{1}{2}$	$\frac{1}{2}$	1	3	3	4	4	$1\frac{1}{2}$	1
B	$2\frac{1}{2}+2\frac{1}{2}$	1	$2+1\frac{1}{2}$	6	$1\frac{5}{7}$	4	14	9	8
C	$2\frac{1}{2}+2\frac{1}{2}$	1	$3+2\frac{1}{2}$	6	$1\frac{1}{11}$	4	22	17	16
D	$2\frac{1}{2}+2\frac{1}{2}$	1	$4+3\frac{1}{2}$	6	$\frac{4}{5}$	4	30	25	24
合计	$20\frac{5}{6}$	$4\frac{1}{6}$	$18\frac{1}{2}$	25	—	—	74	$53\frac{1}{6}$	49

很明显，这种场合属于级差地租Ⅰ的考察范围。

（三）第三种场合：在原先无租的A级土地的不同部分上，由于追加投资后产生了生产率的差别［第838页第3段—第842页第3段］

当社会需求A级土地也通过追加投资增加产量时，这里会发生两种情况，一种是部分A级土地（用A＋1表示）追加投资后提高了生产率，另一种情况是部分A级土地（用A－1表示）追加投资后生产率下降，无论那种情况，都会在A级土地上产生超额利润或级差地租Ⅱ。

第一种情况，部分A级土地（A＋1级）追加投资后提高了生产率。

按照假定，A级土地每夸特生产费用为3镑（其中投资$2\frac{1}{2}$镑，平均利润$\frac{1}{2}$镑），调节市场价格的生产价格便是每夸特3镑，现在为增加产量，在另外1英亩A级土地（A＋1）上又追加投资$2\frac{1}{2}$镑，生产费用仍为3镑，但由于追加投资生产率的提高，3镑生产费用产生了2夸特的谷物，这样，前后总共6镑的生产费用，生产谷物3夸特，每夸特谷物生产价格由3镑降为2镑，其中1镑的差额构成A＋1级土地的超额利润或级差地租Ⅱ。

这一结果可用下表说明：

土地等级	资本（镑）	平均利润（镑）	产量（夸特）	个别生产价格（镑）		社会生产价格（镑）		利润（镑）	超额利润或地租（镑）
				全部产品	每夸特	每夸特	全部产品		
①	②	③	④	⑤=②+③	⑥ $=\frac{⑤}{④}$	⑦	⑧=④×⑦	⑨=⑧-②	⑩=⑧-⑤ 或=⑨-③
A	$2\frac{1}{2}$	$\frac{1}{2}$	1	3	3	3	3	$\frac{1}{2}$	0
A+1	$2\frac{1}{2}+2\frac{1}{2}$	1	1+2	6	2	3	9	4	3
B	$2\frac{1}{2}+2\frac{1}{2}$	1	$2+1\frac{1}{2}$	6	$1\frac{5}{7}$	3	$10\frac{1}{2}$	$5\frac{1}{2}$	$4\frac{1}{2}$
C	$2\frac{1}{2}+2\frac{1}{2}$	1	$3+2\frac{1}{2}$	6	$1\frac{1}{11}$	3	$16\frac{1}{2}$	$11\frac{1}{2}$	$10\frac{1}{2}$
D	$2\frac{1}{2}+2\frac{1}{2}$	1	$4+3\frac{1}{2}$	6	$\frac{4}{5}$	3	$22\frac{1}{2}$	$17\frac{1}{2}$	$16\frac{1}{2}$
合计	$22\frac{1}{2}$	$4\frac{1}{2}$	$20\frac{1}{2}$	27	—	—	$61\frac{1}{2}$	39	$34\frac{1}{2}$

表中显示，在A+1级土地上获得超额利润或级差地租Ⅱ3镑。

全部A级土地的平均生产价格 $=\frac{\text{全部生产费用}}{\text{全部产量}}=\frac{9\text{镑}}{4\text{夸特}}$，即每夸特为2.2镑，成为新的起调节作用的生产价格，超额利润=0，但是，由于土地所有权的存在，A+1级土地的超额利润已转化为地租，进入土地所有者手中，A的生产价格平均化受到阻碍，“在这个场合，和我们以前在较好土地上，在追加资本的生产力降低时所看到的情形一样，又是超额利润转化为地租，即土地所有权的介入会把生产价格提高，因此，级差地租就不单纯是由个别生产价格和一般生产价格之间的差额引起的”（第841页）。

当追加投资引起的生产率提高推广到整个A级土地时，起调节作用的生产价格会由3镑降为2镑，A+1级土地将不会再产生超额利润。

第二种情况，部分A级土地（A-1级）追加投资后降低了生产率。

按照假定，A级土地每夸特生产费用为3镑（其中投资 $2\frac{1}{2}$ 镑，平均利润 $\frac{1}{2}$ 镑），调节市场价格的生产价格便是每夸特3镑，现在为增加1夸特产量，在另外1英亩A级土地（A-1级）上追加投资 $3\frac{1}{8}$ 镑，加上平均利润 $\frac{5}{8}$ 镑，每夸特产量的生产费用为 $3\frac{3}{4}$ 镑，按照A-1级土地平均生产价格计算，每夸特谷物生产价格为 $3\frac{3}{8}$ 镑，和其他A级土地相比，高出 $\frac{3}{8}$ 镑，当生产价格由A-1级土地每夸特 $3\frac{3}{8}$ 镑调节时，其他A级土地可得到每夸特 $\frac{3}{8}$ 镑的超额利润，如果按A-1级土地追加投资部分的生产率计算，起调节作用的生产价格将是每夸特 $3\frac{3}{4}$ 镑，其他A级土地，包括A-1级第一次投资的 $2\frac{1}{2}$ 镑资本将可获得每夸特 $\frac{3}{4}$ 镑的超额利润，无论按哪一种生产价格计算，最坏的A级土地上都会产生超额利润或级差地租，现按A-1级的平均生产价格（每夸特 $3\frac{3}{8}$ 镑）作为起调节作用的生产价格列表加以说明：

土地等级	资本（镑）	平均利润（镑）	产量（夸特）	个别生产价格（镑）		社会生产价格（镑）		利润（镑）	超额利润或地租（镑）
				全部产品	每夸特	每夸特	全部产品		
①	②	③	④	⑤=②+③	⑥ $=\frac{⑤}{④}$	⑦	⑧=④×⑦	⑨=⑧－②	⑩=⑧－⑤ 或=⑨－③
A	$2\frac{1}{2}$	$\frac{1}{2}$	1	3	3	$3\frac{3}{8}$	$3\frac{3}{8}$	$\frac{7}{8}$	$\frac{3}{8}$
A－1	$2\frac{1}{2}+3\frac{1}{8}$	$1\frac{1}{8}$	1+1	$6\frac{3}{4}$	$3\frac{3}{8}$	$3\frac{3}{8}$	$6\frac{3}{4}$	$1\frac{1}{8}$	0
B	$2\frac{1}{2}+2\frac{1}{2}$	1	$2+1\frac{1}{2}$	6	$1\frac{5}{7}$	$3\frac{3}{8}$	$11\frac{13}{16}$	$6\frac{13}{16}$	$5\frac{13}{16}$
C	$2\frac{1}{2}+2\frac{1}{2}$	1	$3+2\frac{1}{2}$	6	$1\frac{1}{11}$	$3\frac{3}{8}$	$18\frac{9}{16}$	$13\frac{9}{16}$	$12\frac{9}{16}$
D	$2\frac{1}{2}+2\frac{1}{2}$	1	$4+3\frac{1}{2}$	6	$\frac{4}{5}$	$3\frac{3}{8}$	$25\frac{5}{16}$	$20\frac{5}{16}$	$19\frac{5}{16}$
合计	$23\frac{1}{8}$	$4\frac{5}{8}$	$19\frac{1}{2}$	$27\frac{3}{4}$	—	—	$65\frac{13}{16}$	$42\frac{11}{16}$	$38\frac{1}{16}$

二、有关地租理论的三个片断［第 842 页末段—本章完］

本章在对主题的论述结束之后，恩格斯编入三个有关地租理论的片断。

（一）追加投资后的每英亩地租和生产价格的变动［第 842 页末段—第 843 页第 2 段］

当追加投资生产率下降时，生产价格不变甚至下降，每英亩的地租也会增加。要指出的是，农产品的生产价格是趋向上涨的，虽然在农业生产中加入生产的自然力是无偿提供的，不作为资本的组成部分，如果利用自然力提供的产品能够满足社会需要，就不会提高农产品的生产价格，“但是，如果在发展的进程中，必须提供的产品比利用这种自然力所能生产出来的还要多，也就是说，如果必须在不利用这种自然力的情况下，或者说必须在人或人的劳动的协助下生产出这个追加产品，那么，一个新的追加的要素就会加入到资本中去。因此，要获得这个产品，就需要付出相对来说比较多的资本。在一切其他条件不变的情况下，生产就会变得昂贵”（第 843 页）。

（二）级差地租和利息的区分［第 843 页第 3 段—第 844 页末段］

在第 37 章中，马克思已经批判了一些经济学家将级差地租和利息混为一谈，在本章中，马克思又继续批判了这种错误认识。

级差地租和利息是两个不同的范畴，当租地农场主追加投资对土地进行改良，提高了生产率，取得了超额利润，这是级差地租，当租约期满后，留下的水力设施、建筑物等继续发挥作用，但这些固定资本已归土地所有者所有，在签订下一个租约时，就以利息形式加到地租中，二者虽混合在一起且都以地租形式出现，却是两种不同的范畴，有人将在一块靠人工获得相对优越性的土地上产生的地租说成是和利息一样的东西，这是令人发笑的理论。

（三）级差地租的源泉［第845页第1段］

这一问题在第38章中已经作了回答，级差地租的源泉是劳动而不是自然力。级差地租来自于农产品，农产品的价值量取决于劳动量，具体劳动生产使用价值，抽象劳动生产价值，“相同的劳动使一定时间内创造的产品具有相同的价值”（第845页），自然力是使用价值的源泉，在劳动量已定时，不同的自然条件会产生不同的使用价值量，在第728页上，马克思已指出：“自然力不是超额利润的源泉，而只是超额利润的一种自然基础，因为它是特别高的劳动生产力的自然基础。”

第四十五章　绝对地租

在分析级差地租时，我们假定最坏土地 A 是不支付地租的，现实生活并不如此，即使是最坏的土地也得支付地租，这种地租是怎样产生的呢？它和上述级差地租有什么区别？它会带来什么后果？决定绝对地租量的因素有哪些？它的前途怎样？这些就是本章所要研究的问题。

学习本章时，还应参考马克思在 1862 年 8 月 2 日和 9 日写给恩格斯的两封信。

一、土地私有权的垄断与绝对地租［本章第 1 段—第 854 页末段］

（一）从最坏土地也提供地租的假定中引出的两点结论［本章第 1 段—第 848 页第 1 段］

在第 38 章一开头，马克思指出在分析地租时，要假定土地和矿山的产品是按照它们的社会生产价格出售的，从这个前提出发去进行研究。按照这个假定，如果存在着地租的话，只能来自于个别生产价格低于社会生产价格的差额，由于农产品的社会生产价格是由最坏耕地的农产品生产价格确定的，最坏耕地就不能提供地租，只是从比最坏耕地稍微好一点的土地开始，个别生产价格低于社会生产价格，能够提供地租，随着土地等级的提高，地租额也相应增加，形成级差地租。

我们以 P 代表社会生产价格，P′代表较好土地 B 的个别生产价格，P″代表更好土地 C 的个别生产价格，P‴代表最好土地 D 的个别生产价格，d 代表个别生产价格与社会生产价格之间的差额，那么 B 级土地的超额利润 $d = P - P'$，C 级土地的超额利润 $2d = P - P''$，D 级土地的超额利润 $3d = P - P'''$。在存在土地私有权的情况下，d、2d、3d 就转化为地租。

在现实生活中，即使最坏的 A 级土地也要提供地租 r，A 级土地不提供地租的假定是不正确的，如果 A 级土地也提供地租，我们将由此做出这样两个结论：

第一，农产品的市场价格并不是按照它的社会生产价格确定的，而是按照社会生产价格加上农产品价值与社会生产价格之间全部或部分的差额确定的，市场价格 $= P + r$（这里的 r 代表绝对地租）。这样，在 A 级土地上也同样提供地租，这种在任何土地上都必须支付的地租，我们称之为绝对地租。

第二，在新的假定下，即市场价格不是由它的生产价格来调节，而是由社会生产价格加上一定的差额调节，对旧的、不正确假定下所研究的级差地租并不发生影响。同样一个市场价格 $P + r$，在 A 级土地上仍不包括级差地租，在 B 级土地上照样包括级差地租 d（$P + r = P' + d + r$），在 C 级土地上照样包括级差地租 2d（$P + r = P'' + 2d + r$），在 D 级土地上照样包括级差地租 3d（$P + r = P''' + 3d + r$）。这就是马克思在本章第一段中指出的，“级差地租本身的规律和这个前提的正确与否完全无关”（第 846 页）。因此，我们不能在新的条件下研究地租时，去否定在旧的前提下对地租所作过的研究，旧的前提对级差地租的研究已经是足够了的，现在是在原有的基础上作进一步的研究。

（二）最坏土地也必须提供地租的原因——农产品的市场价格高于社会生产价格的原因［第 848 页第 2 段—第 853 页末段］

要使最坏土地投入耕种，必须具备两个条件。首先，要使租地农场主在这块土地上投入资本后能得到普通的利润，并进行正常的资本增殖，为此，要求按照社会生产价格确定市场价格；其次，土地所有者也要从出租最坏土地上取得地租，土地所有者不会允许租地农场主免费耕种他的土地，“租地农场主不支付地租而能按普通利润来增殖他的资本这一事实，对土地所有者来说，决不是把土地白白借给租地农场主并如此慈善地给这位营业伙伴以无息借贷的理由”（第 849 页）。由于土地所有者在最坏的土地上也要收取地租，势必造成农产品市场价格的上涨，按高于社会生产价格的市场价格出售，如果不存在绝对地租，在原有农产品供不应求的情况下，市场价格也会上涨，但只是提高到新投入耕种的最坏土地的个别生产价格水平，不会提高到这个水平以上。

最坏土地也要提供地租是由土地私有权的垄断产生的，如果只是在最坏土地上能够获得普通利润便可以耕种最坏土地，这意味着对土地私有权的废除。在最坏土地上的耕种可以不提供地租“只有在非常有限的、按其性质来说只是偶然的情况下才会发生”（第 849 页），马克思举了以下三种情况：

第一，“当土地所有者自己就是资本家，或资本家自己就是土地所有者的时候”（第 849 页）。对这样一种假定，马克思指出，首先，“这种情形在实践中是会发生的，但只是例外”（第 850 页）。其次，不能从中得出土地所有权对投资构成的限制已被废除的结论，因为一旦需求有了增加，需要所有的最坏土地都投入耕种时，必然会发生土地租佃关系，“这一假设马上就会站不住脚”（第 850 页）。最后，原来假定土地所有者与农业资本家是相分离的，现在又假定土地所有者与农业资本家是不分离的，“这是一个荒谬的矛盾”（第 850 页）。根据上述三点，马克思的结论是：“土地所有权的这种废除是偶然的。它可能发生，也可能不发生。”（第 850 页）

第二，“在一整片租地中间，可能会有一些个别的地块，它们按照当前的市场价格水平不能支付地租，因此实际上是无偿出租的”（第 850 页）。但是，首先，个别地块不提供地租是以整片租地提供地租为前提的，如同资本家有时对买者实行买一送一时，送以买为前提一样；其次，我们的研究必须是最坏土地独立出租，而不是掺杂在较好的土地中。

第三，“一个租地农场主可以把追加资本投在同一租地上，虽然这样取得的追加产品，按照现行的市场价格，只会为他提供生产价格，为他提供普通利润，而不能使他支付追加的地租”（第 851 页）。追加投资是否提供地租并不能回答在最坏土地上是否提供地租的问题，从同一租地上追加投资不提供地租中绝对得不出最坏土地不提供地租的结论。追加投资本身表明原有土地上投资所生产的农产品供不应求，市场价格高于社会生产价格，在这种情况下，追加投资既可以投在同一租地上，也可以投向新的最坏土地，但在最坏土地上的追加投资，立即受到土地私有权的限制，使市场价格提高到既能让租地农场主得到普通利润，又能让土地所有者得到一定量的地租，不过，这种地租和假定只得到平均利润的同一租地上的追加投资相比较，就是一种级差地租了。

所有上述各种假定都不能论证最坏土地可以在不提供地租的情况下便投入耕种，最坏土地投入耕种必须具备两个条件，首先，市场价格按照社会生产价格确定，保证租地农场主在正常条件下得到普通利润，没有这个普通利润，租地农场主是不会投资到最坏土地上的；其次，市场价格还必须上涨到使最坏土地 A 也提供地租，否则，土地所有者就不允许租地农场主投资到这一土地上。市场价格只有在上涨到这种高度，最坏土地 A 才会投入耕种，反之，最坏土地 A 投入了耕种，就表明市场价格已上涨到这样的高度。这里可能有两种情况，一种情况是市场价格上涨到旧租地的追加投资也能提供超额利润。（这种超额利润在租约有效期间归租地农场主所有，租约期满后则转化为级差地租。）但是，市场价格之所以能上涨到这种程度，是由于最坏土地 A 投入了耕种并提供了地租的结果；另一种情况是市场价格上涨到最坏土地 A 也能提供地租，但旧租地追加投资只提供平均利润，在旧租地追加投资只提供平均利润的情况之所以会发生，是因为土地私有权对这种追加投资没有加以限制。总而言之，无论是哪一种情况，“A 级土地的地租都不是谷物价格上涨的简单的结果，相反地，最坏土地必须提供地租才会让人耕种这一事实，却是谷物价格上涨到使这个条件得以实现的原因”（第 854 页）。

（三）土地所有权在级差地租和绝对地租中的不同作用 [第 854 页第 1 段]

土地所有权对级差地租的形成毫无作用，它只不过是将农业中所创造的超额利润从租地农场主手中转入土地所有者手中，土地所有权是在构成级差地租的超额利润产生之后才发生作用，它是市场价格中超额利润这一部分发生所有者的转移的原因，而不是创造市场价格中这一组成部分的原因。

在绝对地租中则不然，由于土地所有权对最坏土地 A 投资的限制，“那么，土地所有权就是引起这个价格上涨的原因。土地所有权本身已经产生地租”（第 854 页）。即使与旧租地上只得到平均利润的最后的追加投资相比较，A 级土地上得到的地租也是级差地租，情况不会改变，土地私有权在这里形成地租，并引起市场价格的上涨。

二、绝对地租的形成 [第 855 页第 1 段—第 863 页末段]

（一）绝对地租的实质 [第 855 页第 1 段—第 857 页末段]

绝对地租是由于农产品按照高于社会生产价格的市场价格出售而带来的超额利润构成的，它是在土地所有权的前提下，由农业雇佣工人在农业生产过程中创造出来的。绝对地租的产生不仅不违背价值规律，恰恰相反，只能在价值规律的基础上才能说明。对于绝对地租的实质，具体来说，包括以下三点：

第一，和级差地租一样，绝对地租也是由超额利润构成的，而不是由对工人的正常工资或租地农场主的平均利润的扣除构成的。[第 855 页第 1 段]

在本篇导论中已指出，这种扣除是租金而不是超额利润，不能构成地租，如果在最坏土地上租地农场主只是向土地所有者提供了这种租金，仍然没有支付真正的农业地租。

第二，不能离开土地所有权这个前提去研究地租。[第 855 页末段—第 857 页第 1 段]

李嘉图是以殖民地为例研究土地所有权对地租的影响，“这是极为荒谬的，因为在那里，既不存在农业上的资本主义生产方式，也不存在和它相适应的土地所有权形式，在那里，土地所有权实际上根本不存在”（第 856 页）。在殖民地，拥有大量肥沃的无主的土地，先来的移民尽管在法律上占有一部分土地，但并不影响后来的移民将资本或劳动投在另外无主的土地上，土地所有权既不构成对投资的限制，也不构成对没有资本的劳动的限制，这种土地所有权只是单纯的法律上的土地所有权，实际上并不存在，因而任何地租也不能产生，以殖民地为例研究地租的产生，就是离开了土地所有权去研究地租。

研究地租时，不论是绝对地租，还是级差地租，都要以土地所有权为前提，当需求状况要求开垦新的土地时，正是由于土地私有权的垄断，引起市场价格涨到社会生产价格以上，既使新开垦的最坏土地上的租地，农场主也能够得到平均利润，也使土地所有者得到地租，否则新的土地是不会被进行开垦的。

第三，不能把商品的价值和它的生产价格混为一谈，从而把农产品的市场价格高于社会生产价格误解为农产品市场价格高于农产品的价值，违反了价值规律。[第857页第2—末段]

农产品按高于社会生产价格出售是否必然按高于农产品价值的垄断价格出售呢？并不如此，首先，仅仅依靠土地私有权是不能实现和保持垄断价格的，因为"旧租地上的追加投资，外国的土地产品——假定土地产品可以自由进口——的竞争，土地所有者之间的互相竞争，最后，消费者的需要和支付能力，都会使这种赋税受到限制"（第857页）。其次，问题还在于，把农产品按高于社会生产价格的市场价格出售看成是按高出于价值的垄断价格出售，是把绝对地租看成是和产品价值无关的一个要素加到农产品的价格中去。产生这种错误的原因是把商品的价值和它们的生产价格混为一谈，从而把农产品市场价格高于社会生产价格误解为农产品按高于价值的垄断价格出售。我们从第2篇中可以看到，从商品总和看，商品的生产价格和它的价值是相等的，但从各个具体部门看，商品的生产价格和它的价值并不相等，这种事实并不违背价值规律。农业部门由于资本有机构成比工业部门低，农产品的生产价格就低于价值，但是由于农业部门存在着土地私有权的垄断，农产品就不像工业部门那样按照低于价值的生产价格出售，而是按照高于生产价格的价值或接近于价值出售，即使是从现象上看，也不违反价值规律。

李嘉图之所以只承认级差地租，否定绝对地租，除了因为他离开了土地私有权外，还因为他不认识价值和生产价格之间的区别，认为如果存在着和价值不一致的生产价格就会取消劳动价值论，违反了价值规律。把农产品高于生产价格出售误认为是高出于价值出售，不承认农产品的市场价格高于社会生产价格，也就不承认绝对地租。"李嘉图把价值同费用价格混为一谈。所以他认为，如果存在绝对地租（即与各类土地的肥沃程度无关的地租），那么农产品等的出售价格就会由于高于费用价格（预付资本＋平均利润）而经常高于价值，这就会推翻基本规律。所以，他否认绝对地租，只承认级差地租。"①

（二）农业资本有机构成与绝对地租［第858页末段—第860页第1段］

绝对地租是从农产品的价值超过它们的生产价格这一差额中产生的，现在要研究农产品的价值为什么会高于它的生产价格。

一个商品的生产价格和它的价值的比率，或者说，一个商品的价值究竟是高于生产价格，还是低于生产价格，或者与生产价格相等，完全是由资本有机构成的高低决定的。如果一个生产部门的资本有机构成低于社会平均资本的构成，这个部门的产品的价值就必然会高于它的生产价格；如果一个生产部门的资本有机构成高于社会平均资本的构成，这个部门的产品的价值就必然会低于它的生产价格；如果一个生产部门的资本有机构成等于社会平均资本的构成，这个部门的产品的价值就必然会等于它的生产价格。资本有机构成的高低是社会劳动生产力高低的"另一种说法"（第859页）。

在资本主义生产发展过程中，由于土地所有权的障碍和农业生产周期长带来的比较低的利润率，造成农业落后于工业的发展。此外，从技术上的原因来看，"工业的前提是比

① 马克思写给恩格斯的信（1862年8月2日），《马克思恩格斯全集》第30卷第268页。

较老的科学——力学，而农业的前提是崭新的科学——化学、地质学、生理学”①。“力学各科，特别是它们的应用，同化学、地质学和生理学，特别是它们在农业上的应用的较晚的，并且部分地还十分幼稚的发展比较起来，发展得比较早，而且比较快。”（第859—860页）

农业资本有机构成低于社会平均资本的构成，同量资本会带来更多的剩余价值，这是在农业部门中形成绝对地租的条件。

农业落后于工业，在资本主义国家中是否永远如此，可以研究。马克思在这里指出：“一个不容置疑并早已为人所共知的事实是，农业本身的进步，总是表现在不变资本部分同可变资本部分相比的相对的增长上。在一个进入资本主义生产的国家，例如英国，农业资本的构成是否低于社会平均资本的构成，这是一个只能用统计来确定的问题。”（第860页）在《剩余价值理论》中，马克思对工农业之间发展速度的比较，做了历史的总结和科学的预见，他说：“一般说来，应该承认，在不发达的、资本主义前的生产方式下，农业生产率高于工业，因为自然在农业中是作为机器和有机体参与人的劳动的；而在工业中，自然力几乎还完全由人力代替（例如手工业等）。在资本主义生产蓬勃发展的时期，同农业比较，工业生产率发展很快，虽然工业的发展以农业中可变资本和不变资本之比已经发生巨大变化为前提，就是说，以大批人从土地上被赶走为前提。以后，生产率无论在工业中或农业中都增长起来，虽然速度不同。但是工业发展到一定阶段，这种不平衡必定开始缩小，就是说，农业生产率必定比工业生产率相对地增长得快。这里包括：①懒惰的农场主被实业家、农业资本家所取代，土地耕种者变为纯粹的雇佣工人，农业大规模经营，即以积聚的资本经营；②特别是：大工业的真正科学的基础——力学，在18世纪已经在一定程度上臻于完善；那些更直接地（与工业相比）成为农业的专门基础的科学——化学、地质学和生理学，只是在19世纪，特别是在19世纪的近几十年，才发展起来。”②这个问题对研究绝对地租量及绝对地租的发展趋势有重要意义，但对我们目前所研究的绝对地租形成的问题并不是必要的，可以暂不考虑它。

（三）土地私有权的垄断与绝对地租［第860页末段—第863页末段］

商品的价值超过它们的生产价格并不是农业部门所特有的现象，在许多工业部门中，它们商品的价值也是超过它们的生产价格的，但是，那里超过平均利润以上部分的剩余价值不会留在本部门中形成超额利润，而是转移到商品价值低于生产价格的工业部门中，作为这些部门的平均利润。在工业中，超额剩余价值转化为平均利润，在农业中，超额剩余价值却有一部分或全部转化为超额利润，留在本部门，这是什么原因呢？

原来，在工业部门之间，资本可以自由运动，不受外力的限制，因而不允许在两个不同的生产部门之间形成超额利润，也就是说，当商品的价值高于生产价格时，只能按低于价值的生产价格出售，不能按高于生产价格的市场价格出售。生产价格这个范畴的形成本身就说明单个商品的市场价格是按照生产价格确定，而不是按照价值确定。由于商品价值高于生产价格产生的超额剩余价值全部转移到商品价值低于生产价格的部门中去，转化为平均利润。在工业部门中要获得超额利润，只容许在每个工业部门的内部通过个别生产价格低于社会生产价格产生出来，不容许在不同生产部门之间通过高于社会生产价格出售产

① 马克思写给恩格斯的信（1862年8月2日），《马克思恩格斯全集》第30卷第269页。

② 《剩余价值理论》第2分册第116页。

生出来。

农业部门则不然，由于存在着土地私有权的垄断，对企图投入这一部门的资本进行了限制，当农业部门商品的价值超过它的生产价格，从而产生出超过平均利润以上的剩余价值时，就不会全部转移到其他部门，实现利润平均化，超额剩余价值中的一部分甚至全部留在本部门，形成超额利润，并转化为绝对地租。

在没有土地私有权的情况下，只要市场价格略微提高，即提高到最坏土地的生产价格水平，最坏土地便可投入耕种，但是在土地私有权的限制下，市场价格必须上涨到最坏土地生产价格以上，使农产品的市场价格除包含生产价格以外，还要有一个余额，能作为地租提供给土地所有者，最坏土地才会投入耕种。可见，土地私有权提高了农产品的市场价格，阻碍了新土地的开垦。

农产品市场价格高于社会生产价格，有各种情况，一种情况是市场价格虽高于社会生产价格，但低于农产品价值，说明农产品中超额剩余价值中有一部分（市场价格低于农产品价值的这一部分）参与了利润的平均化，转移到非农业部门中去，另一部分（市场价格高于社会生产价格的这一部分）作为超额利润留在农业部门，转化为绝对地租，不参与利润的平均化。另一种情况是市场价格按农产品价值确定，农产品中超额剩余价值全部作为超额利润留在农业部门，转化为绝对地租，不参与利润的平均化。

农产品按高于社会生产价格出售，是土地所有权决定的，但高出多少，即在社会生产价格与农产品价值之间，究竟有多少差额作为超额利润转化为绝对地租，这就不取决于土地所有权本身。“地租究竟是等于价值和生产价格之间的全部差额，还是仅仅等于这个差额的一个或大或小的部分，这完全取决于供求状况和新耕种的土地面积。”（第 862 页）

关于土地所有权对农产品价格的作用，马克思作了四点结论。（参见第 863 页）

三、有关绝对地租量的几个问题的考察 ［第 864 页第 1 段—第 872 页末段］

土地所有权决定着即使在最坏土地上的产品的市场价格也要高出它的社会生产价格出售，提供地租，但是，有多少土地投入耕种提供地租，有多少资本投入土地提供地租，农产品价值和社会生产价格之间有多少差额，市场价格在多大程度上高于社会生产价格等。总之，关于绝对地租量的问题，就不是由土地所有权决定的，而是由农产品市场供求情况，投入农业的资本量，农业与非农业的资本有机构成的比较和新耕种的土地面积等诸多因素决定或影响的。现在对这些因素分别加以考察。

（一）市场供求情况 ［第 864 页第 1 段］

土地所有权与市场供求情况在绝对地租中起着不同的作用，土地所有权决定土地产品的市场价格必须高于社会生产价格，是形成绝对地租的原因；市场供求情况决定着土地产品的市场价格在多大程度上高于社会生产价格，是影响绝对地租量的一个重要因素。

但是，不论市场价格在多大程度上高于社会生产价格，都不会高于农产品价值，和级差地租一样，“这个来自于价值超过生产价格的余额的绝对地租，都只是农业剩余价值的一部分，都只是这个剩余价值到地租的转化，都只是土地所有者对这个剩余价值的攫取”（第 864 页）。不同点在于，绝对地租来自社会生产价格以上的超额利润，级差地租是来自社会生产价格以下的超额利润。

地租形式除级差地租和绝对地租外，还有垄断地租，垄断地租来自于垄断价格，“这种垄断价格既不是由商品的生产价格决定，也不是由商品的价值决定，而是由购买者的需要和支付能力决定”（第 864 页）。马克思有时虽也把由绝对地租决定的高于社会生产价格的农产品市场价格称之为垄断价格（见第 862 页），但那不是这里所指的“真正的垄断价格”（第 864 页）。

（二）投入农业的资本量［第 864 页末段］

在其他条件不变的情况下（例如，工农业之间资本有机构成差别不变，农产品市场价格不变），绝对地租总量取决于投入农业的资本总量，马克思指出：“绝对地租的数额，同投入农业的资本，同投在Ⅰ、Ⅱ、Ⅲ的资本总额成比例地增减。”①

因此，当农业资本家在土地上追加投资时，绝对地租便会增加，但是追加地租有两种情况，一种是在原来租地上追加投资，另一种是在新租地上追加投资；后一种追加投资由于受到土地所有权的绝对限制，在这块土地上的农产品价值与社会生产价格之间的差额立即转化为绝对地租，而在原来租地上追加投资则不再受土地所有权的绝对限制，因而这块土地上的农产品价值与社会生产价格之间的差额，在租约有效期间仅仅作为超额利润归租地农场主所有，租约期满后才转化为绝对地租。

（三）农业与非农业之间资本有机构成的差别［第 865 页第 1 段—第 868 页末段］

绝对地租量取决于农产品价值超过社会生产价格余额的多少，这个余额越多，绝对地租就可能越多，这个余额越少，绝对地租便会越少。农产品价值高于社会生产价格，是由农业部门资本有机构成低于社会平均资本构成引起的，农产品价值超过社会生产价格余额的多少，也取决于农业部门有机构成低于社会平均资本构成的多少，农业资本有机构成越是接近于社会平均资本的构成，绝对地租就越少，如果农业资本的平均构成等于或高于社会平均资本的构成，绝对地租便会消失。

资本有机构成的高低不过是社会劳动生产力水平高低的“另一种说法”（第 859 页），但是，不能简单地用价值构成去说明技术构成，从而说明生产力水平。这里有两种情况：一种是技术构成相等，但价值构成却不相等，例如，有的使用较贵重的原材料，有的使用较便宜的原材料。另一种是价值构成相等，技术构成却不相等，例如，一个技术构成较低的资本，由于它的不变资本价值的提高，而和另一个技术构成较高的资本有着相等的价值构成。

另外，在农业中不仅要注意社会生产力，而且要注意自然生产力。当资本有机构成提高，促进社会生产力增长时，自然生产力这时有可能下降，农业社会生产力的增长仅仅补偿甚至补偿不了自然生产力的减少。结果，农业资本有机构成提高了，农产品市场价格并不下降，绝对地租并不减少。另一方面，如大规模的畜牧业，由于自然力的作用，大群牲畜只用几个人放牧即可，资本有机构成似乎高于非农业的资本有机构成，因而不可能产生绝对地租，如提供地租，也只能是垄断地租。其实，畜牧业的技术构成是很低的，畜牧业的地租也不是由它本身的价值与社会生产价格之间的差额决定的，而是由与这一牧场相同数量与质量的土地种植谷物时所提供的地租量决定的。同样，天然森林由于自然力的作用，它的成材无须任何投资，似乎不会产生绝对地租，即使是这种情况，森林所有者也会对采伐森林的资本家收取地租，资本家对采伐森林的投资，无论从价值构成或技术构成上看，都是比较低的，因而能够比其他资本有一个较大的超额剩余价值转化为绝对地租。

① 《剩余价值理论》第 2 分册第 287—288 页。

（四）新耕种的土地面积［第869页第1段—第871页末段］

新耕种的土地面积对绝对地租量发生两方面的作用，一方面，随着新耕种的土地面积的扩大，绝对地租也会增多；另一方面，新耕种的土地面积的多少，会影响农产品的市场供求情况，从而影响市场价格在多大程度上超过社会生产价格，决定绝对地租量的多少。

现在要研究的是，开垦新的耕地是怎样决定的？

未耕地的土地质量有三种情况，比已耕的最坏土地可能更坏，也可能相等或较好，如开垦的是更坏的土地，前提是农产品市场价格有较大提高，使更坏的未耕地不仅能为租地农场主提供平均利润，还可以为土地所有者带来绝对地租。如开垦的是和已耕的最坏土地质量相等或较好的土地，在农产品市场价格不上涨的情况下就可以进行。在上述三种土地中的更坏的未耕地上提供绝对地租的问题，已在前面研究过了，在较好的耕地上会提供级差地租，这一问题也已研究过了，而且不属于我们这里所研究的范围，现在要研究的是和已耕的最坏土地质量相等的未耕地提供绝对地租的问题。

开垦新的未耕地是怎样决定的？这个问题的中心是未耕地是否只有在农产品的市场价格有较大提高之后才会提供绝对地租，投入耕种？而要回答这一问题首先要解决的是新耕地是否一定比已耕的最坏土地更差？马克思从以下四点否定了未耕地一定劣于已耕的最坏土地，从而明确了未耕地的开垦并不一定以农产品市场价格的上涨为前提。

第一，原来比较肥沃但因位置差而被排斥的土地，可以因交通条件的改变而成为较好的土地，投入耕种，因而即使农产品市场价格没有上涨，在这块土地上也可以提供绝对地租。

第二，原来土壤条件或地形条件较差的土地，随着农业上的进步加以改变，成为较好的土地，投入耕种，也可以在农产品市场价格不变的情况下提供绝对地租。

第三，原来由于历史的和传统的旧关系而未投入耕种的土地，可以包括各种等级，现在陆续转化为耕地时也不会按照土地的等级从优等地开始投入耕种。李嘉图认为耕地从最好的土地开始，再向越来越差的土地扩展，在这个歪曲历史的设想上提出了土地报酬递减论，马克思讽刺了这种理论："再没有比下面这种怪诞的假想更为荒唐可笑的了：似乎有个现代农业化学家，例如李比希，指导着这个序列的选择，似乎他标明了某些土地由于其化学性质而适于耕种，而其他的土地则被排斥在外。其实在这里起决定作用的，是贼偷方便的机会，即为大地主们的占有提供的似是而非的法律借口。"（第870—871页）

第四，在资本紧迫时期，即使是未耕地能为租地农场主带来平均利润，也不一定能使追加资本投入农业。在资本过剩时期，即使是市场价格不上涨，也会将资本投入和原来最坏土地质量相同或较好的未耕地，但不会投入更坏的土地。

四、小结［第872页末段—本章完］

由于农业资本有机构成低于工业资本有机构成，农产品价值高于社会生产价格，同量资本在农业中比在工业中会带来更多的剩余价值，又由于土地私有权的垄断阻碍了其他资本投入农业参与利润的平均化，因而在农业中超过平均利润以上部分的剩余价值，即农产品价值与社会生产价格之间的差额，全部或一部分留在农业部门中，转化为绝对地租，使农产品的市场价格高于社会生产价格。可见，绝对地租不是来自超过农产品价值的垄断价格，而是农产品价值中超过社会生产价格的超额剩余价值，不过这一部分剩余价值不归租地农场主所有，而是进入土地所有者的口袋。

在正常条件下，农业资本有机构成不会与工业资本有机构成相差很大，农产品的供不应求情况也不会很突出，因而绝对地租量只能是比较小的，而且随着农业的进步，农业资本有机构成越来越接近工业资本有机构成，绝对地租量会进一步减小和消失。

*　　　　*　　　　*

绝对地租有无级差？

按照马克思在本章的论述，级差地租是由农产品的社会生产价格和个别生产价格之间的差额构成，土地越肥沃，追加投资生产率越高，差额就越大，形成一系列的级差，而绝对地租是由农产品的市场价格高于社会生产价格的差额构成的，这里也会形成一系列的级差，土地越肥沃，追加投资生产率越高，产量就越多，差额也就会越大。有些学者也由此得出这样的结论，但这和马克思的观点是不一致的，马克思认为绝对地租是“一种同各级土地的不同肥力或同一土地上各连续投资的不同生产率无关的地租”（第860页）。但是由于马克思在本篇中对级差地租和绝对地租分别进行了研究，如果说，马克思对级差地租列出了大量表格加以说明，对绝对地租则未能列出表格，直到对级差地租和绝对地租进行了综合研究之后，才对绝对地租，同时也对级差地租重新列表说明，并对级差地租和绝对地租重新作了规定，指出：“绝对地租总是等于商品价值超过它自己的费用价格的余额；而级差地租则等于商品的市场价值超过它的个别价值的余额；总地租（如果除绝对地租外还有级差地租的话）等于市场价值超过个别价值的余额加上个别价值超过费用价格的余额，或者说，等于市场价值超过个别费用价格的余额。”① 这里说的费用价格即生产价格，由预付资本和平均利润构成。

现在，按照马克思在《剩余价值理论》一书中的举例②，列表如下。为了和本篇内容相对照，先按社会生产价格与个别生产价格的差额进行计算的方法列出级差地租的形成表。

土地等级	资本（镑）	平均利润（镑）	产量（吨）	个别生产价格（镑）		社会生产价格（镑）		利润（镑）	超额利润或地租（镑）
				全部产品	每吨	每吨	全部产品		
①	②	③	④	⑤ = ② + ③	⑥ = ⑤/④	⑦	⑧ = ④ × ⑦	⑨ = ⑧ − ②	⑩ = ⑧ − ⑤ 或 = ⑨ − ③
Ⅰ	100	10	60	110	$1\frac{5}{6}$	$1\frac{5}{6}$	110	10	0
Ⅱ	100	10	65	110	$1\frac{9}{13}$	$1\frac{5}{6}$	$119\frac{1}{6}$	$19\frac{1}{6}$	$9\frac{1}{6}$
Ⅲ	100	10	75	110	$1\frac{7}{15}$	$1\frac{5}{6}$	$132\frac{1}{2}$	$32\frac{1}{2}$	$22\frac{1}{2}$
合计	300	30	200	330	—	—	$361\frac{2}{3}$	$61\frac{2}{3}$	$31\frac{2}{3}$

① 《剩余价值理论》第2分册第300页。

② 《剩余价值理论》第2分册第302—303页A表。

按照新的规定，级差地租和绝对地租将变动如下：

土地等级	个别价值（镑）		市场价值（镑）		绝对地租（镑）	级差地租（镑）	地租总额（镑）
	全部产品	每吨	每吨	全部产品			
①	⑪	⑫ = $\frac{⑪}{④}$	⑬	⑭ = ④ × ⑬	⑮ = ⑪ − ⑤	⑯ = ⑭ − ⑪	⑰ = ⑭ − ⑤ 或 = ⑮ + ⑯
Ⅰ	120	2	2	120	10	0	10
Ⅱ	120	$1\frac{11}{13}$	2	130	10	10	20
Ⅲ	120	$1\frac{3}{5}$	2	150	10	30	40
合计	360	—	—	400	30	40	70

我国有些学者如卫兴华、沈志求等均很早就按照马克思在《剩余价值理论》一书中的论述，列表说明了马克思的观点，消除人们对绝对地租产生的误解。如卫兴华教授在《关于资本主义地租理论中的一些问题》一文中指出：“当我们一般说，绝对地租是农产品的价值（即社会价值）超过其社会生产价格的余额时，实际上是就劣等地而言的。较优等地上产品的价值大于其社会生产价格的余额中，则不仅包括绝对地租，而且还包括一部分级差地租。如果就各级土地来讲，绝对地租应该是等于产品的个别价值与其个别生产价格之间的差额。”①

人们对绝对地租产生的误解原因之一，是恩格斯未将 1861—1863 年经济学手稿中有关对级差地租和绝对地租进行的综合研究编入本篇特别是本章中。

---

① 《经济研究》1956 年第 1 期。

第四十六章　建筑地段的地租。矿山地租。土地价格

马克思在研究完农业地租之后，转向研究非农业地租，包括建筑地段地租和矿山地租，并具体研究了土地价格的变动。

一、建筑地段地租和矿山地租［本章第1段—第877页末段］

城乡建筑用地、矿山等非农业土地和农业土地一样存在着绝对地租和级差地租，凡是自然力能被垄断并保证使用它的产业家得到超额利润的地方，包括瀑布、富饶的矿山、盛产鱼类的水域和位置有利的建筑地段，都会以级差地租形式转归这种自然物的所有者。

马克思在这里研究的重点是建筑地段的地租，至于矿山地租，马克思只用一句话加以概括："真正的矿山地租的决定方法，和农业地租是完全一样的。"（第876页）在分析建筑地段地租时，有时也涉及矿山地租。

在对建筑地段地租的研究中，重点又是级差地租。这里有四个要点：

第一，建筑地段地租的特点。［本章第1段］

建筑地段的地租有三个特点：首先，建筑物所处的地理位置"对级差地租具有决定性的影响"（第874页），如大城市的级差地租高于中小城镇，大中城市中心地区级差地租高于郊区，近郊地区级差地租高于远郊地区等，与一般性农业不同，这里引起级差地租差别的主要因素甚至是唯一因素是建筑物所处的位置，而不是土地的肥沃程度。其次，土地所有者"具有完全的被动性"（第874页），即面对社会发展的进步，建筑地段的土地所有者坐享其成，既不作出什么贡献，也不冒什么风险。最后，"在许多情况下垄断价格占有优势"（第874页），高昂的地租引起高昂的房租和房价，对处于社会底层的贫穷居民"进行最无耻的榨取"（第874页），使雇佣工人无容身之所。

第二，建筑地段地租提高的原因。［本章第1段］

建筑地段特别是大城市的建筑地段的地租，有两个原因使它不断提高，首先，"人口的增加，以及随之而来的住房需要的增大"（第875页）；其次，"固定资本的发展"（第875页），这里包括工业建筑物、铁路、货栈、船坞等。这两种需要的发展及所处位置周围环境的改善，提高了建筑地段的地租。

这里有两个提高地租的因素需要进行研究，一是"空间是一切生产和一切人类活动的要素"（第875页），人类要生活和进行生产，都需要有一定的空间，从而产生对建筑物的需求，而"对建筑地段的需求，会提高作为空间和地基的土地的价值"（第875页）。另一是"土地为了再生产或采掘的目的而被利用"（第875页），马克思引用亚当·斯密举过的例子来说明这一点，苏格兰海滨的岩石原来是无用之物，后来由于伦敦用石头铺砌路面，使土地所有者从该处的岩石获取了地租。

第三，建筑投机的主要对象。［第875页末段—第876页第1段］

建筑投机的主要对象并不是建筑物本身，而是地租。马克思指出："在迅速发展的城

市内，特别是在像伦敦那样按工厂大规模生产方式从事建筑的地方，建筑投机的真正主要对象是地租，而不是房屋。”（第 875—876 页）

马克思引用了伦敦一个大建筑投机家提供的证词说明了这一点，证词中说：“建筑业主从建筑本身取得的利润是很小的，他通过提高地租取得他的主要利润。”

但是，建筑投机家只能在租约有效期间（通常为 99 年）从不断上涨的地租中获取利益，租约期满后，土地上的建筑物连同上涨的地租，就要从建筑投机家的合法继承人手里转到土地所有者的合法继承人手里了。

第四，地租与垄断价格。[第 876 页末段]

这里要提出的问题是，究竟是因为有了地租存在，农产品才按垄断价格出售，还是因为农产品先有一个与地租无关的垄断价格，然后产生了地租？

要回答这一问题，首先要区分两种不同的垄断价格。

第一种垄断价格是由于土地所有权的存在，使农产品按照高于生产价格的市场价格出售，这一市场价格就是一种垄断价格，农产品的市场价格都是按照这一垄断价格出售。在第 862 页上，马克思说的就是这种垄断价格，但在现在这一章提到这一种垄断价格时却说是“不仅要高于它的生产价格出售，而且还要高于它的价值出售”（第 877 页）。这种垄断价格是由地租产生的。

第二种垄断价格“一般是指那种只决定于购买者的购买欲和支付能力的价格，它既与一般生产价格所决定的价格，也与产品价值所决定的价格无关”（第 876 页）。例如，只在独特土壤和气候条件下才能小量生产的土特产品，就会提供一个垄断价格，由此产生的超额利润就会以地租形式落入土地所有者手中，这种垄断价格就不是由地租产生，相反，却是由垄断价格产生地租。

在第 864 页上，将上述第二种垄断价格称之为“真正的垄断价格”，指出“这种垄断价格既不是由商品的生产价格决定，也不是由商品的价值决定，而是由购买者的需要和支付能力决定”。马克思接着又指出：“对垄断价格的考察属于竞争学说的范围，在那里，将研究市场价格的现实运动。”由于竞争学说不包括在马克思写作《资本论》的计划之内，因而在《资本论》中对此学说并未展开，但在本卷第 50 章题为《竞争的假象》中又涉及这一问题（见第 975 页）。马克思将级差地租和绝对地租称为“正常的地租形式”（第 864 页），也就是说，由上述第二种垄断价格产生的地租形式属于非正常的地租形式，可称之为垄断地租形式。

在第 714 页上马克思在提到土地、古董、某些名家艺术品时，指出：“必须牢牢记住，那些本身没有任何价值，即不是劳动产品的东西（如土地），或者至少不能由劳动再生产的东西（如古董，某些名家的艺术品等等）的价格，可以由一些结合在一起的非常偶然的情况来决定。要出售一件东西，唯一的条件是，它可以被独占，并且可以让渡。”（第 714 页）这种垄断价格也可归之于上述第二种垄断价格，略有不同的是，上述第二种垄断价格指的是与地租有关的农产品，并且是可以再生产出来的劳动产品。

土地所有者是凭借土地所有权获取越来越多的地租，但是这个事实却被土地的买卖行为掩盖了，地租表现为资本的贡献，对地租的索取权，是土地所有者支付了它的等价物才得到的，“在购买者看来，地租不过表现为他用以购买土地以及地租索取权的那个资本的利息”（第 877 页）。

二、土地价格［第 878 页第 1 段—第 882 页第 1 段］

在本卷第 37 章中，马克思已经对土地价格问题进行了研究，指出土地价格“和劳动的价格完全一样，是一个不合理的范畴，因为土地不是劳动的产品，从而没有任何价值”（第 702—703 页）。土地所以有价格，是因为凭借土地所有权，可以获取地租，因而从实质上说，土地价格就是“资本化的地租”（第 702、753、878、906、910、913、915、917 页），“这个购买价格不是土地的购买价格，而是土地所提供的地租的购买价格，它是按着普通利息率计算的”（第 703 页）。“土地价格无非是出租土地的资本化的收入”（第 705 页）。同量资本，购买土地后获取的地租少于存入银行所得到的利息，这笔资本就不会用于购买土地，因此，土地价格是由地租额和利息率这两个因素决定，和地租额成正比，和利息率成反比。在第 37 章中，马克思还指出了撇开地租上涨的趋势，土地价格也会随利息率下降的趋势而呈现“上涨的趋势”（第 703 页）。

现在，马克思对决定土地价格的两个因素的变动作进一步的研究。

Ⅰ. 地租不增加情况下土地价格的提高

在地租不增加的情况下，土地价格照样会提高，这里有两种情况，第一，利息率下降了，作为资本化的地租就会按更高的价格出售。第二，“投入土地的资本的利息增长了”（第 878 页），马克思指出过土地价格和利息率成反比，现在为什么又说成是成正比了呢？原来这里所说的利息是指租地农场主在租约有效期间在租地上投资进行了一些基本建设，如水利设施、建筑物等，租约期满后归土地所有者所有，如果再出租这块土地，就要提高地租，这些基本建设以利息的形式加到原来的地租上，合称为租金，土地价格和地租成正比，现在就会和包括利息在内的租金成正比了。

Ⅱ. 土地价格随地租增加而增加

地租与土地价格成正比，在利息率不变的情况下，土地价格的变动就取决于地租的变动。

地租的增加可以出现在以下三种场合：农产品价格提高、农产品价格不变和农产品价格下降。

第一，农产品价格提高情况下地租的增加。

农产品价格提高意味着调节生产价格的土地生产率下降，如果其他等级土地的生产率不变，即在较好土地上个别生产价格不变，较好土地农产品的个别生产价格和起调节作用的最坏土地的生产价格的差额就会扩大，级差地租增加，使这些较好土地的价格随之提高。

第二，农产品价格不变情况下地租的增加。

这里有两种场合，一种场合是，在原有土地投资量不变的前提下，耕种了质量较好的新地，这些新地有更高的生产率，在农产品价格不变的情况下，新耕地有更高的地租和更高的土地价格。另一种场合，在同一块耕地上追加投资，只要生产率不变和产品价格不变，就可在同一块耕地上增加超额利润，在租约期满后就转化为地租。

第三，农产品价格下降情况下地租的增加。

这里也有两种场合，一种场合是“由于级差的扩大，较好土地的级差地租从而土地价格可以增加”（第 881 页）。另一种场合是“生产的增加，除抵消价格的下降外还有余”（第 881 页）。

Ⅲ. 马克思针对变动所作的两点说明

根据上述分析，马克思做了两点说明：

第一，提高地租的各种因素“可以部分地发生竞争，部分地互相排斥，并且只能交替地发生作用”（第 882 页）。

第二，“不能从土地价格的增加直接得出地租增加的结论，也不能从地租的增加（这种增加总会引起土地价格的增加）直接得出土地产品增加的结论”（第 882 页）。

三、对所谓土地收益递减规律谬论的批判［第 882 页末段］

资本主义农业长期落后于工业，其技术上的原因是工业发展的前提是比较老的科学——力学，而农业发展的前提则是崭新的科学——化学、地质学和生理学，在这种崭新科学未发展起来之前，工业凭借力学的发展而迅速发展起来。资产阶级经济学不去研究农业落后的技术原因，更不去研究农业落后的社会原因，却用编造的所谓土地收益递减规律去解释农业生产的落后，他们认为在一块空间有限的土地上，随着投资的增长，农产品的产量就会递减，否则，将所有的农业投资集中在伦敦一小块土地上，就可以养活整个英国人口了。

在广阔的田野上，随着农业技术的进步，土地收益是递增而不是递减，这是因为，和工业不同，农业中“土地本身是作为生产工具起作用的”（第 882—883 页），“土地只要处理得当，就会不断改良。土地的优点是，各个连续的投资能够带来利益，而不会使以前的投资丧失作用”（第 883 页）。而在工业中，土地只是建筑物的地基，工人操作时的立足点，工厂中无论怎样投资，不会使这种土地得到改良，工业中的生产工具只是机器设备和厂房，“投在机器等上的固定资本不会因为使用而得到改良，相反地，它会因为使用而受到磨损”（第 883 页）。机器只会日益陈旧，最终导致丧失作用，为新的机器代替。

第四十七章　资本主义地租的起源

本章是对地租及其学说进行历史的考察。

本章第1节，对地租学说进行历史的考察。第2—4节，对历史上的三种地租形式进行考察，第5节，研究历史上的地租向资本主义地租的过渡以及农民的小块土地所有制。

Ⅰ. 导　论

一、研究资本主义地租时遇到的困难［本节第1段—第885页末段］

研究资本主义地租的困难不在于对农业资本生产的剩余产品和与之相适应的剩余价值进行一般化的分析，因为这个一般化的分析在对其他一切生产部门的分析中，已经解决了。困难在于要说明社会总剩余价值在实现利润平均化之后，农业部门却能够在平均利润之上获取超额利润，以地租形式转给土地所有者。

资产阶级经济学者用自然因素去解释地租的来源，这是错误的，第一，这种说法是“放弃价值概念本身”（第885页），因为“地租是从土地产品的价格中支付的”（第885页），土地产品是农业工人生产出来的，离开了农业工人的劳动去解释地租，也就是离开了价值去解释地租。第二，用农业自然生产率高于其他产业部门生产率来解释农产品价格高，从而获得超额利润，是荒唐可笑的，因为劳动生产率越高，它的产品会更便宜。

要解释地租的来源，不能离开生产关系，地租来自平均利润的超过额，而“平均利润本身是在十分确定的历史的生产关系下发生的社会生活过程的一个产物，一个形成物，正如我们已看到的，这个产物要以极为复杂的中介过程为前提”（第885页）。法国经济学家帕西（1793—1880）认为原始状态的地租就已经是超额利润，这是将已往的地租和资本主义地租混为一谈了。

二、老的经济学家们对地租的分析［第886页第1段—第888页第1段］

马克思在此处所说的老的经济学家主要包括英国古典政治经济学创始人威廉·配第和法国的重农学派。他们所处的时代背景离封建时期比较近，资本主义生产方式还不发达。

（一）威廉·配第对地租的分析［第886页第1段］

威廉·配第及理查·康替龙时代的农业状况是：第一，农业人口占国民人口的绝大部分；第二，土地所有者凭借对土地所有权的垄断将剩余劳动直接占为己有。

他们对地租的认识存在两个问题：第一，把地租看成是剩余价值一般的正常形式，没有认识到资本主义地租是超额利润转化形式这一特殊性质；第二，土地所有者对农产品的扣除只有工资而无利润，这是把利润和工资混淆在一起了。

（二）重农学派对地租的分析［第 886 页末段—第 888 页第 1 段］

重农学派“完全正确地把剩余价值的生产看作是决定性的事情”（第 886 页），认为只有生产剩余价值的劳动才是生产劳动，但是在他们看来，只有农业资本才是生产剩余价值的资本，农业资本所推动的农业劳动是唯一生产剩余价值的劳动，地租是剩余价值借以存在的唯一形式。

马克思在这里提到重农学派的两大贡献，首先是将经济学的研究从流通领域转向生产领域，从而由现象深入到本质，否定了重商主义者用商品流通去解释剩余价值的来源。其次，指出了超过劳动者个人需要的农业劳动生产率，是全部社会的基础，并且首先是资本主义生产的基础。如果一个生产者每日的劳动只能生产出满足自己不可缺少的生活资料，也就谈不上剩余产品和剩余价值，谈不上有剩余劳动力去从事非生活资料的生产。

三、较近的经济学家对地租的分析［第 888 页第 2 段—本节完］

马克思对较近的经济学家的批评是针对法国的经济学家德尔（1798—1847）和帕西提出的错误观点，批评他们将资本主义地租混同于农奴制社会的实物地租，对此，马克思指出以下四点：

第一，他们的研究没有任何理论意义。

实物地租是以往历史阶段的产物，前人已经进行了研究，这种见解早已变得陈旧甚至是错误的，尤其是在地租早已被人阐明为剩余价值的一个特殊形式和特殊部分之后，他们又重新捡起已经陈旧的观点，并把这种观点说成是自己的创新，说明他们对古典经济学在这一问题上的研究一无所知。

第二，德尔和帕西的错误见解来自一种错觉。

德尔和帕西所处的时代已经建立起资本主义的生产方式，但是中世纪的实物地租，仍残存在新的社会形态中，中世纪教会的什一税和实物地租的契约，一直沿袭下来，“由此就造成一种印象，好像地租不是由农产品的价格产生的，而是由它的量产生的，因而不是由社会关系产生的，而是由土地产生的”（第 890 页）。

第三，德尔和帕西将剩余价值和剩余产品混为一谈。

剩余价值固然要体现在剩余产品上，却不能混同，农业丰收时，剩余产品增加了，并不代表剩余价值也增加了，地租可以因农产品价格的下降而减少；农业歉收时，剩余产品减少了，并不代表剩余价值也减少了，地租也可以由于农产品价格的上涨而大大增加。

第四，实物地租和资本主义生产方式的矛盾。

实物地租（产品地租）是旧的生产方式遗留下来的并作为遗迹残存的传统，与资本主义生产方式是相矛盾的，具体表现在：首先，产品地租在资本主义生产方式中或者作为私人契约而自行消失，或者作为教会的什一税被立法机关强制取消。其次，资本主义生产方式中残存的产品地租已经按货币进行计算，成为穿上中世纪外衣的货币地租。最后，残存的产品地租“完全要由产品价格超过它的生产费用的余额决定”（第 891 页），即由超额利润决定，这已经是资本主义地租了。按照德尔和帕西的理论，地租将是农产品产量减去生产费用，也就是用使用价值本身减去交换价值，这一理论十分幼稚可笑而又荒唐。

Ⅱ. 劳动地租

一、劳动地租的实质及其存在的经济基础［本节第 1 段—第 894 页末段］

劳动地租是地租的最简单的形式，当直接生产者向土地所有者租佃最主要的生产资料——土地之后，直接生产者除了要用自己的劳动工具在租地上耕作之外，每周或每年还要有一定的天数到土地所有者的庄园里劳动，劳动成果归土地所有者，“在这里，地租不仅直接是无酬剩余劳动，并且也表现为无酬剩余劳动；这是替各种生产条件的‘所有者’所进行的无酬剩余劳动”（第 893 页）。

在资本主义生产方式中，农业工人生产的剩余价值被分割为两部分，一部分以利润形式留在租地农场主手中，另一部分以地租形式转入土地所有者手中，因而地租和剩余价值是不一致的，而在劳动地租中，剩余劳动的成果全部直接归土地所有者所有，“在这里，地租和剩余价值是一致的。在这里，无酬剩余劳动所借以表现的形式是地租，而不是利润”（第 892 页）。

劳动地租是在一定的经济基础上产生的：

第一，自然条件。

劳动地租产生的前提条件是存在剩余劳动，“徭役劳动者的产品在这里必须在补偿他的生存资料之外，足够补偿他的各种劳动条件”（第 893 页）。这是建立在生产力发展到一定水平的基础上才能实现的。

第二，社会条件。

实行劳动地租的社会条件是土地所有者对直接生产者实行超经济强制，也就是说，这里的劳动者是“自给自足的农奴”（第 892 页），和土地所有者的关系是人身依附的关系，他们“人身不自由和人身作为土地的附属物对土地的依附”（第 894 页）。之所以必须建立这种依附制度，是因为农奴制和奴隶制还有所不同，成为农奴的“直接生产者还占有自己的生产资料，即他实现自己的劳动和生产自己的生存资料所必需的物质的劳动条件；他独立地经营他的农业和与农业结合在一起的农村家庭工业”（第 893 页）。

如果土地所有者不是私人所有，而是国家所有，“地租和赋税就会合为一体”（第 894 页）。

对上述两个条件进一步说，“这种关系的任何当时的形式必然总是同劳动方式和劳动社会生产力的一定的发展阶段相适应”（第 894 页）。

二、劳动地租的特点［第 895 页第 1 段］

在劳动地租这一形式中，直接生产者为自己的劳动和为地主的劳动在空间上和时间上是完全分开的，在这里，地租是剩余价值的原始形式，“地租直接就是土地所有者对劳动力的这种超额耗费的占有”（第 895 页），“在这里，不仅剩余价值和地租是一致的，而且剩余价值还明显地具有剩余劳动的形式，同时地租的自然条件或界限也十分清楚地表现出来，因为它们就是剩余劳动一般的自然条件和界限”（第 895 页）。剩余劳动要以一定能力的劳动力和一定肥力的土地为前提。

三、劳动地租的历史作用［第 896 页第 1 段—本节完］

在全部剩余劳动属于土地所有者所有的生产关系下，“负有徭役义务的人或农奴竟能有财产和——相对地说——财富的独立发展”（第 896 页）。“这里已经有了某种经济发展的可能性”（第 897 页），直接生产者能够在一定程度上改善自己的生活。

这是因为，在劳动地租中，直接生产者为自己的劳动和为地主的劳动在时间上和空间上完全分开了。在地主庄园劳动时虽然缺乏生产积极性，但在时间上有一定的限制，在一切社会生产力很不发达的情况下，这一部分时间在直接生产者的总劳动时间中，只能占很小的一部分，而且一旦确定下来之后，成为一个不变量。直接生产者大部分时间是在自己的土地上耕作，在这块土地上的生产效率却是一个可变量，随着他的劳动经验的积累，生产效率不断提高，市场的扩展也刺激他去提高劳动强度，再加上他在这块土地上独立经营的不仅有农业，还有农村家庭工业。

Ⅲ．产品地租

本节从阐述的内容看，包含以下三个问题：

一、产品地租的实质及产生的前提

产品地租就是土地所有者将原来的两种土地——租给直接生产者独立经营的土地和直接生产者在领主庄园内进行无偿劳动的土地——全部租给直接生产者独立经营，每年直接向土地所有者缴纳相当原来无偿劳动提供的农产品，这是一种代役地租，“在这里，和在以前的劳动地租形式上一样，地租是剩余价值的正常形式，从而也是剩余劳动的正常形式，即直接生产者不得不无偿地，实际上也就是在强制下——虽然对他的这种强制已经不是旧的野蛮的形式——为他的最重要的劳动条件即土地的所有者完成的全部剩余劳动的正常形式”（第 899—900 页）。这里说的正常形式的含义是直接生产者被无偿占有的剩余价值和剩余劳动主要表现为地租，而不是利润，也不是土地所有者在地租这种形式之外，还通过接受礼物、大斗进小斗出、放高利贷、敲诈勒索等各种手段占有直接生产者的剩余劳动甚至必要劳动。

马克思在这一节中有三处谈到实行产品地租的前提：

（1）“产品地租的前提是直接生产者已处于较高的文明状态，从而他的劳动以及整个社会已处于较高的发展阶段。”（第 898 页）

（2）“纯粹的产品地租虽然也可以残存在已经进一步发展的生产方式和生产关系内，但它的前提仍然是自然经济，也就是说，经营条件的全部或绝大部分，还是在经济自身中生产的，并直接从经济自身的总产品中得到补偿和再生产。”（第 899 页）

（3）“此外，它还要以农村家庭工业和农业相结合为前提；形成地租的剩余产品，是这个农工合一的家庭劳动的产品，而不管这个产品地租是像中世纪常见的情况那样，或多或少包括工业品在内，还是只以真正的土地产品来交纳。”（第 899 页）

二、产品地租的特点

由于土地所有者将土地全部租给直接生产者独立经营，直接生产者不再像以前那样，区分在自己租种的土地上进行的生产和在自己耕种的土地之旁和之外的领主庄园中进行的生产，因而“生产者为自己的劳动和他为土地所有者的劳动，在时间上和空间上已不再明显分开”（第899页）。在这种情况下，直接生产者的一部分劳动时间虽然无偿地属于土地所有者，但土地所有者“现在已经不是直接在劳动时间的自然形式上得到它，而是在它借以实现的产品的自然形式上得到它”（第898页）。从而直接生产者的剩余劳动“也不再在地主或地主代表者的直接监督和强制下进行”（第898页）。

三、产品地租的历史作用

产品地租的历史作用有：

第一，在劳动地租中，直接生产者时而在租佃的土地上耕作，时而到领主庄园里耕作，往往引起生产的中断，影响生产的正常进行，而在产品地租以纯粹形式（没有劳动地租参与）出现的地方，这种弊端就不会发生了。

第二，在劳动地租中，直接生产者的全部剩余劳动被吮吸殆尽，而在产品地租中，直接生产者除必要劳动外，还占有一部分剩余劳动，“和劳动地租的场合相比，生产者已经有了较大的活动余地，可腾出时间来从事剩余劳动，这种劳动的产品，同满足他的最必不可少的需要的劳动产品一样，归他自己所有”（第899页）。从而提高了劳动者的生产积极性，促进生产力的发展。

第三，促使小生产者两极分化，“这个形式也会使各个直接生产者的经济状况出现较大的差别。至少，已经有这样的可能性，并且，有可能这些直接生产者也获得再去直接剥削别人劳动的手段”（第899页）。

第四，自给自足的自然经济，使社会发展停滞不前。“由于产品地租形式同一定种类的产品和生产本身相联系，由于对这种形式来说农业和家庭工业的结合是必不可少的，由于农民家庭这样一来实现了几乎完全自给自足，由于它不依赖于市场和它以外那部分社会的生产运动和历史运动，总之，由于自然经济本身的性质，这种形式也就完全适合于为静止的社会状态提供基础，如像我们在亚洲看到的那样。”（第899页）马克思的这一观点对研究我国封建社会延续了两千多年的原因是有指导意义的。

Ⅳ. 货币地租

一、货币地租的实质及其前提条件［本节第1段］

这里所说的货币地租只是单纯由产品地租的形式转化而产生的另一种地租形式，不同之处在于产品地租是直接生产者将一部分产品作为地租缴纳给土地所有者，货币地租则是直接生产者将这部分产品卖出后以货币形式作为地租缴纳给土地所有者。因而这里所说的货币地租仍然是封建地租，不同于资本主义地租，资本主义地租是超额利润的转化形式。

产生货币地租的前提条件或经济基础有以下三点：

（1）和以往一样，产生货币地租的基础仍然是农业中最重要的生产条件即土地掌握在土地所有者手中，直接生产者要租佃土地进行耕种，就必须向土地所有者提供剩余的强制劳动，在货币地租中，只是以转化为货币的剩余产品的形式提供这种剩余劳动。

（2）“对那些和土地不同的劳动条件，即对农具和其他动产的所有权，在先前的各种形式下就已经先是在事实上，然后又在法律上，转化为直接生产者的所有权；这一点对货币地租形式来说，更是先决条件。”（第901页）

（3）“起初只是偶然的，尔后或多或少在全国范围内发生的从产品地租到货币地租的转化，要以商业、城市工业、一般商品生产、从而货币流通有了比较显著的发展为前提。这种转化还要以产品有一个市场价格，并或多或少接近自己的价值出售为前提，而在先前的几种形式下，却不需要如此。在欧洲东部，我们现在也还可以局部地看到这种转化过程。没有社会劳动力的一定的发展，这种转化是不能实现的”（第901页）；“这种转化一般只是在世界市场、商业和工业已有一定的比较高的发展程度以后才有可能”。（第903页）

二、纯粹形式的货币地租的解体与资本主义地租的产生［第901页末段—本节完］

作为单纯由产品地租形式转化的地租和资本主义地租都是货币地租，但二者在性质上却是不同的，在一定条件下，前一种纯粹形式的货币地租就会转化为资本主义性质的货币地租。

直接由产品地租转化而来的货币地租，是作为剩余价值或剩余劳动正常形式的地租的最后形式，因而也是解体形式。取而代之的是以利润为剩余价值或剩余劳动正常形式的资本主义地租，这时的地租只作为超额利润的转化形式，不再是剩余价值或剩余劳动的正常形式了。

纯粹的货币地租之所以会发生解体，是由于“在实行货币地租时，占有并耕种一部分土地的隶属农民和土地所有者之间的传统的合乎习惯法的关系，必然转化为一种由契约规定的、按成文法的固定规则确定的纯粹的货币关系。因此，从事耕作的占有者实际上变成了单纯的租佃者”（第902页）。其结果是：一方面，“这种转化在其他方面均适宜的一般生产关系下，会被利用来逐渐剥夺旧的农民占有者，而代之以资本主义租地农场主”（第902页）；另一方面，“在由实物地租转化为货币地租时，不仅与此同时必然形成一个无产的、为货币而受人雇用的短工阶级，而且甚至在这种转化之前就形成这个阶级”（第902页）。“此外，地租一旦取得货币地租的形式，同时，交租农民和土地所有者的关系一旦取得契约关系的形式，……也就必然出现租赁土地给资本家的现象。这些资本家一向置身于农村范围之外，现在却把他们在城市中获得的资本和城市中已经发展的资本主义经营方式，即产品只是作为商品，并且只是作为占有剩余价值的手段来生产的形式，带到农村和农业中来。”（第903页）

于是，在土地所有者和直接生产者之间，介入了租地农场主，租地农场主成了农业雇工的实际指挥官和剩余劳动的实际剥削者，直接榨取和占有以利润形式的全部剩余价值，土地所有者得到的只是一部分超额利润，利润成为剩余价值或剩余劳动的正常形式，地租的性质也发生了变化。

资本主义地租是超额利润的转化形式，它是以平均利润和生产价格的形成为前提的，这要“取决于农村以外的资本主义生产的一般发展”（第903页），“平均利润和由它调节的生产价格，是在农村关系之外，在城市商业和工业的范围内形成的”（第904页）。

洛贝尔图斯虽然认识到资本主义地租来自超额利润，但对这个超额利润的来源却用传统的方法去解释，认为农业中超额利润来自农业投资中不包含种子、饲料等原料的价值，这是根据当时经济非常落后的德国农村中农民在支出中不包含原料的价值提出来的，这既不能解释将原料价值计入预付资本已有150多年的英国租地农场主仍然有超额利润产生，也不能解释在工业中有些生产部门（采矿业和运输业等）只消耗一些辅助材料（燃料、润滑油等），但这些部门并不比其他除消耗辅助材料外，还大量消耗主要材料（木材、钢板、水泥、棉花等）的部门有更多的利润。

此外，洛贝尔图斯离开了土地所有权，不仅不能解释农产品为什么会按照高于它的生产价格出售，也不能解释农业中的超额利润为什么会转化为地租。

马克思的结论是："用这种传统的方法，是不能说明作为超过平均利润的余额的地租的。不论地租最初是出现在怎样的历史情况下，它一旦扎下根来，就只能在前面已经阐述过的现代条件下发生。"（第906页）

最后，马克思还指出，伴随货币地租而来的土地买卖，对资本主义地租的产生有着重要作用，它"促使以前的剥削方式，所有者和实际耕作者之间的关系，以及地租本身发生变革"（第906页）。

V. 分成制和农民的小块土地所有制

一、分成制和农民的小块土地所有制是封建土地所有制解体所产生的两种形式［本节第1段—第909页第1段］

在资本主义土地所有制之前，历史上存在着多种土地所有制形式，包括古代的土地公有制、奴隶主的土地所有制、封建主土地所有制，现在着重研究的是封建主土地所有制解体所产生的分成制和农民的小块土地所有制。

分成制是由地租的原始形式到资本主义地租的过渡形式，说它是向资本主义地租的过渡形式，是因为，原来的直接生产者现在同时又成为经营者，他除了向土地所有者提供无偿劳动之外，还和土地所有者共同投入经营资本，进行雇工剥削，剩余价值在租地农民和土地所有者之间按一定的比例进行分配。

小块土地所有制古已有之，"一方面，在古典古代的极盛时期，形成社会的经济基础，另一方面，在现代各民族中，我们又发现它是封建土地所有制解体所产生的各种形式之一"（第911页）。

小块土地所有制中的农民成为他的主要生产工具即土地的自由所有者——人身已获得自由的土地所有者，他不仅不再缴纳地租，而且还可以从较肥沃的土地上或位置较好的土地上获得超额利润，这部分超额利润不再以级差地租形式转移到他人手中。农业资本有机构成低于工业和土地私有制是产生绝对地租的两个重要条件，但是由于当时工业的落后，资本有机构成在工农业之间的差别很小。其次，还由于小块土地所有制农民耕种土地的最低界限是得到必要的生活资料，而不是平均利润和地租，并不要求他的农产品按照高于生产价格的价值出售，以取得相当于绝对地租部分的超额利润。这是小块土地所有制占统治地位的国家的粮食价格低于资本主义生产方式的国家的一个重要原因。

二、农民的小块土地所有制的前提［第 909 页末段］

农民的小块土地所有制的存在有以下前提：

第一，“和城市人口相比，农村人口在数量上占有巨大优势，因此，尽管资本主义生产方式通常已取得统治地位，但相对地说还不大发展，从而在其他生产部门内，资本的积聚也是在狭小界限内进行的，资本的分散仍占优势”（第 909 页）。如果城市中资本主义工业得到充分发展，农村的小商品经济就会被瓦解，资本主义的大农业将取而代之。

第二，“农产品的绝大部分，在这里必然作为直接的生存资料，由它的生产者即农民本人消费，并且只有除此以外的余额，才作为商品进入同城市的贸易”（第 909 页）。小块土地所有制是建立在落后的商品经济的基础上的，商品经济的发展会使这些小商品生产者发生分化和瓦解。

第三，农民的小块土地是通过购买得到或作为一定的货币价值来接受，因此“土地价格这个无非是资本化的地租就成了一个作为前提的要素”（第 910 页）。

第四，“小土地所有制的前提是：人口的最大多数生活在农村，占统治地位的，不是社会劳动，而是孤立劳动”（第 918 页）。

三、小土地所有制的历史局限性和它灭亡的必然性［第 911 页第 1 段—本节完］

由于小土地所有制的历史局限性，最后必然会走向灭亡。具体原因有以下四点：

第一，“它的正常的补充物即农村家庭工业，由于大工业的发展而被消灭”（第 912 页）；

第二，“处在这种耕作下的土地逐渐贫瘠和地力枯竭”（第 912 页）；

第三，“公有地（这在一切地方都是小块土地经济的第二个补充物，并且只是因为有了公有地，小块土地经济才有可能饲养牲畜）为大土地所有者所霸占”（第 912 页）；

第四，“作为种植园经营的大农业或以资本主义方式经营的大农业加入竞争”（第 912 页）。

还有以下三种情况促使小土地所有制的灭亡：

第一，“农业上的各种改良一方面降低了土地产品的价格，另一方面要求较大的投资和更多的物质生产条件，这些也促进了上述土地所有权的灭亡，例如在 18 世纪上半叶的英国，情况就是这样”（第 912 页）。这是由小块土地所有制的局限性决定的，因为“小块土地所有制按其性质来说排斥社会劳动生产力的发展、劳动的社会形式、资本的社会积聚、大规模的畜牧和对科学的累进的应用”（第 912 页）。

第二，“高利贷和税收制度必然到处使这种所有制陷入贫困境地”（第 912 页）。

第三，“小农业在它和自由的土地所有权结合在一起的地方所特有的弊病之一，来自于耕者必须投入一笔资本购买土地”（第 912—913 页）。而“资本在土地价格上的支出，势必夺去用于耕种的资本”（第 912 页）。由于“土地所有权是绝大部分生产者的生活条件，是他们的资本的不可缺少的投资场所”（第 916 页），土地的供不应求造成土地价格的上涨，而且土地按小块土地出售比按大块出售的价格要高得多，造成“土地价格这个和生产本身无关的要素，在这里可以提高到使生产不能进行的程度”（第 917 页）。还使“小农遭受高利贷的盘剥”（第 916 页）。

第七篇　各种收入及其源泉

第7篇是对《资本论》第3卷的总结，更是对第1—3卷的总结。按照马克思主义原理，生产决定交换和分配，在历史发展过程中，随着分配的差别而出现阶级的差别，阶级矛盾发展到一定程度，就会产生国家。《资本论》第1卷研究了资本主义生产方式以及与之相适应的生产关系，第2卷研究了资本主义的流通过程，第3卷研究了资本主义的分配过程，本篇则是论述了生产交换和分配的相互关系以及在此基础上产生的阶级与阶级矛盾。最后一章论述的阶级并未展开，是因为马克思等待《资本论》全书出版时根据最新发展的情况展开论述，只因此书最后未能彻底完成写作而搁置了下来。

第四十八章　三位一体的公式

资本主义社会中雇佣工人新创造的价值被分作两部分，一部分用作补偿可变资本，然后又以工资形式支付给工人，另一部分是剩余价值，以利润和地租的形式被资本家和土地所有者占有。资产阶级经济学家，先是斯密，歪曲这一事实，认为工资是劳动价格，工人领取了工资，全部劳动所得都归于工人，而利润来自于资本，为资本家所得，地租来自土地，为土地所有者所得，构成了三位一体公式：资本—利润、土地—地租、劳动—工资。法国庸俗经济学鼻祖萨伊将斯密学说中的这一庸俗因素分离出来并加以发展，进一步将利润分解为企业主收入和利息，企业主收入作为资本家的监督工资并入劳动—工资项中，三位一体公式变为资本—利息、土地—地租、劳动—工资，利润形式不见了，剩余价值被完全掩盖起来。在本章中，马克思对这一三位一体公式进行了批判。

现在的《资本论》第3卷第7篇第48章，在原来的马克思手稿中，编为《资本论》第3册第7章第1节。由于马克思在写第6章（现在的第6编）手稿中，插入有关第7章第1节（即现在的第48章）的有关内容，共有三个片断，恩格斯分别加上罗马数字Ⅰ、Ⅱ、Ⅲ，编入本章的开头部分。国际学术界认为恩格斯这一编排顺序与马克思手稿并不完全一致，认为第Ⅰ和第Ⅱ两个片断应插入第930页末段和第931页末段之间。在《马克思恩格斯全集》的历史考证版中已按此意见重新编排，第Ⅲ片断则被删除。

在这里仍采用恩格斯的编排进行叙述，我认为按此顺序叙述，还是比较顺畅的。

一、三位一体公式将代表资本主义经济关系的资本和一般劳动过程中的劳动与土地组合在一起，共同作为资本主义各种分配形式的源泉［第922页第1段—第924页第1段］

萨伊将资本主义经济中各种收入的来源归因于劳动、资本和土地，这些所谓的来源属于完全不同的领域，却被萨伊搅混在一起了。

先说资本。资产阶级经济学家将资本和生产资料混为一谈，从而把资本看成是一种物，得出的结论必然是：资本剥削与一定的生产关系无关。其实，生产资料本身不是资本，如同金银本身不是货币一样，资本是在这种物的外衣掩盖下的一种生产关系，存在于特定历史条件下的社会形态之中。

再说土地和劳动。土地是无机的自然界本身，劳动作为人类的生产活动，二者都是一切生产过程的物质要素，和特定的社会形式无关。

这里难以解释，和资本主义经济关系无关的土地和劳动怎么能够和资本一起生产出资本主义的各种收入。价值实体是一般人类劳动，作为自然界的土地只能是使用价值的源泉，不可能是价值的源泉，更说不上生产出剩余价值。

要使三位一体公式有一个统一的形式，就应该修正为：资本—利息，雇佣劳动—工资，资本主义土地私有权—资本主义地租。当然，这种修正仍不能消除三位一体公式的根本性错误。

二、三位一体公式从效用价值论出发，将价值与使用价值混为一谈，从而将使用价值源泉和价值源泉混为一谈［第924页第2段］

萨伊认为："所生产出来的价值，都是归因于劳动、资本和自然力这三者的作用和协力，其中以能耕种的土地为最重要因素但不是唯一因素。"① 这是把使用价值的源泉和价值的源泉混为一谈。

当《哥达纲领草案》中提出"劳动是一切财富和一切文化的源泉"这一条文时，马克思就批驳道："劳动不是一切财富的源泉。自然界同劳动一样也是使用价值（而物质财富就是由使用价值构成的！）的源泉。"② 但是，作为商品的价值，包含的只是一般人类劳动，马克思说："在商品体的价值对象性中连一个自然物质原子也没有"③；"在生产一种使用价值、一种物质产品例如小麦时，土地是起着生产要素的作用。但它和小麦价值的生产无关。就小麦上体现着价值来说，小麦只是被看作一定量的对象化社会劳动，和这种劳动借以体现的特殊物质或这种物质的特殊使用价值完全无关。"（第924页）萨伊不能解释土地为什么会创造价值，而且恰恰创造出和地租等量的价值。

萨伊将商品价值的来源归因于劳动、资本和自然力，这不仅将使用价值的源泉和价值的源泉混为一谈，而且还将资本塞进使用价值和价值的源泉中来。

萨伊之所以会将使用价值源泉和价值源泉混为一谈，是因为他将使用价值和价值混为一谈。他说："创造具有任何效用的物品，就等于创造财富。这是因为物品的效用就是物品价值的基础，而物品的价值就是财富所由构成的。"④ 如果说价值与使用价值有什么区别的话，那就是使用价值决定商品的价值。用萨伊的话来说，就是"物品的价值又是测量物品的效用的尺度"⑤，效用价值论不懂得使用价值和价值的区别，更不用说创造使用价值的劳动和创造价值的劳动之间的区分了。

在进入21世纪的社会主义新中国，还有人质问道："资本和土地只生产使用价值而不生产价值吗？世界的现实生活中到底有没有那种只生产使用价值而不生产价值的东西？"⑥

这种质问不仅说明了该作者在价值生产的认识上是错误的，在使用价值生产的认识上也是错误的。土地是使用价值的源泉，是生产过程中不可缺少的因素，但不能因此说土地也和人的劳动一样进行生产。在使用价值生产中，"自然界为劳动提供材料，劳动把材料变为财富"⑦。至于资本，不仅不能生产使用价值，也不是使用价值的源泉，否则在不存在资本的社会，也就不存在使用价值的生产了。

"世界的现实生活中到底有没有那种只生产使用价值而不生产价值的东西？"不止是有，而且是太多了。懂得这一点并不需要远涉重洋进行一番考察，只要随便观察一下，千家万户的家庭主妇每日烹饪的饭菜，是送去市场出售了呢，还是直接进入家庭成员的消化器官？答案很快就会出来。

---

① ［法］萨伊：《政治经济学概论》，商务印书馆1982年版第75—76页。
② 《哥达纲领批判》，《马克思恩格斯选集》第3卷第298页。
③ 《资本论》第1卷第61页。另参见同书第50页。
④ ［法］萨伊：《政治经济学概论》，商务印书馆1982年版第59页。
⑤ ［法］萨伊：《政治经济学概论》，商务印书馆1982年版第60页。
⑥ 赵学增：《再进资本论》，广东经济出版社2001年版第59页。
⑦ 恩格斯：《自然辩证法》，《马克思恩格斯选集》第4卷第373页。

另有一位作者也质问道："据劳动价值论，尽管使用价值的产出分别归因于劳动、资本和自然资源的贡献，但价值的产出还是全部归功于劳动的贡献。换言之，即使劳动对使用价值产出的贡献率仅为$\frac{1}{3}$（假定三种投入各占$\frac{1}{3}$），它对价值产出的贡献率也是100%，而其他投入对价值产出的贡献率一律为零，这在逻辑上是否说得通?"① 作者认为在价值的生产上，劳动这一因素"不应享有特权"，赵学增认为将资本与土地的贡献排除在价值的生产之外是"要素歧视"。

这位挑战者针对马克思的劳动价值论提出的质问，不仅不懂得价值的生产，也不懂得使用价值的生产，甚至无中生有地将资本作为使用价值的源泉硬塞进马克思的劳动价值论中，并进而引申出资本、土地和劳动一起共同创造价值。

令人惊奇的是这位作者还能提出劳动、资本和自然资源三者在使用价值生产上和价值生产上的贡献率。遗憾的是，这位作者没有透露他用什么做尺度分别对劳动、资本和自然资源三者计算出它们的贡献量，并计算出它们在商品的使用价值上和价值量上作出的贡献所占的比重。

三、三位一体公式对不同质的物进行量的比较［第925页末段］

客观世界存在一个普遍的原理是，只有同质的物体才能进行量的比较，而萨伊却将不同质的物体进行量的比较，确定它们之间量的比例。

在土地—地租中，土地是没有价值的使用价值，是自然物，而地租是交换价值，是一定历史条件下的社会关系。土地用面积计量，地租用价格计量，二者之间不存在可以通约的量，而萨伊却"让两个不能通约的量互相保持一种比例"（第925页）。

在资本—利息中，假定100英镑资本产生10英镑利息。资本和利息都是在资本主义条件下价值实体的表现形式，二者是同质的，可以在量上进行比较。但是，这里出现一个矛盾，即100镑的资本价值却有110英镑，庸俗经济学转用资本的物质实体即生产资料创造价值来解释，"重新搬出一个完全不能通约的关系，即一方是使用价值，是物，另一方是一定的社会生产关系，是剩余价值"（第926页）。

在劳动—工资中，工资被看成是劳动的价格，而劳动是劳动力商品的使用价值，说劳动的价格，也就是说劳动力商品使用价值的价格，"这种说法显然是和价值的概念相矛盾的，也是和价格的概念相矛盾的"（第926页）。

在三位一体公式中，资本、劳动和土地又是不同质的。资本是价值，劳动和土地是使用价值；资本是一定历史条件的社会形式，劳动是一切人类社会的生产要素，土地则是无机的自然物。既然都是不同的质，就不可能有一个统一的尺度去计量；资本用货币单位做尺度，劳动用时间单位做尺度，土地用面积单位做尺度，因而不可能综合起来并确定它们之间量的比例关系，不可能形成一个同质的价值实体并确定劳动、资本和土地在同质的价值实体中所占的比例。萨伊及其后继者均无法回答商品价格中三种收入的比例是如何确定的问题。李江帆在他的文章中虽然大胆地回答了这个问题，但也只是提出各占比例的假定，而这个假定是不能成立的，不知他是否用同一把尺量完土地面积之后，又去量资本和劳动。尽管无法计量资本和土地在价值生产上的贡献率，为了取消劳动的价值生产上的"特权"，反对"要素歧视"，李江帆为资本和土地争取各占的席位而努力，虽然他在这方

① 李江帆：《关于劳动价值理论面临的外部挑战问题》，《中州学刊》1998年第3期。

面作出了贡献。但在这方面的贡献率有多大，看来也是难以量化的。

庸俗经济学产生上述错误的原因之一是不能透过现象深入到问题的本质，透过物的外观揭示出人与人之间的经济关系，马克思指出：“如果事物的表现形式和事物的本质会直接合而为一，一切科学就都成为多余的了。”（第 925 页）当马克思揭示了事物的本质之后，庸俗经济学家还竭力进行攻击，这是他们的阶级本性的一种表现。

四、资本、土地所有权和雇佣劳动使新创造的价值表现为利润、地租和工资等分配形式，三位一体公式却认为资本、土地和劳动不仅产生这些收入形式，而且创造了这些收入形式的实体即这个价值本身［第 926 页末段—第 936 页第 1 段］

（一）资本主义生产过程和分配过程是一个历史规定的形式［第 926 页末段—第 930 页第 1 段］

任何生产过程都是在一定历史条件下进行的。作为一般社会生产过程，都具有三个生产要素：劳动、劳动对象和劳动资料。劳动过程的结果是生产出产品，其中除用作生产资料消耗的补偿之外，一部分作为必要产品，另一部分作为剩余产品，生产者的劳动也分成必要劳动和剩余劳动。在三大剥削制度中，剩余劳动总是一种强制性劳动，它被剥削者占有，因而具有对抗形式。在资本主义制度中，剩余劳动体现为剩余价值，和奴隶制、农奴制相比，资本主义榨取剩余劳动的方式和条件更有利于生产力和社会关系的发展。

资本主义的发展将导致社会进入一个更高级的阶段，“在这个阶段上，社会上的一部分人靠牺牲另一部分人来强制和垄断社会发展（包括这种发展的物质方面和精神方面的利益）的现象将会消灭；……社会化的人，联合起来的生产者，将合理地调节他们和自然之间的物质变换，把它置于他们的共同控制之下，而不让它作为一种盲目的力量来统治自己；靠消耗最小的力量，在最无愧于和最适合于他们的人类本性的条件下来进行这种物质变换。但是，这个领域始终是一个必然王国。在这个必然王国的彼岸，作为目的本身的人类能力的发挥，真正的自由王国，就开始了。但是，这个自由王国只有建立在必然王国的基础上，才能繁荣起来。工作日的缩短是根本条件”（第 928—929 页）。

资本主义社会雇佣工人创造的新价值被分作两部分，一部分以利润形式出现，在总利润中又分作平均利润和地租，在平均利润中又分作企业主收入和利息。新价值的另一部分用来补偿可变资本，然后再以工资形式支付给工人。

（二）资本、土地所有权和雇佣工人这种社会关系产生利润、地租和工资的收入形式，但不能创造这些收入形式的实体［第 930 页末段］

资本主义新创造的价值分解为可变资本和剩余价值，可变资本以货币形式支付工人的工资，这是对已形成的价值进行分配后的使用问题。分配和使用的价值完全来自雇佣工人的劳动，如何进行分配与使用，则取决于资本主义的生产关系。雇佣工人只能获取自己创造的价值中的一部分，另一部分则以企业利润、利息和地租形式被职能资本家、借贷资本家和资本主义的土地所有者占有。萨伊将资本家和土地所有者的剥削所得说成是资本和土地以及资本家的劳动创造的，完全是一种强盗逻辑。

萨伊颠倒了生产与分配的关系，是因为他把资本主义生产关系产生的分配形式和分配主体混淆了。

如果将萨伊的三位一体公式统一按资本主义经济关系修正为：资本—利润，雇佣劳动—工资，资本主义土地所有权—资本主义地租，我们也只能说资本、资本主义土地所有权和雇佣劳动这种社会生产关系产生利润、地租和工资这三种分配形式，而不能创造出这些收入形式的实体。

在资本主义社会，资本逐年为资本家提供利润，土地所有权逐年为土地所有者提供地租，雇佣劳动逐年为雇工提供工资。从现象上看，资本、土地所有权和雇佣劳动表现为这三种收入的源泉。从以下意义上说，也确实是源泉，首先，资本和土地能够不断吸取剩余价值，雇佣劳动使工人以工资形式取得另一部分新价值；其次，资本、土地所有权和雇佣劳动使新价值固定在利润、地租和工资三种形式上，成为资本家、土地所有者和雇佣工人的三种收入。

但是，资本产生的只能是利润这一分配形式，而不能产生这一分配形式的价值实体；至于作为一般生产要素的土地和劳动，不仅不能产生地租和工资这两种收入形式的价值实体，也不能产生地租和工资这两种收入形式。

价值的分配以价值的存在为前提，三位一体公式的错误在于不仅把利润、地租和工资等收入形式看成是资本、土地和劳动的产物，还进一步把这些收入形式的价值实体，也看成是资本、土地和劳动的产物，将分配的价值形式和分配的价值实体混淆在一起。

（三）三位一体公式离开社会生产关系谈收入的源泉，不仅不能说明收入实体的源泉，连收入的资本主义形式也不能说明［第 931 页末段—第 936 页第 1 段］

在三位一体公式中，土地和劳动作为一般生产要素，怎么能生产出资本主义分配形式的地租和工资呢？即使资本—利润这一公式也是不正确的，因为通过资本雇用的劳动力生产的剩余价值，除利润外，还包括地租；萨伊将斯密的资本—利润改为资本—利息，缺少了企业主收入，在利息形式上，剥削关系更隐蔽了。

三位一体公式看上去很对称，但在性质上却是很不一致的，资本是一定历史条件下的经济范畴，土地和劳动则是一般生产要素。但是资产阶级经济学只是就它的物质实体来看的，资本和土地一样，都是生产资料，资本是生产出来的生产资料，土地是未经生产的生产资料，这样一来，土地、劳动和资本都成了一般生产要素，显示出一种整齐的对称。但是，一端是一般生产要素，另一端却是资本主义收入形式，这仍然是不一致的，一般生产要素怎么会成为资本主义收入形式的源泉呢？

产生这一混乱的原因在于三位一体公式把资本主义特有的社会形式——资本、土地所有者垄断的土地和雇佣劳动看成是一般劳动过程中的生产要素，作为资本主义收入形式的利润、地租和工资也就成为一般分配形式。三位一体公式抹杀生产的社会性质和历史规定性，不仅不能说明资本主义的分配来源，也不能说明资本主义的分配形式。

五、三位一体公式表现为已经完成了的资本拜物教［第 936 页末段—本章完］

在商品经济的条件下，人们生产的劳动产品和开采的金银取得了商品形式和货币形式，商品和货币的社会属性表现为物的自然属性，并支配人们的命运，产生了商品拜物教和货币拜物教。这种颠倒的关系在资本主义经济中得到充分的发展，货币拜物教发展为资本拜物教（在新的中文译本中，改译为资本物神）。

首先，考察直接生产过程中的资本拜物教。

在资本主义发展的初期，资本与劳动的关系在直接生产过程中表现得非常清楚，从资本家竭力延长工人的工作日这一事实中，很容易看到剩余价值来自于工人的剩余劳动。但是，随着机器大生产的出现和相对剩余价值的发展，劳动生产力表现为资本生产力，资本变成一种神秘的力量。

其次，再考察流通过程中的资本拜物教。

庸俗经济学从包含在商品中的价值和剩余价值必须在流通中才能得到实现这一事实中，得出商品的价值和剩余价值是从流通中产生出来的错误结论。

这种假象由于以下两种情况使人更迷惑：①“利润取决于欺骗、狡诈、知情、机灵以及市场行情的千变万化”（第937页）；②流通时间对剩余价值生产的消极限制作用表现为积极的原因。这里我们还没有研究流通过程中竞争的作用，这一作用会使人更加迷惑。

最后，考察资本主义生产总过程中的资本拜物教。

在资本主义生产总过程中，出现了各种分配形式，使资本表现得越来越神秘，终于完成了资本拜物教。

（1）利润和利润率。

在资本主义生产总过程中，剩余价值转化为利润，剩余价值率转化为利润率，使剩余价值表现为预付总资本的产物，利润率可以在剩余价值率不变时发生变化，“这一切使剩余价值的真正性质越来越隐蔽”（第938页）。

（2）平均利润和生产价格。

利润转化为平均利润和价值转化为生产价格之后，利润的多少按资本的比例分配，各生产部门的平均利润在量上与剩余价值不一致，生产价格在量上与价值不一致，价值和剩余价值的性质更隐蔽了。

（3）利息。

“在利润的场合，人们总还想起它的起源；而在利息的场合，不仅想不到它的起源，而且让人想到的是和这个起源完全相反的形式。”（第939页）

（4）资本主义地租。

在地租形式上，剩余价值的一部分直接和一个自然要素（土地）联系在一起，“剩余价值的源泉就完全被掩盖起来了”（第940页）。

三位一体公式正是表现了上述资本拜物教，马克思指出，在三位一体公式中，“资本主义生产方式的神秘化，社会关系的物化，物质的生产关系和它们的历史社会规定性的直接融合已经完成：这是一个着了魔的、颠倒的、倒立着的世界”（第940页）。

萨伊提出的三位一体公式有着鲜明的阶级性，既然工人以工资形式得到的是他的劳动所创造的全部价值，利润、利息和地租成为资本和土地的贡献，与剩余价值无关，这就完全否定了资本家对工人的剥削，甚至也否定了封建地主对租地农民或雇农的剥削，取消无产阶级消灭资本主义剥削制度的历史使命，否定社会主义取代资本主义的必要性。

值得人们注意的是，从20世纪80年代末开始，我国少数经济学家继承萨伊的衣钵，鼓吹三位一体公式，先是1989年在谷书堂主编的《社会主义经济学通论》一书中认为：“由于劳动、资本、土地等要素在价值形成中都发挥着各自的作用，所以，社会主义的工资、利息和地租，不过是根据劳动、土地等生产要素所作的贡献而给予这些要素所有者的报酬。”① 1993年张元元、李金亮主编的《社会主义市场经济学》一书中提出资源贡献价值论，认为“商品的价值，是指凝结在商品中的资源贡献”②。其中包括“劳动力、资本、

---

① 谷书堂：《社会主义经济学通论》，上海人民出版社1989年版第112页。

② 张元元、李金亮：《社会主义市场经济学习》，暨南大学出版社1993年版第157页。

自然资源、技术、企业家的精神等一些主要种类”[①]。蔡继明在《非劳动生产要素参与分配的价值基础》一文中认为：“由于劳动、资本、土地等要素在价值形成中都发挥着各自的作用，所以，按生产要素分配的价值基础，就是各种生产要素在价值创造中所作的贡献。”[②] ……这些错误言论是企图以萨伊的要素价值论取代马克思的劳动价值论，否定我国现阶段实行的坚持社会主义公有制经济为主体、多种所有制经济共同发展的基本经济制度。

所谓的“生产要素价值论”是把土地、资本和劳动看作生产三要素，商品的使用价值和价值都是来自这三个生产要素。将资本说成是生产要素，说明所谓的“生产要素价值论”不仅将生产各要素都列入价值的源泉，而且认为非生产要素的资本也成为创造价值的源泉了。

生产要素也就是劳动过程的要素：劳动、劳动对象和劳动资料（包括土地在内），从劳动过程的结果即产品的角度来考察，劳动过程就成为生产过程，劳动过程的三要素也就成为生产的三要素。

资本有产业资本、商业资本和借贷资本之分。商业资本和借贷资本都不在生产领域，能说这种资本是生产要素吗？就产业资本而言，又有货币资本、生产资本和商品资本三种职能形式，货币资本和商品资本都是流通资本，能说这种资本是生产要素吗？在产业资本中只有生产资本在生产过程中执行职能。即使如此，也不能把生产资本和生产要素混为一谈，生产资本只是生产要素在一定历史条件下采取的社会形式，不是生产要素本身。

马克思指出：“劳动过程的不同因素——物的因素和人的因素——一开始就是戴着资本主义生产时期的面具出现的。”[③] 戴着资本主义面具的生产资料和劳动才是生产要素，这些生产要素所戴的资本主义面具只是在资本主义历史条件下的表现形式，二者是不能混同的。萨伊把这种面具称之为生产要素，那么戴着这种面具的生产资料和劳动是不是生产要素或都是生产要素呢？马克思痛斥了这些“资本主义生产的实际当事人及其胡说八道的思想家不能把生产资料和它们今天所具有的对抗性的社会化装分开来考虑”[④]。

---

① 张元元、李金亮：《社会主义市场经济学习》，暨南大学出版社 1993 年版第 158 页。

② 蔡继明：《非劳动生产要素参与分配的价值基础》，《中国经济热点问题探索》，经济科学出版社 2002 年版上册第 226 页。

③ 《资本论》第 2 卷第 431 页。

④ 《资本论》第 1 卷第 702 页。

第四十九章　关于生产过程的分析

本章是对三位一体公式的进一步批判。

三位一体公式是在斯密教条基础上产生的，斯密教条认为商品价值是由工资、利润和地租三种收入构成的，将不变资本排除在外，因此，要彻底批判三位一体公式，还必须批判斯密教条。

在社会总资本的再生产过程中，无论是生产资料或消费资料，其中包含的价值均分解为c、v、m三个部分，斯密的困惑在于，在生产过程中使用的生产资料，在价值分解中，只包含有v+m；当工人、资本家和土地所有者，用他们所得到的工资、利润和地租去购买消费品时，支付的不仅是v+m，而是c+v+m，不变资本c的价值已经包含在工资、利润和地租中了。斯密的迷惑使他做出了错误的结论，认为在商品价值中只包括v+m，不包括c，从而将收入与资本混为一谈。为此，要批判斯密教条，就要研究资本主义生产的总过程。

在研究这个总过程时，撇开生产价格和价值的区别，因为在研究总产品时，二者是一致的。

一、分析资本主义生产总过程遇到的难题及其解决［本章第1段—第950页末段］

（一）工人在一年中新创造的产品价值中没有不变资本价值部分［本章第1段—第945页第2段］

工人在一年的总工作日中的劳动，被分成两部分，一部分是必要劳动，工人通过必要劳动创造出作为报酬支付给自己的产品价值部分即工资；通过剩余劳动创造出被资本家和土地所有者分别占有的产品价值，包括利润和地租，在利润中，又分割为企业主收入和利息。在这个总劳动中，除了创造出采取工资、利润和地租形式的产品价值之外，并没有创造出用来补偿生产资料消耗的不变资本价值。

在资本主义的商品价值中，"利润（企业主收入加上利息）和地租，不外是商品剩余价值的各个特殊部分所采取的独特形式。剩余价值的大小，是剩余价值可以分割成的各个部分的总和的界限。因此，平均利润加上地租就等于剩余价值。……平均利润加上地租的总和在其正常形式上决不会大于全部剩余价值，虽然会小于全部剩余价值"（第943页）。"另一方面，工资，即收入的第三个独特形式，总是等于资本的可变组成部分，即不是用于劳动资料，而是用来购买活劳动力，用来支付工人的报酬的组成部分"（第944页）。这里应注意的是，商品价值中的v是仍在资本家手中用来补偿可变资本的价值，而不是工人手中的工资，这一部分价值在到了资本家手中后，以货币为中介，和劳动力商品交换，才以工资形式转入工人手中。

（二）遇到的两个困难［第945页末段—第946页末段］

在分析资本主义生产总过程的价值生产时，遇到了两个困难的问题：

第一，一年内生产的价值等于工资+利润+地租（v+m），但它购买到的年产品价值

除包括工资 + 利润 + 地租（v + m）外，还包括不变资本 c，“一年内生产的价值，怎么能够买到一个比这个价值本身有更大的价值的产品呢?”（第 946 页）或者说：“谁应当支付产品中包含的不变资本价值部分，并且用什么来支付?”（第 947 页）

第二，在生产中消耗的生产资料，都必须在实物形式上得到补偿，“假定其他一切条件不变，特别是劳动生产力不变，它就要花费同以前一样多的劳动量来加以补偿，也就是说，必须用一个相等的价值来加以补偿。如果不是这样，再生产本身就不能按原有的规模进行。但是，谁应当去完成这种劳动，又是谁完成这种劳动的呢?”（第 946 页）

（三）对上述两个困难问题的解决［第 947 页第 1 段—第 950 页末段］

对第一个困难问题，马克思在第 1 卷第 5 章中已经用劳动二重性学说进行解决了。工人劳动一方面作为抽象劳动，创造出新价值（包括 v + m），与此同时，又作为具体劳动，保存了原有的生产资料价值，将它转移到新的产品中去，构成了商品价值中补偿不变资本 c 的部分。所以，在交换时，不是部分商品价值 v + m 买到全部商品价值 c + v + m，而是包含一种商品的全部价值 c + v + m 买到与此价值相等的另一种商品。

有一点要明确的，“为了补偿过去一年在价值和使用价值两方面消费的不变资本，当然需要新的追加劳动。没有这种补偿，再生产就根本不可能继续进行”（第 947 页）。但是，“为了在收入即一年内创造的全部价值借以花费的那些产品中保存不变部分的价值，并不需要任何追加劳动”（第 947 页）。

对第二个困难问题，马克思在第 2 卷第 3 篇考察社会总资本的再生产时加以解决了，现在回过头再谈这一问题是因为：第一，第 2 卷中虽然涉及剩余价值，而未涉及斯密教条中提出的剩余价值表现出来的利润、地租等收入形式；第二，进一步批判斯密在工资、利润和地租等收入形式分析上的错误。

在第 2 卷中，马克思将社会总产品分为两大类，第一大类是生产资料，第二大类是消费资料，与此相应，社会总生产分为两大部类，第Ⅰ部类，生产生产资料，第Ⅱ部类，生产消费资料，这里不排除有些产品既可以用作生产资料，也可用作消费资料，但按其最终用途，总是归入某一部类。两大部类产品从价值上进行分解，都包含 c、v、m 三个部分，c 是用来补偿不变资本，v 是用来补偿可变资本，m 是剩余价值。年产品价值中的 c 是用来补偿当年生产过程中已消耗的 c，我们知道投入生产过程中的 c 在一年中不会完全消耗掉，其中的厂房、机器设备等只消耗一部分，但是为了不使问题复杂化，假定投入生产过程中的 c 在一年内全部消耗掉。v 是用来补偿可变资本，用来支付工人的工资，把它作为收入进行消费。m 表现为利润和地租，地租作为土地所有者收入，用来进行个人消费，利润作为资本家的收入，在简单再生产条件下也全部用作个人消费。

工人一年内新创造的价值是 v + m，相当于 c 这部分价值的产品如何才能得到补偿呢?

从第Ⅱ部类看，它的产品用在两大部类工资、利润和地租的个人消费上，即Ⅰ（v + m）+ Ⅱ（v + m）。但是，第Ⅱ部类的产品从价值方面看，却可分解为 c + v + m，第Ⅱ部类工人在一年内新创造的价值虽然只包括 v + m，但与此同时，也转移了已消耗的生产资料价值 c，因而在第Ⅱ部类产品价值中，包括了 c + v + m 三个组成部分，不变资本 c 和可变资本 v 及剩余价值 m 一样，都是以消费资料形式存在的。如果说第Ⅱ部类的工资、利润和地租可以通过第Ⅱ部类内部的交换实现个人消费的需要，第Ⅱ部类中的不变资本 c 就不能通过本部类内部的交换进行补偿了，这部分转移价值的产品可通过和第Ⅰ部类产品的交换实现第Ⅱ部类不变资本 c 的补偿。

从整个社会看，要补偿已消耗的生产资料，必须在第Ⅰ部类追加劳动，但和第Ⅱ部类一样，从价值方面看，第Ⅰ部类产品也分解为c、v、m三个组成部分，第Ⅰ部类的追加劳动创造的价值也只是v+m，形成工资、利润和地租三种收入，不包括c，c是在追加劳动进行的同时转移到新的产品中的已消耗的生产资料价值。由于第Ⅰ部类是生产生产资料的部类，它所消耗的不变资本c，不仅在价值形式上，也在实物形式上，由这一部类商品价值中转移过来的产品价值c进行补偿。至于v+m部分，则需要通过和第Ⅱ部类的产品进行交换解决，通过交换，使第Ⅰ部类的工资、利润和地租三种收入能够转化为个人消费，也使第Ⅱ部类的生产资料消耗得到补偿。

可见，在简单再生产条件下，两大部类对不变资本c的补偿，都是各自用转移到新产品的生产资料价值来完成的。

关于生产资料的补偿，如果对第Ⅰ部类进行具体划分，我们会发现，第Ⅰ部类已消耗的c并不完全是由第Ⅰ部类各具体部门商品价值中的c进行补偿的。例如，纺织机械制造厂，其产品包括c、v、m全部提供给第Ⅱ部类，并不对本部类的生产资料消耗进行补偿。反之，例如矿山机械制造厂，其产品包括c、v、m全部用来对本部类的生产资料消耗进行补偿。与此相联系，第Ⅱ部类已消耗的c并不完全是由第Ⅰ部类各具体部门商品价值中的v+m进行补偿的，例如，上述的纺织机械制造厂，其产品中不仅是v+m部分，连同c全部用作第Ⅱ部类生产资料消耗的补偿；相反，矿山机械制造厂产品中的v+m连同c全部留在第Ⅰ部类，并不用来补偿第Ⅱ部类生产资料的消耗。

二、斯密教条产生的混乱及其原因［第951页第1段—第958页末段］

（一）在总产品、总收益、纯收益、总收入、纯收入、国民收入等概念上的混乱［第951页第1段—第952页末段］

总产品是“再生产出来的全部产品”（第951页），总收益则是总产品的价值表现，包括c+v+m。总收入或纯收益“是总生产中扣除了补偿预付的、并在生产中消费掉的不变资本的价值部分和由这个价值部分计量的产品部分”（第952页）。其价值表现为v+m，转化为工资、利润和地租三种形式。纯收入是扣除工资以后余下的剩余价值，因而是剩余产品。国民收入则是整个社会的总收入，即v+m。

斯密的混乱在于对社会总产品一方面从价值形式上将它分解为v+m，不包括c，另一方面又从实物形式上将它划分为纯收入和总收入。在纯收入中不仅包括m，还包括v，至于总收入，还包括c，从而在商品价格中否定了c，在他所谓的“总收入”概念中又将c偷偷塞了进来。

而萨伊更是将社会总产品（c+v+m）分解为纯收益（v+m），从而将总产品（c+v+m）和总收入（v+m）或国民收入（v+m）混为一谈，马克思认为这是斯密教条的“必然的和最后的表现”（第953页）。

（二）斯密在社会总产品再生产过程中的困惑［第953页第1段—第955页第1段］

斯密为什么认为在商品价格中只包括v+m，不包括c，这与他在社会总产品的再生产过程中遇到的一些现象有关。

从单个资本来看，它的产品在再生产过程中必须分解为三个部分，一部分补偿可变资本，一部分补偿不变资本，余下的为剩余价值。在商品价格中，没有不变资本的补偿，如同没有可变资本的补偿一样，再生产就不可能进行，这一点是很容易被人们所认识的。

至于对社会总产品的再生产进行考察，就会产生困惑，这一困惑得不到解决，就会在商品价值中否认 c 的存在。

在社会总资本再生产的过程中，其中一个实现条件是Ⅱ(c + v + m) = Ⅰ(v + m) + Ⅱ(v + m)，这就是说，第Ⅱ部类产品全部是用作收入（工资、利润和地租）消费的产品，它的全部产品的价值在分析时会完全归结为 v + m，不包括 c，这是一个矛盾。在单个资本的产品中必须有 c，在单个资本的总和中却不存在 c，面对这一困难，斯密不断地将 c 分解为 v + m，并且无穷无尽地以次类推下去。

（三）导致斯密教条错误的原因 ［第 955 页第 2 段—第 958 页末段］

斯密为什么不能正确解决在社会总资本再生产过程中遇到的困难？其原因概述如下：

（1）“不理解不变资本和可变资本的基本关系，所以也不理解剩余价值的性质，从而不理解资本主义生产方式的整个基础。”（第 955 页）斯密教条不能解释，作为收入的工资、利润和地租只包括 v + m，而购买到的商品除 v + m，还包括 c。

（2）“不理解劳动在追加新价值时，以何种方式在新形式上把旧价值保存下来，而不是把这个旧价值重新生产出来。”（第 956 页）

（3）“不理解再生产过程从总资本而不是从单个资本来看时所表现出来的联系。”（第 956 页）也就是说，斯密教条没有“对再生产以及再生产的各个组成部分之间的关系从物质性质和价值关系两方面来进行分析。”（第 957 页）

（4）斯密教条不理解“收入和资本这两个固定的规定会互相交换、互换位置，以致从单个资本家的角度出发，它们似乎只是相对的规定，而在考察整个生产过程时，它们似乎消失了”（第 957 页）。

例如，在Ⅰ(v + m) = Ⅱc 交换关系中，Ⅰm 是资本家用作他个人收入的部分，Ⅰv 是补偿可变资本的部分，并转化为工人的工资收入；通过交换，不仅第Ⅰ部类资本家的个人收入变成第Ⅱ部类的不变资本，第Ⅰ部类工人的收入也表现为第Ⅱ部类的不变资本，不变资本似乎消失了。再如，起初作为不变资本的原材料，最后变成了消费资料，完全加入到收入中去，不变资本也由此消失了。此外，商品价值中补偿可变资本的部分转化为工人工资后，工人通过购买商品又将他的收入转化为可变资本。最后，斯密教条忽略了不变资本的补偿并不都是通过与收入进行交换来实现，有相当部分补偿不变资本的产品是通过第Ⅰ部类内部交换甚至直接留用来实现的。

（5）“除了价值转化为生产价格所造成的混乱以外，由于剩余价值转化为各个特殊的、互相独立的并且同各个生产要素有关的收入形式，即转化为利润和地租，还会出现进一步的混乱。”（第 958 页）

斯密教条不懂得“商品的价值是基础”（第 958 页），至于价值采取的各种分配形式以及价格与价值的偏离，“这丝毫也不会改变价值决定和价值决定的规律本身”（第 958 页），“这种情况也丝毫不会改变价值规律”（第 958 页）。斯密教条的错误是把已形成的商品价值分解为 c + v + m，误解商品价值来自工资、利润和地租的价值总和。

三、收入和资本的关系 ［第 959 页第 1 段—本章完］

斯密教条否定商品价值中存在不变资本，原因之一是他认为不变资本来自收入，因而可以为收入即工资、利润和地租取而代之。马克思从以下几个方面指出了这一错误：

第一，从简单再生产来看，Ⅱc 的补偿来自Ⅰ(v + m) 提供的生产资料，由于Ⅰ(v + m)

会转化为工资、利润和地租，Ⅱc 的补偿表现为来自第Ⅰ部类的收入。实际上Ⅱc 的补偿并不是来自新创造的价值，因而也不是来源于收入，它是由原有的生产资料价值的转移而来，“这个不变部分不需要第Ⅱ部类花费任何追加劳动而得到平衡”（第 959 页）。而且如果对第Ⅰ部类进行具体分类后考察的话，第Ⅰ部类中有些分部类的生产资料包括 c 在内全部供应给 IIc，另一些分部类的生产资料包括 v + m 在内全部不供应给 IIc。

第二，从通过资本积累进行的扩大再生产来看，这一追加资本对第Ⅰ部类来说，是来自Ⅰ(v + m)，进而表现为来自第Ⅰ部类的收入，对第Ⅱ部类来说，这一追加资本就不是来自原有的生产资料价值的转移。

实际上，这不过是剩余劳动转化为追加资本，而不是收入转化为追加资本，追加资本来自利润这一收入形式只是剩余劳动转化为追加资本在资本主义经济关系下采取的表现形式。这如同野蛮人用一部分时间生产生活资料，用另一部分时间生产生产资料，不能解释为这一追加生产资料是由收入转化而来。

这里还有两点要注意：（1）第Ⅰ部类提供给第Ⅱ部类的用于补偿或追加的生产资料，作为商品，包含有 c + v + m，因而“这个劳动的产品有一部分价值并不是这个新追加劳动的产品，而是已有的并且已经消费掉的不变资本”（第 962 页），这部分价值是不能作为收入转化为资本的；（2）第Ⅰ部类提供给第Ⅱ部类的生产资料，并不能作为第Ⅰ部类的收入进行消费，而是要向第Ⅱ部类换取生活资料进行消费，这一生活资料在价值中也包含 c 在内，这一部分也不能作为第Ⅰ部类的收入。

此外，需要补偿生产资料的价值量，取决于劳动生产力的变动，劳动生产力提高了，需要补偿的价值量就会减少，反之，则增多。

第三，斯密教条将价值的分解和价值的源泉混为一谈。

斯密教条将商品价格分解为工资、利润和地租，进而又将工资、利润和地租说成是构成商品价格的源泉，这完全是错误的，对商品价值的各个部分“怎样分解为有酬劳动和无酬劳动，这同商品本身的价值决定完全没有关系”（第 964 页）。

斯托尔希在《论国民收入的性质》一书中批判了上述斯密教条，马克思予以肯定，但是也指出了他的两个错误：①资本主义生产的目的是为了满足国民的需要；②在国民收入中用“财富”一词取代价值。

对第二点的批判，马克思进行了发挥：“在资本主义生产方式消灭以后，但社会生产依然存在的情况下，价值决定仍会在下述意义上起支配作用：劳动时间的调节和社会劳动在不同的生产类别之间的分配，最后，与此有关的簿记，将比以前任何时候都更重要。”（第 965 页）有的学者以此为根据，认为进入共产主义社会后，商品生产和价值规律仍将存在，并永存下去，这种理解是不正确的，早在 20 世纪 80 年代，广东的一位老经济学家蔡馥生教授多次撰文批评了这种“商品经济万岁论”和“价值规律万岁论”。

杨永华教授认为：“我把政治经济学看成是商品经济学”，在他看来，既然马克思不承认社会主义社会中存在商品经济，因而马克思也就没有社会主义的经济理论。杨永华赞成这样一种观点：“社会主义政治经济学只是在十月革命之后才产生并发展的。”① 这种抹杀马克思（也包括恩格斯和列宁）的社会主义经济理论的言论，是极其荒谬的。

---

① 参见杨永华：《社会主义政治经济学史》，广东人民出版社 1992 年版第 25、5 页。

第五十章　竞争的假象

本章是对斯密教条及其极端的三位一体公式批评的继续，指出工资、利润和地租不是构成价值的要素，工资、利润和地租等收入形式的价格取决于它的价值而不是竞争，价格取决于竞争只不过是一种假象。

一、工资、利润和地租不是构成价值的要素［本章第1段—第976页末段］

（一）工资、利润和地租的分割不能改变已形成的新价值［本章第1段—第969页第2段］

资本主义的商品的价值可分解为c、v、m三个部分：

（1）c，即不变资本，是商品价值中补偿不变资本消耗的部分。

（2）v，即可变资本，是商品价值中补偿可变资本消耗的部分，“这部分计量工人的收入，对工人来说，转化为工资”（第966页）。

（3）m，即剩余价值，并进一步分解为以下各种独立的收入形式，包括利润（p）和地租（r），利润又分解为企业主收入和利息。

斯密教条认为商品价格分解为工资、利润和地租，商品价值是由工资、利润和地租构成的，这里有三个错误：

第一，在商品价值中否定了不变资本c。

第二，在商品价值中以工资形式取代可变资本，从而也否定了可变资本。

第三，价值的分解与价值的构成或组成混为一谈，从而将价值的分配与价值的形成混为一谈，马克思批评这一错误时指出：“说工资的价值、利润率和地租率是构成价值的独立要素，而商品的价值（如果把不变部分撇开不说）就是由这些要素结合而成，却是错误的；换句话说，说它们是商品价值或生产价格的组成部分，是错误的。”（第967页）

在对商品价值的分解中，只有不变资本的消耗同时又是构成价值的要素，但恰恰是这一构成要素，反而被斯密教条否定了。

假定资本主义商品价值的分解为400c+100v+150m=650，150m又分解为75p+75r，撇开不变资本400c不说，对新创造的价值100v+150m=250，无论如何变动它们之间的分配比例，都不会改变这个新创造的价值量，“它的量与它分为工资、利润和地租没有关系”（第968页），“工资价值、利润率和地租率的变动，不管调节这些部分互相间的比例的各种规律会起什么作用，总只能在新创造的商品价值250所划定的界限内进行”（第969页）。

例如，另有一个投入不变资本也是400，它的雇工提供的劳动量也相同的企业，它的产品价值也必然是400c+250（新投入的劳动所创造的价值）=650，在这种情况下，如果这一企业支付给雇工的工资不是100，而是150，商品价值的分解将是400c+150v+100m=650，这里改变的是工资与剩余价值的分配比例，也包括利润和地租在新创造的价值中的分配比例，而不能改变已形成的价值总量。一方面是预付资本总量的增加（由400c+100v增加为400c+150v），另一方面是剩余价值总量减少了，受这两方面的影响，总利润率即“总剩余价值对全部预付资本的比率”（第 969 页）会发生更大程度的下降。

（二）价值与价格的变动及不变资本的节约决定工资的变动［第 969 页第 3 段—第 972 页第 1 段］

现在，马克思研究了价值与价格的变动规律，同时也就研究了工资的变动规律。

马克思从两个方面（“首先”和“其次”）论述了这一内容。

1. **价值与价格的变动决定工资的变动，而不是相反**［第 969 页末段—第 971 页末段］

对这一问题，从以下几个方面说明：

第一，“如果使用的劳动量和以前相同，尽管预付资本由于它的可变部分的增加而增大，产品的价值和总量却仍旧不变”（第 970 页）。工资的提高只有在劳动生产率下降的情况下才会出现价值的提高，“这里产生一种假象，似乎工资提高使得产品变贵；但实际上，工资的提高，并不是商品价值变化的原因，而是这种变化的结果，而商品价值的变化是由于劳动生产率的降低所引起的”（第 971 页）。

第二，在研究商品价值的变动规律时，应区别不变资本与可变资本的不同作用，不变资本的价值是商品价值的一个构成部分，不变资本部分价值量发生变动，就会引起商品总价值量发生变动。可变资本部分则不同，可变资本所雇用的劳动力能够创造价值，但可变资本本身则不能构成商品的价值，“如果预付资本的增加或减少，是由于在劳动生产力保持不变时可变资本部分的价值量发生变化，那么，产品的价值就仍旧不变”（第 971 页）。

第三，由于劳动生产率的变动，使商品价值随之发生变动，进而引起工资的价值增加或减少，“不过在这里，工资的涨落，不是原因，而只是结果”（第 971 页）。我国学术界有些学者用成本推动解释我国多次因通货膨胀而出现的物价上涨现象，这是颠倒了因果关系，将物价上涨现象引起的成本（包括工资与生产资料价格）上涨现象，说成是成本上涨引起物价的上涨。这不仅用工资上涨现象去解释物价上涨是错误的，用生产资料价格上涨现象去解释物价上涨也是错误的。

第四，提供食物的农业如果劳动生产率下降，使食物变贵，从而提高了工人的工资，但对不以这一食物为生产原料的工业部门来说，生产的商品价值量不会因工资的增加而减少。

2. **不变资本的节约引起工资的减少**［第 972 页第 1 段］

由于不变资本是构成商品价值的一个组成部分，不变资本的节约如同提供这一生产资料的劳动生产率提高一样，使商品价值包括生活资料变得便宜，引起工资的减少，说明了工资的变动取决于商品价值的变动，而不是相反。

（三）工资、利润、地租这几种收入形式的价格取决于它的价值［第 972 页末段—第 976 页末段］

“产品中分割为这几种收入的价值部分，完全和资本的不变价值部分一样，是由商品的价值决定的，也就是说，是由在各该场合商品中对象化的劳动量决定的。”（第 972 页）分割为工资、利润和地租的价值总和的绝对界限是已定的；对工资、利润和地租起调节作用的界限也是已定的。

在工资、利润和地租各范畴中，“工资是各个范畴的这种界限的基础”（第 973 页），因为利润和地租等剩余价值是新创造的价值中扣除工资后的余额，工资取决于劳动力价值，这是一个一定量，当工资量确定后，“其他一切收入的价值就有了一个界限”（第 973 页）。例如，一个劳动日为 8 小时，当劳动力价值确定为 5 小时后，利润和地租的价值量只能是 3 小时。

如果不考虑地租，剩余价值 3 小时也就成为利润的绝对界限，利润转化为平均利润会使各个资本的利润和剩余价值发生偏离，并产生偏离商品价值的生产价格，“但是这种偏离，既没有使价值决定价格的性质消失，也没有使利润的合乎规律的界限消失”（第 974 页）。“价值转化为生产价格，并没有取消利润的界限，只是改变了它在构成社会资本的各个不同的特殊资本之间的分配，按照这些资本在这个总资本中所占的价值部分的比例，把它均等地分配给这些资本。”（第 974 页）

地租部分的收入同样受到扣除产业利润后的剩余价值的限制，其中级差地租的价值界限就是“生产价格通过一般利润率实现的调节作用所引起的个别利润率的偏离”（第 975 页），而绝对地租则“受到土地产品的价值超过它的生产价格而形成的余额的限制，因而受到土地产品中包含的剩余价值超过按一般利润率应归各个资本所有的利润而形成的余额的限制”（第 975 页）。

当出现一个高于生产价格和商品价值的垄断价格时，“由商品价值规定的界限也不会因此消失。某些商品的垄断价格，不过是把其他商品生产者的一部分利润，转移到具有垄断价格的商品上”（第 975 页）。

在出现借贷资本的情况下，利润还要进一步分割为利息和企业主收入，虽然在确定二者之间分割的比例时，竞争是“唯一的决定的要素”（第 976 页），但是，“平均利润本身就是二者总和的界限”（第 976 页），竞争本身“丝毫不会影响这个利润的界限”（第 976 页）。

结论是：“商品价值是一个已定的量，不管工资、利润、地租相互间的相对量如何，商品价值总是它们的全部价值的整体。”（第 977 页）

二、决定工资、利润和地租等收入形式的价格是商品的价值，而不是竞争 ［第 977 页第 1 段—第 981 页第 1 段］

斯密教条认为商品价格由工资、利润和地租构成，其错误首先是否定了不变资本价值的存在，其次，“价值的概念在这里完全消失了”（第 977 页）。工资、利润和地租都是价格形式，与一定量的货币相等，而作为货币材料的金银也是商品，按照斯密教条的观点，它的价格也是由工资、利润和地租决定，于是，就会出现工资、利润和地租的价值和一定量的工资、利润和地租相等这一荒谬说法。

工资、利润和地租等收入形式的价格取决于商品的价值，为此，必须正确认识竞争造成的假象。

首先，关于工资的决定。工资取决于劳动力商品的价值，而不是供求与竞争，“把竞争带到问题中来，丝毫也不能帮助我们”（第 978 页）。因为竞争不能说明在劳动力市场供求一致时工资是怎样决定的，竞争不仅不能调节在劳动力市场供求一致下的劳动力商品的价格，反而要由这一价格进行调节。

其次，关于利润的决定。平均利润由平均利润率决定，它以剩余价值的存在为前提，竞争能够对利润率产生影响，它的作用在于“使不等的利润率平均化”（第 979 页），但是，“竞争可以造成这种均势，但不能造成在这种均势下出现的利润率”（第 979 页）。“竞争不创造利润。”（第 979 页）

最后，关于地租的决定。对地租的决定同样不能用竞争去说明，经济学家不能用竞争去说明他不理解的一切东西，“其实正好相反，经济学家必须说明竞争”（第 980 页）。

三、产生斯密教条错误的原因［第 981 页末段—本章完］

斯密教条认为商品价格是由工资、利润和地租构成的，不以商品的价值为转移，产生这种颠倒的认识有以下各种原因。

第一，工资、利润和地租等收入形式是在商品价值已经生产出来之后进行的分配，它以价值的已经存在为前提，因此，工资、利润和地租等收入形式的分配不能说明价值的生产，相反，这些被分配的价值要由价值的生产来说明。但是，作为独立的收入分别归雇佣劳动者、资本所有者和资本主义土地所有者所有，表现为各种收入分别来自劳动、资本和土地，是工资、利润和地租的价格决定商品的价值，而不是商品的价值决定各种收入形式的价格。

第二，用经验去说明各种假象。首先，从现象上看，当工资提高后，有些生产部门（资本有机构成低的部门）生产价格就会上涨，反之，当工资下降后，这些生产部门的生产价格也会随之下跌，从经验上看，是工资决定商品价格。此外，如果工资只是在特殊生产部门内由于特殊的情况上涨，引起商品价格在名义上相应地提高，也会从经验上得出上述错误的结论。其次，生活资料价格的上涨会引起工资的上涨，商品价格上涨是因，工资上涨是果，“但原因可以表现为结果，结果也可以表现为原因，这种情况在市场价格发生变动时也可以看到”（第 983 页）。在繁荣时期，市场价格的上涨就和工资的提高联系在一起。撇开市场供求的影响，工资的提高未必引起利润率的下降，利润率可因不变资本价值的减少、劳动强度的增加和工作日的延长而不变甚至提高，“所有这些经验，都证实了由于各个价值组成部分具有独立的颠倒的形式而引起的假象，好像决定商品价值的，只是工资，或工资加上利润”（第 984 页）。

第三，即使排除竞争的影响，使市场价格与商品价值相一致，工资、利润和地租的价值总和与新创造的价值相一致，“现实的运动也必然会以颠倒的形式表现出来：好像不是一个预先已定的价值量分为具有互相独立的收入形式的三部分，而是反过来，好像这个价值量是由构成这个价值量的各个独立地、分别地决定的要素的总和，即由工资、利润和地租的总和形成的。这种现象必然会产生，因为在单个资本及其商品产品的现实运动中，不是商品价值表现为这种分割的前提，而是相反，它所分成的各个组成部分表现为商品价值的前提”（第 985 页）。

首先是工资。商品价值中分解为工资的这一部分价值，来自工人生产了与他的工资相当的等价物，而不是来自工资形式，“但工资在与它相当的价值等价物被生产出来以前，已经由契约规定。因此，工资作为一个在商品和商品价值生产出来以前数量已定的价格要素，作为成本价格的一个组成部分，不是表现为一个以独立的形式从商品总价值中分离出来的部分，而是相反，表现为已定的量，它预先决定商品的总价值，也就是说，是价格或价值的形成要素”（第 985—986 页）。

其次是平均利润。平均利润量的确定是不以某个特殊生产部门的剩余价值量为转移的，它在这个剩余价值形成之前已预先存在，因此，“从现象上看，平均利润不是价值分割的结果，相反，是一个和商品产品的价值无关的、在商品生产过程中预先存在并决定着商品本身的平均价格的量，也就是说，是价值的形成要素”（第 986 页）。

最后是利息和地租。利息是从平均利润中分割出来的一部分，“利息量尽管变动很大，但在任何一个瞬间，对任何一个资本家来说，总是作为一个已定的量，加入这个资本家所生产的商品的成本价格”（第986页）。地租和利息一样，和工资一起，都作为单个资本家的成本价格，成为已定的量。

商品的价值量表现为由工资、利润和地租的总和形成，“这种假象必然会产生，因为在单个资本及其商品产品的现实运动中，不是商品价值表现为这种分割的前提，而是相反，它所分成的各个组成部分表现为商品价值的前提”（第985页）。“其秘密简单说来就在于：资本主义的生产方式，和任何别的生产方式一样，不仅不断再生产物质的产品，而且不断再生产社会的经济关系，即再生产物质产品形成上的经济的形式规定性。因此，它的结果会不断表现为它的前提，像它的前提会不断表现为它的结果一样”（第987页）。

由于作为不变资本的生产资料也是商品，它的价值同样表现为由工资、利润和地租各种收入形成，出现商品价值由商品价值形成的同义反复，否定了不变资本在商品价值中的存在。

第四，一方面，从每个生产部门来看，对市场价格起调节作用的，“不是价值，而是和价值不同的生产价格”（第988页）。价值对生产价格使得对市场价格的决定作用隐藏起来了；另一方面，对每个特殊生产部门的单个资本家来说，“工资、利息和地租，不仅对于他作为职能资本家所获得的利润部分（即企业主收入）能据以实现的那种价格来说，是起调节作用的界限，而且对于为保证再生产能够继续进行而必须作为商品出售依据的那种价格来说，也是起调节作用的界限”（第989页）。资本家能否获利，获多少利，撇开不变资本部分不说，取决于市场价格和各种收入之间的差额，这在世界市场上进行的竞争中也同样如此，“如果一个国家由于资本主义生产方式总的说来不发展，因而工资和土地价格低廉，资本的利息却很高，而另一个国家的工资和土地价格名义上很高，资本的利息却很低，那么，资本家在前一国家就会使用较多的劳动和土地，在后一国家就会相对地使用较多的资本”（第990页）。在国与国之间的竞争中，工资、利息和地租这些因素成为“起决定作用的要素”（第990页），从经验上表明这些要素决定商品的价格。除上述三个因素外，在市场价格中还有第四个要素，即企业主收入，虽然它取决于平均利润，进而取决于剩余价值，但在每一个单独场合，都表现为由竞争决定，平均利润也由这一竞争进行调节。

第五，将新创造的价值分割为工资、利润和地租这几种收入形式，也会在非资本主义方式中得到应用，如资本主义社会中的小农经济，他的商品价值也会被分解为这几种收入形式，“正因为这样一种和资本主义生产方式不相适应的生产形式可以被归入资本主义生产方式的几种收入形式之中，——并且这在一定程度上并不是不正确的，——所以，资本主义关系好像是每一种生产方式的自然关系这一假象，就更加具有迷惑作用”（第991页）。

如果撇开资本主义的性质，将劳动者的劳动分为必要劳动和剩余劳动，剩余劳动中又划分为积累基金、保险基金、准备金等，就成为一切生产方式所具有的基础。

第五十一章　分配关系和生产关系

《资本论》第3卷主要是研究资本主义分配关系的，第7篇即最后一篇是对各种分配形式进行综合性研究，本章是对这一综合性研究作一总结，中心内容是资本主义的分配关系是如何决定的，为此就要研究分配关系与生产关系之间的关系，结论是生产决定分配，生产关系决定分配关系。

一、分配关系不是自然关系，而是一定历史条件下的社会关系［本章第1段—第995页第3段］

资本主义的分配关系是新创造的价值采取三种不同的收入形式进行分配，一部分归于劳动力的所有者，另一部分归于资本的所有者，第三部分归于地产的所有者。

对这一分配关系有两种错误的认识，一种是认为这种分配关系是自然的关系，存在于人类社会的一切生产方式，与资本主义生产的社会性质无关。另一种是以约·斯·穆勒为代表的有学识、更有批判意识的人们，他们一方面承认分配关系的历史发展性质，另一方面却又认为决定分配关系的生产关系是从人类本性产生出来的永恒不变的关系，与历史发展的性质无关。

马克思批评了这两种错误认识。

第一，早在1846年12月28日马克思写给帕·瓦·安年科夫的信中，就提出了生产力决定生产方式，生产方式决定经济关系的原理，现在进一步具体指出；“资本主义生产方式是一种特殊的、具有独特历史规定性的生产方式”（第994页），这种生产方式一方面要以发展到一定阶段的社会生产力为它的历史条件和由以产生的既定的基础，另一方面，这一新的生产方式又决定了与之相适应的生产关系，而“分配关系本质上和这些生产关系是同一的，是生产关系的反面，所以二者共有同样的历史的暂时的性质”（第994页）。

第二，在考察分配关系时，离开一定的社会性质，从年产品分为工资、利润和地租这一所谓的事实出发，是错误的。事实是，资本主义生产方式中的产品分为两部分，首先是劳动条件转化为资本，其次是由此产生的各种收入形式，先有与工人相对立的资本形式，然后才有工人收入的工资形式，因而工资形式表现了工人同资本的对立，工人与劳动条件所有者之间的对立，彼此之间处在一定的社会关系之中，具有一定的社会性质。“这些劳动条件转化为资本这个事实，又意味着直接生产者被剥夺了土地，因而存在着一定的土地所有权形式。”（第995页）因而“如果产品的一部分不转化为资本，它的另一部分就不会采取工资、利润和地租的形式”（第995页）。

这里要说明的是资本及土地所有权也要以另一种分配关系为前提，劳动者被剥夺了生产资料，生产资料包括土地及生产工具集中在少数人手中。这种属于生产资料的分配关系以及劳动力的分配关系，是包括在生产关系本身的范围之内的，不同于以上所说的专指个人消费品的分配。

二、资本主义生产方式的特征［第995页第4段—第998页第2段］

资本主义生产方式一开始就有以下两个特征。

第一，商品的生产占据了统治地位，劳动力也成为商品。由此，工人成为出卖劳动力的雇佣工人，“这种生产方式的主要当事人，资本家和雇佣工人，本身不过是资本和雇佣劳动的体现者，人格化，是由社会生产过程加在个人身上的一定的社会性质，是这些一定的社会生产关系的产物”（第996页）。

既然商品的生产在资本主义生产方式中占统治地位，价值规律也必然对全部生产起调节作用。这里要指出的两点是，首先，在资本主义商品生产中存在着一个尖锐的矛盾，一方面，雇佣工人的劳动是一种社会性质的劳动，另一方面，这一社会劳动听任资本家个人进行摆布，使价值规律“只有通过他们之间的竞争，他们互相施加的压力来实现，正是通过这种竞争和压力，各种偏离得以互相抵消。在这里，价值规律不过作为内在规律，对单个当事人作为盲目的自然规律起作用，并且是在生产的偶然波动中，实现着生产的社会平衡”（第996页）。其次，“在商品中，特别是在作为资本产品的商品中，已经包含着作为整个资本主义生产方式的特征的社会生产规定的物化和生产的物质基础的主体化”（第996—997页）。这就是说，在资本主义生产方式中，一方面人与人之间的经济关系表现为物与物之间的关系，另一方面，由劳动者生产的生产资料，却异化为生产资料支配工人，这就是马克思和恩格斯在《共产党宣言》中指出的：“在资产阶级社会里是过去支配现在，在共产主义社会里是现在支配过去。”①

第二，生产的直接目的和决定动机是追求剩余价值。资本家提高劳动社会生产力的目的就是为了获取超额剩余价值，进而得到相对剩余价值，建立起资本主义生产方式（机器大工业），直接与工人本身的发展相对立。剩余价值的增加带来资本积累的增加，因而“劳动社会生产力的提高只是表现为资本生产力的不断提高”（第997页）。为了追求剩余价值，作为同劳动相对立的劳动条件人格化的资本家，在他的企业内部实行严格管理，但从整个社会看，“占统治地位的却是极端无政府状态”（第997—998页）。

只是由于两个基本生产要素中的劳动采取雇佣劳动的形式，生产资料采取资本的形式，产品价值中的一部分才表现为剩余价值，具体表现为利润和地租，一部分利润又转化为资本，表现为资本主义的积累过程。

这里要注意的是，“尽管劳动作为雇佣劳动的形式对整个过程的面貌和生产本身的特殊方式有决定的作用，雇佣劳动却并不决定价值”（第998页）。因为决定价值的只是生产这一商品的社会必要劳动时间，而雇佣劳动决定的是使商品生产成为生产的一般形式，使雇佣劳动者的收入采取工资形式。

三、资本主义的分配关系是资本主义生产关系的表现［第998页第3段—本章完］

马克思指出：“工资以雇佣劳动为前提，利润以资本为前提。因此，这些一定的分配形式是以生产条件的一定的社会性质和生产当事人之间的一定的社会关系为前提的。因此，一定的分配关系只是历史地规定的生产关系的表现”。（第998页）

先说利润。利润并不只是个人消费品的分配范畴，首先，由于竞争规律的作用和必需

① 《马克思恩格斯选集》第1卷第287页。

的保险基金和准备金，利润不能全部用于个人消费；其次，利润一方面调节平均利润，进而调节生产价格，调节资本主义的生产过程，“在这里，利润不是表现为产品分配的主要因素，而是表现为产品生产本身的主要因素，即资本和劳动本身在不同生产部门之间分配的因素”（第 999 页）。最后，利润分割为企业主收入和利息，“这种分割的发生，首先是由于资本作为自行增殖的、生产剩余价值的价值的发展，由于占统治地位的生产过程的这种一定的社会形式的发展”（第 999 页）。

再说地租。与利润不同，它“表现为只是分配的形式”（第 999 页），原因是：“土地所有权本身在生产过程本身中不执行职能，至少不执行正常的职能。”（第 999 页）但是，首先，“地租只限于超过平均利润的余额”（第 999 页），即受限于表现资本主义生产关系的剩余价值；其次，土地所有者不仅脱离劳动，也脱离经营管理，成为单纯收租人，这是资本主义生产方式下独特的历史产物。

马克思由此得出结论：“所谓的分配关系，是同生产过程的历史地规定的特殊社会形式以及人们在他们的人类生活的再生产过程中相互所处的关系相适应的，并且是由这些形式和关系产生的。这些分配关系的历史性质就是生产关系的历史性质，分配关系不过表现生产关系的一个方面。资本主义的分配不同于各种由其他生产方式产生的分配形式，而每一种分配形式，都会随着它由以产生并且与之相适应的一定的生产形式的消失而消失。”（第 999—1000 页）

只把分配关系看作历史的性质而不把生产关系也看作历史的东西这种见解，是带有局限性的批判，其错误在于将社会的生产过程和人与自然之间单纯的劳动过程混同在一起。人类社会随着生产力的不断发展，旧的生产关系就必将为新的生产关系所取代。

第五十二章　阶　级

在资本主义生产方式基础上形成资本主义社会的三大阶级，这就是：雇佣工人、资产阶级、大土地所有者。

在现实生活中，存在的并不是纯粹的资本主义，即使在作为资本主义生产方式典型的英国，也不是纯粹的资本主义，因而除上述三大阶级之外，还存在一些过渡性的中间状态的阶级或阶层，如小业主、小商人、手工业者、农民等。但是，随着资本主义生产方式的发展，生产资料会越来越集中，从而使劳动日益转化为雇佣劳动，生产资料日益转化为资本，土地所有权日益转化为资本主义土地所有权。

阶级是在一定的生产方式基础上产生的，并随着生产方式的发展而发展，当生产方式有了高度发展之后，阶级也会随之消亡。“第一次社会大分工中，也就产生了第一次社会大分裂，分裂为两个阶级：主人和奴隶、剥削者和被剥削者。”① 生产资料所有制的差别引起分配上的差别，而“随着分配上的差别的出现，也出现了阶级差别”②。有了阶级矛盾，就有阶级斗争，并产生了国家。在资本主义方式基础上产生的经济关系，形成了资本主义的阶级关系。

这一章本应对资本主义国家最新发生的阶级斗争进行论述和总结，但这一工作只能放在本卷即将付印时去完成，由于马克思未能等到本卷的出版就去世了，使这一工作未能完成，本章内容留给我们的只是开头的部分。

---

① 恩格斯：《家庭、私有制和国家的起源》，《马克思恩格斯选集》第 4 卷第 161 页。

② 恩格斯：《反杜林论》，《马克思恩格斯选集》第 3 卷第 490 页。

弗·恩格斯：《资本论》第三册增补

收集在《资本论》第3册增补中的，包括恩格斯在《资本论》第3册出版后写的两篇论文，第1篇是《价值规律和利润率》，第2篇是《交易所》。第2篇只是论文的提纲。

为什么要写这两篇增补文章，恩格斯作了以下说明：对第3册“我最关心的是要编成一个尽可能真实的文本，即尽可能用马克思自己的话来表述马克思新得出的各种成果”（第1005页）。但是由于这是马克思匆忙写成的初稿，因而不能不对它进行补充，此外，还要考虑此书出版时离马克思写作时间相隔已很久，资本主义经济如股份公司有了很大的发展，也有必要写一篇补充的文章。

Ⅰ. 价值规律和利润率

马克思在《资本论》第1卷中论述了商品的市场价格在不考虑货币这一因素条件下，取决于该商品的价值，即生产这一商品所耗费的社会必要劳动时间，包括原有的生产资料价值和新创造的价值。在资本主义生产方式中，新创造的价值采取了工资、利润和地租三种收入形式，利润是一部分剩余价值的转化形式。随着资本主义生产方式的发展，生产资料价值和工资表现为商品的成本价格，利润又进一步转化为平均利润，各生产部门生产的商品不再按商品的价值出售，而是按照商品的生产价格（成本价格加平均利润）出售，市场价格围绕着生产价格上下波动，而不是围绕着价值上下波动；生产价格与价值不一致，平均利润率与各生产部门的利润率不一致，能否正确回答这一矛盾现象，关系到马克思的劳动价值论是否能够站得住脚，是否科学的大问题，在接着《资本论》第1卷之后出版的第3卷，马克思解决了这一难题。

意大利庸俗经济学家阿·洛里亚（1857—1943）不相信马克思写了第3卷，甚至在第3卷出版之后也不相信是马克思写下了第3卷。马克思在世时自称是马克思的学生和崇拜者的洛里亚，否定了马克思的劳动价值论，认为“价值既然不外是一个商品和另一个商品相交换的比例，所以单是总价值这个观念，就已经是荒谬的，是胡说……是形容语的矛盾”。洛里亚将价值与交换价值或价格混为一谈，并认为这一交换比例是由供求状况决定的。

恩格斯在本文中指出了这一说法的种种错误：

第一，“要是这样，两个商品互相交换的比例，它们的价值，就纯粹是一种偶然的，从外部飞到商品上面来的东西，可能今天是这样，明天又是那样”（第1007—1008页）。

第二，洛里亚认为“价值和价格是同一的。每一个商品有多少种价格，就有多少种价值。而价格是由需求和供给决定的”（第1008页）。

第三，当代表供给方的10 000亿马克的商品和代表需求方的10 000亿马克的商品相交换时，其价格或价值的总和为20 000亿马克。但按照洛里亚的观点，两类商品的价格总和为20 000亿，而价值总和只能是零，“把价值概念化为乌有”（第1008页）。

德国庸俗经济学家韦尔纳·桑巴特（1863—1941）和另一位德国经济学家康拉德·施米特（1863—1932）与洛里亚不同，他们对马克思的论述有正面的评价，但是“无论桑巴特还是施米特……都没有充分注意到：这里所涉及的，不仅是纯粹的逻辑过程，而且是历史过程和对这个过程加以说明的思想反映，是对这个过程的内部联系的逻辑研究”（第1013页）。尤其是施米特，认为资本主义生产形式内的价值规律是一种虚构，这种观点是完全错误的。对价值规律发展的历史过程，在《资本论》第3卷中，已经有了一个大概轮廓，现在有必要在此基础上进行发挥。

恩格斯从以下三个环节上论述价值规律发展的历史过程，也就是由价值向生产价格的转变过程。

1. **简单商品生产中价值规律的作用** [第1015页末段—第1018页末段]

价值规律在长达五千年至七千年的时期内起支配作用，“马克思的价值规律，从开始出现使产品转化为商品的那种交换时起，直到公元15世纪止这个时期内，在经济上是普遍适用的”（第1019页）。产品转化为商品从不同的民族公社之间发生的物物交换开始，随着生产的发展，产品日益转化为商品，“在农民自然经济的整个时期内，只可能有这样一种交换，即互相交换的商品量趋向于越来越用它们所体现的劳动量来计算”（第1016页）。“中世纪的人能够按照原料、辅助材料、劳动时间而相当精确地互相计算出生产费用——至少就日常用品来说是这样。”（第1017页）即使像牲畜这种生产时间长，受自然环境影响大的产品，也能确定它的价值量，早在原始社会中就成为一般等价物。金属货币的出现，使商品价值有了一个固定的统一的价值形式。但是，与此同时，“价值由劳动时间决定这一事实，从此在商品交换的表面上再也看不出来了。……由于习惯于用货币进行计算，关于劳动是价值尺度这种属性的意识已经变得十分模糊；货币在人民大众的观念中开始代表绝对价值了”（第1018页）。

2. **商人介入简单商品生产后价值规律作用的发展** [第1019页末段—1022页末段]

简单商品经济生产的目的是为了满足自己生活上的需要，商人经营的目的不仅是为了满足自己生活上的需要，而且还是为了追求利润，“在这里，我们第一次遇到了利润和利润率。而且是商人有意识地和自觉地力图使这个利润率对所有参加者都均等”（第1021页）。利润率的平均化，是通过竞争实现的。由于这时的生产者是拥有自己的生产资料的劳动者，“因而他们的劳动不为任何资本提供剩余价值”（第1023页）。产业资本发展起来之后，情况就发生了变化。

3. **机器大工业完成了价值向生产价格的转化** [第1023页末段—本节完]

早在中世纪就已形成产业资本的萌芽，有了“资本主义剩余价值形成的开端”（第1024页），从16世纪中叶开始，资本主义进入了工场手工业时期，开始建立起资本主义的生产方式，18世纪60年代末到19世纪30年代初的长达半个世纪的产业革命，建立起机器大工业，无情地排挤掉以往的一切生产方式，“它还使不同商业部门和工业部门的利润率平均化为一个一般的利润率，最后，它在这个平均化过程中保证工业取得应有的支配地位，因为它把一向阻碍资本从一个部门转移到另一个部门的绝大部分障碍清除掉。这样，对整个交换来说，价值转化为生产价格的过程就大致完成了”（第1027页）。

Ⅱ. 交易所

对这一篇论文，恩格斯只写了一个提纲，包括以下七个要点：

1. 马克思写作《资本论》时，股份公司数量很少，因而在马克思的《资本论》中，除第3卷第27章之外，很少涉及。《资本论》第1卷出版后，股份公司才迅速发展起来，使交易所的作用大大增加，因而对这一方面内容有必要进行补充。

2. “1865年交易所在资本主义体系中还是一个次要的要素”（第1028页），表现在交易所证券的主要部分是国债券，而且数量很少；英国的股份银行的数量很少；铁路股票很少。“直接生产事业还很少采取股份形式。”（第1028页）

3. 1866年危机以后，情况发生了变化：大量过剩资本在寻找出路；食利者人数也增加了，他们拥有大量资本而又厌烦营业上的紧张；有限公司到处设立。

4. 现在，工业、商业（包括零售业）、银行和其他信用机构都逐渐变成了股份企业。

5. 农业方面也发生了变化，土地用作向银行进行抵押贷款，“地产的实际的最高所有权被转移到了交易所手中”（第1030页）。

6. “现在，一切国外投资都已采取股份形式。”（第1030页）

7. 交易所运用雄厚的财力开拓殖民地。